まえがき

　会計検査院は、「令和４年度決算検査報告」を令和5年11月7日、内閣に送付しました。この検査報告に掲記した事項等の総件数は344件、指摘金額は580億余円であり、正確性、合規性、経済性、効率性、有効性その他の幅広い観点からの検査結果を掲記しています。

　令和４年度の検査報告は、我が国の社会経済の動向や財政の現状等を踏まえて、幅広く指摘や問題提起を行っており、特に、国民の関心の高い事項等に関する検査の結果として、①新型コロナウイルス感染症対策関係経費等、②社会保障、③国民生活の安全性の確保、④デジタル、⑤環境及びエネルギー、⑥制度・事業の効果等、⑦予算の適正な執行、会計経理の適正な処理等、⑧資産、基金等のストックに関するものなどを多数掲記しています。また、国会及び内閣に対する報告(随時報告)3件、国会からの検査要請事項に関する報告4件の概要等も掲記しています。

　本書は、広く国民の皆様に会計検査院の仕事を理解していただけるように、令和４年度決算検査報告に係る内容を中心に、令和5年の会計検査院の組織や活動をより分かりやすく簡潔に記述したものです。

　我が国の社会経済は、新型コロナウイルス感染症への対応はもとより、人口減少・少子高齢化、潜在成長率の停滞、自然災害の頻発化・激甚化等への対応といった難しい課題に直面している一方で、これらの諸課題への対応もあって、公債残高は増加の一途をたどり、財政の健全化が課題となっています。また、予算の執行結果等の厳格な評価・検証、国民への説明責任を果たしていくことなどが重視されています。

　本書が、国民の皆様が国の決算を身近なものとして関心を持って見ていただく際に、また、行財政の業務に携わる方々が予算の執行に当たる際に、お役に立てば幸いです。

令和6年3月

会計検査院事務総長

篠原　栄作

本書の見方

本書の構成

本書の構成は次のようになっています。

検査の結果の見方

　各指摘事項等の見方は次のようになっています。目次で興味のある事項を見つけたら、まずは該当ページの＜要点＞を御覧いただき、詳しく知りたい場合はその下の本文を、さらに詳しく知りたい場合は当該事項の最後に御案内している検査報告の該当ページを御覧ください。

指摘事項等の区分：区分の詳細は23ページを参照してください。

指摘事項等の案件名：検査報告の案件名を簡略化したものを記述しています。

指摘事項等の要点：指摘事項等の要点を簡潔にまとめています。

令和4年度決算検査報告における掲載ページを記述しています。

不　当　厚生年金保険の老齢厚生年金の支給が不適正

＜要点＞
老齢厚生年金の支給に当たり、受給権者が厚生年金保険の適用事業所に常用的に使用されて被保険者となったときなどに必要となる支給停止の手続がとられておらず、支給された老齢厚生年金2509万円が不当と認められる。

保険給付の概要　厚生年金保険（前掲133ページ参照）において行う給付のうち、老齢厚生年金は、厚生年金保険の適用事業所に使用された期間（以下「被保険者期間」）を1か月以上有し、老齢基礎年金に係る保険料納付済期間が10年以上ある者等で○歳以上である場合に受給権者となる。

　このため、老齢厚生年金計2509万円については、支給が適正でなく、不当と認められる。

＜事例＞
　受給権者Aは、平成10年5月に厚生大臣から老齢厚生年金の裁定を受け、同年4月分から令和4年5月分まで、老齢厚生年金を全額支給されていた。
　しかし、Aは遅くとも2年5月から、B事業所の事業主であったが同事業所から労務の対償として報酬を受けているため、常用的に使用される者として年金事務所に対して厚生年金保険の70歳以上被用者該当届の提出が必要であるのに、その提出をしていなかった。
　このため、2年6月分から4年5月分までの基本年金額の一部計416万円については、支給が停止されていなかった。

　なお、これらの不適正な支給額は、全て返還の処置が執られた。　　　　　（検査報告153ページ）

※令和4年度決算検査報告の特徴的な案件は51ページでご覧いただけます。

表紙のデザイン

　会計検査院の業務に関係するキーワードをピクトグラムで表しました。各ピクトグラムの意味は次のとおりです。

①⑦会計実地検査
　　（詳細は20ページを参照してください。）

検査の観点（詳細は14ページを参照してください。）
②正確性の観点　③合規性の観点　④経済性の観点
⑤効率性の観点　⑥有効性の観点

⑧総理手交（令和4年度決算検査報告の総理手交の様子を「第Ⅰ章　会計検査院の概要」の中扉に掲載しています。）

会計検査のあらまし
―令和5年会計検査院年報―

会計検査院

も く じ

まえがき

本書の見方

第Ⅰ章　会計検査院の概要

第Ⅱ章　検査の結果

第Ⅲ章 国の財政等の状況

不　　当(不当事項)、 処置要求㉞(会計検査院法第34条の規定による処置要求事項)、 処置要求㉞㊱(会計検査院法第34条及び第36条の規定による処置要求事項)、 意見表示㊱(会計検査院法第36条の規定による意見表示事項)、 処置要求㊱(会計検査院法第36条の規定による処置要求事項)、 処　置　済(処置済事項)、 随　　時(国会及び内閣に対する報告(随時報告))、 要　　請(国会からの検査要請事項に関する報告)、 特　　定(特定検査対象に関する検査状況(特定検査状況))の区分については、23ページ参照

（凡例）　1　「第Ⅱ章　検査の結果」の「第1節　令和4年度決算検査報告」及び「第Ⅲ章　国
　　　　　　　の財政等の状況」は、会計検査院法に基づき令和5年11月、会計検査院が内閣に
　　　　　　　送付した「令和4年度決算検査報告」に記述されている内容を、写真等を用いてよ
　　　　　　　り分かりやすく簡潔に記述するなどしたものですので、文章の表現、図表等は原
　　　　　　　文、原図等と異なる場合があります。
　　　　　2　簡潔に記述するため、金額は、表示単位未満を切り捨てています。このため、
　　　　　　　集計しても必ずしも合計額と一致しません。
　　　　　3　統計表における符号の用法は次のとおりです。
　　　　　　　「0」……単位未満
　　　　　　　「−」……皆無又は該当なし
　　　　　　　「△」……マイナス

会計検査院についての御案内

会計検査院について御興味のある方は、下記のリンク先を御覧ください。

◆会計検査院紹介動画
　▶ https://www.jbaudit.go.jp/movie/index.html

◆会計検査院パンフレット
　▶ https://www.jbaudit.go.jp/pr/print/index.html

◆採用情報
　▶ https://www.jbaudit.go.jp/recruit/index.html

◆キッズページ
　▶ https://www.jbaudit.go.jp/kids/index.html

検査報告の御案内

検査報告について御興味のある方は、下記のリンク先を御覧ください。

◆最新の報告はこちらを御覧ください。
　▶ https://www.jbaudit.go.jp/report/new/index.html

◆昭和22年度以降の検査報告の内容は、
　「会計検査院決算検査報告データベース」を御覧ください。
　▶ https://report.jbaudit.go.jp/

公式SNSの御案内

◆Facebook
　▶ https://www.facebook.com/baudit.japan/

◆YouTube
　▶ https://www.youtube.com/channel/UCcofwP_DkLK0HBtqLvLzgUQ

第Ⅰ章　会計検査院の概要

令和4年度決算検査報告を岸田総理に手渡す岡村会計検査院長

（出典：首相官邸ホームページ）

§　1　　地位及び沿革

1　地位

　会計検査院は、国会及び裁判所に属さず、内閣に対して独立の地位[注]を有する憲法上の機関です。会計検査院は、憲法第90条の規定により国の収入支出の決算を検査するほか、会計検査院法その他の法律に定める会計を検査します。会計検査院は、常時会計検査を行い、会計経理を監督し、その適正を期し、かつ、是正を図るとともに、検査の結果により、国の収入支出の決算を確認します。

図表Ⅰ-1　国の機構図（令和5年12月末現在）

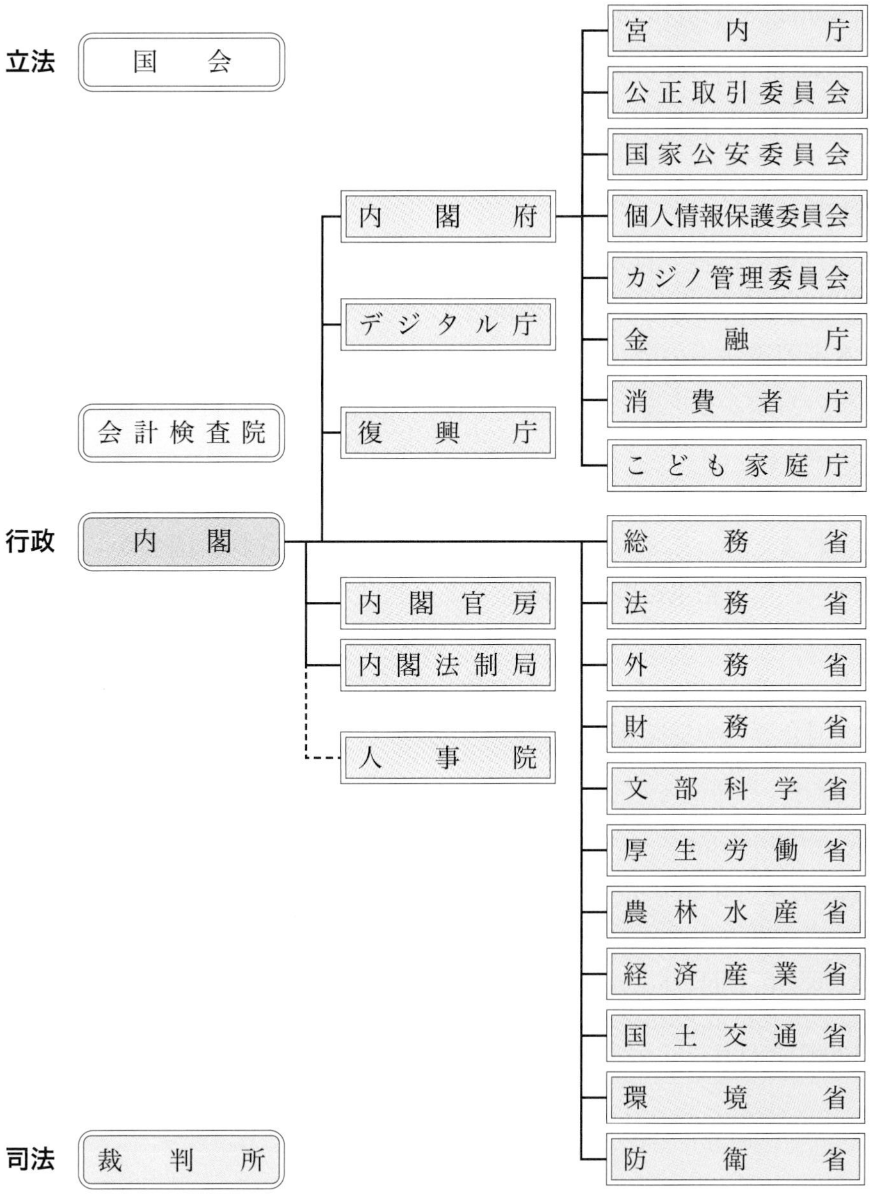

（注）会計検査院法においては、検査官に対する身分保障がなされているほか、会計検査に関しては、内閣が制定する政令等によらず会計検査院規則を制定できる権限を与えることにより、会計検査院の独立性を保障しています。さらに、財政法によって国会、裁判所と同様、予算の作成過程における特例が認められ、予算面からも内閣に対する独立性が保障されています。

2　沿革

(1)　創設～大日本帝国憲法下

　　会計検査院は、明治2(1869)年5月8日、太政官(内閣の前身)のうちの会計官(財務省の前身)の一部局として設けられた監督司を前身とし、その後、検査寮、検査局と名称の変遷を経て、明治13年3月5日太政官達第18号「今般太政官中会計検査院ヲ設置シ大蔵省中検査局相廃シ候条此旨相達候事」によって太政官に直属する財政監督機関として誕生しました。その後、明治22(1889)年2月11日、大日本帝国憲法が発布され、同年5月10日に会計検査院法が公布されると、会計検査院は、憲法に定められた機関として、以後58年間、天皇に直属する独立の官庁として財政監督を行ってきました。

年　月　日	事　項
明治13(1880)年　3月　5日	太政官達第18号　会計検査院設置
明治22(1889)年　2月11日	大日本帝国憲法発布
明治22(1889)年　5月10日	会計検査院法公布

(2)　日本国憲法下

　　昭和22(1947)年5月3日、日本国憲法が施行され、これに併せて現行の会計検査院法が施行されました。会計検査院は、憲法上の機関として、内閣に対し独立の地位を有するものとされました。大日本帝国憲法下の会計検査院法との主な相違点としては、国会との関係が緊密になったこと、検査の対象が拡充されたこと、検査の結果を直ちに行政に反映させる方法が定められたことがあります。

　　平成9(1997)年12月19日には国会法等の一部を改正する法律が公布され、平成10(1998)年1月12日に施行されました。これにより会計検査院法が改正され、国会から検査の要請があった事項の検査を行い、その結果を国会に報告できる制度が創設されました。

　　また、平成17(2005)年11月7日には会計検査院法の一部を改正する法律が公布され、同日に施行されました。主な改正点は、検査の対象が拡大されたこと、実地検査等に応じる義務が明記されたこと、国会等への随時報告の制度が創設されたことです。

年　月　日	事　項
昭和22(1947)年　5月　3日	日本国憲法施行 会計検査院法施行
平成10(1998)年　1月12日	国会法等の一部を改正する法律施行 (同法により会計検査院法が改正)
平成17(2005)年11月　7日	会計検査院法の一部を改正する法律施行

§2　組織

会計検査院は、意思決定を行う検査官会議と検査を実施する事務総局で組織されています。

1　検査官会議

　検査官会議は3人の検査官で構成されています。検査官は衆・参両議院の同意を経て内閣が任命し、天皇がこれを認証します。任期は5年で、検査の独立性を確保するために、在任中その身分が保障されています。検査官会議が意思決定を行う際に議長を務めるのは会計検査院長で、院長は検査官の互選に基づいて内閣が任命します。

　検査官会議は、事務総局を指揮監督し、会計検査院規則の制定、検査報告に掲記する事項の議決、検査を受けるものの決定、職員の任免等、重要事項の意思決定を行います。

検査官会議（左から原田祐平検査官、田中弥生会計検査院長、挽文子検査官）（令和6年1月現在）

2　事務総局

　事務総局は、検査官会議の指揮監督の下に、会計検査を実施する機関で、事務総長官房と五つの局から構成されています。これら五つの局には、合計41の課等が置かれていて、各府省等が所管している一般会計や特別会計のほか、政府関係機関その他の国の出資法人等の検査に当たっています。また、事務総長官房は総務、人事、会計等の庶務を行うほか、検査事務と性格の異なる審査（後掲30ページ表中「④審査」参照）の事務にも従事しています。

3　職員及び研修

(1)　職員

　事務総局の職員は、1,251人（令和5年度定員）であり、これらの者の多くは調査官又は調査官補として所属検査課で在庁検査と実地検査に従事しています。その職務を遂行するに当たっては、検査対象機関の業務内容はもとより、広く法律、財政、経済、電気、デジタル、機械、土木、建築等に関する知識、技能が必要とされます。

　また、事務総局の定員は、行政機関の職員の定員に関する法律の枠外で会計検査院独自に定めることになっています。これは、前述の検査官の身分保障と相まって、会計検査院の人事面における独立性を裏付けるものです。

図表Ⅰ-2　会計検査院の組織図（令和5年12月末現在）

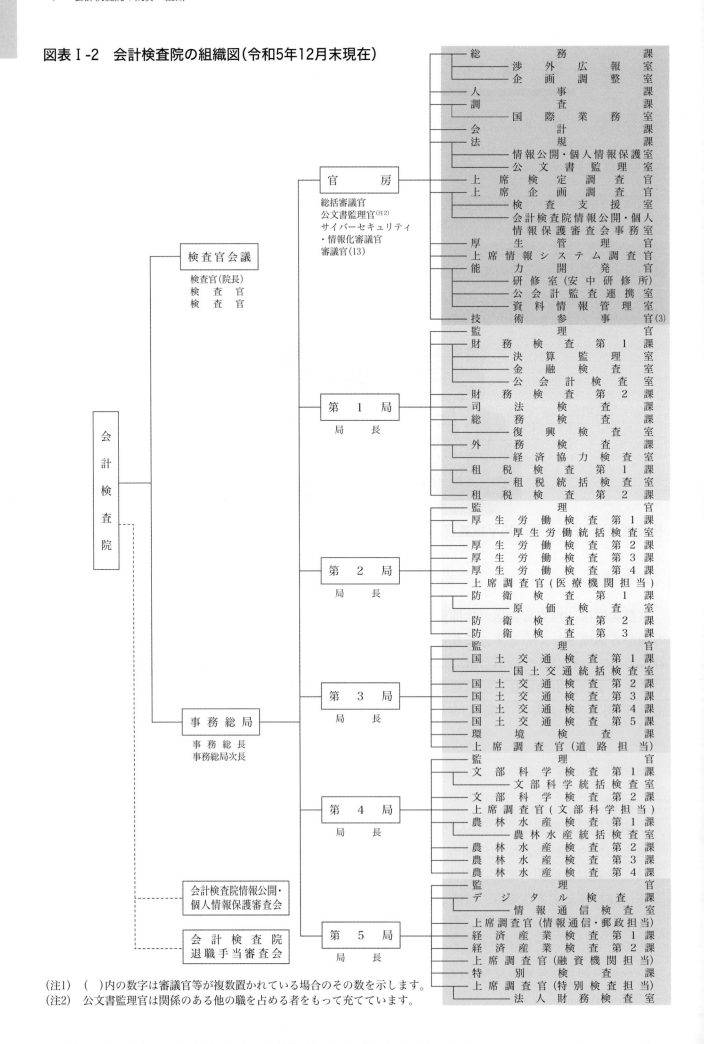

検査官会議
検査官（院長）
検査官
検査官

会計検査院

事務総局
事務総長
事務総局次長

会計検査院情報公開・
個人情報保護審査会

会計検査院
退職手当審査会

官房
総括審議官
公文書監理官（注2）
サイバーセキュリティ
・情報化審議官
審議官（13）

第 1 局
局　長

第 2 局
局　長

第 3 局
局　長

第 4 局
局　長

第 5 局
局　長

総　　　　務　　　　課
渉　外　広　報　室
企　画　調　整　室
人　　　事　　　課
調　　　査　　　課
国　際　業　務　室
会　　　計　　　課
法　　　規　　　課
情報公開・個人情報保護室
公　文　書　監　理　室
上　席　検　定　調　査　官
上　席　企　画　調　査　官
検　査　支　援　室
会計検査院情報公開・個人
情報保護審査会事務室
厚　　生　　管　　理　　官
上　席　情　報　システム　調　査　官
能　　力　　開　　発　　官
研修室（安中研修所）
公　会　計　監　査　連　携　室
資　料　情　報　管　理　室
技　術　参　事　官（3）

監　　　　理　　　　官
財　務　検　査　第　1　課
決　算　監　理　室
金　融　検　査　室
公　会　計　検　査　室
財　務　検　査　第　2　課
司　　法　　検　　査　　課
総　　務　　検　　査　　課
復　興　検　査　室
外　　務　　検　　査　　課
経　済　協　力　検　査　室
租　税　検　査　第　1　課
租　税　統　括　検　査　室
租　税　検　査　第　2　課

監　　　　理　　　　官
厚　生　労　働　検　査　第　1　課
厚　生　労　働　統　括　検　査　室
厚　生　労　働　検　査　第　2　課
厚　生　労　働　検　査　第　3　課
厚　生　労　働　検　査　第　4　課
上　席　調　査　官（医　療　機　関　担　当）
防　　衛　　検　　査　　第　1　課
原　価　検　査　室
防　　衛　　検　　査　　第　2　課
防　　衛　　検　　査　　第　3　課

監　　　　理　　　　官
国　土　交　通　検　査　第　1　課
国　土　交　通　統　括　検　査　室
国　土　交　通　検　査　第　2　課
国　土　交　通　検　査　第　3　課
国　土　交　通　検　査　第　4　課
国　土　交　通　検　査　第　5　課
環　　境　　検　　査　　課
上　席　調　査　官（道　路　担　当）

監　　　　理　　　　官
文　部　科　学　検　査　第　1　課
文　部　科　学　統　括　検　査　室
文　部　科　学　検　査　第　2　課
上　席　調　査　官（文　部　科　学　担　当）
農　林　水　産　検　査　第　1　課
農　林　水　産　統　括　検　査　室
農　林　水　産　検　査　第　2　課
農　林　水　産　検　査　第　3　課
農　林　水　産　検　査　第　4　課

監　　　　理　　　　官
デ　ジ　タ　ル　検　査　課
情　報　通　信　検　査　室
上　席　調　査　官（情報通信・郵政担当）
経　済　産　業　検　査　第　1　課
経　済　産　業　検　査　第　2　課
上　席　調　査　官（融　資　機　関　担　当）
特　　別　　検　　査　　課
上　席　調　査　官（特　別　検　査　担　当）
法　人　財　務　検　査　室

（注1）　（　）内の数字は審議官等が複数置かれている場合のその数を示します。
（注2）　公文書監理官は関係のある他の職を占める者をもって充てています。

⑵　研修

　会計検査院は、職員に対して、階層別の研修として、①新規採用職員を対象に会計検査業務に必要な法令や制度、簿記、土木、建築、情報技術等を含む、検査業務を行うための基礎知識を習得させる研修、②調査官補を対象に検査報告の掲記事項を中心に事例研究を行うなど実践的な検査技法を習得させ、検査能力の向上を図る研修、③新任調査官を対象に工事や企業会計等の各分野の専門知識を学習させ検査技術の充実を図る研修等を実施しています。さらに、④一定の年数を経過した調査官等を対象に新たな専門知識を付与し、会計検査をめぐる動向等に対応した検査報告作成能力の向上を図るなど、高度な会計検査技術を習得させるなどの研修や、⑤新任の監督者、管理者を対象に、必要なマネジメント能力を付与するための研修等を実施しています。

　また、階層によらない研修として、希望する職員を対象に、決算・財務分析等に必要な知識を付与するための研修、検査報告事務を担当した職員から報告内容の詳細及び検査報告に至るまでの経緯等を集中的に学ぶことで多様な検査技法を習得させるための研修等を実施しています。

　これらの研修は、主に群馬県安中市に所在する会計検査院の合宿研修施設(安中研修所)で行われています。また、安中研修所には工事検査実習施設があり、各種の実物大構造物モデルを用いた実践的な研修も行われています。

　上記のほか、税務大学校、国内外の大学院等外部の機関へ職員を派遣し、検査業務等に関連する知識等を習得させる委託研修があります。

　また、会計検査院では、検査を受ける各府省や団体の職員の能力向上に寄与するため、各府省、政府関係機関や独立行政法人等国の出資法人及び都道府県等地方公共団体の会計事務職員や内部監査職員を対象として、会計関係の法令実務や監査技法等の講習会を安中研修所において年間6コースを開催しています(後掲29ページ「内部監査業務講習会、会計職員事務講習会等」参照)。

　会計検査院による外部チェックと、これらの講習会の開催により充実強化された各府省等の内部監査等が、言わば車の両輪のごとく機能することにより、予算執行の適正化を推進することが期待されます。

会計検査院安中研修所

実物大構造物モデル(橋りょうモデル)

4　経費

　会計検査院の令和4年度歳出予算現額は175億5820万円（当初予算額169億2828万円）で、これに対する支出済歳出額は156億6906万円です。

　支出済歳出額の内訳は以下のとおりです。

・会計検査院の運営に要した経費

（会計検査に従事する職員等の人件費及び庁舎の維持管理経費等）　　　　　　140億9883万円

・会計検査業務に要した経費

（実地検査等のための旅費及び検査活動を行うための情報システム経費

並びに検査活動に資する研究及び検査能力向上のための研修経費等）　　　　14億1842万円

・会計検査院の施設整備に要した経費　　　　　　　　　　　　　　　　　　　2767万円

・情報通信技術調達等適正・効率化の推進に要した経費　　　　　　　　　　1億2413万円

　なお、会計検査院の予算は、国会、裁判所の予算と同様、予算の作成過程における特例^(注)が認められており、内閣に対する独立性を予算面からも保障しています。

（注）財政法第19条において、内閣は、国会、裁判所及び会計検査院の歳出見積を減額した場合においては、国会、裁判所又は会計検査院の送付に係る歳出見積について、その詳細を歳入歳出予算に附記するとともに、国会が、国会、裁判所又は会計検査院に係る歳出額を修正する場合における必要な財源についても明記しなければならないとされています。

§3　検査業務

1　検査の目的

⑴　会計経理の監督

　会計検査院は、会計検査院法の規定に基づき、常時会計検査を行い、会計経理を監督し、その適正を期し、かつ是正を図ることになっています。そして、不適切又は不合理な会計経理等を発見したときは、単にこれを指摘するだけでなく、原因を究明してその是正や改善を促すという積極的な機能を果たしています。このため、会計検査院には、会計経理に関し法令に違反し又は不当と認める事項や、法令、制度又は行政に関し改善を必要と認める事項について、意見を表示し又は処置を要求する権限が与えられています。

⑵　決算の確認

　会計検査院の検査のもう一つの目的は、決算の確認です。会計検査院は、検査の結果によって国の収入支出の決算を確認することになっています。決算の確認とは、決算の計数の正確性と、決算の内容をなす会計経理の妥当性を検査判定して、検査を了したことを表明することです。

　内閣は、会計検査院の検査を経た決算を国会に提出することとなっていますが、会計検査院が決算の確認という公的な意思表明をすることによって、内閣は決算を国会に提出できることになります。

2　検査の対象

　会計検査院の検査を必要とするものは、次のとおりとされています。

①　一般会計及び特別会計の毎月の収入支出をはじめ、現金、物品、国有財産、債権、債務等の国の会計

②　国が資本金の2分の1以上を出資している政府関係機関、事業団、独立行政法人、国立大学法人等の会計

③　日本放送協会の会計

　また、会計検査院は、必要と認めるとき又は内閣の請求があるときは、次に掲げる会計経理の検査をすることができます。

④　国が資本金の一部を出資しているもの(例　中部国際空港株式会社)の会計

⑤　国が資本金を出資したものが更に出資しているもの(例　北海道旅客鉄道株式会社)の会計

⑥　国が借入金の元金又は利子の支払を保証しているものの会計

⑦　国が直接・間接に補助金その他の財政援助を与えた都道府県、市町村、各種組合、学校法人等の会計

⑧　国若しくは国が資本金の2分の1以上を出資している法人(国等)の工事その他の役務の請負人若しくは事務や業務の受託者又は国等に対する物品の納入者のその契約に関する会計　　　　など

　令和5年次(4年10月から5年9月まで)に次に掲げる会計を検査しました。

① 毎月の**収入支出**をはじめ、**現金、物品、国有財産、債権、債務等**全ての分野の国の会計
② 国が資本金の2分の1以上を出資している**208法人**の会計
③ 法律により特に会計検査院の検査に付するものと定められた**1法人**の会計
④ 国が資本金の一部を出資しているもののうち**9法人**の会計
⑤ 国が資本金を出資したものが更に出資しているもののうち**15法人**の会計
⑥ 国が借入金の元金又は利子の支払を保証しているもののうち**3法人**の会計
⑦ 国が補助金その他の財政援助を直接又は間接に与えたもののうち**5,422団体等**の会計
⑧ 国等の工事その他の役務の請負人若しくは**事務**若しくは**業務の受託者**又は国等に対する**物品の納入者**のその契約に関する会計のうち**104法人等**の国等との契約に関する会計

　このうち、②から⑦までの明細は次のとおりです。

図表 I -3　令和5年次に検査対象とした各種団体

区　分	団　体　名		
国が資本金の2分の1以上を出資している208法人	**(政府関係機関　4)**		
	沖縄振興開発金融公庫	株式会社日本政策金融公庫	株式会社国際協力銀行
	独立行政法人国際協力機構有償資金協力部門^{注(1)}		
	(事業団等　36)		
	日本私立学校振興・共済事業団	日　本　銀　行	日本中央競馬会
	預金保険機構	東京地下鉄株式会社	中間貯蔵・環境安全事業株式会社
	成田国際空港株式会社	東日本高速道路株式会社	中日本高速道路株式会社
	西日本高速道路株式会社	本州四国連絡高速道路株式会社	日本司法支援センター
	全国健康保険協会	株式会社日本政策投資銀行	輸出入・港湾関連情報処理センター株式会社
	株式会社産業革新投資機構	日本年金機構	原子力損害賠償・廃炉等支援機構
	農水産業協同組合貯金保険機構	新関西国際空港株式会社	株式会社農林漁業成長産業化支援機構
	株式会社民間資金等活用事業推進機構	株式会社海外需要開拓支援機構	株式会社海外交通・都市開発事業支援機構
	横浜川崎国際港湾株式会社	外国人技能実習機構	株式会社海外通信・放送・郵便事業支援機構
	株式会社日本貿易保険	株式会社脱炭素化支援機構^{注(2)}	
	以上のほか、清算中のものなどが7団体あります。		

注　注(1)、注(2)　は上付き文字の注記

区　分	団　体　名		
国が資本金の2分の1以上を出資している208法人	(独立行政法人　83)^{注(3)}		
	国 立 公 文 書 館	情 報 通 信 研 究 機 構	酒 類 総 合 研 究 所
	国立特別支援教育総合研究所	大 学 入 試 セ ン タ ー	国立青少年教育振興機構
	国 立 女 性 教 育 会 館	国 立 科 学 博 物 館	物 質・材 料 研 究 機 構
	防 災 科 学 技 術 研 究 所	量子科学技術研究開発機構	国 立 美 術 館
	国 立 文 化 財 機 構	農林水産消費安全技術センター	家 畜 改 良 セ ン タ ー
	農業・食品産業技術総合研究機構	国際農林水産業研究センター	森 林 研 究・整 備 機 構
	水 産 研 究・教 育 機 構	産 業 技 術 総 合 研 究 所	製 品 評 価 技 術 基 盤 機 構
	土 木 研 究 所	建 築 研 究 所	海上・港湾・航空技術研究所
	海 技 教 育 機 構	航 空 大 学 校	国 立 環 境 研 究 所
	教 職 員 支 援 機 構	駐留軍等労働者労務管理機構	自 動 車 技 術 総 合 機 構
	造 幣 局	国 立 印 刷 局	国 民 生 活 セ ン タ ー
	農 畜 産 業 振 興 機 構	農 林 漁 業 信 用 基 金	北 方 領 土 問 題 対 策 協 会
	国 際 協 力 機 構^{注(1)}	国 際 交 流 基 金	新エネルギー・産業技術総合開発機構
	科 学 技 術 振 興 機 構	日 本 学 術 振 興 会	理 化 学 研 究 所
	宇 宙 航 空 研 究 開 発 機 構	日本スポーツ振興センター	日 本 芸 術 文 化 振 興 会
	高齢・障害・求職者雇用支援機構	福 祉 医 療 機 構	国立重度知的障害者総合施設のぞみの園
	労 働 政 策 研 究・研 修 機 構	日 本 貿 易 振 興 機 構	鉄道建設・運輸施設整備支援機構
	国 際 観 光 振 興 機 構	水 資 源 機 構	自 動 車 事 故 対 策 機 構
	空 港 周 辺 整 備 機 構	情 報 処 理 推 進 機 構	エネルギー・金属鉱物^{注(4)}資 源 機 構
	労 働 者 健 康 安 全 機 構	国 立 病 院 機 構	医 薬 品 医 療 機 器 総 合 機 構
	環 境 再 生 保 全 機 構	日 本 学 生 支 援 機 構	海 洋 研 究 開 発 機 構
	国 立 高 等 専 門 学 校 機 構	大学改革支援・学位授与機構	中 小 企 業 基 盤 整 備 機 構
	都 市 再 生 機 構	奄 美 群 島 振 興 開 発 基 金	医薬基盤・健康・栄養研究所
	日本高速道路保有・債務返済機構	日 本 原 子 力 研 究 開 発 機 構	地 域 医 療 機 能 推 進 機 構
	年 金 積 立 金 管 理 運 用	住 宅 金 融 支 援 機 構	郵便貯金簡易生命保険管理・郵便局ネットワーク支援機構
	国 立 が ん 研 究 セ ン タ ー	国立循環器病研究センター	国立精神・神経医療研究センター
	国 立 国 際 医 療 研 究 セ ン タ ー	国立成育医療研究センター	国立長寿医療研究センター
	勤 労 者 退 職 金 共 済 機 構	日 本 医 療 研 究 開 発 機 構	

区　分	団　体　名			
国が資本金の2分の1以上を出資している208法人	(国立大学法人等 注(3) 86)			
	北 海 道 大 学	北海道教育大学	室 蘭 工 業 大 学	北 海 道 国 立 大 学 機 構 注(5) / 旭 川 医 科 大 学
	弘 前 大 学	岩 手 大 学	東 北 大 学	宮 城 教 育 大 学 / 秋 田 大 学
	山 形 大 学	福 島 大 学	茨 城 大 学	筑 波 大 学 / 筑 波 技 術 大 学
	宇 都 宮 大 学	群 馬 大 学	埼 玉 大 学	千 葉 大 学 / 東 京 大 学
	東京医科歯科大学	東京外国語大学	東京学芸大学	東京農工大学 / 東京芸術大学
	東 京 工 業 大 学	東 京 海 洋 大 学	お茶の水女子大学	電 気 通 信 大 学 / 一 橋 大 学
	横 浜 国 立 大 学	新 潟 大 学	長岡技術科学大学	上 越 教 育 大 学 / 富 山 大 学
	金 沢 大 学	福 井 大 学	山 梨 大 学	信 州 大 学 / 静 岡 大 学
	浜 松 医 科 大 学	東 海 国 立 大 学 機 構	愛 知 教 育 大 学	名 古 屋 工 業 大 学 / 豊橋技術科学大学
	三 重 大 学	滋 賀 大 学	滋 賀 医 科 大 学	京 都 大 学 / 京 都 教 育 大 学
	京都工芸繊維大学	大 阪 大 学	大 阪 教 育 大 学	兵 庫 教 育 大 学 / 神 戸 大 学
	奈 良 国 立 大 学 機 構 注(6)	和 歌 山 大 学	鳥 取 大 学	島 根 大 学 / 岡 山 大 学
	広 島 大 学	山 口 大 学	徳 島 大 学	鳴 門 教 育 大 学 / 香 川 大 学
	愛 媛 大 学	高 知 大 学	福 岡 教 育 大 学	九 州 大 学 / 九 州 工 業 大 学
	佐 賀 大 学	長 崎 大 学	熊 本 大 学	大 分 大 学 / 宮 崎 大 学
	鹿 児 島 大 学	鹿 屋 体 育 大 学	琉 球 大 学	政 策 研 究 大 学 院 大 学 / 総 合 研 究 大 学 院 大 学
	北陸先端科学技術大学院大学	奈良先端科学技術大学院大学		
	大学共同利用機関法人 人間文化研究機構	大学共同利用機関法人 自然科学研究機構		大学共同利用機関法人 高エネルギー加速器研究機構
	大学共同利用機関法人 情報・システム研究機構			
法律により特に会計検査院の検査に付するものと定められた1法人	日 本 放 送 協 会			
国が資本金の一部を出資しているもののうち9法人	中 部 国 際 空 港 株 式 会 社	日 本 電 信 電 話 株 式 会 社		首 都 高 速 道 路 株 式 会 社
	阪 神 高 速 道 路 株 式 会 社	日 本 ア ル コ ー ル 産 業 株 式 会 社		株 式 会 社 商 工 組 合 中 央 金 庫
	日 本 た ば こ 産 業 株 式 会 社	阪 神 国 際 港 湾 株 式 会 社		日 本 郵 政 株 式 会 社

区　分	団　体　名		
国が資本金を出資したものが更に出資しているもののうち15法人	北海道旅客鉄道株式会社	四国旅客鉄道株式会社	日本貨物鉄道株式会社
	東京湾横断道路株式会社	東日本電信電話株式会社	西日本電信電話株式会社
	日本郵便株式会社	株式会社ゆうちょ銀行	株式会社かんぽ生命保険
	株式会社整理回収機構	株式会社地域経済活性化支援機構	株式会社東日本大震災事業者再生支援機構
	関西国際空港土地保有株式会社	東京電力ホールディングス株式会社	株式会社ＩＮＣＪ
国が借入金の元金又は利子の支払を保証しているもののうち3法人	一般財団法人民間都市開発推進機構	独立行政法人農業者年金基金	地方公共団体金融機構
国が補助金その他の財政援助を与えたもののうち5,422団体等	日本下水道事業団 　以上のほか、都道府県、市町村、各種組合、学校法人等が5,421団体等あります。		

注(1)「国が資本金の2分の1以上を出資している法人の会計」の総数においては、「独立行政法人国際協力機構有償資金協力部門」を「独立行政法人国際協力機構」に含めています。
注(2)「株式会社脱炭素化支援機構」は、令和4年10月28日に設立されました。
注(3) 各団体の名称中「独立行政法人」「国立研究開発法人」及び「国立大学法人」については、記載を省略しています。
注(4)「独立行政法人エネルギー・金属鉱物資源機構」は、4年11月14日に「独立行政法人石油天然ガス・金属鉱物資源機構」から移行しました。
注(5)「国立大学法人北海道国立大学機構」は、4年4月1日に「国立大学法人帯広畜産大学」から移行して、同日に解散した「国立大学法人小樽商科大学」及び「国立大学法人北見工業大学」の権利及び義務を承継しました。
注(6)「国立大学法人奈良国立大学機構」は、4年4月1日に「国立大学法人奈良女子大学」から移行して、同日に解散した「国立大学法人奈良教育大学」の権利及び義務を承継しました。

3　検査の観点

　　会計検査院は、①決算の表示が予算執行等の財務の状況を正確に表現しているか(**正確性**)、②会計経理が予算、法律、政令等に従って適正に処理されているか(**合規性**)、③事務・事業の遂行及び予算の執行がより少ない費用で実施できないか(**経済性**)、④業務の実施に際し、同じ費用でより大きな成果が得られないか、あるいは費用との対比で最大限の成果を得ているか(**効率性**)、⑤事務・事業の遂行及び予算の執行の結果が、所期の目的を達成しているか、また、効果を上げているか(**有効性**)等といった観点から検査を行っています。

図表Ⅰ-4　検査の観点

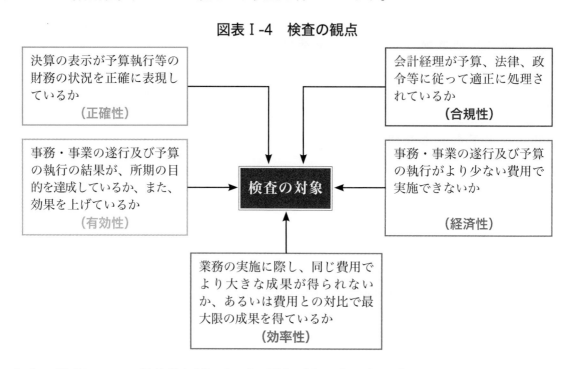

　　これらの観点について具体的に述べれば、例えば次のとおりです。
(正確性)
　・収入支出や収益費用の実績あるいは所有する財産や物品は、会計法令や会計原則に従って漏れなく正確に決算書や財務諸表等に計上表示されているか
(合規性)
　・租税の徴収に当たり、関係法令の適用に誤りはないか、税額の計算の基礎となる所得額等の把握は的確か、徴収額の計算に誤りはないか
　・工事が設計どおりに施工されているか
　・補助の対象とならないものに補助金を交付していないか
(経済性)
　・膨大な年金給付に関するデータ処理や支払等の業務は、経済的に行われているか
　・構造物の設計や積算が、不経済なものとなっていないか
　・物品の調達契約や業務の委託契約が経済的な仕様、単価を定めたものとなっているか
(効率性)
　・国の特別会計や政府出資法人の事務・事業は、設立の目的に沿って企業的経営の見地から効率的に運営されているか
　・保険料の徴収が、徴収に必要な情報やデータを活用して効率的に行われているか

（有効性）
- 福祉関係の補助金や雇用関係の給付金が、意図したように福祉サービスの充実や雇用の安定に結び付いているか
- 社会経済の実態とかい離し、当初の目的の意義が薄れて事業・制度を継続することに疑問があるものはないか
- 補助の対象となった施設や基金等が良好に運営され、補助目的を達成しているか

4　検査の運営

検査は右図のような流れで進められ、「会計検査の基本方針の策定」及びこれに基づく「検査計画の策定」から「検査結果の報告」までのサイクルとなります。

なお、検査報告に掲記した事項のうち、不適切又は不合理な事態として指摘した事項等については、その後の会計検査で、不適切な事態等の是正措置状況及び再発防止措置の状況等を的確にフォローアップすることで、検査の結果の実効性を高めています。

図表Ⅰ-5　検査の運営

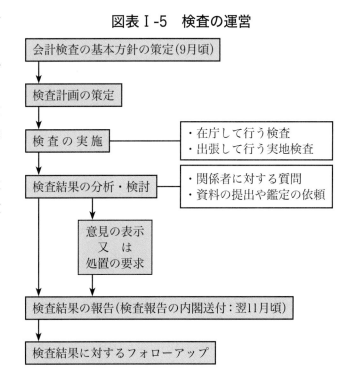

⑴　**検査の計画**

会計検査院として、限られた人員でより良い検査成果を上げるためには、効率的かつ効果的な検査を行うことが重要です。そして、そのためには、的確な計画の策定が必要です。

したがって、毎年、検査報告を内閣に送付して当年の検査業務が一段落する時期に、次の一年間に行う検査のための計画の策定を行っています。

その手続については、まず、会計検査院全体の「会計検査の基本方針」を策定し、これに基づいて、各課ごとの検査計画を策定することになっています。

ア　**会計検査の基本方針の策定**

会計検査院は、検査年次ごとに、会計検査業務の基本的な統制を図るため、会計検査の際に重点を置く施策の分野等を示した会計検査の基本方針を定めています。

令和5年次(4年10月から5年9月まで)の会計検査の基本方針は、以下のとおりです。

令和5年次会計検査の基本方針（令和4年9月6日策定）

　会計検査院は、令和5年次の検査（検査実施期間　4年10月から5年9月まで）に当たって、社会経済の動向等を踏まえつつ、会計検査をより効率的かつ効果的に行い、会計検査院に課された使命を的確に果たすために、令和5年次会計検査の基本方針を次のとおり定める。

1　会計検査院の使命

　会計検査院は、内閣に対し独立の地位を有する憲法上の機関として、次の使命を有している。

　会計検査院は、国の収入支出の決算を全て毎年検査するほか、法律に定める会計の検査を行う。

　会計検査院は、常時会計検査を行い、会計経理を監督し、その適正を期し、かつ、是正を図るとともに、検査の結果により、国の収入支出の決算を確認する。

　会計検査院は、検査報告を作成し、これを内閣に送付する。この検査報告は、国の収入支出の決算とともに国会に提出される。

2　社会経済の動向等と会計検査院をめぐる状況

　近年、我が国の社会経済は、人口減少・少子高齢化、潜在成長率の停滞、自然災害の頻発化・激甚化等への対応といった難しい課題に直面している。これらに加え、新型コロナウイルス感染症による影響が依然として続いており、同感染症への対応が引き続き課題となっている。また、国際情勢の緊迫化による国民生活や経済活動への影響についての対応も課題となっている。

　このような中で、近年の予算においては、社会保障、文教及び科学振興、防衛、公共事業等の各種の施策について予算措置が講じられている。そして、新型コロナウイルス感染症対策や国際情勢の緊迫化による国民生活や経済活動への影響に対応するための予算措置が講じられ、予期せぬ状況変化に備えるなどとして、多額の予備費が措置されている。また、政府は、新型コロナウイルス感染症への対応において、行政機関同士の不十分なシステム連携に伴う行政の非効率が明らかになったなどとして、デジタル社会の形成に向け、行政のデジタル化を推進するとしている。

　一方、我が国の財政状況をみると、公債残高は、連年の公債発行により増加の一途をたどる中、新型コロナウイルス感染症対策を実施するなどのための公債発行もあって、4年度末には約1029兆円に達すると見込まれており、4年度一般会計予算（補正後）における公債依存度は約35％、公債償還等に要する国債費の一般会計歳出に占める割合は約22％となっていて、財政健全化が課題となっている。このような中で、政府は、「財政健全化の「旗」を下ろさず、これまでの財政健全化目標に取り組む。」「ただし、感染症及び直近の物価高の影響を始め、内外の経済情勢等を常に注視していく必要がある。このため、状況に応じ必要な検証を行っていく。」などとしている。

　また、国会においては、国会による財政統制を充実し強化する観点から、予算の執行結果を把握して次の予算に反映させることの重要性等が議論されている。会計検査院は、国会から内閣に対して決算の早期提出が要請されたことも踏まえて、検査報告の内閣への送付を早期化しており、これにより国会における決算審査の早期化に資するとともに、検査結果の予算への一層の反映が可能となっている。

　このように財政健全化が課題となっており、また、予算の執行結果等の厳格な評価・検証、国民への説明責任を果たしていくことなどが重視されている。さらに、新型コロナウイルス感染症対策を始めとする各種の施策の実施のために多額の国費が投入されるなどしており、行財政についての説明責任に対する国民の関心は一層高まってきている。こうした中で、予算の執行について検査を行い、行財政に関する国民への問題提起等も含め、検査の結果を報告する会計検査院の役割は一層重要となっている。

3　会計検査の基本方針

　会計検査院は、従来、社会経済の動向等を踏まえて国民の期待に応える検査に努めてきたところであるが、以上のような状況の下で今後ともその使命を的確に果たすために、国民の関心の所在に十分留意して、厳正かつ公正な職務の執行に努めることはもとより、検査業務の質の維持・向上に努め、次に掲げる方針で検査に取り組む。また、検査結果について、国民に分かりやすく説明するように努める。

(1)　重点的な検査

　我が国の社会経済の動向や財政の現状を十分踏まえて、主として次に掲げる施策の分野に重点を置いて検査を行う。

・社会保障
・教育及び科学技術
・公共事業
・防衛
・農林水産業
・環境及びエネルギー
・経済協力
・中小企業
・デジタル

　また、新型コロナウイルス感染症対策に関する各種の施策については、医療提供体制の確保、雇用・事業・生活に関する支援等のために多額の国費が投入されていることなどを踏まえて、各事業等の進捗状況等に応じて適時適切に検査を行う。

　なお、これら以外の分野等の施策についても、国民の関心等に留意しつつ、適時適切に検査を行う。

(2)　多角的な観点からの検査

　不正不当な事態に対する検査を行うことはもとより、事務・事業の業績に対する検査を行っていく。そして、必要な場合には、制度そのものの要否も視野に入れて検査を行っていく。

　検査を行う際の観点は、次のとおりである。

ア　決算の表示が予算執行等の財務の状況を正確に表現しているかという正確性の観点
イ　会計経理が予算、法律、政令等に従って適正に処理されているかという合規性の観点
ウ　事務・事業の遂行及び予算の執行がより少ない費用で実施できないかという経済性の観点
エ　同じ費用でより大きな成果が得られないか、あるいは費用との対比で最大限の成果を得ているかという効率性の観点
オ　事務・事業の遂行及び予算の執行の結果が、所期の目的を達成しているか、また、効果を上げているかという有効性の観点

カ　その他会計検査上必要な観点

　　これらのうち正確性及び合規性の観点からの検査については、なお多くの不適切な事態が見受けられていることを踏まえて、引き続きこれを十分行う。その際には、一部の府省等において不正不当な事態が見受けられたことも踏まえて、特に基本的な会計経理について重点的に検査を行う。また、入札・契約の競争性及び透明性にも十分留意して検査を行う。

　　経済性、効率性及び有効性の観点からの検査については、近年の厳しい財政状況にも鑑みて、これを重視していく。特に有効性の観点から、事務・事業や予算執行の効果について積極的に取り上げるように努め、その際には、検査対象機関が自ら行う政策評価や効率的かつ効果的な事務・事業の実施のために政府が行う各種の取組等の状況についても留意して検査を行う。また、国等が保有している資産、補助金等によって造成された基金等の状況についても留意して検査を行う。

　　そして、事務・事業の遂行及び予算の執行に問題がある場合には、原因の究明を徹底して行い、制度そのものの要否も含めて改善の方策について検討する。

　　このほか、行財政の透明性、説明責任の向上や事業運営の改善に資するなどのために、国の財政状況、財政健全化に向けた取組、特別会計や独立行政法人等の財務状況について、国や法人の決算等に基づき分析を行うなどして検査の充実を図る。その際、企業会計の慣行を参考として作成される特別会計財務書類等の公会計に関する情報の活用にも留意する。

⑶　内部統制の状況に対応した取組

　　検査対象機関における内部監査、内部牽制等の内部統制の状況は、会計経理の適正性の確保等に影響を与えることから、検査に際してはその実効性に十分留意する。また、内部統制が十分機能して会計経理の適正性の確保等が図られるように、必要に応じて内部統制の改善を求めるなど適切な取組を行う。

⑷　検査のフォローアップ

　　検査において不適切、不合理等とした会計経理の是正やその再発防止が確実に図られるなど、検査の結果が予算の編成・執行や事業運営等に的確に反映され実効あるものとなるように、その後の是正改善等の状況を継続的にフォローアップする。

　　また、検査報告等において不適切な事態を指摘する際には、当該事態に係る発生原因や改善の方策等を明記して、当該検査対象機関はもとより、他の検査対象機関における会計経理の適正性の確保等にも資するようにする。このほか、必要に応じて他の検査対象機関においても同種事態が発生していないか検査を行うなど適切に取り組む。

⑸　国会との連携

　　検査に当たっては、国会における審議の状況に常に留意する。そして、国会法第105条の規定に基づく会計検査院に対する検査要請に係る事項の検査に当たっては、国会における審査又は調査に資するものとなるように、要請の趣旨を十分踏まえて必要な調査内容を盛り込むなど的確な検査に努める。また、国会における決算審査の充実に資するために、検査結果を適時に報告するよう、引き続き国会及び内閣に対する随時の報告を積極的に行うように努める。

⑹　検査能力の向上及び検査業務の効率化

　　社会経済の複雑化や新型コロナウイルス感染症等による社会環境の変化とそれらに伴う行財政の変化、行政のデジタル化推進の取組等に対応して、新しい検査手法の開発を行うなど不断の見直しを行って、検査能力の向上及び検査業務の効率化を図り、検査を充実さ

せていく。

　すなわち、検査手法や検査領域を多様化するための会計検査をめぐる国際的な動向を含めた調査研究、専門分野の検査に対応できる人材の育成や民間の実務経験者、専門家等の活用、リモートによる検査手法の活用を始め検査業務における情報通信技術の一層の活用等により、検査対象機関の事務・事業の全般について検査の一層の充実を図る。

　また、業務の効率化等を通じて、あらゆる職員が活躍できる職場環境の整備を推進し、人材の確保・育成、ひいては検査能力の維持・向上に資するよう努める。

4　的確な検査計画の策定

　本基本方針に基づき、会計検査をより効率的かつ効果的に行い、会計検査院に課された使命を果たすために、的確な検査計画を策定して、これにより計画的に検査を行う。

　検査計画には、検査対象機関並びに施策及び事務・事業の予算等の規模や内容、内部統制の状況、過去の検査の状況や結果等を十分勘案して、検査に当たって重点的に取り組むべき事項を検査上の重点項目として設定する。その際、複数の府省等により横断的に実施されている施策又は複数の府省等に共通し若しくは関連する事項に対しては、必要に応じて横断的な検査を行うこととする。

　そして、検査に当たっては、検査の進行状況により、また、国民の関心の所在等にも留意しつつ、検査計画を必要に応じて見直すなど機動的、弾力的に対応して、検査の拡充強化を図る。なお、新型コロナウイルス感染症による検査対象機関への影響等に適切に配慮する。

イ　検査計画の策定

　会計検査院は、上記の会計検査の基本方針に基づき、毎年次、検査計画を策定しています。

　検査計画の策定に当たっては、検査対象機関の事業内容、予算規模、内部統制の状況、過去の検査状況、社会経済情勢、国会での審議、報道等を十分に分析検討した上で、会計検査に当たって重点的に取り組むべき事項を設定し、それに対する検査のテーマ、勢力の配分等が決められます。

⑵　検査の実施

　検査対象機関に対する検査の方法は、在庁して行う検査及び出張して行う実地検査です。

ア　在庁して行う検査（在庁検査）

　会計検査院は、次のような方法等により、在庁して常時検査しています。

① 　検査対象機関から、会計検査院の定める計算証明規則により、当該機関で行った会計経理の実績を計数的に表示した計算書、その裏付けとなる各種の契約書、請求書、領収証書等の証拠書類等を提出させてその内容を確認するなどの方法

② 　検査対象機関から、その事務、事業等の実施状況等に関する資料やデータ等の提出

庁舎内の書庫に保管されている証拠書類

第Ⅰ章

を求めてその内容を確認したり、情報通信システムを活用して関係者から説明を聴取したりするなどの方法

証拠書類等については、紙媒体により提出されるもののほか、近年では、会計事務の電子化の進展に伴うシステムの整備等により、電子情報処理組織の使用（オンライン）又は電磁的記録媒体により提出されるものも増えており、これらの書類等について検査しています。

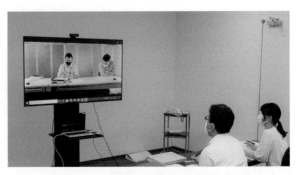

Web会議システムを用いた説明の聴取

イ　出張して行う実地検査

会計検査院は、府省や団体等の本部や支部、あるいは工事等の事業が実際に行われている場所に職員を派遣して実地に検査を行っています。また、国から財政援助を受けて種々の事業を実施している地方公共団体等についても、国が交付した補助金等が適正に使われているかどうかを実地に検査しています。

実地検査を行う箇所は、検査計画で決められた重点項目や勢力配分、在庁検査の結果、これまでの検査頻度・実績、国会の審議、マスコミや国民からの情報等を考慮して選定されます。

実地検査風景

実地検査では、派遣先の事務所内で、関係帳簿や会計検査院に証拠書類等として提出されない書類等について検査するほか、担当者や関係者から意見や説明を聞き、また、財産の管理や機能の実態を調査したり、工事の出来栄えを実地に確認したりします。

検査報告に掲記されて国会に報告される事項の大部分は、この実地検査によって明らかになったもので、会計検査上極めて重要な検査方法です。

なお、法律により、会計検査院による実地の検査を受けるもの、また、会計検査院から帳簿、書類その他の資料若しくは報告の提出の求めを受け、又は質問され若しくは出頭の求めを受けたものは、これに応じなければなりません。

5年次の実地検査の実施率を検査上の重要性に応じてみると次のとおりとなっています。

(ア)　本省、本社等の中央機関、地方ブロックごとに設置されている主要な地方出先機関等の検査上重要な箇所4,556か所の実地検査の実施率は37.6％となっています。

(イ)　その他の地方出先機関等で、検査上の重要性が(ア)に準ずる箇所6,568か所の実地検査の実施率は11.4％となっています。

そして、これらを合わせた計11,124か所についての**実施率は22.1％**となっています。

区　　　分	検査対象箇所数(A)	実地検査実施箇所数(B)	実地検査の実施率(B/A)(%)
(ア) 本省、本社、主要な地方出先機関等	4,556	1,717	37.6
(イ) その他の地方出先機関等	6,568	751	11.4
計	11,124	2,468	22.1

(注)　(ア)及び(イ)以外の箇所(郵便局、駅等)は、20,346か所のうち41か所において実地検査を実施しており、これらを含めた実施率は7.9%となっています。

　なお、4年次に引き続き、5年次の実地検査は、新型コロナウイルス感染症の拡大防止への対応等として、同感染症による検査対象機関への影響等に配慮して実施しました。

　また、これらの実地検査に要した調査官等の**延べ人日数は約2万7000人日**でした。

⑶　検査結果の分析・検討

　実地検査等の結果、不適切ではないかなどと思われる会計経理を発見した場合は、事実関係等の確認はもちろんのこと、発生原因や改善のための方策について十分な検討が行われますが、事態を究明する方策として、次のようなことを行っています。

ア　関係者に対する質問

　実地検査等の結果、不適切又は不合理ではないかなどと思われる会計経理については、責任者に対して質問をしています。

　この質問は、事実関係や事実認識の確認、疑問点の解明等のため行うもので、当該会計経理の概要、疑問点、検査過程における所見とその理由等が記述されています。

　そして、検査対象機関の書面による説明を求めて事態を究明しています。**4年10月から5年9月までに発した質問は約500事項**でした。

イ　資料提出・鑑定の依頼

　高度な技術的内容を含む事柄については、会計検査院職員の検討だけでは、判断が下しきれないケースがあります。このような場合、第三者的な専門機関や専門家の知識、技術による判定を依頼し、その結果を参考にして判断を下すことになります。

　実地検査等の結果の分析・検討を経て事態が究明され、その結果、不適切又は不合理な事態であるなどと判断された事案については、それに対して意見を表示し又は処置を要求し、あるいは、法令、予算に違反し又は不当と認めた事項等として検査報告に掲記することになります。

⑷　意見の表示又は処置の要求

　会計検査院は、検査の進行に伴い、会計経理に関し法令に違反し又は不当であると認める事項がある場合には、直ちに、本属長官又は関係者に対し当該会計経理について意見を表示し又は適宜の処置を要求し及びその後の経理について是正改善の処置をさせることができます。

　また、検査の結果法令、制度又は行政に関し改善を必要とする事項があると認めるときは、主務官庁その他の責任者に意見を表示し又は改善の処置を要求することができます。

　そして、これらは、次の「⑸　検査結果の報告」と同様の審議過程を経て、会計検査院としての結論に達したとき、検査対象機関に対して発せられますが、その事項は、検査報告に「意見を表示し又は処置を要求した事項」として掲記されます。

⑸　検査結果の報告

　　会計検査院は、その検査結果が公正性と妥当性を確保し、信頼されるものとなるよう、次のとおり慎重な審議過程を経て検査結果を報告しています。

図表Ⅰ-6　検査結果の審議

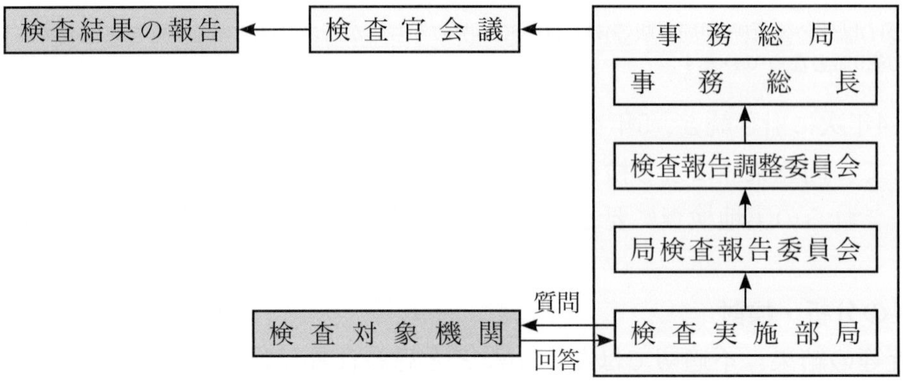

　　検査結果の報告に当たっては、事務総局内で重層的な審議を行った上で検査官会議の審議に付しています。

　　事務総局内においては、それぞれの局に「局検査報告委員会」が設けられ、局長が委員長、提案検査課長以外の局内の課長等が委員となり、事務総長官房に「検査報告調整委員会」が設けられ、事務総局次長が委員長、官房の課長等が委員となります。

　　審議は、多種多様な事案について、①事実関係の解明、②制度の仕組みや法令の適用関係の分析、③過去の経緯と客観情勢の変化との関係の評価、④問題の所在や解決策の検討等、多角的な面から行われます。

　　「局検査報告委員会」と「検査報告調整委員会」では、事実認定の客観性と判断の妥当性を確保するために、報告等を取りまとめた職員以外の会計検査を担当する職員が第三者的な立場から事案を審査して、その結果を委員会に報告する「覆審制度」を採用しています。

　　検査官会議においては、検査結果の報告における掲記の要否、その内容について、検査結果の事実関係や事態の規模、重大性、発生原因、事態の広がり等の各要素を総合的に検討して判断しています。

　　会計検査院は、「検査報告」「国会及び内閣に対する報告」「国会からの検査要請事項に関する報告」及び「国有財産検査報告」によって検査結果を明らかにしています。

ア　検査報告

　　検査報告は、憲法の規定により作成され、検査が済んだ決算とともに内閣に送付されて、内閣から国会に提出されます。そして、国会で決算審査を行う場合の重要な資料となるほか、財政当局等の業務執行にも活用されます。また、この検査報告は、国民が予算執行の結果について知ることができる重要な報告文書です。

　　令和４年度決算検査報告の主な記載事項は次のとおりです。

　⑺　決算の確認

　　　国の収入支出の決算を確認したことなど

　(イ)　個別の検査結果

　　①　不当事項

　　　　検査の結果、法律、政令若しくは予算に違反し又は不当と認めた事項

　　②　意見を表示し又は処置を要求した事項(意見表示・処置要求事項)

　　　　会計検査院法第34条又は第36条の規定により関係大臣等に対して意見を表示し又は処置を要求した事項

　　③　本院の指摘に基づき当局において改善の処置を講じた事項(処置済事項)

　　　　本院が検査において指摘したところ当局において改善の処置を講じた事項

　　④　意見を表示し又は処置を要求した事項の結果

　　　　意見表示・処置要求事項について、当局において講じた処置又は講じた処置の状況

　　⑤　不当事項に係る是正措置の検査の結果

　　　　会計検査院が既往の検査報告に掲記した不当事項に関して、当局において執られた是正措置の状況についての検査の結果

　(ウ)　国会及び内閣に対する報告並びに国会からの検査要請事項に関する報告等

　　①　国会及び内閣に対する報告(随時報告)

　　　　会計検査院法第30条の2の規定により国会及び内閣に報告した事項の概要

　　②　国会からの検査要請事項に関する報告

　　　　国会法第105条の規定による会計検査の要請を受けて検査した事項について会計検査院法第30条の3の規定により国会に報告した検査の結果の概要

　　③　特定検査対象に関する検査状況(特定検査状況)

　　　　本院の検査業務のうち、検査報告に掲記する必要があると認めた特定の検査対象に関する検査の状況

　　④　国民の関心の高い事項等に関する検査状況

　　　　検査報告に掲記する必要があると認めた国民の関心の高い事項等に関する検査の状況

　　⑤　特別会計財務書類の検査

　　　　特別会計に関する法律第19条第2項の規定による特別会計財務書類の検査の結果の概要

　(エ)　会計事務職員に対する検定

　　　　現金出納職員、物品管理職員又は予算執行職員が国又は沖縄振興開発金融公庫に損害を与えた場合、これらの職員にその損害について弁償責任があるかどうかの検定に係る状況

イ　国会及び内閣に対する報告(随時報告)

　　会計検査院は、会計検査院法の規定に基づいて、意見を表示し又は処置を要求した事項その他特に必要と認める事項について、随時、国会及び内閣に報告しています。4年11月から5年10月までの間に、3件の報告を行いました。

ウ　国会からの検査要請事項に関する報告

　　会計検査院は、国会法の規定に基づいて、国会からの要請があった特定の事項について検査を行ったときは、その検査の結果を、会計検査院法の規定に基づき、国会に報告しています。4年11月から5年10月までの間に、4件の報告を行いました。

エ　国有財産検査報告

　　会計検査院は、国有財産法の規定に基づき、「国有財産増減及び現在額総計算書」及び「国有財産無償貸付状況総計算書」について検査した結果を記した国有財産検査報告を作成し、内閣

に送付しています。

　上記のほか、会計検査院は、特別会計に関する法律及び個別の法律に規定された決算に関する書類等について検査を行い、検査を行った旨等を明らかにした通知を決算に関する書類とともに内閣に送付しています。なお、これらの報告等は、内閣から国会へ提出又は報告されます。

⑹　会計検査院の検査効果

　会計検査院の検査効果は、毎年度の検査報告における指摘金額(後掲41ページ参照)等にとどまるものではなく以下のような様々なものがあります。

ア　検査結果を活用した内部監査等による是正

　会計検査院は、検査対象の全ての会計経理を検査しているわけではなく、指摘金額等は実際に検査した分だけのものです。そして、これらは所要の是正措置が執られますが、そのほかに、検査していない分についても同様の事態があれば、当局においてその事態の是正も図られます。

イ　検査の実施中に行われる指導助言による是正

　検査報告に掲記するほどではない軽微な事態についても、実地検査などの検査の過程で指摘したり、指導助言したりして是正又は改善させています。

ウ　波及効果

　各府省等が、他の検査対象機関に係る検査報告掲記事項等を参考として、同様の事態の有無を自ら調査して是正する効果や、経理執行等に留意するため同様の事態の発生が未然に防止される効果があります。

エ　牽制効果

　検査対象機関にとって、会計検査が行われること自体が相当な牽制となり、違法不当な会計経理が未然に防止される効果が期待されます。

⑺　検査報告掲記事項のフォローアップ

　検査結果の報告に掲記した事項のうち、不適切又は不合理な事態として指摘した事項等については、その後の会計検査で的確にフォローアップすることで、検査の結果の実効性を高めています。このうち、「意見を表示し又は処置を要求した事項」については、法律の規定に基づき、その改善のために検査対象機関が執った処置の状況を検査報告に掲記しています。さらに、「不当事項」について、是正措置の状況を掲記しています(前掲23ページ ⑸ア(イ)④及び⑤)。

　また、「意見を表示し又は処置を要求した事項」に対して当局が講じた処置及び「本院の指摘に基づき当局において改善の処置を講じた事項」については、当局における処置の履行状況をフォローアップし、履行されていない事態が見受けられるなどした場合には不当事項として検査報告に掲記するなどすることとしています。

⑻　会計検査院の活動状況

　会計検査院では、社会経済情勢の変化や国民の期待に積極的に対応して、検査活動を発展させてきました。そして、これにより数多くの様々な検査成果を上げています。

図表Ⅰ-7　検査の領域、観点、手法の拡大充実

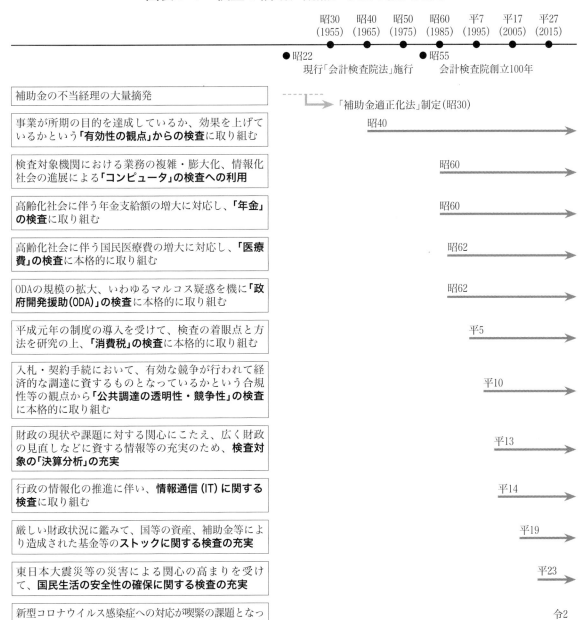

図表Ⅰ-8　検査報告掲記事項の拡大充実

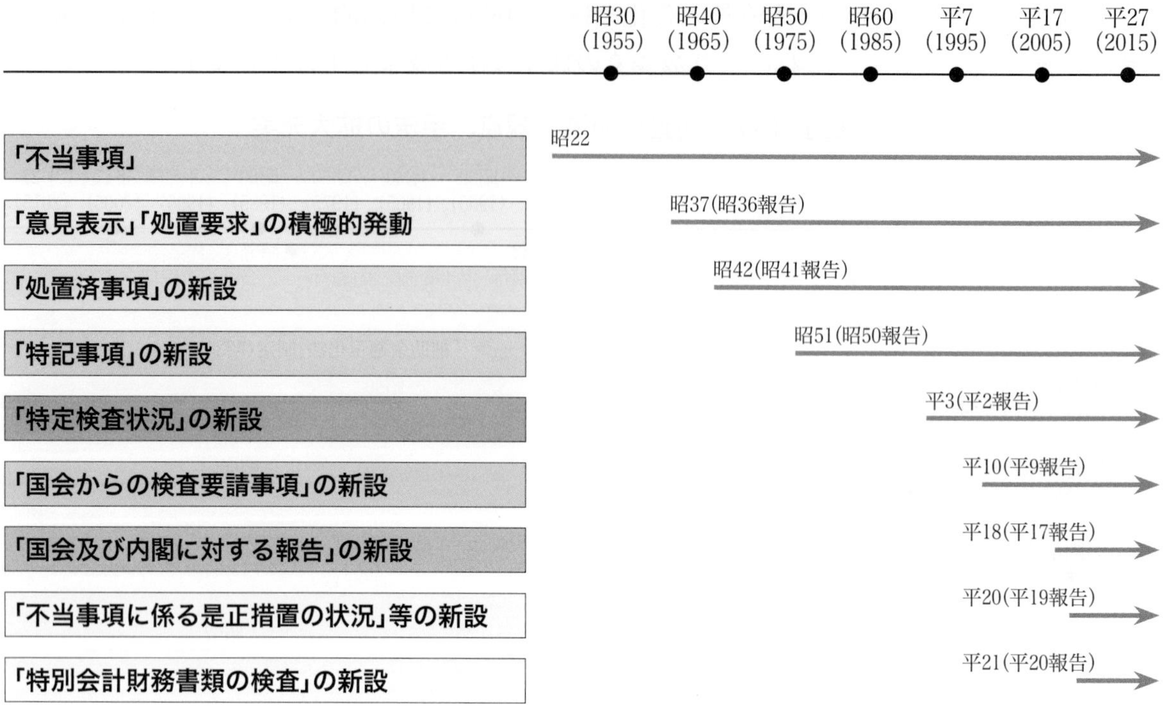

	昭30 (1955)	昭40 (1965)	昭50 (1975)	昭60 (1985)	平7 (1995)	平17 (2005)	平27 (2015)

「不当事項」　昭22

「意見表示」「処置要求」の積極的発動　昭37(昭36報告)

「処置済事項」の新設　昭42(昭41報告)

「特記事項」の新設　昭51(昭50報告)

「特定検査状況」の新設　平3(平2報告)

「国会からの検査要請事項」の新設　平10(平9報告)

「国会及び内閣に対する報告」の新設　平18(平17報告)

「不当事項に係る是正措置の状況」等の新設　平20(平19報告)

「特別会計財務書類の検査」の新設　平21(平20報告)

⑼　デジタル化の取組

　　会計検査院は、検査業務を充実強化するため、「会計検査情報システム」を開発し、決算の確認や検査に関する各種の情報や資料の管理を行っています。

　　また、デジタル技術を活用して、検査に関する各種データの集計・分析等の処理を行い、検査の着眼点の発見や検査対象箇所の選定等に役立てています。

　　会計実地検査の現場で収集したデータを、携帯した情報処理端末を用いて分析するなどして、データ処理の迅速性を確保するなど、効率的、効果的な検査を実施しています。

図表Ⅰ-9　主な会計検査情報システム

決算確認システム　・決算の計数確認
- 歳入・歳出
- 債権・債務
- 国有財産
- 物品

電子証拠書類等管理システム　・電子証拠書類の閲覧、管理等

総合検索システム　・検査報告など検査結果に関する情報の検索

　　さらに、デジタル技術を活用して、テレワークやWeb会議形式による在庁検査の実施に取り組んでいます。

　　会計検査院では、「会計検査情報システム」の開発、運用や、デジタル技術の活用の支援を行う課を官房に設置して、検査業務へのデジタル技術の活用の拡充を図っています。

⑽　検査結果の反映

ア　国会との関係

　　検査報告は、決算に添付して、内閣から国会に提出され、国会の決算審査の参考に供されています。

　　国会の決算審査は、衆議院では決算行政監視委員会、参議院では決算委員会で行われますが、国民の代表機関である国会において検査報告が十分活用され、そこに盛り込まれた事項について、原因の究明や改善の処置の徹底が図られてこそ、会計検査の効果が十分に発揮されることになります。

　　会計検査院は、上記委員会の決算審査には、責任者が常に出席し、検査報告の内容や検査活動の状況を説明したり、会計検査の立場から所見を述べたりしています。こうして、検査報告は、決算審査の際の重要な資料として利用されています。このほか、予算委員会やその他の委員会にも必要に応じて責任者が出席し、検査報告の内容を説明したり、所見を述べたりしています。令和5年1月から12月までの間に、国会へ責任者が出席し、説明等を行った回数は29回に上ります。

　　また、平成9年12月に「国会法等の一部を改正する法律」が成立し、同法によって会計検査院法が改正されました。これにより、国会から検査要請があったときは、検査を実施してその結果を報告することができることとなりました。

　　そして、17年11月に「会計検査院法の一部を改正する法律」が公布され、施行されて、会計検査院は、意見を表示し又は処置を要求した事項その他特に必要と認める事項については、随時、国会及び内閣に報告することができることとなりました。これにより、会計検査院の検査において早期に審議に付すべき事項が発見された場合に、国会における審議に活用できるよう、適時に国会に報告できることとなりました。

　　決算と検査報告が国会に提出される手続は次のとおりです。

図表Ⅰ-10　決算と検査報告が国会に提出される手続

①②内閣が決算を作成し、会計検査院に送付する。
③④会計検査院が決算を検査し確認した上で内閣に回付するとともに、検査報告を内閣に送付する。
⑤内閣が決算に検査報告を添付して国会に提出する。

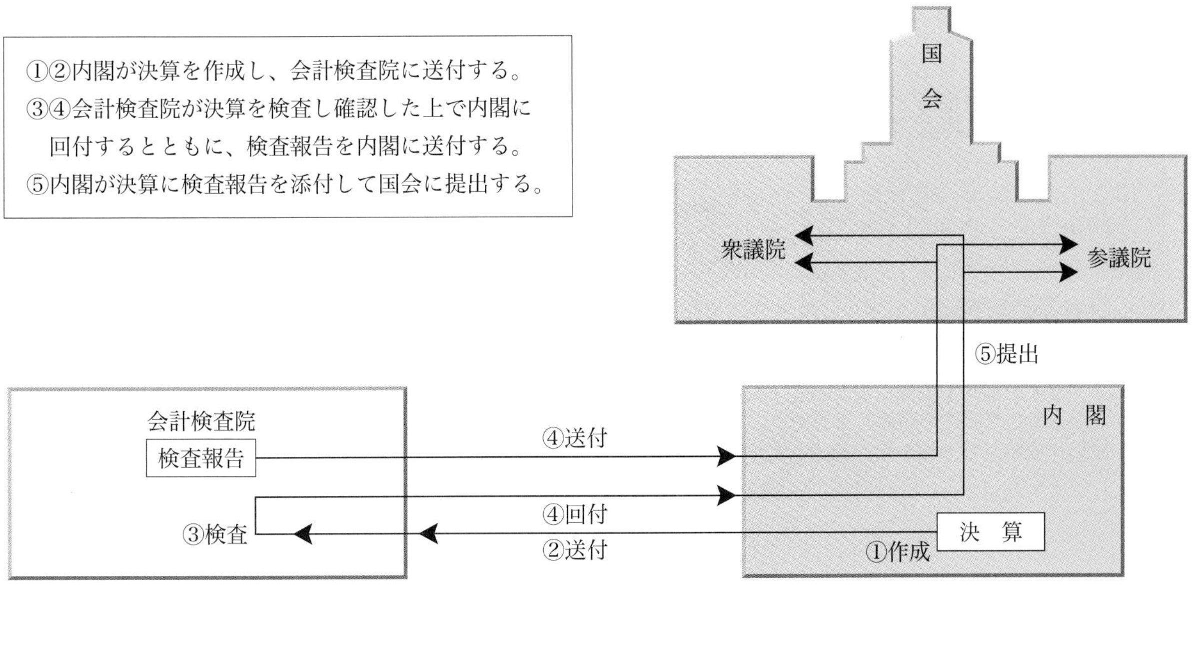

イ　財政当局との関係

　　会計検査院の検査成果を予算編成や財政運営の参考にしてもらうため、会計検査院では昭和40(1965)年度から財務省主計局と、昭和41(1966)年度から同理財局との連絡会を開いています。その際には、検査報告に掲記した事項の説明を行ったり、検査の過程で気付いた予算編成上又は財政運営上の参考事項について意見を述べたりしています。

　　また、この連絡会において、財政当局から、予算編成の背景、意図、執行上の留意点等を聴取して、検査の参考にしています。

ウ　検査対象機関との関係

　　会計検査院では、以下のような説明会、講習会を開催するなどして、検査対象機関の内部監査や内部牽制の充実・強化、指摘事項の再発防止を図っています。

　　会計検査院による外部チェックと、各府省等の内部監査等が言わば車の両輪のごとく機能することにより、一層予算執行の適正化が推進されることが期待されます。

① 検査報告説明会

　　会計検査院は各府省等の官房長等、会計課長等及び会計実務担当者、出資法人等の監事・監査役及び予算執行担当理事等、都道府県の会計管理者等を対象として「検査報告説明会」を開催しています。

　　この説明会は、検査報告の指摘事項等を詳しく説明することで、指摘内容の周知及び理解とその再発防止を目的としています。

　　令和4年度決算検査報告に係る検査報告説明会の実施状況は次表のとおりです。

対象者	開催年月日	参加人数
各府省等会計課長等	令和5.11. 9 注(1)	25府省等 会計課長等44名が参加
各府省等官房長等	令和5.11.22 注(1)	25府省等 官房長等38名が参加
都道府県会計管理者等	令和5.12.19～令和6. 2.22 注(2)	［ 47都道府県等 ］ 注(3) ［ 81名参加 ］
出資法人等監事・監査役、予算執行担当理事等	令和5.12.19～令和6. 2.22 注(2)	［ 233出資法人等 ］ 注(3) ［ 440名参加 ］
各府省等会計実務担当者	令和5.12.19～令和6. 2.22 注(2)	［ 46府省等 ］ 注(3) ［ 76名参加 ］

注(1) オンライン形式で開催しました。
注(2) e-ラーニング形式で開催しました。
注(3) 原稿作成時点で参加人数が確定していないため、前年度に開催した同説明会の参加人数を記載しています。

②　内部監査業務講習会、会計職員事務講習会等

　　会計検査院は、各省庁の内部監査担当職員や政府関係機関、独立行政法人等国の出資法人の内部監査担当職員を対象とした講習会を実施しており、各省庁や出資法人の内部監査制度の充実に寄与しています。また、国庫補助金やその他の国費の経理を担当している都道府県の会計職員や監査業務を担当している地方自治体の職員を対象とした講習会も実施しており、都道府県における補助金経理の適正化や地方自治体の内部監査制度の充実に寄与しています。

　　令和5年の講習会の実施状況は次表のとおりです。

講 習 会 名	目　　　的	期　　間	参加人数
第28回全都道府県内部監査業務講習会（工事コース）	土木、港湾等工事の国庫補助事業の経理に係る知識と技法を付与することにより内部監査の充実強化を図る。	令和5. 2.13〜17	19都道県26名が参加
第38回各省庁内部監査業務講習会	会計監査の基本理念、知識と技法を習得させることにより内部監査の充実強化を図る。	5. 5.29〜 6. 2	14省庁23名が参加
第73回全都道府県会計職員事務講習会	会計に係る知識と技法を習得させることにより円滑な会計事務の遂行を図る。	5. 8.28〜31	13都道県13名が参加
第42回政府出資法人等内部監査業務講習会	会計監査の基本理念、知識と技法を付与することにより、内部監査の充実強化を図る。	5.11. 6〜10	31団体31名が参加
第31回地方自治体監査職員事務講習会	会計監査の基本理念、知識と技法を習得させることにより内部監査の充実強化を図る。	5.12. 4〜 8 (注)	21自治体22名が参加
第29回全都道府県内部監査業務講習会（一般コース）	土木、港湾等工事以外の国庫補助事業の経理に係る知識と技法を付与することにより内部監査の充実強化を図る。		

(注)「第31回地方自治体監査職員事務講習会」及び「第29回全都道府県内部監査業務講習会（一般コース）」は合同で開催しました。

③　内部監査関連業務

　　検査対象機関の内部監査、内部牽制（けん）等の内部統制の状況についての調査・分析や各府省等の内部監査担当者との連絡会を実施するなどして、内部監査等の充実・強化を後押しするための取組を進めています。

連 絡 会 名	開 催 年 月 日	参 加 人 数
第34回各府省等内部監査担当者連絡会	令和5. 5.26 (注)	37府省等、79名が参加
第35回各府省等内部監査担当者連絡会	令和5.11.30 (注)	37府省等、69名が参加

(注) オンライン形式で開催しました。

§ 4　その他の業務

1　弁償責任の検定等の業務

会計検査院は、会計と深い関わりのある次のような業務も行うこととしています。

①　弁償責任の検定	国等の現金出納職員や物品管理職員、予算執行職員が国等に損害を与えた場合、会計検査院は、これが、善良な管理者の注意を怠ったことによるものであるかどうか、又は故意若しくは重大な過失によるものであるかどうかを審理し、その職員にその損害について弁償責任があるかどうかを検定します。弁償責任があると検定したときは、主務大臣などの責任者は、この検定に従って関係者に弁償を命じなければなりません。
②　懲戒処分の要求	検査の結果、国の会計事務を処理する職員が、故意又は重大な過失によって国に著しい損害を与えたと認める場合、計算書及び証拠書類の提出を怠る等計算証明の規程を守らない場合、帳簿、書類その他の資料若しくは報告の提出の求めを受け、又は質問され若しくは出頭の求めを受け、これに応じない場合、予算執行職員が、故意又は過失によって法令又は予算に違反した支出などを行い、国に損害を与えたと認める場合などには、主務大臣などの任命権者に対して関係職員の懲戒処分を要求することができます。
③　検察庁に対する通告	検査の結果、国の会計事務を処理する職員に職務上の犯罪があると認めた場合、その事件を検察庁に通告しなければなりません。
④　審査	国の会計事務を処理する職員の会計経理の取扱いについて、利害関係人から審査の要求があった場合、これを審査し、是正を必要とするものがあれば、その判定を主務官庁その他の責任者に通知しなければなりません。主務官庁その他の責任者は、通知を受けたときは、この判定に基づいて適当な措置を講じなければなりません。
⑤　法令の制定などに対する意見の表示	国の会計経理に関する法令及び国の現金の出納等に関する規程の制定や改廃についてあらかじめ通知を受け、これに対して意見を表示することができます。また、国の会計事務を処理する職員がその職務の執行に関し疑義のある事項について意見を求めた場合は、これに対して意見を表示しなければなりません。

(1)　国の現金出納職員に対する弁償責任の検定

令和4年10月から5年9月までの間に、**現金の亡失**について処理したものは、**3件計11万円**であり、現金出納職員が現金を亡失したことによって生じた損害の金額が既に補塡されているものであるため、弁償責任の有無を検定する要はないとしたものです。

⑵　国の物品管理職員に対する弁償責任の検定

令和4年10月から5年9月までの間に、**物品の亡失又は損傷**について処理したものは、次表のとおり**22,142件計13億8561万円**です。

事　　　態	件　数	金　額
	件	円
①　物品管理職員に弁償責任がないと検定したもの	1	483万
②　物品管理職員が物品の管理行為について善良な管理者の注意を怠ったことによるものではないと認めたものであるため、弁償責任の有無を検定する要はないとしたもの	21,131	8億1675万
③　物品管理職員の管理する物品が亡失し又は損傷したことによって生じた損害の全額が既に補塡されているものなどのため、弁償責任の有無を検定する要はないとしたもの	1,010	5億6403万
計	22,142	13億8561万

2　情報公開の状況

会計検査院の保有する行政文書に対する開示請求の受付・処理、開示決定等の状況は、次のとおりです。

図表Ⅰ-11　受付・処理等の件数

（単位：件）

区　　　分	令和4年度
受付件数	48
開示請求を受けたもの	45
他省庁等から移送を受けたもの	3
前年度から持ち越したもの	14
処理件数	56
開示決定等を行ったもの	52
全部を他省庁等へ移送したもの	4
取り下げられたもの	5
処理未済のもの	1

（注）開示請求の対象となった行政文書ファイル1ファイル(開示請求手数料300円(オンライン請求の場合は200円)が納付された1事案)を1件としています。なお、開示請求を受け付けた後に取下げとなったことなどから手数料が納付されなかった事案については、開示請求書1通につき1件として扱っています。

図表Ⅰ-12　開示決定等の件数

（単位：件）

区　　　分	令和4年度
全部開示決定	3
部分開示決定	11
不開示決定	9
計	23
延長手続をとらなかった事案のうち、開示請求があった日から30日以内(補正に要した日数を除く。)に処理したもの(情報公開法第10条第1項)	14
延長手続をとった事案のうち、延長した期限までに処理したもの(情報公開法第10条第2項)	4
期限の特例を適用した事案のうち、通知した期限までに処理したもの(情報公開法第11条)	5
計	23

注(1) 開示(不開示)決定通知書1通につき1件としています。
注(2) 1件の開示請求において複数の行政文書ファイルを請求の対象としている場合も、開示決定の件数は1件としていることから、左表の「開示決定等を行ったもの」欄と本表の「計」欄の件数は一致しません。

第
Ⅰ
章

3　個人情報保護の状況

　　会計検査院の保有する個人情報に対する開示請求の受付・処理、開示決定等の状況は、次のとおりです。

図表Ⅰ-13　受付・処理等の件数

（単位：件）

区　　　分	令和4年度
受付件数	2
開示請求を受けたもの	2
他省庁等から移送を受けたもの	0
前年度から持ち越したもの	1

図表Ⅰ-14　開示決定等の件数

（単位：件）

区　　　分	令和4年度
全部開示決定	0
部分開示決定	0
不開示決定	2
計	2

§5　各種の活動

1　広報活動

　納税者である国民のひとりひとりが国の予算執行に対し関心を持ち、注目を続けていただくことが国の予算執行の適正を期するために最も大切であり、その際に、会計検査院の検査報告は有用な資料になると考えられます。

　このようなことから、会計検査院では、検査報告の内容をわかりやすくまとめた「会計検査のあらまし」(本書)を発行するとともに、過去の検査報告全文を「会計検査院ホームページ」(https://www.jbaudit.go.jp/)において、公開しています。

　「会計検査院ホームページ」では、このほか、最新の会計検査院の組織や業務の概要を掲載しているほか、国民の方々から会計検査院の業務に関するご意見・ご感想、会計検査に関する情報などをお寄せいただくためのコーナーを設けています。

　また、「公式SNS」として会計検査院公式Facebookページ(https://www.facebook.com/baudit.japan/)及び会計検査院公式YouTubeチャンネル(https://www.youtube.com/channel/UCcofwP_DkLK0HBtqLvLzgUQ)を開設し、本院の活動をその都度情報発信しています。ご関心を持っていただけた方は、ぜひ、フォロー、チャンネル登録をお願いします。

2　会計検査懇話会

　会計検査院は、より有効かつ適切な検査を行うため、「会計検査懇話会」を運営し、会計検査をめぐる諸問題について、様々な角度から民間有識者の意見を聴いています(図表Ⅰ-15、図表Ⅰ-16参照)。

図表Ⅰ-15　第10次会計検査懇話会のメンバー(令和5年12月末現在)

有識者	三村　明夫(座長：日本製鉄株式会社名誉会長) 飯尾　　潤(政策研究大学院大学教授) 江川　雅子(成蹊学園学園長) 金丸　恭文(フューチャー株式会社代表取締役会長兼社長　グループCEO) 冨田　俊基(株式会社野村資本市場研究所客員研究員) 林　　眞琴(弁護士) 宮島　香澄(日本テレビ放送網株式会社報道局解説委員)
会計検査院	会計検査院長、両検査官、事務総長、事務総局次長、総括審議官

図表Ⅰ-16　第10次会計検査懇話会の開催状況

	開催年月日	テーマ
第1回	令和5年 6月13日	社会保障に関する検査について
第2回	5年12月12日	令和4年度決算検査報告

3　総務省行政評価局との連絡会

　会計検査院は、昭和62(1987)年度から毎年、総務省行政評価局との連絡会を開いています。この連絡会の目的は、会計検査院が実施する会計検査と総務省行政評価局が実施する政策評価及び行政評価・監視には密接な関連があるので、相互の執務状況について情報を交換し理解を深めるとともに、それらをそれぞれの活動の参考にしようとするところにあります。

4　他の監査機関との意見交換

　会計検査院は、他の監査機関と相互に情報や意見の交換を行うことにより、それぞれの業務の一層の充実を図っていくことを目的として、定期的に又は随時に協議等を開催しています。協議については、日本公認会計士協会との間で昭和61(1986)年から、東京都及び大阪市の監査当局との間で63(1988)年から、基本的には、それぞれ毎年定期的に開催しているほか、その他の地方公共団体監査事務局等とも意見交換会を随時に実施しています。

第34回公会計監査機関意見交換会議
（パネルディスカッション）

　また、公会計監査に関与する諸機関の関係者が一堂に会して、公会計監査の現状や今後の課題、監査機関相互の連携等について公開討議を行うことを通じ、それぞれの監査活動の一層の充実を図ることを目的として、会計検査院主催により、63(1988)年以降公会計監査機関意見交換会議を開催しています。令和5年の同会議においては、「内部統制及び内部監査の充実・強化に資する検査・監査・評価の役割」をテーマとして8月に対面形式、9月にその収録動画をオンライン配信する方法により開催し、全国から多数の参加がありました。

5　会計検査に関する調査研究

　会計検査院は、検査領域の拡大や新たな評価手法を開発するため、次のような研究活動を行っています(報告書、論文等は会計検査院ホームページに掲載しています。)。

⑴　委託研究及び自主研究

　国内外の検査手法、検査事例等や会計検査を巡る状況及びその動向について、外部研究機関による「委託研究」を実施し、その研究成果を報告書として公表しています。

図表Ⅰ-17　令和5年実績

令和5年2、3月	令和4年度会計検査院委託業務報告書 「欧米主要国等における地球温暖化対策・脱炭素化対策と会計検査の状況に関する調査研究」 「欧米主要国等における租税分野に対する会計検査に関する調査研究」

　また、「自主研究」として、今後の検査活動に有用な情報を職員に提供するため、研究担当の職員が毎年研究テーマを設けて国内外の公会計制度、他国検査院の検査手法等について、幅広く研究を行っています。

⑵　特別研究官による研究

　「特別研究官」を任命し、複雑多様化・専門化する国の行財政の変化に対応して、より効率的・効果的な検査活動の在り方について研究しています。

特別研究官	在任期間
目時　壮浩(早稲田大学商学学術院(会計研究科主担当)教授)	令和4年4月～
安藤　道人(立教大学経済学部准教授)	令和5年4月～

⑶　研究誌の発行

　会計検査に関する理論及び実務の両面からの研究を進展させるため、年2回「会計検査研究」を発行しています。掲載するものは査読付き論文などであり、「会計検査研究」編集会議において、編集の方針、査読者の選定、論文等の掲載の適否などについて審議しています。

第67号 (令和5年 3月)	「業績評価情報が実施計画に与える影響－自治体職員向け質問紙実験から－」 (生方　裕一：早稲田大学創造理工学部経営システム工学科助教) ほか2論文等
第68号 (令和5年11月)	「小規模法人の節税行動に関する実証分析－2010年代の法人税本則税率引下げがもたらした効果－」(八塩　裕之：京都産業大学経済学部教授) ほか2論文等

編集会議委員	縣　公一郎(早稲田大学政治経済学術院教授) 井堀　利宏(政策研究大学院大学名誉教授) 亀井　孝文(元南山大学総合政策学部教授) 曽我　謙悟(京都大学大学院法学研究科教授) 田中　秀明(明治大学公共政策大学院教授) 德賀　芳弘(京都先端科学大学理事・副学長)

⑷　セミナーの開催

　個別の検査分野について、その動向や、より実際的な見地からの検査上のアプローチを研究するため、随時、研究者や実務専門家を講師として「テクニカル・セミナー」を開催しています。

6　会計検査に関する国際活動

⑴　外国の財政監督制度の調査

　　会計検査院は、世界各国の最高会計検査機関（Supreme Audit Institution-略称SAI）の動向、検査報告事例等の、外国の財政監督制度の調査を行っています。

　　また、会計検査院は、各国のSAIが直面している課題や共通の問題点の解決の糸口を探る一助とすることを目的として、欧米主要国のSAIの幹部及び上級実務者を招いて、東京国際会計検査意見交換会議を開催しているほか、中国及び韓国の実務者と知識共有のための会合を日本を含めた3か国で開催しています。令和5年は、いずれの会合も、元年以来4年ぶりとなる対面での開催となりました。

第27回東京国際会計検査意見交換会議

⑵　最高会計検査機関国際組織への参加

　　会計検査院は、会計検査に関する国際協力のため及び各国SAIとの連携を深めるため、世界各国、地域のSAIで組織される最高会計検査機関国際組織（International Organization of Supreme Audit Institutions-略称INTOSAI。195のSAIが加盟）とその地域機構の一つである最高会計検査機関アジア地域機構（Asian Organization of Supreme Audit Institutions-略称ASOSAI。48のSAIが加盟）に加盟しており、INTOSAIでは理事、ASOSAIでは能力開発担当理事として職責を担っています。

　　そして、これらの国際組織が主催する会議やワークショップに参加して、会計検査に関する重要なテーマについて討議したり、最新の知識や経験の共有と意見交換を行ったりしています。

　　また、ASOSAIでは、検査技法の修得及び検査に関する知識の共有のため、研修事業の企画、実施等に当たっています。

　　令和5年に開催された主な会議は以下のとおりです。

年月日	会議名	開催場所
令和5. 9.21〜22	第59回ASOSAI理事会	韓国
5.11.21	第77回INTOSAI理事会	オーストリア

第77回INTOSAI理事会（オーストリア・ウィーン）

ASOSAI能力開発プログラムワークショップ講師会議（東京）

⑶　国際協力

　会計検査院は、日本の途上国に対する技術協力の一環として、独立行政法人国際協力機構（JICA）と研修を共催しています。

令和5年度JICA課題別研修
「公共工事政府会計検査」

　5年度は、世界の開発途上国のSAIの職員を対象とした、検査技法の修得等のための研修を実施しました。

第Ⅱ章　検査の結果

実地検査の風景

第1節　令和4年度決算検査報告

　会計検査院は、日本国憲法第90条の規定により、国の収入支出の決算を検査し、会計検査院法第29条の規定に基づいて令和4年度決算検査報告を作成し、令和5年11月7日、これを内閣に送付しました。

§ 1　検査結果の大要

1　検査報告掲記事項の概況

　令和4年度決算検査報告に掲記した事項等の**総件数は344件**で、このうち、**適切とは認められない事態の記述（指摘事項）は333件**、これに対する指摘金額^(注1)の合計額は**580億2214万円**となっています（このほかに問題があるとして取り上げた事態に係る背景金額^(注2)があります。）。上記344件の内訳を事項等別に示したものが図表Ⅱ-1です。

図表Ⅱ-1　事項等別検査結果

事　項　等	件数	指摘金額
・不当事項^{注(1)}	件 285	円 97億6375万
・意見を表示し又は処置を要求した事項^{注(2)}	20 ^{注(7)}	309億6072万
・本院の指摘に基づき当局において改善の処置を講じた事項^{注(3)}	28 ^{注(7)}	173億0615万
指摘事項　計	333	580億2214万^{注(8)}
・国会及び内閣に対する報告（随時報告）^{注(4)}	3	
・国会からの検査要請事項に関する報告^{注(5)}	4	
・特定検査対象に関する検査状況^{注(6)}	4	
合　計	344	

注(1) 不当事項　　検査の結果、法律、政令若しくは予算に違反し又は不当と認めた事項
注(2) 意見を表示し又は処置を要求した事項　　会計検査院法第34条又は第36条の規定により関係大臣等に対して意見を表示し又は処置を要求した事項
注(3) 本院の指摘に基づき当局において改善の処置を講じた事項　　本院が検査において指摘したところ当局において改善の処置を講じた事項
注(4) 国会及び内閣に対する報告（随時報告）　　会計検査院法第30条の2の規定により国会及び内閣に報告した事項
注(5) 国会からの検査要請事項に関する報告　　国会法第105条の規定による会計検査の要請を受けて検査した事項について会計検査院法第30条の3の規定により国会に報告した検査の結果
注(6) 特定検査対象に関する検査状況　　本院の検査業務のうち、検査報告に掲記する必要があると認めた特定の検査対象に関する検査の状況
注(7) 「意見を表示し又は処置を要求した事項」及び「本院の指摘に基づき当局において改善の処置を講じた事項」には、複数の事態について取り上げているため指摘金額と背景金額の両方があるものが計9件あります。
注(8) 「不当事項」と「意見を表示し又は処置を要求した事項」の両方で取り上げているものがあり、その金額の重複分を控除していますので、各事項の金額を合計しても計欄の金額とは一致しません。

(注1) 指摘金額　　租税や社会保険料等の徴収不足額、工事や物品調達等に係る過大な支出額、補助金等の過大交付額、管理が適切に行われていない債権等の額、有効に活用されていない資産等の額、計算書や財務諸表等に適切に表示されていなかった資産等の額等です。なお、検査報告の指摘金額の総額については、「無駄遣いの総額」などと言われることがありますが、上記のように様々な事態を指摘していますことから、会計検査院では指摘事項を説明する際に「無駄遣い」という表現を用いていません。
(注2) 背景金額　　検査の結果法令、制度又は行政に関し改善を必要とする事項があると認める場合や、政策上の問題等から事業が進捗せず投資効果が発現していない事態について問題を提起する場合等において、上記の指摘金額を算出することができないときに、その事態に関する支出額や投資額等の全体の額を示すものです。なお、背景金額は個別の事案ごとにその捉え方が異なるため、金額の合計はしていません。

第Ⅱ章

　令和4年度決算検査報告に掲記した事項等の総件数のうち、**適切とは認められない事態の記述（指摘事項）333件**を**省庁等別**に示したものが図表Ⅱ-2です。図表Ⅱ-2の各事項のほか、「国会及び内閣に対する報告」（随時報告）が3件、「国会からの検査要請事項に関する報告」が4件、「特定検査対象に関する検査状況」が4件あり、これらを含めた掲記件数は344件です。

図表Ⅱ-2　省庁等別検査結果

⑭：収入に関するもの、⑤：支出に関するもの、㊤：収入支出以外に関するもの、（　）書きの金額：背景金額

事項／省庁等	不当事項 件数	不当事項 金額	意見を表示し又は処置を要求した事項 件数	意見を表示し又は処置を要求した事項 金額	本院の指摘に基づき当局において改善の処置を講じた事項 件数	本院の指摘に基づき当局において改善の処置を講じた事項 金額	計 件数	計 金額
内閣府（内閣府本府）	支 12	5932万	支 注2 2	8236万 注2			支 注2 14	1億4168万 注2
総務省	支 20	2億9849万	支 注2 2	146億4776万 注2	支 1	1億3410万	支 注2 23	150億8035万 注2
外務省	支 1	1302万	支 注6 1	1863万 (1635万)	支 1	908万	支 注6 3	4073万 (1635万)
財務省	⑭ 1	2億4086万			⑭ 2	5億7531万	⑭ 3	8億1617万
文部科学省	支 24	1億7459万 注3	支 1	2億5869万	㊤ 1	16億4058万	支 25 / ㊤ 1	4億3328万 注3 / 16億4058万
厚生労働省	⑭ 4 / 支 142	6億9274万 / 31億0582万 注4	支 注6 5	20億4943万 注4 (1363万)(120億1664万)(76億0444万)	支 注6 3	2億2095万 (2億8344万)	⑭ 4 / 支 注6 150	6億9274万 / 53億6771万 注6 (1363万)(120億1664万)(76億0444万)(2億8344万)
農林水産省	支 18	2億2703万	支 注6 3	135億7559万 (27億7984万)(1兆7212億2461万)	支 注6 2	58億9936万 (14億9980万)	支 注6 23	197億0198万 (27億7984万)(1兆7212億2461万)(14億9980万)
経済産業省	支 5	3481万			支 注6 1	35億3493万 (28億2108万)	支 注6 6	35億6974万 (28億2108万)
国土交通省	⑭ 注5 1 / 支 注5 33	747万 / 14億5009万	支 1	(26億3240万)	支 注6 5	19億8731万 (4億4298万)	⑭ 注5 1 / 支 注5,注6 39	747万 / 34億3740万 (26億3240万)(4億4298万)
環境省	支 11	1億3453万					支 11	1億3453万
防衛省	支 1 / 外 1	3760万 / 414万	⑭ 1	1億3507万	支 3	6億0006万	⑭ 1 / 支 4 / 外 1	1億3507万 / 6億3766万 / 414万
沖縄振興開発金融公庫			㊤ 1	1億9319万			㊤ 1	1億9319万
日本私立学校振興・共済事業団	支 3	892万					支 3	892万
東日本高速道路株式会社			支 1	(602億8839万)	支 1	2650万	支 2	2650万 (602億8839万)
中日本高速道路株式会社			支 1	(476億2886万)	支 1	2340万	支 2	2340万 (476億2886万)
西日本高速道路株式会社			支 1	(2824億3449万)	支 1	6120万	支 2	6120万 (2824億3449万)

第Ⅱ章

事項 / 省庁等	不当事項 件数	不当事項 金額	意見を表示し又は処置を要求した事項 件数	意見を表示し又は処置を要求した事項 金額(注1)	本院の指摘に基づき当局において改善の処置を講じた事項 件数	本院の指摘に基づき当局において改善の処置を講じた事項 金額(注1)	計 件数	計 金額(注1)
	件	円	件	円	件	円	件	円
本州四国連絡高速道路株式会社			支 1	(226億3957万)			支 1	(226億3957万)
日本年金機構	支 1	5700万			支 2	9億2791万	支 3	9億8491万
独立行政法人大学入試センター					支 1	7005万	支 1	7005万
独立行政法人海技教育機構	支 1	6598万					支 1	6598万
国立研究開発法人新エネルギー・産業技術総合開発機構	収 1	418万					収 1	418万
独立行政法人情報処理推進機構	外 1	4290万					外 1	4290万
独立行政法人中小企業基盤整備機構					外 2	14億9546万	外 2	14億9546万
国立大学法人旭川医科大学	外 1	2億7703万					外 1	2億7703万
国立大学法人大阪大学	外 1	28億0185万					外 1	28億0185万
国立大学法人山口大学	支 1	499万(注3)					支 1	499万(注3)
阪神高速道路株式会社	支 1	1999万					支 1	1999万
日本郵便株式会社					支 1	9995万	支 1	9995万
日本下水道事業団	支 1	530万					支 1	530万
合計	収 7(注5)	9億4525万	収 1	1億3507万	収 2	5億7531万	収 10(注5)	16億5563万
	支 275(注3)(注4)	56億9255万	支 18	306億3246万	支 23	135億9480万	支 316(注2)(注4)	499億1133万
	外 4	31億2594万	外 1	1億9319万	外 3	31億3604万	外 8	64億5517万
	計 285	97億6375万	計 20(注2)(注4)	309億6072万	計 28	173億0615万	計 333(注2)(注3)(注4)	580億2214万

注(1) 背景金額は個別の事案ごとにその捉え方が異なるため金額の合計はしていません。
注(2) 内閣府(内閣府本府)のうち1件及び総務省のうち1件は、内閣府(内閣府本府)及び総務省の両方に係る指摘であり、金額は総務省のみに計上しています。また、件数の合計に当たっては、その重複分を控除しています。
注(3) 文部科学省のうち1件及び国立大学法人山口大学の1件は、文部科学省及び国立大学法人山口大学の両方に係る指摘であり、金額の合計に当たっては、その重複分を控除しています。
注(4) 「不当事項」と「意見を表示し又は処置を要求した事項」の両方で取り上げているもの(新型コロナウイルス感染症緊急包括支援交付金(医療分)(感染症検査機関等設備整備事業に係る分)に関するもの)があり、その金額の重複分を控除しているので、各事項の金額を合計しても計欄の金額とは一致しません。
注(5) 国土交通省のうち1件は収入と支出の両方に関するものであり、それぞれで件数を計上しています。また、件数の合計に当たっては、その重複分を控除しています。
注(6) 「意見を表示し又は処置を要求した事項」及び「本院の指摘に基づき当局において改善の処置を講じた事項」には、指摘金額と背景金額の両方があるものが計9件あります。

第Ⅱ章

　令和４年度決算検査報告に掲記した事項等の総件数のうち、**適切とは認められない事態の記述（指摘事項）333件を態様別**に示したものが図表Ⅱ-3です。図表Ⅱ-3の各事項のほか、「国会及び内閣に対する報告」（随時報告）が3件、「国会からの検査要請事項に関する報告」が4件、「特定検査対象に関する検査状況」が4件あり、これらを含めた掲記件数は344件です。

　なお、（　）書きの金額は、背景金額です。

図表Ⅱ-3　態様別検査結果

事項／態様	不当事項		意見を表示し又は処置を要求した事項		本院の指摘に基づき当局において改善の処置を講じた事項		計		
	件数	金額	件数	金額(注1)	件数	金額(注1)	件数	金額	割合
	件	円	件	円	件	円	件	円	%
租　税	1	2億4086万			1	5億3380万	2	7億7466万	1.3
予算経理	6	41億0904万			1	16億4058万	7	57億4962万	9.9
工　事	3	5530万	4	(602億8839万)(476億2886万)(2824億3449万)(226億3957万)	3	1億1110万	10	1億6640万	0.3
工事・補助金					1	7759万	1	7759万	0.1
物　件	1	418万			4	7億1877万	5	7億2295万	1.2
物件・役務					1	6573万	1	6573万	0.1
役　務	4	1億5087万	1	1402万(1363万)	6	10億9508万	11	12億5997万	2.2
保　険	5	1億6171万					5	1億6171万	0.3
保険・その他	1	5億4256万					1	5億4256万	0.9
医療費	2	1億5488万					2	1億5488万	0.3
補助金	249	39億7885万	9	171億4781万(120億1664万)(76億0444万)	7	113億3222万(2億8344万)(14億9980万)(28億2108万)(4億4298万)	265	324億5040万(注2)	55.9
補助金・その他			1	(1兆7212億2461万)			1		
貸付金			1	1億9319万	1	9億1320万	2	11億0639万	1.9
不正行為	3	3192万					3	3192万	0.1
その他	10	3億3853万	4	136億0570万(1635万)(27億7984万)(26億3240万)	3	8億1808万	17	147億6231万	25.4
合　計	285	97億6375万(注3)	20	309億6072万	28	173億0615万	333	580億2214万(注2,注3)	100.0

注(1) 背景金額は個別の事案ごとにその捉え方が異なるため金額の合計はしていません。
注(2) 「補助金」には「不当事項」と「意見を表示し又は処置を要求した事項」の両方で取り上げているものがあり、その金額の重複分を控除しているので、各事項の金額を合計しても計欄の金額とは一致しません。
注(3) 「不当事項」には「予算経理」と「補助金」の両方で取り上げているものがあり、金額の合計に当たっては、その重複分を控除しています。
注(4) 「意見を表示し又は処置を要求した事項」及び「本院の指摘に基づき当局において改善の処置を講じた事項」には、複数の事態について取り上げているため指摘金額と背景金額の両方があるものが計9件あります。

2　施策分野別・観点別の指摘事項一覧

　会計検査院は、社会保障、教育及び科学技術、公共事業、防衛、農林水産業、環境及びエネルギー、経済協力、中小企業、デジタル、租税など、あらゆる分野にわたって多角的な検査を行い、その結果を検査報告に掲記しています。

　施策分野ごとの指摘事項等を各観点に沿って整理すると次のとおりとなっています。複数の施策分野に関連する案件は関連する施策分野を[　]書きで示し、各案件の掲載ページは右端の(　)書きで示しています。

社会保障関係

ア　主に合規性の観点から検査を行ったもの

㋐不当事項

- 子どものための教育・保育給付交付金の交付対象事業費の精算が過大　(内閣府(内閣府本府))　(86)
- 子育て世帯等臨時特別支援事業費補助金(子育て世帯等臨時特別支援事業(子育て世帯への臨時特別給付(先行給付金))等)の補助対象事業の精算が過大　(内閣府(内閣府本府))　(87)
- 労働保険の保険料の徴収額が過不足　(厚生労働省)　(132)
- 健康保険及び厚生年金保険の保険料等の徴収額が不足　(厚生労働省)　(133)
- 新型コロナウイルス感染症の感染拡大に対処するために調達した物品の保管・管理及び配送業務に係る請負契約において、布製マスクが梱包されているケース等の数量が誤って過大に計上されて費用が請求されていたのに、確認が十分でなかったため、支払額が過大　(厚生労働省)　(134)
- 雇用保険の産業雇用安定助成金の支給が不適正　(厚生労働省)　(135)
- 雇用保険の人材開発支援助成金の支給が不適正　(厚生労働省)　(136)
- 雇用保険のキャリアアップ助成金の支給が不適正　(厚生労働省)　(137)
- 厚生年金保険の老齢厚生年金の支給が不適正　(厚生労働省)　(138)
- 医療費に係る国の負担が不当　(厚生労働省)　(139)
- 労働者災害補償保険の療養の給付等に要する診療費の支払が過大　(厚生労働省)　(140)
- インフルエンザ流行期における発熱外来診療体制確保支援補助金(インフルエンザ流行期に備えた発熱患者の外来診療・検査体制確保事業実施医療機関支援事業)の交付が過大　(厚生労働省)　(141)
- 新型コロナウイルス感染症緊急包括支援交付金(医療分)(新型コロナウイルス感染症対策事業に係る分)の交付が過大　(厚生労働省)　(143)
- 新型コロナウイルス感染症緊急包括支援交付金(医療分)(新型コロナウイルス感染症患者等入院医療機関設備整備事業に係る分)の交付が過大など　(厚生労働省)　(144)

- 新型コロナウイルス感染症緊急包括支援交付金(医療分)(帰国者・接触者外来等設備整備事業に係る分)の交付が過大　(厚生労働省)　(146)
- 新型コロナウイルス感染症緊急包括支援交付金(医療分)(感染症検査機関等設備整備事業に係る分)の交付が過大　(厚生労働省)　(147)
- 新型コロナウイルス感染症緊急包括支援交付金(医療分)(DMAT・DPAT等医療チーム派遣事業に係る分)の交付が対象外　(厚生労働省)　(149)
- 新型コロナウイルス感染症緊急包括支援交付金(医療分)(新型コロナウイルス感染症重点医療機関等設備整備事業に係る分)の交付が過大　(厚生労働省)　(149)
- 医療提供体制推進事業費補助金(日中一時支援事業に係る分)の交付が不要　(厚生労働省)　(152)
- 国民健康保険の療養給付費負担金の交付が過大　(厚生労働省)　(153)
- 後期高齢者医療制度の財政調整交付金の交付が過大　(厚生労働省)　(155)
- 国民健康保険の財政調整交付金の交付が過大　(厚生労働省)　(156)
- 疾病予防対策事業費等補助金(がん診療連携拠点病院機能強化事業に係る分)の交付が過大　(厚生労働省)　(158)
- 国民健康保険の特定健康診査・保健指導国庫負担金の交付が過大　(厚生労働省)　(158)
- 保育所等整備交付金の交付が過大(厚生労働省)　(159)
- 社会福祉施設等災害復旧費国庫補助金の交付が過大　(厚生労働省)　(160)
- 生活扶助費等負担金等の交付が過大　(厚生労働省)　(161)
- 障害児入所給付費等負担金の交付が過大　(厚生労働省)　(162)
- 障害者医療費国庫負担金の交付が過大　(厚生労働省)　(163)
- 介護給付費負担金の交付が過大　(厚生労働省)　(164)
- 介護保険の財政調整交付金の交付が過大　(厚生労働省)　(165)
- 労災保険の保険給付に要した費用の徴収が不適正　(厚生労働省)　(168)
- 介護給付費に係る国の負担が不当(厚生労働省)　(169)
- 自立支援給付の訓練等給付費に係る国の負担が不当　(厚生労働省)　(172)

第Ⅱ章

- 障害児通所給付費に係る国の負担が不当
（厚生労働省）(173)
㈠ 処置要求事項(34条)
- 生活扶助費等負担金等の算定における返還金
等の調定額の算出について　（厚生労働省）(175)
- 労災診療費の請求の電子化促進に係る導入支
援金の支払について［デジタル］（厚生労働省）(177)
㈡ 処置要求事項(34条)及び意見表示事項(36条)
- 市区町村が国民健康保険の保険者として実施し
ている特定健康診査に係る負担金の交付額の算
定及び診療情報の活用について　（厚生労働省）(180)
㈢ 処置済事項
- 介護施設等における陰圧装置設置事業の実施
について　　　　　　　　　（厚生労働省）(192)
- 日本年金機構が設置しているコールセンター
で使用する統計管理装置(サーバ)等の機器群に
おける情報セキュリティ対策について
［デジタル］（日本年金機構）(314)
イ　主に経済性の観点から検査を行ったもの
㈠ 不当事項
- 警備業務に係る委託契約において、予定価格
の積算に当たり、警備員の1時間当たりの人件
費単価の算出を誤ったこと及び平日の巡回警
備に係る1日当たりの配置時間数を過大に設定
していたことにより、契約額が割高
（日本年金機構）(310)
㈡ 処置要求事項(36条)
- 認定こども園に係る子どものための教育・保
育給付交付金の交付額の算定等について
（内閣府(内閣府本府)）(91)
㈢ 処置済事項
- 社会福祉法人等の災害復旧に係る補助事業の
実施状況について　　　　　（厚生労働省）(190)
- 労働保険事務組合に対する報奨金の交付につ
いて　　　　　　　　　　　（厚生労働省）(194)
- 国民年金保険料収納業務の請負契約に係る予
定価格の積算について　　　（日本年金機構）(311)
㈣ 随時報告
- 新型コロナウイルス感染症に係るワクチン接
種事業の実施状況等について　　　　　　　(358)
ウ　主に有効性の観点から検査を行ったもの
㈠ 不当事項
- 新型コロナウイルス感染症緊急包括支援交付
金(医療分)(新型コロナウイルス感染症を疑う
患者受入れのための救急・周産期・小児医療
体制確保事業に係る分)により実施した事業が
目的不達成など　　　　　　（厚生労働省）(151)
㈡ 意見表示事項(36条)
- 新型コロナウイルス感染症緊急包括支援交付
金(医療分)(感染症検査機関等設備整備事業に
係る分)により整備した次世代シークエンサー
の使用状況について　　　　（厚生労働省）(183)

- 後期高齢者医療広域連合による高齢者保健事
業の実施に対して交付された補助金等の効果
及び高齢者保健事業における診療情報の活用
について　　　　　　　　　（厚生労働省）(187)
㈢ 随時報告
- 新型コロナウイルス感染症患者受入れのため
の病床確保事業等の実施状況等について　(342)

教育及び科学技術関係

ア　主に正確性の観点から検査を行ったもの
不当事項
- 有形固定資産の減価償却に当たり適用する耐
用年数を誤っていたため、財務諸表の表示が
不適正　　（(国)旭川医科大学、(国)大阪大学）(330)
イ　主に合規性の観点から検査を行ったもの
㈠ 不当事項
- 公立学校情報機器整備費補助金の交付が過大
［デジタル］（文部科学省）(115)
- 義務教育費国庫負担金の交付が過大
（文部科学省）(116)
- 大学改革推進等補助金(デジタル活用教育高度
化事業)の交付が過大［デジタル］（文部科学省）(117)
- 独立行政法人国立高等専門学校機構情報機器
整備費補助金の交付が過大
［デジタル］（文部科学省）(118)
- 私立学校施設整備費補助金(防災機能等強化緊
急特別推進事業)の交付が過大　　（文部科学省）(119)
- 空調設備の設計が不適切　　　　（文部科学省）(120)
- 学校施設環境改善交付金の交付が過大
（文部科学省）(121)
- ブロック塀・冷房設備対応臨時特例交付金の
交付が過大など　　　　　　　　（文部科学省）(122)
- 私立大学等経常費補助金の経理が不当
（日本私立学校振興・共済事業団）(296)
- 学生健康診断サポート・データ管理システム
の開発契約において、仕様書等で会社に対し
て提供することとされていた情報を適切に提
供しなかったことなどにより、給付が完了し
ていなかったのに、会社から納品書等を提出
させ、会計規則等に反して給付が完了したこ
ととして契約金額全額を支払
［デジタル］（(国)山口大学）(332)
㈡ 処置要求事項(34・36条)及び意見表示事項(36
条)
- 公立学校情報通信ネットワーク環境施設整備
事業の実施について［デジタル］（文部科学省）(125)

第Ⅱ章

防衛関係

ア　主に合規性の観点から検査を行ったもの
　処置要求事項(34条)
・物品役務相互提供協定(ACSA)に基づく提供に係
　る決済について　　　　　　　　　　（防衛省）(280)
イ　主に経済性の観点から検査を行ったもの
㈎不当事項
・隊舎改修に伴う建築工事等の施行に当たり、
　宿泊費等の積算を誤ったため、契約額が割高
　　　　　　　　　　　　　　　　　　（防衛省）(278)
㈏処置済事項
・建設工事等に係る警備労務費の予定価格の積
　算について　　　　　　　　　　　　（防衛省）(283)
・94式水際地雷敷設車の改造請負契約について
　　　　　　　　　　　　　　　　　　（防衛省）(285)
・掃海・輸送ヘリコプター等の部品供給等のPBL
　契約の実施について　　　　　　　　（防衛省）(289)

農林水産業関係

ア　主に合規性の観点から検査を行ったもの
　不当事項
・東京オリンピック・パラリンピック競技大会
　の選手村に提供する国産豚肉の調達等に係る
　契約が会計法令に違反　　　　　（農林水産省）(197)
・経営継続補助事業の実施に当たり、同事業以
　外に国からの交付金の交付を受けていて補助
　対象外　　　　　　　　　　　　（農林水産省）(201)
・農村地域防災減災事業の耐震性点検として実
　施した農道橋の点検業務が補助対象外
　　　　　　　　　　　　　［公共事業］（農林水産省）(202)
・農業次世代人材投資資金の交付を受けた者が
　就農していなかったなどしていて補助対象外
　　　　　　　　　　　　　　　　（農林水産省）(203)
・東日本大震災農業生産対策交付金事業の交付
　対象事業費の一部が対象外など　（農林水産省）(204)
・公共施設等における花きの活用拡大支援事業
　の補助対象事業費の精算が過大など
　　　　　　　　　　　　　　　　（農林水産省）(205)
・6次産業化市場規模拡大対策整備交付金事業の
　交付対象事業費の精算が過大
　　　　　　　　　　　　　［公共事業］（農林水産省）(206)
・護床工の設計が不適切
　　　　　　　　　　　　　［公共事業］（農林水産省）(207)
・仕入税額控除した消費税額に係る補助金が未
　返還　　　　　　　　　　　　　（農林水産省）(209)
イ　主に経済性の観点から検査を行ったもの
㈎不当事項
・山林施設災害関連事業等の実施に当たり、概
　算数量で設計していた仮設工について、実際の
　施工数量に基づく設計変更を行っていなかった
　ため、契約額が割高　［公共事業］（農林水産省）(199)

・護岸工の積算が過大　［公共事業］（農林水産省）(209)
㈏処置済事項
・収穫調査の委託契約に係る人員輸送費の積算に
　ついて　　　　　　　　　　　　（農林水産省）(223)
ウ　主に効率性の観点から検査を行ったもの
　意見表示事項(36条)及び処置要求事項(36条)
・水田活用の直接支払交付金事業の実施について
　　　　　　　　　　　　　　　　（農林水産省）(210)
エ　主に有効性の観点から検査を行ったもの
㈎処置要求事項(36条)
・森林環境保全整備事業で整備された防護柵の維
　持管理について　　　［公共事業］（農林水産省）(213)
・非常用発電設備が設置された農業水利施設の浸
　水対策等について　　［公共事業］（農林水産省）(217)
㈏処置済事項
・畜産・酪農収益力強化総合対策基金等事業(機
　械導入事業)の実施について　　（農林水産省）(220)
㈐特定検査状況
・食料の安定供給に向けた取組について　　　(409)

環境及びエネルギー関係

ア　主に合規性の観点から検査を行ったもの
　不当事項
・循環型社会形成推進交付金事業等の設備等の
　整備に要した費用が交付対象外など
　　　　　　　　　　　　　　［公共事業］（環境省）(272)
・循環型社会形成推進交付金事業において、現
　場管理費の算定が適切でなかったため、交付
　金の交付が過大　　　　［公共事業］（環境省）(274)
・二酸化炭素排出抑制対策事業費交付金(先進的
　設備導入推進事業)において、鉄くずの売却収
　入を事業費から控除していなかったため、交
　付金の交付が過大　　　　　　　　（環境省）(275)
・二酸化炭素排出抑制対策事業費等補助金の交
　付を受けて実施した事業により整備した設備
　を無断で廃棄　　　　　　　　　　（環境省）(275)
・委託事業で再委託事業者が購入し又は製造し
　た機械装置等を機構の取得財産として管理し
　ていなかったため、機構の資産売却収入が
　不足
　((国研)新エネルギー・産業技術総合開発機構)(322)
イ　主に経済性の観点から検査を行ったもの
㈎不当事項
・福島県における再生可能エネルギーの導入促
　進のための支援事業費補助金で実施した委託
　業務の内容に変更が生じたのに、委託料の額
　の変更を行わなかったため、補助金の交付が
　過大　　　　　　　　　　　　　（経済産業省）(227)
・太陽光発電設備の規模が合理的かつ妥当なも
　のとなっておらず過大　　　　　　（環境省）(276)

第Ⅱ章

租税関係

ア　主に合規性の観点から検査を行ったもの
　　不当事項
・租税の徴収額に過不足　　　　　　（財務省）（108）
イ　主に効率性の観点から検査を行ったもの
　　特定検査状況
・国から個人事業者を対象として支給された持
　続化給付金の申告状況等について　　　　（401）
ウ　主に有効性の観点から検査を行ったもの
　　処置済事項
・退職手当等の支払を受けた居住者の所得税の
　基礎控除等に係る申告審理等について
　　　　　　　　　　　　　　　　（財務省）（110）

その他

ア　主に正確性の観点から検査を行ったもの
　　不当事項
・地域事業出資業務勘定において、政府出資等
　に係る不要財産の国庫納付に当たり損益取引
　により生じた配当金等に係る額を含めて申請
　し、主務大臣により同額の資本金の減少の決
　定及び通知がされ、同額の資本金を減少した
　ため、財務諸表の資本金の額が過小に表示さ
　れていて不適正　　（(独)情報処理推進機構）（323）
イ　主に合規性の観点から検査を行ったもの
　㋐不当事項
・地方創生推進交付金による事業の交付対象事業
　費の一部が対象外など（内閣府（内閣府本府））（88）
・地方創生推進交付金による事業の一部を不実
　施　　　　　　　（内閣府（内閣府本府））（89）
・新型コロナウイルス感染症対応地方創生臨時
　交付金の交付対象事業費の一部が対象外など
　　　　　　　　　　　　　　　　（総務省）（94）
・特別交付税の交付が過大　　　　（総務省）（95）
・震災復興特別交付税の額の算定に当たり、経
　費の算定が適切でなかったため、震災復興特
　別交付税の交付が過大　　　　　（総務省）（96）
・職員の不正行為　　　　　　　　（外務省）（103）
・文化資源活用事業費補助金の交付が過大
　　　　　　　　　　　　　　　（文部科学省）（124）
・被災者支援総合交付金の交付が過大
　　　　　　　　　　　　　　　（厚生労働省）（167）

・被災事業者自立支援事業費補助金により造成
　した基金を用いて実施した事業において、購
　入した設備を目的外使用及び補助対象事業費
　の一部が対象外　　　　　　（経済産業省）（228）
・既存観光拠点の再生・高付加価値化推進事業
　の補助対象事業費の一部が補助対象外
　　　　　　　　　　　　　　　（国土交通省）（252）
・職員の不正行為　　　　　　　（国土交通省）（256）
・職員の不正行為　　　　　　　　（防衛省）（279）
　㋑処置要求事項(34条)及び意見表示事項(36条)
・住宅資金等貸付業務における個人住宅資金等
　に係る融資対象住宅の融資後の状況把握等に
　ついて　　　　　　（沖縄振興開発金融公庫）（294）
ウ　主に経済性の観点から検査を行ったもの
　㋐不当事項
・ウレタン塗膜防水等の設計数量を誤ったた
　め、契約額が割高　（内閣府（内閣府本府））（90）
　㋑処置済事項
・ホストタウンによる交流計画の実施に要する
　経費を対象とした特別交付税に係る控除措置
　について　　　　　　　　　　　（総務省）（101）
・在外公館の館員住宅に設置する自家発電機の
　調達について　　　　　　　　　（外務省）（106）
エ　主に効率性の観点から検査を行ったもの
　　処置済事項
・学校施設の用に供する国有地の減額貸付けに
　ついて　　　　　　　　　　　　（財務省）（112）
オ　主に有効性の観点から検査を行ったもの
　㋐処置要求事項(36条)
・新型コロナウイルス感染症対応地方創生臨時交
　付金による物品配布等事業等の実施について
　　　　　　　　　（内閣府（内閣府本府））、総務省（291）
　㋑処置済事項
・荷物等集配委託契約に付随して荷物を配達地
　域ごとに区分する業務に対する委託料の支払
　について　　　　　　　　　　（日本郵便（株））（335）
　㋒随時報告
・東日本大震災からの復興等に関する事業の実
　施状況等について　　　　　　　　　　（348）
カ　その他会計検査上必要な観点から検査を
　　行ったもの
　　検査要請事項
・東京オリンピック・パラリンピック競技大会に
　向けた取組状況等について　　　　　　（366）
・予備費の使用等の状況について　　　　（392）

(注)（株）は株式会社、（国）は国立大学法人、（国研）は国立研究開発法人、（独）は独立行政法人の略称です。

　不当事項、処置要求事項(34条)（会計検査院法第34条の規定による処置要求事項）、意見表示事項(36条)（会計検査院法第36条の規定による意見表示事項）、処置要求事項(36条)（会計検査院法第36条の規定による処置要求事項）、処置済事項、随時報告(国会及び内閣に対する報告(随時報告))、検査要請事項(国会からの検査要請事項に関する報告)、特定検査状況(特定検査対象に関する検査状況)の区分については、23ページ参照

§2　令和4年度決算検査報告の特色

　会計検査院は、幅広い分野について、多角的な観点から検査を行っており、「令和4年度決算検査報告」の特徴的な案件を特色別に示すと次のとおりです。

新型コロナウイルス感染症対策関係経費等の検査

予備費の使用等の状況

・予備費の使用等の状況について、国会からの検査要請を受けて検査した事項について国会に報告しました。　　　　　　　　　　　　　　　　　　　　　　　　　　　　（54、392ページ）

持続化給付金の申告状況等

・国から個人事業者を対象として支給された持続化給付金の申告状況等について、検査分析し、記述しました。　　　　　　　　　　　　　　　　　　　　　　　　　　　（58、401ページ）

日本政策金融公庫等が実施した新型コロナ特別貸付等の状況

・株式会社日本政策金融公庫等が中小企業者等に対して実施した新型コロナウイルス感染症特別貸付等に係る貸付債権等の状況について、検査分析し、記述しました。　　（60、433ページ）

次世代シークエンサーの使用状況

・新型コロナウイルス感染症緊急包括支援交付金(医療分)(感染症検査機関等設備整備事業に係る分)により民間検査機関に整備した次世代シークエンサーについて、都道府県に事業の目的を再度周知した上で、目的に沿って使用されるよう検討させるなどして、有効に使用されるなどするよう意見を表示しました。　　　　　　　　　　　　　　　　　　　　　　（63、183ページ）

持続化補助事業において概算払された事業費の返還

・中小企業生産性革命推進事業のうちコロナ特別対応型の小規模事業者持続化補助金事業において事務局に概算払された事業費について、補助金の支払が終了していて使用見込みのない額を返還させるよう改善させました。　　　　　　　　　　　　　　　　　　　（64、327ページ）

介護施設等における陰圧装置設置事業

・介護施設等における陰圧装置設置事業の実施に当たり、都道府県に対して、居室等が陰圧室としての機能を有するためにダクト工事が必要な簡易陰圧装置を設置する場合は同工事を行うこと及び予備部品の購入費等を対象経費に含めないことについて周知するなどして、事業が適切に実施されるよう改善させました。　　　　　　　　　　　　　　　　（65、192ページ）

新型コロナウイルス感染症緊急包括支援交付金(医療分)における過大交付等

・新型コロナウイルス感染症緊急包括支援交付金(医療分)が過大に交付されていた事態や、整備された設備が補助の目的を達していなかった事態を指摘しました。

（66、143、144、146、147、149、151ページ）

社会保障の検査
生活扶助費等負担金等の算定における返還金等の調定額
- 生活扶助費等負担金等の算定に当たり、誤払い又は過渡しとなった保護費のうち当年度中に返納されなかった額について翌年度に調定した額等を事業実績報告書に計上していなかったために負担金が過大に算定されていた事業主体に対して、返還手続を速やかに行わせるよう適宜の処置を要求するとともに、当該翌年度の調定額が返還金等の調定額に含まれることを周知することなどにより負担金の算定が適正に行われるよう是正改善の処置を求めました。　　　　　（68、175ページ）

高齢者保健事業に係る補助金等の効果及び診療情報の活用
- 後期高齢者医療広域連合が実施している高齢者保健事業において、健康診査の実施後に受診勧奨及び保健指導の対象者の抽出が適切に行われていないことについて、受診勧奨及び保健指導に関する具体的な内容や実施のための方法等を明確に示すなどして、健康診査の事業を対象として交付された補助金等の効果が十分に発現するよう、また、医療機関に存在する診療情報を活用することができるための方策を検討して、高齢者保健事業が経済的に実施されるよう意見を表示しました。　　　　　（69、187ページ）

国民生活の安全性の確保の検査
高速道路の橋脚補強の整備手法
- 地震発生時に橋脚の損傷に起因して、上下線共に通行不能になり緊急輸送道路としての高速道路ネットワークが機能しないおそれがある区間等を早期に解消させるために、現地の条件等を踏まえた橋脚補強の効率的な整備手法について検討を行うなどの措置を講ずるよう意見を表示しました。　　　　　（71、297ページ）

デジタルの検査
高度無線環境整備推進事業により整備された伝送用専用線設備の利用状況等
- 高度無線環境整備推進事業により整備された伝送用専用線設備について、利用状況の評価により十分に活用されているか把握できるようにするとともに、十分に活用されていない場合には、必要に応じて補助事業者に助言等を行うことができるように、更に活用する方策を検討するよう意見を表示しました。　　　　　（72、97ページ）

環境及びエネルギーの検査
燃料油価格激変緩和対策事業の実施状況
- 燃料油価格激変緩和対策事業の実施状況について、検査分析し、記述しました。（73、421ページ）

制度・事業の効果等の検査
水田活用の直接支払交付金事業の実施
- 水田活用の直接支払交付金事業の実施に当たり、実質的に水稲の作付けを行うことができる農地を交付対象水田とするための判断基準を定め、対象作物の収量が記載されている書類等を提出させるなどして実績報告書の確認等を適切に実施し、対象作物の地域の目安となる基準単収等を定めさせるなどして実際の収量に基づいた定量的な収量確認を行えるよう改善の処置を要求すると

ともに、現行制度の運用の見直しを検討するなどして、対象作物の収量増加に向けた改善が図られやすくなるような方策を講ずるよう意見を表示しました。　　　　　　　　　　（76、210ページ）

食料の安定供給に向けた取組

・食料の安定供給に向けた取組について、検査分析し、記述しました。　　　　　（78、409ページ）

予算の適正な執行、会計経理の適正な処理等の検査

東京オリンピック・パラリンピック競技大会の選手村に提供する国産豚肉の調達等に係る契約

・東京オリンピック・パラリンピック競技大会の選手村に設置される飲食提供施設に提供する国産豚肉の調達、加工、保管等に係る契約において、契約を構成する主要な事項について合意した内容と異なる内容の契約書を作成し、また、業務の履行が完了したこととして検査調書を作成していて会計法令に違反していた事態を指摘しました。　　　　　　　　　　　　　（81、197ページ）

資産・基金等のストックの検査

特定の支出等のために国立大学法人に交付された運営費交付金による積立金の規模

・特定の支出等のために運営費交付金が交付された場合について、中期目標期間の最後の事業年度における積立金の処分に係る承認申請に当たり、資金を有効に活用するため、次の中期目標期間に使用が見込まれる額を基に繰り越すべき積立金の額を適切に算定しなければならないことを各国立大学法人に周知徹底することにより、積立金の額を適切な規模とするよう改善させました。

（82、129ページ）

工事の検査

集水桝の設計が適切でなかったもの

・防災・安全交付金（下水道）事業等において、集水桝の設計が適切でなかった事態を指摘しました。

（83、241ページ）

　上記の各案件について、要点を分かりやすくまとめた資料を特色別・案件別に示すと次のとおりです。なお、これらの資料は会計検査院ホームページの「令和４年度決算検査報告の特徴的な案件」(https://www.jbaudit.go.jp/report/new/tokutyou04.html)に掲載しています。

第Ⅱ章

第Ⅱ章

新型コロナウイルス感染症対策関係経費等の検査

要 請 ・予備費の使用等の状況

（同様の資料をデータでご覧になりたい方はこちらをご参照ください：

▶https://www.jbaudit.go.jp/report/new/summary04/pdf/fy04_tokutyou_01.pdf)

（392ページ）

予備費の使用等の状況（要請）
8府省等、財務省

検査の要請の内容等

- ✓ 要請（令和4年6月13日）された事項は、2年度コロナ関係予備費（コロナ対策予備費及び一般会計予備費（コロナ対策のために使用したものに限る。））のうち翌年度に繰り越した経費並びに3年度コロナ対策予備費に関する①予備費を使用して新たに設け又は金額を追加した項の執行状況、②予備費の使用状況、特に使用理由及び使用額の積算基礎の状況
- ✓ 参議院決算委員会は、同日の「令和2年度決算審査措置要求決議」において、国会開会中の予備費使用についてより一層の説明責任を果たすこと、予備費等の予算の執行状況に係る透明性を向上させることなどを政府に要求
- ✓ 予備費の使用決定により予算科目に配賦された予備費使用額は、当初予算等の既定予算と一体として執行されるため、予算科目の執行状況から**予備費使用相当額**（予備費使用額を財源とする予算に相当する額）**を区別してその執行状況を具体的に確認することは基本的にできない**

検査の結果

- ✓ コロナ関係予備費の使用決定により予算が配賦されるなどした3年度の予算科目22項47目においては、予算科目の執行状況から予備費使用相当額の執行状況を区別できるものはなかった
- ✓ 8府省等は、**実務上の取扱いとして、管理簿等により事業単位で予算の執行管理**を行うなどしていて、財源選択の順序の整理方法（複数ある財源のいずれから支出等を行うこととするかについての整理の方法）等が異なるものの、**予備費使用相当額の執行状況を区別できるようになっていた**
- ✓ **予備費使用相当額を他の事業へ流用**（異なる予算科目（目）間における法令上の予算異動）又は**目内融通**（一つの予算科目内における実務上の予算異動）している事業や、**予備費使用事項1事項に係る予備費使用相当額の全額を翌年度に繰り越している事業**が見受けられた
- ✓ **予備費使用決定日から年度末までの日数を超える期間等を用いて予備費使用要求額を積算している事業**（いずれの事業も**予備費使用事項1事項に係る予備費使用相当額の全額を翌年度に繰越し**）が見受けられた　等

所見

- ✓ 事業ごとに、事業予算全体の執行状況と併せて、その内訳として**予備費使用相当額の執行状況を公表**すること
- ✓ **事業ごとに財源選択の順序の整理方法等を明示**すること
- ✓ **予備費使用相当額の流用等又は目内融通を行った場合には、その状況を丁寧に示す**こと
- ✓ 予備費使用相当額について多額の繰越しが生じた場合、**特に、予備費使用事項1事項に係る予備費使用相当額の全額を翌年度に繰り越した場合には、事業の実施、事業予算の執行等に係る予備費使用決定時の想定、繰越しに至った経緯等を丁寧に示す**こと

予備費の使用等の状況（要請）
8府省等、財務省

検査の背景　予備費の「使用」

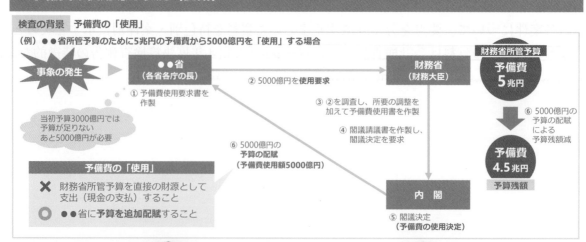

第Ⅱ章

予備費の使用等の状況（要請）　　8府省等、財務省

検査の背景　予備費使用額を財源とする予算の執行

（例）予備費5000億円の使用決定により予算が配賦された●●省所管の予算科目等の場合

（所管）●●省
予算科目A

予備費の使用決定による予算5000億円の配賦

（単位：億円）

科目	歳出 ❶ 予算額	前年度 ❷ 繰越額	予備費 ❸ 使用額	流用等 ❹ 増△減額	移替 ❺ 増△減額	予算現額 ❶～❺の合算	支出済額	翌年度 繰越額	不用額
（項）△△費 （目）◇◇補助金	3000	－	5000	△500	－	7500	5000	2000	500

流用等増減額に含まれる
予備費使用相当額を
区別することも基本的に
できない

予算の流用

予備費使用相当額の執行状況の区別の可否
予備費使用額を財源とする予算は、予算科目において
当初予算等の**既定予算**と**一体として執行**
➡ **予備費使用相当額**（予備費使用額を財源とする予算に
相当する額）の執行状況（支出済額、翌年度繰越額、
不用額）を**区別することは基本的にできない**

（所管）●●省
予算科目B

科目	歳出 予算額	前年度 繰越額	予備費 使用額	流用等 増△減額	移替 増△減額	予算現額	支出済額	翌年度 繰越額	不用額
（項）△△費 （目）◇◇委託費	1000	－	－	500	－	1500	500	500	500

「予備費の使用等について」（昭和29年閣議決定）第4項
予備費を使用した金額については、これをその**目的の費途**
以外に支出してはならない

令和2年度決算審査措置要求決議
決算書の執行額は、…財源別に区分して執行されて
いないことから、予備費を財源とした執行額のみを把握する
ことができず必要な検証を行うことが困難なものもある
政府は、…情報開示の在り方について検討を行い、予算の
執行状況に係る透明性を向上させるべき

参議院
決算委員会

予備費の使用等の状況（要請）　　8府省等、財務省

検査の結果①　「事業」を単位とした予算の執行管理等

✓ 使用決定により予算が配賦されるなどした3年度の予算科目22項47目においては、予備費使用相当額の執行状況を区別できるものはなかった
✓ 8府省等は、**実務上の取扱い**として、**事業を単位**として予算の執行管理等を実施・予備費の使用要求を検討等
✓ 事業予算の執行管理等は事業担当部局が**管理簿**（表計算ソフト等で作成した帳簿）等により実施

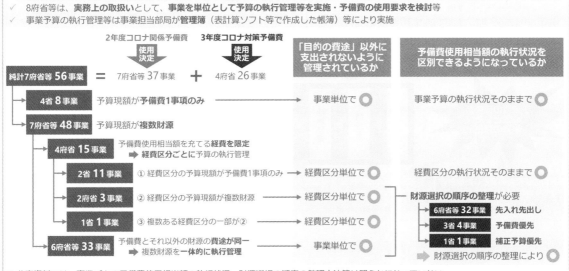

※ 公表資料では、事業ごとの予備費使用相当額の執行状況、財源選択の順序の整理方法等は明らかになっていない

事後検証に より一層 資するには…	所見ア	事業ごとに、事業予算全体の執行状況と併せて、その内訳として**予備費使用相当額の執行状況を公表**すること
	所見イ	事業ごとに財源選択の順序の整理方法等を明示すること

第
II
章

予備費の使用等の状況（要請）
8府省等、財務省

検査の結果②　事業別の予算の執行状況

2年度

2年度コロナ関係予備費
34事項 予備費使用額 7兆9819億円

使用決定により予算が配賦されるなどした予算科目において翌年度繰越額を計上しているもの

使用決定

7府省等 37事業 ＋ 目内融通(※)：1省 1事業

7府省等 38事業

3年度

3年度コロナ対策予備費
16事項 予備費使用額 4兆6185億円

うち 7府省等27事業で予備費使用相当額の繰越し（翌年度繰越額 4兆7964億円）

使用決定

4府省 26事業 ＋ 7府省等 27事業 ＋ 目内融通(※)：1省 1事業

純計 7府省等 50事業

予備費使用相当額	支出済額	翌年度繰越額	不用額
9兆4149億円	8兆2335億円	7282億円	4532億円

うち2年度コロナ関係予備費（繰越分）：4兆7964億円
うち3年度コロナ対策予備費：4兆6185億円

繰越しの状況

予備費使用事項1事項に係る予備費使用相当額の全額を翌年度に繰り越していたもの

2年度：6府省等 14事業
3年度：2府省　4事業　(7ページ参照)

流用・目内融通の状況

流用 異なる予算科目（目）間における法令上の予算異動 事業A
目内融通 一つの予算科目内における実務上の予算異動 事業B

他の事業へ予備費使用相当額の流用又は目内融通を行っていたもの

2年度：目内融通
1省 3事業（4件）
3年度：流用
1省 1事業（1件）
目内融通
1省 2事業（2件）

(※)予備費使用決定による予算の配賦を受けていない事業への目内融通
2年度：1省1事業
3年度：1省1事業

事後検証により一層資するには… 所見ウ 当初に予備費の使用決定により予算が配賦された事業とは別の事業へ予備費使用相当額の流用等又は目内融通を行った場合には、その状況を丁寧に示すこと

予備費の使用等の状況（要請）
8府省等、財務省

予備費の使用状況に係る検査の対象

コロナ関係予備費 41事項
（純計 7府省等49事業、予備費使用額10兆7089億円）

2年度コロナ関係予備費34事項のうち予備費使用相当額の繰越しがあったもの
2年度：25事項（7府省等27事業、予備費使用額6兆0903億円）
3年度：16事項（4府省 26事業、予備費使用額4兆6185億円）

検査の結果③　予備費の使用理由の状況

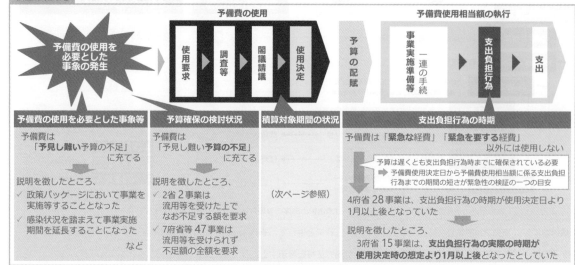

予備費の使用等の状況（要請）

8府省等、財務省

検査の結果④　予備費使用額の積算基礎の状況

予算単年度主義	繰越しの状況
国会における予算の議決は毎会計年度（4月1日～翌年3月31日）行う 予備費使用要求額等の積算は予備費使用額を**年度内に執行する**ことを前提として**年度内の支出見込額**に基づいて行われる必要	**予備費使用事項1事項に係る予備費使用相当額の全額を翌年度に繰り越していたもの** 2年度：6府省等 14事業 3年度：2府省　 4事業 （5ページ再掲）

積算対象期間の状況

うち **2府省 4事業**（同 4事項）<
予備費使用事項1事項に係る
予備費使用相当額の全額を繰越し

予備費使用決定日（3年3月23日）**から年度末**（3年3月31日）**までの日数を超える期間等**を用いていた

積算対象期間の例
・3年3月8日から4月21日まで　　・240日　　・12か月　　　など

2府省（※）の説明　　　※ 5年4月1日以降はこども家庭庁を含む

- ✓ 要求時には年度内に事業完了を想定
- ✓ 積算は年度内の支出見込額に基づく
- ✓ 積算対象期間は飽くまで**年度内に要する経費の規模を算出するために**用いたもの

➡ 2府省が**年度末までの短期間でどのように事業を完了することを想定**していたのかなどについても確認したが、その内容は**判然としなかった**

積算根拠資料の提出を求めるなどして
7府省等 49事業（予備費使用事項 41事項）の
予備費使用要求額等の積算の状況についてみたところ、
5府省 14事業（同 16事項）については**積算対象期間が示されていた**

- ✓ 予備費は**国会による事前議決の原則の例外**
- ✓ 積算は**予算単年度主義**に基づき**年度内の支出見込額**に基づいて行われる必要　　　　　　　　　　　　　　　　　など

➡ **予備費使用相当額の繰越しの状況については、予備費使用決定時の想定も含めて十分な説明が求められる**と考えられる

所見エ

事業予算の執行の結果、予備費使用相当額について多額の繰越しが生じた場合、特に、**予備費使用事項1事項に係る予備費使用相当額の全額を翌年度に繰り越した場合**には、事業の実施、事業予算の執行等に係る**予備費使用決定時の想定、繰越しに至った経緯等を丁寧に示すこと**

第Ⅱ章

特　　定　・持続化給付金の申告状況等

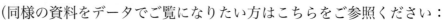

（同様の資料をデータでご覧になりたい方はこちらをご参照ください：

▶https://www.jbaudit.go.jp/report/new/summary04/pdf/fy04_tokutyou_02.pdf）

（401ページ）

持続化給付金の申告状況等（特定）　　　　　　　　　　　　　　　　　　　　　　　　国税庁

検査の背景	✓ 新型コロナウイルス感染症対策中小企業等持続化給付金（**持続化給付金**）は、新型コロナウイルス感染症の感染拡大による影響を緩和するために、国が個人や法人に対して支給している給付金等のうち**最大規模の支援策** ✓ 令和2年度の支出件数424万件、支出済額計5兆5417億円、うち持続化給付金を**受給した個人事業者は281万人**（2年12月までに受給した個人事業者は263万人） ✓ 今後も災害、感染症の発生や社会経済情勢の変動等に伴い、持続化給付金の給付事業と同様に受給者数が膨大な給付事業等が実施されることも考えられる
検査の状況	1. 統計的な手法を用いて無作為に抽出した11,000人のうち、2年分所得税申告データが確認できた8,903人の所得税確定申告書の収入金額の状況をみたところ、収入金額が持続化給付金の受給額未満となっていて、**持続化給付金が収入計上されていないと思料される者が428人**（2年分所得税申告者8,903人に占める割合**4.8%**。持続化給付金受給額計3億8418万円） 上記の11,000人において見受けられた状況は、持続化給付金を受給した263万人の個人事業者についても同様の傾向にあると推定 2. 国税通則法に基づく協力要請により支給庁（中小企業庁）に対して行った**持続化給付金の給付実績の照会実績は、国税局によって区々**（3、4両年度の合計が1,000件を超えるところがある一方で、数十件や全くないところもある）となっており、また、国税庁は**給付実績の照会に係る活用効果については把握していない** 3. 8年度から運用予定の次世代システムでは、データ化する情報を拡充して、納税者から申告された情報と国税当局が保有する情報とのデータマッチングを効率的、効果的に実施することが可能になるとしているが、国税通則法に基づく照会手続については、データの取得に当たって支給庁との調整が必要になること、予算の制約があることなどの各種制約から、活用効果を考慮して効率的、効果的に取り組むとしており、持続化給付金のような受給者数が膨大な給付金等の給付実績に係るデータと申告された内容を**システム上でマッチングするための具体的な体制整備についての検討は行われていない**
所見	✓ 引き続き納税者に対して**適正な申告が行われるよう周知**等すること（検査の状況1） ✓ 給付金等の収入に関して**納税者に適正な申告を促すこと、給付金等の収入計上の有無を効果的に確認することについて**、現行の申告審査等や照会手続の中で**より効果的な方策を検討**すること（検査の状況2） ✓ 税務行政の**デジタル・トランスフォーメーション**における課税の効率化、高度化等に係る中長期的な取組の中で**検討**すること（検査の状況3）

持続化給付金の申告状況等（特定）　　　　　　　　　　　　　　　　　　　　　　　　国税庁

検査の背景　持続化給付金及び所得税申告の概要

中小企業庁は、令和2年度に、新型コロナウイルス感染症の拡大により特に大きな影響を受けているフリーランスを含む個人事業者及び法人に対して、事業の継続を支え、再起の糧とするためとして、事業全般に広く使える新型コロナウイルス感染症対策中小企業等持続化給付金（**持続化給付金**）を支給（収入が前年同月比50%以上減少した事業者に支給。個人事業者の上限100万円、法人の上限200万円）

持続化給付金の令和2年度の支出件数は424万件（支出済額は計5兆5417億円）。　うち、個人事業者は281万人（全体の2/3）

個人事業者は、**所得税の申告**に当たり、**持続化給付金の受給額**を、事業所得、雑所得又は一時所得として**収入計上**（ただし、総収入金額より必要経費の方が多ければ、申告義務は生じない）

検査の状況1　持続化給付金を受給した個人事業者の所得税の申告状況等

<中小企業庁>
令和2年度に持続化給付金を個人事業者281万人に支給

うち、令和2年12月末までに受給した個人事業者263万人に係る受給データを提出

<会計検査院>
個人事業者263万人に係る受給データの中から、統計的な手法を用いて**11,000人を無作為抽出**

<国税庁>
会計検査院が無作為抽出した**11,000人の所得税申告データ**を提出

無作為抽出した11,000人に係る**受給データと所得税申告データを突合**するなどの方法により、所得税の確定申告における持続化給付金の収入計上の状況を確認

11,000人のうち、令和2年分の所得税の申告が確認できた個人事業者数 8,903人

残りの2,097人は、総収入金額より必要経費の方が多いため課税される所得金額が生じないなどの可能性により、確認できず

申告された収入金額が持続化給付金の受給額を下回っているもの

持続化給付金が収入計上されていないと思料される個人事業者数　428人

当該個人事業者が受給した持続化給付金の額　3億8418万円

無作為抽出した11,000人において見受けられた状況は、持続化給付金を受給した263万人の個人事業者についても同様の傾向にあると推定

所見　引き続き納税者に対して**適正な申告が行われるよう周知**等すること

第Ⅱ章

持続化給付金の申告状況等（特定）

国税庁

検査の状況2　国税庁における持続化給付金に係る資料収集の状況

国税局等	照会件数		
	3年度	4年度	計
札幌国税局	120	5	125
仙台国税局	0	0	0
関東信越国税局	6	55	61
東京国税局	0	551	551
金沢国税局	0	0	0
名古屋国税局	0	30	30
大阪国税局	1,419	237	1,656
広島国税局	2,736	5	2,741
高松国税局	8	6	14
福岡国税局	2	22	24
熊本国税局	0	0	0
沖縄国税事務所	0	1	1
計	4,291	912	5,203

申告漏れ等の蓋然性が高いなど、課税上の問題があると認められる場合に照会を行っていた

3、4両年度の合計が1,000件を超えるところがある一方で、数十件や全くないところもある

（注）件数には、家賃支援給付金に係る照会の件数を含んでいる

国税通則法に基づく協力要請により支給庁（中小企業庁）に対して行った**持続化給付金の給付実績の照会実績は、国税局によって区々となっており**、また、国税庁は**給付実績の照会に係る活用効果については把握していない**

所見　給付金等の収入に関して納税者に適正な申告を促すこと、**給付金等の収入計上の有無を効果的に確認することについて**、現行の申告審理等や照会手続の中で**より効果的な方策を検討**すること

検査の状況3　国税庁におけるデジタル・トランスフォーメーションの取組状況

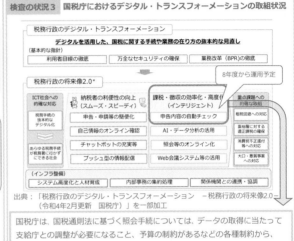

出典：「税務行政のデジタル・トランスフォーメーション －税務行政の将来像2.0－（令和4年2月更新　国税庁）」を一部加工

国税庁は、国税通則法に基づく照会手続については、データの取得に当たって支給庁との調整が必要になること、予算の制約があるなどの各種制約から、活用効果を考慮して効果的、効率的に取り組むとしており、持続化給付金のような受給者数が膨大な給付金等の給付実績に係るデータと申告された内容を**システム上でマッチングするための具体的な体制整備についての検討は行われていない**

所見　税務行政のデジタル・トランスフォーメーションにおける課税の効率化、高度化等に係る中長期的な取組の中で検討すること

第Ⅱ章

特　定 ・日本政策金融公庫等が実施した新型コロナ特別貸付等の状況

（同様の資料をデータでご覧になりたい方はこちらをご参照ください：

▶https://www.jbaudit.go.jp/report/new/summary04/pdf/fy04_tokutyou_03.pdf）

（433ページ）

| 日本政策金融公庫等が実施した新型コロナ特別貸付等の状況（特定） | 株式会社日本政策金融公庫　株式会社商工組合中央金庫 |

検査の背景

✓ (株)日本政策金融公庫（**日本公庫**）、(株)商工組合中央金庫（**商工中金**）等は**新型コロナ関連資金繰り支援を実施**
✓ 新型コロナ関連資金繰り支援の令和5年3月末までの日本公庫、商工中金等による主な**貸付け実績は131万件21兆円**
✓ このうち①日本公庫の中小企業者（主として小規模事業者）に対する新型コロナ特別貸付〔**国民生活事業における貸付け**〕、②日本公庫の中小企業者に対する新型コロナ特別貸付〔**中小企業事業における貸付け**〕及び③商工中金の中小企業者に対する危機対応貸付けの三つ（**新型コロナ特別貸付等**）で**118万件19兆円**（全体の90%に相当）
✓ 新型コロナ特別貸付等は返済開始時期を迎えるものが集中する時期を経過し、その**元利金の返済が本格化**
✓ 新型コロナウイルス関連による中小企業者等の倒産件数が増加

検査の状況

1. 新型コロナ特別貸付等の4年度末時点の貸付残高は全体で**989,267件14兆3085億円**となっている
   完済されたものの中には、他の貸付けに借り換えることによって完済されたものが相当数含まれていると思料
   新型コロナ特別貸付等に係る貸付債権の**償却**（4年度末まで）は全体で**7,291件697億円**、**リスク管理債権**（4年度末）の額は全体で**8785億円**、新型コロナ特別貸付に係る**部分直接償却**（注）**実施額**（4年度末）は**1246億円**
   （注）回収不可能等と判断された資産について税務上の直接償却を満たしていない場合に貸倒引当金の計上に代えて貸倒償却をする方法
2. 緩和措置の下における貸付申込先の状況把握の適正性を担保するための取組についてみると、日本公庫の国民生活事業において、**貸付申込先の状況把握が十分行われたことが確認できない**ものがあった
3. 貸付債権の管理の状況をみると、日本公庫の国民生活事業において、**債務者の財務状況等を決算書等により定期的に把握することとしていない**一方、債務者フォローアップや早期改善支援は実施
   貸付債権の全額について回収の見込みがないなどと認められるときに行う償却について、債務者の生活状況が困窮状況にあるという償却事由の根拠となる事実が十分に把握されていないまま償却を決定したものがあった

所見

✓ 日本公庫及び商工中金において、新型コロナ特別貸付等及びその借換後の貸付債権について、引き続き、**債務者の状況把握等を適切に実施等**すること（検査の状況1）
✓ 日本公庫の国民生活事業において、**今後の非常時に関係省庁の要請を踏まえるなどして緩和措置を設ける場合、緩和措置の下における貸付申込先の状況把握の適正性を担保するための取組がより適切に行われる**よう努めること（検査の状況2）
✓ 日本公庫の国民生活事業において、**債務者の状況把握及び当該状況に応じた支援に係る取組を引き続き適切に実施等**するとともに、外部に委託して調査した結果に基づき債務者の生活困窮を事由として償却を決定した貸付債権について**改めて償却を決定した根拠を検証し、必要な対応を執る**こと（検査の状況3）

| 日本政策金融公庫等が実施した新型コロナ特別貸付等の状況（特定） | 株式会社日本政策金融公庫　株式会社商工組合中央金庫 |

検査の背景

・ (株)日本政策金融公庫（**日本公庫**）、(株)商工組合中央金庫（**商工中金**）等は、令和2年3月以降、新型コロナウイルス感染症の感染拡大の影響により一時的に業況が悪化している**中小企業者等に対して資金繰り支援**（貸付け、信用保証、利子補給）を実施【図1の①1～3】

・ 国は、日本公庫等に対して**財政援助**を行う【図1の②】とともに、事業者の資金需要に迅速に対応できるように、**審査の簡素化・迅速化に取り組むことなどを要請**

・ 今回の検査対象となる**新型コロナ特別貸付等**（要件を満たす対象者に対しては**実質無利子・無担保融資**となる）は、返済開始時期を迎えるものが集中する時期を経過し、5年9月末時点で既に**元利金の返済が本格化**（これに対し、民間金融機関による実質無利子・無担保の融資（民間ゼロゼロ融資）は、6年度前半にも到来予定）【図2】

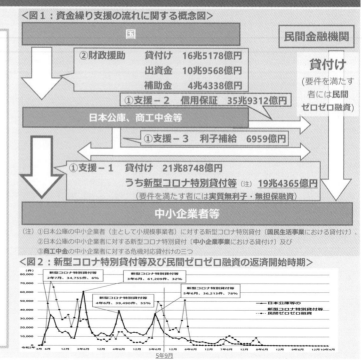

<図1：資金繰り支援の流れに関する概念図>

国 ／ 民間金融機関

②財政援助　貸付け　16兆5178億円／出資金　10兆9568億円／補助金　4兆4338億円

①支援－2　信用保証　35兆9312億円

貸付け（要件を満たす者には民間ゼロゼロ融資）

日本公庫、商工中金等

①支援－3　利子補給　6959億円

①支援－1　貸付け　21兆8748億円／うち新型コロナ特別貸付等（注）19兆4365億円（要件を満たす者には実質無利子・無担保融資）

中小企業者等

（注）①日本公庫の中小企業者（主として小規模事業者）に対する新型コロナ特別貸付〔**国民生活事業における貸付け**〕、②日本公庫の中小企業者に対する新型コロナ特別貸付〔**中小企業事業における貸付け**〕及び③商工中金の中小企業者に対する危機対応貸付けの三つ

<図2：新型コロナ特別貸付等及び民間ゼロゼロ融資の返済開始時期>

新型コロナ特別貸付等　2年7月、34,755件、6%
新型コロナ特別貸付等　3年6月、61,209件、32%
新型コロナ特別貸付等　5年6月、36,213件、78%
新型コロナ特別貸付等　4年6月、39,490件、55%

日本公庫等の
新型コロナ特別貸付等
民間ゼロゼロ融資

日本政策金融公庫等が実施した新型コロナ特別貸付等の状況（特定）
株式会社日本政策金融公庫
株式会社商工組合中央金庫

検査の状況1-1 新型コロナ特別貸付等に係る貸付債権の状況

＜令和4年度末時点における新型コロナ特別貸付等に係る貸付債権の状況＞

令和4年度末までの貸付実績は**19兆4365億円**、
貸付残高は**14兆3085億円**で、そのうち9割超は
元金返済中の貸付債権又は**据置期間中**の貸付債権
その一方で

```
令和4年度末までの貸付実績
1,187,201件　19兆4365億円

〈4年度末時点の状況〉
返済              貸付残高
5兆0582億円
              989,267件　14兆3085億円
うち完済
190,643件
3兆3305億円
```

借換えによるものも含まれている。

```
〈元金返済等の状況〉
元金返済中          据置期間中
670,141件          254,399件
7兆5665億円        5兆9576億円

4年度末時点の
貸倒引当金
2879億円

〈リスク管理債権等の状況〉
正常債権
13兆5064億円

〈リスク管理債権の内訳〉
要管理債権    危険債権
4929億円     3731億円
                        破産更生債権及び
                        これらに準ずる債権
                        124億円
```

① 償却
7,291件　697億円

② 条件変更中
53,921件　6654億円

③ 延滞等
11,651件　1195億円

④ リスク管理債権
8785億円

⑤ 部分直接償却
1246億円

① 償却（貸付債権の全額について回収の見込みがない
などと認められるときに行う）**金額は697億円**
償却した貸付債権の**件数及び金額**は、いずれも**年々増加**

② 条件変更（返済期間や据置期間の延長、月々の返済額の
減額により、貸付条件を緩和すること）中の貸付債権の
残高は、いずれも3、4両年度末の金額が前年度末から
大幅に増加

③ 延滞等（元利金支払の延滞及び事業者の破綻）に
至っている貸付債権の**残高**は、いずれも3、4両年度末の
金額が前年度末から**大幅に増加**

④ リスク管理債権の額は**8785億円**で、**日本公庫の
国民生活事業及び中小企業事業**では増加し、
事業全体のリスク管理債権の額も増加

⑤ 4年度末における**部分直接償却**（回収不可能又は無価値
と判断された資産について税務上の直接償却を満たして
いない場合に貸倒引当金の計上に代えて貸倒償却をする
方法）**実施額は1246億円**

日本政策金融公庫等が実施した新型コロナ特別貸付等の状況（特定）
株式会社日本政策金融公庫
株式会社商工組合中央金庫

検査の状況1-2 償却、条件変更、延滞等、リスク管理債権の状況

＜① 新型コロナ特別貸付等に係る償却金額の推移＞

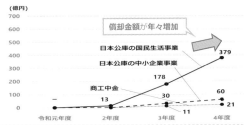

＜② 新型コロナ特別貸付等に係る貸付債権（条件変更）残高の推移＞

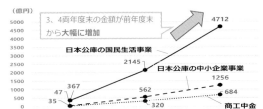

＜③ 新型コロナ特別貸付等に係る貸付債権（延滞等）残高の推移＞

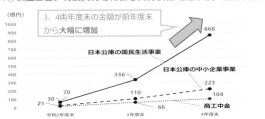

＜④ 新型コロナ特別貸付等に係るリスク管理債権の額の推移＞

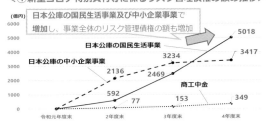

所見

日本公庫及び商工中金において、新型コロナ特別貸付等及びその借換後の貸付債権について、引き続き、**債務者の
状況把握等を適切に実施等すること**

第Ⅱ章

日本政策金融公庫等が実施した新型コロナ特別貸付等の状況（特定）

株式会社日本政策金融公庫
株式会社商工組合中央金庫

検査の状況 2 新型コロナ特別貸付等の審査手続において設けられた緩和措置等の実施状況

- 審査手続における書類徴求の簡素化について、日本公庫の国民生活事業では、貸付先が資金繰り表、最新決算期後の試算表等の書類を作成しないことが多いことから、これらの書類の徴求を省略するなどの措置（**緩和措置**）を全国的に幅広く実施
- 緩和措置の下において、貸付けの**認定根拠**を貸付関係書類の所定の欄に**詳細かつ具体的に記録**するとともに、貸付申込先の**当面の資金繰り状況等**について確認し、**その内容を貸付関係書類の適宜の欄に記載**

貸付申込先の状況把握が十分行われたことが確認できない事態が**59件**（貸付金額5億8966万円）。具体的には、
- 貸付関係書類の所定の欄に**認定根拠が十分に記録されていなかった**
- 貸付関係書類に貸付申込先の**資金繰り状況の現況を確認した旨の具体的な記載がない**などしていた

所見

日本公庫の国民生活事業において、**今後の非常時に関係省庁の要請を踏まえるなどして緩和措置を設ける場合、緩和措置の下における貸付申込先の状況把握の適正性を担保するための取組がより適切に行われるよう努めること**

検査の状況 3 新型コロナ特別貸付等に係る貸付債権の管理の状況

- 日本公庫の国民生活事業において、膨大な数の貸付債権を管理していることから、債務者の財務状況等を決算書等により**定期的に把握することとしておらず、条件変更を実施した場合等にその把握を実施**

  他方、2年9月以降、**債務者フォローアップ**や**早期改善支援**を実施
- 債務者の破綻等により貸付債権の全額について回収の見込みがないなどと認められるときは償却を行うこととしており、**その償却の決定の判断は慎重に実施**

外部に委託して債務者の生活状況を調査していた貸付債権の償却において、債務者の生活状況が困窮状況にあるという**償却事由の根拠となる事実が十分に把握されていないまま償却が決定されていた事態が30件**（貸付金額3億3561万円に対する償却金額3億3504万円）

所見

日本公庫の国民生活事業において、**債務者の状況把握及び当該状況に応じた支援に係る取組を引き続き適切に実施等**するとともに、外部調査に基づき生活困窮の事由で償却した貸付債権について**改めて償却を決定した根拠を検証し、必要な対応を執ること**

意見表示㊱　・次世代シークエンサーの使用状況

（同様の資料をデータでご覧になりたい方はこちらをご参照ください：

▶https://www.jbaudit.go.jp/report/new/summary04/pdf/fy04_tokutyou_04.pdf)

（183ページ）

次世代シークエンサーの使用状況（意見表示）

厚生労働本省
5億8653万円(指摘金額)

事業の概要

- ✓ 厚生労働省は、新型コロナウイルス感染症緊急包括支援交付金（医療分）で実施する感染症検査機関等設備整備事業において、**新型コロナウイルス感染症の検査体制を整備することを目的**として、**次世代シークエンサー等**の整備費を都道府県に対して補助
- ✓ 次世代シークエンサーは、都道府県等の地方衛生研究所のほか、**民間検査機関（民間の検査会社、大学及び医療機関）**に整備
  - ▷ 感染経路の特定や変異株の発生動向の監視等のため、新型コロナウイルスの**全ゲノム解析**に使用
- ✓ 交付要綱等によれば、民間検査機関では、「都道府県等が感染症法(注)に基づく行政検査の依頼を行った場合に、休日等問わず**迅速かつ確実に検査が実施されるための体制が確保されていることが必要**」
  - (注)感染症の予防及び感染症の患者に対する医療に関する法律

検査の結果

- ✓ 厚生労働省に確認したところ、事業の目的である「検査体制を整備すること」とは「**感染症法の規定により都道府県等が行う検査（行政検査）の体制強化**」
- ✓ 令和2、3両年度に18道府県が整備した次世代シークエンサー63台（交付金交付額13億9672万円）のうち**8道府県が20民間検査機関に整備した21台（交付金交付額5億8653万円）**は、事業の目的に沿って行政検査に**使用されたことが一度もない状況**
  - ▷ 20民間検査機関は、自施設における検査体制整備のため、将来的に行政検査の依頼があると想定していたためとして次世代シークエンサーを整備していたが、整備時点において、道府県等との間で、**道府県等から依頼を受けて迅速かつ確実に行政検査を実施するために必要な検討が行われていなかった**
  - ▷ 8道府県は、20民間検査機関に次世代シークエンサーを整備したのに、整備した時点から**行政検査を全く依頼していなかった**
  - ▷ 8道府県は、**交付要綱等における記載が必ずしも明確とはなっていない**ことから、依頼を受けて迅速かつ確実に行政検査を実施するために必要な検討が行われていない民間検査機関についても同事業により次世代シークエンサーを整備することができると認識するなど、**事業の目的に対する理解が不十分**

表示する意見

- ✓ 今後、**次世代シークエンサーが有効に使用されるなどするよう、厚生労働省において、**
- ・都道府県に対して、**事業の目的について再度周知**した上で、民間検査機関に整備した次世代シークエンサーが**目的に沿って使用されるよう検討**させること
- ・検討の結果、事業の目的に沿って**使用される見込みのない次世代シークエンサー**がある場合は、都道府県に対して、速やかに**財産処分の手続を行う**などの措置をとるよう**指導**

次世代シークエンサーの使用状況（意見表示）

厚生労働本省
5億8653万円(指摘金額)

新型コロナウイルス感染症緊急包括支援交付金（医療分）（感染症検査機関等設備整備事業）による次世代シークエンサーの整備

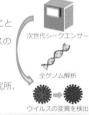

- ▷ 感染症検査機関等設備整備事業の目的は、新型コロナウイルス感染症の検査体制を整備すること
- ▷ **厚生労働省**は感染症法に基づく新型コロナウイルスの**全ゲノム解析の実施を都道府県等に要請**
- ▷ 全ゲノム解析に必要な設備として、次世代シークエンサーを都道府県等の地方衛生研究所、**民間検査機関**に整備

検査の結果　次世代シークエンサーが使用されていない事態

	令和2、3両年度に整備した次世代シークエンサー	
	（検査対象）	うち事業の目的に沿って一度も使用されていないもの
事業主体	18道府県	**8道府県**
台数	63台	**21台**
交付金交付額	13億9672万円	**5億8653万円**
整備先	18道府県等、27民間検査機関	**20民間検査機関**

（厚生労働省に確認した事業の目的）
- ・**感染症法の規定により都道府県等が行う検査（行政検査）の体制強化**

（一度も使用されていない要因）
- ・道府県等と民間検査機関との間で、道府県等から依頼を受けて迅速かつ確実に**行政検査を実施するために必要な検討が行われず**
- ・道府県において、整備した時点から**行政検査を全く依頼せず**
- ・**交付要綱等における記載が必ずしも明確とはなっていない**ことから、道府県において、**事業の目的に対する理解が不十分**

表示する意見

今後、**次世代シークエンサーが有効に使用されるなどするよう、厚生労働省において、**
- ・都道府県に対して、**事業の目的について再度周知**した上で、民間検査機関に整備した次世代シークエンサーが**目的に沿って使用されるよう検討させること**
- ・検討の結果、事業の目的に沿って**使用される見込みのない次世代シークエンサー**がある場合は、都道府県に対して、速やかに**財産処分の手続を行う**などの措置をとるよう**指導**

第Ⅱ章

処 置 済 ・持続化補助事業において概算払された事業費の返還

（同様の資料をデータでご覧になりたい方はこちらをご参照ください：
▶https://www.jbaudit.go.jp/report/new/summary04/pdf/fy04_tokutyou_05.pdf)

（327ページ）

持続化補助事業において概算払された事業費の返還（処置済）

（独）中小企業基盤整備機構
5億8226万円(指摘金額)

事業の概要

- ✓ 機構は、小規模事業者等の販路開拓、設備投資等の支援を行う**生産性革命事業**の一つとして、生産性向上に資する経営計画を作成し、販路開拓等に取り組む小規模事業者等に対して、**小規模事業者持続化補助金（持続化補助金）**を交付する事業（**持続化補助事業**）を実施
- ✓ 持続化補助事業は、**一般型**のほか、「新型コロナウイルス感染症緊急経済対策」等に基づいて補正予算に計上されたコロナ運営費交付金を使用して実施する**コロナ特別対応型（コロナ型）**等に区分
- ✓ 機構は、**コロナ型の持続化補助事業**について、**全国商工会連合会（全国連）**に持続化補助金の支払業務を含む事務局業務を**令和5年度末まで委託**
- ✓ 機構は、コロナ型の持続化補助金を交付するための原資である事業費を全国連に対して**概算払できる**こととされており、2年6月から3年11月にかけて、**計151億円を全国連に概算払**

検査の結果

- ✓ 全国連における実際に要した**事業費の額（実績額）**は3年度末時点において**計145億1773万円**で、小規模事業者等への**コロナ型の持続化補助金の支払は4年3月までに全て終了**
  ⇒上記の概算払額151億円と実績額145億1773万円との差額である**5億8226万円**については、**4年4月以降、使用見込みのないもの**となっていた
- ✓ しかし、**事業費の精算については、5年度末までの委託業務の終了後に行う**としていたことから、上記の5億8226万円が**全国連において引き続き保有されたまま**となっており、**生産性革命事業におけるコロナ関連の各事業に活用できない状況**となっていた

当局の処置

- ✓ 機構は、**5年5月に**、上記の使用見込みのない事業費について、**全国連から返還させた**

持続化補助事業において概算払された事業費の返還（処置済）

（独）中小企業基盤整備機構
5億8226万円(指摘金額)

持続化補助事業の概要

- ・生産性向上に資する経営計画を作成し販路開拓等に取り組む小規模事業者等に対して、**持続化補助金を交付する事業**

- ・一般型のほか、「新型コロナウイルス感染症緊急経済対策」等に基づいて補正予算に計上されたコロナ運営費交付金を使用して実施する**コロナ特別対応型（コロナ型）**等に区分

- ・機構は、コロナ型の**持続化補助金を交付するための原資である事業費**を事務局である全国連に対して**概算払できる**こととされており、令和2年6月から3年11月にかけて、**計151億円を概算払**

持続化補助事業（コロナ型）の流れ

```
機構                              小規模事業者等
  ←── ①持続化補助金の交付申請等 ──
  ── ②持続化補助金の交付決定等 ──→
  
③持続化補助金交付の原資          ④持続化補助金の支払
（事業費）の支払                  ⇒実績額（3年度末時点）
⇒概算払額（3年度末時点）          145億1773万円
151億円                          （注）下表（b）
（注）下表（a）        全国連
                     （事務局）
```

検査の結果　使用見込みのない事業費が返還されていない事態

全国連によるコロナ型の持続化補助金の支払は全て終了しているのに、**5億8226万円**が引き続き保有されたままとなっており、生産性革命事業における**コロナ関連の各事業に活用できない状況**

（使用見込みのない事業費が全国連に滞留していた理由）**事業費の精算については、5年度末までの委託業務の終了後に行う**としていた

全国連に対する事業費の概算払額（3年度末時点）(a)	全国連における事業費の実績額（3年度末時点）(b)	4年4月以降使用見込みのない事業費(a-b)
151億円	145億1773万円	5億8226万円

当局の処置　機構は、**5年5月に**、上記の使用見込みのない事業費について、**全国連から返還させた**

処　置　済　・介護施設等における陰圧装置設置事業

（同様の資料をデータでご覧になりたい方はこちらをご参照ください：

▶https://www.jbaudit.go.jp/report/new/summary04/pdf/fy04_tokutyou_06.pdf）

（192ページ）

介護施設等における陰圧装置設置事業（処置済）

厚生労働本省
5685万円(指摘金額)
2億8344万円(背景金額)

陰圧装置設置事業等の概要

- ✓ 厚生労働省は、都道府県が作成した計画に基づいて行う事業を支援するために、都道府県に設置する基金の造成に必要な経費の3分の2に相当する額等について、医療介護提供体制改革推進交付金を交付
- ✓ 厚生労働省は、新型コロナウイルス感染拡大防止対策支援事業の一環として、**介護施設等における簡易陰圧装置の設置に係る経費を支援する事業（陰圧装置設置事業）**を基金事業の対象
- ✓ 都道府県は、基金を取り崩し、直接又は市町村を通じて**介護施設等の事業者に助成**
- ✓ 陰圧装置設置事業の対象事業は、介護施設等において感染拡大のリスクを低減するためにウイルスが漏れないよう、気圧を低くした陰圧室とするため居室等に簡易陰圧装置を据えるとともに**簡易的なダクト工事等を行う**事業（簡易陰圧装置には必ずしもダクト工事を必要としないものもある）
- ✓ 対象経費は、簡易陰圧装置を設置するために必要な備品購入費、工事費又は工事請負費及び工事事務費（予備の交換用フィルターの購入費等（**予備部品の購入費等**）は**対象外**）

検査の結果

- ✓ **必要なダクト工事を行っていないため居室等が陰圧室としての機能を有していなかった**（30件・交付金相当額計3511万円）
- ✓ 対象経費とはなっていない**予備部品の購入費等を対象経費に含めていた**
  ①予備部品の購入費等のみの金額が抽出できた事業（171件・交付金相当額計2174万円）
  ②簡易陰圧装置本体を含め一式計上されていて予備部品の購入費等のみの金額が明示されていない事業（294件・交付金相当額計2億8344万円（背景金額））

当局の処置

- ✓ **ダクト工事**を行うなどして**陰圧室としての機能**を有するよう求めた
- ✓ 都道府県に対して、**事務連絡**を発して、**ダクト工事が必要な簡易陰圧装置を設置**する場合は同**工事を行うこと**及び**予備部品の購入費等を対象経費に含めない**ことについて周知（**市町村及び事業者に周知**するよう都道府県に助言）

介護施設等における陰圧装置設置事業（処置済）

厚生労働本省
5685万円(指摘金額)
2億8344万円(背景金額)

医療介護提供体制改革推進交付金の概要	陰圧装置設置事業の概要
・ 厚生労働省は、都道府県が作成した計画に基づく事業を支援するために、基金造成に対し**医療介護提供体制改革推進交付金**を交付 ・ 都道府県は、基金を取り崩し、直接又は市町村を通じて**介護施設等の事業者に助成**	厚生労働省は、基金事業の管理運営要領を改正し新型コロナウイルス感染拡大防止対策支援事業の一環として、介護施設等の居室等を陰圧室とするために簡易陰圧装置を据えるとともに簡易的な**ダクト工事**等を行う**陰圧装置設置事業**を対象にした（ダクト工事は**不要な場合あり**）

検査の結果1　必要なダクト工事を行っておらず居室等が陰圧室としての機能を有していなかった事態

必要なダクト工事を行っていないため居室等が**陰圧室としての機能を有していなかった**（30件・交付金相当額計3511万円）	（事業者等が誤った理由） 県の事務連絡に「ダクト工事の有無は問わない。」などと記載していたことから、ダクト工事を行わなくても陰圧室としての機能を有するものと誤解

（陰圧室）

出典：厚生労働省より提供

検査の結果2　予備部品の購入費等を対象経費に含めていた事態

対象経費とはなっていない予備の交換用フィルターの購入費等（**予備部品の購入費等**）を**対象経費に含めていた** ①予備部品の購入費等のみの金額が抽出できた事業（171件・交付金相当額計2174万円） ②簡易陰圧装置本体を含め一式計上されていて予備部品の購入費等のみの金額が明示されていない事業（294件・交付金相当額計2億8344万円（背景金額））	（事業者等が誤った理由） 管理運営要領の記述が不明瞭なことから、予備部品の購入費等を対象経費として含めてよいものと誤解

当局の処置

- ・ダクト工事を行うなどして**陰圧室としての機能**を有するよう求めた
- ・都道府県に対して、事務連絡を発して、**ダクト工事が必要な簡易陰圧装置を設置**する場合は同**工事を行うこと**及び**予備部品の**購入費等を対象経費に含めないことについて周知（**市町村及び事業者に周知**するよう都道府県に助言）

第Ⅱ章

不　　当　・新型コロナウイルス感染症緊急包括支援交付金(医療分)における過大交付等

（同様の資料をデータでご覧になりたい方はこちらをご参照ください：

▶https://www.jbaudit.go.jp/report/new/summary04/pdf/fy04_tokutyou_07_01.pdf)

（143、144、146、147、149、151ページ）

新型コロナウイルス感染症緊急包括支援交付金（医療分）における **過大交付等（不当事項）**	厚生労働省 5億3907万円(指摘金額)

事業の 概要	✓ 厚生労働省は、新型コロナウイルス感染症への対応として緊急に必要となる**感染拡大防止や医療提供体制の** **整備等**について、地域の実情に応じ柔軟かつ機動的に実施できるよう、都道府県による取組支援を目的として、 都道府県に対して**新型コロナウイルス感染症緊急包括支援交付金（医療分）**を交付（交付率10/10） ✓ 交付金の交付対象となる経費は交付要綱に定める事業区分ごとに算定し、新型コロナウイルス感染症重点医療 機関等設備整備事業等では、整備対象設備等の種類ごとに、**設備1台当たりの補助上限額を設定** 　　例：新型コロナウイルス感染症対策事業では、**コロナ患者等の移送**に係る経費等が交付対象 　　　　⇒宿泊療養施設等への移送：交付対象 　　　　⇒入院に係る医療機関への移送：交付対象外（国による他の負担金の対象となるため（負担割合1/2）） 　　例：新型コロナウイルス感染症を疑う患者受入れのための救急・周産期・小児医療体制確保事業では、 　　　　**簡易陰圧装置**（注）の購入費用等が交付対象（注:ウイルスが室外に漏れないよう室内を陰圧化する装置）
検査の 結果	✓ 交付金の**7事業**について、主に以下の事態が見受けられた ✓ **交付金の対象とならない費用**である、コロナ患者等の**入院に係る医療機関への移送**に要した費用、 **消耗品費等の費用**を含めていたため、**交付金が過大**に交付されていた 　　①新型コロナウイルス感染症対策事業　　　　　　　　　　　　　　　6件　2億3311万円 　　②帰国者・接触者外来等設備整備事業　　　　　　　　　　　　　　3件　　2664万円 　　③感染症検査機関等設備整備事業　　　　　　　　　　　　　　　　5件　　2148万円 　　④DMAT・DPAT等医療チーム派遣事業　　　　　　　　　　　　　　1件　　1945万円 ✓ **整備対象設備等**に要した経費に係る交付金の交付額について、**設備1台当たりの補助上限額を超えて算定** していたため、**交付金が過大**に交付されていた 　　⑤新型コロナウイルス感染症重点医療機関等設備整備事業　　　　　6件　2億0615万円 　　⑥新型コロナウイルス感染症患者等入院医療機関設備整備事業　　　6件　　2788万円 ✓ 交付金により簡易陰圧装置を整備したが、**病室の陰圧化ができず、補助の目的を達していなかった** 　　⑦新型コロナウイルス感染症を疑う患者受入れのための救急・周産期・小児医療体制確保事業 　　　　　　　　　　　　　　　　　　　　　　　　　　　　　　　　2件　　　433万円

新型コロナウイルス感染症緊急包括支援交付金（医療分）における **過大交付等（不当事項）**	厚生労働省 5億3907万円(指摘金額)

新型コロナウイルス感染症緊急包括支援交付金（医療分）における過大交付等の事態等の概要

事業名	主な事態の内容（件数・金額は指摘の合計）	
①新型コロナウイルス感染症対策事業	**交付金の対象とならない経費を含めていたもの** 【次ページ参照】	**6件　2億3311万円**
②帰国者・接触者外来等設備整備事業	交付金の対象とならない経費を含めていたもの 3件	2664万円
③感染症検査機関等設備整備事業	交付金の対象とならない経費を含めていたもの 5件	2148万円
④DMAT・DPAT等医療チーム派遣事業	交付金の対象とならないもの 1件	1945万円
⑤新型コロナウイルス感染症重点医療 **機関等設備整備事業**	**設備等1台当たりの補助上限額を超えて交付金が交付** **されていたもの** 【次ページ参照】	**6件　2億0615万円**
⑥新型コロナウイルス感染症患者等入院 医療機関設備整備事業	設備等1台当たりの補助上限額を超えて交付金が交付 されていたもの 6件	2788万円
⑦新型コロナウイルス感染症を疑う患者 受入れのための救急・周産期・小児 医療体制確保事業	整備した設備が補助の目的を達していなかったもの 2件	433万円

新型コロナウイルス感染症緊急包括支援交付金（医療分）における過大交付等（不当事項）

厚生労働省
5億3907万円(指摘金額)

①新型コロナウイルス感染症対策事業の概要

厚生労働省は、都道府県等の事業者に対し、コロナ患者等の**入院病床の確保等**について支援を行うことにより、公衆衛生の向上を図ることを目的として**交付金**を交付（交付率10/10）

✓ 交付金の交付対象となる経費は、コロナ患者等の**宿泊療養施設等への移送に係る費用等**

入院に係る医療機関への移送に係る費用は、国による他の負担金（負担割合1/2）の対象となっており、本交付金の**交付対象外**

交付金の**対象**　移送　交付金の**対象外**　移送　負担金の**対象**

検査の結果

交付金の対象経費とならない、コロナ患者等の入院に係る医療機関への移送に要した費用等を含めていた
6件　2億3311万円過大

(注) このほか、②〜④の帰国者・接触者外来等設備整備事業等3事業においても交付金の対象とならない経費を含めていたことにより交付金が過大に交付されていたなど　9件　6759万円

⑤新型コロナウイルス感染症重点医療機関等設備整備事業の概要

厚生労働省は、新型コロナウイルス感染症重点医療機関等に対し、高度かつ適切な医療の提供に必要な設備整備を支援し、**医療提供体制を整備する**ことを目的として**交付金**を交付

✓ 整備対象設備は、超音波画像診断装置、血液浄化装置等整備対象設備の種類毎に、**1台当たりの補助上限額**を設定

(注)同じ種類の整備対象設備を複数購入した場合、**1台ごとに実支出額**と、**1台当たりの補助上限額**を比較して少ない方の額を交付額とする

検査の結果

同じ種類の整備対象設備について、**複数台分の実支出額の合計額**と**整備台数×1台当たりの補助上限額**の額を比較したため、1台当たりの補助上限額を超えて交付額を算定していた
6件　2億0615万円過大

同じ種類の整備対象設備について、金額が異なる装置A,Bを購入した場合の経費に係る交付金の交付額の算定例（ 太字 が交付額）

正：装置Aの実支出額 > 補助上限額 、装置Bの実支出額 <補助上限額

誤：装置Aの実支出額＋装置Bの実支出額 > 補助上限額×2

(注) このほか、⑥新型コロナウイルス感染症患者等入院医療機関設備整備事業においても整備対象設備1台当たりの補助上限額を超えて交付金が過大に交付されていたなど　6件　2788万円

第
Ⅱ
章

社会保障の検査

処置要求㉞ ・生活扶助費等負担金等の算定における返還金等の調定額

（同様の資料をデータでご覧になりたい方はこちらをご参照ください：
▶https://www.jbaudit.go.jp/report/new/summary04/pdf/fy04_tokutyou_08.pdf）

（175ページ）

生活扶助費等負担金等の算定における返還金等の調定額（処置要求）
厚生労働本省
1億6500万円(指摘金額)

生活扶助費等負担金等の概要

✓ 厚生労働省は、**生活扶助費等負担金等（負担金）**として、事業主体（県市等）が生活保護を受ける世帯に支弁した、**保護に要する費用（保護費）**等の4分の3の額を事業主体に交付

✓ 負担金の**交付額**は、事業実績報告書記載の費用の額から、被保護者からの**返還金等の調定額を控除**するなどして算定した額
このうち、返還金等の調定額は、事業主体が地方自治法に基づき調定した額

✓ **誤払等が発生して、保護費の返納が必要となる場合、**
①その年度中に返納された額は、費用の額に含まれない
②その年度中に返納されなかった額（戻入未済額）は、当年度の費用の額に含まれる（事業主体は、翌年度に調定して、返還金等の調定額として、その年度の費用の額から控除）

検査の結果

✓ 令和元、2両年度に19都府県の**162事業主体に対して交付された負担金（計1兆1629億4863万円）を検査**

✓ 戻入未済額を翌年度に調定していない、調定しているものの**返還金等の調定額として事業実績報告書に計上していない**などのため、**戻入未済額等を返還金等の調定額として費用の額から控除していない**
⇒18都府県の47事業主体において、**負担金が計1億6500万円過大に交付**

✓ 主な原因は、①交付要綱等において、戻入未済額に係る翌年度の調定額が返還金等の調定額に含まれることなどについて十分に周知していなかった、
②事業主体において、戻入未済額の事業実績報告書への計上方法についての理解が十分でなかった

要求する処置

✓ 負担金を過大に算定していた47事業主体のうち、負担金の返還手続が未済の事業主体に対して、**過大に交付されていた負担金について返還の手続を速やかに行わせること**

✓ 事業主体に対して、**戻入未済額に係る翌年度の調定額等が返還金等の調定額に含まれること、戻入未済額に係る調定を適切に行った上で負担金の算定を適正に行う必要があること**について周知すること

✓ 負担金の事業実績報告書の審査に当たり、返還金等の調定額を的確に把握するため、戻入未済額等の額を記載させるよう**事業実績報告書の様式を改正すること**など

生活扶助費等負担金等の算定における返還金等の調定額（処置要求）
厚生労働本省
1億6500万円(指摘金額)

生活扶助費等負担金等（負担金）の概要

・厚生労働省は、事業主体（県市等）が生活保護を受ける世帯に支弁した費用等に対して、負担金を交付
・負担金の対象事業費は、費用の額から被保護者からの**返還金等の調定額**を控除するなどして算定した額
このうち、返還金等の調定額は、事業主体が地方自治法に基づき調定した額
・誤払等が発生して、保護費の返納が必要となる場合
①当年度中に返納された額は、当年度の費用の額に含まれない
②当年度に返納されなかった額（**戻入未済額**）は、翌年度に調定され、**返還金等の調定額の一部として費用の額から控除**される

誤払等が発生した年度

発生した誤払等のうち返納すべき保護費の額

①当年度に返納された額
（費用の額に含まれない）

②戻入未済額
（費用の額に含まれる）

翌年度

処理が正しくなされれば、戻入未済額は、翌年度の負担金の算定に当たり控除される

② 調定
（返還金等の調定額に含まれ、対象事業費から除かれる）

検査の結果　令和元、2年度に19都府県の162事業主体に対して交付された負担金を検査

18都府県の47事業主体において、戻入未済額を翌年度に調定していない、調定しているものの返還金等の調定額として**事業実績報告書に計上していない**などのため、戻入未済額等を返還金等の調定額として**費用の額から控除していない**

負担金の交付額計1億6500万円が過大

（戻入未済額を返還金等の調定額として控除していない原因）
・交付要綱等に返還金等の調定額の範囲が十分に周知されていなかった
・事業主体の事業実績報告書への計上方法についての理解が十分でなかった

要求する処置・過大に算定された負担金の返還手続が未済の事業主体に対して、返還手続を速やかに行わせること
・事業主体に対して、戻入未済額に係る翌年度の調定額等が返還金等の調定額に含まれること、戻入未済額に係る調定を適切に行った上で負担金の算定を適正に行う必要があることについて周知すること
・負担金の事業実績報告書の審査に当たり、返還金等の調定額を的確に把握するため、戻入未済額等の額を記載させるよう事業実績報告書の様式を改正することなど

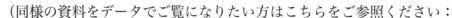

意見表示㊱　・高齢者保健事業に係る補助金等の効果及び診療情報の活用

（同様の資料をデータでご覧になりたい方はこちらをご参照ください：

▶https://www.jbaudit.go.jp/report/new/summary04/pdf/fy04_tokutyou_09.pdf)

（187ページ）

第Ⅱ章

高齢者保健事業に係る補助金等の効果及び診療情報の活用（意見表示）

厚生労働本省
11億8577万円(指摘金額)
76億0444万円(背景金額)

健康診査等の概要

- 後期高齢者医療広域連合（広域連合）は、高齢者医療確保法等に基づき、被保険者である後期高齢者に対して、**健康診査**等の高齢者保健事業を行う努力義務あり。厚生労働省は、後期高齢者医療制度事業費**補助金等**により広域連合が行う健康診査に要する経費の一部を補助
- 健康診査は、疾病予防等を目的として、受診勧奨（医療機関での受診を奨めること）や保健指導の対象者を**抽出**するために行うもの
- 高齢者保健事業では、**診療情報**(注)を健康診査の結果として**活用**する取扱いとはなっていない
  ⇒市区町村国保が実施する特定健康診査では、診療情報を特定健康診査の結果として活用することが認められている　(注)医療機関で診療の一環として受けた血液検査・尿検査等の検査データ

検査の結果

＜受診勧奨及び保健指導の対象者の抽出が適切に行われていない事態＞
- 令和2年度に交付された22広域連合に係る補助金等（計41億1984万円）を検査
- **15広域連合に加入する407市町村**（健康診査の実施人員651,986人）において、健康診査の実施後に、受診勧奨及び保健指導のいずれについても健康診査の結果による**対象者の抽出が行われておらず**、上記実施人員に係る補助金等11億8577万円の効果が十分に発現していない

＜診療情報の活用が行われていない事態＞
- 2年度に交付された全47広域連合に係る補助金等（計76億0444万円）を検査
- 実施人員4,195,246人のうち、**791,516人（18.9%）**は、前年度である元年度に、医療機関で診療の一環として健康診査と同様の血液検査・尿検査を受けており、さらに、このうち**472,548人（11.3%）**は、2年度中にも同様の検査を受けていた
  ⇒診療情報の提供への協力依頼を行っていれば、被保険者の同意が前提だが、一定数に係る診療情報の提供が得られ、補助金等の交付額を一定額節減することが可能

表示する意見

- 広域連合に対して、健康診査の目的等を周知徹底し、**受診勧奨及び保健指導の必要性や、これらに関する具体的な内容や実施のための方法等を明確に示す**とともに、健康診査の結果の活用状況を把握した上で、補助金等の交付に際して確認し指導するなどの**具体的な方策を検討すること**
- 広域連合が診療情報を活用することができるための**具体的な方策を検討すること**

高齢者保健事業に係る補助金等の効果及び診療情報の活用（意見表示）

厚生労働本省
11億8577万円(指摘金額)
76億0444万円(背景金額)

高齢者保健事業の概要

- 実施主体
  後期高齢者医療広域連合（広域連合。都道府県単位）
- 対象
  被保険者である後期高齢者
  （75歳以上の者又は65歳以上75歳未満の者で一定の障害の状態にある者）
- 事業内容
  健康診査、保健指導、その他の後期高齢者の健康の保持増進のために必要な事業等

(注)事業の実施は努力義務

健康診査の目的及び国による補助

「高齢者の医療の確保に関する法律に基づく高齢者保健事業の実施等に関する指針」（指針）
健康診査は、疾病予防、重症化予防等を目的として、医療機関での受診が必要な者及び保健指導を必要とする者を的確に抽出するために行う

健康診査　→　対象者抽出　→　受診勧奨 保健指導

広域連合が実施したり、市区町村に委託したりするなどして実施

広域連合が市区町村に委託するなどして**市区町村単位**で実施

実施に要した委託料等の一部は**後期高齢者医療制度事業費補助金等**により国が補助

検査の結果 1　受診勧奨及び保健指導の対象者の抽出が適切に行われていない事態

令和2年度に交付された22広域連合（加入する915市区町村）に係る補助金等（計41億1984万円）を検査したところ・・・

 15広域連合に加入する407市町村において、受診勧奨・保健指導のいずれも**対象者の抽出が不実施**

→ 407市町村に住所を有する後期高齢者651,986人に対して実施された**健康診査**は指針で定める目的のために行われたものとはなっていない

 → 健康診査に係る**補助金等11億8577万円の効果が十分に発現していない**

表示する意見　広域連合に対して、健康診査の目的等を周知徹底し、**受診勧奨及び保健指導の必要性や、これらに関する具体的な内容や実施のための方法等を明確に示す**とともに、健康診査の結果の活用状況を把握した上で、補助金等の交付に際して確認し指導するなどの具体的な方策を検討すること

第
Ⅱ
章

高齢者保健事業に係る補助金等の効果及び診療情報の活用 （意見表示）

厚生労働本省
11億8577万円(指摘金額)
76億0444万円(背景金額)

検査の結果 2　診療情報の活用が行われていない事態

健康診査の実施内容（基本項目）

診察		① 既往歴等の調査
	計測	② 自覚症状及び他覚症状の有無の検査
		③ 身長と体重の検査
		④ BMIの測定
		⑤ 血圧の測定

血液検査(7項目)	⑥ 肝機能検査	AST（GOT）
		ALT（GPT）
		γ－GT（γ－GTP）
	⑦ 血中脂質検査	中性脂肪
		HDL－コレステロール
		LDL－コレステロール
	⑧ 血糖検査	空腹時血糖（HbA1c）

| ⑨ 尿検査(2項目) | 尿糖 |
| | 尿たん白 |

③の検査に腹囲の検査がないことを除き、特定健康診査と同じ

特定健康診査(市区町村国保が実施)に係る診療情報の活用の取組例

被保険者 ①診療情報の提供への協力依頼 保険者
③被保険者同意の下で医療機関等を通じ提供
②診療の一環として特定健康診査の検査項目と同じ検査を受検
医療機関

一方、高齢者保健事業(本事業)では、診療情報を健康診査の結果として活用する取扱いになっていない

・後期高齢者の多くは、生活習慣病の治療のために医療機関で診療を受けていると考えられる
・健康診査の実施内容（基本項目）は、腹囲の検査を除き特定健康診査の健診項目と同一

⇒特定健康診査の場合と同様に、**診療情報の活用の余地がある**と思料

2年度に交付された全47広域連合に係る補助金等（計76億0444万円）の対象となっている健康診査の全受診者について、**診療情報と健康診査の情報を突合した結果**

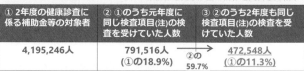

① 2年度の健康診査に係る補助金等の対象者	② ①のうち元年度に同じ検査項目(注)の検査を受けていた人数	③ ②のうち2年度も同じ検査項目(注)の検査を受けていた人数
4,195,246人	791,516人 (①の18.9%)	472,548人 (①の11.3%)

②の59.7%

③の多くは生活習慣病治療者であり、通院の継続が想定。診療情報の提供を受けることで、健康診査を受診しないこととなる被保険者に係る**補助金等の交付額を一定額削減して高齢者保健事業を経済的に実施可能**

(注)　基本項目のうち血液検査と尿検査の全ての項目

表示する意見　広域連合が診療情報を活用することができるための**具体的な方策**を検討すること

国民生活の安全性の確保の検査

意見表示㊱ ・高速道路の橋脚補強の整備手法

（同様の資料をデータでご覧になりたい方はこちらをご参照ください：

▶https://www.jbaudit.go.jp/report/new/summary04/pdf/fy04_tokutyou_10.pdf)

（297ページ）

高速道路の橋脚補強の整備手法（意見表示）

東日本高速道路（株）・中日本高速道路（株）・
西日本高速道路（株）・本州四国連絡高速道路（株）
602億8839万円・476億2886万円・
2824億3449万円・226億3957万円(背景金額)

高速道路の橋脚補強の概要

- ✓ 4会社は、平成8年の「道路橋示方書・同解説」より前の示方書を適用して設計等し既に供用している橋りょうについて、耐震補強工事を実施し、地震時に橋りょうの損傷を軽微にとどめて速やかに機能回復を図り、緊急輸送道路として機能させるための性能（**機能回復性能）を確保**するとしている
- ✓ **4会社が管理する17,605橋については、落橋・倒壊防止対策は完了している一方、機能回復性能の確保に至っていない橋りょうが28年熊本地震発生時点で計4,454橋**
  - ➤地震時に生じた橋脚の損傷に起因して、上下線共に通行不能（**地震時のミッシングリンク**）となり、緊急輸送道路としての高速道路ネットワークが機能しないおそれ
- ✓ 4会社は、国土交通省が示した方針を受けて、「高速道路における安全・安心実施計画」を策定
  - ➤大規模地震の発生確率が高い地域は令和3年度、その他整備地域は8年度を橋脚補強の完了目標年度とするなどとしている

検査の結果

- ✓ 機能回復性能の確保に至っていない橋りょう計4,454橋、平成28年度から令和4年度までに4会社が締結した橋脚の耐震補強工事（橋脚補強）等に係る契約計403件（契約金額計1兆2623億0375万余円）を対象に検査
- ✓ 4,454橋のうち令和4年度末時点で**橋脚補強の工事契約締結に至らない橋りょう3,059橋**
  - ➤地震時のミッシングリンクが生ずるおそれ（高速道路本線67路線381区間）
- ✓ 4,454橋のうち並行する上下線を分離した橋脚がそれぞれ支える構造の分離橋りょう1,873橋
  このうち橋脚補強を実施済の**528橋**全てで、並行する上下線の2橋の橋脚補強を同時に実施していて、暫定的に上下線のいずれか一方の分離橋りょうの橋脚補強を実施する整備手法を用いていなかった
  - ➤分離橋りょう1,345橋（工事契約未締結）の橋脚補強に当たっては、**暫定的に上下線のいずれか一方の橋りょうの橋脚補強を実施**する整備手法を用いることにより、**地震時のミッシングリンクが生ずるおそれがある区間等を早期に解消できる**
- ✓ 4,454橋のうち段階的整備により4車線化した区間の橋りょう89橋（本四会社を除く）
  - ➤4車線化に伴い機能回復性能が確保された橋りょうが並行して設置されていて、**地震時のミッシングリンクが生ずるおそれはないにもかかわらず、橋脚補強を実施していた**

表示する意見

- ✓ 現地の条件等を踏まえた**橋脚補強の効率的な整備手法について検討**を行い、**今後の整備手法の方針等を決定し各支社等に対して通知するなどの措置を講ずること**

高速道路の橋脚補強の整備手法（意見表示）

東日本高速道路（株）・中日本高速道路（株）・
西日本高速道路（株）・本州四国連絡高速道路（株）
602億8839万円・476億2886万円・
2824億3449万円・226億3957万円(背景金額)

高速道路の橋脚補強の概要

- ・4会社は、平成8年の「道路橋示方書・同解説」より前の示方書を適用して設計等し既に供用している橋りょうについて、耐震補強工事を実施し、地震時に橋りょうの損傷を軽微にとどめて速やかに機能回復を図り、緊急輸送道路として機能させるための性能（**機能回復性能**）を確保するとしている
- ・**4会社が管理する17,605橋については、落橋・倒壊防止対策は完了している一方、機能回復性能を確保するには至っていない橋りょうが28年熊本地震発生時点で計4,454橋**
  - ➤地震時に生じた橋脚の損傷に起因し上下線共に通行不能（**地震時のミッシングリンク**）、緊急輸送道路としての高速道路ネットワークが機能しないおそれ

検査の結果

○橋脚の耐震補強工事（橋脚補強）の工事契約

4,454橋のうち**3,059橋が工事契約未締結**
（令和4年度末時点）

➡ **地震時のミッシングリンク**が生ずるおそれ
（高速道路本線67路線381区間）

（出典）
東日本高速道路（株）HP

分離橋りょう
（橋脚補強前）

○並行する上下線を分離した橋脚がそれぞれ支える構造の分離橋りょうの橋脚補強

| 分離橋りょう 1,873橋 (4,454橋中) | 工事完了又は工事中 | 528橋 |
| | 工事契約未締結 | 1,345橋 |

➡ 528橋全てで、暫定的に上下線いずれか一方の分離橋りょうの橋脚補強を実施する整備手法を用いていなかった

（参考）過去早期のネットワーク構築のため4車線のうち2車線を暫定的に整備し段階的に供用を開始する整備手法を用いてきた経緯

➡ 1,345橋の橋脚補強に当たっては、**暫定的に上下線のいずれか一方の橋りょうの橋脚補強を実施する整備手法により**、地震時のミッシングリンクが生ずるおそれがある区間等を早期に解消できる

○段階的整備により4車線化した区間で実施した橋脚補強

4,454橋のうち**89橋**（本四会社を除く）

➡ 4車線化に伴い機能回復性能が確保された橋りょうが並行して設置されていて、**地震時のミッシングリンクが生ずるおそれはないにもかかわらず橋脚補強を実施していた**

表示する意見 現地の条件等を踏まえた**橋脚補強の効率的な整備手法について検討**を行い、**今後の整備手法の方針等を決定し各支社等に対して**通知するなどの措置を講ずること

第Ⅱ章

デジタルの検査

意見表示㊱　・高度無線環境整備推進事業により整備された伝送用専用線設備の利用状況等

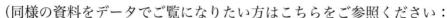

（同様の資料をデータでご覧になりたい方はこちらをご参照ください：

▶https://www.jbaudit.go.jp/report/new/summary04/pdf/fy04_tokutyou_11.pdf)

（97ページ）

高度無線環境整備推進事業により整備された伝送用専用線設備の利用状況等（意見表示）

総務本省
34億3066万円(指摘金額)

高度無線環境整備推進事業の概要

- ✓ 総務省は、無線通信を利用することが困難な地域の解消を図るため、**無線局の開設に必要な設備（伝送用専用線設備）を整備することを目的とする高度無線環境整備推進事業**に補助金を交付
- ✓ 補助事業者は、整備終了後、速やかに無線局が開設されるように留意。また、総務大臣に提出した光ファイバ整備計画及び無線局開設計画において設定した**目標（例：Wi-Fiの設置世帯数）の達成状況等について事後評価を行い**公表

検査の結果

- ✓ 令和元年度から3年度に実施された31補助事業者の63事業（補助金72億9457万円）を検査
- ✓ 63事業のうち**11事業の事後評価**の内容をみると、目標値の達成状況の評価は行われていたものの、整備された伝送用専用線**設備の利用状況について評価が行われることとなっておらず**、総務省において**設備が十分に活用されているか把握できない**状況
- ✓ 63事業のうち**31事業**（補助対象事業費82億7868万円、補助金34億3066万円）は、**整備された伝送用専用線設備の利用率（注）が50％未満で十分に活用されていない**状況
  （注：整備された伝送用専用線設備により提供できるインターネットサービス等の回線数に対する利用回線数の割合）
  達成率（注）を把握できた46事業のうち**15事業**については、**目標値を達成しながらも利用率が50％未満**
  （注：目標値として設定した無線局の数に対する実績値の割合）
  ⇒整備された**伝送用専用線設備そのものの利用状況の評価を行うことも必要**
  ⇒伝送用専用線設備を更に活用する方策を十分に検討するなどしていなかった

表示する意見

- ✓ 伝送用専用線設備について、**利用状況の評価を行う方法について検討**した上で、その評価によって**十分に活用されているか把握できるようにすること**
- ✓ **十分に活用されていない伝送用専用線設備について**、必要に応じて補助事業者に助言等を行うことができるように、**更に活用する方策を検討**すること

高度無線環境整備推進事業により整備された伝送用専用線設備の利用状況等（意見表示）

総務本省
34億3066万円(指摘金額)

高度無線環境整備推進事業の概要

- ・総務省は、無線通信の利用が困難な地域において無線局（家庭内Wi-Fi等）の開設に必要な**伝送用専用線設備の整備**を目的とする高度無線環境整備推進事業に補助金を交付
- ・補助事業者は、事業終了後、設定した**目標（無線局数）の達成状況等について事後評価を行う**

高度無線環境整備推進事業のイメージ

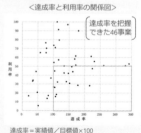

検査の結果　令和元年度から3年度に実施された14道県管内の63事業を検査

事後評価の状況	整備された設備の利用状況	目標値の達成状況（達成率）と利用率の関係
63事業のうち11事業の事後評価の内容をみると、整備された**設備そのものの利用状況の評価が行われるものとなっていない**	63事業のうち約半数の**31事業は回線の利用率50％未満**で設備が十分に活用されず	46事業のうち**目標達成だが利用率50％未満が15事業**
⬇	⬇	⬇
総務省において、**設備が十分に活用されているか把握できない**状況	総務省は、設備を更に**活用する方策を十分に検討せず**	整備された**設備そのものの利用状況の評価も必要**

＜達成率と利用率の関係図＞

達成率＝実績値／目標値×100
利用率＝利用回線数／提供できる回線数×100

表示する意見

- ・整備された伝送用専用線設備について、**利用状況の評価を行う方法について検討**した上で、利用状況の評価により**十分に活用されているか把握できるようにすること**
- ・十分に活用されていない伝送用専用線設備について、必要に応じて補助事業者に助言等を行うことができるように、更に活用する方策を検討すること

環境及びエネルギーの検査

| 特　定 | ・燃料油価格激変緩和対策事業の実施状況 |

（同様の資料をデータでご覧になりたい方はこちらをご参照ください：

▶https://www.jbaudit.go.jp/report/new/summary04/pdf/fy04_tokutyou_12.pdf)

（421ページ）

第Ⅱ章

燃料油価格激変緩和対策事業の実施状況（特定）
資源エネルギー庁

検査の背景	✓ 原油価格の高騰がコロナ下からの経済回復の重荷になる事態を防ぐために、燃料油の卸売価格を抑制するための手当てを行い、**小売価格の急騰を抑制**することにより、**消費者の負担を低減**することを目的として事業を実施 ✓ 資源エネルギー庁は、基金の造成・管理・運用等を行う基金設置法人に対して、補助金を交付し**基金を造成** 基金設置法人は、燃料油の卸売事業者の販売量に応じて補助金（**基金補助金**）を交付（審査等の業務は**事務局に委託**） ✓ 数次にわたり基金補助金の交付対象期間が延長されるとともに、支給単価の上限が変更されるなどしており、多額の予算が計上（令和3~4年度の予算額は**計6兆2133億円**）
検査の状況	1. 歳出予算現額のうち**3兆0222億円**を令和4年度から5年度に**繰り越し**（基金設置法人である全国石油協会が多額の基金を預金できる金融機関を確保できなかった） 2. 卸売事業者が国内調達した燃料油の価格には基金補助金分が織り込まれており、その燃料油の販売に基金補助金を交付すると同一の燃料油に二重に基金補助金が交付されることになるため、補助対象数量の算定に当たり国内調達量を控除する必要 週ごとの国内販売量から国内調達量を控除して補助対象数量を求める方式では補助対象数量がマイナス値となる場合があるが卸売事業者2者でマイナス値となった補助対象数量に係る基金補助金（3億6611万円）を他の燃料油の基金補助金と相殺せず、**同一の燃料油に二重に基金補助金を交付** 3. 事務局である株式会社博報堂が再委託により62億円（上限額）で実施していた**価格モニタリング業務**（全国2万か所以上のサービスステーション（SS）に対して毎週、電話や現地視察による価格調査を行う業務）の調査結果は、小売価格の上昇が適切に抑制されていたかなどの分析に用いられておらず、**電話調査及び現地調査がどのように小売価格の抑制に寄与しているのか不明** 4. ガソリン販売実績量等を基に推計した**価格抑制額（1兆2671億円）は基金補助金の交付額（1兆2773億円）を101億円下回っており**、事業前後の**小売価格と卸売価格の価格差**を分析したところ分析対象SSの半数以上で**事業開始後に価格差が拡大** また、資源エネルギー庁が行政事業レビューシート等で設定していた成果目標は、**達成すべき目標として適切とはいえない**
所見	✓ 今後の概算払及び精算において、国内向け全販売量が国内調達量を下回る場合の基金補助金の交付が適切なものとなるよう、**同一の燃料油に対して二重に基金補助金が交付されている事態を解消**させるとともに、同様の事態の再発防止を図るために、**卸売事業者等に対して適切な指導**等を行うこと（検査の状況2） ✓ 電話調査及び現地調査については、燃料油価格激変緩和対策事業を継続して実施する場合や　今後同種の事業を実施する場合には、事業実施期間中においても、**随時、電話調査及び現地調査の必要性も含めて、その実施内容や実施方法、報告内容等について十分に検討**すること（検査の状況3）

燃料油価格激変緩和対策事業の実施状況（特定）
資源エネルギー庁

| 検査の背景 | 燃料油価格激変緩和対策事業の概要 |

（事業の目的）燃料油の卸売価格の抑制のための手当てを行うことで、**小売価格の急騰を抑制**することにより、**消費者の負担を低減**
（事業の内容）資源エネルギー庁は基金設置法人に補助金を交付して**基金を造成**
　　　　　　　基金設置法人は、燃料油の卸売事業者の販売量に応じて補助金（**基金補助金**）を交付（審査等の業務は**事務局に委託**）
（事業の特徴）数次にわたり基金補助金の交付対象期間が延長されるとともに支給単価の上限が変更されるなどしており、**多額の予算が計上**

事業の流れ

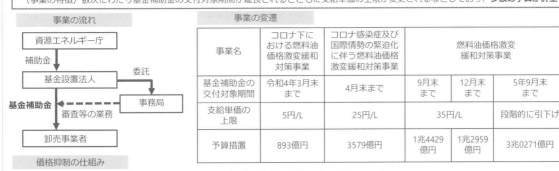

事業の変遷

事業名	コロナ下における燃料油価格激変緩和対策事業	コロナ感染症及び国際情勢の緊迫化に伴う燃料油価格激変緩和対策事業	燃料油価格激変緩和対策事業		
基金補助金の交付対象期間	令和4年3月末まで	4月末まで	9月末まで	12月末まで	5年9月末まで
支給単価の上限	5円/L	25円/L	35円/L		段階的に引下げ
予算措置	893億円	3579億円	1兆4429億円	1兆2959億円	3兆0271億円

価格抑制の仕組み

基金補助金が交付された石油精製業者や石油輸入業者（**卸売事業者**）が**卸売価格**を抑制することで、
サービスステーション（SS）が消費者に販売する際の価格（**小売価格**）の急騰を抑制

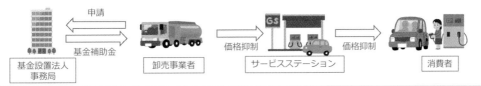

第Ⅱ章

燃料油価格激変緩和対策事業の実施状況（特定）

資源エネルギー庁

検査の状況1　燃料油価格激変緩和対策事業の予算の執行状況

歳出予算現額のうち**3兆0222億円**を令和4年度から5年度に繰り越し（基金設置法人である全国石油協会が多額の基金を預金できる金融機関を確保できなかった）

	歳出予算現額（A）	支出済歳出額（B）	翌年度繰越額（C）
令和3～4年度計	6兆2133億円	3兆1910億円	**3兆0222億円**

検査の状況2　基金補助金の交付額の算定方法等

補助金の交付額の算定方法

・卸売事業者への補助金の交付額は、**補助対象数量（燃料油の販売量）**に支給単価を乗ずるなどして算定（**販売した時点で一回に限り交付**）
・補助対象数量は、資源エネルギー庁が設定した三つの算定式から、卸売事業者が取引の実情に合ったものを選択（変更は不可）
・他の卸売事業者からの仕入量（国内調達量）には、既に基金補助金分が織り込まれていることから、補助対象数量を算定する際に**控除**

補助対象数量の根拠となる書類を確認したところ、**卸売事業者2者**において、同一の燃料油に対して**二重に基金補助金（3億6611万円）が交付**されていた

$$
\boxed{\begin{array}{c}③補助対象\\数量\end{array}} = \boxed{\begin{array}{c}①ある週の国内\\向け全販売量※\end{array}} - \boxed{\begin{array}{c}②ある週の\\国内調達量※\end{array}}
$$

※　補助対象外数量を除く　　　※　既に基金補助金分が織り込まれている

例：左の算定式を選んでいる事業者において、**ある週に国内から調達したガソリン（②）**の販売が、同じ週内で**完了しなかった場合**
↓
補助対象数量（③）がマイナス値となる（①＜②）ことがあるが、そのマイナス値に支給単価を乗じて得た額を他の燃料油（灯油、軽油等）や他の週の補助金交付額と相殺しないと、仕入れ時に基金補助金分が織り込まれた燃料油に二重に基金補助金が交付される

所見　　今後、国内向け全販売量が国内調達量を下回る場合の基金補助金の交付が適切なものとなるよう、**同一の燃料油に対して二重に基金補助金が交付されている事態を解消させる**とともに、同様の事態の再発防止を図るために、**卸売事業者等に対して適切な指導等を行うこと**

燃料油価格激変緩和対策事業の実施状況（特定）

資源エネルギー庁

検査の状況3　事務局における委託業務の状況等

価格モニタリング業務の実施体制

```
基金設置法人
（全国石油協会）
    │
    │ 委託
    ↓
事務局（株式会社博報堂）
：事業全体の企画、立案等を実施
    │
    │ 再委託（再委託費の上限額62億円）
    ↓
再委託先（株式会社ヴァリアス・
ディメンションズ）
：価格モニタリング業務を実施
```

価格モニタリング業務の概要

小売価格の推移をモニタリングすることにより**価格抑制の実効性を確保**するため、**全国2万か所以上のSS**に対して毎週、電話や現地視察による価格調査を実施

調査結果の活用状況

・電話調査や現地調査の結果は**非公表**
・報告を受けた資源エネルギー庁は、**小売価格の上昇が適切に抑制されていたか**などについて電話調査及び現地調査の結果に基づく分析をせず

↓

電話調査及び現地調査の実施がどのように小売価格の抑制に寄与しているのか不明

基金補助金の支給単価の決定

資源エネルギー庁は支給単価を決定する際には、同庁が本事業の実施前から毎週行っている**約2千か所のSSを対象**とした「石油製品小売市況調査」（**本庁調査**）の結果を使用しており、電話調査や現地調査の結果は使用せず

本庁調査との比較

・電話調査、現地調査の結果は本庁調査の結果を常に下回る状況となっていたが、**価格の推移は、いずれの調査も同様の傾向**
・各調査間の相関係数は0.98から0.99までの間となっていて、**強い正の相関関係**

↓

単に全国の小売価格の推移を把握するのであれば、本庁調査の結果を活用することにより十分対応可能

所見　　燃料油価格激変緩和対策事業を継続して実施する場合や、今後同種の事業を実施する場合には、事業実施期間中においても、**随時、電話調査及び現地調査の必要性も含めて、その実施内容や実施方法、報告内容等について十分に検討すること**

第Ⅱ章

燃料油価格激変緩和対策事業の実施状況（特定）

資源エネルギー庁

検査の状況4 基金補助金の交付による価格抑制効果等

 価格抑制効果の推計

財務省は令和4年度予算執行調査で、5か月間のガソリン販売実績量等を基に価格抑制効果を推計し、実際の抑制額は基金補助金の交付額を**110億円下回る**（ガソリン分）という結果を公表

予算執行調査と同様の方法で14か月間の実際の抑制額を推計したところ、**実際の抑制額（1兆2671億円）は基金補助金の交付額（1兆2773億円）を101億円下回る**（ガソリン分）

基金補助金の支給単価に相当する額が小売価格に反映されていない可能性があるため、事業開始前後の小売価格と卸売価格の動きを把握できる**700SS**について、レギュラーガソリンの**小売価格と卸売価格の価格差**を分析

事業開始前の価格差は平均して17.8円/Lであるのに対して、**事業開始後の価格差は平均して19.4円/L**となっており、価格差は平均して1.6円/L拡大
　内訳：486SSでは価格差が拡大、112SSでは価格差が縮小、102SSは変化なし

※　レギュラーガソリンの小売価格は、原油コスト、税金、精製費、備蓄費、販売管理費等で構成されており、そのほとんどが変動する要素であることから、どの要素が小売価格に影響を与えているかを明確に示すことは困難

 成果目標の設定

資源エネルギー庁は、燃料油価格激変緩和対策事業の行政事業レビューシート及び基金シートにおいて、定量的な成果目標を「制度発動期間中にガソリンの全国平均価格が予測価格よりも低くなる週の割合を100%にする」と設定し、成果目標を達成した旨を記載

燃料油価格激変緩和対策事業は、予測価格を基に支給単価を決定して**基準価格を目指す**事業であり、全国平均小売価格が予測価格よりも低くなればその目的が達成されるというものではなく、達成すべき目標として適切とはいえない

第Ⅱ章

制度・事業の効果等の検査

意見表示㊱　処置要求㊱・水田活用の直接支払交付金事業の実施

（同様の資料をデータでご覧になりたい方はこちらをご参照ください：
▶https://www.jbaudit.go.jp/report/new/summary04/pdf/fy04_tokutyou_13.pdf）

（210ページ）

水田活用の直接支払交付金事業の実施（意見表示・処置要求）

農林水産本省
134億5200万円（指摘金額）
27億7984万円（背景金額）

水活交付金事業の概要	✓ 水田活用の直接支払交付金（水活交付金）は、主食用米を作付けしない水田において、麦、大豆等の戦略作物等（対象作物）を生産する農業者（交付対象農業者）に対して交付　［交付額＝交付単価×交付対象水田の面積］ ✓ 水稲の作付けを行うことが困難な農地は交付対象水田から除く ✓ 対象作物については、十分な収量が得られるように生産することが原則 ✓ 適切な作付け、肥培管理、収穫等（適切な生産）が実施されていない可能性が高いと判断する場合には、収量確認を行い、収量が相当程度低い場合には交付対象としない（収量低下理由書で合理的な理由が確認できれば交付可能） ✓ 合理的な理由が確認された場合でも、翌年産において収量が相当程度低くなるおそれがあるときには、地方農政局長等は、当該交付対象農業者に 対して翌年産以降の生産に向けて改善指導を文書により行う
検査の結果	✓ 園芸施設があり、**実質的に水稲の作付けを行うことは困難であると考えられる**水田に交付（延べ1,547交付対象農業者、交付額計7035万円） ✓ 対象作物の**生産実績や収量を把握しないまま交付等**（延べ10,747交付対象農業者、交付額計100億9743万円） ✓ **実際の収量**に基づいた**定量的な方法**により収量確認を行っておらず、収量が相当程度低くなっていたが、適切な生産が行われているとして交付（延べ3,177交付対象農業者、交付額計40億0504万円） ✓ 収量低下に係る要因が合理的な理由によるものであるのか疑義のある内容を含む収量低下理由書が見受けられるなどしており、収量低下理由書の確認や地方農政局長等による改善指導の仕組みが十分に機能しておらず、対象作物の収量増加に向けた改善が図られにくい状況（交付額計27億7984万円）
要求する処置等	✓ 交付対象水田の範囲について、実質的に水稲の作付けを行うことが困難な農地であるかどうかを判断できるように**基準を定める**こと ✓ 実績報告書の確認書類については、収量が記載されている書類等を提出し又は保管させるなどして**収量を把握**できるようにすること　など ✓ 飼料作物、WCS用稲（実と茎葉を一体的に収獲し、乳酸発酵させた飼料）等の対象作物について、申請書類の取りまとめを行う地域農業再生協議会において、**実際の収量**に基づいた**定量的**な収量確認を行うことができるようにすること ✓ **収量低下理由書の確認方法**や地方農政局長等による**改善指導を実施する場合の基準**等を具体的に定めてこれらの仕組みが十分に機能するようにすることや現行制度の運用の見直しを検討することにより、対象作物の収量増加に向けた改善が図られやすくなるような方策を講ずること

水田活用の直接支払交付金事業の実施（意見表示・処置要求）

農林水産本省
134億5200万円（指摘金額）
27億7984万円（背景金額）

水活交付金の概要	・交付額＝交付単価×交付対象水田の面積　（水稲の作付けを行うことが困難な農地は交付対象水田から除く） ・対象作物については、十分な収量が得られるように生産することが原則 ・適切な作付け、肥培管理、収穫等（適切な生産）が実施されていない可能性が高いと判断する場合には、収量確認を行い、収量が相当程度低い場合には交付対象としない（収量低下理由書で合理的な理由が確認できれば交付可能） ・合理的な理由が確認された場合でも、翌年産において収量が相当程度低くなるおそれがあるときには、地方農政局長等は、当該交付対象農業者に対して翌年産以降の生産に向けて改善指導を文書により行う

検査の結果 1　実質的に水稲の作付けを行うことが困難な農地に対して水活交付金が交付されている事態

国庫補助金等により設置等された園芸施設は一定期間処分が制限	延べ1,547交付対象農業者、交付額計7035万円について、 ⇒　処分が制限される園芸施設がある農地は、**実質的に水稲の作付けを行うことは困難**であるのに交付
実施要綱には他の国庫補助金等により園芸施設が設置等されている場合に係る判断**基準**が定められていない	

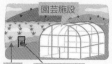
園芸施設　畦畔　用水供給設備

要求する処置
交付対象水田の範囲について、実質的に水稲の作付けを行うことが困難な農地であるかどうかを判断できるように**基準**を定めること

検査の結果 2　対象作物に係る実績報告書の確認等が適切に実施されていない事態

実施要綱では、実績報告書の確認書類として、対象作物ごとに当年産の出荷・販売契約書の写し及び販売伝票の写し等を申請書類の取りまとめを行う地域農業再生協議会（協議会）に提出することになっている

実施要綱には、 ・実績報告書の**確認書類の記載内容**について、定められていない ・飼料作物等を**自家利用する場合の確認書類**について、定められていない	延べ10,747交付対象農業者、交付額計100億9743万円について、 ⇒　対象作物の生産実績や収量を把握しないまま交付 ・確認書類の内容が**収量を把握**できるものになっていない ・自家利用した場合に確認書類を提出していない　など ⇒　収量の妥当性について十分な確認を行わないまま交付 ・自家利用した場合の実績報告書の確認書類に記載された収量が実際の収量に基づいているのか疑義

要求する処置
実績報告書の確認書類については、収量が記載されている書類等を提出し又は保管させるなどして**収量を把握**できるようにすること　など

第Ⅱ章

水田活用の直接支払交付金事業の実施（意見表示・処置要求）

農林水産本省
134億5200万円 (指摘金額)
27億7984万円(背景金額)

検査の結果3 収量確認が適切に実施されていない事態

対象作物が飼料作物、WCS用稲等の場合は、必ずしも**実際の収量**に基づいた**定量的な方法**により収量確認を行うことにはなっていない

実際の収量に基づいた**定量的な方法**により収量確認
⇒ 延べ3,177交付対象農業者、交付額計40億0504万円について、単収が近傍ほ場の平均単収の2分の1未満となっているなど、収量が相当程度低くなっていたのに、適切な生産が行われているとして交付

要求する処置

飼料作物、WCS用稲等の対象作物について、協議会において、**実際の収量**に基づいた**定量的**な収量確認を行うことができるようにすること

検査の結果4 収量低下理由書の確認や地方農政局長等による改善指導の仕組みが十分に機能しておらず、対象作物の収量増加に向けた改善が図られにくい状況となっている事態

収量低下理由書を提出すれば、そのほとんどが**合理的な理由**がある（3,130件に占める割合99.8%）として水活交付金が交付されている状況

・収量低下理由書に記載された収量低下に係る要因を確認
⇒ 955件について、自然災害などの不可抗力な要因**（合理的な理由）**か疑義のある内容を含むものとなっていたのに交付金を交付

（例）農業共済に加入しているのに申請を行っていない
適期の作業や必要な防除がなされていない　など

⇒ 収量増加に向けた改善が図られにくい状況

交付額計27億7984万円

改善指導を実施する基準とされている「翌年産において収量が相当程度低くなるおそれがある場合」について、具体的な基準は定められていない

改善指導の実施状況を確認
⇒ 同一の対象作物で6年連続して収量低下理由書を提出等、延べ730交付対象農業者について、翌年産においても収量が相当程度低くなるおそれがある状況となっていたのに実施されず
⇒ 収量増加に向けた改善が図られにくい状況

表示する意見

収量低下理由書の確認方法や地方農政局長等による**改善指導を実施する場合の基準**等を具体的に定めてこれらの仕組みが十分に機能するようにすることや、現行制度の運用の見直しを検討することにより、交付対象農業者において対象作物の収量増加に向けた改善が図られやすくなるような方策を講ずること

特　定 ・食料の安定供給に向けた取組

（同様の資料をデータでご覧になりたい方はこちらをご参照ください：

▶https://www.jbaudit.go.jp/report/new/summary04/pdf/fy04_tokutyou_14.pdf）

（409ページ）

食料の安定供給に向けた取組（特定）

農林水産省

検査の背景	✓ 農林水産省は、食料の安定供給について、生産の増大、輸入及び備蓄を適切に組み合わせることで確保されるよう、食料・農業・農村基本法（**基本法**）等に基づき各種施策等を実施 ✓ 基本法に基づき策定される食料・農業・農村基本計画（**基本計画**）では、**食料自給率の目標**を定めるとされ、令和2年策定の基本計画では、12年度を目標年度として、供給熱量ベースの総合食料自給率の目標が45％（4年度実績38％） ✓ 近年の気候変動等による世界的な食料生産の不安定化、ウクライナ情勢の緊迫化等に伴う輸入食品原材料等の価格高騰等を背景に、政府は、食料安全保障の強化を国家の喫緊かつ最重要課題として、**基本法の改正に向けた検証・検討**を進めている
検査の状況	1. 食料の安定供給に向けた取組に係る事業の執行額（平成29年度〜令和4年度）は、計554事業**16兆4654億円** 　生産の増大・輸入・備蓄の取組別にみると、大部分が**生産の増大に係る取組**の執行額（12兆8609億円。執行額全体に占める割合78.1％） 2. 食料の安定供給に向けた取組の実施状況についてみると、生産の増大に係る取組は519事業、輸入に係る取組は7事業等 　小麦の輸入について、ウクライナ情勢の影響を緩和するための**緊急措置**(注)**による減収額**を試算すると、**309億円** 　(注)4年10月期の小麦の政府売渡価格について、急騰した前期の買付価格を基に算定せず、前期の価格を据え置く措置 3. ①総供給熱量に占める割合が大きい米等の11品目について、総合食料自給率への寄与度を試算したところ、小麦及び大豆以外の品目は、生産量の増加による総合食料自給率の**上昇への寄与度が小さい**又は生産量の減少により**低下要因** 　②生産の増大に係る取組について、大豆及び飼料作物は、その効果の発現に一定の制約があると思料 　また、同取組を基本計画どおりに継続して目標を達成しても、小麦及び大豆の**海外依存度が高いことに変わりはない**状況 　③総合食料自給率の目標の前提として基本計画等に示された指標の中には、目標年度において目標が未達成のもの、目標と対比可能な実績が未把握のものなどが見受けられたが、農林水産省は、**進捗状況は検証していたものの、目標年度における目標の達成状況を確認し、未達成の場合の要因分析をするなどの検証は行っていなかった**　等
所見	✓ 今後、農林水産省において、食料の安定供給に向けた取組について、効率的、効果的な施策の実施に資するよう基本計画等に示された指標に係る**目標の達成状況等の検証を適時適切に行う**ことの重要性に留意して、引き続き、生産の増大、輸入及び備蓄の適切な組合せにより食料の安定供給が図られるよう努めること

食料の安定供給に向けた取組（特定）

農林水産省

検査の背景　食料の安定供給の概要等

・農林水産省は、食料の安定供給について、生産の増大、輸入及び備蓄を適切に組み合わせることで確保されるよう、食料・農業・農村基本法（**基本法**）等に基づき各種施策等を実施
・基本法に基づき策定される「食料・農業・農村基本計画」（**基本計画**）では、**食料自給率の目標**等を定める。
　基本計画は、平成12年以降、5年ごと（平成12年、17年、22年、27年及び令和2年）に策定

食料自給率の種類		概　要	
総合食料自給率		食料全体について共通の尺度で単位を揃えることにより計算して**国内の食料供給に対する国内生産の割合**を示す指標	
	供給熱量ベース	国民に供給される熱量（総供給熱量）に対する国内生産の割合を示す指標	食料の供給の実態がより反映されるという特徴を有し、食料安全保障の状況を評価する観点からはその実態を測るのに適しているとされる
		供給熱量ベースの総合食料自給率＝1人1日当たり国産供給熱量／1人1日当たり総供給熱量	

（注）食料自給率の示し方には、上記以外に品目別自給率（4ページ参照）や生産額ベースの総合食料自給率がある。

総合食料自給率の目標及び我が国の総合食料自給率の推移

供給熱量ベース：12年度の目標**45％**（令和2年基本計画）、4年度の実績：**38％**

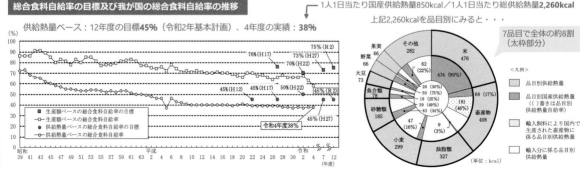

近年の気候変動等による世界的な食料生産の不安定化、ウクライナ情勢の緊迫化等に伴う輸入食品原材料等の価格高騰等を背景に、政府は、食料安全保障の強化を国家の喫緊かつ最重要課題として、**基本法の改正に向けた検証・検討**を進めている

食料の安定供給に向けた取組（特定）　　　　　農林水産省

検査の状況1　食料の安定供給に向けた取組に係る執行額等（平成29年度〜令和4年度）

食料の安定供給に向けた取組に係る事業の執行額は、毎年度2兆円以上が支出されており、554事業で計**16兆4654億円**

これを取組別にみると、下表のとおり、大部分が**生産の増大に係る取組**

（単位：億円）

区分	平成 29年度	30年度	令和 元年度	2年度	3年度	4年度	計	割合
生産の増大	1兆9000	1兆8435	2兆0436	2兆3586	2兆3864	2兆3287	12兆8609	78.1%
輸入	2806	2873	2634	2572	3359	4368	1兆8614	11.3%
備蓄	553	427	604	710	610	532	3439	2.0%
その他	2178	2247	2358	2636	2489	2080	1兆3990	8.4%
計	2兆4539	2兆3983	2兆6033	2兆9505	3兆0323	3兆0269	16兆4654	100.0%

（注）「その他」は、「生産の増大」「輸入」又は「備蓄」のいずれにも区分できないもの

> このうち地方公共団体等に対する補助金の交付（補助事業）が10兆3860億円（全体の63.0%）と大部分を占める

検査の状況2　食料の安定供給に向けた取組の実施状況（平成29年度〜令和4年度）

食料の安定供給に向けた取組として実施された事業：生産の増大に係る取組519事業、輸入に係る取組7事業等

輸入に係る取組　海外依存度が高い小麦の輸入(注1)については、**ウクライナ情勢による買付価格の急騰**の影響を緩和するために、
国が製粉企業等に売り渡す小麦の政府売渡価格について、**緊急措置を実施**（令和4年10月〜5年3月）

海外　→（買付け）→　国　→（政府売渡価格を基に売渡し）→　製粉企業等

＜通常＞　政府売渡価格は、年に2回、直近の6か月の農林水産省の買付価格を基に算定
＜緊急措置＞　政府売渡価格は、**前期**（令和4年4月〜9月）**の価格を据置き**
（急騰した直近の6か月の買付価格を基に算定しない）

➡ 本院において、緊急措置による減収額を試算(注2)すると**309億6215万円**

（注1）あらかじめ国が製粉企業等からの買受申込みを取りまとめ、一括して輸入・販売をする一般輸入方式に係るもの

（注2）政府売渡価格は令和4年3月第2週〜9月第1週の買付価格を基に算定した価格、売渡数量は4年10月〜5年3月に売り渡された数量（実績）と
それぞれ仮定して売払金額を算出し、実際の売払金額との差額を機械的に試算

食料の安定供給に向けた取組（特定）　　　　　農林水産省

検査の状況3　総合食料自給率等の指標に係る目標の達成状況等及び検証状況

総合食料自給率の目標の前提となる指標　基本計画と共に公表される参考資料には、総合食料自給率の目標の前提としたデータとして、品目ごとの食料消費の見通しや生産努力目標のほか、主要品目の10a当たりの収量（単収）、作付面積、品目別自給率(注1)等の指標ごとの目標が示される

（注1）品目別に国内消費仕向量（1年間に国内で消費に回された量）に対する国内生産の割合を示す指標

①供給熱量ベースの総合食料自給率に係る目標の達成状況

各基本計画の目標年度において、食料消費の見通しと実績が20%以上かい離したり、生産努力目標を実績が下回ったりするなどの品目が見受けられた

そこで ➡

1人1日当たり総供給熱量に占める割合が大きい11品目(注2)について、令和元年度における供給熱量ベースの総合食料自給率への品目別の寄与度（対平成10年度）を試算(注3)すると・・・

小麦及び大豆以外の品目は、生産量の増加による総合食料自給率の**上昇への寄与度が小さい**又は生産量の減少により**低下要因**（右図参照）

（注2）米、畜産物（生乳、牛肉、豚肉、鶏肉及び鶏卵）、油脂類、小麦、砂糖類、魚介類及び大豆

（注3）食料・農業・農村白書で示された算出方法に基づくなどして、次の算式により試算
・総供給熱量の増減に係る寄与度
＝−（（各品目の1人1日当たり供給熱量の増減×令和元年度の総人口×令和元年度の日数）÷令和元年度国産供給熱量）÷
（平成10年度総供給熱量×令和元年度総供給熱量）×100
・国産供給熱量の増減に係る寄与度
＝各品目の国産供給熱量の増減÷平成10年度総供給熱量×100

・令和元年度の供給熱量ベースの総合食料自給率は38%であり、平成10年度の40%に対して2ポイント低下
・上記2ポイントの低下について、総供給熱量及び国産供給熱量の増減による寄与度を品目別に試算

（凡例）

総供給熱量の増減に係る寄与度【A】
・当該品目の食料消費が減少すると、総供給熱量が減少し、上昇要因（棒グラフは上方に伸びる）
・当該品目の食料消費が増加すると、総供給熱量が増加し、低下要因（棒グラフは下方に伸びる）

国産供給熱量の増減に係る寄与度【B】
・当該品目の国内生産量が減少すると、国産供給熱量が減少し、低下要因（棒グラフは下方に伸びる）
・当該品目の国内生産量が増加すると、国産供給熱量が増加し、上昇要因（棒グラフは上方に伸びる）

【A】＋【B】
プラス表示は当該品目が上昇要因、マイナス表示は低下要因となっていることを表す

第
Ⅱ
章

食料の安定供給に向けた取組（特定）
農林水産省

検査の状況3 総合食料自給率等の指標に係る目標の達成状況等及び検証状況

②小麦、大豆及び飼料作物に係る指標の推移等

各指標について目標と実績とを対比すると・・・

【大豆】単収の目標が未達成
【飼料作物】農林水産省では目標と対比可能な実績が一部未把握。確認
　　　　　　できた範囲では、生産量、単収、作付面積の目標が未達成
いずれも生産の増大に係る取組の効果の発現には一定の制約ありと思料

【小麦、大豆】生産の増大に係る取組を基本計画どおりに継続して目標
（令和2年基本計画における令和12年度の品目別自給率の目標：小麦
19%、大豆10%）を達成しても、**海外依存度が高いことに変わりは
ない状況**（右図参照）

<小麦、大豆及び飼料作物に係る品目別自給率の推移>

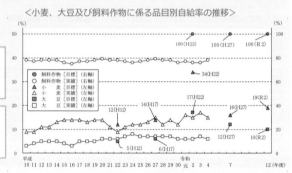

③総合食料自給率等の指標の検証状況

②のほかにも目標が未達成等の指標が見受けられたことなどから、農林水産省における指標の検証状況をみたところ・・・

・審議会(注3)では、政策評価の結果等を踏まえて検証
　➡　（平成22年基本計画等に示された指標について）牛肉、豚肉及び鶏肉の生産努力目標以外の指標は**政策評価の指標として設定されず**
・（平成27年基本計画等に示された指標について）令和2年基本計画の策定の際の審議会では、品目別自給率を除く全ての指標の**進捗状況は検証**
　➡　（目標年度に到達した基本計画等に示された指標について）**目標年度における目標の達成状況を確認**し、**未達成の場合の要因分析をする**
　　　などの**検証は行っていなかった**

（注3）農林水産省に設置された食料・農業・農村政策審議会

所見　今後、農林水産省において、食料の安定供給に向けた取組について、効率的、効果的な施策の実施に資するよう基本計画等に示された
指標に係る**目標の達成状況等の検証を適時適切に行う**ことの重要性に留意して、引き続き、生産の増大、輸入及び備蓄の適切な組合せにより
食料の安定供給が図られるよう努めること

予算の適正な執行、会計経理の適正な処理等の検査

不　　当　・東京オリンピック・パラリンピック競技大会の選手村に提供する国産豚肉の調達等に係る契約

（同様の資料をデータでご覧になりたい方はこちらをご参照ください：
▶https://www.jbaudit.go.jp/report/new/summary04/pdf/fy04_tokutyou_15.pdf）

（197ページ）

東京オリンピック・パラリンピック競技大会の選手村に提供する 国産豚肉の調達等に係る契約（不当事項）

農林水産本省
1914万円(指摘金額)

業務の概要	✓ 農林水産本省は、令和3年2月に、「**選手村における日本産食材提供による魅力発信業務**」に係る請負契約（本件契約）を、スターゼン株式会社（会社）との間で随意契約により締結
	✓ 東京オリンピック・パラリンピック競技大会の選手村に設置される飲食提供施設において、国産豚肉を使用したメニューが提供されるようにすることにより、高品質な日本産食材を体験した選手にその魅力を世界に発信してもらうことが業務の目的
	✓ 業務内容は、国産豚肉を調達し、選手村において飲食提供等の業務を行う業者（フードサービス業者）が求める基準等を満たすよう加工し、加工した国産豚肉計6,264kgの保管をすることなど
	✓ 3年4月に契約金額全額（1914万円）を会社に支払

検査の結果	✓ 会社は、本件契約の締結前から、フードサービス業者との間で、飲食提供施設で使用される畜産物の納入に関する契約（畜産物納入契約）を締結
	✓ 農林水産本省は、**2年11月頃**、畜産物納入契約を前提として、会社との間で、飲食提供施設に納入が予定されていた外国産豚肉の一部11,215kgを国産豚肉に切り替えるために、次の点等について**口頭で合意**
	➤ 会社は加工前の国産豚肉を調達して加工、保管し、大会が終了する**3年9月**まで、フードサービス業者が指定する倉庫へ**逐次納入**
	➤ 農林水産本省は、外国産豚肉を国産豚肉に切り替えることに伴い生ずる調達、加工、保管、納入等に要する費用の増加額（調達差額）等を会社に支払う
	✓ 農林水産本省は、本件契約を構成する主要な事項について、合意した内容とは**異なる内容**の契約書を作成
	⇒調達差額1494万円について、国産豚肉の調達、加工、保管等に要する費用であると装うこととしたとしていて、契約書に記載された国産豚肉の数量6,264kgについても架空のもの
	⇒業務を実施する期間を契約締結日から同年3月31日までとし、同年**4月以降**に実施する**業務は発生しないことを装うこととしたとしている**
	✓ 本件契約の検査職員は、国産豚肉の調達が完了しておらず、加工や保管は行われていないなどの状況にあるにもかかわらず、3年3月31日に、**事実と異なる内容を記載した検査調書を作成**
	✓ このような事態は、会計法令に違反していて著しく適正を欠いていた

東京オリンピック・パラリンピック競技大会の選手村に提供する 国産豚肉の調達等に係る契約（不当事項）

農林水産本省
1914万円(指摘金額)

業務の概要	● 農林水産本省は、令和3年2月に大会の選手村における食材（国産豚肉）提供に係る請負契約を会社との間で締結
	● 高品質な日本産食材を体験した選手からその魅力を世界に発信してもらうことが目的

契約前に合意した内容	➤ 会社は加工前の国産豚肉を調達して加工、保管し、大会が終了する3年9月まで、フードサービス業者が指定する倉庫へ逐次納入
	➤ 農林水産本省は、外国産豚肉を国産豚肉に切り替えることに伴い生ずる調達等に要する費用の増加額（調達差額）等を会社に支払う

検査の結果

（1）合意した内容と異なる内容の契約書を作成していた事態

農林水産本省は、本件契約を構成する主要な事項について、**合意した内容**、すなわち、**実際に実施することを予定していた内容とは異なる内容の契約書を作成**

合意した内容と契約書の記載内容との主な異同点

本件契約を構成する主要な事項	合意した内容	契約書の記載内容
契約の目的	外国産豚肉11,215kgを国産豚肉に切り替えて納入すること 【実施する業務の内容】 ・国産豚肉の調達 ・調達した国産豚肉の加工 ・加工した国産豚肉の保管 ・保管した国産豚肉の納入 ・報告書の作成　等	国産豚肉を調達し、加工して、加工後のもの6,264kgを保管すること 【実施する業務の内容】 ・国産豚肉の調達 ・調達した国産豚肉の加工 ・加工した国産豚肉の保管 ・報告書の作成　等
契約金額 (契約金額の構成要素)	外国産豚肉11,215kgを国産豚肉に切り替えて納入することに伴い必要となる調達、加工、保管、納入等に要する費用の増加額等	国産豚肉6,264kgを保管するのに必要となる調達、加工、保管等に要する費用等
履行期限 (業務を実施する期間)	大会が終了する令和3年9月 (業務開始を予定している同年2月頃から大会が終了する同年9月まで)	3年3月31日 (契約締結日である同年2月16日から同年3月31日まで)

【国産豚肉の数量や契約金額の構成要素】
・契約内容が簡潔になるよう、合意した内容とは**異なる内容**に置き換えていた
⇒外国産を国産に切り替えることに伴い生ずる調達差額1494万円について、国産豚肉の**調達、加工、保管等に要する費用**に装った
⇒契約書上の国産豚肉の数量6,264kgについては**架空のもの**

【実施する業務の内容及び業務を実施する期間】
・期間を契約締結日から3年3月31日までとし、同年**4月以降**に実施する業務は発生しないことを装った
・合意した内容の一部であり、国産豚肉を提供する上で不可欠となる国産豚肉の納入を含めていなかった

（2）契約書に記載された業務の履行が完了したこととして検査調書を作成していた事態

・3年3月31日時点で、国産豚肉の調達は一部行われていたが、加工は開始されておらず、加工後の状態で保管されている国産豚肉はなかった
・検査職員は、このような状況にもかかわらず、業務の履行の完了を確認したこととして、**事実と異なる検査調書を作成**

⇒　（1）（2）の事態は、会計法令に違反していて**著しく適正を欠いていた**

第Ⅱ章

資産・基金等のストックの検査

処　置　済　・特定の支出等のために国立大学法人に交付された運営費交付金による積立金の規模

（同様の資料をデータでご覧になりたい方はこちらをご参照ください：

▶https://www.jbaudit.go.jp/report/new/summary04/pdf/fy04_tokutyou_16.pdf)

（129ページ）

特定の支出等のために国立大学法人に交付された運営費交付金による積立金の規模（処置済）	文部科学本省 16億4058万円(指摘金額)

制度の概要	✓ 国立大学法人は、**新型コロナウイルス感染症の影響によって家計が急変した世帯の学生等**に対して、各国立大学法人の**独自の基準で家計急変に係る授業料等減免を実施** ✓ 文部科学省は、家計急変に係る授業料等減免を実施する経費を支援するため、国立大学法人に対して、令和2年度に**家計急変に係る運営費交付金を交付** ✓ 一方で、2年度から「大学等における修学の支援に関する法律」に基づく授業料等減免等（修学支援新制度）による支援が導入されており、両制度とも支援の対象となる学生は、修学支援新制度による支援を優先 ✓ 国立大学法人の毎事業年度の利益の処分等については、損失を埋めてなお**利益の残余があるときは、その残余の額を積立金として整理** ✓ 中期目標期間末の積立金のうち、**次の中期目標期間の業務の財源に充てるために文部科学大臣の承認を受けた額を繰り越す**ことができ、残りの額を国庫に納付
検査の結果	✓ 文部科学省は、85法人において家計急変世帯等の学生に対する支援見込額について調査を行い、支援見込額に7を乗じて算定するなどした額を家計急変に係る運営費交付金として交付（2年度に85法人計48億0189万円） ✓ **3年度末の家計急変に係る運営費交付金の残額は85法人計36億9736万円で、未執行率は77%** 　未執行率が90%以上は18法人（このうち8法人は全額未執行） 　⇒未執行率が高い理由：「交付額と比べて支援の実績が少なかったため」 　　　　　　　　　　　　「当初の想定より多くの学生が修学支援新制度で対応できたため」など ✓ 85法人は、**家計急変に係る運営費交付金の残額として整理した積立金の全額**を次の中期目標期間（4〜9年度）に**繰り越すこととする承認申請**を行い、文部科学大臣から承認を受けて、その全額を繰り越し 　⇒各法人は、承認申請に当たり、次の中期目標期間における家計急変に係る授業料等減免の**所要見込額を算定しておらず**、文部科学省においても、**所要見込額を勘案していない** ✓ 85法人における所要見込額を機械的に試算したところ、69法人において、**繰り越された上記の積立金が、所要見込額の試算額より多額（開差額計16億4058万円）**
当局の処置	✓ 各国立大学法人に対して、**特定の支出等のために交付された運営費交付金に係る積立金の処分の承認申請**に当たっては、資金を有効に活用するため、**次の中期目標期間の所要見込額を適切に算定しなければならない**ことを周知徹底

特定の支出等のために国立大学法人に交付された運営費交付金による積立金の規模（処置済）	文部科学本省 16億4058万円(指摘金額)

家計急変に係る授業料等減免のイメージ図

新型コロナウイルス感染症の影響によって家計が急変した世帯の学生等に対する**大学独自の基準**による授業料等減免 **（家計急変に係る運営費交付金による支援）**	「大学等における修学の支援に関する法律」に基づく授業料等減免 （修学支援新制度による支援） （注）両制度とも支援対象になる学生は修学支援新制度による支援を優先

検査の結果

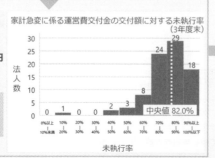

令和2〜3年度

調査した支援見込額に7を乗じて算定するなどして、2年度に85法人計48億0189万円を家計急変に係る運営費交付金として交付

家計急変に係る運営費交付金の3年度末残額
85法人で計36億9736万円 未執行率77%
（8法人は100%）

（未執行の理由）
・支援の実績が少なかった
・修学支援新制度で対応
など

家計急変に係る運営費交付金の交付額に対する未執行率（3年度末）

中央値 82.0%

未執行率

3年度末の期末処理

家計急変に係る運営費交付金の残額として整理した積立金の全額を次の中期目標期間に**繰り越す**こととする承認申請

次の中期目標期間における家計急変に係る授業料等減免の所要見込額を算定せず

所要見込額を勘案せずに全額を承認

本院の試算結果

69法人において、所要見込額の試算額より繰り越された家計急変に係る運営費交付金の残額として整理した**積立金が多額**
〔開差額計16億4058万円〕

積立金の規模が不適切

 当局の処置　各国立大学法人に対して、**特定の支出等のために交付された運営費交付金に係る積立金の処分の承認申請に当たっては、**資金を有効に活用するため、**次の中期目標期間の所要見込額を適切に算定しなければならない**ことを周知徹底

工事の検査

不　　当　・集水桝の設計が適切でなかったもの

（同様の資料をデータでご覧になりたい方はこちらをご参照ください：

▶https://www.jbaudit.go.jp/report/new/summary04/pdf/fy04_tokutyou_17.pdf）

（241ページ）

第Ⅱ章

集水桝の設計が適切でなかったもの（不当事項）

国土交通省
1238万円(指摘金額)

事業の概要

- ✓ 一関市は防災・安全交付金（下水道）により、滋賀県日野町は社会資本整備総合交付金（下水道）により、それぞれ**雨水を河川へ排水するために**、**集水桝**、ボックスカルバート、側溝等を築造する事業を実施
- ✓ 一関市及び日野町は、集水桝等の設計業務を設計コンサルタントに委託
- ✓ **一関市は、無筋コンクリート造の集水桝4基を設置**
  ・「建設省制定土木構造物標準設計1　側こう類・暗きょ類」（（社）全日本建設技術協会）等に基づき、**設置箇所の条件に適合する標準図を選定**して設計
- ✓ **日野町は、鉄筋コンクリート造の集水桝5基及び無筋コンクリート造の集水桝3基の集水桝計8基を設置**
  ・「設計便覧（案）」（国土交通省近畿地方整備局編）等に基づき、集水桝の側壁及び底版の部材に作用する荷重を求めて**鉄筋等の応力計算を行って設計**

検査の結果

- ✓ 一関市の集水桝3基、日野町の集水桝5基は、**車両等が通行する路肩等**に設置されており、**集水桝が自動車荷重等の影響を受ける状況**
  ①一関市は、誤って**自動車荷重の影響を考慮しない場合に適用する標準図を選定**して設計を実施
  ②日野町は、誤って**自動車荷重等の影響を考慮しない応力計算を行って設計**を実施
  ⇒自動車荷重等を考慮して改めて応力計算を行ったところ、集水桝の側壁や底版のコンクリートに生ずるせん断応力度等が**応力計算上安全とされる範囲に収まっていなかった**
- ✓ 日野町の集水桝2基は、側壁及び底版に配置する**鉄筋について、設計計算書と異なった配置間隔**により作成した配筋図により施工
  ⇒鉄筋を12.5cm間隔に配置するところを、誤って25cm間隔で配置していたので、25cm間隔で配置された鉄筋量によって改めて鉄筋の応力計算を行ったところ、集水桝の底版の鉄筋に生ずる**引張応力度等が応力計算上安全とされる範囲に収まっていなかった**

集水桝の設計が適切でなかったもの（不当事項）

国土交通省
1238万円(指摘金額)

事業の概要	集水桝の設計方法
・一関市及び日野町は、雨水を排水するためにそれぞれ**集水桝**、ボックスカルバート等を築造 ・一関市は集水桝4基を設置、日野町は集水桝8基を設置	・一関市は「建設省制定土木構造物標準設計1　側こう類・暗きょ類」（（社）全日本建設技術協会）等に基づき、**設置箇所の条件に適合する標準図を選定して設計** ⇒側壁、底版等の部材の形状、厚さを決定 ・日野町は「設計便覧（案）」（国土交通省近畿地方整備局編）等に基づき、集水桝の側壁及び底版の部材に作用する土圧等の荷重を求めて、**鉄筋等の応力計算により設計** ⇒側壁及び底版の部材の形状、厚さ、鉄筋量等を決定

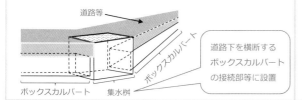

道路等

ボックスカルバート　集水桝

道路下を横断する
ボックスカルバート
の接続部等に設置

検査の結果

➡ 自動車荷重等の影響を考慮しないで設計した集水桝　　　　**一関市3基、日野町5基**
- ・集水桝の上部を車両等の通行が想定される状況となっているのに、**自動車荷重の影響を考慮しない場合に適用する標準図を選定**するなどして設計
- ・改めて自動車荷重等を考慮して応力計算を行ったところ、側壁や底版のコンクリートに生ずるせん断応力度等が応力計算上安全とされる範囲に収まっていなかった

➡ 鉄筋の配置間隔を誤って作成した配筋図により施工された集水桝　　　　**日野町2基**
- ・鉄筋を12.5cm間隔で配置するところ、**誤って25cm間隔として作成した配筋図により施工**
- ・25cm間隔で配置された鉄筋量によって、改めて鉄筋の応力計算を行ったところ、底版の鉄筋に生ずる引張応力度等が応力計算上安全とされる範囲に収まっていなかった

出典：一関市より提供

集水桝が車道に掛かっていて、
集水桝の上部を車両等の通行
が想定される状況となっていた

第Ⅱ章

§3　決算の確認

1　国の決算の確認

会計検査院は、下記の令和4年度の国の収入支出の決算を確認しました。

	一般会計	特別会計
	円	円
歳　入	153兆7294億	447兆8921億
歳　出	132兆3855億	432兆3539億

2　国税収納金整理資金受払計算書の検査完了

会計検査院は、下記の令和4年度の国税収納金整理資金の受払額を検査完了しました。

	受　払　額
	円
（受　入）　収納済額	96兆4959億
（支　払）　支払命令済額	21兆4109億
歳入組入額	73兆6508億

3　政府関係機関の決算の検査完了

会計検査院は、下記の令和4年度の政府関係機関の決算額を検査完了しました。

政府関係機関名	収　入	支　出
	円	円
沖 縄 振 興 開 発 金 融 公 庫	149億	76億
株 式 会 社 日 本 政 策 金 融 公 庫		
国 民 一 般 向 け 業 務	1117億	745億
農 林 水 産 業 者 向 け 業 務	490億	330億
中 小 企 業 者 向 け 業 務	683億	317億
信 用 保 険 等 業 務	2400億	2627億
危 機 対 応 円 滑 化 業 務	107億	410億
特 定 事 業 等 促 進 円 滑 化 業 務	1億	1億
株 式 会 社 国 際 協 力 銀 行	6360億	5029億
独立行政法人国際協力機構有償資金協力部門	1382億	704億
計	1兆2693億	1兆0243億

4 国の決算金額と日本銀行の提出した計算書の金額との対照

(1) 一般会計

会計検査院が令和4年度一般会計歳入歳出決算の金額と日本銀行の提出した計算書の金額とを対照したところ、収納済歳入額において、次のとおり符合しないものがありました。

収納済歳入額	日本銀行の提出した計算書の金額	符合しない額
円	円	円
153,729,463,474,564	153,728,168,796,848	1,294,677,716

収納済歳入額が日本銀行の提出した計算書の金額より多いのは、在外公館の歳入金で、日本銀行における4年度歳入金の受入れ期限である5年5月31日までに払い込まれなかったものが1,294,677,716円あったためです。

(2) 特別会計

会計検査院が令和4年度特別会計歳入歳出決算の金額と日本銀行の提出した計算書の金額とを対照したところ符合していました。

5 国会の承諾を受ける手続を採っていない予備費の支出

令和4年度における予備費使用決定額については、全て国会の承諾を受ける手続を了しています。また、5年度における予備費使用決定額で国会の承諾を受ける手続を採っていないものは、5年10月12日現在で次のとおりです。

令和5年度分				
1 一般会計		2 特別会計		
所　管	使用決定額	所　管	会計名	使用決定額
ア　新型コロナウイルス 　　感染症及び原油価格・ 　　物価高騰対策予備費 　　(該当なし) イ　ウクライナ情勢経済 　　緊急対応予備費 　　(該当なし) ウ　予備費 　　総　務　省 　　経済産業省	円 14億 207億	財務省及び 国土交通省	財政投融資 投資勘定	円 0億
計	221億			

§４　省庁別の検査結果

◎　1　内閣府（内閣府本府）

不　当　補助事業の実施及び経理が不当

> **＜要点＞**
> 地方創生推進交付金事業、子どものための教育・保育給付交付金事業、子育て世帯等臨時特別支援事業費補助金(子育て世帯等臨時特別支援事業(子育て世帯への臨時特別給付(先行給付金))等)等において、補助対象事業費を過大に精算するなどしていて、国庫補助金5932万円が不当と認められる。

(1)　補助対象事業費の精算が過大

ア　子どものための教育・保育給付交付金の交付対象事業費の精算が過大

交付金の概要　子どものための教育・保育給付交付金は、小学校就学前の子どもの保護者が教育・保育給付の認定を受けた場合の当該子ども(以下「給付認定子ども」)に対して社会福祉法人等が設置する保育所や認定こども園等(これらを「民間保育所等」)が教育又は保育を実施する際に、市町村(特別区を含む。)が当該民間保育所等に対して支弁する施設型給付費等の支給等に要する費用の一部について国が交付するものである。

交付金の交付額は、「子どものための教育・保育給付交付金の交付について」等に基づき、次のとおり算定することとなっている。

この費用の額は、民間保育所等の所在地域、利用定員、給付認定子どもの年齢等の別に1人当たり月額で定められている基本分単価や各種加算の額に、各月の給付認定子ども数を乗ずるなどして算出した年間の合計額によることとなっている。そして、各種加算には、建物の整備・改修に当たって施設整備費又は改修費等の国庫補助金を受けていないなどの施設等に該当する場合に計上する減価償却費加算、3歳以上の給付認定子どもの利用定員に係る必要保育教諭等の数を超えて配置して、低年齢児を中心として小集団化したグループ教育を実施する場合に計上するチーム保育加配加算、主任保育士を保育計画の立案等に専任することができるよう代替保育士を配置しているなどの要件に該当する場合に計上する主任保育士専任加算等がある。

検査の結果　4府県の4事業主体は、所定の要件を満たしていないのに、誤って、減価償却費加算、チーム保育加配加算、主任保育士専任加算等を計上するなどしており、費用の額を過大に算定していたため、交付対象事業費が過大に精算されていて、これに係る交付金相当額計657万円が不当と認められる。

(注) 国庫負担率　　令和元年度は1/2又は55.2/100、2年度は1/2又は56.835/100、3年度は1/2又は57.72/100

部局等	交付金事業者 （事業主体）	交付金事業	年度	交付金交付額	不当と認める 交付金相当額	摘　要
千葉県	成田市	子どものための教育・ 保育給付交付金	令和 3	円 10億9915万	円 204万	減価償却費加算を誤って計上 していたもの
富山県	氷見市	同	元、2	9億3012万	165万	チーム保育加配加算等の計上 額が誤っていたものなど
岐阜県	羽島市	同	3	7億0607万	152万	主任保育士専任加算等を誤っ て計上していたものなど
大阪府	豊中市	同	2	45億2536万	135万	チーム保育加配加算の計上額 が誤っていたもの
計	4事業主体			72億6071万	657万	

（検査報告46ページ）

イ　子育て世帯等臨時特別支援事業費補助金(子育て世帯等臨時特別支援事業(子育て世帯への臨時特別給付(先行給付金))等)の補助対象事業費の精算が過大

補助金の概要　「子育て世帯等臨時特別支援事業(子育て世帯への臨時特別給付(先行給付金))」及び「子育て世帯等臨時特別支援事業(子育て世帯への臨時特別給付(追加給付金、クーポン給付))」(これらを「子育て世帯支援事業」)は、「令和3年度子育て世帯等臨時特別支援事業費補助金交付要綱」に基づき、新型コロナウイルス感染症が長期化しその影響が様々な人々に及ぶ中、我が国の子供たちを力強く支援し、その未来を拓(ひら)く観点から、臨時特別の給付を実施することにより、子育て世帯に対する適切な配慮を行うことを目的とするものである。

交付要綱等によれば、市町村(特別区を含む。)は、令和3年9月分の児童手当法による児童手当(児童手当法附則第2条第1項の給付を除く。)の受給者、3年9月30日において15歳に達する日以後の最初の3月31日を経過した児童であって18歳に達する日以後の最初の3月31日までの間にある者を養育する者(所得額が児童手当法施行令第1条に規定する額(以下「所得制限限度額」)未満の者に限る。)等に対して、児童1人当たり10万円等(以下「子育て給付金」)を支給することとされている。

また、交付要綱によれば、市町村は、事業実績報告書等を都道府県に提出し、都道府県は、その内容を審査することとされている。そして、国は、市町村が支給対象者に支給した子育て給付金について、子育て世帯等臨時特別支援事業費補助金を交付している。

検査の結果　3市において、支給対象とならない者や既に支給を受けている者に対して子育て給付金を支給したり、子育て給付金の支出手続を取りやめていて支給の事実がなかったりしていたことを把握していたにもかかわらず、誤って、これらに係る金額を控除することなく補助対象事業費に含めていたため、補助対象事業費が過大に精算されていて、これに係る補助金計790万円が不当と認められる。

第Ⅱ章

内閣府（内閣府本府）

＜事例＞

　さいたま市は、3年度の子育て世帯支援事業の補助対象事業費を177億9985万円と算定した事業実績報告書等を埼玉県に提出し、これにより同額の補助金の交付を受けていた。

　同市は、所得制限限度額を超えるなどしていて支給対象とならない者に対して子育て給付金を支給したり、既に子育て給付金の支給を受けている者に対して重複して支給したりしていて、子育て給付金計440万円を誤って支給していた。また、同市は、子育て給付金計40万円を支給しようとしたものの、支給対象者が振込先の銀行口座を解約するなどしたまま連絡が取れない状況となったため、支出手続を取りやめていて支給していなかった。

　しかし、同市は、上記の状況を把握していたにもかかわらず、誤って、これら計480万円を控除することなく補助対象事業費に含めていた。

部局等	補助事業者 （事業主体）	年度	国庫補助金交付額	不当と認める 国庫補助金相当額	摘　要
埼玉県	さいたま市	令和 3	円 177億9985万	円 480万	誤って支給した額及び支給の事実がなかった額を含めていたもの
神奈川県	横浜市	3	426億4590万	170万	誤って支給した額を含めていたもの
福岡県	北九州市	3	132億0160万	140万	同
計	3事業主体		736億4735万	790万	

（検査報告48ページ）

(2)　補助対象外など

地方創生推進交付金による事業の交付対象事業費の一部が対象外など

交付金事業の概要　地域再生法、地方創生推進交付金制度要綱、地方創生推進交付金交付要綱等（以下「制度要綱等」）によれば、地方創生推進交付金は、地方公共団体が地域再生法に基づき作成する実施計画に掲げる事業を交付の対象とし、交付対象事業費の補助率は1/2とすること、職員自身の旅費には原則として交付金を充当できないこと、交付金の交付対象となる地域公共交通の新規路線等に係る実証実験の経費は原則1年間分とすることなどとされている。また、都道府県は、市町村への補助事業に交付金を充当することが可能であるとされている。そして、市町村が内閣府本府から交付された交付金を充当して実施する事業に対して、都道府県が同本府からの交付金を活用して補助金を交付する場合は、同本府から当該市町村に交付された交付金の額と、同本府から都道府県に交付されて当該市町村への補助金に充当された交付金の額の合計額が、当該事業に係る交付対象事業費の1/2の額を上回ることはできないことになっている（同本府から市町村に交付された交付金を「市町村交付金」、同本府から都道府県に交付されて当該市町村への補助金に充当された交付金を「県交付金」）。

検査の結果　高知県及び2県の2市において、職員自身の旅費、1年間を超過した期間分の実証実験に係る費用、実施計画に掲げる事業以外の事業に係る費用等を交付対象事業費に含めていたこと、また、市町村交付金の額を把握していたのに、これを考慮せずに県交付金の額を算定して市町村交付金の額及び県交付金の額の合計額が制度要綱等に定められた上限である交付対象事業費の1/2の額を上回ることとなっていたことから、交付金相当額計2659万円が過大に交付されていて不当と認められる。

部局等	補助事業者等 （事業主体）	補助事業等	年度	国庫補助金等 交付額	不当と認める 国庫補助金等相当額	摘 要
				円	円	
内閣府 本府	高知県	地方創生推 進交付金	平成29、30、 令和2	6億7706万	1875万	職員自身の旅費等を交付対象 事業費に含めていたもの、市 町村交付金の額及び県交付金 の額の合計額が制度要綱等に 定められた上限である交付対 象事業費の1/2の額を上回るこ ととなっていたもの
茨城県	筑西市	同	2	1380万	591万	1年間を超過した期間分の実証 実験に係る費用を交付対象事 業費に含めていたもの
長崎県	佐世保市	同	2	261万	193万	実施計画に掲げる事業以外の 事業に係る費用を交付対象事 業費に含めていたもの
計	3事業主体			6億9348万	2659万	

（検査報告49ページ）

(3) 事業の一部を不実施
地方創生推進交付金による事業の一部を不実施

交付金事業の概要 熊本県は、平成30年度（令和元年度に一部事業を繰越し）に、地方創生推進交付金事業として、地域経済のけん引役として期待される県内企業の設備投資を支援し、雇用の創出や交流人口の増加を図り、更なる地域経済の活性化につなげるために、「地方創生未来型農業の拠点づくり支援プロジェクト」（以下「支援事業」）を実施した。

地域再生法、地方創生推進交付金制度要綱、地方創生推進交付金交付要綱等によれば、地方創生推進交付金は、地域再生法に定める地域再生計画に記載され、都道府県まち・ひと・しごと創生総合戦略等に位置付けられた自主的・主体的で先導的な事業の実施に要する費用に充てるために、国が地方公共団体に対して交付するものとされている。そして、地方公共団体が地域再生法に基づき作成する実施計画に掲げる事業を交付の対象とし、交付対象事業費の補助率は1/2とすることなどとされている。

検査の結果 同県は、実施計画に基づき、支援事業を、平成30年度の事業費3731万円（交付金充当経費1865万円）、繰越し後の令和元年度の事業費1億3047万円（同1729万円）、計1億6778万円（同計3594万円）で実施したとして、内閣府本府に実績報告書を提出し、同本府による審査及び額の確定を受けるなどした上で、交付金計3594万円の交付を受けていた。そして、同県は、Ａ社による設備の整備等に係る補助金について、平成30年度に実施した事業分として3063万円、令和元年度に繰り越して実施した事業分として3063万円、計6126万円をＡ社に対して交付したとして、支援事業の交付対象事業費に同額を含めて計上していた。

しかし、Ａ社が元年度に繰り越して実施することを予定していた設備の整備を断念したことから、上記補助金のうち同県が元年度に交付したとする3063万円（交付金の交付対象事業費同額）については、実際には同県からＡ社に交付されていなかった。

したがって、上記の補助金3063万円に係る交付金相当額1531万円が不当と認められる。

（検査報告51ページ）

⑷　工事の設計数量が過大
　　ウレタン塗膜防水等の設計数量を誤ったため、契約額が割高

| 交付金事業の概要 | 沖縄県国頭郡恩納村は、令和3年度に、沖縄振興特別推進交付金事業として、地域の伝統芸能の保存継承及び観光誘客を図るために、恩納村字仲泊地内において、観光交流施設（鉄筋コンクリート造地上2階建て）の整備を事業費3億1207万円（交付対象事業費2億4634万円）で実施した。このうち建築工事については、工事費2億2286万円（同1億8048万円）となっている。

　本件建築工事のうち、施設の屋上の防水工は、コンクリート直均し仕上げの上、ウレタン塗膜防水等を行うものである。

| 検査の結果 | 同村は、本件建築工事の設計を設計コンサルタントに委託して、数量調書等の成果品の提出を受けており、この成果品に基づくなどして、本件建築工事の予定価格に係る設計数量を算出している。そして、ウレタン塗膜防水の設計数量については、屋上全体を平面部分と立ち上がり部分とに分割して算出し、平面部分の859㎡と立ち上がり部分の23.1㎡とを足し合わせることにより、計882㎡としていた。

　しかし、この設計数量のうち、平面部分の859㎡は、その形状が台形であることから、北西側の一辺の長さ14.02m（上底）に南東側の一辺の長さ17.24m（下底）を加えた31.26mに北西側から南東側までの長さ26.41m（高さ）を乗じて得た826㎡に、1/2を乗ずるなどして算出すべきところ、誤って1/2を乗ずるなどすることなく算出していたものであり、適正な設計数量である409㎡に対して、450㎡過大となっていた。なお、立ち上がり部分の23.1㎡には一部計上漏れがあり、適正な設計数量である33㎡に対して9.9㎡過小となっていた（参考図参照）。

　このため、前記ウレタン塗膜防水の設計数量882㎡は、過小に算出されていた立ち上がり部分の面積を考慮しても、適正な設計数量計442㎡に対して440㎡過大となっていた。このほか、上記屋上の平面部分の設計数量が過大になっていたことにより、コンクリート直均し仕上げの設計数量についても450㎡過大となっていた。

　したがって、**適正な設計数量に基づいて本件建築工事費を修正計算すると、2億1915万円となることから、本件契約額2億2286万円はこれに比べて370万円割高となっており、これに係る交付金相当額293万円が不当**と認められる。

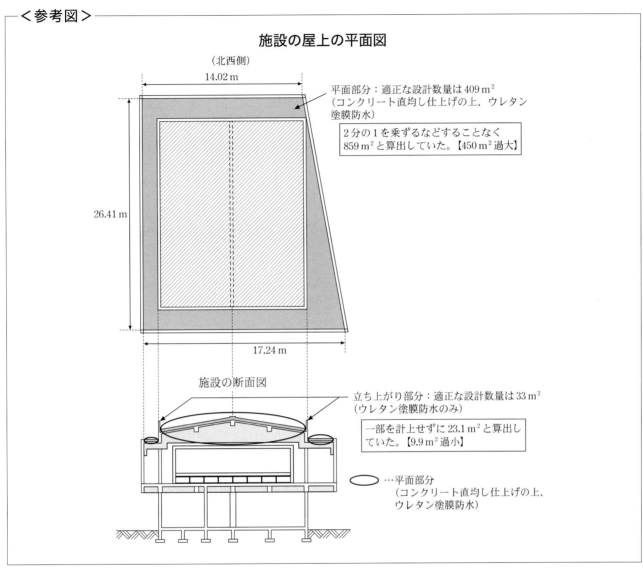

┌─ ＜参考図＞ ──────────────────────────

施設の屋上の平面図

(北西側)

14.02 m

平面部分：適正な設計数量は 409 m²
(コンクリート直均し仕上げの上、ウレタン
塗膜防水)

┌────────────────────┐
│ 2分の1を乗ずるなどすることなく │
│ 859 m² と算出していた。【450 m² 過大】 │
└────────────────────┘

26.41 m

17.24 m

施設の断面図

立ち上がり部分：適正な設計数量は 33 m²
(ウレタン塗膜防水のみ)

┌────────────────────┐
│ 一部を計上せずに 23.1 m² と算出し │
│ ていた。【9.9 m² 過小】 │
└────────────────────┘

⬭ …平面部分
(コンクリート直均し仕上げの上、
ウレタン塗膜防水)

(検査報告52ページ)

処置要求㊱　認定こども園に係る子どものための教育・保育給付交付金の交付額の算定等について

┌─ ＜要点＞ ═══════════════════════════════
認定こども園に係る子どものための教育・保育給付交付金について、費用の額の算定に当た
り、主幹保育教諭等の人件費等に相当する費用が基本分単価に含まれていること及び主幹保育
教諭等2人又は1人を配置していない場合に減額調整を行う必要があることを明確に示し、市町
村等に対して周知することなどにより、交付額の算定等が適切に行われるよう改善の処置を要
求したもの(指摘金額8236万円)
└─────────────────────────────────────

制度の概要

(1)　交付金の概要

　　子どものための教育・保育給付交付金は、小学校就学前の子どもの保護者が教育・保育給付の
認定を受けた場合の当該子ども(以下「給付認定子ども」)に対して社会福祉法人等が設置する保育
所や認定こども園等(これらを「民間保育所等」)が教育又は保育を実施する際に、市町村(特別区を
含む。)が当該民間保育所等に対して支弁する施設型給付費等に要する費用の一部について、国が

交付するものである。

　交付金の交付額は、「子どものための教育・保育給付交付金の交付について」等に基づき、次のとおり算定することとなっている。

　このうち、費用の額については、「特定教育・保育、特別利用保育、特別利用教育、特定地域型保育、特別利用地域型保育、特定利用地域型保育及び特例保育に要する費用の額の算定に関する基準等」等により、民間保育所等の所在地、利用定員、給付認定子どもの年齢等の別に1人当たり月額で定められている基本分単価や各種加算の額に、各月の給付認定子ども数を乗ずるなどして算出した年間の合計額によることとなっている。そのうち認定こども園の基本分単価等は、教育給付認定を受ける子ども(以下「1号認定子ども」)及び保育給付認定を受ける子ども(以下「2・3号認定子ども」)の区分ごとに算定することとなっている。

　そして、費用の額の算定に当たっては、市町村は、「特定教育・保育等に要する費用の額の算定に関する基準等の実施上の留意事項について」(以下「留意事項通知」)等に基づき、基本分単価に各種加算の認定等を行って一定の額を加算する調整を行うほか、所定の要件に該当する場合に、基本分単価等から地域区分等に応じた単価を基に算出した額(以下「調整額」)を減額する調整を行うこと(以下「減額調整」)となっている。

(2)　認定こども園における主幹保育教諭等の配置及びそれに係る費用の額の算定等

　「就学前の子どもに関する教育、保育等の総合的な提供の推進に関する法律」によれば、認定こども園において、必要があれば、通常の保育教諭等のほかに主幹保育教諭等を配置できることとされており、主幹保育教諭は、園児の教育及び保育をつかさどるとともに、園長を助け、命を受けて園務の一部を整理することとされている。

　また、認定こども園に係る費用の額の算定については、留意事項通知等において、認定こども園に係る基本分単価に含まれる職員の構成、人数等が示されている。その内訳は、年齢別配置基準による必要人数(注2)、主幹保育教諭等2人(1号認定子どもに係る分及び2・3号認定子どもに係る分でそれぞれ1人ずつ)を教育・保育計画の立案、保護者や地域住民からの教育・育児相談、地域の子育て支援活動等(これらを「子育て支援活動等」)に専任化させるための代替保育教諭等2人(同1人ずつ)等となっている。そして、代替保育教諭等2人を配置することにより専任化された主幹保育教諭等は、子育て支援活動等の取組を実施することとなっている。

　こども家庭庁(令和5年3月以前は内閣府本府)は、認定こども園に係る基本分単価には、主幹保育教諭等2人(1号認定子ども及び2・3号認定子どもの両方の利用がある場合)又は1人(いずれか一方のみの利用がある場合)分及び代替保育教諭等2人又は1人分の人件費等に相当する費用があらかじめ含まれているとしている(参考図参照)。

(注1)　国庫負担率　　令和2年度は1/2又は56.835/100、3年度は1/2又は57.72/100
(注2)　年齢別配置基準による必要人数　　4歳以上児30人につき1人、3歳児及び満3歳児20人につき1人、1、2歳児(2・3号認定子どもに限る。)6人につき1人、乳児3人につき1人、それぞれ保育教諭等を配置することとなっており、これらの配置に必要な人数を指す。

<段 II 章

内閣府（内閣府本府）>

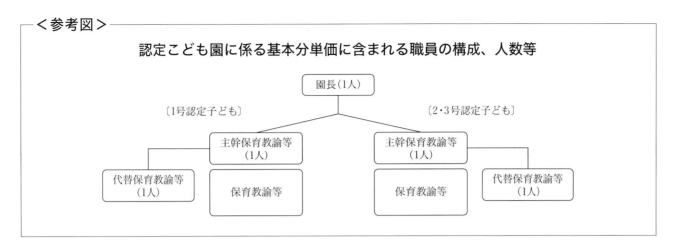

＜参考図＞

認定こども園に係る基本分単価に含まれる職員の構成、人数等

そして、留意事項通知によると、認定こども園に係る費用の額の算定に当たり、代替保育教諭等を配置するなどして一時預かり事業や障害児に対する教育・保育の提供等の所定の事業等を複数実施していないなどの場合には、減額調整を行うこととなっている。

一方、留意事項通知において、主幹保育教諭等を子育て支援活動等に専任化させるための代替保育教諭等の配置等に関しては定められているものの、専任化して子育て支援活動等を行う主幹保育教諭等の配置等に関することは定められておらず、主幹保育教諭等を配置していない場合の減額調整の要否については明確に示されていない。

検査の結果　2、3両年度に交付金が交付された21都道府県^(注)の137市区町(交付金の交付対象となった認定こども園2,340施設、交付金交付額計2906億2989万円)を対象として検査したところ、23市区の93施設における費用の額の算定に当たっては、代替保育教諭等2人又は1人を配置するなどしていることから、主幹保育教諭等や代替保育教諭等の配置に関して減額調整の要件に該当する事項はないとして、減額調整が行われていなかった。

しかし、前記のとおり、認定こども園に係る基本分単価には、主幹保育教諭等2人又は1人分及び代替保育教諭等2人又は1人分の人件費等に相当する費用が含まれている。したがって、**主幹保育教諭等2人又は1人を配置していない場合には、その配置人数に応じて減額調整を行う必要があると認められる。**

前記23市区の93施設(主幹保育教諭等2人又は1人の配置がない1号認定子ども又は2・3号認定子どもに係る交付金相当額計28億0749万円)について、主幹保育教諭等の実際の配置人数等に応じて調整額を試算すると、計8236万円となる。

また、上記の23市区及び93施設に対して、主幹保育教諭等2人又は1人を配置していなかったのに減額調整を行っていなかった主な理由等についてアンケート調査を行ったところ、市区においては、主幹保育教諭等に係る費用が基本分単価に含まれていて2人又は1人が配置される前提であることを知らなかったという回答が最も多くなっていた。また、認定こども園においては、留意事項通知等における主幹保育教諭等の配置に関する内容及び取扱いを知らなかったという回答が最も多くなっていた。

このように、**認定こども園に係る交付金について、費用の額の算定に当たり、主幹保育教諭等2人又は1人分の人件費等に相当する費用が基本分単価に含まれているのに、主幹保育教諭等2人又は1人**

(注) 21都道府県　東京都、北海道、京都、大阪両府、秋田、山形、茨城、群馬、埼玉、千葉、新潟、石川、山梨、岐阜、愛知、兵庫、奈良、島根、香川、宮崎、沖縄各県

第Ⅱ章

総務省

を配置していない場合に減額調整が行われておらず交付額の算定が適切に行われていない事態は適切ではなく、改善の要があると認められる。

本院が要求する改善の処置　同庁において、認定こども園に係る交付金の交付額の算定等が適切に行われるよう、次のとおり改善の処置を要求する。

ア　留意事項通知等において、認定こども園に係る基本分単価には主幹保育教諭等2人又は1人を配置するための費用が含まれていること及び主幹保育教諭等2人又は1人を配置していない場合には減額調整を行う必要があることを明確に示し、都道府県を通じて市町村に対して周知するとともに、市町村を通じるなどして認定こども園に対しても周知すること

イ　都道府県を通じて市町村に対して、認定こども園に係る費用の額の算定に当たり、認定こども園から各種加算の認定や減額調整に関する申請を受けた際等に、主幹保育教諭等の配置等に係る減額調整の必要性等について十分に確認するよう助言を行うこと　　　　　　　　　　　　（検査報告54ページ）

◎　2　総務省

不　当　新型コロナウイルス感染症対応地方創生臨時交付金の交付対象事業費の一部が対象外など

┌─＜要点＞───────────────────────────────────┐
│　新型コロナウイルス感染症対応地方創生臨時交付金の交付対象事業費に対象とならない経費を│
│含めるなどしていて、交付金9434万円が不当と認められる。　　　　　　　　　　　　　　　│
└───┘

交付金の概要　新型コロナウイルス感染症対応地方創生臨時交付金は、新型コロナウイルス感染症対応地方創生臨時交付金制度要綱(以下「制度要綱」)等に基づき、「新型コロナウイルス感染症緊急経済対策」、「国民の命と暮らしを守る安心と希望のための総合経済対策」等に掲げる新型コロナウイルスの感染拡大防止策等についての対応として、地方公共団体が地域の実情に応じてきめ細やかに効果的・効率的で必要な事業を実施できるよう、地方公共団体が作成し、内閣府に提出して確認を受けた新型コロナウイルス感染症対応地方創生臨時交付金実施計画(以下「実施計画」)に基づく事業に要する費用のうち地方公共団体が負担する費用に充てるために、国が交付するものである。

制度要綱等によれば、交付金の交付対象事業は、実施計画を作成する地方公共団体が新型コロナウイルスの感染拡大の防止及び感染拡大の影響を受けている地域経済や住民生活の支援等を通じた地方創生に資する事業(緊急経済対策に対応した事業)の実施に要する費用の全部又は一部を負担する事業であって、制度要綱に掲げる基準に適合する国の補助事業等及び地方単独事業とすることとされている。そして、当該地方公共団体が作成した実施計画に記載された交付金の交付対象事業が地方単独事業である場合等は総務省が交付行政庁となることとなっている。

検査の結果　1県及び14市町、計15事業主体が交付金を受けて実施した事業において、交付対象事業費に対象とならない経費が含まれるなどしていて、これらに係る交付金9434万円が不当と認められる。

部局等	交付金事業者 （事業主体）	年度	交付金交付額	不当と認める 交付金相当額	摘　要
		令和	円	円	
総務本省	富山県	2、3	14億2240万	239万	補助の対象外
山形県	東村山郡中山町	2	2388万	237万	同
京都府	福知山市	2	1億2610万	449万	同
岡山県	高梁市	2	2023万	150万	同
熊本県	熊本市	2	822万	752万	同
鹿児島県	垂水市	2、3	1億0474万	2793万	同
滋賀県	湖南市	2	3100万	190万	過大受給
京都府	向日市	2、3	8702万	317万	同
大阪府	池田市	2、3	2億8088万	542万	同
	摂津市	2	5355万	482万	同
大分県	大分市	2	5635万	510万	同
秋田県	大仙市	2、3	1億0685万	262万	精算過大
神奈川県	川崎市	2	3650万	1121万	同
福岡県	福岡市	2	3億9952万	776万	同
	みやま市	2	5103万	608万	同
計	15事業主体		28億0833万	9434万	

（検査報告59ページ）

不　当　特別交付税の交付が過大

―＜要点＞――――――――――――――――――――――――――――――――――――
特別交付税の額の算定に当たり、他の算定事項で算定した経費を重複して含めていたこと、算定の対象とならない経費を含めていたこと、特定財源として国庫補助金を控除していなかったことなどにより、特別交付税1億3974万円が過大に交付されていて、不当と認められる。
――

特別交付税の概要　総務省は、地方交付税法に基づき、普通交付税の算定方法によっては捕捉されなかった特別の財政需要があるなどの地方団体に特別交付税を交付している。

　特別交付税の額の算定方法は、特別交付税に関する省令（以下「省令」）において、特別の財政需要として算定の対象となる事項（以下「算定事項」）ごとに定められている。算定事項には、大学等との連携による雇用創出・若者定着の促進に要する経費（以下「大学連携経費」）、移住・定住対策に要する経費（以下「移住定住経費」）、地方創生の推進に要する経費（以下「地方創生経費」）等がある。

　地方交付税法等に基づき、同省は、算定資料により、各地方団体に交付すべき特別交付税について、額を算定して決定し、交付することとなっている。省令、算定資料の記載要領等によれば、特別交付税の額の算定は、都道府県又は市町村が負担する額に基づくことなどとされ、算定の対象となる経費が算定事項ごとに定められており、地方創生経費については、地方債を起こすことができない事業を対象とするなどとされている。そして、算定資料の記載に当たり、他の算定事項において特別交付税が措置される経費については、これを重複計上しないよう除外することとされ、また、国庫補助金等の特定財源等は控除することとされている（参考図参照）。

―＜参考図＞―

特別交付税の額の算定に係る概念図（地方創生経費の例）

地方創生推進交付金の交付対象事業費
※他の算定事項で措置される経費は重複計上しないよう除外

都道府県又は市町村が負担する額	左のうち地方債を起こすことができる事業に係る経費の額	地方創生推進交付金の交付額

特別交付税の額の算定の対象となる都道府県又は市町村が負担する額	控除する特定財源等

← 県負担額に0.5又は市町村負担額に0.8を乗ずるなどして算定

特別交付税の額

検査の結果 1県及び3県の3市において、算定資料の作成に当たり、他の算定事項で算定した経費を重複して含めていたこと、算定の対象とならない経費を含めていたこと、特定財源として国庫補助金を控除していなかったことなどにより、1県及び3市に交付された特別交付税計202億0411万円のうち計1億3974万円が過大に交付されていて、不当と認められる。

県名	交付先	算定事項	年度	特別交付税交付額	過大に交付された特別交付税の額	摘要
				円	円	
青森県	八戸市	地方創生経費	令和2、3	40億7082万	1360万	算定の対象とならない経費を含めていたもの
茨城県	日立市	移住定住経費	3	5億7913万	675万	国庫補助金を控除していなかったもの
長崎県	佐世保市	地方創生経費	元	19億1743万	3399万	算定の対象とならない経費を含めていたもの
大分県	大分県	大学連携経費、移住定住経費、地方創生経費	平成30〜令和3	136億3672万	8540万	他の算定事項で算定した経費を重複して含めるなどしていたもの
計	4交付先			202億0411万	1億3974万	

（検査報告63ページ）

不当 震災復興特別交付税の額の算定に当たり、経費の算定が適切でなかったため、震災復興特別交付税の交付が過大

―＜要点＞―

震災復興特別交付税の額の算定に当たり、経費の算定が適切でなかったため、震災復興特別交付税6439万円が過大に交付されていて、不当と認められる。

震災復興特別交付税の概要 総務省は、地方交付税法及び「東日本大震災に対処する等のための平成二十三年度分の地方交付税の総額の特例等に関する法律」に基づき、東日本大震災に係る災害復旧事

業、復興事業等の実施のために道府県及び市町村に対して特別交付税(以下「震災復興特別交付税」)を平成23年度から交付している。

そして、同省は、震災復興特別交付税の額を算定するために、23年度以降毎年度省令等を制定して(各年度の省令を総称して「復興特交省令」)、各年度に算定の対象となる事項(以下「算定事項」)を定めている。

また、市町村は、該当する算定事項ごとに財政需要に関する基礎資料(以下「算定資料」)等を作成しており、同省は、提出された算定資料等に基づき、復興特交省令により、新たに生ずる復興事業等に必要な経費等の合計額を算定するなどして震災復興特別交付税の額を決定して交付している。

算定事項の主なものには、国の補助金等(復興特交省令の別表に定められた補助金等(循環型社会形成推進交付金等))を受けて施行する事業に要する経費のうち各道府県又は各市町村が負担すべき額として総務大臣が調査した額(以下「補助事業等に係る地方負担額」)等がある。

同省は、30年度から令和2年度までの間に、茨城県水戸市が平成30年度から令和2年度までの間に循環型社会形成推進交付金の交付を受けて実施した事業(以下「循環型社会形成推進交付金事業」)に要する事業費等に基づき復興事業等に必要な経費を算定するなどして、同市に対して、震災復興特別交付税計130億9865万円を交付していた。

検査の結果 上記130億9865万円のうち、算定資料等の作成に当たり、補助事業等に係る地方負担額の算定において循環型社会形成推進交付金事業に係る経費の算定が適切でなかったため、補助事業等に係る地方負担額が過大となり震災復興特別交付税計6439万円が過大に交付されていて不当と認められる(後掲274ページ参照)。　　　　　　　　　　　　　　　　　(検査報告66ページ)

意見表示㊱　高度無線環境整備推進事業により整備された伝送用専用線設備の利用状況等について

＜要点＞
高度無線環境整備推進事業により整備された伝送用専用線設備について、利用状況の評価により十分に活用されているか把握できるようにするとともに、十分に活用されていない場合には、必要に応じて補助事業者に助言等を行うことができるように、更に活用する方策を検討するよう意見を表示したもの(指摘金額34億3066万円)

高度無線環境整備推進事業等の概要
(1)　デジタル社会の実現に向けた政府の取組状況

デジタル社会形成基本法に基づき令和4年6月に閣議決定された「デジタル社会の実現に向けた重点計画」によれば、デジタル社会の実現に向けて、全国の光ファイバ世帯カバー率(注)を9年度末までに99.9%(未整備世帯約5万世帯)とすることを目指すとともに、未整備世帯についても光ファイバを必要とする全地域の整備を目指すこととされている。また、同計画における基本的な施策の一つとして、過疎地、辺地等の条件不利地域において通信インフラの整備を推進することが引き続き掲げられており、このために、元年度から開始されている高度無線環境整備推進事業(以下「高度無線事業」)等を実施することとなっている。

(注)光ファイバ世帯カバー率　住民基本台帳等に基づき、一定の仮定の下に推計した利用可能世帯数を総世帯数で除した数値

(2) 高度無線事業の概要

　総務省は、無線通信の利用可能な地域の拡大等を図ることなどを目的として無線システム普及支援事業費等補助金を交付している。同補助金の交付対象事業には、無線局[注1]の開設に必要な伝送用専用線設備[注2]を整備することを目的とする高度無線事業がある。高度無線事業の補助の対象となる経費は、伝送用専用線設備の整備に要する経費に限られ、無線設備は、補助事業者の責任において設置することとなっている。また、補助事業者は、事業終了後、交付申請時に設定した目標の達成状況等について評価(以下「事後評価」)を行うこととなっている。そして、無線システム普及支援事業費等補助金高度無線環境整備推進事業実施マニュアル(以下「マニュアル」)によれば、目標の達成状況を測定する評価指標については、家庭内Wi-Fiの設置世帯数とすることなどが例示されていて、高度無線事業により達成される目標値及び目標年度を評価指標ごとに補助事業者が設定することとされている。

|検査の結果| 元年度から3年度までに実施された高度無線事業390事業のうち、14道県[注3]管内において31補助事業者が実施した63事業(国庫補助対象事業費計183億3952万円、国庫補助金交付額計72億9457万円)を対象として検査した。

(1) 目標値の設定状況及び事後評価の状況

　63事業について、補助事業者が設定した評価指標をみると、マニュアルにおける例示を踏まえて、家庭内Wi-Fiの設置世帯数等の伝送用専用線設備に接続する無線局の数が設定されていた。また、マニュアルにおいて目標値の具体的な設定方法は定められていないことなどから、補助事業者は、地域の実情を踏まえるなどして、それぞれの考え方に基づいて目標値を設定していた。

　そして、11事業について、事後評価の内容をみると、補助事業者がそれぞれの考え方に基づき目標値として設定した無線局の数に対する達成状況の評価が行われていたものの、整備された伝送用専用線設備そのものの利用状況について評価が行われるものとはなっていなかった。このため、今後事後評価が行われる事業も含めて、同省において、整備された伝送用専用線設備が十分に活用されているか把握できない状況となっていた。

(2) 高度無線事業により整備された伝送用専用線設備の利用状況

　63事業について、補助事業者が整備した伝送用専用線設備により提供できるインターネットサービス等の回線数に対する利用回線数の割合(以下「利用率」)により、本院において利用状況の評価を行った結果、参考図1のとおり、利用率が50%未満のものは、20補助事業者が実施した31事業(国庫補助対象事業費計82億7868万円、国庫補助金交付額計34億3066万円)となっていて、63事業の約半数は、整備された伝送用専用線設備が十分に活用されていない状況となっていると認められた。

　なお、63事業の中には、提供できるインターネットサービス等の回線数が整備対象地域に居住する世帯数等を超えていたものは見受けられなかった。

(注1) 無線局　マニュアルにおいて、無線局の種類として5G、LTE、Wi-Fi等が示されていて、その使用例として家庭内Wi-Fiを用いたインターネット接続、農業IoT、教育IoT、観光IoT、コワーキングスペース、スマートモビリティ、スマートホーム等が考えられるとされている。
(注2) 伝送用専用線設備　無線局の開設に必要な伝送路設備、伝送路設備と一体として設置される附属設備及びこれらの設備を設置するために必要な工作物
(注3) 14道県　北海道、岩手、群馬、長野、静岡、兵庫、奈良、島根、岡山、広島、山口、愛媛、大分、鹿児島各県

─ <参考図1> ─────────────────────────────────────

補助事業の完了日からの経過期間別の利用率の状況（令和4年度末時点）

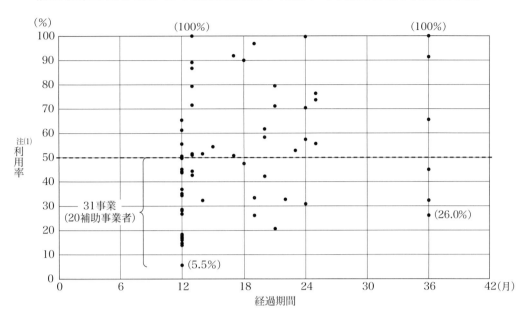

注(1) 利用率は、補助事業者が整備した伝送用専用線設備により提供できるインターネットサービス等の回線数に対する利用回線数の割合である。

注(2) 4年度末時点の利用回線数が把握できなかった5事業は、5年2月又は5月時点の利用回線数により、利用率を算出している。

　さらに、上記63事業のうち、4年度末時点における目標値の達成状況を把握できた46事業について、補助事業者が目標値として設定した無線局の数に対する実績値の割合(以下「達成率」)と利用率との関係についてみると、参考図2のとおり、目標値を達成していたものの、利用率でみると50%未満となっているものが15事業見受けられた。

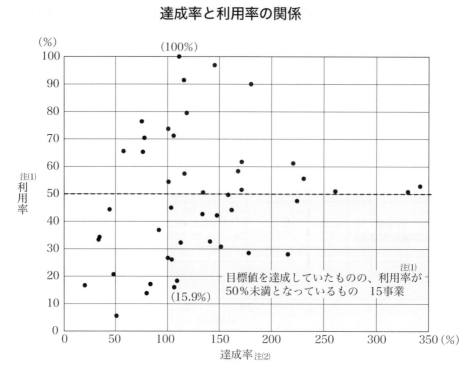

── ＜参考図2＞ ──

達成率と利用率の関係

注(1) 利用率は、補助事業者が整備した伝送用専用線設備により提供できるインターネットサービス等の回線数に対する利用回線数の割合である。
注(2) 達成率は、補助事業者が目標値として設定した無線局の数に対する実績値の割合である。

── ＜事例＞ ──

　木曽広域連合は、元、2両年度に、長野県木曽郡南木曽、木曽両町内でインターネットサービスを提供するなどのため、インターネットサービス等の回線数5,272回線分の伝送用専用線設備を整備していた(国庫補助対象事業費2億8246万円、国庫補助金交付額1億4123万円)。同連合は、高度無線事業を行うに当たり、整備対象地域内に居住する世帯のうちインターネットサービスに加入する世帯数を1,460と推計した上、このうち7割が家庭内Wi-Fiを設置すると見込み、無線局開設計画において、家庭内Wi-Fiの設置世帯数を1,022とする目標値を設定していた。そして、同連合は、4年度末に中間評価を行い、上記の目標値を達成したとする報告書(達成率151.5%)を総務大臣に提出していた。

　しかし、目標値を達成していたものの、同年度末時点において、インターネットサービス等の回線数5,272回線に対して利用回線数は1,625回線(利用率30.8%)となっていた。

　このように、補助事業者が設定した目標値を達成していた事業の中にも、利用率が50％未満となっている事業が見受けられたことから、整備された伝送用専用線設備そのものの利用状況の評価を行うことも必要であると認められた。また、高度無線事業により整備された伝送用専用線設備が十分に活用されていない事業があるにもかかわらず、同省は、これらの伝送用専用線設備を更に活用する方策を十分に検討するなどしていなかった。

　このため、**高度無線事業により整備された伝送用専用線設備について、事後評価の内容は利用状況の評価が行われるものとなっておらず、十分に活用されているか把握できない状況となっており、また、十分に活用されていない伝送用専用線設備について、更に活用する方策を十分に検討するなどしていない事態は適切ではなく、改善の要があると認められる。**

［本院が表示する意見］ 同省において、高度無線事業により整備された伝送用専用線設備が十分に活用されるよう、次のとおり意見を表示する。

ア　整備された伝送用専用線設備について、利用状況の評価を行う方法について検討した上で、利用状況の評価により十分に活用されているか把握できるようにすること

イ　十分に活用されていない伝送用専用線設備について、必要に応じて補助事業者に助言等を行うことができるように、更に活用する方策を検討すること　　　　　　　　　（検査報告68ページ）

（前掲72ページ「令和４年度決算検査報告の特色」参照）

処　置　済　ホストタウンによる交流計画の実施に要する経費を対象とした特別交付税に係る控除措置について

　＜要点＞
ホストタウンとして登録された地方団体による交流計画の実施に要する経費を算定事項として交付する特別交付税について、地方団体に対して報告を求めることにより、実際に要した当該算定事項の対象となる事業に係る経費の額を把握し、当該算定事項に係る控除措置が適切に行われるよう改善させたもの（指摘金額1億3410万円）

（後掲366ページ参照）

［ホストタウンとして登録された地方団体に対して交付される特別交付税の概要等］

(1)　ホストタウンの取組等の概要

　内閣官房東京オリンピック競技大会・東京パラリンピック競技大会推進本部事務局(以下「オリパラ事務局」)は、住民等と東京オリンピック・パラリンピック競技大会等に参加する選手等との交流を行うなどの取組を行う地方公共団体をホストタウンとして登録する事業を行っていた(登録された地方公共団体を「登録団体」)。登録団体は、登録時に策定した交流計画に基づき、上記の両大会終了後も継続して上記の取組を実施することになっている。

(2)　登録団体に対して交付される特別交付税の概要

ア　特別交付税の概要

　総務省が地方交付税法に基づき地方団体(注)に対して交付する地方交付税のうち特別交付税は、普通交付税の額が財政需要に比して過少であると認められる地方団体に交付されている。そして、同省は、特別交付税に関する省令(以下「省令」)において、地方団体に交付すべき特別交付税の額の算定の対象となる財政需要の事項(以下「算定事項」)及び算定方法を定めている。

イ　特別交付税の算定における交流計画の実施に要する経費の取扱い

　同省は、平成28年度以降、省令において、登録団体による交流計画の実施に要する経費を算定事項としている(当該算定事項の算定額を「交流計画分算定額」)。そして、交流計画分算定額の算定等の手続は、おおむね次のとおりとなっている。

　　①　登録団体は、「ホストタウン交流計画の年度事業調」に、交流計画の実施に要する経費(見込額を含む。)等を記載して、オリパラ事務局に提出し、オリパラ事務局は、その記載内容を審査して同省に送付する。そして、交流計画の実施に要する経費については、交流計画

(注) 地方団体　地方交付税法上の概念で、都道府県及び市町村をいう。

分算定額の算定対象となる事業(以下「対象事業」)に係る分と対象事業以外の事業に係る分とに区分して記載することとなっている。

② 地方団体は、交流計画の実施に要する経費のうち、一般財源を財源とする対象事業に係る経費の額(以下「算定対象額」)等を「ホストタウン交流事業に関する調」(以下「交流事業調」)に記載して、同省に提出することにより、算定対象額を報告する。

③ 同省は、交流計画分算定額を算定して、交流計画分算定額と当該地方団体に係る他の算定事項の算定額を合算して得た額を特別交付税として地方団体に対して交付する。

ウ　控除措置

省令によれば、前年度以前の特別交付税の算定事項ごとの算定額について、必要な経費の見込額等により算定した額が実際に要した経費を著しく上回ることなどにより特別交付税の額が過大に算定されたと認められるときは、総務大臣が調査した額を当該年度の特別交付税の算定額から控除することとされている(この措置を「控除措置」)。

⑶　交流計画分算定額に係るこれまでの本院の検査の状況等

本院は、令和元年12月に、「東京オリンピック・パラリンピック競技大会に向けた取組状況等に関する会計検査の結果について」において、同省が、算定対象額を報告していた地方団体から実際に要した対象事業に係る経費の額の報告を受けることとしていない事態が見受けられたことを記述した。そして、実施していない対象事業があるのに控除措置が行われていない地方団体が見受けられたことから、適切に控除措置を行うことができるよう、該当する地方団体から実際に要した対象事業に係る経費の額の報告を求める必要があると認められた旨を記述した。

同省は、上記の検査結果を踏まえて、元年10月に事務連絡(以下「元年事務連絡」)を発出し、地方団体に対して、平成28年度から30年度までに実際に要した対象事業に係る経費の額の報告を求めて、令和元年12月に、当該報告に基づき、実際に要した対象事業に係る経費の額が算定対象額を下回っていた計231地方団体を対象として、計3億4961万円の控除措置を行っていた。

検査の結果　元年度から3年度までに同省が交流計画分算定額を算定した432地方団体(注1)(27県及び405市区町村)に係る交流計画分算定額計37億0697万円を対象として検査した。

検査したところ、同省は、元年事務連絡を発出して以降、元年度から3年度までに算定対象額を報告していた地方団体に対して、実際に要した対象事業に係る経費の額の報告を元年事務連絡と同様の事務連絡を発出するなどして求めておらず、その額を把握していなかった。

そこで、元年度から3年度までに同省が交流計画分算定額を算定した432地方団体における対象事業の実施状況等を確認したところ、延べ104地方団体(純計89地方団体(4県及び85市町村)(注2)。これらの地方団体に係る交流計画分算定額計1億3410万円)においては、対象事業を実施しておらず、対象事業に係る経費が全く生じていなかったのに控除措置が行われていない状況となっていた。

(注1) 特別区は地方団体に該当しないが、地方団体数の集計に当たっては、便宜上、各特別区についてそれぞれ1地方団体として集計している。以下同じ。

(注2) 89地方団体(4県及び85市町村)　　秋田、茨城、長野、徳島各県、登別、気仙沼、名取、横手、仙北、東根、会津若松、いわき、二本松、田村、本宮、栃木、小山、富岡、さいたま、川越、秩父、加須、幸手、鶴ヶ島、成田、旭、市原、流山、山武、武蔵野、青梅、調布、西東京、藤沢、小千谷、加茂、十日町、高岡、甲府、都留、山梨、高山、恵那、藤枝、袋井、下田、安城、稲沢、四日市、熊野、舞鶴、貝塚、奈良、鳥取、津山、赤磐、三原、尾道、山口、萩、防府、東かがわ、松山、新居浜、久留米、柳川、みやま、嬉野、長崎、中津、宮崎、鹿屋、西之表、薩摩川内各市、岩手郡雫石、紫波郡紫波、南会津郡南会津、下高井郡山ノ内、知多郡美浜、仁多郡奥出雲、邑智郡邑南、隠岐郡海士、山県郡安芸太田、伊予郡砥部、京都郡みやこ、築上郡築上各町、九戸郡野田、利根郡片品、北都留郡小菅各村

このように、同省において、元年度から3年度までに算定対象額を報告していた地方団体に対して、実際に要した対象事業に係る経費の額の報告を求めておらず、その額を把握していなかったため、対象事業に係る経費が全く生じていなかったのに控除措置を行っていなかった事態は適切ではなく、改善の必要があると認められた。

囲 総務省が講じた改善の処置 同省は、元年度から3年度までに算定対象額を報告していた地方団体に対して、実際に要した対象事業に係る経費の額等の報告を求めることとして、4年8月に、事務連絡を発出した。そして、地方団体からの報告を受けて、同年12月に、対象事業に係る経費が全く生じていなかった前記89地方団体のうち85地方団体(85市町村)に係る交流計画分算定額計1億3027万円全額の控除措置を行うとともに、残りの4地方団体(4県)に係る交流計画分算定額(計383万円)を対象として、5年12月に計383万円全額の控除措置を行う予定であることを、同年9月に当該4地方団体との間で確認する処置を講じた。

なお、上記の控除措置に加えて、同省は、実際に要した対象事業に係る経費が発生していたもののその額が算定対象額を下回っていた339地方団体のうち、314地方団体(314市区町村)(注)に係る交流計画分算定額(計25億4438万円)を対象として、4年12月に計9億6678万円の控除措置を行っていた。また、残りの25地方団体(25県)(注)に係る交流計画分算定額(計4億2123万円)を対象として、5年12月に計1億9568万円の控除措置を行うこととしていた。 (検査報告73ページ)

○ 3 外務省

不 当 職員の不正行為

> **＜要点＞**
> 在イラン日本国大使館職員が、社会保障費掛金の雇用主負担分を支払うために振り出された小切手を現金化した前渡資金、及び上記の雇用主負担分と併せて納付することとされている本人負担分を支払うために現地職員等から受領した現金を、イラン社会保障庁へ納付することなく領得したものが1件、1302万円あった。

在イラン日本国大使館において、現地で採用した職員ハビビ某が、資金前渡官吏の補助者として現地職員等に係る社会保障費掛金の支払の事務に従事中、令和3年2月から同年11月までの間に、**雇用主負担分を支払うために振り出された小切手を現金化した前渡資金、及び上記の雇用主負担分と併せて納付することとされている本人負担分を支払うために現地職員等から受領した現金を、イラン社会保障庁へ納付することなく領得した**ものである。同大使館では、本件発覚後、不正行為によって生じた未納付となっている社会保障費掛金を同庁からの請求に基づいて前渡資金から支払っており、計1302万円の損害が生じていて、不当と認められる。

なお、本件損害額については、5年9月末現在で補塡が全くされていない。 (検査報告78ページ)

(注) 対象事業に係る経費が全く生じていなかった年度がある地方団体であって、当該年度以外に、実際に要した対象事業に係る経費の額が算定対象額を下回っていた年度があるものを含む。

第Ⅱ章

外務省

意見表示㊱　無償資金協力(草の根・人間の安全保障無償資金協力)の実施状況について

<要点>

無償資金協力(草の根・人間の安全保障無償資金協力)の実施に当たり、小学校等の建設工事を実施する事業において、進捗状況の確認のために事業実施機関から取り付けることとしていた中間報告書が期限までに未提出であるなどの場合、遅延の原因の究明や工事の現況把握のための現地訪問等により事業の進捗を確認する措置を十分に講ずるなどして、無償資金協力の効果が十分に発現するよう意見を表示したもの(指摘金額1863万円、背景金額1635万円)

政府開発援助の概要 開発協力大綱によれば、我が国は、法の支配に基づく自由で開かれた国際秩序の下、平和で安定し、繁栄した国際社会の形成に一層積極的に貢献することなどを目的として、開発途上地域の開発を主たる目的とする政府及び政府関係機関による国際協力活動を一層戦略的、効果的かつ持続的に実施していくこととされている。令和4年度に外務省及び独立行政法人国際協力機構が実施した無償資金協力の実績は2745億2142万円(うち草の根・人間の安全保障無償資金協力(以下「草の根無償」)60億5810万円)となっている。

検査及び調査の結果 無償資金協力29事業(贈与額計125億0829万円、うち草の根無償14事業に係る贈与額計1億3341万円)を対象として、外務本省、機構本部並びに4か国(注)に所在する在外公館及び機構の在外事務所を検査及び調査した。その結果、草の根無償2事業(贈与額計1863万円)については、事業の目的が全く達成されていない状況となっていて無償資金協力の効果が全く発現しておらず、1事業(同1635万円)については、事業の目的が十分に達成されていない状況となっていて無償資金協力の効果が十分に発現していなかった。

(1)　**ナヴアケゼ・ディストリクト小学校整備計画(贈与額920万円)**

　　この事業は、フィジー共和国ナイタシリ県にあるナヴアケゼ・ディストリクト小学校内に新校舎を建設することで、二つの学年を併せて1学級となっている複式学級を解消するなどして児童及び教職員に適切な教育等の環境を整備することを目的とするものである。検査したところ、資金を管理していた当時のスクールマネージャーが、本事業の供与対象ではないホール建設に資金を流用するなどしたために、資金が不足するなどしたとしていて、建設工事が中断しており、新校舎は完成しておらず、事業の目的が全く達成されていない状況となっていた。しかし、在フィジー日本国大使館(以下「大使館」)は、事業実施機関が資金を引き出す際の請求書等の証拠書類による事前の使途等の確認を一度も行っておらず、資金の引出しが、新校舎の建設工事の契約書に記載された段階どおりのものとなっていないことなどを把握していなかった。また、中間報告書が未提出の状況が続いていたのに、事業の進捗を確認する措置を十分に講じていなかった。

(2)　**カランブ小学校整備計画(贈与額942万円)**

　　この事業は、フィジー共和国カランブ村にあるカランブ小学校内にトイレ棟及び幼稚園舎を建設することなどにより、生徒、園児及び教職員の学習等の環境の改善を図ることを目的とするものである。検査したところ、トイレ棟及び幼稚園舎はいずれも未完成のまま工事が中断していて、事業の目的が全く達成されていない状況となっていた。しかし、大使館は、事業実施機関が資金を引き出す際の請求書等の証拠書類による事前の使途等の確認を一度も行っていなかった。また、中間報告書が期限内に提出されていなかったのに、中間報告書の提出が遅延している原因

(注)4か国　フィジー共和国、ヨルダン・ハシェミット王国、ネパール、タイ王国

の究明等を行っていなかったため、事業実施機関が施工業者と連絡がとれなくなっていて工事が中断していることを把握していなかった。さらに、大使館は、事業実施機関が施工業者と連絡がとれなくなっている状況を把握した以降も数か月にわたり施工業者と連絡が可能であったとしているのに、施工業者の事務所等に事業実施機関と共に赴いて協議するなど、事業継続のために必要な措置を十分に講じていなかった。

⑶　バウ・ディストリクト小学校整備計画(贈与額1635万円)

　　この事業は、フィジー共和国バウ島にあるバウ・ディストリクト小学校内に校舎及び寄宿舎を建設することなどで、複式学級の解消や、児童や園児、教職員の生活環境の改善等を図ることを目的とするものである。検査したところ、校舎は完成したものの、寄宿舎は完成しておらず、事業の目的が十分に達成されていない状況となっていた。しかし、大使館は、施工業者がカランブ小学校整備計画においても建設工事等を実施していて、カランブ小学校整備計画における状況を把握した際、本事業の状況についてもバウ・ディストリクト小学校に電話で確認していたものの、施工業者に対しては本事業の状況を確認していなかった。そして、大使館は、事業実施機関が施工業者と工事が完了しないまま連絡がとれない状況となっていることを把握した以降も、同施工業者に取り付けていた面談の約束が全てキャンセルされていたのに、施工業者の事務所等に事業実施機関と共に赴いて協議するなど、事業を継続させるために必要な措置を十分に講じていなかった。

　　このように、事業の目的が全く達成されていない状況となっていて無償資金協力の効果が全く発現していない事態及び事業の目的が十分に達成されていない状況となっていて無償資金協力の効果が十分に発現していない事態は適切ではなく、同省において必要な措置を講じて効果の発現に努めるなどの改善の要があると認められる。

　本院が表示する意見　同省において、無償資金協力の効果が十分に発現するよう、次のとおり意見を表示する。

ア　ナヴアケゼ・ディストリクト小学校整備計画、カランブ小学校整備計画及びバウ・ディストリクト小学校整備計画について、事業実施機関等に対して、速やかに工事を再開するなどして施設を完成させるよう働きかけるなどすること

イ　ナヴアケゼ・ディストリクト小学校整備計画及びカランブ小学校整備計画における事態を踏まえて、今後、草の根無償を実施するに当たり、小学校等の建設工事を実施する際に、事業実施機関から施工業者等への支払が工事等の進捗に伴い段階的に行われることとなっている場合、施工業者等に対する事業実施機関の支払においては、契約書等に記載された段階どおりのものとなっているかなど、資金引出しに際して事前に請求書等で使途等の確認を徹底すること

ウ　ナヴアケゼ・ディストリクト小学校整備計画及びカランブ小学校整備計画における事態を踏まえて、今後、草の根無償を実施するに当たり、小学校等の建設工事を実施する際に、進捗状況の確認のために事業実施機関から取り付けることとしていた中間報告書が期限までに未提出であるなどの場合、口頭による確認のみならず、その内容の根拠の確認、遅延の原因の究明、工事の現況把握のための現地訪問等、事業の進捗を確認する措置を十分に講ずること

エ　カランブ小学校整備計画及びバウ・ディストリクト小学校整備計画における事態を踏まえて、今後、草の根無償を実施するに当たり、小学校等の建設工事を実施する際に、事業実施機関と施工業者等との連絡がとれなくなっているなどの場合、事業実施機関からその状況を速やかに報告させることを徹底するとともに、在外公館が事業実施機関と共に施工業者等を訪問し十分に協議を行うなどして事業の継続を図ること

第Ⅱ章

ナヴアケゼ・ディストリクト小学校整備計画において未完成となっている
校舎の現状（令和5年6月現在）

外観

内観

（検査報告78ページ）

外務省

処 置 済　在外公館の館員住宅に設置する自家発電機の調達について

＜要点＞

在外公館の館員住宅に設置する自家発電機の買換えに当たり、新たな申請の様式を作成し、在外公館が配備先となる被貸与者を明記した上で申請するよう周知するとともに、本省において申請の審査時に配備の見込みの確認を十分に行うことにより、自家発電機が適時適切に調達されるよう改善させたもの（指摘金額908万円）

自家発電機の調達の概要　外務本省は、「在外公館用会計事務の手引き」に基づき、館員住宅基盤整備として、勤務環境が著しく厳しい地の在勤者に対して、停電時の対応のために、在外公館の館員住宅を対象に自家発電機を設置等することとしている。

　また、同本省は、在外公館が保有している自家発電機について、耐用年数の10年が経過した後は、各種消耗品の交換、保守・点検等の予防保全を施したとしても予期せぬ不具合が発生する蓋然性が高いと考えられるとして、原則として定期的に更新する方針としている。そして、毎年、耐用年数が近い自家発電機を保有する在外公館に対して、更新の必要性を改めて精査した上で買換えの申請を行うように通知（以下「買換えの通知」）している。

　同本省は、在外公館課所管予算の概要、配賦・執行方針等を明らかにした「在外公館課予算の執行方針及びりん請の手引き」（以下「手引」）を毎年度改訂している。そして、在外公館が自家発電機を調達する際は、手引に基づき、配備先を検討した上で、申請書に申請理由、所要額等の必要事項を明記し、同本省に対して申請することとしている。

　在外公館は、買換えの通知、手引等に基づき、保有する自家発電機について、同本省に対して買換えの申請を行い、同本省は、内容を審査し、買換えを承認した上で、在外公館に対して必要な前渡資金を交付している。そして、交付を受けた在外公館は、その前渡資金により自家発電機を調達して、貸与を必要とする館員住宅に配備している。

検査の結果 在外公館が平成29年度から令和3年度までに買換えにより調達した自家発電機のうち、政情不安のため職員が国外へ退避している在イエメン日本国大使館を除く11在外公館[注1]で調達した52台について、関係書類を基に館員住宅への配備状況をみたところ、表のとおり、調達後1年以上にわたり配備されないまま在外公館の倉庫等に保管されていたものが5在外公館[注2]で13台（取得価格計908万円）、そのうち4年9月末の検査時点まで一度も配備されていなかったものが4在外公館で7台（取得価格計511万円）となっていた。

表　自家発電機の配備状況

在外公館名	調達年度	1年以上未配備だったもの		左記のうち令和4年9月末時点で一度も配備されていないもの	
		台	取得価格(千円)	台	取得価格(千円)
インド大使館	平成30	7	4,435	3	1,900
ニカラグア大使館	29	3	1,194	2	796
パキスタン大使館	29	1	1,037	0	—
ルワンダ大使館	令和元	1	1,315	1	1,315
スリランカ大使館	平成29	1	1,100	1	1,100
計		13	9,083	7	5,113

注(1)「在○○日本国大使館」は、「○○大使館」と略している。
注(2) 表中の金額は単位未満を切り捨てていることから、各在外公館の取得価格を集計しても計欄の金額と一致しない。

　前記のとおり、在外公館は、自家発電機の買換えを同本省に対して申請する際、買換えの通知に基づいて、更新の必要性を精査することとされている。そこで、上記の5在外公館が、13台分の買換えに当たって、配備先となる貸与を受ける館員（以下「被貸与者」）について具体的に検討していたのか申請時の関係書類等を確認するとともに、同本省を通じて5在外公館に確認したところ、いずれも被貸与者について具体的な見込みがない、又は具体的な見込みがあったか確認できない状況となっており、配備先が明確になっていなかった。

　同本省によると、自家発電機の発注から納品までに要する期間については、国により数日から2か月以上までと状況が異なるものの、人事異動により新たに着任する館員が確定するなど配備先となる被貸与者が明確になってから申請しても、多くの在外公館では、被貸与者が館員住宅に入居するまでに調達できるとしている。

　しかし、同本省は、買換えの通知において、自家発電機を更新する必要性について改めて精査するよう記載していたものの、在外公館が申請時に、配備先となる被貸与者の見込みを関係書類に記載することまでは求めておらず、申請の審査時においても、調達後の配備の見込みを確認していなかった。このため、前記の5在外公館においては、配備先となる被貸与者を明確にしないまま館員数を基に買換えが必要な台数を算出するなどしており、更新の必要性を十分に精査していなかった。

　このように、**在外公館において、自家発電機の買換えに当たり、更新の必要性を十分に精査しないまま自家発電機を調達した結果、5在外公館において13台が調達後に長期間にわたって未配備と**

(注1) 11在外公館　在ベナン、在ブルキナファソ、在カメルーン、在コンゴ民主共和国、在インド、在ニカラグア、在パキスタン、在ルワンダ、在セネガル、在スリランカ、在ジンバブエ各日本国大使館
(注2) 5在外公館　在インド、在ニカラグア、在パキスタン、在ルワンダ、在スリランカ各日本国大使館

なっていて、適時適切な調達となっていなかった事態は適切ではなく、改善の必要があると認められた。

外務省が講じた改善の処置　同省は、自家発電機の買換えに当たり、原則として、在外公館が自家発電機を調達する際には配備先となる被貸与者を明記した上で申請するよう、また、同本省においても配備の見込みを確認した上で承認することができるよう、申請に用いる様式を新たに作成した。そして、これにより在外公館に配備先となる被貸与者を明記して申請させることとし、6年度に予定する手引の改訂に先行して5年7月に通知を発して、上記の様式を用いて調達の申請を行うよう在外公館に周知するとともに、同本省において、申請の審査時に同様式を用いて配備の見込みの確認を十分に行うこととする処置を講じた。

(検査報告85ページ)

◯　4　財務省

不　当　租税の徴収額に過不足

> ＜要点＞
> 租税の徴収に当たり、納税者が申告書等において所得金額や税額等を誤っているのに、これを見過ごすなどしていて、徴収額が不足していたものが2億3785万円、過大となっていたものが300万円あり、不当と認められる。

租税の概要　国税は、法律により、納税者の定義、納税義務の成立の時期、課税する所得の範囲、税額の計算方法、申告の手続、納付の手続等が定められている。

令和4年度に国が徴収決定した各税の総額は96兆2123億円で、このうち源泉所得税及復興特別所得税[注](以下「源泉所得税」)、申告所得税及復興特別所得税(以下「申告所得税」)、法人税、相続税・贈与税、消費税及地方消費税の合計額が全体の89.3%を占めている。

検査の結果　55税務署において、納税者84人から租税を徴収するに当たり、納税者が申告書等において所得金額や税額等を誤っているのに、これを見過ごしたり、法令等の適用の検討が十分でなかったり、課税資料の収集及び活用が的確でなかったりしたため、徴収額が85事項計2億3785万円(平成29年度～令和4年度)不足していたり、1事項300万円(2年度)過大になっていたりして、不当と認められる。

これらの徴収不足額及び徴収過大額については、全て徴収決定又は支払決定の処置が執られた。

(注) 復興特別所得税　　東日本大震災からの復興のための施策を実施するために必要な財源の確保に関する特別措置法に基づくものであり、平成25年1月から令和19年12月までの25年間、源泉所得税及び申告所得税に、その税額の2.1%相当額を上乗せする形で課税するもの

税　　目	事項数	徴収不足額	事項数	徴収過大額(△)
		円		円
源 泉 所 得 税	1	194万	―	―
申 告 所 得 税	22	7100万	―	―
法 　人　 税	46	1億3627万	―	―
相続税・贈与税	3	415万	―	―
消 　費　 税	12	2377万	1	△300万
地 方 法 人 税	1	69万	―	―
計	85	2億3785万	1	△300万

(注) 地方法人税　　地方法人税法に基づく税目であり、地方交付税の財源を確保するために、平成26年10月1日以後に開始する事業年度から、法人税額の4.4%相当額(令和元年10月1日以後に開始する事業年度からは10.3%相当額)を課税するもの

　上記のうち、源泉所得税、申告所得税、法人税、相続税・贈与税及び消費税に関する事態について、税目ごとの主な態様及び事例は次のとおりである。

⑴　源泉所得税

　　徴収不足になっていた1事項は、配当に関する事態である。

⑵　申告所得税

　　徴収不足になっていた22事項の内訳は、不動産所得に関する事態が8事項、譲渡所得に関する事態が6事項及びその他に関する事態が8事項である。

⑶　法人税

　　徴収不足になっていた46事項の内訳は、法人税額の特別控除に関する事態が26事項、交際費等の損金不算入に関する事態が7事項及びその他に関する事態が13事項である。

> ＜事例＞　給与等の引上げを行った場合等の法人税額の特別控除額の算定を誤ったため、法人税額から控除する金額が過大となっていた事態
>
> 　A会社は、平成31年4月から令和2年3月までの事業年度分の申告に当たり、当該事業年度の国内雇用者に対する給与等の支給額(以下「雇用者給与等支給額」)388億0542万円が前事業年度の国内雇用者に対する給与等の支給額(以下「比較雇用者給与等支給額」)363億7868万円を上回るなどとして、雇用者給与等支給増加額24億2674万円の15/100相当額3億6401万円を法人税額から控除していた。
> 　しかし、A会社の前事業年度分の申告書に添付された明細書等によれば、雇用者給与等支給額から控除すべき適正な比較雇用者給与等支給額は364億8473万円であった。したがって、適正な雇用者給与等支給増加額は23億2069万円と算出され、法人税額の特別控除額はその15/100相当額の3億4810万円となり、1590万円過大となっているのに、これを見過ごしたため、法人税額1590万円が徴収不足になっていた。

⑷　相続税・贈与税

　　徴収不足になっていた3事項の内訳は、有価証券の価額に関する事態が、相続税について2事項、贈与税について1事項である。

⑸　消費税

　　徴収不足又は徴収過大になっていた13事項の内訳は、課税仕入れに係る消費税額の控除に関する事態が9事項及びその他に関する事態が4事項である。　　　　　　　　　　(検査報告90ページ)

第Ⅱ章

財務省

第Ⅱ章

財務省

処 置 済 退職手当等の支払を受けた居住者の所得税の基礎控除等に係る申告審理等について

＝＜要点＞＝
退職手当等の支払を受けた居住者が所得税の確定申告を行う場合に退職所得の金額を加算した合計所得金額に応じて基礎控除等が適正に適用されているかについて、源泉徴収票データを活用した具体的な申告審理の事務処理手続を定めるなどして、的確な確認を行うなどするよう改善させたもの(指摘金額5億3380万円)

所得税の基礎控除等の概要等

(1)　所得税の基礎控除等の概要

　　居住者(日本国内に住所を有するなどの個人)の所得税額は、所得税法に基づき、年間の総所得金額等から所得控除の額を差し引いた残額である課税総所得金額等を基礎として計算することなどとなっている。所得控除には基礎控除、配偶者控除及び配偶者特別控除等がある。

　　また、自己の居住の用に供する住宅の借入金等を有する場合の住宅借入金等特別控除があり、これは所得税額から所定の額を控除するものである。

　　基礎控除、配偶者控除、配偶者特別控除及び住宅借入金等特別控除(これらを「基礎控除等」)は、いずれも合計所得金額が適用要件となっており、合計所得金額は、総所得金額に退職所得の金額等を加算した金額となっている。

(2)　退職所得に係る課税の概要

　　所得税法の規定によれば、退職所得とは、退職手当、一時恩給その他の退職により一時に受ける給与及びこれらの性質を有する給与(以下「退職手当等」)に係る所得とされている。

　　退職手当等の支払を受ける居住者(以下「受給者」)は、退職手当等の支払を受ける時までに、氏名、退職手当等の金額、勤続年数等を記載した申告書(以下「退職所得の受給に関する申告書」)を、その退職手当等の支払をする者に提出しなければならないこととなっている。

　　受給者に対して退職手当等の支払をする者は、源泉徴収義務者として、その退職手当等について所得税及び復興特別所得税(注1)(以下「所得税等」)を徴収し、国に納付しなければならないこととなっている。そして、受給者が法人の役員である場合は、当該受給者の退職所得の源泉徴収票を税務署長に提出しなければならないなどとなっている。

　　受給者は、退職所得の受給に関する申告書を提出している場合には、原則として当該退職手当等に係る所得税の確定申告を行う必要はないこととなっている。ただし、事業所得等の退職所得以外の所得があることなどにより納付すべき所得税額がある受給者は、退職所得の金額を記載した所得税申告書を税務署長に提出して、確定申告を行わなければならないこととなっている。

(3)　税務署等における所得税申告書の基礎控除等に係る申告審理等

　　税務署等は、所得税申告書のデータ(注2)(以下「所得税申告書データ」)の申告内容が各種情報に照らして適正であるかについて審理する申告審理を行うこととなっているが、源泉徴収票のデータ(注2)(以下「源泉徴収票データ」)を活用した基礎控除等に係る申告審理の事務処理手続について、個

(注1)　復興特別所得税　　東日本大震災からの復興のための施策を実施するために必要な財源の確保に関する特別措置法に基づくものであり、平成25年1月から令和19年12月までの25年間、源泉所得税及び申告所得税に、その税額の2.1％相当額を上乗せする形で課税するもの

(注2)　所得税申告書のデータ、源泉徴収票のデータ　　書面、国税電子申告・納税システム等により居住者から提出された所得税申告書又は源泉徴収義務者から提出された源泉徴収票の内容を、税務行政の各種事務処理を行うために国税庁が全国的に運用している国税総合管理システムに取り込んだデータ

人課税事務提要等には具体的に記載されていない。

⑷　**受給者等への所得税の確定申告に関する周知**

　　国税庁は、受給者等に向けて、同庁のウェブサイトに所得税申告書の記入方法等に関する手引等を掲載するなどして、基礎控除等は合計所得金額が適用要件となっていることや退職所得がある場合の確定申告の方法等に関する周知を図っているとしている。

　検査の結果　検査に当たっては、同庁から所得税申告書データ及び源泉徴収票データの提出を受けるなどして、法人の役員等(以下「役員等」)に係る2年分又は3年分の退職所得の源泉徴収票において500万円以上の退職手当等の支払を受けたとされている者のうち、当該年分の所得税の確定申告を行っていた役員等計32,843人を選定し、これらに係る両データの内容を確認するなどして検査した。

⑴　**基礎控除等の適用の状況**

　　両データを突合したところ、所得税申告書に退職所得の金額を含めずに確定申告していた役員等が23,750人見受けられ、それぞれ試算した退職所得の金額(注1)を加算した合計所得金額に応じて基礎控除等が適正に適用されているかを確認したところ、合計所得金額が2500万円を超えていて基礎控除の適用要件を満たさないなどしているにもかかわらず基礎控除等の額を計上するなどしていた役員等は4,515人(試算した退職所得の金額計993億0003万円、当該役員等を所管する463税務署(注2))となっていて、基礎控除等が適正に適用されていない蓋然性が高い状況となっていた。

　　そこで、上記役員等4,515人の所得税等の額について、上記の試算した退職所得の金額を用いて試算したところ、合計所得金額が増加し、基礎控除等の額が減少(基礎控除、配偶者控除及び配偶者特別控除の減少見込額計19億5482万円、住宅借入金等特別控除の減少見込額計3503万円)することにより、納付すべき所得税等の額が計5億3380万円増加すると見込まれた(注3)。

⑵　**国税庁の税務署等への指導状況及び税務署等における申告審理の実施状況**

　　同庁において、基礎控除等に係る申告審理に関する税務署等への指導状況を確認したところ、同庁は、源泉徴収票データにより退職所得の金額を加算した合計所得金額等を推定するなどの具体的な事務処理手続を示していなかった。そして、21税務署(注4)において、所得税申告書における基礎控除等に係る申告審理の実施状況を聴取したところ、源泉徴収票データを活用した申告審理を組織として行っている税務署は見受けられず、申告審理が的確に行われていない状況となっていた。

⑶　**退職所得がある場合の所得税申告書の記入方法に関する周知の状況**

　　同庁のウェブサイト等による周知の状況をみたところ、退職所得の受給に関する申告書を提出した場合であっても確定申告を行う場合には所得税申告書に退職所得の金額を含めて申告する必要があることについては、退職所得の受給に関する申告書の手続ページ等に明確に記載していないなどしていて、受給者等に対する周知は十分に行われていない状況となっていた。

(注1)　退職所得の金額は、源泉徴収票データに記録されていないため、当該源泉徴収票データに記録されている退職手当等の金額や勤続年数等を基に試算した。

(注2)　463税務署　　札幌国税局管内23税務署、仙台国税局管内45税務署、関東信越国税局管内55税務署、東京国税局管内84税務署、金沢国税局管内12税務署、名古屋国税局管内47税務署、大阪国税局管内78税務署、広島国税局管内41税務署、高松国税局管内22税務署、福岡国税局管内28税務署、熊本国税局管内24税務署、沖縄国税事務所管内4税務署

(注3)　退職所得の金額を加算した合計所得金額に基づき基礎控除等の額を計上しないなどして試算した増加見込額であり、税務署等の行政指導等により、ほかの申告誤りなどが判明する場合、増加見込額が変動するため、この増加見込額がそのまま所得税等の増収額となるわけではない。

(注4)　21税務署　　札幌中、函館、青森、郡山、栃木、西川口、朝霞、松本、麹町、神田、日本橋、芝、本所、蒲田、荒川、足立、葛飾、横浜南、鎌倉、甲府、大野各税務署

　このように、所得税申告書に退職所得の金額を含めずに確定申告していた役員等の中に、基礎控除等が適正に適用されていない蓋然性が高い者が相当数見受けられるのに、税務署等において源泉徴収票データを活用するなどして申告審理が的確に行われていなかったり、所得税申告書に退職所得の金額を含めて確定申告する必要があることについて受給者等に対する周知が十分に行われていなかったりしていた事態は適切ではなく、改善の必要があると認められた。

国税庁が講じた改善の処置　同庁は、次のような処置を講じた。
ア　退職手当等の支払を受けた役員等の所得税申告書における基礎控除等に係る申告審理を行うに当たって、源泉徴収票データを活用した具体的な事務処理手続を定め、5年8月に事務連絡を発して、各国税局等を通じて全国の税務署等に周知した。
イ　退職所得がある年分の確定申告を行う場合は所得税申告書に退職所得の金額を含めて申告する必要があることについて、5年8月及び9月に同庁のウェブサイト等に明確に記載して、受給者等に対して周知するなどした。

(検査報告96ページ)

処置済　学校施設の用に供する国有地の減額貸付けについて

＜要点＞
学校施設の用に供する国有地の貸付けに当たり、貸付料を減額できる面積の算定について、校舎等の延面積に乗ずる倍率の考え方を示すことなどにより、減額率が5割となる面積が施設を維持運営するのに必要な最小規模面積となるよう改善させたもの(指摘金額4151万円)

学校減額貸付けの概要等
(1)　減額貸付けの概要
　　国有財産特別措置法(以下「特措法」)第3条によれば、普通財産は、地方公共団体又は法人において、医療施設、社会福祉事業施設、学校施設等の用に供する場合は、時価からその5割以内を減額した対価で貸付け(以下「減額貸付け」)を行うことができるとされている。
(2)　減額貸付けの取扱い
　　財務省は、昭和48年12月に、財務(支)局長及び沖縄総合事務局長(これらを「財務局長等」)に対して「国有財産特別措置法の規定により普通財産の減額譲渡又は減額貸付けをする場合の取扱いについて」(以下「減額取扱通達」)を発している。減額取扱通達によれば、土地等の減額貸付けを行うことができる財産の規模は、財務局長等が、相手方の事業計画及び事業内容並びに他の同種施設の状況等を勘案の上、適正規模及び準適正規模の範囲内で決定することとされている。そして、適正規模は、施設を維持運営するのに必要な最小規模面積をいい、減額取扱通達で定められた適正規模の認定基準により算定した面積とされ、その減額率は5割とされている(適正規模として算定した面積を「5割減額基準面積」)。
　　減額貸付けのうち、学校施設の用に供する土地の減額貸付け(以下「学校減額貸付け」)については、5割減額基準面積は、学校施設のうち、校舎、屋内運動場及び学校給食施設(これらを「校舎等」)、屋外運動場等の施設ごとに、それぞれ最小規模面積として算定することとされている。このうち、校舎等の敷地に係る5割減額基準面積は、義務教育諸学校等の施設費の国庫負担等に関する法律等の関係法令等に規定する学級数、生徒数等に基づく基準面積により算定した校舎等の延面積と貸付相手方の利用計画による校舎等の延面積(既設の施設については現有の校舎等の延面積)のいずれか小さい方の延面積(以下「算定対象校舎等面積」)の3倍以内で、財務局長等が地方の

実情を勘案して定めることとされている(計算式参照)。
　　　(計算式)

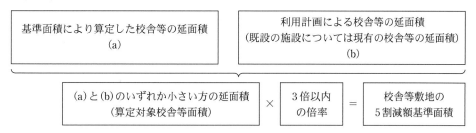

　　そして、貸付料の算定に当たっては、減額前の貸付料から、5割減額基準面積等の範囲内で減額の対象となる実際の貸付面積(以下「減額貸付面積」)に係る貸付料に減額率を乗じた額を控除するなどすることとなっている。

　　また、普通財産の貸付料は、普通財産貸付事務処理要領に基づき、3年分を一括して算定することとなっている。

⑶　優遇措置についての基本的な考え方

　　同省は、特措法等に基づく国有財産の減額貸付けなどに関して、「最適利用に向けた未利用国有地等の管理処分方針について」等において、補助金的な性格を有する優遇措置については、国の財政事情が著しく悪化していること、未利用国有地等の地域的な偏在により受益面で不公平が生じていることなどを考慮し、限定的な運用を行うことを基本的な考え方として示している。

検査の結果　財務(支)局、沖縄総合事務局、財務事務所、出張所等(これらを「財務局等」)における令和4年4月1日現在の学校減額貸付け379件のうち、45財務局等[注1]の幼稚園、小学校、中学校及び高等学校に対する学校減額貸付け371件(貸付面積計2,451,692.5㎡、減額前貸付料年額計39億5223万円、減額後貸付料年額計22億8669万円、貸付料の減額分計16億6554万円)を対象として検査した。

　　校舎等の敷地として貸付けを行っていた326件のうち41財務局等[注2]における324件の貸付料計22億3013万円は、校舎等の敷地に係る5割減額基準面積の算定に当たり、算定対象校舎等面積に対して減額取扱通達に定められた倍率の上限である3倍が一律に乗じられていた。

　　また、同省は、5割減額基準面積の算定に当たり施設を維持運営するのに必要な最小規模面積となるよう財務局等において検討するための具体的な方法等を示していなかった。

　　そして、減額取扱通達において算定対象校舎等面積の3倍を上限とした経緯について同省に確認したところ、遅くとも昭和33年頃には当時の減額の取扱いを定めた通達において定められており、これは、当時の文部省の見解を踏まえたものであるとしていた。

　　そこで、全国の学校施設における校舎等の建物の現有延面積に対する校舎等の現有敷地面積の倍率(以下「敷地倍率」)の推移について、文部科学省(平成13年1月5日以前は文部省)が実施した公立学校施設実態調査の結果を基に分析したところ、昭和33年当時は全国の高等学校の敷地倍率の平均が3.29倍となっているなど、学校種別によって算定対象校舎等面積に乗ずる倍率の上限である3倍に近

(注1) 45財務局等　　北海道、東北、関東、北陸、東海、近畿、中国、四国、九州各財務局、福岡財務支局、沖縄総合事務局、旭川、帯広、青森、福島、水戸、宇都宮、前橋、千葉、東京、横浜、新潟、甲府、長野、富山、福井、静岡、津、京都、神戸、奈良、鳥取、岡山、山口、徳島、松山、長崎各財務事務所、北見、立川、横須賀、沼津、舞鶴、倉敷、下関各出張所、宮古財務出張所
(注2) 41財務局等　　北海道、東北、関東、北陸、東海、近畿、中国、四国、九州各財務局、福岡財務支局、沖縄総合事務局、旭川、帯広、青森、福島、水戸、宇都宮、前橋、千葉、東京、横浜、新潟、甲府、長野、富山、福井、静岡、津、京都、鳥取、山口、徳島、松山、長崎各財務事務所、立川、横須賀、沼津、舞鶴、倉敷、下関各出張所、宮古財務出張所

い状況が見受けられた。しかし、学校施設を取り巻く環境の変化等により、その後近年に至るまで全国の学校種別ごとの敷地倍率の平均はおおむね低下傾向にあり、令和3年度においては、幼稚園2.14倍、小学校1.61倍、中学校1.72倍、高等学校1.87倍となっていて、いずれの学校種別においても3倍を相当程度下回る状況となっていた。

　また、校舎等の敷地に係る5割減額基準面積と実際の校舎等の敷地面積との比較が可能な318件のうち、294件で実際の校舎等の敷地面積より5割減額基準面積が大きく算定されていた。

　これらのことから、算定対象校舎等面積に上限の3倍を適用とすることにより算定された5割減額基準面積は、必ずしも施設を維持運営するのに必要な最小規模面積とは思料されない状況となっていた。

　このような状況を踏まえて、前記の324件について、公立学校施設実態調査の結果を基に、算定対象校舎等面積に全国の学校種別ごとの敷地倍率の平均を乗ずるなどして5割減額基準面積等を試算すると、30財務局等[注]の75件において、5割減額基準面積等が減額貸付面積を下回ることになり、貸付料が計9億2805万円から計9億6957万円に増加して、4151万円の開差が生ずることとなる。

　このように、**校舎等の敷地に係る5割減額基準面積の算定に当たり、施設を維持運営するのに必要な最小規模面積となるよう十分な検討を行うことなく、減額取扱通達で定められた算定対象校舎等面積に乗ずる倍率の上限である3倍を一律に乗じていて、近年の敷地倍率の推移等を踏まえると、5割減額基準面積が施設を維持運営するのに必要な最小規模面積となっていないおそれがある事態は、優遇措置について限定的な運用を行うとする基本的な考え方に照らして適切ではなく、改善の必要があると認められた。**

　| 財務省が講じた改善の処置 |　財務本省は、5年6月に減額取扱通達を改正するなどして、財務局等に対して校舎等の敷地に係る5割減額基準面積の算定に当たり適用する敷地倍率を示すなど、5割減額基準面積が施設を維持運営するのに必要な最小規模面積となるよう検討するための方法等を定めるとともに、同月に財務局等に対して事務連絡を発し、地方公共団体等の予算措置等を考慮し、7年4月以降の次期貸付料適用開始日が到来するものの貸付料の算定に当たっては、上記の方法等に基づき5割減額基準面積を算定するよう周知するなどの処置を講じた。　　　　　　　　　　（検査報告101ページ）

　（注）30財務局等　　北海道、東北、東海、中国、四国、九州各財務局、福岡財務支局、旭川、帯広、青森、福島、水戸、宇都宮、千葉、東京、横浜、新潟、長野、静岡、津、京都、山口、松山、長崎各財務事務所、立川、横須賀、沼津、倉敷、下関各出張所、宮古財務出張所

○ 5 文部科学省

不 当 補助事業の実施及び経理が不当

=＜要点＞=
公立学校情報機器整備費補助金、学校施設環境改善交付金、ブロック塀・冷房設備対応臨時特
例交付金等を受けて実施した事業において、補助金等が過大に交付されているなどしていて、
国庫補助金1億7459万円が不当と認められる。

⑴ 公立学校情報機器整備費補助金の交付が過大

補助金の概要 公立学校情報機器整備費補助金のうち、公立学校情報機器リース事業(以下「リース
事業」)の補助対象経費は、地方公共団体等が児童生徒の学習者用コンピュータ(以下「端末」)をリー
ス契約で整備する場合の経費となっている。リース事業の実施に当たっては、地方公共団体とリー
ス契約の相手方(以下「リース業者」)が共同して補助事業者となり、国は補助金をリース業者に交付
することとなっていて、リース業者が交付された補助金の金額をリース契約の金額から減額するこ
とにより、地方公共団体の負担を軽減する仕組みとなっている。

リース事業においては、地方公共団体がリース業者から補助の対象となる端末を借り受ける場
合、これに係る消費税(地方消費税を含む。)額に相当する額が補助対象経費に含まれる。リース業
者が消費税の課税事業者であれば、リース業者による端末の仕入れは消費税法上の資産の譲渡等に
該当し、課税仕入れとなることから、確定申告の際に仕入税額控除(注)した場合には、リース業者は
これに係る消費税額を実質的に負担していないことになる。一方、補助金は資産の譲渡等の対価に
は該当しないことから、消費税については不課税となる。このため、地方公共団体及びリース業者
は、補助事業完了後に消費税の確定申告により仕入税額控除した消費税額に係る国庫補助金相当額
が確定した場合には、その額を速やかに都道府県教育委員会(事業主体が都道府県の場合は文部科学
大臣)に報告し、当該金額を返還しなければならないこととなっている。

検査の結果 6事業主体において、消費税の確定申告の際に、仕入税額控除した消費税額に係る国
庫補助金相当額の報告及び返還を行っていなかったため、補助金計4114万円が過大に交付されてい
て、不当と認められる。

(注) 仕入税額控除 課税売上高に対する消費税額から課税仕入れに係る消費税額を控除すること

部局等	補助事業者 （事業主体）	補助事業	年度	国庫補助金 交付額	不当と認める 国庫補助金交付額	摘　要
			令和	円	円	
文部科学 本省	佐賀県及び株 式会社学映シ ステム	公立学校情報 機器リース事 業	2	1971万	179万	補助金を誤って課税売上げに計 上して仕入税額控除を行い、仕 入税額控除した消費税額に係る 国庫補助金相当額の報告及び返 還を行っていなかったもの
岩手県	釜石市及び有 限会社みつわ や本店	同	2	6037万	548万	補助金を課税売上げに計上せず 仕入税額控除した消費税額に係 る国庫補助金相当額の報告及び 返還を行っていなかったもの
茨城県	鹿嶋市及び東 洋計測株式会 社	同	2	1億4886万	1353万	補助金を誤って課税売上げに計 上して仕入税額控除を行い、仕 入税額控除した消費税額に係る 国庫補助金相当額の報告及び返 還を行っていなかったもの
	潮来市及び東 洋計測株式会 社	同	2	5746万	522万	同
	稲敷郡阿見町 及び株式会社 ニューライフ	同	2	1億1002万	1000万	同
	猿島郡境町及 び株式会社 ニューライフ	同	2	5616万	510万	同
計	6事業主体			4億5259万	4114万	

（検査報告107ページ）

⑵　義務教育費国庫負担金の交付が過大

負担金の概要　義務教育費国庫負担金は、公立の義務教育諸学校(小学校、中学校、義務教育学校及び中等教育学校の前期課程(これらを「小中学校」)並びに特別支援学校の小学部及び中学部)に勤務する教職員の給与及び報酬等に要する経費を国が都道府県又は政令指定都市(以下「都道府県等」)に交付するものである。その額は、都道府県等の実支出額と教職員の給与及び報酬等に要する経費の国庫負担額の最高限度を定めた政令に基づいて都道府県等ごとに算定した額(以下「算定総額」)とのいずれか低い額の1/3となっている(次式参照)。

（負担金交付額の算定式）

　算定総額は、上記の政令に基づき、小中学校の教職員の基礎給料月額等に同教職員の算定基礎定

数を乗ずるなどした額と、特別支援学校の小学部及び中学部(以下「小中学部」)の教職員の基礎給料月額等に同教職員の算定基礎定数を乗ずるなどした額とを合算して算定することとなっている。

また、算定基礎定数は、都道府県等ごとに当該年度の5月1日現在において、「公立義務教育諸学校の学級編制及び教職員定数の標準に関する法律」(以下「標準法」)等に基づき、標準学級数(注1)等を基礎として教職員の定数(以下「標準定数」)を算定し、更に産休代替教職員等の実数を加えるなどして算定することとなっている。

そして、算定基礎定数の算定に必要な標準学級数は、次のように算定することとなっている。

① 学校教育法第81条に規定する小中学校の特別支援学級の標準学級数は、二つ以上の学年の児童生徒数の合計数が8人以下である場合は、当該複数学年の児童生徒を1学級に編制して算定する。

② 特別支援学校の標準学級数の算定に当たり、小中学部の1学級の児童生徒数の基準は、重複障害学級(注2)に編制する場合にあっては、3人とする。

また、寄宿舎を置く特別支援学校については、標準定数の算定に当たって、寄宿する小中学部の児童生徒(以下「寄宿児童生徒」)がいる特別支援学校数に応じた舎監(注3)の定数(以下「舎監定数」)及び寄宿児童生徒数に応じた寄宿舎指導員(注4)の定数(以下「寄宿舎指導員定数」)をそれぞれ算定することとなっている。

検査の結果 2県において、算定総額の算定に当たり、小学校の特別支援学級や特別支援学校の標準学級数を誤って多く算定していたほか、寄宿児童生徒がいないのに舎監定数及び寄宿舎指導員定数を算定していたため、算定基礎定数の算定が過大となっていた。この結果、負担金計4477万円が過大に交付されていて、不当と認められる。

部局等	補助事業者 (事業主体)	年度	負担金 交付額	不当と認める 負担金交付額	摘　要
			円	円	
長野県	長野県	令和元	288億3471万	3458万	標準学級数、舎監定数等を誤って算定して、算定基礎定数の算定が過大となっていたもの
佐賀県	佐賀県	平成30	131億0089万	1019万	標準学級数を誤って算定して、算定基礎定数の算定が過大となっていたもの
計	2事業主体		419億3560万	4477万	

(検査報告109ページ)

(3) 大学改革推進等補助金(デジタル活用教育高度化事業)の交付が過大

補助金の概要 大学改革推進等補助金(デジタル活用教育高度化事業)は、高等教育における教育手法等の具体化を図ることを目的として、大学等がデジタル技術を積極的に取り入れ、教育内容の高度化を目指す取組を進めるに当たり必要な経費を大学等に対して国が補助するものである。

補助金の補助対象経費は、大学等が補助事業を実施するために必要な経費のうち、大学等におけ

(注1) 標準学級数　標準法に規定する学級編制の標準により算定した学級数
(注2) 重複障害学級　文部科学大臣が定める障害を二つ以上併せ有する児童生徒で編制する学級
(注3) 舎監　校長の監督を受け、寄宿舎の管理及び寄宿舎における児童等の教育に当たる者
(注4) 寄宿舎指導員　寄宿舎における児童等の日常生活上の世話及び生活指導に従事する者

るデジタル活用教育高度化事業(以下「デジタル活用事業」)の実施に当たり必要となる物品費、人件費・謝金、旅費その他の経費となっている。そして、サーバ等の保守に係る経費(以下「保守経費」)については、複数年度にわたる契約は基本的に認められず、やむを得ず複数年度にわたる契約をしなければならない場合は事業実施年度に係る経費のみを案分して計上することとなっている。また、補助金の補助対象は、事業実施年度内に完了する事業とされ、施設の改修に関する経費等については補助金を使用できないこととなっている。

検査の結果　3国立大学法人において、デジタル活用事業の事業実施年度ではない令和4年度以降の期間分の保守経費、事業実施年度である3年度内に完了していないことから補助の対象とならないシステム開発に関する経費又は補助の対象とならない施設の改修に関する経費をそれぞれ補助対象経費に含めていたため、補助金計1522万円が過大に交付されていて、不当と認められる(国立大学法人山口大学については、後掲332ページ参照)。

―＜事例＞――
　国立大学法人岡山大学は、2、3両年度に「DXによる個別最適化と教育効果の可視化」事業を実施しており、同事業の実施のためのeラーニングシステム用のサーバの購入等に係る経費を対象として、補助対象経費を9482万円とする実績報告書を文部科学省に提出して、9364万円の補助金の交付を受けていた。
　しかし、上記サーバの購入等に係る経費には、複数年度にわたる契約による保守経費が含まれており、保守経費については、事業実施年度に係る経費のみを案分して計上することとされているのに、同法人は、4年4月1日から最長9年2月28日までの保守経費655万円を補助対象経費に含めていた。
　したがって、上記4年度以降の期間分の保守経費655万円を除いて適正な補助対象経費を算定すると8827万円、これに対する補助金は8716万円となり、前記の補助金交付額9364万円との差額647万円が過大に交付されていた。

部局等	補助事業者 (事業主体)	補助事業	年度	国庫補助金 交付額	不当と認める 国庫補助金	摘　要
文部科学 本省	国立大学法人 岡山大学	デジタル 活用事業	令和 2、3	円 9364万	円 647万	補助の対象とならない4年度以降の期間分の保守経費を補助対象経費に含めていたもの(岡山大学)
	国立大学法人 山口大学	同	2、3	7254万	499万	補助の対象とならない事業実施年度内に完了していないシステム開発に関する経費を補助対象経費に含めていたもの(山口大学)
	国立大学法人 九州大学	同	2、3	2億2243万	375万	補助の対象とならない施設の改修に関する経費を補助対象経費に含めていたもの(九州大学)
計	3事業主体			3億8862万	1522万	

(検査報告111ページ)

(4)　独立行政法人国立高等専門学校機構情報機器整備費補助金の交付が過大

補助金の概要　独立行政法人国立高等専門学校機構情報機器整備費補助金は、デジタル技術を活用した高度な教育を提供できる環境を実現させることを目的として、独立行政法人国立高等専門学校機構によって設置された国立高等専門学校(以下「高専」)が遠隔授業を実施するのに必要な経費等を

機構に対して国が補助するものである。

　補助金の補助対象経費は、独立行政法人国立高等専門学校機構情報機器整備費補助金交付要綱等によれば、機構が補助事業を実施するために必要な経費のうち、遠隔授業の環境構築の加速による学修機会の確保に係る事業(以下「遠隔授業事業」)における遠隔授業実施のための設備整備、通信機器整備、ソフトウェア購入等及び利用支援等の体制整備に要する経費とされている。このうち遠隔授業実施のための設備整備は、サーバの整備費等を補助対象経費としていて通信費は含まれないこととされている。そして、サーバの保守(定期点検、修理、メンテナンス等をいう。)に係る経費、遠隔授業の実施に必要なソフトウェアの使用料等については、遠隔授業の環境構築の加速による学修機会の確保に必要な経費として遠隔授業事業の実施年度である令和2年度の分に限り補助の対象となることとなっている。

<u>検査の結果</u>　機構は、2年度に、全国に設置している51高専において遠隔授業事業を実施しており、補助対象経費を計9億2306万円とする実績報告書を文部科学省に提出して、同額の補助金の交付を受けていた。しかし、**機構は、上記の補助対象経費に、5高専[注]において補助の対象とならない通信費並びに3年度以降の期間分のサーバの保守に係る経費及びソフトウェアの使用料計235万円を含めていたため、同額の補助金が過大に交付されていて、不当**と認められる。　　　　　　　　　(検査報告112ページ)

⑸　私立学校施設整備費補助金(防災機能等強化緊急特別推進事業)の交付が過大

<u>補助金の概要</u>　私立学校施設整備費補助金(防災機能等強化緊急特別推進事業)は、学校法人等に対して、防災機能等強化緊急特別推進事業等に要する経費の一部を国が補助するものである。

　補助金の交付額は、防災機能等強化緊急特別推進事業については、危険建物の防災機能強化のための耐震補強工事、非構造部材の耐震対策工事等に要する経費(これらを「補助対象経費」)の1/2以内の額とすることとなっている。

　防災機能等強化緊急特別推進事業のうち学校施設耐震改修工事については、非構造部材の耐震対策工事は、地震により落下、転倒の危険性がありそれを防止する必要がある工事等を補助の対象とすることとなっており、老朽化の改善を目的とする工事等は補助の対象とならないこととなっている。

<u>検査の結果</u>　**2学校法人において、補助事業の実施期間中に補助の対象となる工事の施工範囲を縮小するなど補助事業の内容を変更したことにより、補助対象経費が減少していたのに交付決定時の補助事業の内容を基に算出された過大な補助対象経費により実績報告書を提出していたり、補助の対象とならない老朽化した照明器具等の非構造部材の交換等に係る経費を補助対象経費に含めていたりしていた。**

　これらの結果、補助金計2645万円が過大に交付されていて、不当と認められる。

──<事例>──
　学校法人昭和大学は、令和3年度に防災機能等強化緊急特別推進事業のうち学校施設耐震改修工事として「4号館耐震補強工事」、「5号館耐震補強工事」及び「6号館①耐震補強工事」を実施しており、耐震補強工事に要する経費を対象として、補助対象経費を計7億1268万円(補助金計3億5634万円)と算定していた。
　しかし、同法人は、補助事業の実施期間中に、4号館等の耐震補強工事に関連して実施する内装工事等の補助の対象となる工事の施工範囲を縮小するなど補助事業の内容を変更したことにより、補助対象経費が減少していたのに、交付決定時の補助事業の内容を基に算出された過大な補

(注)5高専　　函館、福井、鈴鹿、米子、徳山各工業高等専門学校

助対象経費により実績報告書を提出していた。

　したがって、変更後の補助事業の内容を基に適正な補助対象経費を算定すると、計6億7616万円(補助金計3億3808万円)となり、補助金計1825万円が過大に交付されていた。

部局等	補助事業者 (事業主体)	補助事業	年度	国庫補助金 交付額	不当と認める 国庫補助金	摘　要
文部科学 本省	学校法人昭 和大学	防災機能等強化緊急特 別推進事業(4号館耐震 補強工事)等	令和3	円 3億5634万	円 1825万	過大な補助対象経費により実 績報告書を提出していたもの (昭和大学)
	学校法人早 稲田大学	防災機能等強化緊急特 別推進事業(早稲田キャ ンパス14号館201室大規 模天井耐震改修工事)	平成29	3799万	819万	補助の対象とならない老朽化 した非構造部材の交換等に係 る経費を補助対象経費に含め ていたもの(早稲田大学)
計	2事業主体			3億9433万	2645万	

(検査報告113ページ)

(6)　空調設備の設計が不適切

負担金事業の概要　公立諸学校建物其他災害復旧費負担金は、公立学校施設災害復旧費国庫負担法に基づき、公立学校の施設の災害復旧に要する経費について、学校教育の円滑な実施を確保することを目的として、国が地方公共団体に対して交付するものである。

　千葉県夷隅郡大多喜町は、令和元年度に、町内の中学校1校において、令和元年房総半島台風により転倒した室外機2機等の空調設備を復旧するために、令和元年発生災害復旧事業として、室外機2機を鉄骨架台に載せて設置する工事を、工事費181万円(国庫負担対象工事費同額、負担金交付額121万円)で実施した。

　本件工事は災害復旧事業であり、同町は、原形に復旧することを踏まえて、平成30、令和元両年度に実施した空調設備の設置工事の特記仕様書に基づくこととしており、特記仕様書によれば、空調設備の設置に当たっては、「建築設備耐震設計・施工指針2014年版」(以下「耐震設計指針」)によることとされている。

　そして、耐震設計指針によると、鉄骨架台については、設備機器に作用している機器の重量(以下「機器重量」)、設計用水平地震力[注1]及び設計用鉛直地震力[注2]を考慮した検討を行うこととなっている。

検査の結果　同町は、本件工事について、設計を含めて請負業者に行わせることとして契約を締結して、契約締結後に請負業者から提出された図面等を承諾していた。

　しかし、本件工事の請負業者は、耐震設計指針に基づく鉄骨架台に係る耐震性を満たしているかについて必要な検討を行っていなかった。また、同町においても、請負業者から提出された図面等を承諾する際に、請負業者において耐震設計指針に基づく必要な検討が行われているかを確認していなかった。

　そこで、鉄骨架台の形状、機器重量、設計用水平地震力、設計用鉛直地震力等に基づき、地震時

(注1) 設計用水平地震力　　地震により水平方向に作用する力。建築設備の耐震設計においては、機器重量に設計用水平震度を乗じて算出される。
(注2) 設計用鉛直地震力　　地震により鉛直方向に作用する力。建築設備の耐震設計においては、機器重量に設計用鉛直震度を乗じて算出される。

に鉄骨架台に作用する反力等について確認したところ、地震時に鉄骨架台に水平方向に作用する力により滑動するおそれ及び鉄骨架台に鉛直上向きに作用する反力により鉄骨架台が浮き上がるおそれがある状態となっていた（参考図参照）。

　したがって、**本件工事で設置した鉄骨架台等（これらに係る工事費相当額計161万円）は、設計が適切でなかったため耐震性が確保されていない状態となっていて、これらに係る負担金相当額107万円が不当**と認められる。

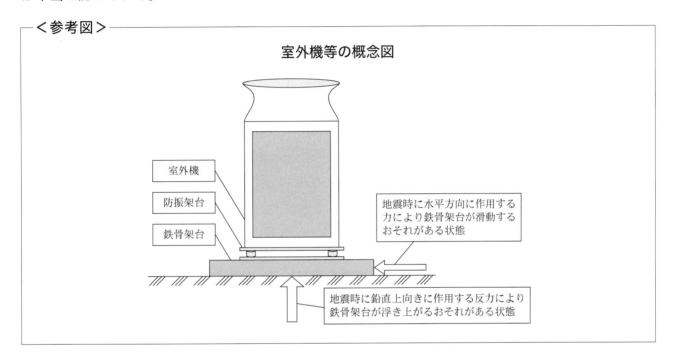

＜参考図＞

室外機等の概念図

室外機
防振架台
鉄骨架台

地震時に水平方向に作用する力により鉄骨架台が滑動するおそれがある状態

地震時に鉛直上向きに作用する反力により鉄骨架台が浮き上がるおそれがある状態

転倒時の空調設備

復旧時の空調設備

（検査報告115ページ）

⑺　学校施設環境改善交付金の交付が過大

　交付金の概要　学校施設環境改善交付金は、地方公共団体が作成する公立の義務教育諸学校等の施設の整備に関する施設整備計画によって実施される施設整備事業に要する経費に充てるために、国が地方公共団体に対して交付するものである。交付額は、同施設整備計画に記載された事業のうち、危険改築事業、大規模改造（質的整備）事業等の種別から成る交付金の算定の対象となる事業（以下「交付対象事業」）ごとに文部科学大臣が定める方法で算出した配分基礎額に交付対象事業の種別に

応じて同大臣が定める割合(以下「算定割合」)を乗ずるなどして得た額の合計額と、交付対象事業に要する経費の額に算定割合を乗じて得た額の合計額のうち、いずれか少ない額を基礎として算定等することとなっている。このうち、配分基礎額については、配分基礎額を算定する際の基礎となる面積(以下「配分基礎面積」)を算定し、これに交付対象事業の種別に応じて定められた単価を乗ずるなどの方法で算定することとなっている(次式参照)。

(交付額の算定式)

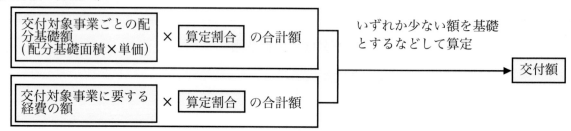

① 危険改築事業において、交付申請時に概算額等により施設の解体及び撤去費を配分基礎額に加算したものについては、実績報告時に契約後の金額を反映する。

② 大規模改造(質的整備)事業として実施する工事のうち、トイレ改修工事に係る配分基礎面積は、改修工事を実施する部分の床面積の計とする。

検査の結果 5県の5市町において、契約後の金額を反映せずに配分基礎額を算定していたほか、適正な配分基礎面積を超える面積により配分基礎額を算定していたため、配分基礎額が過大に算定されており、交付金計1669万円が過大に交付されていて、不当と認められる。

部局等	補助事業者 (事業主体)	交付対象 事業の種別	年度	交付金の 交付額	不当と認める 交付金の交付額	摘　要
岩手県	花巻市	危険改築事業	平成28、29	円 1億9863万	円 484万	施設の解体及び撤去費について契約後の金額を反映せずに配分基礎額を算定していたもの
宮城県	亘理郡山元町	大規模改造(質的整備)事業	令和2	2561万	306万	適正な配分基礎面積を超える面積により配分基礎額を算定していたもの
新潟県	五泉市	同	平成30、令和元	1428万	121万	同
長野県	佐久市	同	平成30、令和元	6941万	334万	同
和歌山県	有田市	同	元～3	871万	422万	同
計	5事業主体			3億1665万	1669万	

(検査報告116ページ)

⑻　ブロック塀・冷房設備対応臨時特例交付金の交付が過大など

交付金の概要 ブロック塀・冷房設備対応臨時特例交付金は、地方公共団体が緊急的に整備を実施する、公立の小学校等において、その敷地内にある倒壊の危険性があるブロック塀等の安全対策(以下「ブロック塀等安全対策事業」)及び校舎等に行う熱中症対策で必要な空調設置(以下「空調設置事業」)に要する経費に充てるために、国が地方公共団体に対して交付するものである。交付額は、交

付申請に当たり、次のとおり算定することとなっている(次式参照)。

(交付額の算定式)

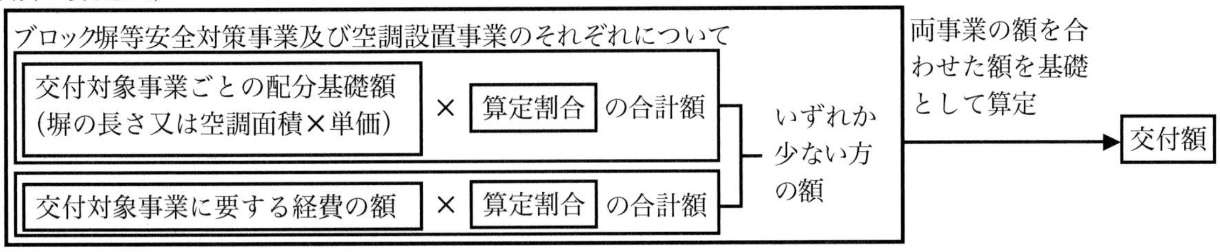

このうち、配分基礎額については、交付対象事業で安全対策を実施するブロック塀等の長さ(以下「塀の長さ」)又は空調設置事業の対象となる室等の床面積の計(以下「空調面積」)を算定して、これに両事業のそれぞれについて定められた単価を乗じて算定することとなっている。そして、上記の交付額については、実績報告時にも配分基礎額等の変更を反映して算定することとなっている。

検査の結果 **3事業主体において、次のとおり、配分基礎額の算定に当たり塀の長さの算定を誤るなどしていたため、交付金計2512万円が過大に交付されるなどしていて不当**と認められる。

ア　2府県の2市は、配分基礎額の算定に当たり塀の長さの算定を誤るなどしていたため、交付金計1631万円が過大に交付されていた。

＜事例＞

大阪市は、ブロック塀等安全対策事業37事業について、配分基礎額の算定に当たり塀の長さの算定を誤っていたほか、上記37事業のうち1事業について、実績報告時に配分基礎額の変更を反映せず、交付決定時の配分基礎額に算定割合を乗じていたなどのため、交付金1528万円が過大に交付されていた。

イ　千葉県夷隅郡大多喜町は、町内の小学校2校及び中学校1校において、空調設置事業として室外機22機等の空調設備を設置するなどする工事を実施し、その際には「建築設備耐震設計・施工指針2014年版」(以下「耐震設計指針」)によることとなっていた。しかし、本件工事の請負業者は耐震設計指針に基づく耐震設計計算を行っておらず、同町においても、請負業者による耐震設計指針に基づく耐震設計計算の実施を確認していなかった。そこで、耐震設計指針に基づく耐震設計計算を行ったところ、室外機7機は地震によって生ずる力に耐えるための条件を満たしていなかった(参考図参照)。

したがって、室外機7機等は設計が適切でなかったため耐震性が確保されていなかった(これらに係る交付金相当額881万円)。

部局等	補助事業者(事業主体)	交付対象事業の種別	年度	交付金の交付額	不当と認める交付金の交付額	摘要
				円	円	
千葉県	千葉市	空調設置事業	平成30、令和元	5億1247万	102万	空調面積の算定を誤っていたもの
大阪府	大阪市	ブロック塀等安全対策事業、空調設置事業	平成30、令和元	2億1212万	1528万	塀の長さの算定を誤るなどしていたもの
千葉県	夷隅郡大多喜町	空調設置事業	平成30、令和元	1736万	881万	設置した空調設備の設計が適切でなかったもの
計	**3事業主体**			7億4196万	**2512万**	

第Ⅱ章

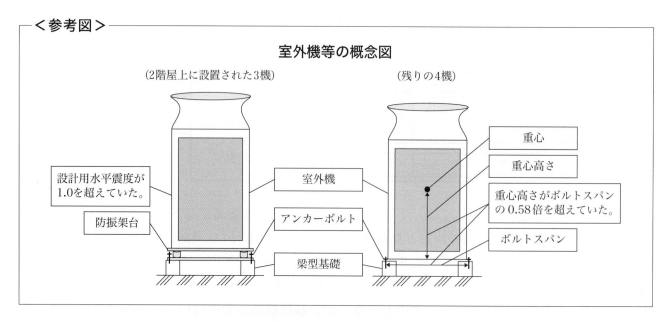

＜参考図＞

室外機等の概念図

（2階屋上に設置された3機）　　　　　　（残りの4機）

重心

重心高さ

室外機

重心高さがボルトスパン
の 0.58 倍を超えていた。

設計用水平震度が
1.0を超えていた。

アンカーボルト

ボルトスパン

防振架台

梁型基礎

整備された空調設備の例

（検査報告118ページ）

⑼　文化資源活用事業費補助金の交付が過大

補助金の概要　文化資源活用事業費補助金（文化財多言語解説整備事業）は、文化財に関する先進的、高次元な多言語解説を整備し、訪日外国人旅行者の地域での体験滞在の満足度を向上させることなどを目的として、補助事業を行う者に対して、事業に要する経費の一部を国が補助するものである。

　文化資源活用事業費補助金（文化財多言語解説整備事業）交付要綱等によれば、補助事業の補助対象経費は、国指定等文化財に関する先進的、高次元な技術を利用した多言語解説を行うためのコンテンツ制作に係る経費とされている。また、補助金の額は、補助対象経費の1/3を限度とすることとされている。ただし、所定の各要件を満たす場合には、補助率を加算することができる（各要件に係る加算分の補助率を「加算率」）などとされている。上記要件のうち、観光庁が推薦する人材（以下「推薦人材」）による英語解説文の監修を受けるという加算要件について、文化庁は、質の高い英語解説文を制作するには推薦人材による監修が有効であるためなどとしている。

検査の結果　宗教法人妙法院は、令和2年度に「国宝千手観音立像等デジタルコンテンツ整備事業」（以下「コンテンツ整備事業」）を補助対象経費1738万円（国庫補助金交付額1181万円）で実施した。

　同法人は、コンテンツ制作に係る委託費等1738万円を補助対象経費とした上で、その1/3の限度

文部科学省

額に係る補助率を33%としてこれに推薦人材による英語解説文の監修に係る加算率10%を含む各種の加算率計35%を加えて計68%とした補助率を乗ずるなどして、補助金1181万円の交付を申請していた。そして、同法人は、総事業費1738万円(補助対象経費同額)でコンテンツ整備事業を実施し、交付申請時と同じ補助率により補助金交付額を1181万円と算定した実績報告書等を京都府に提出して、同額で額の確定を受けて、補助金の交付を受けていた。

　しかし、実際には、同法人は、英語解説文の制作に当たり、推薦人材ではない者による監修を受けてコンテンツを制作しており、推薦人材による英語解説文の監修に係る補助率の加算要件を満たしていなかった。

　したがって、前記68%の補助率から、要件を満たしていない上記の10%を除いた計58%の補助率を乗ずるなどして適正な補助金交付額を算定すると1007万円となり、前記の補助金交付額1181万円との差額173万円が過大に交付されていて、不当と認められる。　　　　　　　　(検査報告121ページ)

処置要求㉞㊱　意見表示㊱　公立学校情報通信ネットワーク環境施設整備事業の実施について

━━━＜要点＞━━━
> 公立学校情報通信ネットワーク環境施設整備事業の実施に当たり、過大に交付されていた補助金について返還を行わせるよう適宜の処置を要求し、また、補助対象外経費を網羅した資料等を事業主体に示した上で実績報告書の内容の確認を求めるなどするよう改善の処置を要求するとともに、今後同様の事態が生じないよう、補助対象経費について、誤りの多かった点を記載した資料を公表するなど十分な理解を得るための方策を検討するよう意見を表示したもの(指摘金額2億5869万円)

公立学校情報通信ネットワーク環境施設整備事業の概要等
(1)　公立学校情報通信ネットワーク環境施設整備事業の概要

　文部科学省は、令和元年度から3年度まで、都道府県等(以下「事業主体」)に対して公立学校情報通信ネットワーク環境施設整備費補助金を交付している。補助金の補助対象経費は、事業主体が公立学校情報通信ネットワーク環境施設整備事業(以下「補助事業」)を実施するために必要な経費のうち、校内LANの新設・更新の事業に必要な経費(以下「新設等経費」)等となっており、補助金の交付額は新設等経費の1/2とするなどとなっている。そして、同省は、新設等経費について、サーバー、無線アクセスポイント等(これらを「ネットワーク機器」)の整備等に要する経費とするなどとしている。また、事業主体は、補助事業が完了したときは、文部科学大臣(事業主体が市町村の場合は都道府県教育委員会)に実績報告書を提出することとなっており、文部科学大臣は、実績報告書の審査を行い、交付すべき補助金の額を確定することとなっている。

(2)　補助対象とならない経費の周知

　同省は、2年に、補助事業についての基本的な考え方、整備費見直しの助言事例、自治体向けFAQ等を記載した各種資料(以下「説明資料」)を作成し、事業主体に対して通知等により計7回にわたって提供している。同省は、説明資料において、補助事業実施年度の翌年度以降(以下「後年度」)の期間分のライセンス費用、ネットワーク機器の保守等に係る費用(以下「保守費用」)、ネットワーク機器の故障に対応するための予備の調達に係る費用(以下「代替機費用」)、校外施設の整備に係る費用(以下「校外施設費用」)等は補助対象とならない経費(以下「補助対象外経費」)であることを周知している。

第Ⅱ章

検査の結果 2、3両年度に22府県^(注)の173事業主体に交付された補助金計271億4140万円を対象に検査した。

⑴　補助金が過大に交付されていた事態

ア　後年度の期間分の費用を補助対象経費に含めていた事態

　　前記のとおり、同省は、ネットワーク機器の整備に要する経費に複数年度分のライセンス費用が含まれる場合、後年度の期間分の費用は補助対象外経費であるとして、その旨を説明資料で周知している。しかし、7府県の11事業主体において、ライセンス費用について、校内LANが機能するために必要不可欠であり後年度の期間分の費用を含む全額が新設等経費に該当するとの判断や、複数年度分の費用を含む契約を締結して当該費用を補助事業実施年度内に一括して支払うことは後年度の期間分の費用を負担することに当たらないとの判断等から、誤って、後年度の期間分の費用についても補助対象経費に含めていた。

イ　保守費用を補助対象経費に含めていた事態

　　前記のとおり、同省は、保守費用は新設等経費に該当せず、補助対象外経費であるとして、その旨を説明資料で周知している。しかし、6府県の8事業主体において、保守費用について、ネットワーク機器の保守とネットワーク機器とが一体で販売されていて新設等経費に該当するとの判断等から、誤って補助対象経費に含めていた。

ウ　代替機費用を補助対象経費に含めていた事態

　　前記のとおり、同省は、代替機費用は新設等経費に該当せず、補助対象外経費であるとして、その旨を説明資料で周知している。しかし、5府県の5事業主体において、代替機費用について、説明資料の記載を見落としていたなどとして、誤って補助対象経費に含めていた。

エ　校外施設費用を補助対象経費に含めていた事態

　　学校からのインターネット接続には、各学校のインターネット回線を学校外の建物にあるサーバー室等に集約して接続する方式や、各学校からインターネット回線へ直接接続する方式等があり、前者の方式については校内LANの新設・更新の際に校外施設費用が発生することがある。

　　前記のとおり、同省は、補助金は学校施設の整備費を補助するものであるため、校外施設費用は新設等経費に該当せず、補助対象外経費であるとして、その旨を説明資料で周知している。しかし、3県の3事業主体において、校外施設費用について、校内LANが機能するために必要不可欠であり新設等経費に該当するとの判断等から、誤って補助対象経費に含めていた。

　　このように、11府県の18事業主体において、補助対象経費の算定に当たり、補助対象外経費を含めていたため、表1のとおり、補助金計2億5869万円が過大に交付されていた。

文部科学省

(注) 22府県　　京都、大阪両府、青森、岩手、茨城、群馬、千葉、富山、長野、愛知、滋賀、和歌山、鳥取、島根、岡山、徳島、香川、福岡、佐賀、長崎、宮崎、鹿児島各県

表1　過大に交付されていた補助金額等

府県名	事業主体名	過大に交付されていた補助金額（千円）	事　態			
			ア	イ	ウ	エ
			後年度の期間分の費用	保守費用	代替機費用	校外施設費用
岩手県	釜石市	8,479	○	○		
群馬県	太田市	4,885	○			
千葉県	千葉市	76,566		○		○
	匝瑳市	2,296	○	○		
	山武郡芝山町	1,037		○		
愛知県	名古屋市	27,862			○	
滋賀県	高島市	1,978		○	○	
大阪府	大阪府	28,776	○	○	○	
和歌山県	和歌山県	4,160			○	○
島根県	松江市	7,526	○	○		
岡山県	総社市	8,481		○		○
福岡県	太宰府市	1,233	○			
宮崎県	宮崎市	65,810	○			
	延岡市	12,318	○			
	串間市	1,295			○	
	東諸県郡国富町	2,707	○			
	児湯郡都農町	1,557	○			
	東臼杵郡門川町	1,730	○			
11府県	18事業主体	258,696	11	8	5	3

（注）「事態」欄は、該当する事態に「○」を付している。

─＜事例＞──────────────────────────────────
　大阪府は、2年度に、補助事業を事業費計11億2538万円で実施し、11億2073万円を補助対象経費として、補助金5億6036万円の交付を受けている。
　しかし、同府は、ライセンス費用については、補助事業実施年度内に複数年度分のライセンス費用を支払済であり後年度の期間分の費用を負担することにならないと考えたこと、保守費用については、ネットワーク機器の保守とネットワーク機器とが一体で販売されていること、代替機費用については、説明資料の記載を見落としていたことなどから、これらの費用計5755万円を、新設等経費に該当するとして、上記の補助対象経費に含めていた。したがって、補助金2877万円が過大に交付されていた。

⑵　補助対象外経費の周知における具体的な記載内容

　説明資料における補助対象外経費に関する具体的な記載内容をみると、補助対象外経費の記載が多数の資料の各所に散在していて、補助対象外経費の記載を見落としやすい状況となっているほか、表2のとおり、説明資料ごとに補助対象外経費として挙げている内容が区々となっているなどしており、補助対象外経費について十分な理解を得られない状況となっていた。

表2　説明資料における補助対象外経費に関する記載内容（事態別）

説明資料 / 事態	基本的な考え方（令和2年1月28日、3月19日、5月26日）Q&A（2年2月20日）	補助対象外の整備を計画している事例（2年3月5日、3月19日、5月26日）	整備費見直しの助言事例（2年3月19日、5月8日、5月26日）	自治体向けFAQ（2年5月8日、8月24日）
ア　後年度の期間分の費用	記載なし	単年度会計の原則上、複数年の有償保証サービス等、後年負担を含むことはできない	記載なし	無償のものがネットワーク機器にバンドルされている場合を除き、後年負担となる有償のネットワーク機器のライセンス・保証経費については補助対象外
イ　保守費用	運用保守などのラニングコストは補助対象外	記載なし	無線アクセスポイントにおける代替機、保守・運用費は補助対象外	記載なし
ウ　代替機費用		記載なし		記載なし
エ　校外施設費用	記載なし	校外の機器整備費用は補助対象外	記載なし	記載なし

(注) 本表は、説明資料を基に本院が作成した。

　このように、説明資料は、補助対象外経費について十分な理解を得られるものとなっていなかった。

　以上のように、18事業主体において補助金が過大に交付されている事態は適切ではなく、是正を図る要があると認められる。また、説明資料が補助対象外経費について十分な理解を得られるものとなっていない事態は適切ではなく、改善の要があると認められる。

| 本院が要求する是正の処置並びに要求する改善の処置及び表示する意見 |　同省において、補助金の交付額を適正なものとするよう、また、今後実施することが考えられる同様の事業において同様の事態が生ずることのないよう、次のとおり是正の処置を要求し並びに改善の処置を要求し及び意見を表示する。

ア　前記の18事業主体に対して、過大に交付されていた補助金を速やかに返還するよう求めること（会計検査院法第34条の規定により是正の処置を要求するもの）

イ　補助金の交付を受けた事業主体に対して、補助対象外経費を網羅した資料等を示した上で、改めて実績報告書の内容を確認するよう求めること。そして、当該確認の結果、補助金が過大に交付されていたと認められる場合には、速やかに当該補助金の返還を求めること（同法第36条の規定により改善の処置を要求するもの）

ウ　今後、校内LANの更新等を対象とする同様の事業を実施する際に、前記の18事業主体と同様の事態が生じないよう、補助対象経費について、今回誤りの多かった点を記載した資料を公表するなど十分な理解を得るための方策を検討すること（同法第36条の規定により意見を表示するもの）

（検査報告122ページ）

処　置　済　各国立大学法人の家計急変に係る運営費交付金による積立金の規模について

―＜要点＞―
特定の支出等のために運営費交付金が交付された場合について、中期目標期間の最後の事業年度における積立金の処分に係る承認申請に当たり、資金を有効に活用するため、次の中期目標期間に使用が見込まれる額を基に繰り越すべき積立金の額を適切に算定しなければならないことを各国立大学法人に周知徹底することにより、積立金の額を適切な規模とするよう改善させたもの(指摘金額16億4058万円)

[運営費交付金等の概要]

⑴　家計急変に係る運営費交付金等の概要

　　文部科学省は、新型コロナウイルス感染症の影響によって家計が急変した世帯の学生等(以下「家計急変世帯等の学生」)に対して国立大学等が行う独自の授業料等の軽減措置を実施するための経費を支援するために、令和2年度第1次補正予算及び令和2年度第2次補正予算により、各国立大学法人に運営費交付金として計48億0189万円を交付している(これに係る運営費交付金を「家計急変に係る運営費交付金」)。

　　一方で、国は、令和2年度から、大学等における修学の支援に関する法律に基づく授業料等減免等(以下「修学支援新制度」)を行っており、大学独自の制度による支援の対象のうち、修学支援新制度による支援の対象にもなる学生については、修学支援新制度による支援を優先して行うこととなっている。

⑵　特定の支出等のために交付されている運営費交付金の会計処理

　　国立大学法人は、国立大学法人法等に基づき、業務の財源に充てる資金として、毎事業年度、国から運営費交付金が交付されている。そして、特定の支出等のために運営費交付金が交付される場合には、中期目標期間の最後の事業年度において残余の額を全額収益に振り替えることとなっている。

　　国立大学法人の利益の処分等については、損益計算において利益を生じたときは、前事業年度から繰り越した損失を埋めて、なお残余があるときは、その残余の額は、積立金として整理することとなっている。そして、積立金の処分については、次の中期目標期間の業務の財源に充てるために文部科学大臣の承認を受けた額を繰り越すことができるとともに、当該承認を受けた額を控除してなお残余があるときは、その残余の額を国庫に納付しなければならないこととなっている。一方、中期目標期間中における積立金の国庫納付に係る制度は設けられていない。

[検査の結果]　85国立大学法人に交付された家計急変に係る運営費交付金48億0189万円を対象に検査した。

⑴　家計急変に係る運営費交付金債務の残高等

　　文部科学省は、85国立大学法人に対して2事業年度の家計急変世帯等の学生に対する支援に要する見込額(以下「支援見込額」)について調査を行っており、その調査における各国立大学法人の支援見込額に7を乗じて交付額を算定するなどしていた。

　　そして、85国立大学法人の家計急変に係る運営費交付金債務の残高は、表のとおり、2事業年度末41億4241万円(家計急変に係る運営費交付金の交付額に対する未執行率86.3％)、3事業年度末計36億9736万円(同77.0％)となっていた。

表　85国立大学法人における家計急変に係る運営費交付金債務の残高等

(単位：円、%)

交付額総額 (A)	令和2事業年度末			3事業年度末		
	執行額	残高 (B)	交付額に対する未執行率（注） (B)/(A)	執行額	残高 (C)	交付額に対する未執行率（注） (C)/(A)
4,801,891,000	659,473,290	4,142,417,710	86.3	445,052,057	3,697,365,653	77.0

(注) 未執行率については小数点以下第2位を四捨五入している。

　　また、3事業年度末における家計急変に係る運営費交付金の交付額に対する未執行率を各国立大学法人別にみると、参考図のとおり、80%以上90%未満となっている国立大学法人が29法人、90%以上となっている国立大学法人が18法人あり、この中には、執行が全くない国立大学法人が8法人あった。

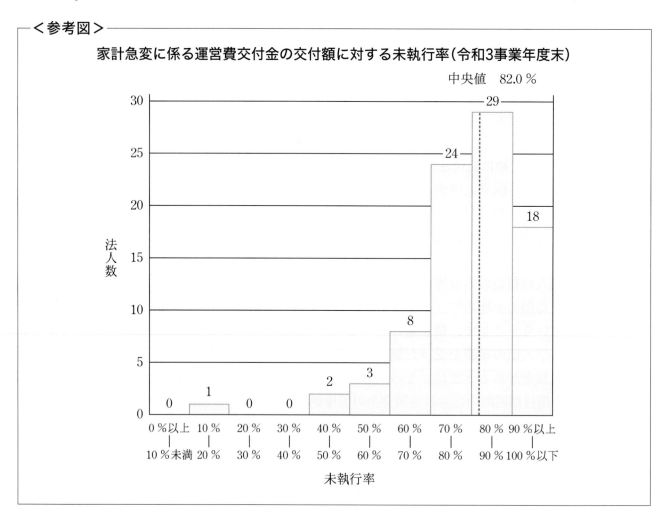

＜参考図＞

家計急変に係る運営費交付金の交付額に対する未執行率（令和3事業年度末）

中央値　82.0%

(2)　家計急変に係る積立金の処分に係る承認申請
ア　家計急変に係る積立金の処分に係る承認申請

　　85国立大学法人において家計急変に係る運営費交付金の残額として第3期中期目標期間終了時の3事業年度末に整理した積立金（以下「家計急変に係る積立金」）の全額が第4期中期目標期間に繰り越されていた。そこで、家計急変に係る積立金の全額を繰り越すこととした理由を85国立

大学法人に確認したところ、文部科学省が4年3月に各国立大学法人宛てに発した事務連絡において、3事業年度の残額については所要の手続を経た上で4事業年度に繰り越す予定と記載されているためとする国立大学法人が79法人(92.9%)と大多数となっていた。

現に、85国立大学法人は、承認申請に当たり、家計急変に係る授業料等減免の所要見込額(以下「所要見込額」)の算定を行っておらず、文部科学省においても、当該承認申請の審査に当たり各国立大学法人に問い合わせることなどはしておらず、各大学における4事業年度以降の所要見込額を把握していなかった。しかし、積立金の処分については、各国立大学法人における承認申請及び文部科学省におけるその審査に当たって次の中期目標期間の所要見込額を基にした判断を行い、これを控除してなお残余があるときはその残余の額を国庫に納付する必要があったと認められた。

したがって、各国立大学法人において、承認申請に当たり所要見込額の算定を行っていなかったこと、及び文部科学省においてその審査に当たり所要見込額を勘案していなかったことは、第4期中期目標期間に繰り越す家計急変に係る積立金の規模を適切なものとし、資金を有効に活用する観点から、適切ではないと認められた。

イ　所要見込額の試算

各国立大学法人における4事業年度から9事業年度までの6年間において、大学独自の制度を考慮しつつ、家計急変に係る運営費交付金の3事業年度の執行額と同水準の執行が見込まれることとして、85国立大学法人における所要見込額を機械的に試算すると計26億3414万円となった。そして、85国立大学法人のうち、第4期中期目標期間に繰り越された家計急変に係る積立金が上記の所要見込額の試算額と比べて多額となっているものは69国立大学法人であり、当該69国立大学法人における家計急変に係る積立金計28億9841万円と所要見込額の試算額計12億5782万円とを比べると、計16億4058万円の開差が生じていた。

このように、文部科学省において、各国立大学法人から提出された家計急変に係る積立金の処分に係る承認申請の審査に当たり、各国立大学法人における所要見込額を勘案せず、85国立大学法人において家計急変に係る積立金の全額が繰り越されたことにより、69国立大学法人において家計急変に係る積立金の規模が第4期中期目標期間における家計急変に係る授業料等減免の実施規模に対応した適切な規模となっていなかった事態は適切ではなく、改善の必要があると認められた。

文部科学省が講じた改善の処置　文部科学省は、5年8月に、各国立大学法人に対して通知を発出し、特定の支出等のために運営費交付金が交付された場合について、中期目標期間の最後の事業年度における積立金の処分に係る承認申請に当たっては、資金を有効に活用するため、次の中期目標期間に使用が見込まれる額を適切に算定しなければならないことを周知徹底することにより次の中期目標期間に繰り越す積立金の額を適切な規模とすることとする処置を講じた。

(検査報告127ページ)

(前掲82ページ「令和4年度決算検査報告の特色」参照)

第Ⅱ章

文部科学省

第Ⅱ章

厚生労働省

◎　6　厚生労働省

不　当　労働保険の保険料の徴収額が過不足

┌─**＜要点＞**─────────────────────────────
事業主が、雇用保険の加入要件を満たす短時間就労者を加入させておらず、その賃金を雇用保
険分の保険料の算定の際に賃金総額に含めるべきところ、これを含めていなかったり、一括有
期事業に該当する工事の一部を一括有期事業報告書に記載しておらず、これらの工事の請負金
額を含めることなく賃金総額を算定して、この額に基づき労災保険分の保険料を算定したりす
るなどしていて、保険料の徴収額が不足していたものが1億0287万円、過大になっていたもの
が2112万円あり、不当と認められる。
└────────────────────────────────────

保険の概要　労働保険は、労働者災害補償保険(以下「労災保険」)及び雇用保険を総称するものであ
る。労災保険は、原則として、労働者を使用する事業に適用されることとなっており、これらの事
業に使用される全ての労働者が保険給付の対象となる。また、雇用保険は、常時雇用される一般労
働者のほか、いわゆるパートタイム労働者等の短時間就労者のうち、1週間の所定労働時間が20時間
以上で継続して31日以上雇用されることが見込まれることなどの要件を満たす者が被保険者となる。

　保険料の算定に当たっては、事業主が実際に支払った賃金総額に基づいて算定することが原則と
なっているが、特例として、労災保険分の保険料の算定に当たり、請負による建設の事業等であっ
て賃金総額を正確に算定することが困難なものについては、工事の請負金額に労務費率[注1]を乗じて
賃金総額を算定することとなっている。また、請負による建設の事業の場合には、請負金額の算定
に当たり、消費税等相当額を除くこととなっている。

　労災保険の適用を受ける事業のうち、建設の事業等のように、事業の期間が予定される事業(以下
「有期事業」)については、二つ以上の有期事業の事業主が同一人であることなどの要件に該当する場
合には、それぞれの有期事業を一括して一つの事業とみなすこととなっている(一つの事業とみなさ
れる有期事業を「一括有期事業」)。

　そして、一括有期事業に係る労災保険分の保険料の確定保険料申告書を提出する際には、一括有期
事業に該当する全ての工事等の名称等を記載した一括有期事業報告書を併せて提出することとなって
いる。さらに、一括有期事業に該当する工事のうち請負金額に労務費率を乗じて賃金総額を算定する
ものについては、工事ごとの請負金額等を一括有期事業報告書に記載することとなっている。

検査の結果　10労働局[注2]管内の1,222事業主を検査したところ、次のア及びイのとおり、10労働局
管内の264事業主について徴収額が1億0287万円不足しており、また、10労働局管内の72事業主に
ついて徴収額が2112万円過大になっていて、不当と認められる。

ア　事業主が、雇用保険の加入要件を満たす短時間就労者を加入させておらず、その賃金を雇用保
　険分の保険料の算定の際に賃金総額に含めるべきところ、これを含めていなかったり、雇用保険
　の加入要件を満たしていない短時間就労者の賃金を雇用保険分の保険料の算定の際に賃金総額か
　ら除くべきところ、これを含めていたりなどしている事態が見受けられた。このため、10労働局

───────────────────────────────
(注1)　労務費率　　工事の請負金額に占める賃金総額の割合として、事業の種類ごとに定められており、工事開始日が平成30年4
　　　　月1日から令和5年3月31日までのものは最低17/100から最高38/100までとなっている。
(注2)　10労働局　　青森、群馬、千葉、東京、神奈川、三重、大阪、香川、大分、沖縄各労働局

管内の150事業主について徴収額が4289万円不足しており、また、8労働局管内の22事業主について徴収額が1006万円過大となっていた。

イ　事業主が、概算保険料を納付した年度内に終了した一括有期事業に該当する工事の一部を一括有期事業報告書に記載しておらず、これらの工事の請負金額を含めることなく賃金総額を算定して、この額に基づき労災保険分の保険料を算定したり、消費税等相当額を除いた請負金額を一括有期事業報告書に記載すべきところ、消費税等相当額を含めた請負金額を一括有期事業報告書に記載して、この額に基づいて労災保険分の保険料を算定したりなどしている事態が見受けられた。このため、10労働局管内の125事業主について徴収額が5998万円不足しており、また、10労働局管内の51事業主について徴収額が1105万円過大となっていた。

<＜事例＞>

　大阪労働局は、建設業を営む事業主Ａから、2年度の労災保険分の保険料について、4工事(請負金額計1億5226万円)が2年度に終了した一括有期事業であるとして、4工事の請負金額により算出された賃金総額に基づいて労災保険分の保険料を35万円と算定した確定保険料申告書、一括有期事業報告書等の提出を受けて、これに基づき当該保険料を徴収していた。

　しかし、事業主Ａは、上記4工事のほかに一括有期事業に該当する427工事(請負金額計8億0052万円)が2年度に終了していたのに、これら427工事の請負金額を一括有期事業報告書に記載しておらず、これら427工事の請負金額を含めることなく賃金総額を算定して、この額に基づき労災保険分の保険料を算定するなどしていた。このため、労災保険分の保険料230万円が徴収不足となっていた。

　なお、これらの徴収不足額及び徴収過大額については、全て徴収決定又は還付決定の処置が執られた。
（検査報告137ページ）

不　当　健康保険及び厚生年金保険の保険料等の徴収額が不足

<＜要点＞>

短時間就労者を使用している事業主が被保険者資格取得届等を提出していなかったり、事実と相違した資格取得年月日を記載したりなどしたため、保険料等の徴収が5億4256万円不足していて、不当と認められる。

保険料等の概要　健康保険は、業務災害以外の疾病、負傷等に関して療養の給付、療養費の支給、傷病手当金の支給等を行う保険であり、常時一定人数以上の従業員を使用する事業所の従業員が被保険者となる。厚生年金保険は、老齢、死亡等に関して年金等の給付を行う保険であり、常時一定人数以上の従業員を使用する事業所の70歳未満の従業員が被保険者となる。また、子ども・子育て拠出金は、児童手当の支給に要する費用、子どものための教育・保育給付に要する費用等に充てるために、厚生年金保険の被保険者を使用する事業所の事業主から徴収することとなっている。

　そして、従業員のうち、いわゆるパートタイム労働者等の短時間就労者については、労働時間、労働日数等からみて当該事業所に常用的に使用されている場合には被保険者とすることとなっている。

　保険料は被保険者と事業所の事業主とが折半して負担し、また、拠出金は事業主が負担して、いずれも事業主が納付することとなっており、事業主は、日本年金機構の年金事務所に対して、健康保険及び厚生年金保険に係る被保険者資格取得届等の届け書を提出することとなっている。

第Ⅱ章

厚生労働省

検査の結果　機構の9地域部^(注)（令和4年3月31日以前は12地域部）の管轄区域内に所在する121年金事務所が管轄する616事業主について、被保険者資格取得届等を提出していなかったり、被保険者資格取得届の資格取得年月日について事実と相違した年月日を記載したりなどしている事態が見受けられた。

このため、**徴収額が5億4256万円（健康保険保険料2億3111万円、厚生年金保険保険料3億0547万円、拠出金597万円）不足していて、不当**と認められる。

━━＜事例＞━━━━━━━━━━━━━━━━━━━━━━━━━━━━━━━━━━━━━
　A会社は、医療業の業務に従事する従業員663人を使用していた。同会社の事業主は、これらの従業員のうち24人については労働時間が短く常用的な使用でないとして、年金事務所に対して被保険者資格取得届を提出していなかった。
　しかし、上記の24人について調査したところ、同会社は24人全員を常用的に使用しており、被保険者資格取得届を提出すべきであった。
　このため、健康保険保険料1153万円、厚生年金保険保険料1895万円、拠出金37万円、計3086万円が徴収不足となっていた。
━━━

なお、これらの徴収不足額は、全て徴収決定の処置が執られた。　　　　　（検査報告141ページ）

不　　当　新型コロナウイルス感染症の感染拡大に対処するために調達した物品の保管・管理及び配送業務に係る請負契約において、布製マスクが梱包されているケース等の数量が誤って過大に計上されて費用が請求されていたのに、確認が十分でなかったため、支払額が過大

━━＜要点＞━━━━━━━━━━━━━━━━━━━━━━━━━━━━━━━━━━━━━
　新型コロナウイルス感染症の感染拡大に対処するために調達した物品の保管・管理及び配送業務に係る請負契約において、布製マスクが梱包されているケース等の数量が誤って過大に計上されて費用が請求されていたのに、関係書類に記載された実績数量の確認が十分でなかったため、支払額が789万円過大となっていて、不当と認められる。
━━━

契約等の概要　厚生労働本省は、新型コロナウイルス感染症の感染拡大に対処するために調達した注射針・注射筒、超低温冷凍庫等及び布製マスクの保管・管理及び配送を行わせるために、令和3年4月に佐川急便株式会社（以下「会社」）と請負契約を締結しており、3年6月から4年4月までの間に計15億7161万円を支払っている。

本件契約の保管・管理等の対象物品のうち、布製マスクは、国内の全世帯等を対象に配布する事業の一環として同本省が調達したものであるが、一律配布の中止等があったことから、当初予期しなかった在庫が発生した。そして、同本省は、2年10月に一般競争入札により会社と請負契約を締結し、同月から3年3月までの間、布製マスクの保管・管理等の業務を、注射針・注射筒、超低温冷凍庫等の保管・管理等の業務と一体的に行わせた。

同本省は、上記業務のうち注射針・注射筒と布製マスクの保管・管理等の業務について、3年3月に改めて一般競争入札を実施した結果、同年4月以降は、日本通運株式会社（以下「日本通運」）に行わせることとした。これに伴って、会社が3年3月末時点で保管していた布製マスク等を日本通運に

━━━
(注)　9地域部　　東北、北関東・信越、南関東第一、南関東第二、中部、近畿第一、近畿第二、中国、九州の各地域部

移管する必要が生じたことから、同本省は、本件契約を締結して、日本通運に移管するまでの間、布製マスクの保管・管理を行わせるとともに、引渡しに当たっては、布製マスクが梱包されているケース^(注1)を保管場所から搬出し、引渡場所において日本通運側に引き渡すなどの作業(以下「布製マスクの搬出・移管業務」)等を会社に行わせることとした。

検査の結果 会社は、千葉県千葉市及び同県船橋市所在の倉庫に保管していた布製マスクを、3年4月から同年6月までの間に日本通運に移管していた。そして、布製マスクの保管・管理等の業務に係る費用については、ケース等の数量に作業ごとに定められた単価を乗ずるなどして計1億6624万円と算定しており、このうち布製マスクの搬出・移管業務に係る費用については6255万円と算定していた。

しかし、会社は、千葉市所在の倉庫分の数量に、誤って、船橋市所在の倉庫分の数量を含めるなど、数量を過大に計上していて、数量の誤りに気付かないまま算定した上記の費用を同本省に請求していた。

同本省は、会社に対して、布製マスクの移管の都度、引き渡したケース等の数量を記載した受渡書等の関係書類を提出させることとしており、これらの関係書類に基づき実績数量の確認を行うこととしていた。そして、これらの関係書類には実績数量が記載されるなどしていたにもかかわらず、同本省は、実績数量の確認を十分に行わないまま、請求を受けたとおりに前記の額を会社に支払っていた。

したがって、**会社が誤って含めていた数量を除いて本件契約の適正な支払額を算定すると15億6372万円となることから、前記の支払額15億7161万円との差額789万円が過大に支払われていて、不当**と認められる。 (検査報告144ページ)

不　当 雇用保険の産業雇用安定助成金の支給が不適正

＜要点＞
産業雇用安定助成金の支給に当たり、出向労働者数について、誤って年度ごとの支給の対象となる人数の上限を超えて追加した人数分を計上するなどして助成金の支給を申請した事業主に対して、助成金344万円が不適正に支給されていて、不当と認められる。

保険給付の概要 産業雇用安定助成金のうち雇用維持支援コース奨励金(令和4年12月1日以前は産業雇用安定助成金。以下「助成金」)は、雇用保険で行う事業のうちの雇用安定事業の一環として、雇用保険法等に基づき、新型コロナウイルス感染症に伴う経済上の理由により事業活動の一時的な縮小を余儀なくされ、労働者の雇用を在籍型出向^(注2)(以下「出向」)により維持するために、労働者を送り出す事業主(以下「出向元事業主」)及び当該労働者を受け入れる事業主(以下「出向先事業主」)に対して、国が出向期間中の労働者(以下「出向労働者」)の賃金の一部等を助成するものである。

助成金の支給額は、出向元事業主及び出向先事業主がそれぞれ負担する出向労働者の出向期間中の賃金の額、出向に伴う初期経費等について、それぞれ所定の算定方法により算定した合計額となっている。

また、年度ごとの支給の対象となる出向労働者の人数については、初回の出向実施計画届(以下「計画届」)の提出日の前日において出向先事業所で雇用する雇用保険被保険者数を上限とすることな

(注1) 各ケースのサイズ等が異なるため、1ケース当たりの布製マスクの枚数は1,000枚、1,200枚等様々となっている。
(注2) 在籍型出向　労働者が事業所の従業員たる地位を保有しつつ、当該事業所から他の事業主の事業所において勤務すること

どとなっている。

検査の結果 　2労働局^(注)が支給決定を行い3、4両年度に助成金の支給を受けた4事業主は、助成金の支給申請に当たり、出向労働者数について、誤って年度ごとの支給の対象となる人数の上限を超えて追加した人数分を計上するなどして助成金の支給を申請していた。このため、これらの4事業主に対する助成金の支給額計3375万円のうち計344万円は支給の要件を満たしていないなどしていたもので支給が適正でなく、不当と認められる。

<事例>
　　新潟労働局は、事業主Aから、事業主Aを出向元事業主、事業主Bを出向先事業主として、出向労働者を10人とする計画届の提出を受けて、その内容を確認して受理していた。また、その後に出向労働者を新たに4人追加する計画届の提出を受けて、その内容を確認して受理していた。
　　そして、同労働局は、事業主Aから、事業主Bへ労働者14人を出向させて、事業主Bがその賃金を負担したとする支給申請書等の提出を受けて、これらの書類に基づき事業主Bに対して助成金計1084万円の支給決定を行い、この支給決定に基づき、厚生労働本省は同額を事業主Bに支給した。
　　しかし、事業主Bは初回の計画届の提出日の前日において雇用する雇用保険被保険者数が10人であり、助成金の支給の対象となる出向労働者数の上限は10人であるにもかかわらず、追加した出向労働者4人分も含めて助成金の支給申請を行っていたことから、追加した4人分に係る助成金計246万円は支給の要件を満たしていなかった。

　なお、これらの不適正な支給額は、全て返還の処置が執られた。　　　　　　　　（検査報告146ページ）

不　　　当 　雇用保険の人材開発支援助成金の支給が不適正

<要点>
　人材開発支援助成金の支給に当たり、特別育成訓練コース等において、訓練計画に基づく職業訓練を実施していないのに実施したと偽るなどして助成金の支給を申請した事業主に対して、助成金517万円が不適正に支給されていて、不当と認められる。

保険給付の概要 　人材開発支援助成金は、雇用保険で行う事業である能力開発事業の一環として、雇用保険法等に基づき、職業訓練又は教育訓練を実施するなど職業能力開発に係る支援を実施した事業主に対して、国が経費等を助成するものである。助成金の対象となる取組には、一般訓練コース、特定訓練コース、特別育成訓練コース等がある。

　助成金の支給を受けようとする事業主は、訓練開始日から起算して1か月前までに、実施する職業訓練の内容等が記載された訓練計画届、訓練対象者の雇用契約書、職業訓練の実施内容等を確認するための書類等を管轄の都道府県労働局(以下「労働局」)に提出して、その内容の確認を受けることとなっている。

　そして、助成金の対象となる取組のうち、一般訓練コース、特定訓練コース及び特別育成訓練コースの支給要件は、事業主が、①訓練計画に基づき職業訓練を実施すること、②職業訓練に要した経費を全て負担していること、③対象労働者に係る職業訓練の実施状況を明らかにする書類を整備していることなどとなっている。

(注)　2労働局　　新潟、沖縄両労働局

検査の結果 3労働局^(注1)管内において平成30年度から令和2年度までの間に助成金の支給を受けた5事業主は、特別育成訓練コース等において、訓練計画に基づく職業訓練を実施していないのに実施したと偽り、又は職業訓練に要した経費を支払っていないのに支払ったと偽るなどして助成金の支給を申請していた。このため、これらの5事業主に対する助成金の支給額計626万円のうち計517万円は支給の要件を満たしていなかったもので支給が適正でなく、不当と認められる。

なお、これらの不適正な支給額は、全て返還の処置が執られた。 （検査報告149ページ）

不　　　　当　雇用保険のキャリアアップ助成金の支給が不適正

＝＜要点＞＝
キャリアアップ助成金の支給に当たり、正社員化コースにおいて、キャリアアップ計画書に記載された計画期間よりも前に正規雇用労働者に転換していた者を計画期間中に有期契約労働者から正規雇用労働者に転換したなどと偽るなどして助成金の支給を申請した事業主に対して、助成金399万円が不適正に支給されていて、不当と認められる。

保険給付の概要 キャリアアップ助成金は、雇用保険で行う事業である雇用安定事業及び能力開発事業の一環として、雇用保険法等に基づき、期間の定めがある労働契約を締結する者(以下「有期契約労働者」)等の企業内でのキャリアアップ^(注2)を支援するために、キャリアアップに向けた取組を実施した事業主に対して国が経費等を助成するものである。助成金の対象となる取組には、正社員化コース等がある。

助成金の支給を受けようとする事業主は、対象者、目標、計画期間等が記載されたキャリアアップ計画書を管轄の都道府県労働局(以下「労働局」)に提出して受給資格の認定を受けることとなっている。

そして、正社員化コースの支給要件は、事業主が、①上記のキャリアアップ計画書に記載された計画期間内に労働協約又は就業規則等に基づき、有期契約労働者を正規雇用労働者に転換すること、②転換後6か月以上の期間継続して雇用し、転換後6か月間における基本給、賞与及び定額で支給されている諸手当を含む賃金の総額(以下「賃金総額」)を転換前の6か月間の賃金総額と比較して5％以上(令和3年度以降は、賃金総額から賞与を除いた額を3％以上)増額させていることなどとなっている。

検査の結果 2労働局^(注3)管内において平成30年度、令和元年度及び3年度に助成金の支給を受けた5事業主は、正社員化コースにおいて、キャリアアップ計画書に記載された計画期間よりも前に正規雇用労働者に転換していた者を計画期間中に有期契約労働者から正規雇用労働者に転換したなどと偽り、又は有期契約労働者を正規雇用労働者に転換した後に賃金総額を5％以上増額させていないのに増額させたと偽って助成金の支給を申請していた。このため、これらの5事業主に対する助成金の支給額計399万円全額が支給の要件を満たしていなかったもので支給が適正でなく、不当と認められる。

なお、これらの不適正な支給額は、全て返還の処置が執られた。 （検査報告151ページ）

(注1) 3労働局　　兵庫、岡山、宮崎各労働局
(注2) キャリアアップ　　職務経験又は職業訓練等(職業訓練又は教育訓練をいう。)の職業能力の開発の機会を通じて、職業能力の向上並びにこれによる将来の職務上の地位及び賃金をはじめとする処遇の改善が図られること
(注3) 2労働局　　奈良、岡山両労働局

第Ⅱ章

厚生労働省

不　当　厚生年金保険の老齢厚生年金の支給が不適正

＜要点＞

老齢厚生年金の支給に当たり、受給権者が厚生年金保険の適用事業所に常用的に使用されて被保険者となったときなどに必要となる支給停止の手続がとられておらず、支給された老齢厚生年金2509万円が不当と認められる。

保険給付の概要　厚生年金保険(前掲133ページ参照)において行う給付のうち、老齢厚生年金は、厚生年金保険の適用事業所に使用された期間(以下「被保険者期間」)を1か月以上有し、老齢基礎年金に係る保険料納付済期間が10年以上ある者等が65歳以上である場合に受給権者となる。

また、当分の間の特例として支給される老齢厚生年金では、原則60歳以上で被保険者期間を1年以上有し、老齢基礎年金に係る保険料納付済期間が10年以上ある65歳未満の者等が受給権者となっている。

この老齢厚生年金の受給権者が、厚生年金保険の適用事業所に労働時間、労働日数等からみて常用的に使用されて被保険者となった場合(事業主が当該事業所から労務の対象として報酬を受けている場合を含む。)等には、一定の方式により算定した額に応じ、基本年金額の一部又は全部の支給等を停止することとなっている。そして、受給権者を常用的に使用している厚生年金保険の適用事業所の事業主等は、受給権者の年金手帳を確認するなどした上で被保険者資格取得届等を作成したり、受給権者が70歳到達日以降に事業所に使用される場合、原則として70歳以上被用者該当届等を作成したりして、日本年金機構の年金事務所に提出することとなっている。そして、これに基づいて機構本部が算定した年金の支給停止額を厚生労働本省が確認し、決定することとなっている。

検査の結果　機構の7地域部[注](令和4年3月31日以前は9地域部)の管轄区域内に所在する15年金事務所が管轄する26事業所の33人については、当該事業所において常用的に使用されていて厚生年金保険の被保険者資格要件を満たすなどしており、基本年金額の一部又は全部の支給等を停止するための手続をとる必要があったのに、事業主から被保険者資格取得届等が提出されていなかったことなどからこの手続がとられていなかった。

このため、老齢厚生年金計2509万円については、支給が適正でなく、不当と認められる。

＜事例＞

受給権者Aは、平成10年5月に厚生大臣から老齢厚生年金の裁定を受け、同年4月分から令和4年5月分まで、老齢厚生年金を全額支給されていた。

しかし、Aは遅くとも2年5月から、B事業所の事業主であったが同事業所から労務の対償として報酬を受けているため、常用的に使用される者として年金事務所に対して厚生年金保険の70歳以上被用者該当届の提出が必要であるのに、その提出をしていなかった。

このため、2年6月分から4年5月分までの基本年金額の一部計416万円については、支給が停止されていなかった。

なお、これらの不適正な支給額は、全て返還の処置が執られた。　　　　　　　(検査報告153ページ)

(注) 7地域部　　東北、北関東・信越、南関東第一、南関東第二、近畿第一、近畿第二、九州の各地域部

不　　　当　医療費に係る国の負担が不当

─＜要点＞────────────────────────────────
医療機関が、入院基本料等の算定に当たり、療養病棟入院基本料に定められた区分のうち、より低い点数の区分の状態等にある患者に対して、高い区分の点数で算定するなどしていたため、医療費の支払が過大となっていて、国の負担額1億4933万円が不当と認められる。
─────────────────────────────────────

医療給付の概要　厚生労働省所管の医療保障制度には、後期高齢者医療制度、医療保険制度及び公費負担医療制度があり、これらの制度により各種の医療給付が行われている。

　これらの医療給付において、被保険者等に対して診療を行うなどした医療機関は、診療報酬として医療に要する費用を所定の診療点数に単価を乗ずるなどして算定し、患者負担分を患者に請求し、残りの診療報酬(以下「医療費」)を医療給付の実施主体である保険者等に請求することとなっている(参考図参照)。このうち、保険者等に対する医療費の請求は、診療報酬請求書に費用の明細を明らかにした診療報酬明細書を添付して行い、この請求を受けた保険者等及び審査支払機関は、その請求内容を審査点検した上で保険者等が審査支払機関を通じて医療機関に医療費を支払うこととなっている。そして、国は、医療保障制度ごとに定められている負担割合等に基づき、保険者等が支払う医療費の一部を負担している。

─＜参考図＞────────────────────────────────

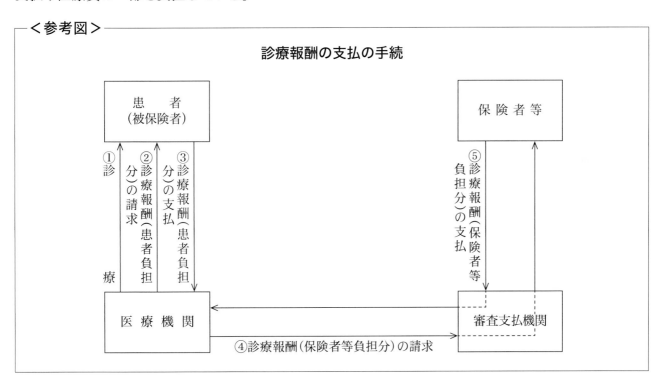

検査の結果　平成28年度から令和3年度までの間に152実施主体が17道県の61医療機関に対して行った医療費の支払が3億8568万円過大となっていて、これに対する国の負担額1億4933万円が不当と認められる。

　これを診療報酬項目の別に整理して示すと次のとおりである。

① 　入院基本料　　　　　　　46実施主体　(17医療機関)　　不当と認める国の負担額　　6436万円

　療養病棟入院基本料に定められた区分のうち、より低い点数の区分の状態等にある患者に対して、高い区分の点数で算定していた。

② リハビリテーション料　53実施主体（21医療機関）　不当と認める国の負担額　4782万円

　180日等の標準的算定日数を超えてリハビリテーションを行った要介護被保険者等である対象患者に対して、所定の点数より低い点数で算定すべきところ、所定の点数でリハビリテーション料を算定するなどしていた。

③ 入院基本料等加算　39実施主体（15医療機関）　不当と認める国の負担額　2467万円

　厚生労働大臣が定める超重症の状態又は準超重症の状態に該当しない患者に対して、超重症児（者）入院診療加算・準超重症児（者）入院診療加算を算定するなどしていた。

④ 検査料等　46実施主体（8医療機関）　不当と認める国の負担額　1246万円

　新型コロナウイルス感染症患者であることが疑われる者に対し、算定が認められる回数を超えてSARS-CoV-2(新型コロナウイルス)核酸検出の所定の点数を算定するなどしていた。

（検査報告156ページ）

| 不　　当 | 労働者災害補償保険の療養の給付等に要する診療費の支払が過大 |

┌─ <要点> ─────────────────────────────────┐
　指定医療機関等が労災診療費を誤って算定して請求するなどしていたため、手術料、初診料等555万円が過大に支払われていて、不当と認められる。
└──┘

保険給付の概要　労働者災害補償保険法等に基づく保険給付のうち、療養の給付は、負傷又は発病した労働者(以下「傷病労働者」)の請求により、都道府県労働局長の指定する医療機関(以下「指定医療機関」)等において、診察、処置、手術等(以下「診療」)を行うもので、指定医療機関等は、都道府県労働局(以下「労働局」)に診療に要した費用を請求することとなっており、労働局で請求の内容を審査した上で支払額を決定することとなっている。また、療養の給付をすることが困難な場合等には、療養の費用を支給することができることとなっており、傷病労働者は、労働基準監督署(以下「監督署」)に対して、療養に要した費用を請求することとなっており、監督署で請求の内容を審査した上で支払額を決定することとなっている。そして、厚生労働本省において、これらの診療に要した費用及び療養に要した費用(これらを「労災診療費」)を支払うこととなっている。労災診療費は、「労災診療費算定基準について」(以下「算定基準」)等に基づき算定することとなっている。算定基準によれば、①健康保険法等に基づく保険診療に要する費用の額の算定に用いる「診療報酬の算定方法」の別表第一医科診療報酬点数表(以下「健保点数表」)等により算定した診療報酬点数に原則として12円を乗じて算定すること、②初診料、入院基本料、手術料等の特定の診療項目については、健保点数表の所定点数とは異なる点数、金額、算定項目等を別に定めて、これにより算定することとされている。

検査の結果　令和2、3両年度における4労働局(注1)及び2労働局管内の3監督署(注2)の審査に係る労災診療費の診療項目のうち、37指定医療機関等が行った診療等に係る手術料、初診料等計555万円が過大に支払われていて、不当と認められる。

　その主な事態を示すと次のとおりである。

───

(注1) 4労働局　　北海道、群馬、千葉、東京各労働局
(注2) 2労働局管内の3監督署　　群馬、千葉両労働局管内の太田、千葉、船橋各監督署

⑴　**手術料(21指定医療機関等、計414万円)**

　　手術料のうち、難治性骨折超音波治療法料については、四肢(手足を含む。)の遷延治癒骨折や偽関節であって、観血的手術等他の療法を行っても治癒しない難治性骨折に対して行った場合に限り算定することとなっている。そして、算定に際しては、当該治療の実施予定期間及び頻度について患者に対して指導した上で、当該指導が適切に行われていることを確認するために、当該指導内容を診療報酬明細書(労災診療費の請求にあっては診療費請求内訳書)の摘要欄に記載することとなっている。しかし、当該治療の実施予定期間及び頻度についての患者に対する指導内容を診療費請求内訳書の摘要欄に記載することなく同治療法料を算定するなどしていた。

⑵　**初診料(10指定医療機関等、計54万円)**

　　初診料のうち、救急医療管理加算(入院)については、初診時に救急医療を行った場合に算定できることとなっている。ただし、健保点数表における急性期治療を経過するなどした患者が入院した際に算定する地域包括ケア病棟入院料等の特定入院料とは重複して算定できないこととなっている。しかし、一般病棟での急性期治療を経過して地域包括ケア病棟に転棟した患者等の入院について、転棟後、地域包括ケア病棟の入院料等の特定入院料を算定しているにもかかわらず、重複して救急医療管理加算(入院)を算定するなどしていた。　　　　　　　　　　　　(検査報告162ページ)

不	当	補助事業の実施及び経理が不当

　┌─**＜要点＞**─────────────────────────────────────┐
　│生活扶助費等負担金等、新型コロナウイルス感染症緊急包括支援交付金(医療分)、国民健康保│
　│険の財政調整交付金等を受けて実施した事業において、補助金等が過大に交付されているなど│
　│していて、これらに係る国庫補助金27億9711万円が不当と認められる。│
　└──┘

⑴　**インフルエンザ流行期における発熱外来診療体制確保支援補助金(インフルエンザ流行期に備え**
　　た発熱患者の外来診療・検査体制確保事業実施医療機関支援事業)の交付が過大

　補助金の概要　インフルエンザ流行期における発熱外来診療体制確保支援補助金(インフルエンザ流行期に備えた発熱患者の外来診療・検査体制確保事業実施医療機関支援事業)(以下「支援補助金」)は、先行して交付決定を受けたインフルエンザ流行期における発熱外来診療体制確保支援補助金(インフルエンザ流行期に備えた発熱患者の外来診療・検査体制確保事業)(以下「確保補助金」)の交付決定額では体制確保に要する費用が不足した場合に限り、その不足分を国が補助するものである。

　　確保補助金は、インフルエンザ流行期に備えて、感染症対策の強化を図ることを目的として、都道府県の指定を受けた診療・検査医療機関が、発熱患者等専用の診察室を設けるなどして発熱患者等を受け入れる体制を確保した場合に、その外来診療・検査体制確保に要する経費を国が補助するものである。

　　確保補助金は、発熱患者等専用の診察室を設けたにもかかわらず、診察室で受け入れる発熱患者等の想定受診患者数(注)より、実際に診察室で診療を行った発熱患者等の受診患者数(以下「実際の発熱患者数」)(注)が少なかった場合に、所定の方法により算出された額を補助するものである。確保補

(注)　想定受診患者数、実際の発熱患者数　　これらの患者数はいずれも、診療・検査医療機関が事業実施期間中に診察室を開設している各日の患者数を合計した延べ人数を指す。

助金の交付額は、想定受診患者数から実際の発熱患者数を差し引いた人数に、発熱患者等1人当たりに想定される診療報酬点数を踏まえた単価13,447円を乗じた額(以下「事業費」)を基にするなどして算出することとなっている。

　想定受診患者数は、1日当たり20人を上限として、20人を7時間で除した数値に、体制を確保した時間数を乗じた人数とすることとなっている。ただし、実際の発熱患者数が想定受診患者数以上となった日がある場合は、交付額の算出上、当該日の想定受診患者数及び実際の発熱患者数を除外することとなっている。また、体制を確保した時間帯に、発熱患者等専用の診察室とは別の診察室で、同一の医師が他の疾患等の患者の診療を行った場合は、交付額の算出上、他の疾患等の受診患者数に1/2を乗じた人数を実際の発熱患者数に加えることとなっている(参考図参照)。

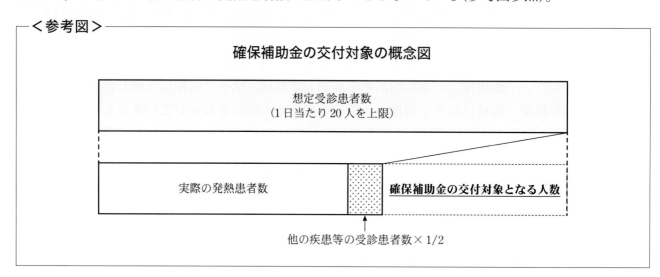

＜参考図＞

確保補助金の交付対象の概念図

　支援補助金は、既に確保補助金の交付決定を受けた診療・検査医療機関において、想定よりも実際の発熱患者数が下回るなどにより、確保補助金の交付決定額だけでは体制確保に要する費用が不足した場合に限り、不足分を国が補助するものである。支援補助金の交付額は、確保補助金の実績報告書の事業費から確保補助金の交付決定額を差し引いた額を基にするなどして算出することとなっている。

検査の結果　社会医療法人厚生会中部国際医療センターは、令和2年度に、確保補助金について、事業費を2323万円とする実績報告書を提出して、厚生労働本省は、交付決定額と同額の954万円を確保補助金の交付額としていた。また、センターは、確保補助金の事業費が交付決定額を上回ったことから、4年度に、その差額に基づき支援補助金の精算交付申請書を提出して、同本省は、1368万円を支援補助金の交付額としていた。

　しかし、センターは、誤って①診察室を開設した日のうち31日分については、各日の実際の発熱患者数が当該各日の想定受診患者数以上となっていたにもかかわらず、当該各日の想定受診患者数等を除外していなかった。また、②発熱患者等を受け入れる体制を確保した時間帯に、別の診察室で、同一の医師が他の疾患等の患者の診療を行っていたことがあったにもかかわらず、これら他の疾患等の受診患者数に1/2を乗じた人数を実際の発熱患者数に加えていなかった。

　したがって、上記を踏まえるなどすると、適正な確保補助金の事業費は1716万円となることから、これと確保補助金の交付決定額954万円との差額を基にするなどして、適正な支援補助金の交付額を算出すると761万円となり、前記支援補助金の交付額1368万円との差額607万円が過大に交付されていて、不当と認められる。

(検査報告166ページ)

⑵　新型コロナウイルス感染症緊急包括支援交付金(医療分)(新型コロナウイルス感染症対策事業に係る分)の交付が過大

交付金事業の概要　新型コロナウイルス感染症緊急包括支援交付金(医療分)(新型コロナウイルス感染症対策事業に係る分)は、「令和2年度新型コロナウイルス感染症緊急包括支援交付金の交付について」(以下「交付要綱」)等に基づき、国が都道府県に対して交付するものであり、交付率は10/10とされている。

　交付要綱等によれば、本件事業の内容は、都道府県等が実施者となり、①新型コロナウイルス感染症患者(以下「コロナ患者」)等の病床確保、②宿泊療養及び自宅療養の対応、③病床確保等に必要な対策を行うものとされている。このうち②宿泊療養及び自宅療養の対応は、コロナ患者等のうち、高齢者や基礎疾患を有する者等以外の者で症状がない又は医学的に症状が軽い者が宿泊療養及び自宅療養を行う場合、それに関連して、(i)移送、(ii)健康管理、(iii)宿泊療養が可能な施設等の確保、(iv)宿泊施設における運営等を行うものであり、コロナ患者等が宿泊療養及び自宅療養を行う場合の移送費は、交付金の対象経費とされている。

　一方、感染症の予防及び感染症の患者に対する医療に関する法律(以下「感染症法」)の規定によれば、都道府県知事(保健所を設置する市等の長を含む。)は、新型コロナウイルス感染症を含む感染症のまん延を防止するため必要があると認めるときは、当該感染症の患者に対して、特定感染症指定医療機関(注)等に入院すべきことを勧告することができるなどとされており、当該患者を入院に係る医療機関に移送することができることとされている。そして、都道府県(保健所を設置する市等を含む。)は、当該移送に要する費用を支弁しなければならないとされており、さらに、国は、都道府県が支弁した当該移送に要する費用の1/2を負担することとされている。これらの規定に基づき、コロナ患者等を含む感染症患者の入院に係る医療機関への移送に要する費用は、感染症予防事業費等負担金(以下「負担金」)の対象経費(補助率1/2)とされている。

　なお、厚生労働省は、感染症法の規定に基づく移送に要する費用のような、感染症法において都道府県が支弁することとされている費用に対して国が負担する割合が規定されているものは、負担金の対象経費として申請することとしており、コロナ患者等の移送に要する費用の取扱いを次のとおり整理するなどして都道府県に示している。

①　宿泊療養施設への移送に要する費用：交付金の対象経費(補助率10/10)
②　入院に係る医療機関への移送に要する費用：負担金の対象経費(補助率1/2)

検査の結果　5県及び1県の1事業主体において、負担金の対象経費とされていて交付金の対象経費とならない費用であるコロナ患者等の入院に係る医療機関への移送に要した費用等を交付金の対象経費の実支出額に含めていたため、交付金計2億3311万円が過大に交付されていて不当と認められる。

(注)　特定感染症指定医療機関　　新感染症の所見がある者又は一類感染症、二類感染症若しくは新型インフルエンザ等感染症の患者の入院を担当させる医療機関として厚生労働大臣が指定した病院

┌─<事例>───

　埼玉県は、令和2年度に、本件事業を実施して、国から交付金159億3376万円の交付を受けていた。同県は、交付金の交付額の算定に当たり、タクシー事業者等を利用して実施したコロナ患者等の移送に要する費用3億0188万円の全額を対象経費の実支出額に含めていた。

　しかし、同県は、上記の3億0188万円に、誤って、負担金の対象経費とされていて交付金の対象経費とならないコロナ患者等の入院に係る医療機関への移送に要した費用等1億3945万円を含めていた。

　したがって、交付金の対象経費とならない費用を除いて適正な交付金の交付額を算定すると157億9431万円となり、前記交付金の交付額159億3376万円との差額1億3945万円が過大に交付されていた。

───

部局等	補助事業者	間接補助事業者	年度	交付金交付額	不当と認める交付金交付額	摘　要
			令和	円	円	
埼玉県	埼玉県 (事業主体)	―	2	159億3376万	1億3945万	感染症法の規定に基づく移送に要した費用等を交付金の対象経費の実支出額に含めていたもの
岐阜県	岐阜県 (事業主体)	―	2	41億3034万	643万	同
兵庫県	兵庫県 (事業主体)	―	2	73億1504万	2243万	感染症法の規定に基づく移送に要した費用を交付金の対象経費の実支出額に含めていたもの
	兵庫県	神戸市 (事業主体)	2	2858万	2567万	感染症法の規定に基づく移送に要した費用等を交付金の対象経費の実支出額に含めていたもの
岡山県	岡山県 (事業主体)	―	2	53億1816万	1969万	感染症法の規定に基づく移送に要した費用を交付金の対象経費の実支出額に含めていたもの
広島県	広島県 (事業主体)	―	2	73億1875万	1941万	感染症法の規定に基づく移送に要した費用等を交付金の対象経費の実支出額に含めていたもの
計	6事業主体			400億1606万	2億3311万	

(注)　計欄の交付金交付額は、兵庫県及び神戸市が事業主体である二つの事業において重複している交付額2858万円を控除した合計額である。

（検査報告168ページ）

（前掲66ページ「令和4年度決算検査報告の特色」参照）

⑶　新型コロナウイルス感染症緊急包括支援交付金(医療分)(新型コロナウイルス感染症患者等入院医療機関設備整備事業に係る分)の交付が過大など

|交付金事業の概要|　新型コロナウイルス感染症緊急包括支援交付金(医療分)(新型コロナウイルス感染症患者等入院医療機関設備整備事業に係る分)は、「令和2年度新型コロナウイルス感染症緊急包括支援交付金の交付について」(以下「交付要綱」)等により、国の依頼に基づき都道府県が確保した新型コロナウイルス感染症患者等の入院医療を提供する医療機関において、入院患者に対する医療を提供する中で病床及び医療資器材の不足が生じ、迅速かつ適切な医療の提供ができなくならないようにするために、必要な病床及び医療資器材等についてあらかじめ整備し、医療体制の強化を図る

ことを目的として、国が都道府県に対して交付するものである。

　交付要綱等によれば、この交付金の交付の対象は、都道府県が行う事業及び民間団体等で都道府県が適切と認める者が行う事業に対して都道府県が補助する事業に要する経費とされている。このうち、都道府県が補助する事業に係る交付金の交付額は、次のとおり算定することとされている。

① 所定の基準額と対象経費の実支出額とを比較して少ない方の額を選定する。

② ①により選定された額と総事業費から寄附金その他の収入額を控除した額とを比較して少ない方の額に交付金の交付率(10/10)を乗じて得た額と、都道府県が補助した額とを比較して少ない方の額を交付額とする。

　また、本件事業の整備対象設備等は、新設・増設に伴う初度設備を購入するために必要な需要品(消耗品)及び備品購入費、人工呼吸器及び附帯する備品、個人防護具(マスク等)、簡易陰圧装置^(注)、簡易ベッド、体外式膜型人工肺及び附帯する備品並びに簡易病室及び附帯する備品とされており、整備対象設備等の種類ごとに、補助上限額(人工呼吸器及び附帯する備品については1台当たり500万円など)が定められている。

[検査の結果]　2県及び2道県の2事業主体において、1台当たりの補助上限額を超えて交付金が交付されるなどしていた。また、2県の2事業主体において、整備した簡易陰圧装置が装置の目的である病室を陰圧化することができない状況となっていた。これらのため、交付金計1947万円が過大に交付されており、また、交付金相当額計841万円が補助の目的を達しておらず、計2788万円が不当と認められる。

＜事例＞

　青森県は、令和2年度に、本件事業について、同県が定めた県が補助する事業の交付要綱等に基づき、事業主体である18医療機関に対して、交付金を原資とする同県の補助金(以下「県補助金」)を交付しており、これに係る分として、国から交付金4億0340万円の交付を受けていた。同県は、県補助金の交付額の算定について、人工呼吸器及び附帯する備品に係る補助上限額を「知事が必要と認めた額」としていた。

　しかし、同県は、交付金の交付額の算定に当たっては、交付金の交付要綱等に基づき人工呼吸器及び附帯する備品1台ごとに対象経費の実支出額と1台当たりの補助上限額を比較する方法によるべきであったのに、誤って、県補助金の交付額と同様に算定していた。このため、3医療機関については、1台当たりの補助上限額を超えて交付金が交付される人工呼吸器及び附帯する備品が生ずるなどの結果となっていた。

　したがって、人工呼吸器及び附帯する備品1台ごとに対象経費の実支出額と1台当たりの補助上限額とを比較するなどして、適正な交付金の交付額を算定すると3億9202万円となり、前記交付金の交付額4億0340万円との差額1138万円が過大に交付されていた。

(注) 簡易陰圧装置　　ウイルスが室外に漏れないよう、室内の空気を集じん性の高いフィルターを通じて取り込み、ダクトを通じて排気することなどで室内を陰圧化するための装置

部局等	補助事業者	間接補助事業者	年度	交付金交付額	不当と認める交付金交付額	摘要
北海道	北海道	社会医療法人北斗（北斗病院）（事業主体）	令和2	円 2946万	円 204万	事業実績報告書の記載を誤って交付金を過大に算定していたなどのもの
青森県	青森県（事業主体）	—	2	4億0340万	1138万	1台当たりの補助上限額を超えて交付金が交付されていたなどのもの
青森県	青森県	北部上北広域事務組合（公立野辺地病院）（事業主体）	2	2250万	473万	交付の対象とならない設備に係る費用を交付金の対象経費の実支出額に含めていたもの
岐阜県	岐阜県（事業主体）	—	2	4億7244万	131万	1台当たりの補助上限額を超えて交付金が交付されていたもの
広島県	広島県	医療法人JR広島病院（事業主体）	2	959万	277万	整備した簡易陰圧装置が補助の目的を達していなかったもの
徳島県	徳島県	徳島市（徳島市民病院）（事業主体）	2	3980万	564万	同
計	6事業主体			9億5471万	2788万	

(注) 計欄の交付金交付額は、重複する青森県の交付金交付額2250万円を控除した合計額である。

（検査報告170ページ）

（前掲66ページ「令和4年度決算検査報告の特色」参照）

⑷ 新型コロナウイルス感染症緊急包括支援交付金(医療分)(帰国者・接触者外来等設備整備事業に係る分)の交付が過大

交付金事業の概要　新型コロナウイルス感染症緊急包括支援交付金(医療分)(帰国者・接触者外来等設備整備事業に係る分)は、「令和2年度新型コロナウイルス感染症緊急包括支援交付金の交付について」(以下「交付要綱」)等に基づき、新型コロナウイルス感染症の感染拡大に十分に対応し、同感染症の感染が疑われる患者を診療体制等の整った医療機関に確実につなぐために、帰国者・接触者外来等を設置することにより、国民の不安を軽減するとともに、同感染症のまん延をできる限り防止することを目的として、国が都道府県に対して交付するものである。

交付要綱によれば、この交付金の交付の対象は、都道府県が行う事業及び民間団体等で都道府県が適切と認める者が行う事業に対して都道府県が補助する事業に要する経費とされている。

また、本件事業に係る対象経費は、使用料及び賃借料、備品購入費、補助金及び交付金に限られており、これら以外の消耗品費やランニングコストである電気料金等の費用については、交付金の交付の対象とならないこととなっている。

検査の結果　宮城県及び広島県の1事業主体において、交付の対象とならない消耗品費等の費用を対象経費の実支出額に含めていた。また、北海道の1事業主体において、交付申請時点では購入を予定していたが取りやめた設備等に係る分を含めて基準額を過大に算出していた。これらのため、交付金計2664万円が過大に交付されていて不当と認められる。

─＜事例＞──────────
　宮城県は、令和2、3両年度に実施した本件事業の対象経費の実支出額をそれぞれ3億1582万円、6億5056万円とする事業実績報告書を国に提出し、国から交付金3億1582万円、6億5056万円、計9

億6639万円の交付を受けていた。

　しかし、同県は、上記対象経費の実支出額に、消耗品費やランニングコストである電気料金等の交付の対象とならない費用を2年度1465万円、3年度672万円、それぞれ含めていた。

　したがって、交付の対象とならない消耗品費や電気料金等の費用を対象経費の実支出額から除いて適正な交付金の交付額を算定すると、2年度3億0117万円、3年度6億4383万円、計9億4500万円となり、前記交付金の交付額との差額2138万円が過大に交付されていた。

部局等	補助事業者	間接補助事業者	年度	交付金交付額	不当と認める交付金交付額	摘　要
北海道	北海道	医療法人社団同楽会（札幌西区ともメンタルクリニック）（事業主体）	令和3	円 3866万	円 222万	基準額を過大に算出していたもの
宮城県	宮城県（事業主体）	―	2、3	9億6639万	2138万	交付の対象とならない費用を対象経費の実支出額に含めていたもの
広島県	広島県	いしおか医院（事業主体）	2、3	1508万	303万	同
計	3事業主体			10億2013万	2664万	

（検査報告172ページ）

（前掲66ページ「令和4年度決算検査報告の特色」参照）

⑸　新型コロナウイルス感染症緊急包括支援交付金(医療分) (感染症検査機関等設備整備事業に係る分) の交付が過大

交付金事業の概要　新型コロナウイルス感染症緊急包括支援交付金(医療分) (感染症検査機関等設備整備事業に係る分)は、「令和2年度新型コロナウイルス感染症緊急包括支援交付金の交付について」(以下「交付要綱」)等に基づき、地方衛生研究所[注1]等における検査機器の導入を支援することにより、新型コロナウイルス感染症の検査体制を整備することを目的として、国が都道府県に対して交付するものである。

　交付要綱によれば、交付金の交付の対象は、都道府県が行う事業及び市区町村や民間団体等で都道府県が適切と認める者が行う事業に対して都道府県が補助する事業に要する経費とされている。

　また、交付要綱等によれば、本件事業は、感染症の予防及び感染症の患者に対する医療に関する法律の規定により都道府県等が行う検査に必要な設備を整備するものであるとされている。本件事業の整備対象設備は、次世代シークエンサー[注2]、リアルタイムPCR装置(全自動PCR検査装置を含む。)、等温遺伝子増幅装置及び全自動化学発光酵素免疫測定装置の四つの検査機器とされており、これらの整備対象設備のほか、検査に必要不可欠であって整備対象設備と一体的に利用する備品

(注1) 地方衛生研究所　　地域保健対策を効果的に推進し、公衆衛生の向上及び増進を図るために、都道府県等における科学的かつ技術的中核として、関係行政部局、保健所等と緊密な連携の下に、調査研究、試験検査、公衆衛生情報等の収集・解析・提供等を行うことを目的として、都道府県等に設置される機関
(注2) 次世代シークエンサー　　DNAの塩基配列を高速かつ大量に解読する検査機器。同機器を使用して新型コロナウイルスの全ゲノム解析を実施することでウイルスに生じた全ての変異を検出できることから、感染経路の特定や変異株の発生動向の監視等のために使用される。

第Ⅱ章

厚生労働省

は、交付金の交付対象とされている。

　さらに、本件事業に係る対象経費は、使用料及び賃借料、備品購入費、補助金及び交付金に限られており、消耗品費については、交付の対象とならないこととなっている。

| 検査の結果 | 4道県の5事業主体において、交付の対象とならない経費である①検査に必要不可欠であって整備対象設備と一体的に利用する備品とは認められない備品の整備費用、②整備対象設備に該当しない検査機器の整備費用及び③検査用試薬等の消耗品費を対象経費の実支出額に含めたり、整備対象設備の購入費用を対象経費の実支出額に誤って二重に計上したりしていたため、これに係る交付金計2148万円が過大に交付されていて不当と認められる。

─<事例>─────────────────────
　　国立大学法人千葉大学は、令和2年度に、本件事業により次世代シークエンサー1台、リアルタイムPCR装置等3台を計3631万円で千葉大学医学部附属病院に整備したとして、千葉県から交付金を原資とする同県の補助金(以下「県補助金」)3395万円(交付金交付額同額)の交付を受けていた。
　　上記のうち次世代シークエンサー1台に係る対象経費の実支出額1233万円についてみたところ、大学は、整備対象設備の本体である次世代シークエンサーの整備費用計385万円のほかに、当該次世代シークエンサーと一体的に利用する備品であるとして、次世代シークエンサーではないシークエンサーの整備費用計848万円を含めていた。
　　しかし、当該シークエンサーは、検査に必要不可欠であって整備対象設備と一体的に利用する備品とは認められず、交付の対象とならないものであった。
　　したがって、交付の対象とならない備品の整備費用を対象経費の実支出額から除くなどして適正な県補助金の交付額を算定すると2547万円となり、前記県補助金の交付額3395万円との差額848万円が過大となっていて、これに係る交付金848万円が過大に交付されていた。
─────────────────────────

部局等	補助事業者	間接補助事業者 (事業主体)	年度	交付金交付額	不当と認める 交付金交付額	摘　要
北海道	北海道	有限会社サンコーメディカルセンター	令和 3	円 1156万	円 122万	整備対象設備の購入費用を対象経費の実支出額に誤って二重に計上していたもの
宮城県	宮城県	公益財団法人仙台市医療センター(仙台オープン病院)	2	1421万	281万	消耗品費を対象経費の実支出額に含めていたもの
千葉県	千葉県	国立大学法人千葉大学(千葉大学医学部附属病院)	2	3395万	848万	検査に必要不可欠であって整備対象設備と一体的に利用する備品とは認められない備品の整備費用を対象経費の実支出額に含めていたもの
岡山県	岡山県	地方独立行政法人岡山市立総合医療センター(岡山市立市民病院)	3	5588万	208万	消耗品費を対象経費の実支出額に含めていたもの
	同	学校法人川崎学園(川崎医科大学附属病院)	3	1380万	688万	整備対象設備に該当しない検査機器の整備費用を対象経費の実支出額に含めていたもの
計		5事業主体		1億2940万	2148万	

（検査報告173ページ）

（前掲66ページ「令和4年度決算検査報告の特色」参照）

(6) 新型コロナウイルス感染… 分)(DMAT・DPAT等医療チーム派遣事業に係る分)の交付が対象外

交付金事業の概要 新型コ… ム派遣事業に係る分)は、「… 支援交付金(医療分)(DMAT・DPAT等医療チー… ス感染症緊急包括支援交付金の交付につい… て」(以下「交付要綱」)等に… 染症患者が増加し、通常の都道府県内の医… 療提供体制において当該患… その状況が見込まれる場合に、新型コロナ… ウイルス感染症患者に円滑… 確保することを目的として、国が都道府県… に対して交付するものであ…

交付要綱によれば、本件… 、医療機関が(DMAT・DPAT(注1)等の医療チー… ムを都道府県調整本部(注2)… イルス感染症患者に係る搬送先医療機関の選… 定や搬送手段の調整の支援… ナウイルス感染症患者が増加している他の医… 療機関等へ医療チームを派… のであるとされている。

また、この交付金の交付… 事業及び市区町村や民間団体等で都道府県が… 適切と認める者が行う事業… 事業に要する経費とされている。

検査の結果 宮城県は、… 検査を実施するための臨時診療所を新たに開… 設するよう依頼し、これを受けて、… 療所を開設した。そして、同県は、令和2年度… に、同臨時診療所の運営に係るA法人の人件費及び物件費を対象として、交付金を原資とする同県の補助金(以下「県補助金」)1945万円をA法人に交付しており、これに係る分として、国から交付金1945万円の交付を受けていた。

前記のとおり、本件事業の内容は、都道府県の調整の下、医療機関が医療チームを都道府県調整本部等へ派遣して、新型コロナウイルス感染症患者に係る搬送先医療機関の選定や搬送手段の調整の支援等を行うものや、新型コロナウイルス感染症患者が増加している他の医療機関等へ医療チームを派遣して、医療提供等を行うものであるとされている。

しかし、前記の臨時診療所は、A法人が運営主体となり、A法人に附属する医療機関に勤務する医師、看護師等によって運営されていて、他の医療機関等への医療チーム派遣により医療提供を行うものではないため、運営に係るA法人の人件費及び物件費は本件事業の対象とはならないものであった。

したがって、同県がA法人に対して交付した県補助金1945万円は交付金の交付の対象とは認められず、これに係る交付金1945万円が不当と認められる。　　　　　　　　　(検査報告175ページ)

(前掲66ページ「令和4年度決算検査報告の特色」参照)

(7) 新型コロナウイルス感染症緊急包括支援交付金 (医療分) (新型コロナウイルス感染症重点医療機関等設備整備事業に係る分) の交付が過大

交付金事業の概要 新型コロナウイルス感染症緊急包括支援交付金(医療分) (新型コロナウイルス感染症重点医療機関等設備整備事業に係る分)は、「令和2年度新型コロナウイルス感染症緊急包括支援交付金の交付について」(以下「交付要綱」)等に基づき、新型コロナウイルス感染症重点医療機関(注3)等

(注1) DMAT・DPAT　「DMAT」とは災害派遣医療チームをいい、「DPAT」とは災害派遣精神医療チームをいう。
(注2) 都道府県調整本部　都道府県内の患者受入れを調整する機能を有する組織・部門
(注3) 新型コロナウイルス感染症重点医療機関　新型コロナウイルス感染症患者専用の病院や病棟を設定する医療機関として都道府県が指定する医療機関

において、新型コロナウイルス感染症□□□□□□□□□□□提供するために必要な設備整備を支援することにより、新型コロナウイ□□□□□□□□□□制を整備することを目的として、国が都道府県に対して交付するもの□□□□□□□□□□□□□□□□。

　交付要綱等によれば、この交付金□□□□□□□□□□□行う事業及び民間団体等で都道府県が適切と認める者が行う事業に対□□□□□□□□□□業に要する経費とされている。このうち、都道府県が補助する事業に係□□□□□□□□□おり算定することとされている。

① 所定の基準額と対象経費の実□□□□□□□□□□□□□ない方の額を選定する。

② ①により選定された額と総事□□□□□□□□□□□□□□の収入額を控除した額とを比較して少ない方の額に交付金の交付率(10/1□□□□□□□□□と、都道府県が補助した額とを比較して少ない方の額を交付額とする。

　また、本件事業の整備対象認□□□□□□□□□□染症への対応として緊急的に整備する超音波画像診断装置、血液浄□□□□□□□□□□□等(画像診断支援プログラムを含む。)、生体情報モニタ、分娩監視装□□□□□□□□□□□り、整備対象設備の種類ごとに、1台当たりの補助上限額(超音波画像□□□□□□□□、CT撮影装置等については6600万円など)が定められている。

　さらに、本件事業に係る対象経費は、使用料及び賃借料、備品購入費、補助金及び交付金に限られており、これら以外の消耗品費やランニングコストである電気料金等の費用については、交付金の交付の対象とならないこととなっている。

検査の結果　岐阜県及び4道県の5事業主体において、1台当たりの補助上限額を超えて交付金が交付されたり、交付の対象とならない費用を対象経費の実支出額に含めたりしていたため、交付金計2億0615万円が過大に交付されていて不当と認められる。

＜事例＞

　岐阜県は、令和2年度に、本件事業について、事業主体である18医療機関に対して、交付金を原資とする同県の補助金を交付しており、これに係る分として、国から交付金15億1712万円の交付を受けていた。

　しかし、同県は、交付金の交付額の算定に当たり、交付要綱等に基づき整備対象設備1台ごとに対象経費の実支出額と1台当たりの補助上限額とを比較する方法によるべきであったのに、誤って、同じ種類の整備対象設備ごとの対象経費の実支出額の合計額と、整備対象設備ごとの整備台数に1台当たりの補助上限額を乗じた額とを比較する方法によっていた。このため、4医療機関については、1台当たりの補助上限額を超えて交付金が交付される整備対象設備が生ずる結果となっていた。

　したがって、整備対象設備1台ごとに対象経費の実支出額と1台当たりの補助上限額とを比較するなどして、適正な交付金の交付額を算定すると14億0119万円となり、前記交付金の交付額15億1712万円との差額1億1593万円が過大に交付されていた。

部局等	補助事業者	間接補助事業者	年度	交付金交付額	不当と認める交付金交付額	摘要
北海道	北海道	札幌市(市立札幌病院)(事業主体)	令和2	1億4849万 円	1401万 円	交付の対象とならない設備に係る費用を対象経費の実支出額に含めていたなどのもの
福島県	福島県	公立大学法人福島県立医科大学(福島県立医科大学附属病院)(事業主体)	2	2億0879万	220万	1台当たりの補助上限額を超えて交付金が交付されていたもの
岐阜県	岐阜県(事業主体)	―	2	15億1712万	1億1593万	同
	岐阜県	公立学校共済組合(東海中央病院)(事業主体)	2	1億4341万	5774万	交付の対象とならない費用を対象経費の実支出額に含めていたもの
	同	学校法人朝日大学(朝日大学病院)(事業主体)	2	5335万	330万	1台当たりの補助上限額を超えて交付金が交付されていたもの
沖縄県	沖縄県	社会医療法人敬愛会(中頭病院)(事業主体)	2	1億0621万	1295万	1台当たりの補助上限額を超えて交付金が交付されていたなどのもの
計	6事業主体			19億8062万	2億0615万	

(注) 計欄の交付金交付額は、重複する岐阜県の交付金交付額1億4341万円及び5335万円を控除した合計額である。

(検査報告176ページ)

(前掲66ページ「令和4年度決算検査報告の特色」参照)

(8) 新型コロナウイルス感染症緊急包括支援交付金(医療分)(新型コロナウイルス感染症を疑う患者受入れのための救急・周産期・小児医療体制確保事業に係る分)により実施した事業が目的不達成など

交付金事業の概要　新型コロナウイルス感染症緊急包括支援交付金(医療分)(新型コロナウイルス感染症を疑う患者受入れのための救急・周産期・小児医療体制確保事業に係る分)は、「令和2年度新型コロナウイルス感染症緊急包括支援交付金の交付について」(以下「交付要綱」)等に基づき、発熱や咳等の症状を有している新型コロナウイルス感染症の感染が疑われる患者(以下「疑い患者」)が感染症指定医療機関以外の医療機関を受診した場合においても診療できるよう、救急・周産期・小児医療の体制確保を行うことなどを目的として、国が都道府県に対して交付するものである。

交付要綱等によれば、本件事業には、設備整備等事業と支援金支給事業(支援金支給事業は令和2年度のみ)があり、設備整備等事業は、疑い患者を診療する救急・周産期・小児医療のいずれかを担う医療機関が院内感染を防止するために行う設備整備等を支援するものとされている。また、支援金支給事業は、新型コロナウイルス感染症の感染拡大と収束が反復する中で、救急・周産期・小児医療の提供を継続するために、疑い患者を診療する救急・周産期・小児医療のいずれかを担う医療

機関に対して、院内感染防止対策を講じながら一定の診療体制を確保するための支援金を支給するものとされている。

　設備整備等事業で整備する対象設備等は、新設・増設に伴う初度設備を購入するために必要な需要品（消耗品）及び備品購入費、個人防護具（マスク等）、簡易陰圧装置[注]、簡易ベッド等とされている。

[検査の結果]　1県の1事業主体において、設備整備等事業により整備した簡易陰圧装置が装置の目的である病室を陰圧化することができない状況となっていた。また、1県の1事業主体において、支援金支給事業の対象経費に、誤って、交付金の他の事業に計上した経費を重複して含めていた。これらのため、交付金相当額247万円が補助の目的を達しておらず、また、交付金186万円が過大に交付されていて、計433万円が不当と認められる。

＜事例＞

　徳島県徳島市は、3年度に、設備整備等事業により簡易陰圧装置7台等を計3476万円で徳島市民病院に整備した上で、徳島県から交付金を原資とする同県の補助金3452万円（交付金交付額同額）の交付を受けていた。

　しかし、上記簡易陰圧装置7台のうち3台（購入費用計247万円）は、ダクト工事を実施することで室内の空気を室外に排気して室内を陰圧化することができる機種であったにもかかわらず、同市がダクト工事を実施していなかったため、病室を陰圧化することができない状況となっていて、これに係る交付金相当額247万円は補助の目的を達していなかった。

部局等	補助事業者	間接補助事業者 （事業主体）	年度	交付金交付額	不当と認める 交付金交付額	摘　　要
千葉県	千葉県	日本赤十字社 （成田赤十字病院）	令和 2	円 9205万	円 186万	交付金の他の事業に計上した経費を重複して対象経費に含めていたもの
徳島県	徳島県	徳島市 （徳島市民病院）	3	3452万	247万	整備した簡易陰圧装置が補助の目的を達していなかったもの
計		2事業主体		1億2657万	433万	

（検査報告178ページ）

（前掲66ページ「令和4年度決算検査報告の特色」参照）

(9) 医療提供体制推進事業費補助金（日中一時支援事業に係る分）の交付が不要

[補助金の概要]　医療提供体制推進事業費補助金（日中一時支援事業に係る分）（以下「国庫補助金」）は、「医療提供体制推進事業費補助金交付要綱」等に基づき、新生児集中治療室（NICU）等に長期入院していた又は同等の病状を有する気管切開以上の呼吸管理を必要とする小児について、在宅医療中の定期的医学管理及び保護者の労力の一時支援を目的として、一定の診療機能を有する医療機関が、保護者の要請に応じて、在宅医療中のこれらの小児の入院を一時的に受け入れる日中一時支援事業に要する経費の一部を国が補助するものである。

　交付要綱等によれば、日中一時支援事業の補助対象は、都道府県が実施する事業及び市町村や厚生労働大臣が適当と認める者等が実施する事業に対して都道府県が補助する事業とされており、こ

（注）簡易陰圧装置　　ウイルスが室外に漏れないよう、室内の空気を集じん性の高いフィルターを通じて取り込み、ダクトを通じて排気することなどで室内を陰圧化するための装置

のうち、都道府県が補助する事業に係る国庫補助金の交付額は、次の①から③までによるなどして算定することとされている。

① 日中一時支援事業のための病床の確保及び看護師等の確保に係るものとして設定された単価を基に算出した基準額と、職員基本給等の対象経費の実支出額とを比較して、少ない方の額を選定する。

② ①により選定された額と、総事業費から診療収入額及び寄附金その他の収入額を控除した額とを比較して、少ない方の額を選定する。

③ ②により選定された額に補助率(1/3)を乗じて得た額と、都道府県が補助する額とを比較して、少ない方の額を選定する。

千葉県は、日中一時支援事業を実施する医療機関に対して、国庫補助金を原資とした補助金(以下「県補助金」)を交付しており、県補助金の交付額は、国庫補助金の交付額の算定方法と同様に算定することとなっている。

[検査の結果] 独立行政法人国立病院機構下志津病院(以下「病院」)は、平成29年度から令和2年度までの各年度に、小児病棟の全病床数50床のうち4床を日中一時支援事業のために確保した病床とした上で、千葉県から県補助金計1096万円(国庫補助金相当額同額)の交付を受けていた。

しかし、病院は、上記の各年度において、日中一時支援事業により受け入れた小児に対する診療を実施していて当該診療に係る診療収入が発生しているにもかかわらず、県補助金の交付額の算定に当たり、控除すべき診療収入額はないとしていて、総事業費から当該診療収入額を控除していなかった。

したがって、**日中一時支援事業に係る診療収入額を総事業費から控除した上で国庫補助金の交付額を算定すると、前記いずれの年度においても、診療収入額及び寄附金その他の収入額が総事業費を上回ることとなり、総事業費から診療収入額及び寄附金その他の収入額を控除した額は0円となることから、前記の国庫補助金1096万円は交付の必要がなかったものであり、不当**と認められる。

(検査報告179ページ)

⑽ 国民健康保険の療養給付費負担金の交付が過大

[保険給付の概要] 国民健康保険は、被用者保険の被保険者及びその被扶養者等を除いた者を被保険者として、その疾病等に関して、療養の給付等を行う保険である。そして、国民健康保険には、都道府県が当該都道府県内の市町村[注1](特別区を含む。)とともに保険者となって行うもの[注2](以下「都道府県等が行う国民健康保険」)と、国民健康保険組合が保険者となって行うものとがある。

都道府県等が行う国民健康保険の被保険者は、当該都道府県の区域内に住所を有する者とされ、一般被保険者と退職被保険者[注3]及びその被扶養者(以下「退職被保険者等」)とに区分されている。国民健康保険の被保険者の資格を取得している者が退職被保険者となるのは、当該被保険者が厚生年金等の受給権を取得した日(ただし、国民健康保険の資格取得年月日以前に年金受給権を取得している場合は国民健康保険の資格取得年月日。以下「退職者該当年月日」)とされ、退職被保険者等となっ

(注1) 一部の市町村については、広域連合等を設けて、国民健康保険に関する事務を処理している。
(注2) 平成29年度以前は、市町村が保険者として国民健康保険を行うものとされていたが、国民健康保険法が改正され、30年4月以降は、都道府県も、国民健康保険の財政運営の責任主体として新たに保険者に加わっている。
(注3) 退職被保険者　被用者保険の被保険者であった者で、26年度までの間に退職して国民健康保険の被保険者となり、かつ、厚生年金等の受給権を取得した場合に65歳に達するまでの間において適用される資格を有する者

たときは、年金証書等が到達した日の翌日から起算して14日以内に住所を有する市町村に届出をすることなどとなっている。

　国民健康保険に係る各種の国庫助成の一つとして、都道府県等が行う国民健康保険財政の安定化（平成29年度以前は、市町村が行う国民健康保険事業の運営の安定化）を図るために、国民健康保険法に基づき、都道府県(29年度以前は市町村)に対して療養給付費負担金が交付されている。そして、当該都道府県に対して交付された負担金は、他の公費等と合わせた上で、当該都道府県内の市町村による療養の給付等に要する費用に充てるための財源として、当該市町村に対して交付されている。

　負担金の交付額は、次のとおり算定することとなっており、市町村が負担金の交付額の算定に必要な情報について都道府県に報告し、都道府県がこれに基づいて負担金の交付額を算定している(29年度以前は、市町村が負担金の交付額を算定していた。)。

　このうち、一般被保険者に係る医療給付費は、療養の給付に要する費用の額から当該給付に係る被保険者の一部負担金に相当する額を控除した額と、入院時食事療養費等の支給に要する費用の額との合算額とすることとなっている。ただし、以下の①及び②の場合は、次のとおり負担金の交付額を算定することとなっている。

①　都道府県又は市町村が、国の補助金等の交付を受けずに自らの財政負担で、年齢その他の事由により、被保険者の全部又は一部について、その一部負担金に相当する額の全部又は一部を当該被保険者に代わり医療機関等に支払う措置(以下「負担軽減措置」)を講じている場合　負担軽減措置の対象者の延べ人数の一般被保険者数に占める割合が一定の割合を超える市町村については、負担軽減措置の対象者に係る療養の給付に要する費用の額等に、負担軽減の度合いに応じた減額調整(注4)を行う。

②　退職被保険者等となったときの市町村への届出が遅れるなどしたため退職被保険者等の資格が遡って確認された場合　退職被保険者等に係る医療費については、被用者保険の保険者が拠出する療養給付費等交付金等で負担することとなっていて、負担金の交付の対象となっていないことから、一般被保険者に係る医療給付費から、退職者該当年月日以降の遡及期間中に一般被保険者に係るものとして支払った医療給付費を控除するなどする。

　[検査の結果]　7府県及び1県の1市において、負担軽減措置の対象者に係る医療給付費の一部について減額調整を行っていなかったり、集計を誤って一般被保険者に係る医療給付費を過大に算定していたりするなどしていたため、負担金計3億3121万円が過大に交付されていて、不当と認められる。

(注1)　保険基盤安定繰入金　　市町村が、一般被保険者の属する世帯のうち、低所得者層の負担の軽減を図るために減額した保険料又は保険税の総額等について、当該市町村の一般会計から国民健康保険に関する特別会計に繰り入れた額
(注2)　前期高齢者納付金　　高齢者の医療の確保に関する法律の規定により、各医療保険者が社会保険診療報酬支払基金に納付する納付金(前期高齢者交付金がある場合には、これを控除した額)
(注3)　国の負担割合　　平成16年度以前は40/100、17年度は36/100、18年度から23年度までの間は34/100、24年度以降は32/100
(注4)　減額調整　　負担軽減措置により一般被保険者が医療機関等の窓口で支払う一部負担金が軽減されると、一般的に受診が増えて医療給付費が増加する(波及増)傾向があるとして、この波及増に係る国庫負担対象費用額を減額するために行われる調整

部局等	補助事業者 (事業主体)	年度	国庫負担金	不当と認める 国庫負担金	摘　要
厚生労働 本省	青森県	平成30	円 163億9972万	円 456万	(注) 遡及退職被保険者等に係る遡及期間中の医療給付費を控除していなかったものなど
	山形県	令和2	105億7816万	2643万	集計を誤って一般被保険者に係る医療給付費を過大に算定していたものなど
	大阪府	平成30	1114億9688万	2582万	集計を誤って一般被保険者に係る医療給付費を過大に算定していたもの
	広島県	30、 令和元	595億3271万	7090万	同
	福岡県	平成30	665億3699万	241万	計算を誤って負担金を過大に算定していたもの
	熊本県	30、 令和元	551億9122万	558万	集計を誤って一般被保険者に係る医療給付費を過大に算定していたものなど
	大分県	平成30、 令和元	306億3701万	1億9315万	負担軽減措置の対象者に係る医療給付費の一部について減額調整を行っていなかったものなど
鳥取県	米子市	平成29	15億6659万	231万	集計を誤って一般被保険者に係る医療給付費を過大に算定していたもの
計	8事業主体		3519億3933万	3億3121万	

(注) 遡及して退職被保険者等の資格を取得した者

（検査報告181ページ）

(11) 後期高齢者医療制度の財政調整交付金の交付が過大

交付金の概要　後期高齢者医療広域連合(以下「広域連合」)が行う後期高齢者医療制度について、国庫助成の一つとして、財政調整交付金が交付されている。財政調整交付金は、後期高齢者医療の財政を調整するために交付されるもので、普通調整交付金と特別調整交付金がある。このうち特別調整交付金は、広域連合について特別の事情がある場合に、その事情を考慮して交付されるもので、高齢者保健事業と介護予防等との一体的な実施を効果的かつ効率的に進めるために、広域連合が広域連合を組織する市町村に対して、高齢者の医療の確保に関する法律の規定により高齢者保健事業の一部の実施を委託した場合に交付されるもの(以下「一体的実施特別交付金」)などがある。

「令和3年度特別調整交付金交付基準(算定省令第6条第9号関係)」等によると、広域連合が市町村に対して高齢者保健事業の一部の実施を委託して、その実施に必要な費用を委託事業費として支払った場合、国は、当該委託事業費の一部について、広域連合に対して一体的実施特別交付金を交付することとなっている。

そして、一体的実施特別交付金の交付額は、市町村ごとに企画、調整等の業務等に従事する医療専門職の配置に必要な人件費等を合算するなどした額(以下「対象経費」)を算定し、対象経費に2/3を乗じて得た額とすることとなっている。

検査の結果　埼玉県後期高齢者医療広域連合(以下「埼玉県広域連合」)は、市町における医療専門職の配置に必要な人件費(以下「医療専門職の人件費」)等の額を合算するなどして令和2、3両年度の一体的実施特別交付金の対象経費を算定し、埼玉県に事業実績報告書を提出して、これにより一体的実施特別交付金計2億6145万円の交付を受けていた。

しかし、埼玉県広域連合は、医療専門職の人件費に係る消費税相当額について、市町に対して支

払う委託事業費の算定に当たっては、市町が負担していないことから、これを含めずに算定していたのに、一体的実施特別交付金の対象経費の算定に当たっては、これを含めて算定していた。このように、**市町に対して委託事業費として支払っていない医療専門職の人件費に係る消費税相当額は、一体的実施特別交付金の対象経費とは認められず、一体的実施特別交付金計2億6145万円のうち計1937万円が過大に交付されていて、不当**と認められる。　　　　　　　(検査報告184ページ)

(12)　国民健康保険の財政調整交付金の交付が過大

交付金の概要　国民健康保険(前掲153ページ参照)の財政調整交付金は、国民健康保険法に基づき、都道府県及び当該都道府県内の市町村(注1)(特別区を含む。)の財政の状況その他の事情に応じた財政の調整を行うため(平成29年度以前は、市町村間で医療費の水準や住民の所得水準の差異により生じている国民健康保険の財政力の不均衡を調整するため)に交付される(注2)もので、普通調整交付金、特別調整交付金等(29年度以前は普通調整交付金と特別調整交付金)がある。

普通調整交付金は、被保険者の所得等から一定の基準により算定される収入額(以下「調整対象収入額」)が、医療費等から一定の基準により算定される支出額(以下「調整対象需要額」)に満たない都道府県(29年度以前は市町村)に対して交付されるもので、医療費等に係るもの(以下「医療分」)、後期高齢者支援金(注3)等に係るもの(以下「後期分」)及び介護納付金(注4)に係るもの(以下「介護分」)の合計額が交付されている。そして、都道府県に対して交付された普通調整交付金は、他の公費等と合わせた上で、当該都道府県内の市町村による療養の給付等に要する費用に充てるための財源として、当該市町村に対して交付されている。

普通調整交付金の額は、医療分、後期分及び介護分のいずれも、それぞれ当該都道府県(29年度以前は当該市町村)の調整対象需要額から調整対象収入額を控除した額に基づいて算定することとなっている。特別調整交付金は、都道府県及び当該都道府県内の市町村(29年度以前は市町村)の特別の事情を考慮して当該都道府県(29年度以前は当該市町村)に対して交付されるもので、国から都道府県に補助する都道府県分と都道府県を通じて市町村に補助する市町村分とに区分されている。都道府県分には、20歳未満被保険者財政負担増等特別交付金(注5)等があり、市町村分には、非自発的失業軽減特別交付金(注6)、結核・精神病特別交付金(注7)、非自発的失業財政負担増特別交付金(注8)、被扶養者減免特別交付金(注9)等がある。そして、都道府県は、国から市町村分として交付された額を当該市町村に交付している。

(注1)　一部の市町村については、広域連合等を設けて、国民健康保険に関する事務を処理している。
(注2)　国は、平成29年度まで、国民健康保険の保険者である市町村に対して財政調整交付金を交付していたが、国民健康保険法が改正され、30年4月以降、都道府県は、当該都道府県内の市町村とともに保険者として国民健康保険を行うこととされ、国は、30年度以降、国民健康保険の財政運営の責任主体となった都道府県に対して財政調整交付金を交付している。
(注3)　後期高齢者支援金　　高齢者の医療の確保に関する法律の規定により、各医療保険者が社会保険診療報酬支払基金に納付する支援金
(注4)　介護納付金　　介護保険法の規定により、各医療保険者が社会保険診療報酬支払基金に納付する納付金
(注5)　20歳未満被保険者財政負担増等特別交付金　　20歳未満の被保険者が多いことなどによる財政への影響がある場合に交付される交付金
(注6)　非自発的失業軽減特別交付金　　保険料(保険税を含む。)の賦課期日現在における非自発的失業者に係る保険料軽減措置による財政負担が多額になっている場合に交付される交付金
(注7)　結核・精神病特別交付金　　結核性疾病及び精神病に係る医療給付費が多額である場合に交付される交付金
(注8)　非自発的失業財政負担増特別交付金　　保険料の賦課期日の翌日以降の非自発的失業者に係る保険料軽減措置による財政負担が多額になっている場合に交付される交付金
(注9)　被扶養者減免特別交付金　　被用者保険の被保険者が75歳到達により後期高齢者になったことに伴い、その被扶養者であった者に係る保険料の減免措置及び減免期間の見直しに要した費用(30年度以前は保険料の減免措置に要した費用)がある場合に交付される交付金

検査の結果 4県^(注1)及び10県の13市町^(注2)において、①普通調整交付金の調整対象需要額を過大に算定したり、②調整対象収入額を過小に算定したり、③特別調整交付金のうち非自発的失業軽減特別交付金等の額を過大に算定したりするなどしていたため、財政調整交付金計13億0821万円が過大に交付されていて、不当と認められる。

　上記の①から③までの事態について、態様別に示すと次のとおりである。

① **普通調整交付金の調整対象需要額を過大に算定していた事態**

　調整対象需要額は、本来保険料で賄うべきとされている額であり、そのうち医療分の調整対象需要額は、次のとおり算定することとなっている。

医療分の調整対象需要額	=	一般被保険者^(注3)に係る医療給付費	+	前期高齢者納付金^(注4)等	−	療養給付費負担金等の国庫補助金等

　このうち、一般被保険者に係る医療給付費は、療養の給付に要する費用の額から当該給付に係る被保険者の一部負担金に相当する額を控除した額と、入院時食事療養費、高額療養費等の支給に要する費用の額との合計額とすることとなっている。

　3県及び1県の1市は、普通調整交付金の額の算定に当たり、一般被保険者に係る医療給付費を過大に算出するなどしており、調整対象需要額を過大に算定していた。このため、普通調整交付金の額が過大となっていた。

② **普通調整交付金の調整対象収入額を過小に算定していた事態**

　調整対象収入額は、本来徴収すべきとされている保険料の額であり、医療分、後期分及び介護分に係るそれぞれの調整対象収入額は、一般被保険者(医療分及び後期分)又は介護納付金賦課被保険者(介護分)の数を基に算出される応益保険料額と、それらの者の所得を基に算出される応能保険料額とを合計した額となっている。

　このうち、医療分、後期分及び介護分に係る応能保険料額は、一般被保険者又は介護納付金賦課被保険者の所得金額(以下「基準総所得金額」)に一定の方法により計算された率を乗じて算出することとなっている。そして、基準総所得金額は、保険料の賦課期日(毎年4月1日)現在において一般被保険者又は介護納付金賦課被保険者である者の前年における所得金額の合計額を基に算出することとなっている。

　1県は、普通調整交付金の額の算定に当たり、基準総所得金額を過小に算出しており、調整対象収入額を過小に算定していた。このため、普通調整交付金の額が過大となっていた。

③ **特別調整交付金のうち非自発的失業軽減特別交付金等の額を過大に算定していた事態**

　特別調整交付金のうち、非自発的失業軽減特別交付金は、雇用保険法に規定する会社の倒産、解雇等の理由により離職した被保険者等である非自発的失業者の属する世帯に係る保険料の軽減に要する費用が多額である場合に交付するものである。非自発的失業軽減特別交付金の額は、一般被保険者に係る保険料調定総額や非自発的失業者の属する世帯に属する一般被保険者数等を用

(注1) 4県　　山形、神奈川、滋賀、宮崎各県
(注2) 10県の13市町　　山形県鶴岡、茨城県水戸、筑西、土浦、埼玉県所沢、草加、神奈川県秦野、鳥取県米子、広島県廿日市、高知県高知、福岡県大野城、熊本県熊本各市、徳島県板野郡藍住町(平成30年度から令和3年度までの財政調整交付金が過大に交付されていた10県の12市町及び平成29年度に財政調整交付金が過大に交付されていた5県の5市町の純計)
(注3) 一般被保険者　　退職被保険者及びその被扶養者以外の被保険者
(注4) 前期高齢者納付金　　高齢者の医療の確保に関する法律の規定により、各医療保険者が社会保険診療報酬支払基金に納付する納付金(前期高齢者交付金がある場合には、これを控除した額)

第Ⅱ章

厚生労働省

いた一定の計算式により算出される調整対象基準額に基づいて算定することとなっている。

　5県の7市は、非自発的失業軽減特別交付金の額の算定に当たり、一般被保険者に係る保険料調定総額を過大に集計するなどしており、調整対象基準額を過大に算出していた。このため、非自発的失業軽減特別交付金の額が過大となっていた。

　上記のほか、1県及び8県の8市町は、結核性疾病及び精神病に係る医療給付費に、誤って、集計の対象とならない医療給付費を含めるなどしていたため、特別調整交付金のうち、結核・精神病特別交付金、非自発的失業財政負担増特別交付金、被扶養者減免特別交付金及び20歳未満被保険者財政負担増等特別交付金の額が過大となっていた。

（検査報告185ページ）

⒀　疾病予防対策事業費等補助金（がん診療連携拠点病院機能強化事業に係る分）の交付が過大

【補助金の概要】　疾病予防対策事業費等補助金（がん診療連携拠点病院機能強化事業に係る分）（以下「国庫補助金」）は、「感染症予防事業費等国庫負担（補助）金交付要綱」等に基づき、地域におけるがん診療連携の円滑な実施を図るなどのために、厚生労働大臣が指定した病院が行うがん患者やその家族等に対する相談支援、がん医療に従事する医師等に対する研修等のがん診療連携拠点病院機能強化事業に対して都道府県が補助する場合に、その費用の一部を国が補助するものである。

　国庫補助金の交付額は、上記の交付要綱等に基づき次のとおり算定することとなっている。

①　所定の基準額と対象経費の実支出額とを比較して少ない方の額を選定する。

②　①により選定された額、総事業費から寄附金その他の収入額を控除した額及び都道府県が補助した額を比較して最も少ない額を選定する（選定した額を「国庫補助基本額」）。

③　国庫補助基本額に1/2を乗じて得た額を交付額とする。

【検査の結果】　京都府は、令和2年度の国庫補助金の交付額の算定に当たり、本件事業を実施した11病院に対して同府が補助した額について、事業完了後に同府が実際に交付した額とすべきであるのに、誤って、国庫補助金の交付申請時点で同府が11病院に対して交付を予定していた額としていた。この結果、5病院に対して同府が補助した額としていた額が、実際に交付した額と比べて過大となっていて、国庫補助基本額が541万円過大に算定されていた。

　したがって、同府が実際に交付した額に基づき選定した国庫補助基本額を用いて、適正な国庫補助金の交付額を算定すると、270万円が過大に交付されていて、不当と認められる。

（検査報告191ページ）

⒁　国民健康保険の特定健康診査・保健指導国庫負担金の交付が過大

【負担金の概要】　国民健康保険（前掲153ページ参照）の特定健康診査・保健指導国庫負担金は、国民健康保険法に基づき、都道府県に対して、当該都道府県内の市町村(注1)（特別区を含む。）が実施する特定健康診査及び特定保健指導（以下「特定健康診査等」）に要する費用の一部を負担するために交付される(注2)ものである。

　負担金の交付額は、次のとおり算定することとなっている。

ア　市町村ごとに、特定健康診査等の実施方法別に基準単価に実施人員を乗じて算出した額の合計

(注1)　一部の市町村については、広域連合等を設けて、国民健康保険に関する事務を処理している。

(注2)　国は、平成29年度まで、国民健康保険の保険者である市町村に対して負担金を交付していたが、国民健康保険法が改正され、30年4月以降、都道府県は、当該都道府県内の市町村とともに保険者として国民健康保険を行うこととされ、国は、30年度以降、国民健康保険の財政運営の責任主体となった都道府県に対して負担金を交付している。

額である基準額と、特定健康診査等の実施に必要な委託料等の対象経費の実支出額から寄付金その他の収入額を控除した額(以下「実施経費」)を算出する。

イ　市町村ごとに、基準額と実施経費とを比較して少ない方の額を選定して、これに補助率(1/3)を乗ずるなどした額を算定し、その合計額(平成29年度以前は、市町村ごとに算定した額)を負担金の交付額とする(算定式参照)。

(算定式)

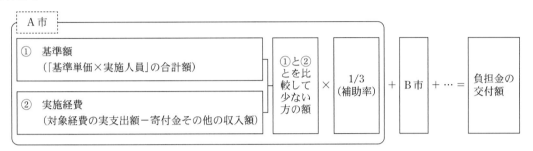

また、負担金の交付の対象となる特定健康診査は、国民健康保険特定健康診査・保健指導国庫負担金取扱要領に基づき、市町村が、国民健康保険の加入者であって、実施年度において40歳以上75歳以下の年齢に達する者(75歳未満の者に限る。)に対して、実施したものであることとなっている。

[検査の結果]　東京都八王子市は、28年度から令和元年度までの負担金の交付額の算定等に当たり、75歳の年齢に達したため後期高齢者医療の被保険者資格を取得したことなどにより同市の国民健康保険の被保険者資格を喪失していた者を、基準額の算出根拠となる特定健康診査の実施人員に含めていたため、基準額を過大に算出していた。

したがって、負担金の交付額計3億7801万円のうち計963万円が過大に交付されていて、不当と認められる。

部局等	補助事業者	間接補助事業者	年度	負担金交付額	左のうち不当と認める額
				円	円
厚生労働本省	東京都	八王子市 (事業主体)	平成30、令和元	1億8950万	526万
東京都	八王子市 (事業主体)	―	平成28、29	1億8850万	437万
計	2事業主体			3億7801万	963万

(注)　国民健康保険法の改正に伴い、同一の事業主体に係るものであっても、30年度以降と29年度以前とを区分して記述している。

(検査報告191ページ)

⒂　保育所等整備交付金の交付が過大

[交付金の概要]　保育所等整備交付金は、児童福祉法等に基づき、市町村(特別区を含む。)が作成する保育所及び幼保連携型認定こども園の整備計画に基づく事業等の実施に要する経費に充てるために、国が市町村に対して交付するものである。「保育所等整備交付金の交付について」(以下「交付要綱」)等によれば、交付対象事業は、保育所等の待機児童の解消を目的として、整備計画に基づき学校法人等が設置する保育所、幼保連携型認定こども園において保育を実施する部分等の改造等を行う事業等に対して、市町村が行う補助事業とされている。

　交付要綱等によれば、交付対象経費は、本体工事費、解体撤去工事費等とされており、このうち本体工事費は、工事費、実施設計に要する費用等とされている。そして、交付額は、次のとおり算定することとされている。

①　本体工事費、解体撤去工事費等ごとに定められた基準額と、設計料に係る加算（以下「設計料加算」）等の各種加算額との合計（以下「交付基礎額」）を、所定の方法により算出する。

②　交付対象経費の実支出額と、総事業費から寄附金その他の収入額を控除した額とを比較して、いずれか少ない方の額に国の負担割合1/2等を乗じた額を算出する。

③　①の額と②の額とを比較して、いずれか少ない方の額を交付額とする。

　また、交付対象事業が複数年度にわたって実施される場合は、③における少ない方の額に進捗率を乗じて各年度の交付金の交付額を算定することとされている。

　さらに、「令和2年度における保育所等整備交付金に係る協議について」等によれば、交付金の交付決定の内示前に実施設計に係る契約を締結した場合、当該実施設計に要する費用は交付対象外であり、交付基礎額を算出するに当たって設計料加算は適用できないこととされている。

　検査の結果　富山県砺波市は、令和2年4月に交付金の交付決定の内示を受け、2、3両年度に、砺波市内の学校法人出町青葉幼稚園が設置する幼保連携型認定こども園の改造を行う事業に対して補助金を交付する補助事業を行い、富山県に事業実績報告書等を提出して、2年度7778万円、3年度161万円、計7939万円の交付金の交付を受けていた。

　そして、同市は、上記の事業実績報告書において、同法人から提出された上記の改造を行う事業に係る事業実績報告書等に基づき、交付金の交付基礎額について、2年度は設計料加算372万円を含む7937万円、3年度は設計料加算379万円を含む8078万円と算出して、これに進捗率を乗じて、各年度の交付金の交付額を算定していた。

　しかし、同法人は、交付金の交付決定の内示前に本件補助事業の実施設計に係る契約を設計業者と締結した上で、当該実施設計に要した費用を平成30年6月に支払っていて、設計料加算は適用できないのに、同市は、令和2、3両年度の交付金の交付基礎額の算出に当たり、上記の設計料加算を適用していた。このため、2年度365万円、3年度7万円、計372万円が過大に交付されていて、不当と認められる。

（検査報告193ページ）

⒃　社会福祉施設等災害復旧費国庫補助金の交付が過大

　補助金の概要　（後掲190ページ参照）

　検査の結果　令和元年度から3年度までの間に16都道府県及び19市から社会福祉施設等災害復旧費国庫補助金（以下「災害復旧費補助金」）の交付を受けて災害復旧事業を実施した213事業主体の304施設において会計実地検査を行った。その結果、**東京都の1事業主体において総事業費から火災保険金を控除する必要があるのに控除しないまま補助金を算定していた事態**や、**熊本県の1事業主体において請負業者から返金を受けて実質的に負担していない額等を補助対象事業費に含めた事実と異なる内容の事業実績報告書等を提出していた事態**が見受けられた。このため、**補助金計1959万円が過大に交付されていて不当**と認められる。

┌─＜事例＞────────────────────────────────
　株式会社いわしや窪田は、2年7月豪雨により被災した社会福祉施設に係る災害復旧工事の契約を2年7月に請負業者と請負代金額1920万円で締結していた。そして、会社は、3年2月に、当該災害復旧工事を総事業費1920万円（補助対象事業費1895万円）で実施したとして、事業実績報告書等

を熊本県に提出し、同県から同年4月に災害復旧費補助金と同県の負担分を合わせて計1579万円(国庫補助金相当額1263万円)の交付を受けていた。

　しかし、会社は、2年11月に実際の請負代金額として1555万円の請求書を受け取り、同年12月までに請負契約書に記載されている請負代金額1920万円を3回に分けて請負業者に一旦支払った後、同月に請負業者から、請求書の請負代金額1555万円との差額364万円の返金を現金により受けていた。このため、実際の総事業費は、事業実績報告書等で報告されたものより低額となっていた。

　したがって、補助対象事業費1895万円から会社が実質的に負担していない額等を差し引いて適正な補助対象事業費を算定すると1497万円となり、補助対象事業費が398万円過大となっていて、これに係る国庫補助金265万円が過大に交付されていた。

部局等	補助事業者	間接補助事業者 (事業主体)	年度	国庫補助金 交付額	不当と認める 国庫補助金交付額	摘　要
関東信越厚生局	東京都	社会福祉法人 民友会	令和 2	円 3946万	円 1693万	総事業費から火災保険金を控除していなかったもの
九州厚生局	熊本県	株式会社いわしや窪田	2	1263万	265万	請負業者から返金を受けた額等を補助対象事業費に含めていたもの
計		**2事業主体**		5210万	**1959万**	

(検査報告194ページ)

⑴⒄　生活扶助費等負担金等の交付が過大

負担金の概要　生活扶助費等負担金等は、生活保護法等に基づき、都道府県、市(特別区を含む。)又は福祉事務所を設置する町村(これらを「事業主体」)が、生活に困窮する者に対して、最低限度の生活を保障するために、その困窮の程度に応じて必要な保護に要する費用(以下「保護費」)等を支弁する場合に、その一部を国が負担するものである。そして、保護は、生活に困窮する者が、その利用し得る資産や能力その他あらゆるものを活用することを要件としており、生活保護法以外の他の法律又は制度による保障、援助等を受けることができる者等については極力その利用に努めさせることとなっている。

　また、事業主体は、急迫の場合等において資力があるにもかかわらず保護を受けた者から事業主体の定める額を返還させたり、不実の申請等により保護を受けるなどした者からその費用の額の全部又は一部を徴収したりすることができることなどとなっている(これらを「返還金等」)。

　生活扶助等に係る保護費は、原則として保護を受ける世帯(以下「被保護世帯」)を単位として、保護を必要とする状態にある者の年齢、世帯構成、所在地域等の別により算定される基準生活費に、特別の需要のある者に対する各種加算の額を加えるなどして算定される最低生活費から、収入として認定される額を控除するなどして決定されることとなっている。また、各種加算のうち障害者加算は、障害の区分等に対応した加算額が認定されることとなっている。

　負担金のうち保護費に係る交付額は、次のとおり算定することとなっている。

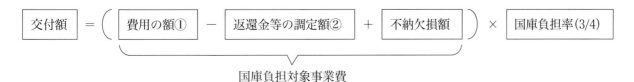

交付額　＝　（　費用の額①　－　返還金等の調定額②　＋　不納欠損額　）　×　国庫負担率(3/4)

国庫負担対象事業費

①　費用の額は、生活扶助等に係る保護費の額、被保護者が医療機関で診療を受けるなどの場合の費用について、その範囲内で決定された医療扶助及び介護扶助に係る保護費の額の合計額

②　返還金等の調定額は、事業主体が被保護者等からの返還金等を地方自治法に基づき調定した額

> **検査の結果**　21都府県の49事業主体[注]において、生活扶助等に係る保護費の額の算出に当たり、被保護世帯の世帯主等に年金受給権が発生していたにもかかわらず裁定請求手続が行われていなかったことから、当該世帯主等が年金を受給しておらず年金が収入として認定されていなかったり、誤って障害者加算の対象となる障害を有しない者に障害者加算を認定したりなどしていた。このため、負担金計4億0090万円が過大に交付されていて不当と認められる。　　　（検査報告196ページ）

⒅　障害児入所給付費等負担金の交付が過大

> **負担金の概要**　障害児入所給付費等負担金は、児童福祉法に基づき、障害児の福祉の向上を図ることなどを目的として、都道府県又は市町村(特別区を含む。)が、都道府県知事等の指定する障害児入所施設等に児童を入所させるなどの措置をとり、当該障害児入所施設等に対して、障害児入所措置費を支給した場合、又は障害児通所支援事業者等から障害児入所支援又は障害児通所支援を受けるなどした障害児の保護者等に対して、障害児入所給付費、障害児通所給付費等を支給した場合に、その支給に要する費用の一部を国が負担するものである。

負担金の交付額のうち、障害児通所給付費に係る分については、「障害児入所給付費等国庫負担金及び障害児入所医療費等国庫負担金交付要綱」等に基づき、次のとおり算定することとなっている。

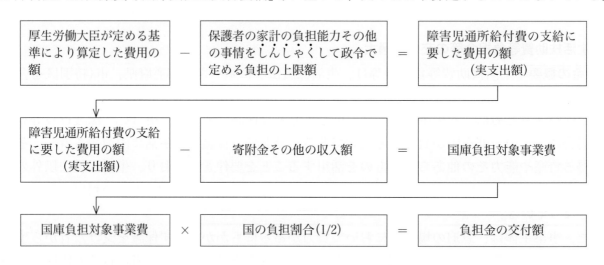

また、厚生労働省は、令和2年2月に、新型コロナウイルス感染症対策のための小学校・中学校・高等学校・特別支援学校における一斉臨時休業(以下「臨時休業」)の要請が行われたことに伴い、保護者が仕事を休めない場合に自宅等で一人で過ごすことができない児童がいる世帯において、障害児通所支援のうち放課後等デイサービスの利用が増加することが考えられることから、障害児通所給付費の支給に要した費用の額(以下「実支出額」)のうち、2年3月2日から春休みの前日までの臨時休業に伴い放課後等デイサービスの利用が通常より増加した分(以下「臨時休業増加分」)の費用の全額

(注) 21都府県の49事業主体　　奈良、福岡、沖縄各県、岩手県盛岡、花巻、一関、奥州、栃木県佐野、小山、群馬県前橋、千葉県千葉、船橋、東京都立川、町田、新潟県長岡、村上、富山県氷見、石川県金沢、岐阜県岐阜、三重県松阪、京都府京都、大阪府八尾、奈良県奈良、桜井、島根県松江、岡山県岡山、倉敷、広島県呉、福岡県福岡、久留米、飯塚、佐賀県唐津、大分県大分、中津、鹿児島県鹿児島、沖縄県那覇、宜野湾、浦添、うるま各市、東京都新宿、文京、江東、品川、世田谷、中野、北、荒川、足立、葛飾各区

を国の負担とすることとしている。そして、臨時休業増加分の費用の額のうち、1/2については従来どおり負担金を交付し、残る1/2については障害者総合支援事業費補助金(新型コロナウイルス感染症対策に係る特別事業分)(以下「特別事業分補助金」)を別途交付することとしている。

　検査の結果　愛知県岡崎市は、2年度の負担金の交付額の算定に当たり、実支出額として臨時休業増加分の費用の額を既に計上しているのに、誤って、これと同額である特別事業分補助金の交付を受けるために算出した額についても負担金の実支出額に加算していた。このため、臨時休業増加分の費用の額を二重に計上したことになり、その結果、国庫負担対象事業費18億0169万円(国庫負担金交付額9億0084万円)のうち、736万円が過大に算定されており、これに係る負担金368万円が過大に交付されていて、不当と認められる。　　　　　　　　　　　　　　　　　　　　　　　　　　　　　　　　　(検査報告199ページ)

⒆　障害者医療費国庫負担金の交付が過大

　負担金の概要　障害者医療費国庫負担金は、「障害者の日常生活及び社会生活を総合的に支援するための法律」に基づき、障害者及び障害児の福祉の増進を図ることなどを目的として、居住地等の市町村(特別区を含む。)又は都道府県が、都道府県知事等の指定する医療機関等から自立した日常生活等を営むために必要である精神通院医療等の自立支援医療等を受けた障害者又は障害児の保護者に対して、自立支援医療費等を支給した場合に、その支給に要する費用の一部を国が負担するものである。

　負担金の交付額は、障害者医療費国庫負担金交付要綱等に基づき、次のとおり算定することとなっている。

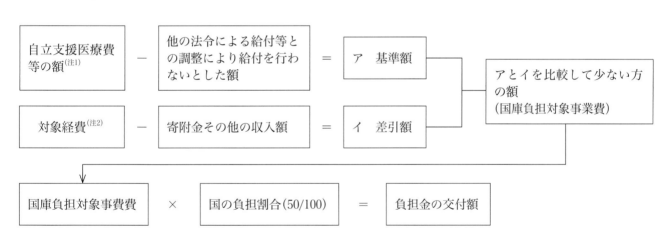

　検査の結果　千葉県は、平成29年度から令和3年度までの負担金の交付額の算定に当たり、基準額及び対象経費について、前年度の3月診療分から当該年度の2月診療分までの自立支援医療費の額を基に算定すべきところ、誤って、当該年度の4月診療分から3月診療分までの当該費用の額を基に算定していた。

　この結果、国庫負担対象事業費389億8147万円(国庫負担金交付額194億9073万円)のうち、計1億1010万円が過大に算定されており、これに係る負担金計5505万円が過大に交付されていて、不当と認められる。　　　　　　　　　　　　　　　　　　　　　　　　　　　　　　　　　(検査報告200ページ)

(注1)　自立支援医療費等の額　　自立支援医療等に要した費用のうち、前年度の3月診療分から当該年度の2月診療分までの額
(注2)　対象経費　　都道府県等が自立支援医療費等の支給に要する費用であり、前年度の3月診療分から当該年度の2月診療分までの当該費用

⒇　介護給付費負担金の交付が過大

負担金の概要　介護保険(後掲169ページ参照)に対する国庫助成の一つとして、市町村(注)(特別区を含む。)が行う介護保険事業運営の安定化を図るために、市町村に対して介護給付費負担金が交付されている。

　　負担金の交付額は、次の計算式により算定することとなっている。

$$\boxed{交付額} = \boxed{\begin{array}{c}介護給付及び予防給付に\\要する費用の額\\(介護給付費等)\end{array}} \times \boxed{\begin{array}{c}国の負担割合\\[施設等分\quad 15/100\\その他分\quad 20/100]\end{array}}$$

　　そして、国の負担割合は、介護給付費等の費用の区分に応じて、次のように定める割合となっている。

㈦　施設等分は、介護給付費等のうち、施設介護サービス費、指定施設サービス等に係る特定入所者介護サービス費、特定施設入居者生活介護費等であり、負担割合は15/100

㈦　その他分は、上記施設等分以外の介護給付費等であり、負担割合は20/100

検査の結果　3県の3市町は、介護給付費等について施設等分とその他分の区分を誤り、国の負担割合が高いその他分を過大に集計するなどして負担金の交付額を過大に算定していた。このため、交付額計973万円が過大に交付されていて、不当と認められる。

┌─＜事例＞
│　　千葉県香取郡神崎町は、平成28年度から令和元年度までの負担金の交付額の算定に当たり、介護給付費等のうち特定入所者介護サービス費について、指定施設サービス等に係る分は国の負担割合が低い「施設等分」に、指定施設サービス等に係る分以外の分は国の負担割合が高い「その他分」にそれぞれ区分すべきところ、指定施設サービス等に係る分の全額を「その他分」に計上するなどしていた。
│　　そこで、適正な区分に基づき負担金の交付額を算定したところ、計483万円が過大に交付されていた。

部局等	補助事業者 (事業主体)	年度	負担金交付額	不当と認める 負担金交付額	摘　要
			円	円	
山形県	西置賜郡白鷹町	令和元	2億5237万	113万	施設等分とその他分の区分を誤っていたものなど
福島県	白河市	元	8億8372万	377万	施設等分とその他分の区分を誤っていたもの
千葉県	香取郡神崎町	平成28〜令和元	3億6036万	483万	同
計	3事業主体		14億9646万	973万	

(検査報告201ページ)

(注)　一部の市町村については、一部事務組合又は広域連合を設けて、介護保険に関する事務を処理している。

⑵₁　介護保険の財政調整交付金の交付が過大

　⎡交付金の概要⎤　財政調整交付金は、介護保険(後掲169ページ参照)に対する国庫助成の一つとして、市町村[注1](特別区を含む。)が行う介護保険財政が安定的に運営され、もって介護保険制度の円滑な施行に資することを目的として、各市町村における介護給付等に要する費用の総額の5%に相当する額を国が負担して、これを各市町村に交付するもので、普通調整交付金と特別調整交付金とがある。

　普通調整交付金は、市町村間で、市町村の区域内に住所を有する65歳以上の者(以下「第1号被保険者」)の総数に占める75歳以上の者(以下「後期高齢者」)の割合(以下「後期高齢者加入割合」)及び標準的な所得段階の区分(第1段階から第9段階まで)ごとの第1号被保険者の分布状況(以下「所得段階別加入割合」)に格差があることによって生ずる介護保険財政の不均衡を是正するために交付するものである。また、特別調整交付金は、災害その他特別の事情がある市町村に交付するものであり、被災するなどした被保険者に係る保険料の減免額や、市町村が新型コロナウイルス感染症の影響により一定程度収入が下がった第1号被保険者に係る保険料(以下「第1号保険料」)について減免の措置(以下「新型コロナウイルス感染症に伴う減免措置」)を採った場合の減免額等を交付の対象とするものである。

　財政調整交付金の交付額は、普通調整交付金の額と特別調整交付金の額とを合算した額となっており、このうち普通調整交付金の額は、次により算定することとなっている。

⎡普通調整交付金の額⎤ ＝ ⎡調整基準標準給付費額⎤ × ⎡普通調整交付金交付割合⎤ × ⎡調整率[注2]⎤

　そして、調整基準標準給付費額は、当該市町村において給付に要した費用の額等に基づき、次のとおり算出することとなっている。

⎡調整基準標準給付費額⎤ ＝ ⎡介護給付に要した費用[注3]⎤ ＋ ⎡予防給付に要した費用[注4]⎤ － ⎡収入額[注5]⎤

　また、普通調整交付金交付割合は、後期高齢者加入割合補正係数と所得段階別加入割合補正係数を用いるなどして算出した割合である。このうち、後期高齢者加入割合補正係数は、当該市町村における第1号被保険者の総数に占める85歳以上の後期高齢者の割合(以下「85歳以上後期高齢者加入割合」)及び第1号被保険者の総数に占める75歳以上85歳未満の後期高齢者の割合(以下「85歳未満後期高齢者加入割合」)を、国から示される全ての市町村における85歳以上後期高齢者加入割合及び85歳未満後期高齢者加入割合とそれぞれ比較するなどして算出した係数である[注6]。また、所得段階別加入割合補正係数は、当該市町村において、毎年4月1日(保険料の賦課期日)における標準的な所得段階の区分ごとの第1号被保険者の人数を基に算出される所得段階別加入割合を、国から示される全ての

(注1)　一部の市町村については、一部事務組合又は広域連合を設けて、介護保険に関する事務を処理している。
(注2)　調整率　　当該年度に交付する普通調整交付金の総額と市町村ごとに算定した普通調整交付金の総額とのかい離を調整する割合
(注3)　介護給付に要した費用　　前年度の1月から当該年度の12月まで(令和3年度においては前年度の1月から当該年度の9月まで)において、国民健康保険団体連合会が審査決定した居宅介護サービス費、施設介護サービス費等及び市町村が支払決定した高額介護サービス費等の支給に要した費用
(注4)　予防給付に要した費用　　前年度の1月から当該年度の12月まで(3年度においては前年度の1月から当該年度の9月まで)において、国民健康保険団体連合会が審査決定するなどした介護予防サービス費等の支給に要した費用
(注5)　収入額　　前年度の12月から当該年度の11月まで(3年度においては前年度の12月から当該年度の8月まで)の間における損害賠償金等の調定額
(注6)　平成29年度までは、前年度の1月報告分(12月末の人数)から当該年度の12月報告分(11月末の人数)までの後期高齢者の人数の累計を基に算出される後期高齢者加入割合を、国から示される全ての市町村における後期高齢者加入割合と比較するなどして係数を算出することとなっていた。

市町村における所得段階別加入割合と比較するなどして算出した係数である。

　そして、特別調整交付金の額のうち、新型コロナウイルス感染症に伴う減免措置に係る令和3年度の特別調整交付金については、次の①から③までにおいて算出した額を合算した額となっている。

①　市町村が減免した第1号保険料の総額(2年2月から3年3月までの分)から2年度の介護保険災害等臨時特例補助金^(注)の交付額を差し引いた額のうち3年1月から3年3月までの額

②　市町村が減免した第1号保険料の総額(3年4月から4年3月までの分)から3年度の補助金の交付額を差し引いた額のうち3年4月から3年9月までの額

③　2年度の補助金及び2年度の特別調整交付金の交付対象となるべきものでありながら交付を受けていないものの額

　┃検査の結果┃　9道府県の10市町は、調整基準標準給付費額の算出や、後期高齢者加入割合補正係数又は所得段階別加入割合補正係数の算出を誤って、普通調整交付金の額を過大に算定し、また、特別調整交付金の額を過大に算定していた。このため、財政調整交付金交付額計7031万円が過大に交付されていて、不当と認められる。

部局等	補助事業者 (事業主体)	年度	交付金交付額	不当と認める額	摘　要
			円	円	
北海道	苫小牧市	令和元、2	11億7086万	168万	調整基準標準給付費額の算出を誤っていたもの
岩手県	盛岡市	2、3	26億7439万	151万	同
宮城県	気仙沼市	2	4億4455万	332万	所得段階別加入割合補正係数の算出を誤っていたもの
福島県	双葉郡大熊町	2、3	4億6431万	362万	調整基準標準給付費額の算出を誤っていたもの
京都府	京都市	平成29、30、令和3	241億1484万	1786万	同
大阪府	貝塚市	3	3億7960万	116万	同
兵庫県	尼崎市	平成30、令和2	48億6594万	1398万	後期高齢者加入割合補正係数の算出を誤っていたものなど
	明石市	元	9億2041万	1000万	後期高齢者加入割合補正係数の算出を誤っていたもの
長崎県	五島市	3	5億6098万	651万	所得段階別加入割合補正係数の算出を誤っていたもの
鹿児島県	鹿児島市	2、3	57億2291万	1063万	特別調整交付金の額の算定を誤っていたものなど
計	10事業主体		413億1883万	7031万	

（検査報告202ページ）

(注) 介護保険災害等臨時特例補助金　　新型コロナウイルス感染症の影響により一定程度収入が下がった介護保険の被保険者に対して市町村が行う第1号保険料の減免の措置に対して交付するもの

⑵ 被災者支援総合交付金の交付が過大

交付金の概要　被災者支援総合交付金は、「被災者支援総合交付金実施要綱」等に基づき、東日本大震災の被災者を取り巻く環境の変化に対応し、それぞれの地域において、被災者支援のための事業を効果的に実施することを支援することにより、被災者の心身の健康の維持向上、生活の安定等に寄与することを目的として、都道府県又は市町村等が作成した被災者支援事業計画に基づく事業に要する経費を対象に、国が交付するものである。

「被災者支援総合交付金の交付について」によれば、交付金の交付対象事業は、「被災者支援総合交付金(厚生労働省交付担当分)による被災者支援事業の実施について」(以下「実施要領」)に基づき実施する保育料等減免事業等とすることとされている。

また、実施要領によれば、国は、都道府県、指定都市、中核市(以下「都道府県等」)又は市町村(特別区を含み、指定都市及び中核市を除く。)が、東日本大震災の被災者に対して、子ども・子育て支援法に基づく特定教育・保育施設等(以下「保育所等」)の利用者負担額(保育認定の子どもに限る。以下「保育料」)等の減免を行う保育料等減免事業を実施した場合、減免相当額について、直接又は間接に補助を行うこととされている。

保育料は、子ども・子育て支援法等により、原則として、一月につき定められた額(以下「月額」)とされているが、国は、令和2年2月に子ども・子育て支援法施行規則を改正し、災害その他緊急やむを得ない場合は保育料の日割計算を行うこととした。そして、同省等は、同月に事務連絡等を発出して、保育所等の臨時休園、市町村からの登園自粛要請等により保育の提供がなされない場合の保育料の日割計算の方法等を都道府県等に示している。

検査の結果　宮城県石巻市は、2年度に、宮城県の事業計画に基づき保育料等減免事業を実施し、減免の対象となる被災者459世帯に係る保育料の全額計1億4307万円を免除したとして、「宮城県被災した子どもの健康・生活対策等総合支援事業費補助金」(以下「県補助金」)の実績報告書等を3年4月に同県に提出して、同県の審査を経て同年5月に県補助金の額の確定を受け、県補助金1億4307万円(交付金相当額同額)の交付を受けていた。そして、同県は、県補助金の交付実績等に基づき作成した交付金の実績報告書等を同年6月に同省(5年4月1日以降はこども家庭庁)に提出して額の確定を受けて、交付金の交付を受けていた。

しかし、同市は、新型コロナウイルス感染症の感染拡大を受けて、2年4月20日から5月30日までの期間において、保育所等の利用者に対して登園自粛を要請しており、上記459世帯のうち430世帯は登園を自粛していたため、その保育料については月額ではなく保育所等に登園した日数に基づく日割計算を行った額とすべきであったのに、日割計算を行っていなかった。

したがって、上記430世帯の保育料について、保育所等に登園した日数に基づく日割計算を行った上で、459世帯の保育料等減免事業における保育料の減免相当額を算出すると、適正な県補助金交付額は1億3623万円となることから、前記の県補助金交付額1億4307万円との差額684万円が過大に交付されていて、これに係る交付金相当額684万円が不当と認められる。　　　　　(検査報告205ページ)

第Ⅱ章

厚生労働省

| 不　　当 | 労災保険の保険給付に要した費用の徴収が不適正 |

━＜要点＞━━━━━━━━━━━━━━━━━━━━━━━━━━━━━━━━━━━━━━━

労働基準監督署から通知書が送付されていたのに、費用徴収の必要性の有無の判断を行っていないなどして、本来費用徴収を行うべきであった事案について、労働局が徴収金の徴収決定等を行っていなかったため、事業主から徴収金2616万円が徴収されておらず、不当と認められる。

| 費用徴収の概要 |　労働者災害補償保険(以下「労災保険」)は、労働者災害補償保険法(以下「労災保険法」)の規定に基づき、労働者の業務上の事由又は通勤による負傷、疾病等に対して療養の給付等の保険給付等を行うものである。

このうち、保険給付が、事業主が故意又は重大な過失により労災保険に係る保険関係の成立に係る届出を行っていない期間中に生じた事故等について行われた場合には、労災保険法の規定により、都道府県労働局(以下「労働局」)はその保険給付に要した費用に相当する金額の全部又は一部を同事業主から徴収すること(以下「費用徴収」)ができることとなっている。

費用徴収は、「未手続事業主に対する費用徴収制度の運用の見直しについて」(以下「通達」)等に基づき、次のとおり行うこととなっている(参考図参照)。

━＜参考図＞━━━━━━━━━━━━━━━━━━━━━━━━━━━━━━━━━━━━━━

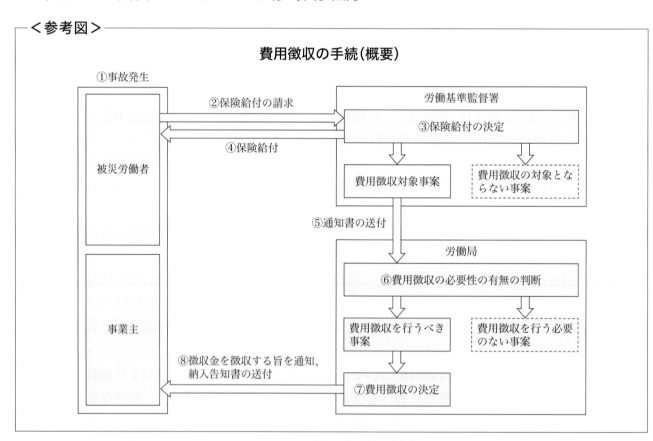

ア　労働基準監督署長は、事業主が保険関係が成立した日から1年を経過してもなお労災保険に係る保険関係成立の届出を行っていない期間中に発生したものであるなど、通達等で定めた費用徴収の適用の範囲に含まれる事故(以下「費用徴収対象事案」)について保険給付を行った場合、支給事由の生じた当該事故に係る休業補償給付、障害補償給付等の保険給付が行われる都度、都道府県労働局長に対してその旨の保険給付通知書(以下「通知書」)を送付する。

イ　都道府県労働局長は、通知書の送付を受けた後、通知書の内容等を踏まえて速やかに費用徴収の

必要性の有無の判断を行い、費用徴収を行うべきと判断した事案については通知書の送付を受ける都度、費用徴収の決定(以下「徴収決定」)を行い、事業主に対して保険給付の額に厚生労働省で定めた割合を乗じて得た額(以下「徴収金」)を徴収する旨を通知するとともに、納入告知書を送付する。

そして、徴収金を徴収する権利は保険給付から2年経過したときは、時効により消滅することとなっている。

検査の結果　千葉、香川両労働局において平成30年度から令和4年度までの間に支給された費用徴収を行うべき事案28件の保険給付計9822万円に係る徴収金計3417万円のうち、元年度から4年度に係る計2616万円については、徴収されておらず、不当と認められる。

上記の事態を態様別に示すと次のとおりである。

ア　労働局において、労働基準監督署(以下「監督署」)から通知書が送付されていたのに、費用徴収の必要性の有無の判断を行っていなかったなどのため、本来費用徴収を行うべきであった事案について、徴収金の徴収決定等を行っておらず、これを徴収していなかったもの

25件　計2259万円(うち時効が成立したもの　13件(注1)　計472万円)

イ　監督署において、労働局へ通知書を送付すべき費用徴収対象事案であったのに、これを送付していなかったため、本来費用徴収を行うべきであった事案について、労働局が徴収金の徴収決定等を行っておらず、これを徴収していなかったもの

4件(注2)　計357万円(うち時効が成立したもの　1件　48万円)

(検査報告207ページ)

不　　当　介護給付費に係る国の負担が不当

＝＜要点＞＝
居宅サービス計画に位置付けられた通所介護等に係るそれぞれの提供総数のうち、判定期間に同一の事業者によって提供されるいずれかの介護サービスの提供数の占める割合が一定の割合を超えていたのに、特定事業所集中減算を行わずに介護報酬を算定するなどしていたため、介護給付費の支払が過大となっていて、国の負担額4844万円が不当と認められる。

介護給付の概要　介護保険は、介護保険法に基づき、要介護状態又は要支援状態となった者に対して、必要な保険給付を行うものであり、市町村(注3)(特別区を含む。)が保険者、その区域内に住所を有する65歳以上の者等が被保険者となっている。

事業者が介護サービスを提供して請求することができる介護報酬の額は、算定基準等で定められた単位数に単価を乗ずるなどして算定することとなっている。そして、市町村は、原則として、介護報酬の90/100に相当する額又は介護報酬の全額を事業者に支払うこととなっている(市町村が支払う介護報酬の額を「介護給付費」)(参考図参照)。

(注1) 13件　　徴収金の一部について時効が成立した事案8件を含む。
(注2) 4件　　4件のうち1件がアの25件のうちの1件と重複している。
(注3) 一部の市町村については、一部事務組合又は広域連合を設けて、介護保険に関する事務を処理している。

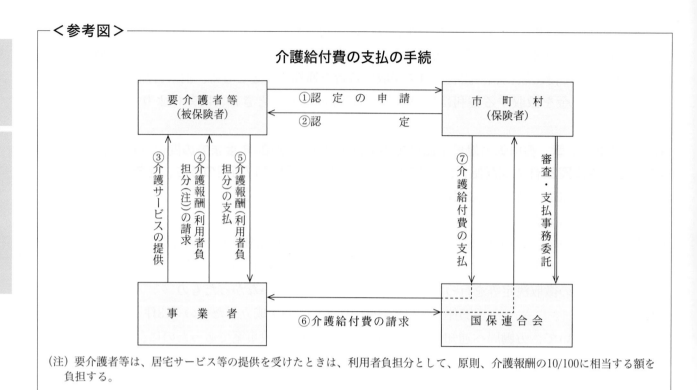

<＜参考図＞>

介護給付費の支払の手続

（注）要介護者等は、居宅サービス等の提供を受けたときは、利用者負担分として、原則、介護報酬の10/100に相当する額を負担する。

　介護給付費は、50/100を公費で、50/100を被保険者の保険料でそれぞれ負担することとなっている。そして、公費負担として、国が20/100又は25/100を負担している。

検査の結果　34事業者に対して105市区町等が行った平成27年度から令和3年度までの間における介護給付費の支払が計1億7047万円過大となっていて、これに対する国の負担額4844万円が不当と認められる。

　これらの事態について、介護サービスの種類の別に示すと次のとおりである。

ア　居宅介護支援

　9事業者は、介護報酬の算定に当たり、居宅サービス計画に位置付けられた通所介護等に係るそれぞれの提供総数のうち、判定期間(注1)に同一の事業者によって提供されるいずれかの介護サービスの提供数の占める割合が一定の割合(注2)を超えていて、正当な理由がある場合にも該当しないのに、特定事業所集中減算として1月当たりの所定単位数から200単位を減算していなかった。また、このうち1事業者は、減算適用期間については加算しないこととされている特定事業所加算(Ⅱ)の400単位を加算していた。このため、介護給付費の支払が19市町等で計8205万円過大となっていて、これに対する国の負担額2338万円は負担の必要がなかった。

イ　通所介護

　18事業者は、介護報酬の算定に当たり、事業所規模ごとに定められた単位数によることなく算定していたり、通所介護を行う時間帯を通じて、専ら機能訓練指導員の職務に従事する常勤の理学療法士等を配置していなかったことなどから個別機能訓練加算(Ⅰ)に係る基準に適合していなかったのに、所定単位数に加算したり、通所介護を行う時間帯を通じて、専ら通所介護の提供に

(注1)　判定期間　3月1日から8月末日まで(平成30年度においては4月1日から8月末日まで)及び9月1日から翌年2月末日まで
(注2)　一定の割合　判定期間が27年3月1日から8月末日まで以前のものについては100分の90。判定期間が27年9月1日から28年2月末日まで以降のものについては100分の80

当たる看護職員を配置していなかったことから中重度者ケア体制加算に係る基準に適合していなかったのに、所定単位数に加算したりしていた。このため、介護給付費の支払が75市区町等で計5722万円過大となっていて、これに対する国の負担額1653万円は負担の必要がなかった。

ウ　その他の介護サービス

　　訪問介護、地域密着型通所介護、特定施設入居者生活介護、小規模多機能型居宅介護、通所リハビリテーション、介護福祉施設サービス、地域密着型介護老人福祉施設入所者生活介護及び短期入所生活介護の8介護サービスについて、8事業者は、介護報酬の算定に当たり、単位数の算定を誤っていた。このため、介護給付費の支払が29市区町等で計3120万円過大となっていて、これに対する国の負担額852万円は負担の必要がなかった。

府県等名	実施主体 （事業者数）	年度	過大に支払われた 介護給付費の件数	過大に支払われた 介護給付費	不当と認める 国の負担額	摘　要
			件	円	円	
宮城県	3市等(1)	平成30、令和元	443	307万	96万	イ
山形県	10市町(2)	平成27〜令和元	801	619万	180万	イ、ウ
茨城県	17市区町(1)	平成29〜令和元	1,976	528万	149万	イ
川崎市	3市(2)	平成27〜令和元	2,010	447万	130万	ア
新潟県	1市(1)	元	625	157万	44万	イ
富山県	4市等(1)	平成27〜令和元	2,943	592万	173万	イ
静岡県	8市区町(1)	平成30、令和元	9,620	237万	68万	イ
静岡市	2市(1)	元、2	634	132万	36万	ア
浜松市	1市(1)	元、2	497	229万	64万	イ
愛知県	6市町(2)	平成30、令和元	1,632	443万	126万	イ、ウ
名古屋市	1市(1)	平成30、令和元	321	311万	88万	ウ
大津市	4市(1)	平成29、30	361	193万	56万	ア
京都市	2市等(1)	29〜令和2	1,202	194万	57万	イ
大阪府	6市町(1)	元	474	175万	40万	ウ
大阪市	12市区町(4)	平成27〜令和2	13,303	3247万	912万	ア、イ、ウ
豊中市	3市(1)	平成29、30	1,079	280万	90万	イ
吹田市	15市区等(1)	28〜令和2	1,596	556万	131万	ウ
枚方市	6市(2)	平成28〜令和2	8,723	5331万	1528万	ア、イ
寝屋川市	11市等(3)	平成28〜令和3	6,760	1589万	447万	ア、イ
東大阪市	7市(1)	2	648	173万	48万	イ
香川県	3市町(1)	平成29、30	715	138万	40万	イ
松山市	4市町(1)	令和元、2	557	111万	30万	ア
宮崎県	1市(1)	平成28〜令和元	681	651万	185万	ウ
那覇市	5市等(2)	平成30〜令和2	1,387	397万	115万	イ
計	**105市区町等(34)**		58,988	1億7047万	**4844万**	

注(1)　計欄の実施主体数は、府県等の間で実施主体が重複することがあるため、各府県等の実施主体数を合計したものとは一致しない。
注(2)　摘要欄のア、イ及びウは、本文の介護サービスの種類の別に対応している。

　　　　　　　　　　　　　　　　　　　　　　　　　　　　　　　　（検査報告210ページ）

第Ⅱ章

厚生労働省

不　　　当　自立支援給付の訓練等給付費に係る国の負担が不当

┌─＜要点＞─────────────────────────────────┐
│自立支援給付の訓練等給付費の支払に当たり、事業者が障害福祉サービスに係る訓練等給付費│
│について必要な減算をせずに算定するなどしていたため、訓練等給付費の支払が過大となって│
│いて、国の負担額2154万円が不当と認められる。│
└─────────────────────────────────────┘

自立支援給付の概要　自立支援給付は、障害者及び障害児が自立した日常生活又は社会生活を営む
ことができるよう、市町村(特別区を含む。)が必要な障害福祉サービスに係る給付その他の支援を行
うものである。自立支援給付のうち、障害福祉サービスに係る給付費の支給には、訓練等給付費及び
介護給付費(これらを「訓練等給付費等」)がある。訓練等給付費の支給の対象には就労移行支援(注1)、
就労継続支援Ａ型(注2)、就労継続支援Ｂ型(注3)等がある。
　事業者が障害福祉サービスを提供して請求することができる費用の額は、障害福祉サービスの種
類ごとに定められた基本報酬の単位数に各種加算の単位数を合算し、これに単価を乗じて算定する
こととなっている。
　そして、就労移行支援及び就労継続支援Ｂ型に要する費用の額は、厚生労働省が定めた算定基準
等に基づき、事業者が過度に利用者を受け入れることを未然に防止して、適正な障害福祉サービス
の提供を確保するために、事業所の利用定員が12人以上であって、直近の過去3月間の利用者の延べ
数が、利用定員に開所日数を乗じて得た数に125/100を乗じて得た数(以下「受入可能人数」)を超える
場合等には、定員超過利用減算として、各種加算がなされる前の基本報酬の単位数に70/100を乗じ
て得た単位数等を基に算定することとなっている。
　また、就労移行支援及び就労継続支援Ａ型に要する費用の額は、同省が定めた算定基準等に基づ
き、事業所において、配置すべき人員の欠如を未然に防止して、適正な障害福祉サービスの提供を
確保するために、所定の要件を満たしたサービス管理責任者を配置していない場合には、配置しな
くなった月の翌々月から配置することになった月まで、サービス管理責任者欠如減算として、各
種加算がなされる前の基本報酬の単位数に、当該減算が適用される月から5月未満の月については
70/100を、5月以上の月については50/100を乗じて得た単位数等を基に算定することなどとなって
いる。
　市町村から支給決定を受けた障害者又は障害児の保護者が事業者から障害福祉サービスの提供を
受けたときは、市町村はこれに係る訓練等給付費等を事業者に支払い、国は市町村が支弁した訓練
等給付費等の50/100を負担している。

検査の結果　2府県及び3市(1政令指定都市、2中核市)に所在する5事業者は、就労移行支援及び
就労継続支援Ｂ型に係る訓練等給付費の算定に当たり、直近の過去3月間の利用者の延べ数が受入

───────────────────────────────────────

(注1)　就労移行支援　　就労を希望する原則として65歳未満の障害者であって、通常の事業所に雇用されることが可能と見込ま
　　　　れる者に対して行う生産活動、職場体験その他の活動の機会の提供その他の就労に必要な知識及び能力の向上のため
　　　　に必要な訓練、求職活動に関する支援、その適性に応じた職場の開拓、就職後における職場への定着のために必要な
　　　　相談その他の必要な支援
(注2)　就労継続支援Ａ型　　通常の事業所に雇用されることが困難であって、雇用契約に基づく就労が可能である障害者に対し
　　　　て行う雇用契約の締結等による就労の機会の提供及び生産活動の機会の提供その他の就労に必要な知識及び能力の向
　　　　上のために必要な訓練その他の必要な支援
(注3)　就労継続支援Ｂ型　　通常の事業所に雇用されることが困難であって、雇用契約に基づく就労が困難である障害者に対し
　　　　て行う就労の機会の提供及び生産活動の機会の提供その他の就労に必要な知識及び能力の向上のために必要な訓練そ
　　　　の他の必要な支援

可能人数を超えていたのに、定員超過利用減算として各種加算がなされる前の基本報酬の単位数に70/100を乗ずることなく算定していたほか、就労移行支援及び就労継続支援Ａ型に係る訓練等給付費の算定に当たり、サービス管理責任者として配置された者が所定の要件を満たしていなかったのに、サービス管理責任者欠如減算として各種加算がなされる前の基本報酬の単位数に70/100又は50/100を乗ずることなく算定するなどしていた。このため、913件の請求に対して、平成29年度、令和元年度から3年度までの間に22市町が支払った訓練等給付費が計4308万円過大となっていて、これに対する国の負担額2154万円は負担の必要がなかったものであり、不当と認められる。

府県等名	実施主体 (事業者数)	年度	過大に支払われた 訓練等給付費の件数	過大に支払われた 訓練等給付費	不当と認める 国の負担額	摘　要
			件	円	円	
新潟県	8市(1)	令和元、2	185	1289万	644万	就労移行支援
新潟市	2市(1)	平成29、 令和元、2	350	1276万	638万	就労継続支援Ｂ型
豊橋市	2市(1)	元	157	540万	270万	同
京都府	6市町(1)	元、2	83	254万	127万	同
吹田市	6市(1)	2、3	138	947万	473万	就労移行支援、 就労継続支援Ａ型
計	22市町(5)		913	4308万	2154万	

(注) 計欄の実施主体数は、府県等の間で実施主体が重複することがあるため、各府県等の実施主体数を合計したものとは一致しない。

(検査報告216ページ)

不　　当　障害児通所給付費に係る国の負担が不当

> ＜要点＞
> 障害児通所給付費の支払に当たり、事業者が児童発達支援及び放課後等デイサービスに係る障害児通所給付費について必要な減算をせずに算定するなどしていたため、障害児通所給付費の支払が過大となっていて、国の負担額3822万円が不当と認められる。

障害児通所給付費の概要　障害児通所支援は、障害児に対して児童発達支援[注1]、放課後等デイサービス[注2]等を行うものであり、市町村(特別区を含む。)は、これに要する費用について、障害児の保護者に対して障害児通所給付費を支給している。

指定障害児通所支援事業者(以下「事業者」)が障害児通所支援を提供して請求することができる費用の額は、障害児通所支援の種類ごとに定められた基本報酬の単位数に各種加算の単位数を合算し、これに単価を乗じて算定することとなっている。

そして、児童発達支援及び放課後等デイサービスに要する費用の額は、厚生労働省が定めた算定基準等に基づき、事業所に配置することとなっている児童指導員、保育士及び障害福祉サービス経験

(注1) 児童発達支援　　障害児に対して、児童発達支援センター等の施設において、日常生活における基本的な動作の指導、知識技能の付与、集団生活への適応訓練その他の便宜を提供する支援
(注2) 放課後等デイサービス　　学校教育法第1条に規定する学校(幼稚園及び大学を除く。)に就学している障害児に対して、授業の終了後又は休業日に児童発達支援センター等の施設において、生活能力の向上のために必要な訓練、社会との交流の促進その他の便宜を提供する支援

者（これらを「サービス提供職員」）の員数が、所定の員数から1割を超えて減少した場合には、人員の欠如が生じた翌月から人員の欠如が解消されるに至った月まで、サービス提供職員欠如減算として、基本報酬の単位数に、減算が適用される月から3月未満の月については70/100を、3月以上の月については50/100を乗じて得た単位数を基に算定することなどとなっている。

　また、適正な障害児通所支援の提供を確保するために、所定の要件に基づき、通所給付決定保護者及び障害児の意向、障害児の適性その他の事情を踏まえた放課後等デイサービス計画を作成していない場合には、作成していない月から作成するに至った月の前月まで、放課後等デイサービス計画未作成減算として、基本報酬の単位数に、減算が適用される月から3月未満の月については70/100を、3月以上の月については50/100を乗じて得た単位数を基に算定することとなっている。

　市町村から通所給付決定を受けた障害児の保護者が事業者から障害児通所支援の提供を受けたときは、市町村はこれに係る障害児通所給付費を事業者に支払い、国は市町村が支弁した障害児通所給付費の1/2を負担している。

検査の結果 2府県及び1市（政令指定都市）に所在する2事業者(注)は、事業所に配置したサービス提供職員の員数が所定の員数から1割を超えて減少していたのに、サービス提供職員欠如減算として基本報酬の単位数に70/100又は50/100を乗ずることなく算定していたほか、放課後等デイサービス計画を作成していなかったのに、放課後等デイサービス計画未作成減算として基本報酬の単位数に70/100又は50/100を乗ずることなく算定するなどしていた。

　このため、1,473件の請求に対して、平成29年度から令和元年度までの間に6市が支払った障害児通所給付費が計7645万円過大となっていて、これに対する国の負担額3822万円は負担の必要がなかったものであり、不当と認められる。

府県等名	実施主体 （事業者数）	年度	過大に支払われた障害児通所給付費の件数	過大に支払われた障害児通所給付費	不当と認める国の負担額	摘　　要
			件	円	円	
静岡県	2市(1)	平成30、令和元	449	2564万	1282万	放課後等デイサービス
浜松市	2市(1)	平成29〜令和元	727	3969万	1984万	児童発達支援、放課後等デイサービス
大阪府	4市(1)	平成30、令和元	297	1111万	555万	放課後等デイサービス
計	6市(2)		1,473	7645万	3822万	

注(1) 計欄の実施主体数は、府県等の間で実施主体が重複することがあるため、各府県等の実施主体数を合計したものとは一致しない。
注(2) 計欄の事業者数は、府県等の間で事業者が重複しているため、各府県等の事業者数を合計したものとは一致しない。

（検査報告219ページ）

(注) 2事業者のうち、1事業者は府県等の間で重複している。

処置要求㉞　生活扶助費等負担金等の算定における返還金等の調定額の算出について

＝＜要点＞＝

生活扶助費等負担金等の算定に当たり、誤払い又は過渡しとなった保護費のうち当年度中に返納されなかった額について翌年度に調定した額等を事業実績報告書に計上していなかったために負担金が過大に算定されていた事業主体に対して、返還手続を速やかに行わせるよう適宜の処置を要求するとともに、当該翌年度の調定額が返還金等の調定額に含まれることを周知することなどにより負担金の算定が適正に行われるよう是正改善の処置を求めたもの（指摘金額1億6500万円）

生活扶助費等負担金等の算定方法等の概要

(1)　生活保護制度の概要

　　生活保護は、生活保護法（以下「法」）等に基づき、都道府県、市（特別区を含む。）又は福祉事務所を設置する町村（これらを「事業主体」）が、生活に困窮する者に対して、その困窮の程度に応じて必要な保護を行い、その最低限度の生活の保障及び自立の助長を図ることを目的として行われるものである。

　　厚生労働省は、法等に基づき、事業主体が、生活保護を受ける世帯に支弁した保護に要する費用（以下「保護費」）等に対して、その3/4を生活扶助費等負担金、医療扶助費等負担金及び介護扶助費等負担金（これらを「負担金」）として交付している。

(2)　保護費の返還等

　　事業主体は、法第63条の規定により、急迫の場合等において資力があるにもかかわらず保護を受けた者から事業主体の定める額を返還させたり、法第78条の規定により、不実の申請等により保護を受けるなどした者から、その費用の額の全部又は一部を徴収したりすることができることなどとなっている（これらの返還させ、又は徴収する金銭を「返還金等」）。

(3)　負担金の算定方法

　　負担金のうち保護費に係る交付額は、「生活保護費等の国庫負担について」（以下「交付要綱」）において、次のとおり生活扶助に係る保護費等の額（以下「費用の額」）から返還金等の調定額を控除するなどして算定することとなっている。そして、返還金等の調定額は、事業主体が被保護者等からの返還金等を地方自治法に基づき調定した額となっている。

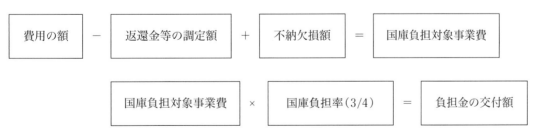

　　また、誤払い又は過渡しとなった保護費（以下「誤払等保護費」）の返納に当たり、事業主体が当該支出した経費に戻入することとした場合、当年度中に返納された額は、当年度の費用の額に含まれないことになり、当年度中に返納されなかった額（以下「戻入未済額」）は、翌年度に調定され、この調定された額については、返還金等の調定額の一部として費用の額から控除されることになる。すなわち、いずれの場合においても、誤払等保護費は、国庫負担対象事業費には含まれないことになる（参考図参照）。

第Ⅱ章

厚生労働省

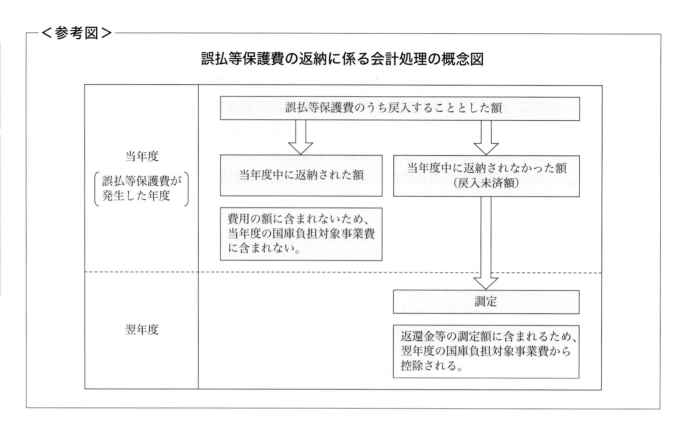

＜参考図＞

誤払等保護費の返納に係る会計処理の概念図

誤払等保護費のうち戻入することとした額

当年度
〔誤払等保護費が
発生した年度〕

当年度中に返納された額

当年度中に返納されなかった額
（戻入未済額）

費用の額に含まれないため、
当年度の国庫負担対象事業費
に含まれない。

翌年度

調定

返還金等の調定額に含まれるため、
翌年度の国庫負担対象事業費から
控除される。

　さらに、被保護者の医療扶助又は介護扶助を受けた事由が第三者の行為によるものである場合に法第76条の2の規定により事業主体に支払われる損害賠償金(以下「第三者行為損害賠償金」)、診療報酬の誤払等に関して医療機関から事業主体に直接支払われる返還金(以下「医療機関からの直接返還金」)等については、事業主体が調定し、返還金等の調定額に含めることとなっている。

検査の結果　19都府県[注1]の162事業主体において、令和元、2両年度に同事業主体に対して交付された負担金計1兆1629億4863万円を対象として検査したところ、18都府県[注2]の47事業主体において、戻入未済額が事業実績報告書に計上されていなかったなどのため、負担金が過大に算定されていて、負担金交付額計1996億7603万円のうち計1億6500万円が過大に交付されている事態が、次のとおり見受けられた。

(1)　戻入未済額が事業実績報告書に計上されていなかったために負担金が過大に交付されていた事態

17都府県の36事業主体

過大に交付された負担金相当額計1億5052万円

　交付要綱等において、返還金等の調定額に含まれる額が分かりやすく示されていなかったこと、上記の事業主体において事業実績報告書への計上方法についての理解が十分でなかったことなどから、戻入未済額を翌年度に調定していないもの及び調定しているものの返還金等の調定額として事業実績報告書に計上していないものがあった。このため、負担金の算定に当たり、費用の額から戻入未済額に関する額が控除されておらず、負担金が過大に交付されていた。

(注1)　19都府県　　東京都、京都府、岩手、山形、茨城、群馬、埼玉、千葉、新潟、石川、山梨、岐阜、静岡、愛知、兵庫、奈良、島根、宮崎、沖縄各県
(注2)　18都府県　　東京都、京都府、岩手、茨城、群馬、埼玉、千葉、新潟、石川、山梨、岐阜、静岡、愛知、兵庫、奈良、島根、宮崎、沖縄各県

⑵　第三者行為損害賠償金等に係る調定額が事業実績報告書に計上されていなかったために負担金が過大に交付されていた事態

12都府県の18事業主体
過大に交付された負担金相当額計1447万円

　交付要綱等において、返還金等の調定額に含まれる額が分かりやすく示されていなかったこと、上記の事業主体において事業実績報告書への計上方法についての理解が十分でなかったことなどから、第三者行為損害賠償金、医療機関からの直接返還金等に係る調定額を事業実績報告書に計上していなかった。このため、負担金の算定に当たり、費用の額から当該調定した額が控除されておらず、負担金が過大に交付されていた。

　このように、負担金の算定に当たり、誤払等保護費の戻入未済額について、調定していないもの及び調定しているものの事業実績報告書に計上していないものがあったため、負担金が過大に交付されている事態、並びに第三者行為損害賠償金、医療機関からの直接返還金等に係る調定額を事業実績報告書に計上していなかったため、負担金が過大に交付されている事態は適切ではなく、是正及び是正改善を図る要があると認められる。

　本院が要求する是正の処置及び求める是正改善の処置　同省において、負担金を過大に算定していた前記47事業主体のうち返還手続が未済の事業主体に対して、過大に交付されていた負担金について返還の手続を速やかに行わせるよう是正の処置を要求するとともに、負担金の算定が適正に行われるよう、次のとおり是正改善の処置を求める。

ア　事業主体に対して、負担金の算定に当たり、戻入未済額に係る翌年度の調定額及び第三者行為損害賠償金等に係る調定額が返還金等の調定額に含まれること、戻入未済額に係る調定を適切に行った上で負担金の算定を適正に行う必要があることについて周知すること

イ　負担金の事業実績報告書の審査に当たり、返還金等の調定額を的確に把握するため、戻入未済額等の額を記載させるよう事業実績報告書の様式を改正すること、また、都道府県に対して、返還金等の調定額を的確に把握するよう周知すること　　　　　　　　　　（検査報告222ページ）

（前掲68ページ「令和4年度決算検査報告の特色」参照）

処置要求㉞　労災診療費の請求の電子化促進に係る導入支援金の支払について

━＜要点＞━━
事実と異なる申請を行っていた指定医療機関等について、事実関係を確認するなどして、不適正と認められる労災ソフトウェアの導入支援金を返還させる措置を講ずるよう適宜の処置を要求し、及び、支払額を裏付ける書面を添付させるなどすることによって、導入支援金の審査を十分に行えるようにするとともに、労災ソフトウェアと健康保険システムとを一体的に導入した場合等において経費の内訳を申請書に明記させるなどするように支払要領を見直して、導入支援金の審査の一層の充実を図るよう是正改善の処置を求めたもの（指摘金額1402万円、背景金額1363万円）

　導入支援金の制度等の概要　厚生労働省は、業務上の事由等による労働者の負傷等に対して療養の給付の保険給付を行っている。療養の給付は労働者の請求により、都道府県労働局長の指定する医療機関又は労災病院、指定薬局等（これらを「指定医療機関等」）において、診察、処置、薬剤等の支

給等(以下「診療等」)を行うものである。診療等を行った指定医療機関等は診療等に要した費用(以下「労災診療費」)を請求することとなっている。同省は、指定医療機関等がオンライン等でデータを送付して労災診療費を請求すること(以下「電子レセプト請求」)を普及促進するために、電子レセプト請求用のソフトウェア(以下「労災ソフトウェア」)の導入に係る経費の一部について、導入支援金として指定医療機関等に支払う制度を平成28年に創設している。同省は、株式会社博報堂との間で委託契約(契約の相手方を「委託業者」)を締結し、導入支援金に係る業務等を行わせている(参考図参照)。

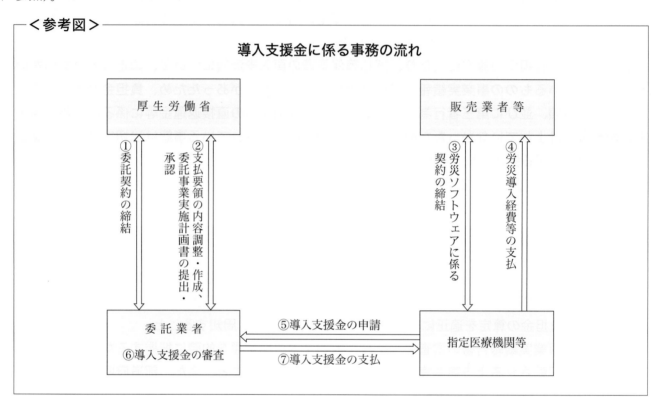

＜参考図＞

導入支援金に係る事務の流れ

厚生労働省		販売業者等

① 委託契約の締結
② 支払要領の内容調整・作成、委託事業実施計画書の提出・承認
③ 労災ソフトウェアに係る契約の締結
④ 労災導入経費等の支払

委託業者 ⑥導入支援金の審査	⑤導入支援金の申請 ⑦導入支援金の支払	指定医療機関等

検査の結果

(1) 導入支援金の支払が適切に行われていないなどの事態

　　29年度から令和3年度までの間において導入支援金の支払を受けた3,146指定医療機関等のうち労災ソフトウェアの導入経費と当該導入に伴って指定医療機関等のコンピュータ等の諸設定に要した費用とを合算した実支出額(以下「労災導入経費等」)が比較的高額である労災ソフトウェアを導入するなどしていた52指定医療機関等を検査したところ、販売業者Aと契約を締結したとしていた7指定医療機関等において、領収書に記載された支払の事実が確認できなかった事態、及び労災ソフトウェアと健康保険等に係る診療報酬明細書等(レセプト)を作成するシステム(以下「健康保険システム」)とを一体的に導入する契約を締結していて、当該契約書等(以下「一体的導入契約書等」)では、申請書に記載されている労災導入経費等が確認できなかった事態が見受けられた。そこで、販売業者Aと契約したとしている150指定医療機関等について、労災導入経費等の支払状況等を確認したところ、次のとおりとなっていた。

ア　契約の相手方等の事実が異なる申請内容によって導入支援金が支払われていた事態

　　150指定医療機関等のうち70指定医療機関等は、実際には販売業者Aと契約を締結しておらず、販売業者Aには労災導入経費等を支払っていなかった。また、70指定医療機関等は、販売業者Aとは別のリース会社とリース契約を締結するなどして、月額のリース料を支払うことな

どにより、労災ソフトウェア等を導入していた。そして、70指定医療機関等から申請を受けた委託業者は、事実と異なる内容が記載された申請書及び添付書類等により審査を行って、申請どおりに導入支援金計1402万円を支払っていた。

イ　労災ソフトウェアと健康保険システムとを一体的に導入する契約が締結されていたのに、申請書には労災ソフトウェアのみを導入する契約書等が添付されていたことから労災導入経費等が適正なものか確認できない事態

アの事態に該当する70指定医療機関等を除く80指定医療機関等について、申請書に添付されていた契約書等を確認したところ、労災ソフトウェアのみを導入したとする内容となっていた（このような内容が記載された契約書等を「労災専用契約書等」）。しかし、同省を通じて販売業者Aから提出を受けた契約書等を確認したところ、41指定医療機関等については、労災ソフトウェアと健康保険システムとを一体的に導入する契約が締結されていた。そして、当該一体的導入契約書等の明細等をみると、労災導入経費等と健康保険システムに係る経費等とが明確に区分されていなかった。このため、申請書に記載されている労災導入経費等には健康保険システムに係る経費の一部が含まれているなどのおそれがあり、当該労災導入経費等が適正なものか客観的には確認できないものとなっていた。

しかし、41指定医療機関等から申請を受けた委託業者は、申請書と添付されていた労災専用契約書等により審査を行って、申請どおりに導入支援金計1363万円を支払っていた。

⑵　導入支援金の審査方法が適切なものとなっていない事態

ア　⑴アの事態に関する審査

導入支援金支払要領には導入支援金の申請書の様式（以下「申請様式」）が定められており、労災ソフトウェアの導入経費等の実支出額を記載することとなっている。しかし、リース等により労災ソフトウェアを導入した場合、申請時までに支払ったリース料等の金額や、その根拠となるリース契約等の金額を記載するようには定められていない。

また、支払要領によると、申請書に添付するのは、契約書、納品書及び領収書となっており、領収書等のほかに支払額を裏付ける書面を添付させることになっていない。そして、委託事業実施計画書によれば、導入支援金は、導入された労災ソフトウェアの見積書等における価格が導入された実績のある労災ソフトウェアと同程度でその記載内容が明確であり申請書及び添付書類に不明点等がない場合に支払うことなどとされている。

そのため、⑴アの事態の場合、委託業者は、申請書の内容をその添付書類である領収書等により確認するとともに、労災ソフトウェアの種類や価格について上記の観点から確認するなどしたが不明な点等がないなどとして、申請どおりに導入支援金を支払っていた。

イ　⑴イの事態に関する審査

労災ソフトウェアと健康保険システムとを一体的に導入した場合には、労災導入経費等のみが導入支援金の対象経費となる。しかし、申請書には、労災導入経費等のみを記載することになっていて、システム全体の導入に要した経費の内訳が把握できるようにはなっていない。そして、⑴イの事態の場合、このように申請様式が定められていたこともあり、申請書には一体的導入契約書等とは異なる、労災専用契約書等が添付されていた。そのため、申請書に記載されている労災導入経費等が適正なものか客観的には確認できないものとなっているのに、委託業者は、申請書に記載されている金額と申請書に添付されていた労災専用契約書等に記載されている金額とを照合するなどして金額が一致していたことから、申請どおりに導入支援金を支

払っていた。

　このように、**導入支援金について、事実と異なる申請が行われていたり、申請書に記載されている労災導入経費等が適正なものか客観的には確認できないものとなっていたりしているのに、委託業者による審査方法が適切なものとなっていないため、申請どおりに導入支援金が支払われている事態は適切ではなく、是正及び是正改善を図る要があると認められる。**

　不本院が要求する是正の処置及び求める是正改善の処置 | 同省において、導入支援金の支払に当たり申請書の審査が適切に行われるよう、次のとおり、是正の処置を要求し及び是正改善の処置を求める。

ア　事実と異なる申請を行っていた70指定医療機関等について、事実関係を確認するなどした上で、不適正と認められる導入支援金を返還させる措置を講ずること(会計検査院法第34条の規定により是正の処置を要求するもの)

イ　委託業者が導入支援金の審査を十分に行えるよう、導入支援金の申請時に、労災ソフトウェアの導入に係る領収書等だけではなく、支払額を裏付ける書面を添付させるなど、支払要領や審査方法を見直すこと(同法第34条の規定により是正改善の処置を求めるもの)

ウ　導入支援金の審査の一層の充実が図られるよう、導入支援金の申請に当たり、リース等の場合においては、申請時までにリース料等として支払われた金額やその根拠となったリース契約等の金額、また、労災ソフトウェアと健康保険システムとを一体的に導入した場合においては、システム全体に要した経費の内訳としての労災導入経費等を明確にするために、その金額を申請書に明記させるように導入支援金の申請様式を改めるとともに、これらを確認することができる契約書等を添付させるように支払要領を見直すこと(同法第34条の規定により是正改善の処置を求めるもの)

(検査報告227ページ)

　処置要求㉞　意見表示㊱　市区町村が国民健康保険の保険者として実施している特定健康診査に係る負担金の交付額の算定及び診療情報の活用について

┌─　＜要点＞　────────────────────────────────────┐

国民健康保険特定健康診査・保健指導国庫負担金について、過大に交付されていた負担金の返還手続を行わせるよう適宜の処置を要求し、みなし受診とした場合における負担金の交付額の算定方法を明確に示すよう是正改善の処置を求め、及び診療情報の活用の取組が積極的に行われるための方策を検討するとともに、診療情報の活用の取組を行う際に特定健康診査の受診勧奨を優先させる必要がないことを明確化するよう意見を表示したもの(指摘金額9811万円、背景金額120億1664万円)

└──┘

　特定健康診査等の概要等

(1)　特定健康診査等の概要

　市町村等の保険者は、高齢者の医療の確保に関する法律等に基づき、毎年度、被保険者(以下「加入者」)であって、当該年度において40歳以上75歳以下の年齢に達する者(75歳未満の者に限る。)に対して、特定健康診査を行うものとされている。また、保険者は、特定健康診査の結果により健康の保持に努める必要がある者として厚生労働省令で定めるものに対して、特定保健指導を行うものとされている(特定健康診査と特定保健指導を「特定健康診査等」)。

⑵　診療における検査データの活用等

　　特定健康診査においては、特定健康診査それ自体を受診しなくても、人間ドックの検査結果等をもって特定健康診査を受診したとみなすことが認められる場合がある（特定健康診査を受診したとみなすことを「みなし受診」、受診したとみなされる加入者を「みなし受診者」）。そして、みなし受診の一つとして、医療機関において診療の一環として特定健康診査の実施内容と同様の検査を受けた者について、本人の同意の下で、保険者が診療における検査データ（以下「診療情報」）の提供を受けて、これを特定健康診査の結果として活用することが認められている。

⑶　国民健康保険特定健康診査・保健指導国庫負担金の概要

　　厚生労働省は、国民健康保険の保険者である市区町村による特定健康診査等の実施に要する費用の一部を負担するために、都道府県に対して国民健康保険特定健康診査・保健指導国庫負担金を交付している。

　　国民健康保険特定健康診査・保健指導国庫負担金交付要綱によれば、各都道府県に対する負担金の交付額は、市区町村ごとに、特定健康診査等の実施方法別に基準単価[注]に実施人員を乗じて算出した額の合計額である基準額と、特定健康診査等の実施に必要な委託料等の対象経費の実支出額から寄付金その他の収入額を控除した額とを比較して少ない方の額を選定して、これに補助率（1/3）を乗ずるなどして負担金の額を算出し、この額を合計した額とすることとされている。そして、市区町村は、都道府県から市区町村ごとに算出された負担金の額と同額の交付を受けている（算定式参照）。

（算定式）

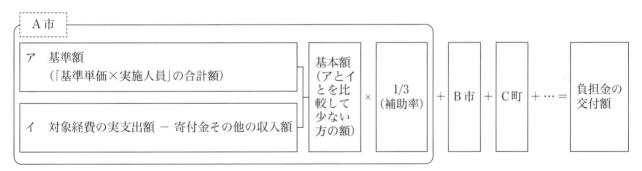

　　また、同省は、国民健康保険特定健康診査・保健指導国庫負担金取扱要領等において、負担金の交付に関する留意事項等を定めており、みなし受診に関するものは次のようになっている。

　　ア　特定健康診査を、人間ドック等の追加的に実施される検査と一体的に行った場合、特定健康診査のみに要した費用が不明確なときは負担金の対象としない。このため、負担金の対象とするためには、追加的に実施した検査に要した費用と、特定健康診査に要した費用を、契約書、請求書等により明確に分ける必要がある。

　　イ　診療情報を活用する場合、市区町村が医療機関から診療情報を取得するために情報提供料等を支払うことがあるが、当該情報提供料等は負担金の対象としない。

（注）令和2年度の特定健康診査に係る基準単価は、次のとおりとなっている。
　　①基本的な健診項目のみを実施する場合　受診者1人当たり4,980円（被保険者が市区町村民税非課税世帯に属する者である場合は同6,420円）
　　②基本的な健診項目と詳細な健診項目の双方を実施する場合　同5,520円（被保険者が市区町村民税非課税世帯に属する者である場合は同7,110円）

　　検査の結果　負担金の交付額の算定が取扱要領等に基づき適切に行われているかなどに着眼して、令和元年度及び2年度に35都道府県内の228市区町が実施した特定健康診査に係る負担金計109億7565万円(元年度60億1602万円、2年度49億5962万円^(注))を検査した。また、市区町村による特定健康診査の実施に対する国の費用負担が経済的なものとなっているか、特に診療情報の活用が図られているかなどに着眼して、2年度に1,741市区町村(同年度時点の全市区町村)が実施した特定健康診査に係る負担金120億1664万円^(注)を対象として検査した。

⑴　負担金の交付額が過大となっている事態

　　上記228市区町のうち122市区町は、みなし受診者計273,470人を負担金の交付の対象としていた。しかし、このうち54市区町に係るみなし受診者計58,571人については、①人間ドックの検査と一体的に実施したものであるが、契約書等により特定健康診査に要した費用と追加的に実施した検査に要した費用とを明確に分けることができず、特定健康診査のみに要した費用が不明確であったり、②診療情報の活用において、支払った費用が医療機関への情報提供料等のみであったりなどしていて、負担金の対象とはならないものであった。このため、負担金の交付額が計9811万円過大となっていた。

　　前記のとおり、取扱要領等において、人間ドックに要した費用のうち特定健康診査に要した費用を契約書等で明確に分ける必要があるとされている。そして、費用を分けるに当たり、一部の市区町は、当該人間ドックの受診者に係る人間ドックの契約書等ではなく、特定健康診査の受診者に係る特定健康診査の契約にある特定健康診査の実施に要した費用を準用することで対応していた。これについて、同省に確認したところ、人間ドックの契約書等において、特定健康診査に要した費用とそれ以外とに明確に分けられることが必要であるとのことであった。しかし、このことは、取扱要領等の記述上は必ずしも明確にはなっていなかった。

⑵　診療情報の活用の取組が十分に行われていない事態

ア　市区町における診療情報の活用状況

　　前記228市区町における2年度の診療情報の活用状況について確認したところ、次のとおりとなっていた。

㈠　取組が行われていなかったもの

　　117市区町では、どのような方法で診療情報を取得すればよいかが分からないことなどを理由に、診療情報の活用の取組が行われていなかった。

㈡　取組は行われていたが、その対象者が特定健康診査の未受診者に限定されていたもの

　　残りの111市町では、特定健康診査の実施率向上を目指すなどのため、診療情報の活用の取組が行われていた。しかし、その多くでは、特定健康診査の受診勧奨を診療情報の活用に優先させる必要があると認識していたことなどを理由として、取組の対象者を特定健康診査の未受診者に限定していた。これについて、同省に確認したところ、受診勧奨を診療情報の活用に優先させる必要はないとのことであった。

　　診療情報の活用の取組が十分に行われるためには、同省において、診療情報の活用の取組を行っている事例を市区町村に周知するなど具体的な方策を検討することが必要であると思料される。

(注)　49億5962万円は、全都道府県に交付された120億1664万円の内数である。

イ　負担金の対象となっている特定健康診査受診者の医療機関における受診状況

　　2年度の特定健康診査に係る負担金相当額120億1664万円の対象となっている全ての特定健康診査受診者6,407,090人のうち、全体の13.8％に当たる883,572人が、前年度である元年度中に特定健康診査の基本的な健診項目のうちの血液検査と尿検査に係る全ての項目について、医療機関で診療の一環として検査を受けていた。さらに、このうち58.1％に当たる512,950人（全体の8.0％）については、2年度中も、医療機関で診療の一環として血液検査と尿検査に係る全ての項目について検査を受けていた。

　　市区町村が上記の883,572人に対して、2年度の特定健康診査の実施に先立ち診療情報を市区町村に提供するよう協力依頼を行っていれば、被保険者の同意が前提にあることを考慮してもなお、上記512,950人のうちの一定数に係る診療情報の提供が得られていたと考えられる。その結果、特定健康診査の効率的な実施が可能となり、ひいては、負担金の交付額を一定額節減することができたと認められる。

　このように、負担金の対象とはならないみなし受診者を基準額の算出基礎となる実施人員に含めるなどしていて負担金の交付額が過大となっている事態は適切ではなく、是正及び是正改善を図る要があると認められる。また、診療情報の活用の取組が十分に行われていない事態は適切ではなく、改善の要があると認められる。

　本院が要求する是正の処置及び求める是正改善の処置並びに表示する意見　同省において、みなし受診を活用した場合における負担金の交付額の算定が取扱要領等に基づいて適切に行われるよう、また、診療情報の活用の取組を通じて、特定健康診査の効率的な実施、ひいては、負担金の交付額の節減が図られるよう、次のとおり是正の処置を要求し及び是正改善の処置を求め、並びに意見を表示する。

ア　負担金の交付額が過大となっていた市区町について、過大に交付されたと認められる負担金の返還手続を行わせること（会計検査院法第34条の規定により是正の処置を要求するもの）

イ　都道府県及び市区町村に対して、みなし受診とした場合における負担金の交付額の算定方法を明確に示すこと（同法第34条の規定により是正改善の処置を求めるもの）

ウ　診療情報の活用の取組を行っている事例を市区町村に周知するなど、診療情報の活用の取組が積極的に行われるための方策を検討するとともに、診療情報の活用の取組を行う際に特定健康診査の受診勧奨を優先させる必要がないことを明確化すること（同法第36条の規定により意見を表示するもの）

（検査報告233ページ）

意見表示㊱　新型コロナウイルス感染症緊急包括支援交付金（医療分）（感染症検査機関等設備整備事業に係る分）により整備した次世代シークエンサーの使用状況について

┌─＜要点＞━━

新型コロナウイルス感染症緊急包括支援交付金（医療分）（感染症検査機関等設備整備事業に係る分）により民間検査機関に整備した次世代シークエンサーについて、都道府県に事業の目的を再度周知した上で、目的に沿って使用されるよう検討させるなどして、有効に使用されるなどするよう意見を表示したもの（指摘金額5億8653万円）

（前掲147ページ参照）

第Ⅱ章

厚生労働省

設備整備事業の概要等

(1) 交付金の概要

　　厚生労働省は、「令和2年度新型コロナウイルス感染症緊急包括支援交付金の交付について」(以下「交付要綱」)等に基づき、都道府県に対して新型コロナウイルス感染症緊急包括支援交付金(医療分)を交付している。交付要綱等によれば、交付の対象は、都道府県が行う事業及び市区町村や民間団体等で都道府県が適切と認める者が行う事業に対して都道府県が補助する事業に要する経費とされている。また、交付金により取得した機械等については、厚生労働大臣が別に定める期間を経過するまで、同大臣の承認を受けないで交付金の交付の目的に反して使用し、譲渡するなど(これらの行為を「財産処分」)してはならないとされている。

(2) 設備整備事業の概要

　　交付要綱等によれば、交付金の対象事業のうち、感染症検査機関等設備整備事業(以下「設備整備事業」)は、地方衛生研究所(注1)(以下「地衛研」)等における検査機器の導入を支援することにより、新型コロナウイルス感染症の検査体制を整備することを目的として実施する事業であるとされている。設備整備事業の内容は、感染症の予防及び感染症の患者に対する医療に関する法律(以下「感染症法」)の規定により都道府県等が行う検査に必要な設備を整備すること、新型コロナウイルス感染症の検査を実施する機関が行う設備整備を支援することとされており、新型コロナウイルス感染症の検査を実施する機関は民間の検査会社、大学及び医療機関であるとされている(これらの機関を「民間検査機関」)。

　　設備整備事業の整備対象設備のうち次世代シークエンサーは、DNAの塩基配列を高速かつ大量に解読する検査機器であり、新型コロナウイルスの全ゲノム解析を実施し、変異株の発生動向の監視等のために使用されるものである。

(3) 新型コロナウイルスの全ゲノム解析

　　同省は、新型コロナウイルス感染症の国内における流行の初期から、同省の施設等機関である国立感染症研究所において新型コロナウイルスの全ゲノム解析を実施している。同省は、同研究所から都道府県等への全ゲノム解析の技術移転を進め、令和3年10月に、新たな変異株の発生や変異株の動向を監視するために、都道府県等主体の全ゲノム解析を実施するよう都道府県等に要請している。そして、5年4月に、新型コロナウイルス感染症の感染症法上の位置付けが5類感染症に変更された後も、引き続き、変異株の発生動向を監視するために、都道府県等において全ゲノム解析を実施するよう要請している。

検査の結果　2、3両年度に18道府県(注2)が道府県等の地衛研等及び民間検査機関に整備した次世代シークエンサー計63台に係る交付金交付額計13億9672万円を対象に検査したところ、次のような事態が見受けられた。

(1) 次世代シークエンサーの使用状況

　　設備整備事業の目的である「検査体制を整備すること」について、同省に確認したところ、感染

（注1）地方衛生研究所　　地域保健対策を効果的に推進し、公衆衛生の向上及び増進を図るため、都道府県等における科学的かつ技術的中核として、関係行政部局、保健所等と緊密な連携の下に、調査研究、試験検査、公衆衛生情報等の収集・解析・提供等を行うことを目的として、都道府県等に設置される機関
（注2）18道府県　　北海道、京都府、宮城、福島、茨城、埼玉、千葉、新潟、石川、長野、岐阜、兵庫、岡山、広島、徳島、長崎、熊本、沖縄各県

症法の規定により都道府県等が行う検査(行政検査)の体制強化を意味するとしており、このことから、民間検査機関に整備する次世代シークエンサーは、当該民間検査機関が都道府県等から依頼を受けて行う全ゲノム解析の検査のために使用されることになるとしている。

　そこで、4年度末時点における次世代シークエンサーの使用状況についてみたところ、8道府県[注]が20民間検査機関に整備した次世代シークエンサー計21台(交付金相当額計5億8653万円)は、設備整備事業の目的に沿って一度も使用されていない状況となっていた。

⑵　設備整備事業の目的に沿って一度も使用されていない要因

ア　民間検査機関における主な整備理由

　63事業について、補助事業者が整備した伝送用専用線設備により提供できるインターネットサービス等の回線数に対する利用回線数の割合(以下「利用率」)により、本院において利用状況の評価を行った結果、利用率が50%未満のものは、20補助事業者が実施した31事業(国庫補助対象事業費計82億7868万円、国庫補助金交付額計34億3066万円)となっていて、63事業の約半数は、整備された伝送用専用線設備が十分に活用されていない状況となっていると認められた。

　なお、63事業の中には、提供できるインターネットサービス等の回線数が整備対象地域に居住する世帯数等を超えていたものは見受けられなかった。

　さらに、上記63事業のうち、4年度末時点における目標値の達成状況を把握できた46事業について、補助事業者が目標値として設定した無線局の数に対する実績値の割合(以下「達成率」)と利用率との関係についてみると、目標値を達成していたものの、利用率で見ると50%未満となっているものが15事業見受けられた。

イ　道府県における検査の依頼状況及び設備整備事業の目的に対する理解

　前記の8道府県における20民間検査機関に対する全ゲノム解析の検査の依頼状況を確認したところ、いずれの道府県も、当該民間検査機関に次世代シークエンサーを整備した時点から4年度末時点までの間に、検査を全く依頼していない状況となっていた。このような状況となっていることについて、8道府県の見解を確認したところ、次のような理由などから、道府県等から依頼を受けて迅速かつ確実に検査を実施するために必要な検討が行われていない民間検査機関においても、次世代シークエンサーを整備することができると認識していたとしていた。

(ア)　交付要綱等において、都道府県等が行う検査に必要な設備整備については感染症法の規定による検査に必要な設備整備と明記されている一方で、民間検査機関が行う設備整備についてはそのような明確な記載がなく、設備整備事業の目的が感染症法の規定により都道府県等が行う検査(行政検査)の体制強化のみに限定されているとは読み取れないこと

(イ)　交付要綱等によれば、民間検査機関については、「感染症法に基づく行政検査以外の検査を実施することも想定されますが、感染症検査機関等設備整備事業は、新型コロナウイルス感染症の検査体制を整備することを目的としていることから、都道府県等が感染症法に基づく行政検査の依頼を行った場合に、休日等問わず迅速かつ確実に検査が実施されるための体制が確保されていることが必要です」とされており、道府県等から依頼を受けて行う検査以外の用途にも、整備した次世代シークエンサーを使用することがあらかじめ想定されていると理解していること

(注) 8道府県　　北海道、京都府、埼玉、千葉、兵庫、長崎、熊本、沖縄各県

　このように、交付要綱等における記載が必ずしも明確とはなっていないことなどから、8道府県においては、設備整備事業の目的に対する理解が十分なものとなっていなかった。

＜事例＞

　北海道は、2、3両年度に、設備整備事業により、道及び札幌市の地衛研に次世代シークエンサー計4台を整備したほか、1会社、1大学及び2医療機関の計4民間検査機関からの申請に基づき、次世代シークエンサー計5台（交付金交付額計2億5768万円）を整備している。

　4民間検査機関における次世代シークエンサーの主な整備目的について確認したところ、2医療機関は自施設の検査体制の整備のため、1会社及び1大学は将来的に道や同市から検査の依頼があると想定していたためなどとなっていた。そして、いずれの民間検査機関においても、次世代シークエンサーの整備後に道や同市から依頼があった場合には感染症法に基づく全ゲノム解析の検査を実施するとしていたものの、整備時点において、道や同市と4民間検査機関との間で、道や同市から依頼を受けて4民間検査機関が迅速かつ確実に検査を実施するために必要な検討が行われていなかった。

　しかし、道の交付金担当部署は、必要な検討が行われていない民間検査機関においても、設備整備事業により次世代シークエンサーを整備することができると認識しており、4民間検査機関に対して、交付金を原資とする道の補助金を交付していた。さらに、道の交付金担当部署は、道の全ゲノム解析に係る検査体制構築等の担当部署及び同市に対して、4民間検査機関に次世代シークエンサーを整備したことについて、情報共有を十分に行っていなかった。

　そして、整備後に同市から全ゲノム解析の検査の依頼があった1会社を除く3民間検査機関に対しては、道及び同市からの検査の依頼はなく、3民間検査機関に整備された次世代シークエンサー計4台（交付金相当額計6366万円）は、4年度末時点において、整備してから少なくとも1年以上（最長のもので1年4か月）の間、設備整備事業の目的に沿って一度も使用されていない状況となっていた。

　以上のことなどから、**設備整備事業により民間検査機関に整備した次世代シークエンサーについて、感染症法の規定により道府県等が行う検査（行政検査）の体制強化という目的に沿って一度も使用されていない次世代シークエンサーが多数あるなどしていて、設備整備事業の目的が達成されていない事態は適切ではなく、改善の要があると認められる。**

　本院が表示する意見　同省において、設備整備事業により整備した次世代シークエンサーが有効に使用されるなどするよう、次のとおり意見を表示する。

ア　都道府県に対して、設備整備事業の目的について再度周知した上で、民間検査機関に整備した次世代シークエンサーが目的に沿って使用されるよう検討させること

イ　アの検討の結果、設備整備事業の目的に沿って使用される見込みのない次世代シークエンサーがある場合は、交付の目的に反して使用することとなることから、都道府県に対して、当該次世代シークエンサーについて速やかに財産処分の手続を行うなどの措置をとるよう指導すること

（検査報告241ページ）

（前掲63ページ「令和4年度決算検査報告の特色」参照）

意見表示㊱　後期高齢者医療広域連合による高齢者保健事業の実施に対して交付された補助金等の効果及び高齢者保健事業における診療情報の活用について

━＜要点＞━━━━━━━━━━━━━━━━━━━━━━━━━━━━━━━━━━━

後期高齢者医療広域連合が実施している高齢者保健事業において、健康診査の実施後に受診勧奨及び保健指導の対象者の抽出が適切に行われていないことについて、受診勧奨及び保健指導に関する具体的な内容や実施のための方法等を明確に示すなどして、健康診査の事業を対象として交付された補助金等の効果が十分に発現するよう、また、医療機関に存在する診療情報を活用することができるための方策を検討して、高齢者保健事業が経済的に実施されるよう意見を表示したもの（指摘金額11億8577万円、背景金額76億0444万円）

───

第Ⅱ章

厚生労働省

高齢者保健事業の概要等

(1)　高齢者保健事業の概要

　後期高齢者医療広域連合（以下「広域連合」）は、高齢者の医療の確保に関する法律（以下「高齢者医療確保法」）等に基づき、後期高齢者（75歳以上の者又は65歳以上75歳未満の者で一定の障害にある者）に対して、健康診査、保健指導その他の後期高齢者の健康の保持増進のために必要な事業等（これらを「高齢者保健事業」）を行うように努めなければならないことなどとなっている。

　「高齢者の医療の確保に関する法律に基づく高齢者保健事業の実施等に関する指針」によれば、健康診査は、疾病予防、重症化予防等を目的として、医療機関での受診が必要な者及び保健指導を必要とする者を的確に抽出するために行うものとされている。

　指針において、健康診査後の結果の通知に当たっては、治療を要する者に対して、必要に応じて医療機関での受診を勧めること（以下「受診勧奨」）を行うことなどとされている。また、保健指導については、健康診査の結果等を十分に把握し、疾病予防、重症化予防及び健康の保持増進のための方法を本人が選択できるよう配慮するとともに、加齢による心身の特性の変化や性差等に応じた内容とすることなどとされている。

(2)　後期高齢者医療制度事業費補助金等の概要

　厚生労働省は、健康診査等の事業を対象として、広域連合に対して後期高齢者医療制度事業費補助金を交付している。また、補助金の想定される所要額が当該事業に係る国の歳出予算額を超過する場合、超過する部分については、別途、広域連合に対して特別調整交付金[注]を交付することになっている。

(3)　診療における検査データの活用

　40歳以上75歳以下の年齢に達する者（75歳未満の者に限る。）に対して行われる特定健康診査においては、医療機関において診療の一環として特定健康診査の実施内容と同様の検査を受けた者について、本人の同意の下で、保険者が診療における検査データ（以下「診療情報」）の提供を受けて、これを特定健康診査の結果として活用することが認められている。

　一方、高齢者保健事業においては、診療情報を健康診査の結果として活用する取扱いとはなっていない。

───

(注) 特別調整交付金　　高齢者医療確保法に基づき、後期高齢者医療の財政を調整するために、国が広域連合に対して交付する財政調整交付金の一部であり、災害その他特別の事情がある広域連合に対して交付される。

検査の結果　健康診査が、医療機関での受診が必要な者及び保健指導を必要とする者を的確に抽出するように行われるなどして補助の効果が十分に発現しているかなどに着眼して、22広域連合[注1]に対して令和2年度に交付された補助金及び交付金(これらを「補助金等」)計41億1984万円を検査した。また、広域連合による高齢者保健事業が経済的に実施されているかなどに着眼して、47広域連合に対して2年度に交付された補助金等計76億0444万円[注2]を対象として検査した。

(1)　受診勧奨及び保健指導の対象者の抽出が適切に行われていない事態

指針において、受診勧奨及び保健指導に関する具体的な内容や実施のための方法等について明確に示されていないと思料されたことから、同省が発出した特別調整交付金に係る通知等を踏まえ、本院において、受診勧奨及び保健指導を表1のとおりそれぞれ定義し、これに沿って、22広域連合に加入する915市区町村において、健康診査の実施後に受診勧奨及び保健指導の対象者の抽出をどのように行っているかをみたところ、15広域連合に加入する407市町村において、受診勧奨及び保健指導のいずれについても対象者の抽出が行われていなかった(表2参照)。

表1　受診勧奨及び保健指導の定義

取組名	定義の内容
受診勧奨	医療機関への受診の有無を確認した上で、受診が無い者に実施された面談等をいう。なお、単に健康診査の結果を通知したものは受診勧奨には含めない。
保健指導	医師、保健師等の医療専門職が、個人の健康診査の結果に応じて個別具体的な指導を行うものであり、次の条件に基づき実施されたものをいう。 ①対象者の抽出基準が明確であること ②かかりつけ医と連携した取組であること ③医療専門職が取組に関わること ④事業の評価を実施すること

したがって、上記の407市町村において実施された健康診査は、医療機関での受診が必要な者及び保健指導を必要とする者を的確に抽出するように行われたものとはなっておらず、15広域連合に交付された補助金等計11億8577万円については、補助の効果が十分に発現しているとは認められない。

(注1) 22広域連合　　北海道、岩手県、宮城県、茨城県、東京都、新潟県、富山県、福井県、山梨県、岐阜県、愛知県、滋賀県、大阪府、兵庫県、奈良県、鳥取県、岡山県、山口県、徳島県、福岡県、熊本県、鹿児島県各後期高齢者医療広域連合
(注2) 41億1984万円は、47広域連合に対して交付された76億0444万円の内数である。

表2 受診勧奨及び保健指導の対象者の抽出状況

広域連合名	受診勧奨の対象者の抽出		保健指導の対象者の抽出		受診勧奨及び保健指導のいずれについても対象者の抽出が行われていなかった市町村の数	左における健康診査の受診者数 (人)	左に係る事業費補助金等 (円)
	行われていなかった市区町村の数	左における健康診査の受診者数 (人)	行われていなかった市区町村の数	左における健康診査の受診者数 (人)			
北海道広域連合	175	87,572	135	70,531	132	69,740	131,588,000
岩手県広域連合	1	787	1	787	1	787	1,390,000
宮城県広域連合	28	66,346	32	71,983	28	66,346	119,272,000
茨城県広域連合	0	0	0	0	0	0	0
東京都広域連合	8	43,803	54	566,904	5	819	1,512,000
新潟県広域連合	27	65,339	26	35,192	26	35,192	62,871,000
富山県広域連合	0	0	0	0	0	0	0
福井県広域連合	2	793	6	4,736	1	269	483,000
山梨県広域連合	27	18,687	17	11,387	17	11,387	20,882,000
岐阜県広域連合	26	52,814	28	52,125	24	50,710	92,311,000
愛知県広域連合	50	255,928	47	309,137	46	241,293	433,118,000
滋賀県広域連合	0	0	0	0	0	0	0
大阪府広域連合	0	0	0	0	0	0	0
兵庫県広域連合	22	85,739	21	84,703	19	83,508	154,029,000
奈良県広域連合	37	46,311	36	45,359	35	43,933	79,270,000
鳥取県広域連合	15	12,144	12	4,739	10	4,136	7,580,000
岡山県広域連合	22	32,882	21	20,616	19	19,586	36,037,000
山口県広域連合	0	0	19	31,763	0	0	0
徳島県広域連合	20	9,771	20	9,771	20	9,771	17,802,000
福岡県広域連合	0	0	0	0	0	0	0
熊本県広域連合	0	0	0	0	0	0	0
鹿児島県広域連合	24	14,509	24	14,509	24	14,509	27,633,000
22広域連合	484	793,425	499	1,334,242	407	651,986	1,185,778,000

⑵ 診療情報の活用が行われていない事態

　47広域連合に対して2年度に交付された補助金等76億0444万円の対象となっている全ての健康診査の受診者4,195,246人のうち、全体の18.9%に当たる791,516人が、元年度中に健康診査の基本項目のうちの血液検査と尿検査に係る全ての項目について、医療機関で診療の一環として検査を受けていた。さらに、このうち59.7%に当たる472,548人(全体の11.3%)については、2年度中も、医療機関で診療の一環として血液検査と尿検査に係る全ての項目について検査を受けていた。

　広域連合が上記の791,516人に対して、2年度の健康診査の実施に先立ち診療情報を広域連合に提供するよう協力依頼を行っていれば、被保険者の同意が前提にあることを考慮してもなお、上記472,548人のうちの一定数に係る診療情報の提供が得られていたと考えられる。その結果、健康診査を受診しないこととなる被保険者に係る補助金等の交付額を一定額節減して高齢者保健事業を経済的に実施することができたと認められる。

第Ⅱ章

厚生労働省

　　このように、高齢者保健事業の実施に当たり、受診勧奨及び保健指導の対象者の抽出が適切に行われていなかったり、診療情報の活用が行われていなかったりする事態は適切ではなく、改善の要があると認められる。

本院が表示する意見 同省において、補助金等の効果が十分に発現するよう、また、診療情報の活用により補助金等の交付額の節減が図られ高齢者保健事業が経済的に実施されるよう、次のとおり意見を表示する。

ア　広域連合に対して、健康診査の目的等を周知徹底し、受診勧奨及び保健指導の必要性や、これらに関する具体的な内容や実施のための方法等を明確に示すとともに、健康診査の結果の活用状況を把握した上で、受診勧奨及び保健指導の対象者の抽出が適切に行われることを補助金等の交付に際して確認し指導を行うなどの具体的な方策を検討すること

イ　医療機関に診療情報が存在する被保険者について、当該被保険者に係る診療情報を活用して受診勧奨及び保健指導の対象者を抽出することを認める取扱いとした上でこれを周知するなど、広域連合が診療情報を活用することができるための具体的な方策を検討すること

講じた処置 同省は、次のような処置を講じていた。

ア　5年3月に、広域連合に対して通知を発して、高齢者保健事業における健康診査の目的等を周知徹底するとともに、受診勧奨及び保健指導の必要性や、これらに関する具体的な内容や実施のための方法等を明確に示した。また、健康診査の結果の活用状況を把握した上で、受診勧奨及び保健指導の対象者の抽出が適切に行われることを補助金等の交付に際して確認し指導を行うなどの具体的な方策を検討し、補助金の交付要綱を改正して、広域連合が提出する補助金の申請書及び事業実績報告書について、健康診査の結果の活用状況の記載を求めた。

イ　医療機関に診療情報が存在する被保険者の診療情報を広域連合が活用することができるための具体的な方策を検討して、アの通知により、広域連合が診療情報を健康診査の結果として活用する場合の取扱いについて、市区町村が国民健康保険の保険者として実施している特定健康診査における取扱いに準じて行うことを周知した。
(検査報告247ページ)

(前掲69ページ「令和4年度決算検査報告の特色」参照)

処置済 社会福祉法人等の災害復旧に係る補助事業の実施状況について

┌─＜要点＞────────────────────────────┐
│社会福祉施設等災害復旧費国庫補助金の交付額の算定に当たり、過去に補助金等の交付を受け│
│た建物等に該当するか否かにかかわらず火災保険金を総事業費から控除するなどするよう改善│
│させたもの(指摘金額9883万円)│
└────────────────────────────────────┘

(前掲160ページ参照)

災害復旧費補助金の概要等

(1)　災害復旧費補助金の概要

　　社会福祉施設等災害復旧費国庫補助金(以下「災害復旧費補助金」)は、自然災害により被害を受けた社会福祉施設等の災害復旧に関し、厚生労働大臣に協議して承認を得た災害復旧事業に要する費用の一部を補助することにより、災害の速やかな復旧を図り、もって施設入所者等の福祉を確保することを目的としている。

　　厚生労働省は、都道府県、指定都市、中核市等(以下「都道府県等」)により設置された高齢者関

係施設、児童関係施設、障害者関係施設等の社会福祉施設等に係る災害復旧事業を対象として、また、社会福祉法人等により設置された社会福祉施設等の災害復旧のために都道府県等が補助する事業を対象として、都道府県等に災害復旧費補助金を交付している(災害復旧費補助金と都道府県等の負担分を合わせて「災害復旧費補助金等」、災害復旧費補助金等により施設整備事業を実施する者を「事業主体」)。

　そして、災害復旧費補助金の交付額は、「社会福祉施設等災害復旧費国庫補助金交付要綱」等に基づき、①総事業費から寄附金その他の収入額を控除した額等と、②施設の種類ごとに算出した基準額(以下「基準額」)の合計額とを比較して、少ない方の額に所定の国庫補助率を乗じて算出した額等とされている。

⑵　補助金交付額の算定における火災保険金の取扱い

　厚生省(平成13年1月6日以降は厚生労働省)は、補助金の交付額の算定に当たり控除すべき寄附金その他の収入について、「厚生省所管補助金等にかかる寄付金その他の収入の取扱いについて」(以下「昭和35年通知」)により定めている。昭和35年通知によれば、控除するその他の収入のうち、火災保険金(共済金等を含む。)の範囲については、過去において補助金等の交付を受けて建設し又は改造改築等により効用の増加した既存建物等(以下「過去に補助金等の交付を受けた建物等」)が被災したことによる火災保険金の収入から基準額を基に算出される自己負担相当(以下「自己負担相当額」)を控除した額とされている。すなわち、災害復旧費補助金の交付額の算定に当たり、被災した社会福祉施設等が過去に補助金等の交付を受けた建物等に該当する場合、被災したことによる火災保険金の収入は、次のとおり、総事業費から控除することとなっている。

　一方で、過去に補助金等の交付を受けた建物等に該当しない場合の火災保険金の収入の取扱いについては、昭和35年通知には示されていない。

| 検査の結果 | 令和元年度から3年度までの間に、16都道府県及び19市[注2]から災害復旧費補助金の交付を受けて災害復旧事業を実施した213事業主体の304施設(補助対象事業費計136億4979万円、国庫補助金交付額計80億7762万円)を対象として検査した。

　検査したところ、上記213事業主体の304施設について、被災したことによる火災保険金の受取状況をみたところ、70事業主体が106施設について火災保険金計22億6971万円を受け取っていた。そこで、上記70事業主体の106施設について、災害復旧費補助金の交付額の算定における火災保険金の取扱いをみたところ、過去に補助金等の交付を受けた建物等に該当しないために総事業費から火災保険金が控除されていないものが、5府県及び1市[注3]から災害復旧費補助金の交付を受けた10事業主体の13施設(高齢者関係施設6施設、児童関係施設6施設、障害者関係施設1施設。補助対象事業費計1億8871万円、国庫補助金交付額計1億1702万円)について見受けられた。

(注1) 例えば、災害復旧費補助金等の補助率が3/4の場合、自己負担率は1/4となる。
(注2) 16都道府県及び19市　　東京都、北海道、京都、大阪両府、岩手、宮城、福島、茨城、栃木、群馬、埼玉、千葉、神奈川、長野、岡山、熊本各県、札幌、仙台、福島、郡山、いわき、宇都宮、さいたま、川越、千葉、横浜、川崎、長野、京都、大阪、堺、高槻、枚方、神戸、倉敷各市
(注3) 5府県及び1市　　京都府、福島、茨城、千葉、熊本各県、京都市

　　しかし、厚生労働省は、昭和35年通知において総事業費から火災保険金を控除する対象を過去に補助金等の交付を受けた建物等に限定した理由を確認できないとしており、次のような理由から、災害復旧費補助金の交付額の算定に当たり総事業費から火災保険金を控除する取扱いを、過去に補助金等の交付を受けた建物等に限定する合理性は乏しいと思料された。

ア　火災保険金は、過去に補助金等の交付を受けた建物等に該当するか否かにかかわらず受け取れるものであり、過去の補助金等の交付の有無により、災害復旧費補助金の交付額の算定における取扱いを異にする特段の必要性はないこと

イ　前記10事業主体の13施設については、事業主体が受け取った火災保険金と災害復旧費補助金等の交付額の合計額が総事業費を超えている状況であること

　　そこで、前記10事業主体の13施設について、災害復旧費補助金の交付額の算定に当たり、自己負担相当額を除いた火災保険金を総事業費から控除するなどして交付額を試算すると、国庫補助金交付額は当初交付額と比べて計9883万円減少することになる。

　　このように、災害復旧費補助金の交付額の算定に当たり、過去に補助金等の交付を受けた建物等に該当する社会福祉施設等に限定して、総事業費から火災保険金を控除する取扱いとしていた事態は適切ではなく、改善の必要があると認められた。

　厚生労働省等が講じた改善の処置　同省は、5年8月に通知を発出して、昭和35年通知を廃止した上で、災害復旧費補助金の交付額の算定において、過去の補助金等の交付の有無にかかわらず自己負担相当額を除いた火災保険金を総事業費から控除するなどすることとし、都道府県等に対して、その取扱いを周知するなどの処置を講じた。

　　また、社会福祉施設等のうち児童関係施設等に係る施設整備の災害復旧事業を対象とした災害復旧費補助金に係る事務が5年4月にこども家庭庁に移管されたことに伴い、同庁も同様の処置を講じた。

（検査報告253ページ）

処置済　介護施設等における陰圧装置設置事業の実施について

┌─**＜要点＞**──────────────────────────────┐

介護施設等における陰圧装置設置事業の実施に当たり、都道府県に対して、居室等が陰圧室としての機能を有するためにダクト工事が必要な簡易陰圧装置を設置する場合は同工事を行うこと及び予備部品の購入費等を対象経費に含めないことについて周知するなどして、事業が適切に実施されるよう改善させたもの（指摘金額5685万円、背景金額2億8344万円）

└──────────────────────────────────┘

　介護施設等における陰圧装置設置事業の概要等

⑴　**介護施設等における陰圧装置設置事業の概要**

　　厚生労働省は、「地域における医療及び介護の総合的な確保の促進に関する法律」等に基づき、都道府県が作成した計画に基づいて行う事業を支援するために、都道府県に設置する基金（以下「確保基金」）の造成に必要な経費の2/3に相当する額等について、医療介護提供体制改革推進交付金を交付している。

　　同省は、確保基金を活用して行われる事業（以下「基金事業」）について、「地域医療介護総合確保基金管理運営要領」（以下「管理運営要領」）を定めており、令和2年6月に管理運営要領を改正して、新型コロナウイルス感染拡大防止対策支援事業の一環として、介護施設等における簡易陰圧装置の設置に係る経費を支援する事業（以下「陰圧装置設置事業」）を基金事業の対象としている。

そして、都道府県は、管理運営要領等に基づき、新型コロナウイルスの感染拡大を防止する観点から、簡易陰圧装置を設置する介護施設等の事業者(以下「介護事業者」)に対して、造成した確保基金を取り崩して助成している(確保基金から取り崩して助成するものを「基金事業助成金」)。

陰圧装置設置事業の実施方法としては、補助事業者である都道府県が介護事業者に直接基金事業助成金を交付して実施する場合と、都道府県から間接補助事業者である市町村を通じて介護事業者に基金事業助成金を交付して実施する場合がある。

(2) 陰圧装置設置事業の対象事業及び対象経費

管理運営要領によれば、陰圧装置設置事業の対象事業は、介護施設等において感染拡大のリスクを低減するためには、ウイルスが外に漏れないよう気圧を低くした居室である陰圧室の設置が有効であることから、居室等に簡易陰圧装置を据えるとともに簡易的なダクト工事等を行う事業とされている。なお、簡易陰圧装置には必ずしもダクト工事を必要としないものもある。

また、管理運営要領によれば、対象経費は、簡易陰圧装置を設置するために必要な備品購入費、工事費又は工事請負費及び工事事務費(工事施工のために直接必要な事務に要する費用であって、旅費、消耗品費、通信運搬費、印刷製本費、設計監督料等)とされている。そして、厚生労働本省の説明によれば、予備の交換用フィルターの購入費等(以下「予備部品の購入費等」)は対象経費とはなっていないとしている。

検査の結果 20都府県[注1]が造成した確保基金を活用して都府県又は管内の市町村が2、3両年度に実施した陰圧装置設置事業4,362件(基金事業助成金計161億7163万円、交付金相当額計107億8109万円)を対象として検査した。

(1) 必要なダクト工事を行っておらず居室等が陰圧室としての機能を有していなかった事態

愛知県及び京都府管内の8市[注2]が実施した陰圧装置設置事業30件(基金事業助成金計5267万円、交付金相当額計3511万円)において、居室等にダクト工事が必要な簡易陰圧装置を設置していたもののダクト工事を行っていないため居室等が陰圧室としての機能を有していなかった事態が見受けられた。

この理由について確認したところ、市や介護事業者は、両府県が管理運営要領を受けて管内市町村に対して発出した陰圧装置設置事業に関する事務連絡において、簡易陰圧装置には必ずしもダクト工事を必要としないものもあるため、「ダクト工事の有無は問わない。」などと記載していたことから、ダクト工事を行わなくても陰圧室としての機能を有するものと誤解してしまったなどとのことであった。

(2) 予備部品の購入費等を対象経費に含めていた事態

16府県市[注3]が実施した陰圧装置設置事業計465件(基金事業助成金計8億4020万円、交付金相当額計5億6013万円)において、予備部品の購入費等を対象経費に含めていた事態が見受けられた。

このうち、請求書等から予備部品の購入費等のみの金額が抽出できた陰圧装置設置事業が171件(基金事業助成金計4億1503万円、交付金相当額計2億7669万円)あり、これに係る予備部品の購入費等の金額は、基金事業助成金計3262万円、交付金相当額計2174万円となっており、請求書等に簡易陰圧装置本体を含め一式計上されていて予備部品の購入費等のみの金額が明示されていない陰圧装

置設置事業が294件(基金事業助成金計4億2517万円、交付金相当額計2億8344万円)となっていた。

　予備部品の購入費等を対象経費に含めていた理由について確認したところ、管理運営要領の記述が不明瞭なことから、16府県市や介護事業者が予備部品の購入費等を対象経費として含めてよいものと誤解していたことによるものなどとなっていた。

　このように、**介護施設等において、必要なダクト工事を行っておらず居室等が陰圧室としての機能を有していなかった事態及び予備部品の購入費等を対象経費に含めていた事態は適切ではなく、改善の必要があると認められた。**

　┌──────────────────┐
　│ 厚生労働省が講じた改善の処置 │ 同省は、陰圧装置設置事業が適切に実施されるよう、5年8月に、
　└──────────────────┘
次のような処置を講じた。

ア　前記30件の事態について、2府県を通じてダクト工事を行うなどして陰圧室としての機能を有するよう求めた。

イ　都道府県に対して、事務連絡を発して、居室等が陰圧室としての機能を有するためにダクト工事が必要な簡易陰圧装置を設置する場合は同工事を行うこと及び予備部品の購入費等を対象経費に含めないことについて周知するとともに、都道府県を通じて市町村及び介護事業者に周知するよう都道府県に助言する処置を講じた。

─＜参考図＞─

ダクト工事が必要な簡易陰圧装置を設置した陰圧室の概念図

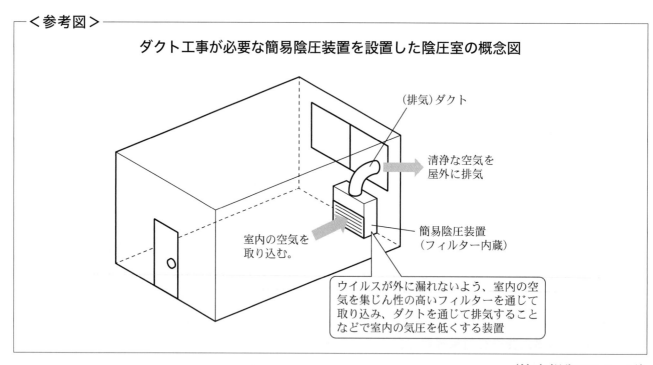

（排気)ダクト

清浄な空気を
屋外に排気

簡易陰圧装置
（フィルター内蔵)

室内の空気を
取り込む。

ウイルスが外に漏れないよう、室内の空気を集じん性の高いフィルターを通じて取り込み、ダクトを通じて排気することなどで室内の気圧を低くする装置

(検査報告256ページ)

(前掲65ページ「令和４年度決算検査報告の特色」参照)

┌──────────┐
│ 処　置　済 │ 労働保険事務組合に対する報奨金の交付について
└──────────┘

─＜要点＞─

労働保険事務組合に対する報奨金の交付額の算定に当たり、労働保険料の収納率を高く維持するという交付目的に照らして、確定保険料が生じていない対象事業主を算定の対象に含めないこととすることにより、報奨金の交付額の算定が適切に行われるよう改善させたもの(指摘金額6527万円)

報奨金制度の概要

⑴　報奨金の交付目的等

　　厚生労働省は、労働者災害補償保険(以下「労災保険」)及び雇用保険(両保険を「労働保険」)を管掌しており、労働保険の保険料の徴収等に関する法律(以下「徴収法」)等の規定に基づき、労働保険事務組合制度を設けている。労働保険事務組合(以下「事務組合」)は、既存の事業主の団体等がその構成員等である中小事業主から委託を受けて、労働保険に係る事務(以下「労働保険事務」)を処理するものである。

　　そして、同省は、事務組合に対して、労働保険料に係る報奨金を交付している。労働保険事務組合報奨金交付要領によれば、報奨金の交付目的は、事務組合の労働保険事務の適正な遂行の労に報い、もって労働保険料の収納率を高く維持することとされている。

⑵　報奨金の交付額の算定方法等

　　労働保険事務組合に対する報奨金に関する政令等によれば、報奨金の交付要件は、事務組合に労働保険事務を委託した事業主のうち常時15人以下の労働者を使用する事業主(以下「対象事業主」)が納付すべき前年度の確定保険料^(注)等の合計額のうち95/100以上の額が納付されていることなどとされている(年度の確定保険料等の合計額と納付された額との比率を「収納率」)。

　　報奨金の交付額は、①対象事業主の確定保険料のうち実際に納付された額の合計額に2.0/100を乗じて得た額(定率分)と、②対象事業主の区分に応じて定められた単価(以下「定額分単価」)にそれぞれ該当する対象事業主数を乗じて得た額(定額分)との合計額とされている(次式参照)。

　　(注)　対象事業主数が1,000を超える事務組合に対しては、定額分のうち1,000を超える対象事業主数に係る
　　　　　報奨金は交付しないこととなっている。

　　上記②のうち定額分単価については、表のとおり、前年度の対象事業主が常時使用する労働者数(以下「常時使用労働者数」)及び労働保険の保険関係の成立状況に応じて3,100円から12,400円までと定められている。

表　対象事業主の区分と定額分単価

(単位：円)

常時使用労働者数	労働保険の保険関係の成立状況	
	両保険加入　注⑴	片保険加入　注⑵
5人未満	12,400	6,200
5人以上15人以下	6,200	3,100

注⑴ 労災保険及び雇用保険の両方の保険関係が成立している対象事業主が適用となる。
注⑵ 雇用保険加入の所定の要件を満たす労働者がいないため雇用保険の保険関係が成立せず、労災保険の保険関係のみが成立しているなど、労災保険又は雇用保険の保険関係のいずれか一方のみが成立している対象事業主が適用となる。

(注) 確定保険料　　労働保険料には、労働者に支払う賃金総額の見込額等に基づき算定した概算保険料と、実際に支払った賃金総額等に基づき算定した確定保険料とがあり、報奨金の交付要件には確定保険料を用いることとされている。

　また、建設の事業等については、労災保険と雇用保険との間で適用される労働者の範囲が異なるため、徴収法等における特例的な取扱いとして、一つの事業主であっても労災保険と雇用保険の保険関係ごとに別個の事業主とみなして取り扱うこととなっている。この場合、定額分の算定に当たっては、労災保険と雇用保険の保険関係ごとに片保険加入の単価を乗ずることとなっている。

　報奨金の交付を受けようとする事務組合は、所定の期日までに労働保険事務組合報奨金交付申請書(以下「交付申請書」)等を都道府県労働局(以下「労働局」)に提出することとなっている。そして、交付申請書等の提出を受けた労働局は、交付申請書等の内容の審査を行い、その結果に基づき報奨金の交付額を決定して、事務組合に対して当該交付額を交付することとなっている。

(3) 確定保険料が生じない事業主

　報奨金の交付額の算定の基礎となる確定保険料は、徴収法等に基づき、事業主において前年度に労働者に実際に支払うなどした賃金総額に所定の保険料率を乗じて算定することとなっている。したがって、前年度に使用する労働者の全てが休職するなどして、事業主において賃金の支払が生じず確定保険料が生じないことがある。

　また、徴収法等によれば、労災保険の保険関係について、建設の事業が数次の請負によって行われる場合には、その事業を一つの事業とみなして、元請負人のみを当該事業の事業主とすることとされている。このため、保険料の算定対象期間に下請負のみを実施して、労災保険分の保険料を納付する事業主とならず労災保険分の確定保険料が生じないことがある。

検査の結果　令和2、3両年度に47労働局が計9,090事務組合(両年度の純計)に対して交付した報奨金の交付額計193億8286万円を対象として検査した。

　その結果、計26労働局(注)(2年度26労働局、3年度22労働局。合計は純計)において、労災保険と雇用保険の保険関係ごとに別個の事業とみなして取り扱う建設の事業を営む対象事業主等のうち、労災保険分の保険料の算定対象期間中に実施した建設の事業の全てが下請負であるなどしていたため確定保険料が生じていない2年度計5,562対象事業主及び3年度計5,574対象事業主を、定額分の算定対象に含めて報奨金の交付額を算定していた事務組合が計1,499事務組合(2年度1,200事務組合、3年度1,224事務組合)見受けられた。

　これに対して、厚生労働本省は、上記のように確定保険料が生じていない対象事業主を定額分の算定対象に含めるかどうかについて、労働局に統一的に示していなかった。

　しかし、上記の対象事業主については、納付すべき確定保険料がないことから、事務組合における労働保険料の収納率の維持に影響を及ぼすことはない。

　したがって、事務組合における労働保険料の収納率を高く維持することとする報奨金の交付目的に照らすと、前記の確定保険料が生じていない対象事業主(これに係る報奨金の交付額2年度3260万円、3年度3266万円、計6527万円)を、報奨金の交付額の算定の対象に含めていたことは適切ではないと認められた。

　このように、**報奨金の交付目的が労働保険料の収納率を高く維持することとなっているのに、収納率に影響のない確定保険料が生じていない対象事業主を定額分の算定対象に含めて報奨金を算定して交付していた事態は適切ではなく、改善の必要があると認められた。**

厚生労働省が講じた改善の処置　同本省は、報奨金が交付目的に照らして適切に交付されるよう、5

(注) 26労働局　　北海道、青森、岩手、秋田、山形、群馬、千葉、東京、神奈川、山梨、愛知、三重、大阪、奈良、和歌山、鳥取、山口、徳島、愛媛、高知、福岡、長崎、熊本、大分、宮崎、沖縄各労働局

年7月に交付要領の改正を行い、報奨金の交付額の算定に当たっては、確定保険料が生じていない対象事業主を定額分の算定対象に含めずに算定することを定めて労働局に周知するとともに、同年10月までに、これに基づき算定することについて労働局を通じて事務組合に対して周知する処置を講じた。 　　　　　　　　　　　　　　　　　　　　　　　　　　　　　　　　　　　（検査報告260ページ）

第Ⅱ章

◯　　7　農林水産省

農林水産省

| 不　　当 | 東京オリンピック・パラリンピック競技大会の選手村に提供する国産豚肉の調達等に係る契約が会計法令に違反 |

═＜要点＞═
東京オリンピック・パラリンピック競技大会の選手村に設置される飲食提供施設に提供する国産豚肉の調達、加工、保管等に係る契約において、契約を構成する主要な事項について合意した内容と異なる内容の契約書を作成し、また、業務の履行が完了したこととして検査調書を作成していたため、会計法令に違反していて、1914万円が不当と認められる。

（後掲366ページ参照）

選手村における日本産食材提供による魅力発信業務等の概要　農林水産本省は、令和3年2月に「選手村における日本産食材提供による魅力発信業務」に係る請負契約（以下「本件契約」）をスターゼン株式会社との間で随意契約により締結して、同年4月に契約金額1914万円を会社に支払っている。本件契約の内容は、国産豚肉を調達して、東京オリンピック・パラリンピック競技大会（以下「大会」）の選手村において飲食提供等の業務を行う業者（以下「フードサービス業者」）が求める基準等を満たすように加工して、加工した国産豚肉計6,264kgを保管することなどとなっている。

検査の結果　本件契約を対象として、農林水産本省及び会社において、会計実地検査を行った。

(1)　合意した内容と異なる内容の契約書を作成していた事態

　　会社は、本件契約の締結前から、フードサービス業者との間で、選手村の飲食提供施設で使用される畜産物の納入に関する契約（以下「畜産物納入契約」）を締結していて、畜産物納入契約には会社が外国産豚肉を納入する内容が含まれていた。そして、農林水産本省によると、2年11月頃、畜産物納入契約を前提として、会社との間で、飲食提供施設に納入が予定されていた外国産豚肉の一部11,215kgを国産豚肉に切り替えるために、次の①、②等の点について口頭で合意したとしている。

①　会社は加工前の国産豚肉を調達して、フードサービス業者が求める基準を満たすように加工を行って保管し、大会が終了する3年9月まで逐次納入すること

②　農林水産本省は、外国産豚肉を国産豚肉に切り替えることに伴い生ずる調達、加工、保管、納入等に要する費用の増加額（以下「調達差額」）等を会社に支払うこと

　　したがって、農林水産本省は、会計法令に基づき、会社が締結した畜産物納入契約を前提として外国産豚肉11,215kgを国産豚肉に切り替えること、役務提供期間が業務開始を予定している3年2月頃から同年9月までであることなどを内容とする契約書を作成するなどの必要があった。

　　しかし、農林水産本省は、本件契約を構成する主要な事項について、合意した内容、すなわ

ち、実際に実施することを予定していた内容とは異なる内容の契約書を作成していた（表参照）。

表　合意した内容と契約書の記載内容との主な異同点

本件契約を構成する主要な事項	合意した内容	契約書の記載内容
契約の目的	外国産豚肉11,215kgを国産豚肉に切り替えて納入すること 【実施する業務の内容】 ・国産豚肉の調達 ・調達した国産豚肉の加工 ・加工した国産豚肉の保管 ・保管した国産豚肉の納入 ・報告書の作成　等	国産豚肉を調達し、加工して、加工後のもの6,264kgを保管すること 【実施する業務の内容】 ・国産豚肉の調達 ・調達した国産豚肉の加工 ・加工した国産豚肉の保管 ・報告書の作成　等
契約金額 （契約金額の構成要素）	外国産豚肉11,215kgを国産豚肉に切り替えて納入することに伴い必要となる調達、加工、保管、納入等に要する費用の増加額等	国産豚肉6,264kgを保管するのに必要となる調達、加工、保管等に要する費用等
履行期限 （業務を実施する期間）	大会が終了する令和3年9月 （業務開始を予定している同年2月頃から大会が終了する同年9月まで）	3年3月31日 （契約締結日である同年2月16日から同年3月31日まで）

　上記の相違が生じた経緯等を確認したところ、次のとおりとなっていた。
ア　契約の目的における国産豚肉の数量や契約金額の構成要素
　農林水産本省は、合意した内容は畜産物納入契約を前提とするものであり、合意した内容をそのまま本件契約の内容に反映させる場合には、本件契約の内容が複雑になると考えたことから、本件契約の内容について、簡潔なものとなるように、合意した内容とは異なる内容に置き換えることとしたとしている。その一環として、農林水産本省は、調達差額1494万円について、国産豚肉の調達、加工、保管等に要する費用であると装うこととしたとしていて、契約書に記載された国産豚肉の数量6,264kgについても架空のものであった。
イ　実施する業務の内容及び業務を実施する期間
　農林水産本省は、合意した内容をそのまま本件契約の内容に反映させる場合には、年度ごとに業務を分割して2件の契約とするなどの煩雑な手続をとる必要があり、業務全体が単年度で完了することとすればそのような手続をとる必要がなくなると考えたことから、本件契約における業務を実施する期間を3年2月16日から同年3月31日までとして、4月以降に実施する業務は発生しないことを装うこととしたとしている。また、業務を実施する期間を上記のとおりとすると、業務の内容に国産豚肉の納入を含めることは大会が終了する時期（同年9月）との関係で不自然であることから、契約書に記載する業務の内容についても、合意した内容の一部であり、国産豚肉を選手村の飲食提供施設に提供する上で不可欠となる国産豚肉の納入を含めていなかった。
　会計法令によれば、契約担当官及び支出負担行為担当官は契約を締結する場合には、原則として、契約の目的、契約金額、履行期限等の契約内容を記載した契約書を作成しなければならないこととされている。それにもかかわらず、農林水産本省は、本件契約を構成する主要な事項について、合意した内容とは異なる内容の契約書を作成していた。
⑵　契約書に記載された業務の履行が完了したこととして検査調書を作成していた事態
　3年3月31日時点における契約書に記載された業務の履行状況について確認したところ、国産豚肉の調達は一部行われていたものの、加工は開始されておらず、加工後の状態で保管されているものはなかった。

　一方、本件契約の検査職員には、実際に実施することを予定していた内容とは異なる内容を記載した契約書が作成されていることなどを認識していた職員が任命されていた。そして、当該検査職員は、国産豚肉の調達が完了しておらず、加工や保管は行われていないなどの状況にあるにもかかわらず、3年3月31日に、契約書に記載された業務の履行の完了を確認したこととして、事実と異なる内容を記載した検査調書を作成していた。その後、農林水産本省は、当該検査調書に基づくなどして、同年4月に契約金額全額を会社に支払っていた。

　このように、**本件契約について、契約を構成する主要な事項について合意した内容とは異なる内容の契約書を作成していた事態、及び契約書に記載された業務の履行が完了したこととして検査調書を作成していた事態は、会計法令に違反していて著しく適正を欠いており、本件契約に係る支払額1914万円が不当**と認められる。　　　　　　　　　　　　　　　　　（検査報告272ページ）

（前掲81ページ「令和4年度決算検査報告の特色」参照）

| 不　　　当 | 山林施設災害関連事業等の実施に当たり、概算数量で設計していた仮設工について、実際の施工数量に基づく設計変更を行っていなかったため、契約額が割高 |

＜要点＞

山林施設災害関連事業等の実施に当たり、概算数量で設計していた仮設工について、実際の施工数量に基づく設計変更を行っていなかったことにより、切盛土量、大型土のう等の数量が過大となっていたため、契約額が1239万円割高となっていて不当と認められる。

工事の概要　中部森林管理局東信森林管理署（以下「東信署」）は、令和元年東日本台風により被災した長野県上田市所在の国有林に治山ダムを設置等するために、令和元年度から3年度までの間に「池ノ沢災害関連ほか1治山工事」を、一般競争契約により、青木建設工業株式会社に契約額1億2804万円で請け負わせて実施している。

　本件工事は、災害により渓床に堆積した不安定土砂の移動を防止することなどを目的とした治山ダムを新たに設置等するために、谷止工等及びこれに必要な仮設工を実施したものである。

　このうち、仮設工は、谷止工等に必要な資材等を運搬するために、既設の烏帽子林道等（林道台帳における延長計5,437m。以下「林道区間」）における損壊箇所の補修等と、既設の森林作業道等から新設する治山ダム等の施工現場までの区間（延長計510m。以下「施工現場区間」）における新たな仮設作業道の作設（これらを「仮設作業道作設等」）を行うなどするものである。

　「発注関係事務の運用に関する指針」によれば、災害発生後の緊急対応に当たっては、概算数量による発注を行った上で現地状況等を踏まえて契約変更を行うなど、工事の緊急度に応じた対応も可能であるとされている。

　また、「森林整備保全事業に係る設計変更等ガイドラインについて」によれば、仮設及び施工方法の一切の手段の選択を受注者の責任で行う任意仮設については、仮設及び施工方法に変更があっても、原則として設計変更の対象としないが、当初積算時の想定と現地条件が異なるなどの場合は、必要に応じて設計変更を行うこととされている。そして、国有林野事業工事請負契約約款によれば、発注者は、必要があると認めるときは、設計図書の変更内容を受注者に通知して、設計図書を変更することができ、この場合において、必要があると認めるときは請負代金額を変更しなければならないとされている。

第Ⅱ章

農林水産省

検査の結果 東信署は、当初設計に当たり、仮設工を任意仮設とし、仮設作業道作設等を早期に施工する必要があるなどとして、概算数量により積算することとし、その数量を次のとおり計上していた。

① 林道区間における仮設作業道作設等のための切土及び盛土に係る土量(以下「切盛土量」)を計5,400㎥、施工現場区間における切盛土量を計2,550㎥、合計7,950㎥とする。

② 林道区間及び施工現場区間において、土留めなどで使用する大型土のうの数量を600袋とする。

そこで、実際の仮設作業道作設等に係る施工数量について、設計図書、施工写真、現地の施工状況等を確認したところ、林道区間の損壊が想定よりも少なかったことなどから、林道区間における切盛土量は計3,761.9㎥、施工現場区間における切盛土量は計2,032.1㎥、合計5,794㎥となっており、また、使用した大型土のうは13袋となっていて、当初積算時の概算数量よりも大幅に少なくなっていた。

そして、前記のとおり、任意仮設であっても、当初積算時の想定と現地条件が異なるなどの場合は、必要に応じて設計変更を行うこととされていることから、上記の現地における施工状況を踏まえると、設計変更をする必要があったのに、東信署は、任意仮設についてはその対象とならないと誤認していたことから、実際の施工数量に基づいた設計変更を行っていなかった。このため、切盛土量2,156㎥分、大型土のう587袋分等について過大となっていた。

したがって、実際の施工数量に基づくなどして、本件工事費を修正計算すると、他の項目において過少となっていた費用を考慮しても、工事費の総額は1億1564万円となることから、本件契約額1億2804万円はこれに比べて1239万円割高となっていて不当と認められる。

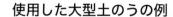

使用した大型土のうの例

損壊を想定していたものの実際には損壊していなかった林道区間の例

工事着工前

工事完了後

(検査報告276ページ)

| 不 当 | 補助事業の実施及び経理が不当 |

＜要点＞

経営継続補助事業、農村地域防災減災事業、農業次世代人材投資事業（平成28年度以前は、青年就農給付金事業）等において、補助の対象とならないなどしていて、国庫補助金1億9549万円が不当と認められる。

(1) 補助対象外など

ア 経営継続補助事業の実施に当たり、同事業以外に国からの交付金の交付を受けていて補助対象外

補助事業の概要 経営継続補助事業は、新型コロナウイルス感染症の影響を克服し、経営の継続に向けた取組（以下「経営継続の取組」）を支援することを目的として、事業主体が経営継続の取組等に必要とする経費について、国庫補助金を交付するものである。

経営継続補助金実施要綱等によれば、事業実施主体である一般社団法人全国農業会議所は、常時使用する従業員の数が20人以下であって農林漁業を営む個人又は法人である事業主体が行う、経営継続の取組に係る機械装置等の整備に要する経費等に対して、補助金を交付することとされている。そして、経営継続の取組に要する経費の合計の1/6以上は、非接触型の生産・販売への転換等に資する取組（以下「接触減等の取組」）を実施する経費とすることとされている。また、経営継続補助事業以外の国の補助事業（以下「他の補助事業」）の対象として整備等を行うものについては、補助対象事業費に含めないこと（以下「重複受給禁止要件」）とされている。

検査の結果 6事業主体は、令和3年度に、経営継続の取組に係る機械装置の整備等を事業費計2211万円（国庫補助対象事業費同額）で実施したとして、会議所から補助金計604万円（国庫補助金相当額同額）の交付を受けていた。

しかし、6事業主体は、機械装置の整備に要した経費について、既に他の補助事業の交付対象事業費として、交付金の交付を受けていたため、重複受給禁止要件に該当していた。また、このうち1事業主体については、上記機械装置の整備に要した経費が経営継続補助事業の補助対象事業費から除かれることにより、経営継続の取組に要する経費の合計に占める接触減等の取組に要する経費の合計の割合が1/6未満となるため、経営継続の取組等に要する経費の全額について経営継続補助事業の対象となる要件を満たしていなかった。そして、会議所は、6事業主体からの実績報告書の提出時に、重複受給禁止要件の確認を行わないまま、経営継続補助事業による補助金の交付を行っていた。

したがって、**これらの機械装置の整備に要したとした経費は、本件補助事業の補助対象とは認められず、経営継続補助事業の補助対象事業費2211万円に係る補助金604万円（国庫補助金相当額同額）が不当**と認められる。

部局等	補助事業者等	間接補助 事業者等	補助事業等	年度	国庫補助金等 交付額	不当と認める 国庫補助金等相当額
農林水産本省	一般社団法人全 国農業会議所	A （事業主体）	経営継続補助	令和 3	円 100万	円 100万
	同	B （事業主体）	同	3	100万	100万
	同	有限会社千姓 （事業主体）	同	3	104万	104万
	同	C （事業主体）	同	3	100万	100万
	同	D （事業主体）	同	3	100万	100万
	同	E （事業主体）	同	3	100万	100万
計		6事業主体			604万	604万

(注) 事業主体名のアルファベットは、個人事業者を示している。

整備した機械装置の例

移植機

掘取機

（検査報告279ページ）

イ　農村地域防災減災事業の耐震性点検として実施した農道橋の点検業務が補助対象外

補助事業の概要　2事業主体は、住民の安全・安心を確保する観点から効率的な安全対策を講ずる
ために、農村地域防災減災事業実施要綱等に基づく耐震性点検として、それぞれが管理する農道橋
の点検業務を業者に委託して実施した。

　要綱等によれば、耐震性点検では、土地改良施設の耐震性を調査することとされている。また、
「農村地域防災減災事業における耐震性点検について」によれば、耐震性点検は、耐震性を調査する
ことを目的としており、構造物の劣化、損傷等の状況の点検、把握等(以下「現況調査」)のみを実施
するものではないとされ、耐震性点検の実施に当たっては、必要に応じて「土地改良事業設計指針
「耐震設計」」を参照することなどとされている。そして、指針によれば、既設構造物が耐震性能を確
保しているか評価するために必要に応じて構造解析等の耐震診断を行うこととされている。

検査の結果　2事業主体は、本件補助事業を事業費計1167万円で実施したとして、高知県に実績報告
書を提出して同県から補助金計1150万円の交付を受け、また、同県は中国四国農政局に実績報告書

を提出して同農政局から同額の国庫補助金の交付を受けていた。

　しかし、本件補助事業について、実際に実施された業務内容を前記点検業務の成果品により確認したところ、2事業主体は、5年に1回の頻度で実施することとしている農道橋の損傷等の状況を把握するための定期点検として、現況調査のみを実施しており、耐震性の調査を目的として、耐震性能を評価するために必要な耐震診断等の耐震性点検は実施していなかった。

　したがって、**本件補助事業は、補助の対象とは認められず、これに係る国庫補助金1150万円が不当**と認められる。

部局等	補助事業者等	間接補助事業者等	補助事業等	年度	国庫補助金等交付額	不当と認める国庫補助金等相当額
中国四国農政局	高知県	香南市（事業主体）	農村地域防災減災	令和元	円 150万	円 150万
	同	高岡郡中土佐町（事業主体）	同	元	1000万	1000万
計		**2事業主体**			1150万	1150万

（検査報告281ページ）

ウ　農業次世代人材投資資金の交付を受けた者が就農していなかったなどしていて補助対象外

補助事業の概要　農業次世代人材投資事業等は、持続可能な力強い農業の実現に必要な人材力の強化を図るなどするために、就農に向けて研修を受ける者(以下「研修生」)又は経営の不安定な就農初期段階の者(以下「新規就農者」)に対して、原則として年間150万円の農業次世代人材投資資金(平成28年度以前は青年就農給付金。以下「農業次世代資金」)を交付する事業に要した経費について、国庫補助金を交付するものである。

　農業人材力強化総合支援事業実施要綱等によれば、独立・自営就農(自ら作成した就農時に係る計画に即して主体的に農業経営を行うこと)をする予定で農業次世代資金の交付を受けた研修生は、研修終了後1年以内に独立・自営就農をする必要があり、就農しなかった場合は、農業次世代資金の全額を返還しなければならないこととされている。また、事業主体は、農業次世代資金の交付に当たり、新規就農者の前年の総所得が250万円以上であった場合には、農業次世代資金の交付を停止することとされている。そして、総所得とは、地方税法に定められた合計所得金額から農業次世代資金の額を除いた額であるとされており、譲渡所得等を含むものとされている。

検査の結果　2事業主体のうち、公益社団法人みやぎ農業振興公社(以下「公社」)は、29、30両年度に研修生を対象として本件事業を事業費計1億0225万円で実施したとして、一般社団法人全国農業会議所(28年3月31日以前は全国農業会議所。以下「会議所」)から宮城県を通じて同額の国庫補助金の交付を受け、同県に実績報告書を提出していた。また、小美玉市は、26年度に新規就農者を対象として本件事業を事業費計2550万円で実施したとして、会議所から茨城県を通じて同額の国庫補助金の交付を受け、同県に実績報告書を提出していた(参考図参照)。

第Ⅱ章

農林水産省

＜参考図＞

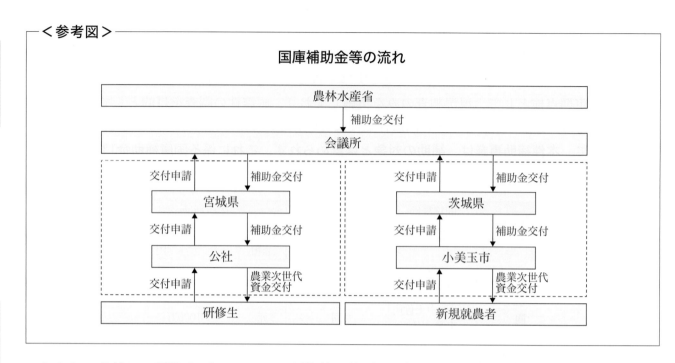

しかし、公社は、研修生1名について、研修終了後1年以内に独立・自営就農をしていなかったのに、交付した農業次世代資金を返還させていなかった。また、小美玉市は、新規就農者1名について、総所得に含めることとされている土地に係る譲渡所得を得ていて総所得が250万円以上となっていたのに、誤って、当該譲渡所得を含めずに総所得を確認していたため交付停止の要件には該当しないとして、農業次世代資金の交付を停止していなかった。

したがって、**2事業主体が上記の計2名に交付した農業次世代資金計450万円は補助の対象とは認められず、これらに係る国庫補助金相当額計450万円が不当**と認められる。

部局等	補助事業者等	間接補助事業者等	補助事業等	年度	国庫補助金等交付額	不当と認める国庫補助金等相当額
農林水産本省	一般社団法人全国農業会議所	宮城県公益社団法人みやぎ農業振興公社（事業主体）	農業次世代人材投資	平成29、30	円1億0225万	円300万
	全国農業会議所	茨城県小美玉市（事業主体）	青年就農給付金	26	2550万	150万
計		**2事業主体**			1億2775万	450万

（検査報告281ページ）

エ　東日本大震災農業生産対策交付金事業の交付対象事業費の一部が対象外など

交付金事業の概要　株式会社花兄園ファームは、平成28、30両年度に、東日本大震災農業生産対策交付金事業として、共同利用ウインドレス鶏舎（以下「鶏舎」）等の家畜飼養管理施設を整備するなどした。

実施要領等によれば、交付金の交付の対象となるのは、家畜飼養管理施設等の整備に要する経費とされており、家畜飼養管理施設等とは、共同利用畜舎等の施設、共同利用畜舎と一体的に整備する設備等とされている。そして、共同利用畜舎等の施設とは、肉用牛又は豚を対象畜種とした共同

利用畜舎、採卵鶏等を飼育する鶏舎等であり、共同利用畜舎と一体的に整備する設備とは、共同利用畜舎等と併せて設置する設備であって、生産行程に直接に関わり、共同利用畜舎等で行われる生産行程の在り方の本質に関わるものであることなどとされている。

<u>検査の結果</u>　会社は、本件交付金事業について、鶏舎計15棟、鶏舎の管理のための管理棟計2棟、鶏舎と一体的に整備する設備等の整備等を事業費計17億3955万円(交付対象事業費計16億1070万円)で実施したとして、大崎市を通じて宮城県に実績報告書を提出して、交付金7億2535万円の交付を受けていた。

しかし、上記の交付対象事業費には、当該鶏舎に備え付けられていない車両消毒装置の整備に要する経費が含まれており、これは、本件交付金事業において交付の対象となっている鶏舎には該当しないものであり、生産行程に直接に関わり、生産行程の在り方の本質に関わるものではないことから、鶏舎と一体的に整備する設備にも該当しないものであった。また、管理棟に整備したエアコン等の数量が過大に計上されるなどしていた。

したがって、**上記車両消毒装置の整備等に要した経費を除外するなどして適正な交付対象事業費を算定すると計15億9963万円となり、前記の交付対象事業費16億1070万円との差額1106万円が過大となっていて、これに係る交付金相当額473万円が不当**と認められる。

車両消毒装置の例

(検査報告283ページ)

(2)　補助対象事業費の精算が過大など

ア　公共施設等における花きの活用拡大支援事業の補助対象事業費の精算が過大など

<u>補助事業の概要</u>　愛知県、愛知県内の花き産業関係者(以下「関係団体」)等により構成されている花の王国あいち県民運動実行委員会は、令和2年度に、公共施設等における花きの活用拡大支援事業として、新型コロナウイルス感染症の影響により、国内消費が減少している花きについて、自治体、学校、企業等における花きの活用拡大を通じた日常生活での需要喚起等の取組を実施した。

公共施設等における花きの活用拡大支援事業費補助金交付要綱等によれば、交付の対象となる経費は、補助事業を実施するために必要な経費とされており、補助事業者は補助事業が完了したときは、補助事業等に要した経費等を記載した実績報告書を交付決定者に提出することとされている。

補助事業の実施に当たり、事業主体である委員会を構成している関係団体等が補助の対象となる花き等を購入する場合には、これに係る消費税(地方消費税を含む。)額が補助対象経費に含まれる。

そして、関係団体等が消費税の課税事業者であれば当該花き等の購入は課税仕入れに該当することから、確定申告の際に課税売上高に対する消費税額から当該花き等の購入に係る消費税額を仕入税額控除^(注)した場合には、関係団体等はこれに係る消費税額を実質的に負担していないことになる。

　交付要綱等によれば、補助事業者は、実績報告書の提出後に消費税の確定申告により仕入税額控除した消費税額に係る国庫補助金相当額が確定した場合には、その金額を速やかに交付決定者に報告し、当該金額を返還しなければならないこととされている。そして、実際に消費税の確定申告を行い、本件補助事業に係る消費税額を仕入税額控除するのは関係団体等であることから、事業主体である委員会において、実績報告書の提出後に、関係団体等が仕入税額控除した消費税額に係る補助金の額について確認する必要がある。

検査の結果 委員会は、前記の補助事業を消費税を含めて事業費計6億3936万円(国庫補助対象事業費同額、国庫補助金計5億1069万円)で実施したとして東海農政局に実績報告書を提出して、同額で額の確定を受けていた。

　しかし、関係団体の一つである名古屋生花小売商業協同組合が実際には支払っていない花束の製作等の経費を誤って計上するなどしていたため、国庫補助対象事業費計2344万円(国庫補助金相当額計2281万円)が過大に精算されていた。

　また、委員会は、組合及び関係団体の一つである愛知県経済農業協同組合連合会が実績報告書の提出後に消費税の確定申告を行い、本件補助事業に係る消費税額計2706万円を仕入税額控除し、これに係る国庫補助金相当額が計2079万円と確定していたのに、この額について、組合及び連合会に確認していなかったため、農政局に報告及び返還を行っていなかった。

　したがって、**国庫補助対象事業費計5050万円が過大**になっていて、これに係る**国庫補助金相当額計4360万円が不当**と認められる。

(検査報告284ページ)

イ　6次産業化市場規模拡大対策整備交付金事業の交付対象事業費の精算が過大

交付金事業の概要 有限会社永田バイオ研究所は、令和2年度に、6次産業化市場規模拡大対策整備交付金事業の施設等整備事業として、りんごの冷凍貯蔵施設の改修を実施した。

　「6次産業化市場規模拡大対策整備交付金のうち輸出先国の市場変化に対応した食品等の製造施設等整備の緊急支援事業実施要綱」によれば、事業実施主体は、施設等整備事業が完了したときは、実績報告書に出来高設計書を添付して都道府県知事等に報告することとされている。

検査の結果 会社は、冷凍貯蔵施設の改修工事を施工業者に請け負わせて事業費3900万円(交付対象事業費同額)で実施したとして、長野県に実績報告書、出来高設計書、工事請負契約書等を提出して、これにより交付金1950万円の交付を受けていた。

　しかし、会社は、上記の改修工事について、虚偽の出来高設計書、工事請負契約書等を施工業者に作成させるなどして事業費を2227万円水増ししており、実際は、1672万円で実施していた。

　したがって、**実際の事業費に基づいて適正な交付対象事業費を算定すると1672万円となり、前記の交付対象事業費3900万円との差額2227万円が過大に精算**されていて、これに係る**交付金相当額1113万円が不当**と認められる。

(検査報告285ページ)

(注) 仕入税額控除　　課税売上高に対する消費税額から課税仕入れに係る消費税額を控除すること

⑶ 工事の設計が不適切

護床工の設計が不適切

補助事業の概要　兵庫県西脇市は、平成29年度から令和2年度までの間に、農業用施設災害復旧事業として、西脇市黒田庄町黒田地区において、平成29年台風第21号及び平成30年7月豪雨により被災した頭首工^(注)のエプロン、護床ブロック(以下「ブロック」)等を復旧するために、エプロン本体工、護床工等を工事費1億4646万円(国庫補助対象事業費1億4349万円、国庫補助金交付額1億3939万円)で実施した。このうち、護床工は、堰体の下流側の河床の洗掘を防止するために、新たに製作したブロック236個を連結して設置したものである(参考図1参照)。

同市は、本件工事の設計を「土地改良事業計画設計基準及び運用・解説　設計「頭首工」」、「農地・農業用施設・海岸等災害復旧事業の復旧工法2014年版」(これらを「基準」)等に基づき行うこととしていた。

基準等によれば、護床工は、河床の洗掘を防止するために、河床の状況を考慮して必要な箇所に設けること、護床工としてブロックを設置する場合には、流水による河床土砂の吸出しを防止するために適切な工法(以下「吸出し防止策」)を選択することなどとされていて、吸出し防止策としては、ブロックとブロックの間に栗石等の中詰めを行うなどの工法が考えられるとされている。

検査の結果　同市は、設計図書において、前記の被災により洗掘された護床工の河床部分(最大深さ3.8m)を現地の河床土砂で埋め戻した後、その上に直接ブロックを連結して設置することとしていたが、吸出し防止策については示していなかった。そして、同市は、本件工事の請負人との吸出し防止策についての協議において、ブロックとブロックの間に現地の河床土砂の中詰めを行うよう指示しており、請負人は、当該指示を受けて、吸出し防止策として現地の河床土砂の中詰めを行っていた。

しかし、前記のとおり、基準等によれば、吸出し防止策として、ブロックとブロックの間に栗石等の中詰めを行うなどの工法が考えられ、適切な工法を選択することなどとされているのに、本件護床工で使用された現地の河床土砂は、中詰めの材料として適切でない粒径の小さなものであり、吸出し防止策が十分に講じられていなかった。

このため、本件護床工は、流水の作用により中詰めした上記の河床土砂が流失することによって、ブロックとブロックの間隙から埋め戻したブロック設置面の河床土砂が吸い出され、河床に洗掘が生ずるおそれのある構造になっていた。現に、本件護床工の河床部分が洗掘され、236個全てのブロックが沈下しており、しゅん工時から最大で3.6m程度沈下している状況となっていた(参考図2参照)。

したがって、**本件護床工は、設計が適切でなかったため、埋め戻した河床土砂が吸い出されて河床の洗掘が進行することにより復旧したエプロン等(国庫補助対象事業費1億1316万円)に損傷が生ずるおそれがあり、工事の目的を達しておらず、これに係る国庫補助金相当額1億0993万円が不当と認められる。**

(注)　頭首工　　河川から必要な農業用水を用水路に引き入れるための施設で、固定堰、護床工等から構成される。

第Ⅱ章

農林水産省

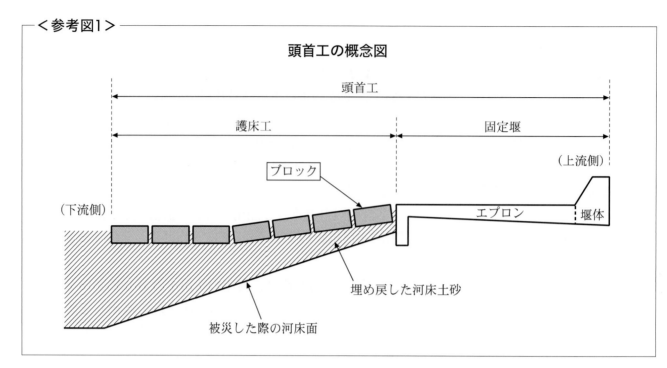

<＜参考図1＞>

頭首工の概念図

頭首工

護床工　　　　　　　　　　　　固定堰

（上流側）

（下流側）　ブロック

エプロン　堰体

埋め戻した河床土砂

被災した際の河床面

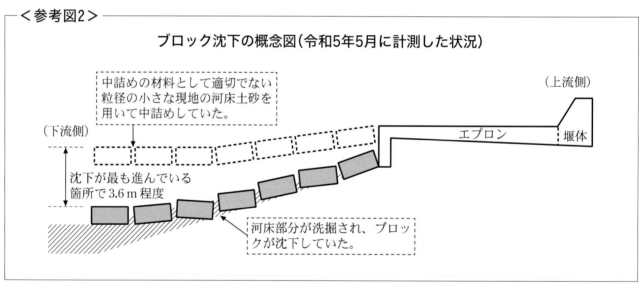

<＜参考図2＞>

ブロック沈下の概念図（令和5年5月に計測した状況）

中詰めの材料として適切でない
粒径の小さな現地の河床土砂を
用いて中詰めしていた。

（上流側）

（下流側）

エプロン　堰体

沈下が最も進んでいる
箇所で3.6m程度

河床部分が洗掘され、ブロッ
クが沈下していた。

沈下した護床ブロック

（検査報告286ページ）

⑷　工事費の積算が過大
護岸工の積算が過大

補助事業の概要　兵庫県は、令和元、2両年度に、農村地域防災減災事業として、災害の未然防止を目的として、丹波市山南町村森において老朽化した堰<ruby>堰<rt>せき</rt></ruby>本体、護床工及び取付護岸を改修する工事を工事費1億5261万円(国庫補助対象事業費同額、国庫補助金交付額8393万円)で実施した。このうち、取付護岸を改修する護岸工は、河川の右岸側に大型ブロック(幅1,500mm、高さ1,000mm、控え長[注1]1,250mm又は1,500mm)を計212㎡設置するなどするものである。

同県は、上記大型ブロックの設置費について、「農林水産省土地改良工事積算基準(土木工事)平成30年度」に基づき積算しており、1㎡当たりの設置費を算定した上で、これに設置面積を乗ずることにより積算していた。

検査の結果　同県は、1㎡当たりの設置費については、見積りを徴して決定した大型ブロックの1個当たりの材料単価(以下「ブロック単価」)を、1㎡当たりの単価に換算するために1㎡当たりで使用する個数0.596個で除し、これに1㎡当たりの設置に要する労務費等を加えて、控え長が1,250mmのものは7万7586円、1,500mmのものは7万9886円と算定していた。

しかし、上記の0.596個は1㎡当たりで使用する大型ブロックの個数であることから、ブロック単価を1㎡当たりの単価に換算するためには、ブロック単価を0.596個で除するのではなく、ブロック単価に0.596個を乗ずるべきであった。

したがって、ブロック単価に0.596個を乗じて適正な大型ブロックの1㎡当たりの単価に換算し、これに1㎡当たりの設置に要する労務費等を加えて、適正な大型ブロックの1㎡当たりの設置費を算定すると、控え長が1,250mmのものは2万9866円、1,500mmのものは3万0676円となる。そして、これに基づき修正計算すると、諸経費等を含めた工事費総額は1億4785万円となり、本件工事費1億5261万円はこれに比べて約470万円割高となっていて、これに係る国庫補助金相当額258万円が不当と認められる。　　　　　　　　　　　　　　　　　　　　　　(検査報告287ページ)

⑸　補助金の受給が過大
仕入税額控除した消費税額に係る補助金が未返還

補助事業の概要　洲本市畜産クラスター協議会[注2]は、平成28、29両年度に、畜産・酪農収益力強化整備等特別対策事業により、協議会の構成員である畜産農家を収益性の向上に取り組む主体(以下「取組主体」)として、取組主体における繁殖雌牛の増頭を図るために、繁殖牛舎等の整備を行った。

補助事業の実施に当たり、取組主体が補助の対象となる施設等を取得する場合には、これに係る消費税(地方消費税を含む。)額が補助対象事業費に含まれる。そして、取組主体が消費税の課税事業者であれば当該施設等の取得は課税仕入れに該当することから、確定申告の際に課税売上高に対する消費税額から当該施設等の取得に係る消費税額を仕入税額控除[注3]した場合には、取組主体はこれに係る消費税額を実質的に負担していないことになる。

畜産・酪農収益力強化総合対策基金等事業補助金交付要綱等によれば、補助事業の事業主体は、実績報告書の提出後に消費税の確定申告により仕入税額控除した消費税額に係る国庫補助金相当額

が確定した場合には、その金額を速やかに交付決定者に報告し、当該金額を返還しなければならないこととされている。そして、実際に消費税の確定申告を行い、本件補助事業に係る消費税額を仕入税額控除するのは取組主体であることから、事業主体である協議会において、実績報告書の提出後に、取組主体が仕入税額控除した消費税額に係る補助金の額について確認する必要がある。

 検査の結果 協議会は、取組主体が前記繁殖牛舎等の整備を消費税を含めて事業費4695万円(補助対象事業費同額)で実施したとして、洲本市を通じて兵庫県に対して実績報告書を提出し、同県から同市を通じて国庫補助金1959万円の交付を受けて、同額を取組主体に交付していた。

　しかし、**協議会は、取組主体が実績報告書の提出後の消費税の確定申告の際に、本件補助事業に係る消費税額347万円を仕入税額控除し、これに係る国庫補助金相当額が145万円と確定していたのに、この額について、取組主体に確認していなかったため、報告及び返還を行っておらず、不当と認められる。**

整備した繁殖牛舎の例

(検査報告288ページ)

意見表示㊱　処置要求㊱　水田活用の直接支払交付金事業の実施について

> **＜要点＞**
>
> 水田活用の直接支払交付金事業の実施に当たり、実質的に水稲の作付けを行うことができる農地を交付対象水田とするための判断基準を定め、対象作物の収量が記載されている書類等を提出させるなどして実績報告書の確認等を適切に実施し、対象作物の地域の目安となる基準単収等を定めさせるなどして実際の収量に基づいた定量的な収量確認を行えるよう改善の処置を要求するとともに、現行制度の運用の見直しを検討するなどして、対象作物の収量増加に向けた改善が図られやすくなるような方策を講ずるよう意見を表示したもの(指摘金額134億5200万円、背景金額27億7984万円)

 水田活用の直接支払交付金事業の概要等 水田活用の直接支払交付金は、水田において戦略作物等の対象作物を生産する農業者(以下「交付対象農業者」)に対して国が直接交付するものであり、水田がたん水設備を有しない農地等に該当する場合は、水稲の作付けを行うことが困難な農地として、交付対象となる農地(以下「交付対象水田」)から除くこととなっている。また、交付金の交付に当たって、交付対象農業者は「水田活用の直接支払交付金の対象作物に係る出荷・販売等実績報告書兼

誓約書」(以下「実績報告書」)を作成し、その確認書類を添付して地域農業再生協議会^(注1)に提出することなどとなっている。

　そして、対象作物については、十分な収量が得られるように生産することが原則となっており、地方農政局等及び協議会は、適切な作付け、肥培管理、収穫等が行われていない可能性が高いと判断する場合には、その収量が相当程度低いものとなっていないかの確認(以下「収量確認」)をし、収量が相当程度低い場合には交付対象としないこととなっている。ただし、その場合であっても、収量低下が生じたと思われる要因等を記載した理由書等(以下「収量低下理由書」)が地方農政局等に提出され、その要因が自然災害等の交付対象農業者にとって不可抗力の要因(以下「合理的な理由」)によるものであることを地方農政局長等が確認できる場合には、交付対象とすることができることとなっている。また、合理的な理由であることが確認された場合であっても、翌年産において収量が相当程度低くなるおそれがあるときには、地方農政局長等は、当該交付対象農業者に対して翌年産以降の生産に向けて改善指導を行うこととなっている。そして、翌年産において、改善が確認できないなどの場合には交付対象とならないことがあることとなっている。

検査の結果　令和2、3両年度に8農政局等^(注2)管内における198協議会の延べ207,925交付対象農業者に対して交付された交付金交付額計2393億9683万円を対象として検査した。

(1)　実質的に水稲の作付けを行うことが困難な農地に対して交付金が交付されている事態

　延べ1,547交付対象農業者の交付対象水田(交付金交付額計7035万円)について、たん水設備(畦畔等)及び所要の用水を供給しうる設備を有するなどしている農地であっても、国庫補助金等により処分制限期間内の園芸施設が設置等されている場合には、実質的に水稲の作付けを行うことが困難な農地と考えられるのに、交付金が交付されていた。

(2)　対象作物に係る実績報告書の確認等が適切に実施されていない事態

　延べ8,746交付対象農業者について、提出された確認書類の内容が収量を把握できるものになっていないなどしており、農政局等及び協議会において対象作物の生産実績や収量が把握されていなかった。また、延べ2,001交付対象農業者について、飼料作物を自らの畜産経営に供する目的で生産(以下「自家利用」)した場合の確認書類に収量を記載していたものの、計画時の収量と1kg単位で同じ数値となっているなどしていて、実際の収量に基づいているのか疑義がある報告となっていたのに、農政局等及び協議会において収量の妥当性について十分な確認が行われていなかった(上記延べ8,746交付対象農業者及び上記延べ2,001交付対象農業者の計延べ10,747交付対象農業者への交付金交付額計100億9743万円)。

(3)　収量確認が適切に実施されていない事態

　延べ3,177交付対象農業者(交付金交付額計40億0504万円)について、実際の収量に基づき収量確認を行ったところ、飼料作物及びWCS用稲の10a当たりの収量(以下「単収」)が近傍ほ場の平均単収の1/2未満となっているなど収量が相当程度低くなっていたのに、定量的な方法による収量確認が行われていなかったことから、農政局等及び協議会はその状況を把握しないまま適切な生産が行われているとしていた。

(注1) 地域農業再生協議会　　交付金事業等を推進するために、原則として、市町村、農業協同組合、農業共済組合等を構成員として、市町村の区域を基本に組織された協議会

(注2) 8農政局等　　東北、関東、北陸、東海、近畿、中国四国、九州各農政局、北海道農政事務所

⑷ 収量低下理由書の確認や地方農政局長等による改善指導の仕組みが十分に機能しておらず、対象作物の収量増加に向けた改善が図られにくい状況となっている事態

収量低下理由書計3,130件のうち、合理的な理由があるとして交付対象としていたものが3,124件（3,130件に占める割合99.8％）となっていたが、このうち955件の内容は、表のとおり、当該収量低下に係る要因が合理的な理由によるものであるのか疑義のある内容を含むものとなっていたのに、地方農政局長等は、いずれも合理的な理由があるとしていた。

表　疑義のある内容を含む収量低下理由書の態様別の件数

（単位：件）

収量低下の要因が合理的な理由によるものであるのか疑義のある内容を含む収量低下理由書の件数	955
㈠農業共済に加入しているのに共済金の申請を行っていないもの、自然災害等として認定されていないものなど	526
㈡適期の作業や必要な防除がなされていないもの	462
㈢ほ場条件の制約があるのにこれに対応した対策を講じていないものなど	89
㈣交付対象農業者が当然に払うべき注意を怠っているもの	30

注⑴ 上記の態様は、実施要綱で示された態様に準じて本院が設定したものである。
注⑵ 複数の態様に該当するものがあることから、「収量低下の要因が合理的な理由によるものであるのか疑義のある内容を含む収量低下理由書の件数」と態様ごとの件数の合計は一致しない。

また、収量低下理由書を提出した延べ2,983交付対象農業者のうち、延べ730交付対象農業者について、複数年連続して収量低下理由書が地方農政局等に提出されており、翌年産においても収量が相当程度低くなるおそれがある状況となっていたのに改善指導は実施されていなかった。

このように前記の収量低下理由書955件を提出した交付対象農業者及び上記の延べ730交付対象農業者（これらに係る交付金交付額計27億7984万円）については、収量低下理由書の確認や改善指導の仕組みが十分に機能しているとは言い難く、現行制度では、対象作物の収量が相当程度低い場合であっても十分な収量が得られている場合と同様に交付金の交付を受けることもある運用となっており、対象作物の収量増加に向けた改善が図られにくい状況となっていた。

以上のように、交付金事業について、実質的に水稲の作付けを行うことが困難な農地に対して交付金が交付されている事態、対象作物に係る実績報告書の確認等が適切に実施されていない事態及び収量確認が適切に実施されていない事態は適切ではなく、改善を図る要があると認められる。また、収量低下理由書の確認や地方農政局長等による改善指導の仕組みが十分に機能していないなど、対象作物の収量増加に向けた改善が図られにくい状況となっている事態は適切ではなく、改善の要があると認められる。

本院が要求する改善の処置及び表示する意見　農林水産省において、交付金事業が適切に実施されるよう、次のとおり改善の処置を要求し及び意見を表示する。

ア　交付対象水田の範囲について、水稲の作付けに当たり撤去が困難な処分制限期間内の園芸施設が設置等されているなどの場合に、実質的に水稲の作付けを行うことが困難な農地であるかどうかを判断できるように基準を定めること（会計検査院法第36条の規定により改善の処置を要求するもの）

イ　対象作物に係る収量増加の重要性を踏まえ、実績報告書の確認書類については、収量が記載されている書類等を提出し又は保管させるなどして収量を把握できるようにすること。また、飼料作物を自家利用した場合の確認書類を明確に定めるとともに、自家利用については、第三者を介

さないことを踏まえ、飼料作物の生産量や家畜への給餌量が記録された資料等を交付対象農業者に保管させ、必要に応じて、これを交付対象農業者から提出させるなどして確認書類に記載された収量の妥当性を確認できるようにすること(同法第36条の規定により改善の処置を要求するもの)

ウ　飼料作物、WCS用稲等の対象作物について、協議会等に対して、地域の目安となる基準単収や近傍ほ場の平均単収を定めさせるなどして、協議会において、収量が相当程度低くなっていないかなど、実際の収量に基づいた定量的な収量確認を行うことができるようにすること(同法第36条の規定により改善の処置を要求するもの)

エ　収量低下理由書の確認方法や地方農政局長等による改善指導を実施する場合の基準等を具体的に定めてこれらの仕組みが十分に機能するようにすることや、収量が相当程度低い場合であっても、十分な収量が得られている場合と同様に交付金の交付を受けることもある現行制度の運用の見直しを検討することにより、交付対象農業者において対象作物の収量増加に向けた改善が図られやすくなるような方策を講ずること(同法第36条の規定により意見を表示するもの)

(検査報告289ページ)

(前掲76ページ「令和4年度決算検査報告の特色」参照)

処置要求㊱　森林環境保全整備事業で整備された防護柵の維持管理について

＜要点＞

森林環境保全整備事業で整備された防護柵について、都道府県及び事業主体に対して、現地の諸条件を勘案した上で維持管理を行うことの重要性を周知し、事業主体に現地の諸条件に応じた維持管理の方法を検討するよう助言するとともに、都道府県に対して、事業主体による維持管理の実施状況を把握して指導監督を十分に行うことのできる体制を整備するよう助言することにより、防護柵の効果が十分に発現されるよう改善の処置を要求したもの(指摘金額1億2359万円)

森林環境保全整備事業等の概要

(1)　森林環境保全整備事業の概要

　森林環境保全整備事業において、野生鳥獣による森林被害の防止等を図るために、防護柵等の整備を人工造林等の施業と一体的に行うことができることとなっている。そして、整備された防護柵等の維持管理を行う者は、原則として事業主体となっている。また、都道府県知事は、その維持管理の実施状況について監督することとなっており、特に、防護柵等が台風等により被害を受けたことが想定される場合は、事業主体に対して、速やかに現地を確認し、必要な補修等を行うよう指導することとなっている(監督と指導を「指導監督」)。

(2)　シカによる森林被害の状況等

　令和4年度版の森林・林業白書によれば、3年度の野生鳥獣による森林被害面積約4,900haのうち、シカによる被害が約7割を占めているとされており、深刻な状況にあるとされている。

　林野庁が作成した「森林における鳥獣被害対策のためのガイド」(平成24年3月版)によれば、シカによる森林被害に対しては、防護柵を設置することで安定した効果が得られるとされている一方で、何らかの原因で防護柵の一部に穴が開けば、そこからシカが入り込んで食害が生ずるおそれがあるとされている。

　また、防護柵の維持管理については、国立研究開発法人森林研究・整備機構森林整備センターが作成した「シカ害防除マニュアル」（令和2年3月版）によれば、防護柵に防除効果を継続的に発揮させるためには、適宜、異状がないか点検を行い、防護柵の異状を長期間放置しないことが重要であるとされている。そして、点検時には、被害箇所が分かるよう現地に目印を付けるとともに、図面に記録し、次回以降、重点的に点検を行うようにすることとされており、防護柵が破損し、修理が必要となった場合は、原因の究明と再発防止対策を検討し、速やかに修理を行うこととされている。

　同庁は、防護柵については、不測の事態により破損が生ずるおそれがあることから、設置時の状態を維持したままでシカの侵入を完全に防ぐのは困難であり、必要に応じて点検等を行うことが不可欠であるとしている。そして、点検の実施については、シカの生息密度、積雪量、地形等といった設置箇所の諸条件（以下「現地の諸条件」）を勘案することが重要であるとしている。

検査の結果 19道県[注1]において、平成29年度から令和3年度までの間に整備された防護柵のうち、2県及び141森林組合等の計143事業主体が整備した防護柵623か所（延長計39万9549m、柵内造林地の面積計1,020ha、事業費計12億9831万円、国庫補助金相当額計3億8565万円）を対象として検査した。

(1) 防護柵の破損等が生ずるなどしている状況

　上記の防護柵623か所を確認したところ、表1のとおり、68事業主体が整備した17道県[注2]における防護柵213か所（延長計14万3719m、柵内造林地の面積計384ha、事業費計4億2116万円、国庫補助金相当額計1億2648万円）において、周辺の立木が防護柵に倒れ込んだことなどにより防護柵に破損等が生じ、防護柵で囲まれている造林地（以下「柵内造林地」）にシカが入り込める状態（以下「防護柵の破損等」）となっていた。そして、このうち116か所の柵内造林地において、造林木の一部がシカ等による食害等により枯死するなどの森林被害が生じていた。

表1　防護柵の破損等及びシカ等の食害等による森林被害の発生状況

項目	道県数	事業主体数	防護柵の箇所数	延長	柵内造林地の面積	事業費	国庫補助金相当額
検査したもの (A)	19道県	143	623か所	39万9549m	1,020ha	12億9831万余円	3億8565万余円
防護柵の破損等が生じているもの (B)	17道県	68	213か所	14万3719m	384ha	4億2116万余円	1億2648万余円
(B)/(A)			34.1%	35.9%	37.6%	32.4%	32.7%
(B)のうちシカ等による食害等により枯死するなどの森林被害が生じているもの (C)	13道県	31	116か所	7万7991m	196ha	2億1794万余円	6500万余円
(C)/(A)			18.6%	19.5%	19.2%	16.7%	16.8%

(注1) 19道県　　北海道、群馬、埼玉、福井、山梨、岐阜、静岡、三重、滋賀、奈良、岡山、山口、徳島、愛媛、高知、熊本、大分、宮崎、鹿児島各県

(注2) 17道県　　北海道、群馬、埼玉、山梨、岐阜、静岡、三重、滋賀、岡山、山口、徳島、愛媛、高知、熊本、大分、宮崎、鹿児島各県

⑵ 事業主体による防護柵の維持管理が十分でない事態

　上記の213か所について、68事業主体[注]から4年度における防護柵の点検回数を聴取したところ、表2のとおり、11か所の防護柵を整備した4事業主体は点検を行っていないとしていた。一方、202か所の防護柵を整備した66事業主体は点検を行っているとしていて、このうち、年に2回以上行っているとしていたのは76か所の防護柵を整備した33事業主体、年に1回行っているとしていたのは126か所の防護柵を整備した35事業主体となっていた。

　事業主体が点検を行っているとしていた防護柵においては防護柵の破損等が生じてから点検を行うまで最長で1年間、点検を行っていないとしていた防護柵においては防護柵の破損等が生じて以来1年以上の期間、防護柵の破損等が放置されていた可能性がある状態となっていた。

　そして、点検を行っているとしていた前記の202か所の防護柵を整備した66事業主体から点検の実施状況を聴取したところ、4か所の防護柵を整備した1事業主体は、現地の諸条件を勘案して点検回数を可能な限り多くするようにしているとしていた一方で、残りの198か所の防護柵を整備した65事業主体は、下刈り(造林木の成長を阻害する雑草木を刈り払う施業で、主に雑草木が旺盛な成長を示す夏季に行われるもの)などの定期的な施業に合わせて点検するなどとしていて、現地の諸条件が勘案されていなかった。

　したがって、前記の213か所のうち、点検を行っていないとしていた11か所及び定期的な施業に合わせて点検するなどとしていた198か所の計209か所(延長計14万1010m、柵内造林地の面積計376ha、事業費計4億1151万円、国庫補助金相当額計1億2359万円)を整備した67事業主体は、点検の実施に当たって現地の諸条件を勘案しておらず、防護柵の維持管理が十分でないと認められる。

表2　防護柵の破損等が生じていた箇所における点検回数、点検の実施状況等

68事業主体が整備した防護柵の破損等が生じていた213か所における点検回数、点検の実施状況			事業主体	箇所数	維持管理が十分でなかったもの
点検を行っている(A)			66	202	
回数	2回以上/年		33	76	
	1回/年		35	126	
実施状況	現地のシカが多いことなど現地の諸条件を勘案して点検しているとしていた		1	4	
	下刈りなどの定期的な施業に合わせて点検するなどとしていた		65	198	67事業主体 209か所
点検を行っていない(B)			4	11	
(A)＋(B)			68	213	

(注) 事業主体数は項目によって重複する場合があるため、合計が一致しないものがある。

(注) 事業主体数については、重複があるため合計が一致しない場合がある。

第Ⅱ章

農林水産省

(3)　道県において、事業主体による防護柵の維持管理の実施状況を把握して指導監督を十分に行うことのできる体制を整備していない事態

　　上記の209か所に係る67事業主体に対する指導監督の実施状況を17道県から聴取したところ、定期的な施業の際に点検を行うことを指導するなどとしていて、現地の諸条件を勘案した上で指導監督を行っているとしていた道県はなかった。

　　また、17道県は、指導監督に必要と考えられる点検結果等を事業主体に記録させることや、必要に応じて報告を求めることなどをしておらず、事業主体による防護柵の維持管理の実施状況を把握して指導監督を十分に行うことのできる体制を整備していなかった。

<＜事例＞>

　　山口県美祢市は、美祢市於福町内において、3年度に防護柵1か所(延長607m、柵内造林地の面積0.9ha、事業費141万円、国庫補助金相当額42万円)を整備していた。

　　5年2月の会計実地検査において防護柵の状態を確認したところ、土砂流出等によって防護柵の支柱が傾いたことにより、延長6mにわたって防護柵の高さ(設計値1.8m)が半分程度(約0.9m)となっていたためシカが柵内造林地に入り込める状態となっていて、植栽されたスギ2,475本のほぼ全てがシカ等による食害等により枯死するなどしていた。そこで、当該防護柵の点検の実施状況を同市から聴取したところ、毎年1回行う下刈りの時期に目視で行っているとしていて、当該箇所が、同県においてシカの生息密度が最も高い区分とされていることや、谷状で水が流れ込みやすい地形であることなどを考慮した点検となっておらず、現地の諸条件が勘案されていなかった。このため、直近の点検は下刈りの時期である4年6月に行われていて、防護柵の破損等が生じてから最長で8か月間放置されていた可能性があるなど、防護柵の維持管理が十分でなかった。

　　また、同市に対する指導監督の実施状況を同県から聴取したところ、当該箇所に係る指導監督は行っておらず、維持管理の実施状況を記録させることや、必要に応じて報告を求めることなどもしていないとしていて、同市による防護柵の維持管理の実施状況を把握して指導監督を十分に行うことのできる体制を整備していなかった。

　　このように、17道県において67事業主体が整備した防護柵209か所は、防護柵の破損等が生ずるなどしているにもかかわらず、事業主体において防護柵の維持管理が十分でなかった。そして、当該209か所の防護柵については、道県において事業主体に対する指導監督を十分に行うことのできる体制が整備されていなかった。これらのことから、当該209か所の防護柵は、効果が十分に発現されていないと認められる。

　　以上のように、防護柵の破損等が生ずるなどしており、点検の実施に当たって現地の諸条件が勘案されておらず事業主体による防護柵の維持管理が十分でない事態、及び道県が防護柵の点検結果等の維持管理の実施状況を事業主体に記録させることや必要に応じて報告を求めることなどをしておらず事業主体による防護柵の維持管理の実施状況を把握して指導監督を十分に行うことのできる体制を整備していない事態は適切ではなく、改善を図る要があると認められる。

　[本院が要求する改善の処置]　同庁において、防護柵の効果が十分に発現されるよう、次のとおり改善の処置を要求する。

ア　都道府県及び事業主体に対して、現地の諸条件を勘案した上で防護柵の維持管理を行うことの重要性を周知するとともに、都道府県を通じるなどして事業主体に現地の諸条件に応じた防護柵の維持管理の方法を検討するよう助言すること

イ　都道府県に対して、防護柵の維持管理の実施状況を事業主体に記録させることや、必要に応じて報告を求めるなどして、事業主体による防護柵の維持管理の実施状況を把握して指導監督を十分に行うことのできる体制を整備するよう助言すること

防護柵の破損等が生ずるなどしている状況

柵内造林地に入り込んでいるシカ

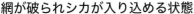

網が破られシカが入り込める状態

（検査報告298ページ）

処置要求㊱　非常用発電設備が設置された農業水利施設の浸水対策等について

＝＜要点＞＝

非常用発電設備が設置された農業水利施設のうち、ポンプ場設計基準等の改定前に設計された施設について、更新等を行うまでの間の施設の重要度等に応じた浸水対策を実施するための方針を検討するとともに、ダムについて、非常用発電設備の燃料タンク容量が所要の運転可能時間を確保するものとなっていない場合には燃料タンク容量を見直すなどするよう事業主体に対して指導又は助言を行うことにより、洪水等が発生した場合に設備の早期の機能回復や浸水被害の軽減を行うことができるよう、また、商用電源が停電した場合でもダムの機能を維持できるよう改善の処置を要求したもの（背景金額1兆7212億2461万円）

農業水利施設における非常用発電設備の概要等

(1)　農業水利施設における非常用発電設備の設置等

農林水産省は、ダム、頭首工、ポンプ場等の農業水利施設の整備を自ら事業主体となって実施するほか、都道府県、市町村等が事業主体となって実施する場合に事業の実施に要する経費の一部を補助している。そして、各事業主体は、これらの農業水利施設のうち、商用電源が停電した場合でも機能を維持する必要がある施設には、非常用発電設備を設置している。

(2)　農業水利施設における浸水対策

同省は、平成30年5月に「土地改良事業計画設計基準及び運用・解説　設計「ポンプ場」」（以下「ポンプ場設計基準」）を改定して、東日本大震災において津波によりポンプ設備が浸水し、復旧に時間を要する事態が発生した経験を踏まえて、ポンプ場の建屋における浸水対策を追加している。

ポンプ場設計基準によれば、建屋の設計に当たっては、ハザードマップ等(注)を基に、想定し

(注)　ハザードマップ等　平均して1,000年に1度の割合で発生するような想定し得る最大規模の降雨等を前提として想定される浸水の高さなどが提示されたもの

得る最大レベルの洪水等により発生する浸水位について検討を行い、当該浸水位に応じてポンプ設備の早期の機能回復及び浸水被害の軽減を可能とする浸水対策を講ずる必要があるとされている。そして、浸水対策の選定に当たっては、想定される浸水の高さ(以下「想定浸水深」)等を考慮して、建屋の止水化・耐水化と機器等の高所化・耐水化を適切に組み合わせることとされている。

　また、同省は、令和元年9月に「電気設備計画設計技術指針(高低圧編)」(以下「電気設備指針」)を改定し、農業水利施設に設置する電気設備が浸水することが想定される場合の浸水対策について追加しており、非常用発電設備及び非常用発電設備に接続する負荷機器(以下「非常用発電設備等」)は、ポンプ場設計基準及び電気設備指針のいずれにおいても、浸水対策の対象となっている。

　しかし、これらの改定前に新設又は更新に係る設計を行っている農業水利施設(以下「旧基準施設」)について、更新等を行うまでの間の浸水対策は明確になっていない。

⑶　ダムに設置する非常用発電設備の燃料タンク容量

　電気設備指針によれば、ダムに設置する非常用発電設備の燃料タンク容量については、燃料の輸送経路等を考慮して決定する必要があるが、一般に72時間以上運転可能な燃料タンク容量を採用している場合が多いとされている。そして、同省は、給油取扱所からの燃料の供給を前提とした所要の運転可能時間を確保する燃料タンク容量とする必要があるとしている。

⑷　既存ダムの洪水調節機能の強化

　国は、緊急時において既存ダムを洪水調節に最大限活用できるよう、元年12月に「既存ダムの洪水調節機能の強化に向けた基本方針」を策定している。同方針によれば、河川管理者は、水系ごとにダムの管理者等と洪水調節機能強化の基本方針、事前放流の実施方針等を内容とする治水協定を締結し(治水協定が締結されているダムを「協定ダム」)、ダムの管理者と連携してダムの統一的な運用を図ることとされている。

|検査の結果| 4年度末において非常用発電設備が設置されている基幹的な農業水利施設計856施設(9農政局等[注1]管内の直轄事業で造成された施設(以下「直轄施設」)513施設(土地改良財産台帳価格計2兆3389億6471万円)及び17道府県[注2]内の補助事業で造成された施設(以下「補助施設」)343施設(土地改良財産台帳価格等計3532億8864万円、これに対する国庫補助金等相当額[注3]計1832億0480万円))を対象として検査した。

⑴　非常用発電設備等が想定浸水深より低い位置に設置されている農業水利施設において浸水対策が実施されていない事態

　856施設についてみたところ、これらは全て旧基準施設であり、このうち、計381施設(9農政局等管内の直轄施設163施設(土地改良財産台帳価格計3110億3954万円)及び14道府県内の補助施設218施設(土地改良財産台帳価格等計1763億3709万円、これに対する国庫補助金等相当額計908億5938万円))については、ハザードマップ等において洪水等による浸水のおそれがあるとされている区域に所在していて非常用発電設備等が想定浸水深より低い位置に設置されているのに、浸水対策が実施されていなかった。このため、当該想定浸水深と比べて浸水深は浅いものの、より高い頻度で発生し得る洪水等によっても、非常用発電設備等が浸水して損傷するおそれがある状況となっていた。

(注1) 9農政局等　　東北、関東、北陸、東海、近畿、中国四国、九州各農政局、北海道開発局、沖縄総合事務局
(注2) 17道府県　　北海道、京都府、宮城、山形、群馬、千葉、富山、福井、山梨、岐阜、愛知、兵庫、奈良、広島、山口、高知、熊本各県
(注3) 国庫補助金等相当額　　農業水利施設の整備事業に対する国庫補助金等の交付実績を参考として算出した試算額等

⑵　ダムにおいて非常用発電設備の燃料タンク容量が所要の運転可能時間を確保するものとなっているか明らかでない事態

　856施設のうちダム172施設に設置されている非常用発電設備の燃料タンク容量から算出した運転可能時間についてみたところ、152施設において、72時間を下回っていた。

　上記の152施設について、非常用発電設備を新設又は更新した際の燃料タンク容量に関する検討状況及びその後の検討状況をみたところ、計144施設(直轄施設121施設の土地改良財産台帳価格計1兆2790億8153万円、補助施設23施設の土地改良財産台帳価格等計786億7652万円、これに対する国庫補助金等相当額計402億4416万円)については、燃料タンク容量が所要の運転可能時間を確保するものとなっているか不明となっていた。そして、当該144施設の中には、洪水調節機能の強化のために活用される協定ダム117施設が含まれていた。

＜事例＞
　中国四国農政局は、広島県世羅郡世羅町に所在する三川ダム(協定ダム。土地改良財産台帳価格6億9420万円)において、平成17年度に非常用発電設備を更新しており、当該非常用発電設備の燃料タンク容量(190リットル)から算出した運転可能時間は5.2時間となっていた。そして、当該非常用発電設備を更新した際の燃料タンク容量に関する検討状況をみたところ、過去の停電の実績から、4時間以上の停電対策を実施すればほとんどの停電に対応することができ、それ以上停電が続く場合には給油取扱所から燃料の供給を受けることで対応可能と考えられるとしていた。しかし、燃料タンク容量の決定に当たって考慮する必要がある燃料の輸送経路等が考慮されておらず、現状の燃料タンク容量(運転可能時間5.2時間)が、停電の発生から燃料を補給するまでに必要な容量となっているか不明となっていた。

　このように、非常用発電設備等が想定浸水深より低い位置に設置されている農業水利施設において浸水対策が実施されていない事態及びダムにおいて非常用発電設備の燃料タンク容量が所要の運転可能時間を確保するものとなっているか明らかでない事態は適切ではなく、改善を図る要があると認められる。

本院が要求する改善の処置　同省において、洪水等が発生した場合に設備の早期の機能回復や浸水被害の軽減を行うことができるよう、また、商用電源が停電した場合でもダムの機能を維持できるよう、次のとおり改善の処置を要求する。

ア　事業主体が旧基準施設について更新等を行うまでの間の施設の重要度等に応じた浸水対策を実施するための方針を検討すること

イ　ダムに設置されている非常用発電設備の燃料タンク容量について、現状において所要の運転可能時間を確保するものとなっているか把握した上で、所要の運転可能時間を確保するものとなっていない場合には、ダムの機能を維持することが可能となる燃料タンク容量に見直すなどするよう農政局等に対して指導するとともに、農政局等を通じるなどして都道府県等に対して助言を行うこと

（検査報告304ページ）

処　置　済　畜産・酪農収益力強化総合対策基金等事業(機械導入事業)の実施について

┌─**＜要点＞**─────────────────────────────────────┐
│
│畜産・酪農収益力強化総合対策基金等事業(機械導入事業)の実施に当たり、事業実施主体に対
│して、実施要領等に基づき事業の実質的な効果を検証するための価格補正を行うこと、根拠資
│料の現状値及び実績値を基に行うこと並びに当該根拠資料を保存することについて、協議会及
│び取組主体にこれらを適切に行わせるよう指導させ、また、価格補正等の実施状況や根拠資料
│の保存状況を具体的に確認する体制を整備させることにより、成果検証が適切に行われるなど
│するよう改善させたもの(指摘金額58億2576万円、背景金額14億9980万円)
│
└──┘

┌─────────────────────────┐
│畜産・酪農収益力強化総合対策基金等事業等の概要│
└─────────────────────────┘

(1)　機械導入事業等の概要

　　農林水産省は、生産コストの削減等を地域一体となって行う取組を実施する畜産農家等を支援す
る畜産・酪農収益力強化総合対策基金等事業(以下「畜産クラスター事業」)を実施するために、基金
管理団体として公益社団法人中央畜産会を選定し、補助金を交付して、基金を造成させている。

　　畜産・酪農収益力強化総合対策基金等事業実施要領等によれば、畜産クラスター事業のうち機
械導入事業は、生産コストの削減等に必要な機械装置を導入する畜産クラスター協議会[注1]の構成
員(以下「取組主体」)に対して、その導入に必要な費用の一部を上記の基金を取り崩して補助する
ものとされている。そして、中央畜産会等が事業実施主体[注2]となっている。

(2)　機械導入事業における成果目標の設定及び目標達成状況の検証

　　実施要領等によれば、事業実施主体から事業参加承認を得て取組主体が事業を実施する場合、
次の手順により、当該取組主体が成果目標を設定し、協議会が目標達成状況の検証(以下「成果検
証」)を行うこととされている。

①　取組主体は、「販売額の増加」、「生産コストの削減」、「農業所得又は営業利益の増加」(これら
　を「3目標」)等から一つを成果目標として選択する。そして、成果目標に係る現状値として事業
　実施前年度等における販売額等の価格を把握して、目標年度である事業実施翌年度における成
　果目標に係る目標値を現状値から5％又は8％以上の増加等となるよう設定する。また、現状値
　の根拠資料を協議会に提出する。

②　取組主体は、事業実施年度の翌々年度に、実績値として事業実施翌年度における販売額等の
　価格を把握して、その根拠資料と共に協議会に提出する。

③　協議会は、目標値と実績値を比較して成果検証を行った上で、事業実施年度の翌々年度に、
　事業成果報告書(以下「成果報告書」)を事業実施主体に提出する。また、協議会は、取組主体か
　ら提出を受けた現状値及び実績値の根拠資料を保存する。

④　事業実施主体は、協議会から提出を受けた成果報告書の内容を確認する。

　　実施要領等によれば、3目標は本事業による効果のほか市場の需給等の外的要因の影響も受ける
ことから、平成30年度以降に事業参加要望が行われて3目標のいずれかを成果目標として選択した

(注1)　畜産クラスター協議会　　地域の関係者が連携し、地域一体となって畜産の収益性の向上を図るために、畜産農家、地方公
　　　共団体、畜産関連事業者、農業協同組合その他の関係者が参画し設立する協議会
(注2)　令和元年度までは中央畜産会が、2年度以降は中央畜産会及び公募により選定された一般社団法人北海道酪農畜産協会の両
　　　者が事業実施主体となっており、いずれの年度も中央畜産会が基金管理団体となっている。

事業について、協議会は、販売額等の実績値の価格を補正(以下「価格補正」)し、実質的な効果を検証することとされている。そして、価格補正の方法については、3目標ごとに定められており、例えば、成果目標が「販売額の増加」の場合には、現状値とした年度における全国の販売単価等を目標年度における全国の販売単価等で除した補正係数を実績値に乗ずることなどとされている。

⑶　機械導入事業における指導等

実施要領によれば、事業実施主体は、同省の指導の下で機械導入事業の円滑な推進を図ることとされている。また、取組主体は、協議会を通じた事業実施主体の指導の下で機械導入事業の円滑な推進を図ることになっている。

| 検査の結果 | 46道府県の959協議会のうち20道府県^(注)の218協議会の2,187取組主体が30、令和元両年度に、3目標のいずれかを成果目標として選択して実施した3,819事業(補助対象事業費計165億3311万円、国庫補助金相当額計82億9000万円)を対象として検査した。

検査の結果　46道府県の959協議会のうち20道府県^(注)の218協議会の2,187取組主体が30、令和元両年度に、3目標のいずれかを成果目標として選択して実施した3,819事業(補助対象事業費計165億3311万円、国庫補助金相当額計82億9000万円)を対象として検査した。

⑴　協議会が実施要領等に基づく成果検証を適切に行っていなかった事態

19道府県の156協議会の1,503取組主体が実施した2,628事業(補助対象事業費計116億2222万円、国庫補助金相当額計58億2576万円)において、次のア及びイのとおり、協議会が実施要領等に基づく成果検証を適切に行っていなかった事態が見受けられた(アとイには重複している事業がある。)。

ア　適切な価格補正が行われないまま成果検証が行われていた事態

19道府県の149協議会の1,418取組主体が実施した2,501事業(補助対象事業費計111億7661万円、国庫補助金相当額計56億0296万円)では、協議会が実績値の価格補正を行わず取組主体から提出された実績値をそのまま使用するなどしていて、適切な価格補正が行われないまま成果検証が行われていた。

イ　成果報告書に記載された現状値又は実績値と根拠資料の価格との間に差異がある状況で成果検証が行われていた事態

15道府県の70協議会の619取組主体が実施した1,110事業(補助対象事業費計38億6247万円、国庫補助金相当額計19億3296万円)では、協議会が決算書等の根拠資料からの転記を誤るなどしたため、成果報告書に記載された現状値又は実績値と根拠資料により把握される当該取組主体の現状値又は実績値との間に差異がある状況で、成果検証が行われていた。

そこで、ア又はイの事態が生じていた事業について、本院において、各取組主体の決算書等により改めて成果検証の具体的な内容を確認し、実績値を修正するなどしたところ、17道府県の98協議会の584取組主体が実施した1,012事業(補助対象事業費計38億0172万円、国庫補助金相当額計19億0173万円)では、修正前後の実績値の開差が1割以上となっていた。また、10道県の48協議会の184取組主体が実施した329事業(補助対象事業費計12億3949万円、国庫補助金相当額計6億2065万円)では、成果目標を達成したとされていたが、実際には達成していなかった。

上記の事態について、事例を示すと次のとおりである。

┌─＜事例＞──────────────────────────────────────
　JAひがし宗谷畜産クラスター猿払協議会の構成員である取組主体Aは、飼料作付地において適期収穫による良質な粗飼料生産を行うことなどにより1頭当たりの乳量の向上等を図ることを目的として、平成30年度に飼料刈取り用の機械装置4台の導入を同協議会に要望した。その際、A

は、成果目標として「販売額の増加」を選択し、現状値の1億1191万円にその5％に相当する559万円を加えた1億1750万円を目標値として設定した。そして、令和元年度に機械装置4台を事業費計1995万円(国庫補助金相当額計997万円)で導入した。

　同協議会は、事業実施翌々年度である3年度に、事業実施翌年度である2年度の実績値を1億2468万円として、上記の現状値1億1191万円からの販売額の増加率を11.41％と算出し、成果目標を達成したとする成果報告書を中央畜産会に提出した。

　しかし、実際には、Aの所得税青色申告決算書によると、事業実施前々年度である平成29年度の現状値は1億1190万円、目標年度である令和2年度の実績値は1億1552万円であり、上記の成果報告書に記載された現状値及び実績値はいずれも根拠資料により把握される販売額とは異なっていた。さらに、同協議会は、実績値の価格補正を行わず、Aから提出された実績値をそのまま使用していた。

　そこで、本院において、平成29、令和2両年度の全国総合乳価により改めて補正係数を算出し、実績値を修正するなどしたところ、表のとおり、成果目標を達成していなかった。

表　事例に係る成果報告書の記載状況及び本院における修正結果

区分	販売額の現状値	販売額の実績値	価格補正後の実績値	販売額の増加率	目標(5％)達成状況
成果報告書の記載	111,910,000 円	124,684,268 円	行わず	11.41％	○
本院における修正	111,902,911 円	115,527,835 円	112,680,704 円	0.69％	×

⑵　協議会が現状値又は実績値の根拠資料を保存しておらず、成果検証を適切に行ったのかを中央畜産会が確認できない状況となっていた事態

　　13道県の62協議会の413取組主体が実施した695事業(補助対象事業費計29億9926万円、国庫補助金相当額計14億9980万円)では、協議会が誤って現状値又は実績値の根拠資料を廃棄するなどしており、当該根拠資料が保存されていなかった。

　　これらについては、現状値又は実績値としてどのような価格が根拠資料に記載されていたか確認できず、協議会が成果検証を適切に行ったのかを中央畜産会が確認できない状況となっていた。

⑶　中央畜産会が成果報告書の確認を十分に行っておらず、同省及び中央畜産会が成果検証を適切に行うようにするための指導を十分に行っていなかった事態

　　⑴及び⑵の事態に関して、中央畜産会における、協議会から提出を受けた成果報告書の確認状況並びに成果検証を適切に行うようにするための協議会及び取組主体に対する指導状況についてみたところ、中央畜産会は、事業参加要望の処理等の業務に時間を要していたなどとして、十分な確認及び指導を実施していなかった。

　　また、中央畜産会による上記の確認及び指導について、同省から中央畜産会に対して行われた指導の状況についてみたところ、同省は、口頭による指導を行ったことにより、中央畜産会が協議会から提出を受けた成果報告書を適切に確認しているものと認識していたことから、既存の実施要領等で記載されている事項以外に、価格補正等の参考例の明示や根拠資料の保存状況を確認することについて、具体的な指導を行っていなかった。

　　このように、**協議会が実施要領等に基づく成果検証を適切に行っていなかった事態、協議会が現状値又は実績値の根拠資料を保存しておらず、成果検証を適切に行ったのかを中央畜産会が確認できない状況となっていた事態、中央畜産会が成果報告書の確認を十分に行っておらず、同省及び中央畜産会が成果検証を適切に行うようにするための指導を十分に行っていなかった事態は適切ではなく、改善の必要がある**と認められた。

<u>農林水産省が講じた改善の処置</u>　同省は、協議会及び取組主体において成果検証が適切に行われるようにするとともに、事業実施主体(中央畜産会及び北海道酪農畜産協会をいう。)において必要な確認及び指導が適切に行われるよう、5年7月に、事業実施主体に対して通知を発して、次のような処置を講じた。

ア　成果検証の実施に当たり、実施要領等に基づき価格補正を行うこと、根拠資料の現状値及び実績値を基に行うこと並びに当該根拠資料を保存することについて、協議会及び取組主体に対してこれらを適切に行わせるよう指導した。

　これを受けて、事業実施主体は、同月に、協議会に対して、同内容を通知して、協議会から取組主体を指導させた。

イ　協議会から提出される成果報告書の内容について、価格補正等の実施状況や根拠資料の保存状況を具体的に確認する体制を整備するよう指導した。

　これを受けて、事業実施主体は、成果報告書の提出前における内容の確認を徹底させるために、新たにチェックシートを作成した。そして、協議会に当該チェックシートを活用して確認させた上で成果報告書と併せて事業実施主体に提出させることとした。これにより、事業実施主体において協議会が行った価格補正等の実施状況等を具体的に確認できる体制を整備した。

(検査報告310ページ)

<u>処　置　済</u>　収穫調査の委託契約に係る人員輸送費の積算について

<要点>
収穫調査に係る人員輸送費の積算に当たり、複数のレンタカー会社から月額料金に係る見積書を徴取することなどを要領に定めて、市場価格等を踏まえた適切な借上料金を用いて経済的な積算を行うよう改善させたもの(指摘金額7360万円)

<u>事業の概要</u>

(1)　収穫調査の概要

　林野庁は、国土の保全その他国有林野の有する公益的機能の維持増進を図るとともに、林産物を持続的かつ計画的に供給することなどを目標として、国有林野の適切かつ効率的な管理経営を行うこととなっている。そして、森林管理署等は、森林管理局の定めた国有林野の管理経営に関する計画に従い、立木の状態で販売する立木販売、立木を伐倒等して丸太を生産する製品生産事業等を行っている。

　森林管理局及び森林管理署等は、立木販売及び製品生産事業に係る予定価格を算定するために、農林水産大臣が指定する者(以下「指定調査機関」)等に、立木の樹種、樹高、胸高直径、品質等の調査(以下「収穫調査」)を行わせることができることになっている。

(2)　収穫調査に係る予定価格の積算方法

　森林管理局は、同庁が制定した「国有林野等の収穫調査業務委託事務取扱要領の制定について」(以下「要領」)に基づき、それぞれ収穫調査業務委託積算要領等(以下「積算基準」)を制定しており、森林管理局及び森林管理署等は、積算基準等に基づき人件費、人員輸送費等の経費を算出し、これらを合算するなどして収穫調査に係る予定価格を積算している。また、予定価格の決定に当たっては、市場価格、取引の実態等について十分な調査を行うなどして適正な価格とするよう努力することとなっている。

⑶　人員輸送費の算出方法等

　　要領において、人員輸送費は、森林管理署等から調査現地等までの移動に要する経費であり、貨客兼用自動車の機械損料及び燃料費の合計額となっている。このうち、機械損料は、1日の損料としてレンタカーの借上料金(以下「借上料金」)を用いることとなっていて、その借上日数については、調査箇所における立木の調査量に応じた日数とすることとなっている(次式参照)。

　　森林管理局は、毎年度、レンタカー業を営む者(以下「レンタカー会社」)から見積書を徴取するなどして決定した借上料金を積算基準において定めている。

　　検査の結果　7森林管理局[注1]及び44森林管理署等[注2]において、令和3、4両年度に実施された収穫調査に係る委託契約計329件、支払額計35億4436万円のうち、契約額が多額となっているなどの委託契約計209件、支払額計27億8756万円を対象として検査した。

　　人員輸送費の積算においては、借上料金に借上日数を乗じた機械損料が大部分を占めている。そして、森林管理局が借上料金を定めるに当たっては、前記のとおり、市場価格等について十分な調査を行うなどすることが求められている。そこで、森林管理局が積算基準において定めていた3、4両年度における借上料金をみたところ、北海道森林管理局は、レンタカー会社1者がホームページで公表していた月額料金を1か月当たりの使用見込日数である20日で除するなどして算定した金額が日額料金より安価となる傾向があることから、これを借上料金として積算に用いていた(月額料金から算定した借上料金を「長期レンタカー料金」)。

　　しかし、北海道森林管理局の管轄区域内に所在するレンタカー会社の店舗を確認したところ、収穫調査の調査箇所に応じた調達が可能なレンタカー会社が複数存在しており、それぞれが示す料金は異なっていた。このため、北海道森林管理局の委託契約48件の予定価格の積算に用いられていた長期レンタカー料金は、市場価格を十分に反映したものとはなっていなかった。

　　一方、東北、関東、中部、近畿中国、四国、九州各森林管理局(以下「東北森林管理局等」)は、複数のレンタカー会社から徴取するなどした日額料金を比較して算定するなどした金額を借上料金として積算に用いていた(日額料金から算定した借上料金を「短期レンタカー料金」)。

　　しかし、前記のとおり、月額料金は日額料金よりも1日当たりの料金が安価となる傾向があり、収穫調査を実施していた指定調査機関が使用していたレンタカーも9割以上は月額料金により調達されていた。

　　そこで、短期レンタカー料金を借上料金として積算に用いている東北森林管理局等の委託契約について、積算上の借上日数をみたところ、161件のうち123件は20日から1,072日までとなっていて、北海道森林管理局が長期レンタカー料金の算定において用いていた1か月当たりの使用見込日数であ

(注1)　7森林管理局　　北海道、東北、関東、中部、近畿中国、四国、九州各森林管理局
(注2)　44森林管理署等　　石狩、檜山、根釧西部、網走中部、空知、網走南部、胆振東部、十勝東部、青森、津軽、下北、盛岡、秋田、米代東部、山形、庄内、磐城、茨城、利根沼田、東京神奈川、北信、東信、南信、木曽、岐阜、飛騨、兵庫、鳥取、島根、岡山、広島、広島北部、愛媛、安芸、四万十、佐賀、熊本、熊本南部、大分、大分西部、鹿児島、北薩各森林管理署、最上、白河両森林管理署支署

る20日以上であったことから、これらの契約については長期レンタカー料金により調達することが可能な状況となっていた。

　これらのことから、本院が、森林管理局を通じて複数のレンタカー会社から月額料金に係る見積書を徴取するなどして、それらの平均価格を20日で除するなどして算定したところ、表のとおり、1日当たり2,562円から6,585円までとなっていて、森林管理局が定めた借上料金より安価なものとなっていた。

表　森林管理局が積算基準において定めていた借上料金と複数のレンタカー会社から徴取した見積書等に基づき算定した長期レンタカー料金との比較

（単位：円/日）

森林管理局名	積算基準において定めていた借上料金（注）		複数のレンタカー会社から徴取した見積書等に基づき算定した長期レンタカー料金（B）	積算基準において定めていた2日目以降の借上料金と複数のレンタカー会社から徴取した見積書等に基づき算定した長期レンタカー料金との差額（A）－（B）
	1日目	2日目以降（A）		
北海道	6,875	6,875	6,585	290
東北	9,400	9,400	5,451	3,949
関東	9,000	6,500	5,000	1,500
中部	4,364	3,546	2,562	984
近畿中国	10,350	8,700	4,688	4,012
四国	8,840	8,840	5,736	3,104
九州	8,200	8,200	4,445	3,755

（注）全ての森林管理局において、令和3、4両年度の借上料金は同額となっていた。

　このように、人員輸送費の積算に当たり、レンタカー会社1者のみの月額料金をそのまま採用していたこと、短期レンタカー料金を設定していたことから、市場価格等を十分に踏まえた経済的な積算となっていなかった事態は適切ではなく、改善の必要があると認められた。

　低減できた人員輸送費の積算額　前記の北海道森林管理局の委託契約48件及び東北森林管理局等の委託契約123件の計171件に係る人員輸送費の積算について、複数のレンタカー会社から徴取した見積書等に基づき算定した長期レンタカー料金を用いて試算したところ、3、4両年度の積算額は、それぞれ計8002万円、計9679万円、合計1億7681万円となり、7森林管理局及び43森林管理署等(注)が積算していた積算額計1億1527万円、計1億3523万円、合計2億5051万円は、計約3520万円、計約3840万円、合計約7360万円が低減できたと認められた。

　林野庁が講じた改善の処置　同庁は、5年9月に要領を改正して、収穫調査に係る人員輸送費の積算に当たり、長期レンタカー料金を適用することが可能な1か月当たり20日以上の使用が見込まれる場合には、複数のレンタカー会社から月額料金に係る見積書を徴取することなどを定めるとともに、森林管理局に対して通知を発出して、同年12月以降に入札公告を行う契約について、市場価格等を踏まえた適切な借上料金を用いて経済的な積算を行わせることとする処置を講じた。　　　　（検査報告315ページ）

（注）43森林管理署等　石狩、檜山、根釧西部、網走中部、空知、網走南部、胆振東部、十勝東部、青森、津軽、下北、盛岡、秋田、米代東部、山形、庄内、磐城、茨城、利根沼田、東京神奈川、北信、南信、木曽、岐阜、飛騨、兵庫、鳥取、島根、岡山、広島、広島北部、愛媛、安芸、四万十、佐賀、熊本、熊本南部、大分、大分西部、鹿児島、北薩各森林管理署、最上、白河両森林管理署支署

◎　8　経済産業省

不　当　補助事業の実施及び経理が不当

┌─**＜要点＞**──────────────────────────────
被災事業者自立支援事業、ものづくり・商業・サービス経営力向上支援事業、中小企業組合等
共同施設等災害復旧事業等において、補助金が過大に交付されているなどしていて、国庫補助
金3481万円が不当と認められる。
└────────────────────────────────────

⑴　補助金の交付が過大

ア　国庫補助金の上限額の算定が適切でなかったため、中小企業組合等共同施設等災害復旧費補助金の交付が過大

補助事業の概要　中小企業組合等共同施設等災害復旧事業は、平成28年熊本地震に係る被災地域の復旧等の促進を目的として、中小企業組合等共同施設等災害復旧費補助金の交付を受けた熊本県が、施設等の復旧・整備等を行う中小企業等グループ等に対して、これに要する経費の一部を補助するものである。

　要綱等によれば、補助対象経費は、中小企業等グループ等の施設等であって、平成28年熊本地震により損壊等したもののうち、中小企業等グループが復興事業計画に基づき事業を行うのに不可欠な施設等の復旧・整備等に要する経費であって、知事が補助対象としたものとされている。また、要綱等を踏まえて九州経済産業局と同県との間で共有している質疑応答集によれば、事業を行うに当たり平成28年熊本地震による損壊等がなかった施設等を解体する必要がある場合、その再築に係る経費は必要不可欠とはいえないことから補助対象として認められないこととされている。

　そして、要綱等によれば、補助対象経費には、施設等の原状回復のみならず、事業再開又は継続、売上回復等に必要な新分野需要開拓等の実施に係る取組（この取組を「新分野事業」）に要する経費も含まれることとされている。ただし、施設等の原状回復に代えて新分野事業に伴う復旧・整備等を実施した場合には、国庫補助金の額については、震災前に所有していた施設等の原状回復に必要な経費に補助率を乗じた額を上限とすることとされている。

　中小企業等グループの構成員である株式会社香梅は、平成29、30両年度に、平成28年熊本地震で損壊した工場について、新分野事業に伴う建替工事を実施することとして、これに要する経費が25億円、国庫補助金の上限額を算定するに当たって別途見積もった原状回復に必要な経費が21億円であるとする交付申請書を同県に提出し、原状回復に必要な経費に基づき交付決定を受けて事業を実施していた。また、会社は、事業完了後、新分野事業に要した経費が21億8399万円（補助対象事業費21億5417万円）、国庫補助金の上限額を算定するに当たって別途見積もった原状回復に必要な経費が21億円（同20億0156万円）であるとする実績報告書を同県に提出し、原状回復に必要な経費に基づき国庫補助金10億円の交付を受けていた。

検査の結果　会社が提出していた交付申請書及び実績報告書のいずれにおいても、原状回復に必要な経費に係る補助対象事業費の中には、工場の原状回復を行うとした場合に工事の支障となり解体が必要な施設であるとして、平成28年熊本地震による損壊等がなかった守衛棟の再築に係る経費が含まれていた。

　しかし、工場の原状回復を行うに当たり平成28年熊本地震による損壊等がなかった施設を解体す

る必要があるとした場合でも、その再築に係る経費は補助対象とならないのに、同県はこの経費が含まれた補助対象事業費に補助率を乗じた上限額により交付決定及び交付額の確定を行っていた。

　したがって、前記の補助対象事業費20億0156万円から守衛棟の再築に係る経費1466万円を除いた額に補助率を乗じて適正な国庫補助金の上限額を算定すると9億9345万円となり、前記の国庫補助金10億円との差額654万円が過大に交付されていて不当と認められる。　　　（検査報告327ページ）

イ　福島県における再生可能エネルギーの導入促進のための支援事業費補助金で実施した委託業務の内容に変更が生じたのに、委託料の額の変更を行わなかったため、補助金の交付が過大

<u>補助事業の概要</u>　福島県は、令和2年度に、福島県における再生可能エネルギーの導入促進のための支援事業として、同県における再生可能エネルギーの導入を促進し、内外の経済的社会的環境に応じた安定的かつ適切なエネルギー需給構造の構築を図ることを目的として、風力発電設備のメンテナンスを行うための拠点(以下「メンテナンス拠点」)に係る調査及び検討等に係る業務(以下「本件委託業務」)を公益財団法人福島県産業振興センターに委託料496万円で委託して実施した。

　同県は、本件委託業務に係る契約の締結に当たっては、地方自治法等の規定に基づき随意契約によることとして、センターから見積書を徴し、見積書の金額をそのまま委託料としていた。委託契約書及び仕様書によれば、本件委託業務の内容は、国内外のメンテナンス拠点等を訪問して実地調査を行うこと及びふくしま風力メンテナンス拠点化検討協議会(以下「協議会」)を設置して、メンテナンス拠点の整備に向けた検討を行うこととされており、上記見積書の金額には、国内外のメンテナンス拠点等を訪問するための旅費、協議会の開催に当たり使用する会議室の借上料等が計上されていた。また、委託契約書によれば、本件委託業務の内容を変更し、委託料の額を変更する必要があると認めるときは、同県とセンターが協議して書面により変更後の委託料の額を定めることとされていた。

　そして、同県は、本件委託業務の完了後の3年4月に前記の委託料496万円をセンターに支払い、同年9月に同額を補助対象事業費として実績報告を行い、これにより同額の国庫補助金の交付を受けていた。

<u>検査の結果</u>　同県とセンターは、新型コロナウイルス感染症の感染拡大の影響を踏まえて、本件委託業務の内容の変更について協議し、国内外のメンテナンス拠点等への訪問を見送るとともに、会議室の借上げを行わずにウェブ会議の方法により協議会を開催するなどしていて、本件委託業務に要した経費は、上記の委託料を大幅に下回っていた。このため、同県は、本件委託業務の内容の変更に伴い、センターと協議して委託料の額を変更する必要があったのに、これを行っていなかった。

　したがって、本件委託業務の実績に基づいて委託料の額を変更したとして適切な補助対象事業費を算定すると、計上漏れとなっていた人件費168万円を考慮しても278万円となり、前記の補助対象事業費496万円との差額217万円が過大となっていて、これに係る国庫補助金相当額217万円が不当と認められる。　　　（検査報告328ページ）

第Ⅱ章

経済産業省

⑵　補助金により造成した基金の使用が不適切
被災事業者自立支援事業費補助金により造成した基金を用いて実施した事業において、購入した設備を目的外使用及び補助対象事業費の一部が対象外

補助事業の概要 被災事業者自立支援事業費補助金は、被災地域における働く場の創出等のまち機能の早期回復に向けて、原子力災害によって被災した原子力被災事業者の事業・生業の再建等を支援することを目的として、経済産業省が福島県に対して基金を造成させるために交付するものである。基金を造成した県は、この基金を取り崩して、原子力災害により甚大な被害を受けた12市町村(注)において事業再開等を行う原子力被災事業者等に対して、施設・設備の整備等に係る経費の一部を補助するために、福島県原子力被災事業者事業再開等支援補助金(以下「基金補助金」)を交付している(基金補助金の交付を受けて原子力被災事業者が実施する事業を「基金補助事業」、基金補助事業を実施する原子力被災事業者を「基金補助事業者」)。

　同省は、事業主体が12市町村内で事業再開等を行うために基金補助事業により購入した車両を12市町村外に所在する事業所において管理又は使用する場合には、当該車両は基金補助事業の目的を達成するための事業の用に供されることにならないため、補助の対象とはならないとしている。また、交付要綱等によれば、基金補助事業者は、基金補助事業により取得した財産を、知事が定めた処分制限期間内に基金補助金の交付の目的に反して使用等する場合は、あらかじめ知事の承認を受けなければならないこととされている。

　有限会社横山物産は、平成28年度に、12市町村内に所在する南相馬営業所において事業再開等を行うとして、10tダンプトラック2台等を導入する基金補助事業を事業費計2678万円(基金補助対象事業費計2655万円)で実施したとする実績報告書を県に提出して、基金補助金1991万円(国庫補助金相当額同額)の交付を受けていた。また、会社は、令和2年度に、南相馬営業所において13t大型トラック等を購入して事業の用に供する基金補助事業を事業費計2790万円(基金補助対象事業費計2681万円)で実施したとする実績報告書を県に提出して、基金補助金2011万円(国庫補助金相当額同額)の交付を受けていた。

検査の結果 会社は、平成28年度に導入した10tダンプトラック2台について、前記の承認を受けずに、処分制限期間内である31年1月に12市町村外の福島営業所に使用の本拠を変更して、基金補助金の交付の目的に反して使用していた。また、会社は、令和2年度に購入した13t大型トラックについて、購入当初から12市町村外の福島営業所において使用していて、南相馬営業所において事業再開等を行うための事業に供しておらず、その購入に係る経費については補助の対象とならないのに、これを補助対象経費に含めていた。

　したがって、**基金補助金の交付の目的に反して使用されていた10tダンプトラック2台の残存簿価相当額488万円に係る取り崩された基金366万円(国庫補助金相当額同額)及び補助の対象とはならない13t大型トラックを購入して事業の用に供するための基金補助対象事業費1621万円に係る取り崩された基金1216万円(国庫補助金相当額同額)、計1582万円の使用が適切でなく、不当と認められる。**

(注) 12市町村　　田村、南相馬両市、伊達郡川俣、双葉郡広野、楢葉、富岡、大熊、双葉、浪江各町、双葉郡川内、葛尾、相馬郡飯舘各村

本件補助事業で購入した13ｔ大型トラック

（検査報告329ページ）

⑶　補助の目的外に使用
ものづくり・商業・サービス経営力向上支援補助金の交付を受けて実施した事業により購入した設備を補助の目的外に使用

補助事業の概要　ものづくり・商業・サービス経営力向上支援事業は、我が国製造業等を支えるものづくり産業基盤等の底上げを図るとともに、即効的な需要の喚起と好循環を促し、経済活性化を実現することを目的として、ものづくり・商業・サービス経営力向上支援補助金の交付を受けた全国中小企業団体中央会(以下「中央会」)が、革新的な設備投資やサービス開発、試作品の開発を行うための設備投資を行う事業を実施する中小企業等に対して、これに要する経費の一部を補助するものである。中央会は、中小企業等が中央会から補助金(以下「ものづくり補助金」)の交付を受けて実施する事業(以下「ものづくり補助事業」)のうち奈良県内において実施される事業に係る公募、確定検査等の事務を奈良県中小企業団体中央会(以下「受託事業者」)に委託している。

　交付規程等によれば、取得価格が50万円以上の機械等は、処分を制限する財産(以下「処分制限財産」)とされており、ものづくり補助事業の実施者は、処分制限財産を経済産業大臣が定めた処分制限期間内に処分しようとするときは、あらかじめ受託事業者の承認を受けなければならないこととされている。そして、処分制限財産をものづくり補助金の交付の目的に反してものづくり補助事業とは関係のない業務のために使用した場合は、処分制限財産の残存簿価相当額に補助率を乗じて得た金額を中央会に納付(以下「残存簿価分納付」)することとなっている。ただし、ものづくり補助事業の実施者がものづくり補助事業の成果を活用して実施する事業に転用する場合は、あらかじめ受託事業者の承認(以下「転用承認」)を受ければ、残存簿価分納付が免除されることとなっている。

　株式会社フジフレックスは、人工膝関節置換術(注)において、大腿骨と膝蓋骨間の圧力を術中に測定して最適な位置に人工膝蓋骨を留置するために用いるセンサを開発するに当たり、当該センサの部品の試作プロセスを短縮化するために必要な3Dプリンタ2台を平成31年1月に購入するなどして、これに要した事業費計1517万円(補助対象事業費計1404万円)に対してものづくり補助金計936万

(注) 人工膝関節置換術　　変形性膝関節症、関節リウマチ等によって変形した膝関節の表面を除去し、人工関節に置き換える手術

円(国庫補助金相当額同額)の交付を受けていた。そして、会社は、購入した3Dプリンタ2台について、本件ものづくり補助事業の成果を活用して実施する事業として上記センサの本格的な生産を行う際に活用するために、同年3月に転用承認を受けていた。

[検査の結果]　会社は、転用承認を受けた同月以降、上記の3Dプリンタ2台を受託事業者に無断で、主として本件ものづくり補助事業とは関係のない鉗子_(かん)等の手術器具を製作するために使用していた。

　したがって、**本件ものづくり補助事業により購入した3Dプリンタ2台(31年3月末残存簿価相当額計1224万円)は、ものづくり補助事業の成果を活用して実施する事業とは異なる事業に転用されていて、補助の目的外に使用されており、これに係る国庫補助金相当額計816万円が不当**と認められる。

(検査報告331ページ)

⑷　補助対象事業費の精算が過大
中小企業経営支援等対策費補助金(戦略的基盤技術高度化支援事業)の補助対象事業費の精算が過大

[補助事業の概要]　戦略的基盤技術高度化支援事業は、特定ものづくり基盤技術に関する研究開発や試作品開発等の取組を支援し、中小企業のものづくり基盤技術の高度化を図ることを目的として、中小企業経営支援等対策費補助金(戦略的基盤技術高度化支援事業)の交付を受けた公益財団法人みやぎ産業振興機構が、製品化につながる可能性の高い研究開発、試作品開発等を行う中小企業者等に対して、これに要する経費の一部を補助するものである。

　交付要綱等によれば、補助金の交付の対象は、補助事業を実施するために必要な機械装置、備品等の物品の製作及び購入に要した経費等とされている。

　匠ソリューションズ株式会社は、令和2年度に、AIを用いて自動車の塗装外観検査を行う画像検査装置を製品化するための研究開発に係る事業を事業費3261万円(補助対象事業費3125万円)で実施したとする実績報告書を機構に提出して、これにより国庫補助金2083万円の交付を受けていた。

[検査の結果]　会社は、上記研究開発の一環として計画していた画像検査装置の小型化が困難であるとしてこれを中断しており、その結果、小型化に係る研究開発のために購入した集積回路を使用していなかったのに、その購入に係る経費計315万円を含めて補助対象事業費に計上していた。

　したがって、**上記の補助事業に使用されていない集積回路の購入に係る経費315万円が過大に精算されていて、これに係る国庫補助金相当額210万円が不当**と認められる。

(検査報告332ページ)

処　置　済　コンテンツグローバル需要創出促進事業における交付額事後調整の対象外とする要件
　　　　　等について

========＜要点＞========
コンテンツグローバル需要創出促進事業において、中小・小規模事業者の財政基盤等を考慮す
る必要があるとして交付額事後調整の対象外とする仕組みを設けていたのに、経済産業省が想
定していた中小・小規模事業者に該当しない事業主体が実施する事業についても交付額事後調
整の対象外となるなどしていたことを踏まえて、同種の補助金による事業の実施に当たり、公
募要項を見直すとともに、実績報告書等の収支等に係る電子データを入手し分析するなどして
公募要項の見直しを行う態勢整備を図るよう改善させたもの（指摘金額35億3493万円、背景金
額：ライブ1事業11億3789万円、ライブ2事業16億8319万円）
================

コンテンツグローバル需要創出促進事業の概要等

(1)　コンテンツグローバル需要創出促進事業の概要

　　コンテンツグローバル需要創出促進事業は、新型コロナウイルス感染症の感染拡大の影響によ
り公演を延期又は中止し、後日実施するなど一定の要件を満たした民間事業者等に対して、国内
における公演の実施及び当該公演を収録した動画の全部又は一部の海外向けのデジタル配信の実
施等に要する経費の一部を補助するものである（令和2年度一般会計補正予算（第1号）を財源とす
る事業を「ライブ1事業」、令和2年度一般会計補正予算（第3号）等を財源とする事業を「ライブ2事
業」）。

　　経済産業省は、本事業の実施に当たり、公募により特定非営利活動法人映像産業振興機構を補
助事業者として選定し、機構は同省と協議した上で補助金公募要項を制定している。そして、事
業主体は、事業完了時には実績報告書、収支報告書等を電子データで機構に提出することとなっ
ている。

　　また、同省は、先例のないコロナ禍においてエンターテインメント業界（以下「エンタメ業界」）の
民間事業者等に対する支援の必要性が喫緊に迫られた状況の中で同事業を行うことから、事業の
実施状況を見ながら制度設計を見直すことにしていたとしている。

(2)　交付額事後調整の仕組みの概要

　　同省及び機構は、公演等の間接補助事業の実施により事業主体が直接得た収入額（以下「直接収
入」）が、補助対象経費と補助対象外経費を合わせた間接補助事業全体に要する経費総額を超えた
場合には、その差額（以下「差額（利益額）」）を補助金額から減額して補助金を交付するとの規定を
設けている（この仕組みを「交付額事後調整」）。

(3)　交付額事後調整の対象外とする仕組みを設けた趣旨とその要件

　　同省は、エンタメ業界に多数存在する中小・小規模事業者の財政基盤等を考慮する必要がある
として、一定の要件に該当する案件について交付額事後調整の対象外とする仕組みを設けている
（この仕組みを「調整対象外の仕組み」）。すなわち、案件の採択時に総採択件数が30件を超えてい
ない申請者の案件や動員人数が1,000人を超えない案件には、中小・小規模事業者ではない事業者
が実施する案件が含まれることは少ないと想定して、これらを交付額事後調整の対象外とする要
件（以下「調整対象外要件」）として設定している。また、同省は、ライブ1事業を開始した当時は、
無観客ライブ等におけるリアルタイムフル配信の実績がほとんどなかったことから、リアルタイ
ムフル配信等を行う案件を調整対象外要件として設定している（表1参照）。

第Ⅱ章

経済産業省

表1　各事業における調整対象外要件

事業名	直接収入 （A）	経費総額 （B）	差額 （利益額）	調整対象外要件 （以下のいずれかに該当する場合）
ライブ1 事業	観客動員による チケット収入	補助対象経費 ＋ 補助対象外経費	A－B	① リアルタイムフル配信等を行う案件
				② 動員人数が1,000人を超えない採択案件（動員人数にはオンラインで鑑賞する観客は含まない。）
				③ 採択時に総採択件数の累計が30件（①・②は含まない。）を超えていない申請者の採択案件
ライブ2 事業	観客動員による チケット収入 ＋ リアルタイムフル 配信等による 配信チケット収入	同上	同上	① 動員人数が1,000人を超えない採択案件（動員人数にはリアルタイムフル配信等で鑑賞する観客は含まない。）
				② 総採択件数のうち、リアルタイムフル配信等を行う案件の累計が30件を超えていない申請者の採択案件
				③ 採択時に総採択件数の累計が30件（①・②は含まない。）を超えていない申請者の採択案件

　一方、同省の中小企業施策においては、対象とする中小企業者の範囲を中小企業基本法に基づき定義する場合も見受けられる。同法によれば、エンタメ業界が該当する業種であるサービス業の場合、中小企業者の範囲は、資本金の額又は出資の総額が5000万円以下の会社並びに常時使用する従業員の数が100人以下の会社及び個人であるとされている。

[検査の結果]　令和2、3両年度に補助金の交付決定が行われたライブ1事業の全23,233事業（このうち2年度から4年度までの間に補助金が交付されたものは23,081事業(957事業主体、補助金交付額計622億0808万円)）及び3年度に補助金の交付決定が行われたライブ2事業の全18,179事業（このうち3、4両年度に補助金が交付されたものは17,871事業(828事業主体、同計580億7431万円)）を対象として検査した。

⑴　**経済産業省が想定していた中小・小規模事業者に該当しない事業主体が実施する事業についても交付額事後調整の対象外となるなどしていた事態**

　差額(利益額)が生じている事業主体のうち上位50事業主体について、前記の調整対象外要件ごとの該当状況をみたところ、中小・小規模事業者が実施すると同省が想定していた事業数や動員人数を上回る事業を行う事業主体が、上位50事業主体のほとんど全てを占めていた。

　そこで、中小企業基本法において株式市場における資金調達力を考慮するなどして中小企業者の範囲が設定されていることを踏まえて、これらの上位50事業主体についてみたところ、ライブ1事業では16事業主体、ライブ2事業では15事業主体が、中小企業基本法における中小企業者の定義に該当しない者(以下「中小企業者に該当しない者」)となっていた。そして、中小企業者に該当しない者が実施した事業のうち、案件の採択時に総採択件数が30件を超えていない申請者の案件や動員人数が1,000人を超えない案件のいずれかに該当するとして交付額事後調整が実施されていない事業について、これらの調整対象外要件別に交付額事後調整を実施した場合の補助金額を機械的に算出し、実際に交付された補助金額との差額(開差額)を試算したところ、表2のとおり、開差額の合計は23億7283万円となった。

表2　中小企業者に該当しない者が実施した事業のうち交付額事後調整が実施されていない事業における調整対象外要件別の開差額

項目	事業数	事業主体数	補助金交付額（A）（千円）	差額(利益額)（千円）	交付額事後調整を実施した場合の補助金交付額（B）（千円）	開差額（A－B）（千円）
① ライブ1事業における調整対象外要件別の開差額等	856	15	1,799,327	1,545,204	661,818	1,137,509
② ①のうち案件の採択時に総採択件数が30件を超えていない申請者の案件	115	9	570,896	602,056	131,942	438,954
③ ①のうち動員人数が1,000人を超えない案件	741	14	1,228,431	943,148	529,876	698,555
④ ライブ2事業における調整対象外要件別の開差額等	972	15	1,963,115	1,866,080	727,791	1,235,324
⑤ ④のうち案件の採択時に総採択件数が30件を超えていない申請者の案件	168	13	589,570	560,052	272,055	317,515
⑥ ④のうち動員人数が1,000人を超えない案件	804	12	1,373,545	1,306,027	455,736	917,809
①＋④の合計						2,372,833

注(1) ①の事業主体数は、②及び③の事業主体数の純計である。
注(2) ④の事業主体数は、⑤及び⑥の事業主体数の純計である。
注(3) ライブ1事業における中小企業者に該当しない者である16事業主体のうち1事業主体は、②又は③に該当する案件がなかった。

　　また、前記の上位50事業主体のうち中小企業基本法における中小企業者に該当する者は、ライブ1事業で32事業主体、ライブ2事業で33事業主体となっていた。そして、これらの中小企業者に該当する事業主体が実施した事業についても、交付額事後調整が実施されていない状況等をみたところ、表3のとおり、差額(利益額)が多い上位5事業主体(ライブ1事業の補助金交付額計11億3789万円、ライブ2事業の補助金交付額計16億8319万円)に事業数や差額(利益額)の合計額が集中し、全体の半分近くを占めていた。

第Ⅱ章

経済産業省

表3　財政基盤等を考慮する必要があるとして交付額事後調整が実施されていない事業における差額（利益額）が多い上位5事業主体の中小企業者全体の差額（利益額）等に占める割合

事業主体名	ライブ1事業					ライブ2事業				
	事業数	中小企業者全体(32事業主体)のうち左が占める割合(%)	差額(利益額)(千円)	中小企業者全体(32事業主体)のうち左が占める割合(%)	補助金交付額(千円)	事業数	中小企業者全体(33事業主体)のうち左が占める割合(%)	差額(利益額)(千円)	中小企業者全体(33事業主体)のうち左が占める割合(%)	補助金交付額(千円)
A	173	13.2	236,351	14.4	175,108					
B	565	43.1	224,982	13.7	239,334	627	47.6	531,694	13.0	416,075
C	21	1.6	143,285	8.7	377,133	27	2.0	600,354	14.7	448,962
D	54	4.1	92,606	5.6	185,148					
E	10	0.7	85,626	5.2	161,172					
F						21	1.5	452,268	11.0	331,974
G						31	2.3	234,117	5.7	97,889
H						82	6.2	233,234	5.7	388,295
計	823	62.8	782,852	47.9	1,137,895	788	59.9	2,051,669	50.3	1,683,195

⑵　**実績報告書等の収支等に係る電子データを入手し分析するなどして、その結果に基づく公募要項の見直しを行うための態勢が整備されていなかった事態**

　　ライブ1事業において、機構に提出されていた実績報告書等の収支等に係る電子データを分析するなどして、観客動員によるチケット収入にリアルタイムフル配信等を視聴するためのチケットの販売による収入を合算したものを直接収入と仮定して差額（利益額）をみたところ、ライブ2事業の補助事業者を公募する時点で、リアルタイムフル配信等による事業は相当数実施され、利益を計上している事業主体が一定数存在していたと考えられた。

　　しかし、同省は、ライブ2事業において、総採択件数のうちリアルタイムフル配信等を行う案件の累計が30件を超えていない申請者の案件については交付額事後調整を実施しないこととしていた。

　　そこで、ライブ2事業において上記の調整対象外要件に該当するとして交付額事後調整が実施されていなかった事業について、交付額事後調整を実施した場合の補助金額を機械的に算出し、実際に交付された補助金額との差額（開差額）を試算したところ、表4のとおり11億6210万円となった。

表4　ライブ2事業においてリアルタイムフル配信等を実施しており調整対象外要件に該当するとして交付額事後調整が実施されていない事業における開差額

項目	事業数	事業主体数	補助金交付額(A)(千円)	差額(利益額)(千円)	交付額事後調整を実施した場合の補助金交付額(B)(千円)	開差額(A－B)(千円)
総採択件数のうちリアルタイムフル配信等を行う案件の累計が30件を超えていない申請者の案件	146	53	1,580,611	4,571,911	418,502	1,162,109

　しかし、同省は、事業の実施状況を見ながら制度設計を見直すことにしていたにもかかわらず、機構に提出されていた実績報告書等の収支等に係る電子データを入手し分析するなどしておらず、それらの分析結果に基づき公募要項の見直しを行う態勢を整備していなかった。

　以上のように、同省が中小・小規模事業者の財政基盤等を考慮する必要があるとして調整対象外の仕組みを設けていたのに、同省が想定していた中小・小規模事業者に該当しない事業主体が実施する事業についても交付額事後調整の対象外となるなどしていた事態及び機構に提出されていた実績報告書等の収支等に係る電子データを入手し分析するなどしておらずそれらの分析結果に基づく公募要項の見直しを行うための態勢が整備されていなかった事態は適切ではなく、改善の必要があると認められた。

経済産業省が講じた改善の処置　同省は、次のような処置を講じた。

ア　ライブ1事業、ライブ2事業等の実施状況を把握し検証して、5年3月から実施している同種の事業(コンテンツ海外展開促進・基盤強化事業費補助金(ライブエンタメ産業の基盤強化支援))において、中小企業者に該当しない者を交付額事後調整の対象とし、交付額事後調整の対象とならない中小企業者についても、事業主体ごとの交付決定総数及び交付決定総額に上限を設けるなどして、調整対象外の仕組みを設けた趣旨に沿って補助金が交付されるよう公募要項を見直した。

イ　上記事業の実施に際して、補助事業者から実績報告書等の収支等に係る電子データを入手し分析するなどして、補助事業者と定例の打合せを行い、事業主体の収支を含む確定検査の進捗状況等に関する報告を受けるなどの公募要項の見直しを行う態勢を整備するとともに、今後新たな制度設計を行う場合にも同様の態勢を整備することが可能となるよう5年8月に関係部署に通知を発して周知徹底を図った。　　　　　　　　　　　　　　　　　　　　　　　　　(検査報告333ページ)

○　9　国土交通省

不　　当　公共補償における財産価値の減耗分及び処分利益に係る区分経理が不適切

┌─**＜要点＞**─────────────────────────────────┐
│公共補償の実施に当たり、既存公共施設等の機能廃止の時までの財産価値の減耗分について、一般会計において負担すべき既存公共施設等の機能廃止の時までの財産価値の減耗分を特別会計において負担しており、また、既存公共施設等の処分利益について、特別会計において支出する撤去工事の費用から控除するなどすべきであるのに一般会計の歳入として処理されていて、9億6311万円が不当と認められる。
└──────────────────────────────────────┘

公共補償の概要等　国は、空港整備事業等に関する政府の経理を明確にすることを目的として、自動車安全特別会計(空港整備勘定)(以下「特別会計」)を設置して、一般会計と区分して経理している。

　公共事業の施行により事業地内の公共施設等についてその機能の廃止又は休止が必要となる場合(このような公共施設等を「既存公共施設等」)であって、公益上、その機能回復を図ることが必要である場合は、「公共事業の施行に伴う公共補償基準要綱」、「公共補償基準要綱の運用申し合せ」(これらを「公共補償基準」)等に基づき、当該公共事業の事業主体が既存公共施設等の管理者に対して補償を行うこととなっている(この補償を「公共補償」、補償を受ける既存公共施設等の管理者を「被補償者」)。公共補償基準によれば、既存公共施設等の機能回復が代替の公共施設等を建設することによ

り行われる場合においては、当該公共施設等を建設するために必要な費用から、既存公共施設等の処分利益(以下「処分利益」)及び既存公共施設等の機能廃止の時までの財産価値の減耗分(以下「減耗分」)を控除した額を補償することとされている。

　国土交通省航空局は、空港整備事業等において現物補償により公共補償を行う場合は、減耗分については、原則として立て替えることとし、被補償者との間であらかじめ精算等に関する協定等を締結して、後日、被補償者から還付を受けることとしている。また、処分利益については、補償工事の費用から当該処分利益を控除するなどして精算を行うこととしている。

　大阪航空局(以下「大阪局」)は、福岡空港の滑走路の増設整備事業に伴い支障となる同空港所在の海上保安庁第七管区海上保安本部(以下「海上保安本部」)の庁舎、格納庫等(これらを「既存庁舎等」)について、その機能を北九州空港に移転させる公共補償を行っている(以下「本件公共補償」)。本件公共補償の実施に当たっては、同省航空局と海上保安庁本庁との間で協定が締結され、同省航空局が講ずる公共補償に係る予算措置を要綱に基づき行うことなどが取り決められている。

　大阪局は、現物補償として、平成30、令和元両年度に北九州空港において海上保安庁庁舎・格納庫新築工事(工事費23億5220万円)を、元、2両年度に福岡空港において海上保安庁福岡航空基地庁舎・格納庫撤去工事(工事費1億6572万円。以下「撤去工事」)を、それぞれ実施している。

　┃検査の結果┃ 既存庁舎等は、2年3月にその機能が廃止されていた。しかし、大阪局は、海上保安本部に対して減耗分を負担する必要があることを伝えておらず、減耗分の取扱いについて協議していなかった。このため、大阪局は海上保安本部から減耗分の還付を受けていなかったことから、本来、海上保安本部が一般会計において負担すべき減耗分相当額を、大阪局が特別会計において負担している状況となっていた。減耗分相当額を経過年数等により算定すると、9億5563万円となる。

　撤去工事では、鉄くずなどの有価物332.15 t が発生していた(撤去工事で発生した有価物を「工事発生有価物」)。しかし、大阪局は、工事発生有価物を自ら処分せず、海上保安本部に無償で引き渡していた。そして、海上保安本部は、大阪局に工事発生有価物の処分方法について確認を行い、引き渡された工事発生有価物を売り払い、処分利益の額747万円を一般会計の歳入として処理していた。このため、本来、大阪局が特別会計において支出する撤去工事の費用から控除するなどすべき処分利益の額747万円が、海上保安本部において一般会計の歳入として処理されている状況となっていた。

　したがって、**本件公共補償に当たり、減耗分相当額9億5563万円について、一般会計において負担すべきであるのに特別会計において負担しており、また、処分利益の額747万円について、特別会計において支出する撤去工事の費用から控除するなどすべきであるのに一般会計の歳入として処理されていて、計9億6311万円が不当**と認められる。　　　　　　　　(検査報告344ページ)

不 当	補助事業の実施及び経理が不当

┌─＜要点＞─────────────────────────────────────┐
河川等災害復旧事業、既存観光拠点の再生・高付加価値化推進事業、防災・安全交付金事業等
において、工事の設計が適切でなかったなどしていて、国庫補助金4億7970万円が不当と認め
られる。
└──┘

⑴　工事の設計が不適切など

ア　根固工の設計が不適切など

| 補助事業の概要 | 7府県及び3市村は、平成29年度から令和3年度までに、河川等災害復旧事業とし

て、台風等により被災した護岸等を復旧するために、護岸工、根固工等を実施した。このうち、根
固工は、護岸等の基礎を保護するために、コンクリート製ブロック(以下「根固ブロック」)等を護岸
等の前面の河床に敷設したものである。

　7府県及び3市村は、根固工等の設計を「建設省河川砂防技術基準(案)同解説」(以下「技術基準」)等
に基づき行うこととしている。

　技術基準等によれば、護岸の破壊は、基礎部の洗掘を契機として生ずることが多いとされ、根固
工は、その地点の流勢を減じて、更に河床を直接覆うことで急激な洗掘を緩和する目的で設置され
るものとされている。そして、根固工は、流体力に耐える重量とすること、護岸の基礎前面に洗掘
を生じさせない敷設量とすることなどが必要であり、根固工と護岸との間に間隙が生ずる場合には
適当な間詰工を施すこととされている。上記のうち、流体力に耐えるために必要となる根固ブロッ
ク1個当たりの重量(以下「必要重量」)については、設計流速、水や根固ブロックの密度等から算出す
ることとされている。また、洗掘を生じさせない敷設量とするために必要となる根固ブロックの敷
設幅(以下「必要敷設幅」)については、根固ブロック1列分又は2.0m程度以上の平坦幅に、護岸の基
礎前面で河床が低下した場合に、根固ブロック敷設高から低下した河床部分に向けて生ずる斜面の
長さに相当する幅を加えた幅を確保することとされている。

　また、福岡県の工事請負契約書によれば、請負人は、工事の施工に当たり、工事現場の形状等設
計図書に示された施工条件と実際の工事現場が一致しない場合は、その旨を直ちに同県の監督職員
に通知し、確認を請求しなければならないこととされている。

| 検査の結果 | 根固工の設計において、埼玉、岐阜両県は技術基準等で定められた根固ブロックの密
度とは異なる値を用いて必要重量を算出し、山梨県は既設の根固ブロックが必要重量を満たしてい
るか確認せずに再利用していた。また、京都府及び本庄市は根固ブロック等の敷設高を変更した際
に、必要敷設幅を算定することなく、変更前と同じ敷設幅としていた。さらに、根固工と護岸等と
の間に間隙が生ずる場合には適当な間詰工を施す必要があるのに、京都府、三重県、阿蘇市及び南
阿蘇村は間詰工を施すこととしておらず、福井県は間詰工の材料についての検討を行うことなく、
間詰工としては適当でない現地で発生した粒径の小さな土砂を用いてその間隙を埋め戻すこととし
ていた。

　また、福岡県は、根固ブロックを護岸の基礎に接するよう敷設することとしていたが、委託した
設計業務の成果品である図面の間で整合しない部分があり、実際には根固ブロックを図面どおりに
敷設することができない状況となっていた。これに対して、請負人は、このような状況となってい
ることについて監督職員に確認することなく施工し、根固ブロックを護岸の基礎前面から離れた位
置に敷設していたため、根固工と護岸の基礎との間に間隙が生じていた。そして、このような場合

には、当該間隙に適当な間詰工を施す必要があるのに、間詰工を施していなかった。

　このため、本件根固工は、敷設された根固ブロックが必要重量や必要敷設幅を満たしていなかったことや、適当な間詰工を施していなかったことから、河床の洗掘が進行すると護岸等に損傷が生ずるおそれがある状況となっていた（参考図参照）。

　したがって、**本件根固工は、設計又は設計及び施工が適切でなかったため、護岸等の基礎を洗掘から保護できない構造となっていて、本件護岸工、根固工等は、工事の目的を達しておらず、これらに係る国庫補助金相当額計1億5003万円が不当**と認められる。

部局等	補助事業者等 （事業主体）	補助事業等	年度	国庫補助金 等交付額	不当と認める 国庫補助金等相当額	摘　要
埼玉県	埼玉県	河川等災害復旧	令和元、2	円 5382万	円 2030万	設計が適切でなく根固ブロックが必要重量を満たしていなかったもの
	本庄市	同	元、2	712万	627万	設計が適切でなく根固ブロックが必要敷設幅を満たしていなかったもの
福井県	福井県	同	平成29、30	1582万	1465万	設計が適切でなく根固工と護岸等との間の間隙に適当な間詰工を施していなかったもの
山梨県	山梨県	同	令和元、2	1億8853万	3293万	設計が適切でなく根固ブロックが必要重量を満たしていなかったもの
岐阜県	岐阜県	同	平成30、令和元	2995万	1291万	同
三重県	三重県	同	元、2	2388万	741万	設計が適切でなく根固工と護岸等との間の間隙に適当な間詰工を施していなかったもの
京都府	京都府	同	元、2	2564万	719万	設計が適切でなく根固ブロックが必要敷設幅を満たしていなかったもの
	同	同	元、2	1242万	577万	設計が適切でなく根固工と護岸等との間の間隙に適当な間詰工を施していなかったもの
福岡県	福岡県	同	2、3	746万	317万	設計及び施工が適切でなく根固工と護岸等との間の間隙に適当な間詰工を施していなかったもの
熊本県	阿蘇市	同	元、2	2865万	2775万	設計が適切でなく根固工と護岸等との間の間隙に適当な間詰工を施していなかったもの
	阿蘇郡南阿蘇村	同	元、2	2208万	1164万	同
計	10事業主体			4億1544万	1億5003万	

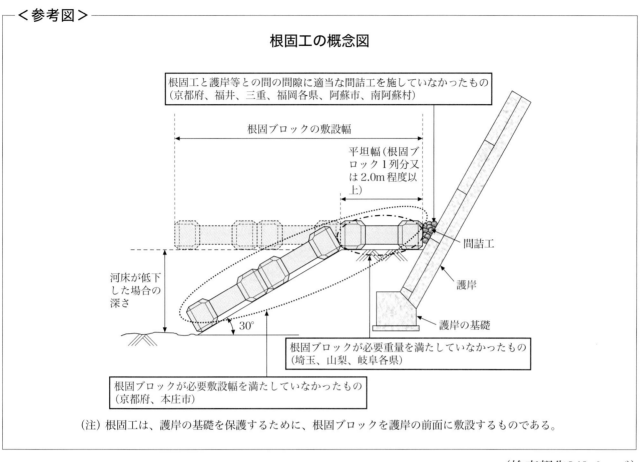

<＜参考図＞>

根固工の概念図

根固工と護岸等との間の間隙に適当な間詰工を施していなかったもの
(京都府、福井、三重、福岡各県、阿蘇市、南阿蘇村)

根固ブロックの敷設幅

平坦幅(根固ブロック1列分又は2.0m程度以上)

間詰工

護岸

護岸の基礎

河床が低下した場合の深さ

30°

根固ブロックが必要重量を満たしていなかったもの
(埼玉、山梨、岐阜各県)

根固ブロックが必要敷設幅を満たしていなかったもの
(京都府、本庄市)

(注) 根固工は、護岸の基礎を保護するために、根固ブロックを護岸の前面に敷設するものである。

(検査報告349ページ)

第Ⅱ章

国土交通省

イ　擁壁の設計が不適切

交付金事業の概要　青森、福島両県は、平成28年度から令和3年度までの間及び平成30、令和元両年度に、防災・安全交付金(その他総合的な治水)事業及び社会資本整備総合交付金(急傾斜地崩壊対策)事業として、急傾斜地で発生する崩壊土砂から人家等を保全するために、三戸郡田子町大字田子地内及びいわき市仁井田町寺前地内において、擁壁工、落石防護柵工等を実施した。このうち、擁壁工は、急傾斜地からの崩壊土砂を待ち受けて捕捉するための擁壁(以下「待受式擁壁」)を築造するものである(参考図1参照)。

2県は、本件待受式擁壁の設計を「道路土工　擁壁工指針」等に基づいて行うこととしている。指針等によれば、待受式擁壁に作用する力は、自重、裏込め土圧等の通常の荷重に加えて、崩壊土砂による衝撃力(以下「衝撃力」)等を考慮することとされている。衝撃力については、急傾斜地の高さ、崩壊土砂の移動時における高さ(以下「移動高」)などを基にするなどして算定することとされ、急傾斜地の高さは斜面全体の高さとすることとされている。また、衝撃力が擁壁に作用する位置は、擁壁背面の裏込め土の地表面の高さに移動高の1/2を加えた高さとされており、衝撃力の作用位置の高さが高いほど擁壁を転倒させようとする力は大きくなる(参考図1参照)。また、滑動に対する安定性の検討に用いる滑動に対する抵抗力(以下「抵抗力」)は、擁壁底面と地盤との間の付着力に荷重の偏心を考慮した擁壁底面の有効載荷幅を乗ずるなどして算出することとされている(参考図2参照)。

検査の結果　青森県は、待受式擁壁の設計に当たり、衝撃力の算定において、急傾斜地の高さについて、誤って斜面全体の高さから擁壁背後の斜面に設置された法枠の高さを控除した高さとすると

第Ⅱ章

ともに、安定計算の際に、衝撃力の算定では移動高を1.0mと設定していたのに、誤って0.5mとするなどしていたため、衝撃力作用時において待受式擁壁に作用する力を過小に算定していた。また、福島県は、待受式擁壁の設計に当たり、抵抗力の算定において、付着力に乗ずる擁壁底面の幅については有効載荷幅を用いる必要があるのに、擁壁底面幅をそのまま用いるなどしていたため過大に算定するとともに、図面作成の際に、誤って擁壁背面の裏込め土の高さを、安定計算の設定条件の高さより高く図示していて、これにより施工していたことから、衝撃力の作用位置が安定計算における位置より高くなっているなどしていた。

そこで、本件待受式擁壁について、改めて安定計算を行ったところ、いずれも衝撃力作用時において、滑動に対する安定については安全率が許容値を大幅に下回り、転倒に対する安定については合力の作用位置が転倒に対して安全であるとされる範囲を大幅に逸脱するなどしていた。

したがって、**本件待受式擁壁(工事費相当額計6828万円、交付対象事業費計6339万円)は、設計が適切でなかったため、所要の安全度が確保されていない状態となっており、これらに係る交付金相当額計3169万円が不当**と認められる。

部局等	補助事業者等 (事業主体)	補助事業等	年度	国庫補助金等 交付額	不当と認める 国庫補助金等相当額
				円	円
青森県	青森県	防災・安全交付金(その他総合的な治水)	平成28～令和3	5355万	1331万
福島県	福島県	社会資本整備総合交付金(急傾斜地崩壊対策)	平成30、令和元	2383万	1837万
計	**2事業主体**			7739万	3169万

＜参考図1＞

待受式擁壁の概念図

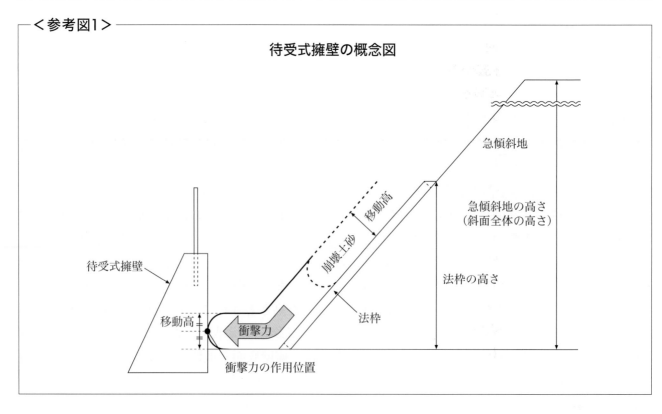

国土交通省

＜参考図2＞

有効載荷幅の概念図

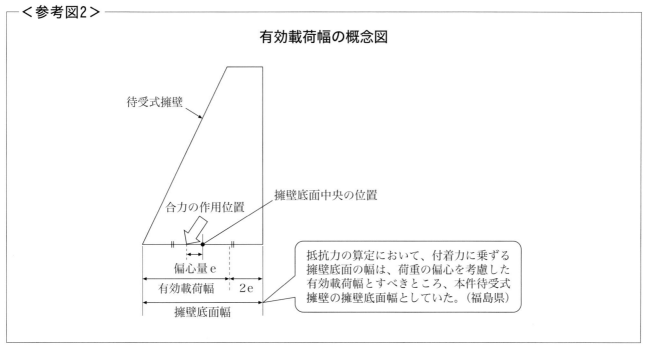

待受式擁壁

合力の作用位置

擁壁底面中央の位置

偏心量e

有効載荷幅　2e

擁壁底面幅

抵抗力の算定において、付着力に乗ずる擁壁底面の幅は、荷重の偏心を考慮した有効載荷幅とすべきところ、本件待受式擁壁の擁壁底面幅としていた。(福島県)

（検査報告353ページ）

ウ　集水桝（ます）の設計が不適切

交付金事業の概要　岩手県一関市及び滋賀県蒲生郡日野町は、令和3年度及び元、2両年度に、防災・安全交付金(下水道)事業及び社会資本整備総合交付金(下水道)事業として、雨水を河川に排水するなどのために、一関市花泉天神前地内及び日野町大字日田地内において、集水桝(ます)、ボックスカルバート、側溝等の築造等を実施した。このうち、集水桝は、道路下を横断するボックスカルバートの接続部等に設置するものである(参考図参照)。

これらの集水桝の設計について、同市は「建設省制定土木構造物標準設計1　側こう類・暗きょ類」(以下「標準設計」)等に基づき、標準設計の中から、設置箇所の条件に適合する標準図を選定し、この標準図に基づいて側壁、底版等の部材の形状や厚さを決定して、これにより施工していた。また、同町は、「設計便覧(案)」等に基づき、集水桝の側壁及び底版の部材に作用する土圧等の荷重を求めて、側壁及び底版の部材について応力計算を行い、鉄筋に生ずる引張応力度[注1]が許容引張応力度[注1]を下回ること、コンクリートに生ずる曲げ引張応力度[注2]が許容曲げ引張応力度[注2]を下回ることなどから、いずれも応力計算上安全であるとして、これにより施工していた。

検査の結果　同市は、集水桝4基のうち3基について、車両等が通行することが想定される路肩等に設置するため、自動車荷重の影響を考慮した標準図を選定すべきであったのに、誤って自動車荷重の影響を考慮しない場合に適用する標準図を選定していた。また、同町は、集水桝8基のうち5基について、車両等が通行する道路等に設置するため、自動車荷重等の影響を考慮した応力計算を行うべきであったのに、誤ってこれを行っていなかったほか、集水桝8基のうち2基の側壁及び底版に配

(注1) 引張応力度・許容引張応力度　　「引張応力度」とは、材に外から引張力がかかったとき、そのために材の内部に生ずる力の単位面積当たりの大きさをいい、その数値が設計上許される上限を「許容引張応力度」という。

(注2) 曲げ引張応力度・許容曲げ引張応力度　　「曲げ引張応力度」とは、材の外から曲げようとする力がかかったとき、そのために材の内部に生ずる力のうち引張側に生ずる力の単位面積当たりの大きさをいい、その数値が設計上許される上限を「許容曲げ引張応力度」という。

置する鉄筋について、設計計算書とは異なった配置間隔により配筋図を作成していた。

　そこで、2市町の集水桝について改めて応力計算を行ったところ、集水桝計10基については、底版の鉄筋に生ずる引張応力度が鉄筋の許容引張応力度を、側壁や底版のコンクリートに生ずる曲げ引張応力度が、コンクリートの許容曲げ引張応力度をそれぞれ大幅に上回るなどしていて、いずれも応力計算上安全とされる範囲に収まっていなかった。

　したがって、**2市町が設置した集水桝計10基等（工事費相当額計2552万円、交付対象事業費計2477万円）は、設計が適切でなかったため、所要の安全度が確保されていない状態となっており、これらに係る交付金相当額計1238万円が不当**と認められる。

部局等	補助事業者等 （事業主体）	補助事業等	年度	国庫補助金等 交付額	不当と認める 国庫補助金等相当額
岩手県	一関市	防災・安全交付金(下水道)	令和 3	円 1200万	円 340万
滋賀県	蒲生郡日野町	社会資本整備総合交付金 (下水道)	元、2	3889万	897万
計	2事業主体			5089万	1238万

＜参考図＞

集水桝の概念図

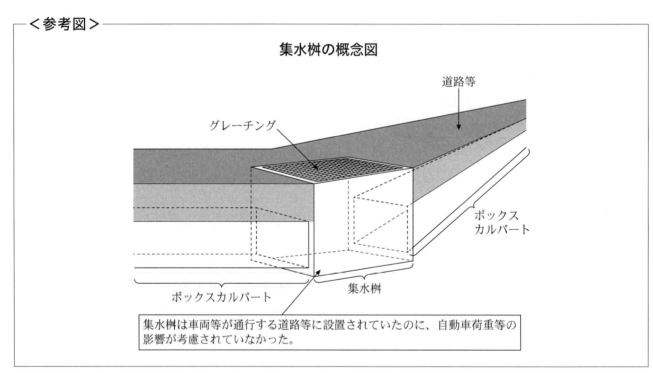

集水桝は車両等が通行する道路等に設置されていたのに、自動車荷重等の影響が考慮されていなかった。

第Ⅱ章

設置した集水桝(一関市)

集水桝が車道に掛かっていて、集水桝の上部を
車両等の通行が想定される状況となっていた

出典：一関市より提供

(検査報告356ページ)

(前掲83ページ「令和４年度決算検査報告の特色」参照)

エ 橋りょうの支承部及び橋台の設計が不適切

補助事業の概要 広島県呉市は、令和元、2両年度に、河川等災害復旧事業として、呉市安浦町女子畑地内において、平成30年7月豪雨により被災した二級河川高野川に架かる女垣内1号線1号橋等を復旧するために、下部構造として逆Ｔ式橋台2基(以下、右岸側を「A1橋台」、左岸側を「A2橋台」)の築造、上部構造としてプレストレストコンクリート桁(以下「PC桁」)の架設等を事業費5335万円(国庫補助対象事業費5153万円、国庫補助金交付額3963万円)で実施した。

同市は、本件橋りょうの設計を「道路橋示方書・同解説」(以下「示方書」)等に基づいて行うこととしており、示方書によれば、橋台に設置される支承部の設計に当たっては、レベル1地震動[注1]及びレベル2地震動[注1]による影響を考慮することとされている。また、地震時に支承部が破壊されたとしても上部構造が容易に落下しないように、落橋防止システムにより適切な対策を講ずることとされ、橋軸方向に対する対策は、桁かかり長[注2]を確保することなどにより行うこととされている。そして、桁かかり長は、支承部が破壊したときに上部構造が下部構造の頂部から逸脱して落下するのを防止するために必要桁かかり長を算出し、これ以上の長さを確保することとされている。

同市は、本件工事の設計業務を設計コンサルタントに委託し、成果品を検査して受領していた。そして、同市は、この成果品に基づき、両橋台のそれぞれの支承部は、アンカーバー(長さ0.58m、径28mm)計5本等を設置すれば、所要の安全度が確保されるとして、これにより施工していた。

検査の結果 同市は、本件橋りょうの支承部の設計について、レベル1地震動時における照査のみを行うことにより所要の安全度が確保されるとして、レベル2地震動時における照査を行っていなかった。そこで、本件橋りょうの支承部について、レベル2地震動時における照査を行ったところ、

国土交通省

(注1) レベル1地震動・レベル2地震動 「レベル1地震動」とは、橋の設計供用期間中にしばしば発生する地震動をいい、「レベル2地震動」とは、橋の設計供用期間中に発生することが極めてまれであるが一旦生ずると橋に及ぼす影響が甚大であると考えられる地震動をいう。
(注2) 桁かかり長 橋桁の端部から橋座部の縁端までの長さ

　A1橋台のアンカーバーに生ずる曲げ引張応力度[注]は、532.2N/㎟となり、曲げ引張応力度の制限値[注]305.0N/㎟を大幅に上回っていて、設計計算上安全とされる範囲に収まっていなかった。

　また、同市は、本件橋りょうについて、必要桁かかり長を確保するなどの落橋防止システムの検討は必要ないと誤認して、この検討を行っていなかった。そこで、示方書に基づいて、必要桁かかり長を算出すると74.6cmとなり、施工された本件橋りょうの現況の桁かかり長はA1橋台では52.5cmから54.0cmまで、A2橋台では55.5cmとなっていることから、必要桁かかり長に比べて長さが不足しており、落橋防止システムの性能が確保されていない状況となっていた(参考図参照)。

　したがって、**本件橋りょうは、支承部及び橋台の設計が適切でなかったため、上部構造の所要の安全度が確保されていない状態となっていて、橋台及びこれに架設されたPC桁等(工事費相当額3258万円)は、工事の目的を達しておらず、これに係る国庫補助金相当額2505万円が不当**と認められる。

＜参考図＞

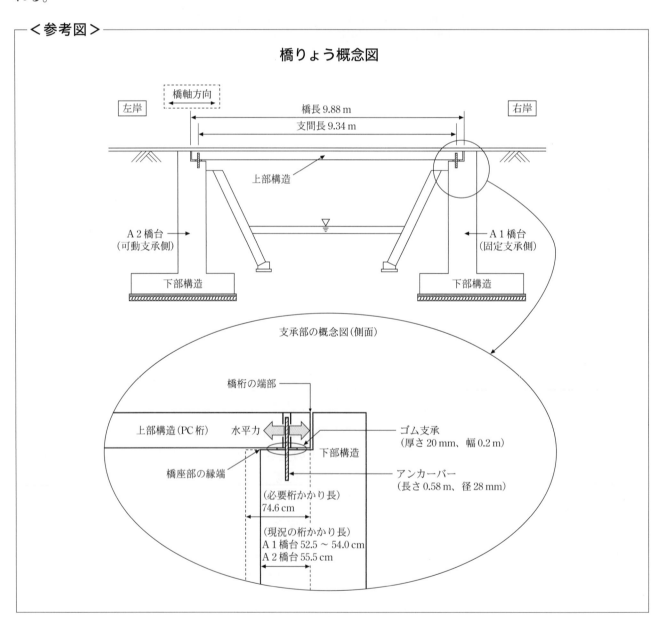

(注) 曲げ引張応力度・曲げ引張応力度の制限値　「曲げ引張応力度」とは、材の外から曲げようとする力がかかったとき、そのために材の内部に生ずる力のうち引張側に生ずる力の単位面積当たりの大きさをいい、その数値が設計上超えてはならない数値を「曲げ引張応力度の制限値」という。

工事が行われた橋りょう

着工前（被災状況）

復旧後

（検査報告359ページ）

オ　水路の設計が不適切

補助事業の概要　鳥取県西伯郡大山町は、平成30、令和元両年度に、河川等災害復旧事業として、大山町豊成地内の準用河川大谷川において、平成30年台風第24号により被災した護岸を復旧するために、法覆護岸工、水路工等を事業費1977万円（国庫補助対象事業費1623万円、国庫補助金交付額1083万円）で実施した。

同町は、本件水路工の設計を「土地改良事業計画設計基準・設計「水路工」」（以下「設計基準」）等に基づいて行っている。設計基準によれば、水路背面の地下水位による水路の浮上に対する検討として、水路の自重等による下向きの鉛直力を、上向きの鉛直力である浮力で除した値が、所要の安全率（1.1～1.2）以上となることを確認することとされている。また、水路周辺の地形等を考慮し、必要に応じて水路内を空虚とした条件下での豪雨による水位急上昇を考慮する必要があるとされている。

同町は、当初、本件水路工を、現場打ちコンクリート水路を築造することにより実施することとし、本件水路を築造する箇所の周辺に湧き水等が発生していないことから地下水位は低いと判断して、当該水路の浮上に対する検討を省略しても安全であるとしていた。

そして、同町は、本件工事の契約後に、請負人から施工性等を考慮して現場打ちコンクリート水路からプレキャスト鉄筋コンクリート製のＵ型水路（高さ0.935m、内空断面の幅1.5m～1.6m、底版の厚さ0.075m、延長29.0m。以下「Ｕ型水路」）に変更したい旨の施工承諾願の提出を受けたが、当初設計における現場打ちコンクリート水路と同様に、浮上に対する検討を省略しても安全であるとして、当該検討を行わずに承諾し、これにより施工していた（参考図1参照）。

検査の結果　水路周辺の現地の状況について確認したところ、復旧した水路の上流部に流入する河川がないため平常時においても水路内の水位は低く、また、水路の下流端に落差工があることなどにより、豪雨時や豪雨後においても水路内は水が流れやすいことから、水路内の水位は低下しやすい状況となっていた。一方、水路背面については、水抜工が水路に施工されていないことなどにより、水が滞留し地下水位が上昇しやすい状況となっていた。また、現場打ちコンクリート水路からＵ型水路に変更したことにより自重が軽くなっているため、水路がより浮上しやすい状況となっていた。これらのことから、本件Ｕ型水路については、設計基準に基づき、水路内を空虚とした上で、地中に浸透した地下水の水位を考慮して浮上に対する検討を行う必要があった（参考図2参照）。

　そこで、本件Ｕ型水路について、前記の台風による豪雨により天端を超える高さまで河川の水位が上昇したことを踏まえて、地中に浸透した地下水の水位をＵ型水路の底版から側壁の天端までの高さである1.01mとし、また、水路内を空虚とするなどして浮上に対する検討を行ったところ、安全率は0.68となり、必要とされる安全率1.1を大幅に下回っていた。

　したがって、**本件Ｕ型水路は、設計が適切でなかったため、所要の安全度が確保されていない状況となっており、Ｕ型水路及びＵ型水路上部の法覆護岸（工事費相当額875万円）は、工事の目的を達しておらず、これに係る国庫補助金相当額584万円が不当**と認められる。

＜参考図1＞

当局の安定計算による水路の概念図

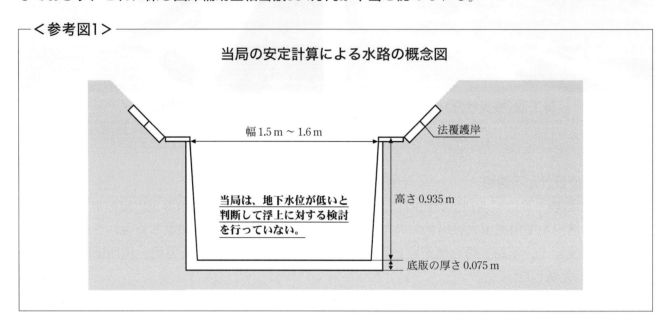

＜参考図2＞

適切な安定計算による水路の概念図

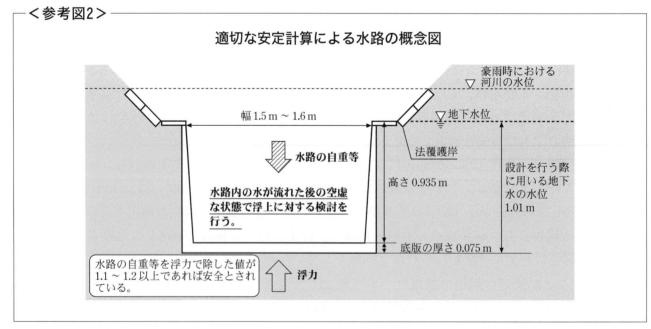

水路の完成写真

流水の方向

（検査報告361ページ）

カ　建設発生土の搬出先の決定に係る設計が不適切

補助事業の概要　鳥取県鳥取市は、平成28、29両年度に、河川等災害復旧事業として、鳥取市双六原地内において、平成28年台風第16号及び豪雨により被災した市道双六原細見線の道路機能を復旧するための工事を事業費5642万円(国庫補助対象事業費5608万円、国庫補助金交付額3740万円)で実施した。

　同市は、工事により処分する土砂等(以下「建設発生土」)の搬出先の決定を、鳥取県が制定した「鳥取県県土整備部公共工事建設副産物活用実施要領」に基づいて行うこととしている。要領によれば、建設発生土は、当該工事現場等に利用できない場合は、当該工事現場から20km以内に所在する財団法人鳥取県建設技術センター(以下「センター」)の事業所又は受入れ可能な地方公共団体等が運営する残土処分場(これらを「公営処分地」)の中で、運搬費及び処分費(これらを「処分費等」)が最も安価となる場所へ搬出することとされている。そして、当該工事現場から20km以内に公営処分地がないなどの場合は、当該工事現場から50km以内に所在する公営処分地と建設発生土を受け入れる民間施設(以下「民間処分地」)の中で、処分費等が最も安価となる場所へ搬出することなどとされている。

検査の結果　同市は、本件の建設発生土の搬出先を検討するに当たり、本件工事現場から搬出先までの搬出距離を地図上で計測したところ、搬出距離が7.3kmとなる位置に最寄りの民間処分地が、20.0kmとなる位置に最寄りの公営処分地が、それぞれ所在するとした上で、要領に基づき、当該公営処分地を搬出先として決定していた。そして、同市は、設計図書である特記仕様書に上記の公営処分地を搬出先とすることを明記した上で、本件の建設発生土を、その土量等を考慮して10tダンプトラックにより搬出することとして設計し、請負業者はこれにより建設発生土を搬出していた。

　しかし、同市が上記の搬出距離20.0kmを計測するに当たり前提としていた搬出経路を確認したところ、車道幅員が約2.2mである箇所や、橋りょうの重量制限が6tであり大型自動車の通行が禁止されている箇所があるなど、車幅が約2.5mの10tダンプトラックが通行できない道路を通行するものとなっていた。

　また、搬出先として設計していた公営処分地の利用に当たっては、センターから同市等に発出された「新規建設発生土受入事業所の開所について(通知)」(以下「通知」)において、経路が指定されていたのに、同市が設計で前提としていた搬出経路は、これに従っていなかった。

　そこで、上記の搬出経路における現地の状況、通知の内容等を踏まえて、車幅が約2.5mの10tダ

ンプトラックの通行が可能である搬出経路のうち、最短となる搬出経路の距離を改めて計測すると23.3kmとなり、20kmを超えていた。このため、当該工事現場から20km以内に公営処分地がない場合に該当することとなり、最寄りの公営処分地に搬出する場合と最寄りの民間処分地に搬出する場合の処分費等を比較すると、最寄りの民間処分地に搬出する場合の処分費等の方が安価となることから、要領に基づき、最寄りの民間処分地を搬出先として決定すべきであったと認められた。

　したがって、**本件建設発生土の処分費等は、搬出先の決定に係る設計が適切でなかったため、最寄りの民間処分地を搬出先として設計した場合の処分費等と比べて682万円過大となっていて、これに係る国庫補助金相当額455万円が不当**と認められる。　　　　　　　　　　（検査報告363ページ）

キ　床版補強工の設計が適切でなかったため、工事費が過大など

交付金事業の概要　神奈川県足柄上郡山北町は、令和元、2両年度に、社会資本整備総合交付金（地域住宅政策推進）事業として、町道水上2号線の農業用水路と交差する箇所に架かる床版橋の補強工等を事業費計2303万円（交付対象事業費2261万円、交付金交付額1002万円）で実施した。当該床版橋は、自動車の通行する方向（以下「橋軸方向」）に並行する形で設置された西側と東側の2基の床版で構成されている（参考図参照）。

　同町は、床版橋の補強工等の設計を「道路橋示方書・同解説」等に基づき行うこととしている。構造計算書によると、橋軸方向に配置されている鉄筋に生ずる引張応力度を低減させることなどを目的として、床版の下面に、炭素繊維を一方向に配列した炭素繊維シート（以下「シート」）を、炭素繊維の方向が橋軸方向になるように接着することとしていた。

検査の結果
(ア)　シートの種類の選定等
　a　西側の床版
　　同町は、西側の床版について、支間長[注1]を4.25mと算出して応力計算を行い、高弾性シート[注2]（単価36,160円/㎡）4層を接着することとしていた。しかし、適正な支間長は3.02mであった。
　　そこで、改めて応力計算を行ったところ、中弾性シート[注2]（単価30,160円/㎡）1層を接着することとすれば、所要の安全度が確保でき、かつ、最も経済的な設計になったと認められた。
　b　東側の床版
　　同町は、東側の床版について、応力計算の結果、高強度シート[注2]（単価6,360円/㎡）1層を接着することとしていたが、誤って高弾性シート（単価36,160円/㎡）4層を接着することとしていた。
　　また、同町は、応力計算に当たり、工事実施後の東側の床版の厚さを0.28mとすべきところ、誤って0.22mとしていた。そこで、応力計算を行ったところ、シートを接着しないこととしても、所要の安全度が確保でき、シートを接着する必要はなかったと認められた。
　　これらのことから、本件工事の工事費は、554万円（交付金相当額249万円）が過大となっていた。

（注1）支間長　　橋の上部構造に作用する荷重を下部構造に伝達する支点間の距離
（注2）高弾性シート・中弾性シート・高強度シート　　「高弾性シート」とは、大きなひずみの発生が許されないような箇所で、より大きな荷重をシート側に分担させるために用いられる、特に高い剛性を有するシートをいい、「高強度シート」とは、剛性は高くないが、主材料である炭素繊維の持つ高強度の特性をいかした、橋りょうの補強等に幅広く用いられる高い引張強度を有するシートをいい、「中弾性シート」とは高弾性シートと高強度シートの中間の特性をもったシートをいう。

㈐　シートを接着する方向

　　同町が請負人に本件工事を発注した際の設計図書においては、シートを接着する方向が示され
ていなかった。そして、請負人は、床版にシートを接着する際に、炭素繊維の方向が、橋軸方向
ではなく、農業用水路の水流の方向になるように施工していた。

　　そこで、上記の施工状況に基づき、改めて応力計算を行ったところ、西側の床版において鉄筋
に生ずる引張応力度が、応力計算上安全とされる範囲に収まっていなかった。

　　このように、西側の床版に係る補強工（工事費相当額276万円、交付金相当額123万円）は、設計
が適切でなかったため、西側の床版の所要の安全度が確保されていない状態となっていた。

　　したがって、**本件工事は、㈏のとおり、設計が適切でなかったため、工事費が過大となってお
り、また、㈐のとおり、西側の床版の所要の安全度が確保されていない状態となっていて、㈏及び
㈐の事態に係る重複分を除いた工事費相当額674万円に対する交付金相当額302万円が不当**と認めら
れる。

＜参考図＞

西側の床版及び東側の床版の概念図

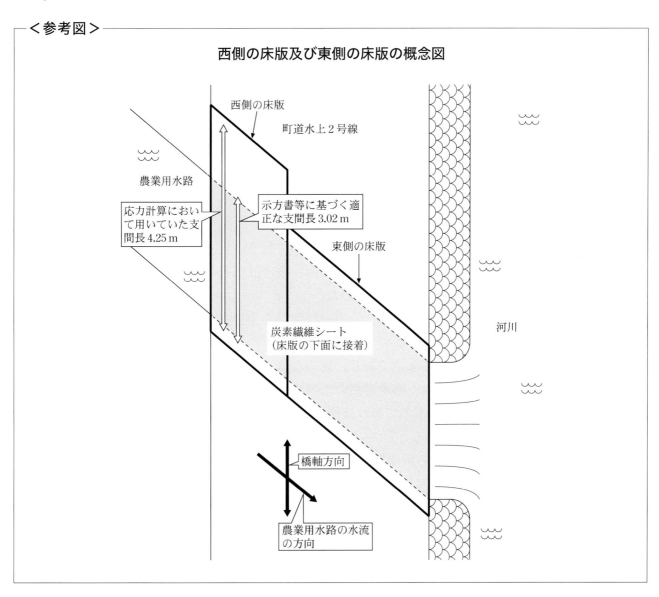

シートの接着の方向

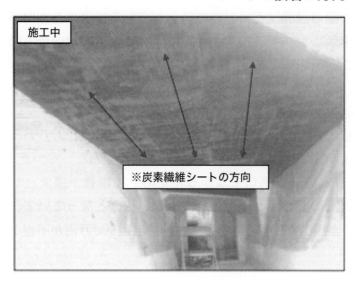

（検査報告364ページ）

ク　排水施設の設計が不適切

交付金事業の概要　広島県は、平成28、29両年度に、防災・安全交付金（港湾改修）事業として、重要港湾である福山港（一文字地区）において、雨水等を十分排水できず降雨時に冠水するなどして車両の通行に支障が生じていた臨港道路の排水施設の改修等を、工事費1億1581万円（交付対象事業費9110万円、交付金交付額3036万円）で実施した。

　本件排水施設は、路面の雨水等を排水する側溝、雨水等を海に流下させる排水管、側溝と排水管とを接続する取付管等から構成されている（参考図1参照）。

　同県は、排水施設の設計を「道路土工要綱」等に基づいて行うこととしている。そして、本件工事の設計業務を設計コンサルタントに委託し、設計図面、設計計算書等の成果品を検査して受領した上で、この成果品に基づき施工することとしていた。

　要綱によれば、排水施設は、道路の種類、沿道の状況等を十分考慮して、その排水能力を設定しなければならないこととされており、このうち、路面に降った雨水等を排除する路面排水工は、雨水等を側溝から流末まで流下させるものであり、適切な流下能力を有する排水工を設計することとされている。そして、国土交通省は、臨港道路の工事において排水のために必要がある場合は、雨水等の流入部から流末まで（路面排水工であれば側溝等から流末の排水管まで）の全ての区間について十分な流下能力を有する必要があるとしている。

　同県は、本件排水施設に流入する雨水等の流入量を、側溝においては側溝の区間ごとに検討して、最大の区間で0.064㎥/s、流末に最も近い排水管（以下「流末部排水管」）においては0.280㎥/sと算定していた。そして、側溝及び流末部排水管を既存のものより流下能力の高いものに取り替えることとすれば、それらの流下能力が、側溝においては側溝の区間ごとに検討して、上記雨水等の流入量が最大の区間で0.086㎥/s、流末部排水管においては0.290㎥/sとなることから、本件排水施設は、雨水等の流入量に対して十分な流下能力を有するとしていた。

検査の結果　同県は、雨水等を流末部排水管に流下させる排水管（以下「中間部排水管」）については、既存の中間部排水管をそのまま利用することとしていて、流下能力に係る照査を行っていなかった。

　そこで、中間部排水管の流下能力に係る照査を行ったところ、本件工事において改修した流末部排水管に接続する中間部排水管については、雨水等の流入量が0.140㎥/sであるのに対して、流下能力は0.024㎥/sとなっていて、流下能力が雨水等の流入量を大幅に下回っており、本件排水施設は、中間部排水管が所要の流下能力を有していなかった（参考図2参照）。このため、中間部排水管に雨水等を流下させる設計となっている側溝及び取付管は、雨水等を十分排水することができない状況となっていた。

　したがって、**本件排水施設のうち、上記に係る側溝延長計209.9m、取付管延長計21.8m等（これらに係る工事費相当額906万円）は、雨水等を所要の流下能力を有していない中間部排水管に流入させることとした設計が適切でなかったため、雨水等を十分排水できない状態となっていて、工事の目的を達しておらず、これらに係る交付金相当額302万円が不当**と認められる。

＜参考図1＞

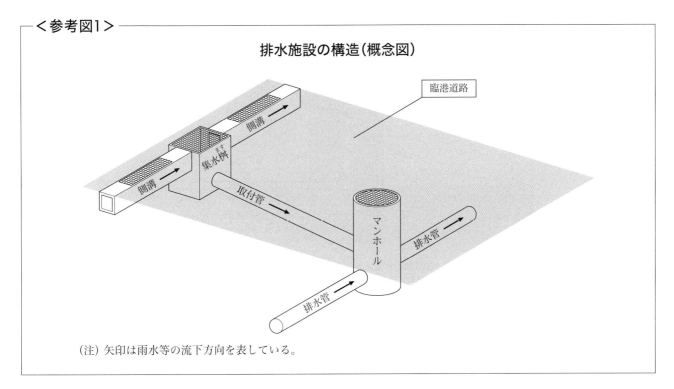

排水施設の構造（概念図）

（注）矢印は雨水等の流下方向を表している。

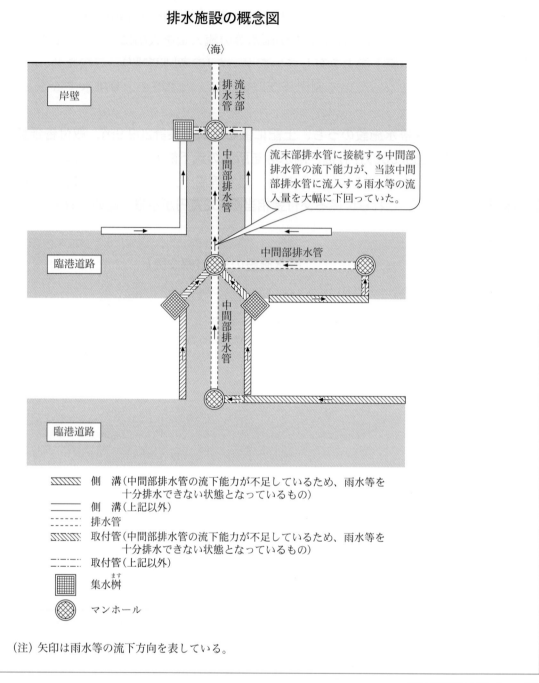

＜参考図2＞

排水施設の概念図

(検査報告367ページ)

⑵ 補助対象外

ア 既存観光拠点の再生・高付加価値化推進事業の補助対象事業費の一部が補助対象外

補助事業の概要 「令和2年度第3次補正予算 訪日外国人旅行者受入環境整備緊急対策事業費補助金 既存観光拠点再生・高付加価値化推進事業『自治体・DMO型』交付申請の手引き」等によれば、既存観光拠点の再生・高付加価値化推進事業について、交通関係事業のうちバス乗り場及びフェリーターミナルに係る経費では建物の取得費等が、実証実験事業では事業主体の経常的な経費である正社員の人件費等が、また、宿泊施設の高付加価値化改修事業では可搬性のある設備の購入及び設置に係る経費等が、それぞれ補助対象外とされている。

検査の結果 補助対象事業費の算定に当たり、1事業主体は交通関係事業においてバス乗り場及びフェリーターミナルに係る経費に建物の取得費を含めていた。また、1事業主体は実証実験事業において事業主体の正社員の人件費等を含めていた。さらに、4事業主体は宿泊施設の高付加価値化改修事業において可搬性のある設備の購入及び設置に係る経費等を含めていた。

したがって、補助の対象とならない経費を控除して適正な補助対象事業費を算定すると、計2億6935万円となることから、本件補助対象事業費計3億2493万円は、これに比べて5558万円過大となっており、これに係る国庫補助金交付額計2830万円が過大に交付されていて不当と認められる。

部局等	補助事業者等	間接補助事業者等（事業主体）	補助事業等	年度	国庫補助金等交付額	不当と認める国庫補助金等相当額	摘要
観光庁	株式会社東急エージェンシー	株式会社トライアングル	既存観光拠点の再生・高付加価値化推進事業（交通関係事業）	令和3	1億1244万円	1000万円	補助の対象とならない建物の取得費を含めていたもの
	同	パシフィックコンサルタンツ株式会社	既存観光拠点の再生・高付加価値化推進事業（実証実験事業）	3	1300万	625万	補助の対象とならない事業主体の正社員の人件費等を含めていたもの
	同	株式会社ワールド・ヘリテイジ	既存観光拠点の再生・高付加価値化推進事業（宿泊施設の高付加価値化改修事業）	3	3710万	577万	補助の対象とならない可搬性のある設備の購入及び設置に係る経費等を含めていたもの
	同	飛騨川温泉土地株式会社	同	3	1960万	331万	同
	同	有限会社桃源	同	3	2000万	179万	補助の対象とならない可搬性のある設備の購入及び設置に係る経費を含めていたもの
	同	株式会社山水館欣龍	同	3	1400万	117万	同
計		6事業主体			2億1615万	2830万	

（検査報告370ページ）

イ　砂防工事等に関する事業の実施に当たり、交付を受けていた国費率等差額が交付対象外

交付金事業等の概要 3県は、平成27年度から令和元年度までの間に、砂防法に規定する砂防工事に関する事業又は地すべり等防止法に規定する地すべり防止工事に関する事業として、砂防えん堤又は排水施設を整備等する事業（以下「本件事業」）を実施した。

後進地域の開発に関する公共事業に係る国の負担割合の特例に関する法律（以下「負担特例法」）によれば、財政力指数が0.46に満たない都道府県（以下「適用団体」）が、国の補助金等の交付を受けて、負担特例法に定める事業のうち「後進地域の開発に関する公共事業に係る国の負担割合の特例に関する法律施行令」（以下「政令」）で定める事業（以下「開発指定事業」）を実施する場合には、開発指定事業に係る経費に対する通常の国の負担割合（以下「通常国費率等」）が引き上げられることなどと

されている(通常国費率等が引き上げられる割合を「引上率」、通常国費率等が引き上げられることに伴う国の負担の増加額を「国費率等差額」)。そして、政令によれば、開発指定事業とは、砂防法に規定する砂防工事に関する事業及び地すべり等防止法に規定する地すべり防止工事に関する事業の場合、河川法に規定する一級河川及び二級河川の水系に属する河川(以下「一級水系等河川」)の流域におけるものとされている。

　また、社会資本整備総合交付金交付申請等要領等によれば、国費率等差額の交付申請は、通常国費率等による補助金等の交付申請の翌年度に別途行うこととされている。国費率等差額の申請額は、通常国費率等を超える部分の額であり、既に交付した交付金又は補助金の精算額(以下「交付金等精算額」)に総務大臣から通知される引上率を乗じて得た額から、交付金等精算額を減じた額に相当する額とされている。

　検査の結果　岩手県は元年度、徳島県は平成29、30両年度、長崎県は27年度から30年度までの間においてそれぞれ適用団体に該当していた。そして、3県は、実施した交付金事業等が開発指定事業に該当するなどとして、本件事業に係る通常国費率等による各年度の交付金等精算額計9億9688万円に当該年度の引上率(1.13〜1.18)を乗じて得た額から交付金等精算額を減じた額計1億3369万円について、国費率等差額として交付申請を行い、同額の交付を受けていた。

　しかし、徳島県及び長崎県が一級水系等河川の流域で実施したため開発指定事業に該当するとして交付申請していた本件交付金事業の実施箇所は、水系等を確認することができる河川流域図等によれば、一級水系等河川の流域外にあった。また、岩手県は、一級水系等河川の流域外における事業を開発指定事業として交付申請していた。

　したがって、**3県が実施した本件事業は、国費率等差額の交付の対象とは認められず、これらに係る交付金等1億3369万円が不当**と認められる。

部局等	補助事業者等 (事業主体)	補助事業等	年度	国庫補助金等 交付額	不当と認める 国庫補助金等相当額
				円	円
岩手県	岩手県	災害関連緊急砂防	令和元、2	10億0412万	1億1551万
徳島県	徳島県	防災・安全交付金(砂防)	平成29〜令和元	2650万	365万
長崎県	長崎県	防災・安全交付金(地すべり対策)	平成27〜令和元	9994万	1452万
計	3事業主体			11億3058万	1億3369万

(検査報告372ページ)

(3) 補助事業により取得した財産の処分に係る手続が不適正
都市計画道路用地の財産処分に係る手続が不適正

　補助事業の概要　茨城県守谷市は、令和3年度に、都市構造再編集中支援事業において、都市計画道路坂町清水線を新設するための道路用地として、土地1,995.59㎡(うち国庫補助対象面積1,473.3㎡)を事業費1億9561万円(国庫補助対象事業費1億4608万円、国庫補助金交付額6950万円)で取得した。

　補助金等に係る予算の執行の適正化に関する法律(以下「補助金適正化法」)第22条の規定等によれば、補助事業者は、補助事業により取得した財産を補助金の交付の目的に反して貸し付けるなどするときは、当該補助事業を所掌する各省各庁の長の承認を受けなければならないことなどとされて

いる。そして、「都市局所管補助事業等に係る財産処分承認基準について」によれば、補助事業により取得した財産を有償で貸し付けるなどの財産処分の承認に当たり、必要な場合には、貸付けにより生ずる収益額のうち国庫補助金相当額(貸付けにより生ずる収益額に用地取得時の補助率を乗ずるなどして算出される額)について国庫納付を行うことなどの条件を付すこととされている。

[検査の結果] 同市は、補助事業で取得した道路用地について、国土交通省の承認を受けずに、4年3月から5年3月までの間、民間会社に対して駐車場用地として使用を許可していて、補助金適正化法第22条の貸付けに当たる財産処分を行っていた。そして、同市は、これにより使用料282万円(国庫補助対象面積分に係る使用料217万円)を収納していたため、本来はこのうち国庫補助金相当額103万円について国庫納付の条件が付される場合に該当するのに、国庫納付を行っていなかった。

したがって、**本件道路用地に係る国庫補助金交付額6950万円及び収納した使用料のうち国庫補助金相当額103万円は財産処分に係る手続が適正でなく不当**と認められる。　　　(検査報告374ページ)

(4)　補助金の交付額の算定が不適切
公営住宅の家賃の低廉化に係る事業費の算定が不適切

[補助事業の概要] 千葉県八千代市は、平成29年度から令和3年度までの間に、公的賃貸住宅家賃対策補助として、借上公営住宅計63戸に居住する者に対する家賃の低廉化を事業費計5294万円(国庫補助金計2647万円)で実施した。

この家賃の低廉化に係る事業費は、借上公営住宅の住宅等ごとに、次のとおり、公営住宅法施行令等の規定に基づき算定した近傍同種の住宅の家賃の額(以下「政令家賃」)等を用いるなどして、対象となる額(以下「補助基本額」)をそれぞれ算定し、これらの補助基本額を合計するなどした額とすることとなっている。

補助基本額 ＝ (政令家賃 − 入居者負担基準額) × 補助対象月数 × 補助対象戸数

そして、政令家賃は、次のとおり、建物部分の複成価格等を用いて算定することとなっている。

政令家賃 ＝ (建物部分の複成価格 × 利回り + 土地部分の複成価格 × 利回り + 修繕費等) ÷ 12

建物部分の複成価格については、推定再建築費から経過年数に応じた減価相当額を控除して算定することなどとなっており、推定再建築費は、近傍同種の住宅の建設に要する費用(以下「戸当たり建設費」)に国土交通大臣が建築物価の変動を考慮して住宅の地域別に毎年定める率を乗じて算定することとなっている。

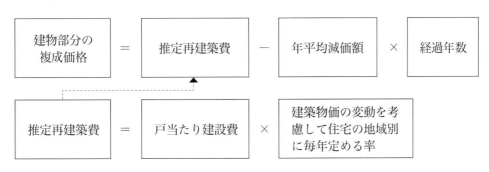

　そして、「公営住宅法の一部を改正する法律等の運用について」(以下「運用通知」)等によれば、建設後、相当程度の年数が経過していることなどにより戸当たり建設費の確定が困難な場合等には、国土交通省が公営住宅の建設年度、構造等の別に定めている標準建設費(以下「標準建設費」)を参考にして適切な額を設定することとされている。

　検査の結果　同市は、補助基本額の算定に当たり、建設後、相当程度の年数が経過していることなどにより確定が困難であった戸当たり建設費について、標準建設費を参考にして設定するのではなく、政令家賃の額が住宅の所有者に同市が支払う家賃の額と同額になるように調整して設定していた。

　そこで、運用通知等に基づき、住宅等ごとの建設年度等に応じた標準建設費を用いて適正な戸当たり建設費を算定すると、同市が設定していた戸当たり建設費は、いずれも、適正な戸当たり建設費を上回っていた。このため、同市において、建物部分の複成価格が過大に算定されるなどして補助基本額が過大に算定され、その結果、事業費が過大に算定されていた。

　したがって、**適正な事業費を算定すると、計2985万円となることから、前記の事業費5294万円との差額2309万円が過大となっていて、これに係る国庫補助金相当額1154万円が不当**と認められる。

(検査報告375ページ)

不　当　職員の不正行為

> ＜要点＞
>
> 関東運輸局の職員が、給与額等の給与情報をまとめたデータを改ざんし、自らの給与額を水増しするなどして、職員基本給等を領得したものが1件、1475万円あった。

　関東運輸局において、総務部人事課給与第二係長であった野尻某が、給与に関する事務に従事中、令和3年8月から4年12月までの間に、**給与額等の給与情報をまとめたデータを改ざんし、自らの給与額を水増ししたり、架空の給与情報を追加したりすることにより、複数の自己名義の預金口座に不正に振り込ませて、職員基本給等1475万円を領得したものであり、不当**と認められる。

　なお、本件損害額については、5年9月末現在で512万円が同人から返納されている。

(検査報告376ページ)

処置要求㊱　多重無線回線の機能維持に必要な通信鉄塔及び局舎の耐震性等の確保について

> ＜要点＞
>
> 多重無線回線の通信鉄塔及び局舎に係る耐震診断及び耐震対策を実施することの重要性等を事務所等に対して周知し、通信鉄塔及び局舎の耐震性等が確保されているかについて事務所等から定期的に報告させて把握するとともに、通信鉄塔及び局舎に係る耐震診断及び耐震対策を順次実施していくための実施方針を定めさせ、多重無線回線の全国的なネットワークの機能を維持する観点等から必要な指導を行うことにより、大規模地震が発生した際等に多重無線回線の全国的なネットワークの機能が維持されるよう改善の処置を要求したもの(背景金額26億3240万円)

多重無線回線の概要等　国土交通省は、地震、水位、雨量、道路情報等の防災情報や音声及び映像による被災情報を伝送することで、災害発生時における迅速な被災情報の把握及び的確な災害対応を実現することを目的として、光ファイバ通信回線と多重無線回線とを組み合わせた統合通信網を全国的に構築している。

同省本省、地方整備局等及び河川国道事務所等（これらのうち地方整備局等及び河川国道事務所等を「事務所等」）は、多重無線回線のネットワークを構築するために、建物の屋上や地上に鉄塔を設置し、当該鉄塔等に、電波を送受するための空中線（以下「アンテナ」）、一つの伝送路で複数の情報を送るための多重無線装置等の通信設備を設置している（これらの鉄塔を「通信鉄塔」、通信鉄塔が屋上に設置されている建物を「局舎」、通信鉄塔や局舎が設置されている箇所を「拠点」）。

多重無線回線は、遠方の拠点同士が、他の拠点を中継地点としてデータの送受信を行うことができるものとなっており、電気通信施設設計要領等によれば、多重無線回線のネットワークを構築するに当たっては、複数の事務所等にまたがる広域災害も考慮して、通信網として十分な信頼性を確保し、災害時にも対応可能なネットワークとすることとされている。

同省は、平成7年に兵庫県南部地震が発生した際、一部の通信鉄塔及び局舎で大きな被害が生じて、通信上の機能不全が生じたことを勘案して、既存の通信鉄塔及び局舎の地震時における機能維持を含めた耐震性の見直しをするための診断手法を開発し、8年8月に「通信鉄塔・局舎耐震診断基準（案）」等（以下「診断基準」）を制定するなどして、既存の通信鉄塔及び局舎の耐震診断を行うこととしている。診断基準によれば、通信鉄塔の耐震診断については、地震時又は暴風時に生ずる各部材及び各部接合部の応力度と許容応力度とを比較するなどして、健全性が確保されているか判断することとされている。

また、診断基準によれば、局舎の耐震診断については、原則として「官庁施設の総合耐震診断・改修基準」に基づいて行うこととされている。そして、地震動に対して官庁施設が持つべき耐震安全性の目標については、表1のとおり、Ⅰ類、Ⅱ類及びⅢ類の三つに分類されて定められており、局舎の耐震診断については、通信鉄塔が地震時に機能を維持できる耐震性を有するよう、当該目標をⅠ類として、必要な耐震性が確保されているか確認することとされている。

表1　耐震安全性の目標

分類	耐震安全性の目標
Ⅰ類	大地震動後、構造体の補修をすることなく建築物を使用できることを目標とし、人命の安全確保に加えて十分な機能確保が図られている。
Ⅱ類	大地震動後、構造体の大きな補修をすることなく建築物を使用できることを目標とし、人命の安全確保に加えて機能確保が図られている。
Ⅲ類	大地震動により構造体の部分的な損傷は生じるが、建築物全体の耐力の低下は著しくないことを目標とし、人命の安全確保が図られている。

診断基準等によれば、耐震診断の結果、診断基準において定められている通信鉄塔の健全性又は局舎として必要な耐震性（これらを「耐震性等」）が不足することが確認された通信鉄塔及び局舎については、耐震補強工事を実施したり、通信鉄塔に設置されている設備の荷重を軽減したりするなどの耐震性等を確保するための対策（以下「耐震対策」）を立案して、適切な措置を実施しなければならないこととされている。

なお、「通信鉄塔設計要領」（以下「設計要領」）等に基づいて設計されて設置又は建築された通信鉄

塔及び局舎は、設置又は建築時点において耐震性等が確保されていることとなる。

<u>検査の結果</u> 29事務所等^(注1)管内の232拠点に設置されている通信鉄塔238基及び局舎132棟（令和3年度末現在における通信鉄塔及び局舎の国有財産台帳価格並びに通信鉄塔に設置されているアンテナ及びアンテナに接続されている多重無線装置の取得価格等（これらを「通信鉄塔等の台帳価格」）計142億5963万円）を対象として、会計実地検査を行った。

⑴ 耐震性等が確保されているか不明な状態のままとなっていた事態

上記通信鉄塔238基及び局舎132棟のうち57基及び38棟については、設計要領等に基づいて設計されて設置又は建築されるなどしていて、耐震性等が確保されていた。他方、残りの181基及び94棟については、設計要領の制定以前に設計されて設置又は建築されていて、耐震診断を行う必要がある通信鉄塔及び局舎であった。そして、これらのうち161基及び81棟については、耐震診断が実施されていた。

しかし、16事務所等が管理する残りの20基及び13棟（通信鉄塔等の台帳価格計14億0582万円）については、耐震診断が実施されていないなどしていて、耐震性等が確保されているか不明な状態のままとなっていた（後掲の表2の⑴参照）。

そして、これらの耐震診断が実施されなかった経緯等については、診断基準が制定されて以降、約25年の間にどのような検討を実施したのかを確認できる資料が16事務所等において残っていないため、把握することができない状況となっていた。

⑵ 耐震対策が実施されていないなどしていた事態

前記の耐震診断が実施されていた通信鉄塔161基及び局舎81棟のうち、耐震診断の結果、耐震性等が確保されていると確認されたものは119基及び44棟、耐震性等が確保されていないと確認されたものは42基及び37棟となっていた。

そこで、上記の42基及び37棟について、耐震対策の実施状況を確認したところ、33基及び16棟は、耐震診断の結果に基づき耐震対策が実施されていたものの、15事務所等が管理する9基及び19棟^(注2)（通信鉄塔等の台帳価格計12億0820万円）は、耐震対策が実施されていなかった（後掲の表2の⑵①参照）。

そして、これらの通信鉄塔及び局舎のうち、6基及び18棟については耐震診断の実施後10年以上、このうち4基及び9棟については20年以上が経過しているのに、耐震対策が実施されておらず、耐震性等が確保されていない状態のままとなっていた。また、上記9基及び19棟のうち9基及び15棟の耐震対策が実施されなかった経緯等については、13事務所等において、過去にどのような検討を実施したのかを確認できる資料が残っていないため、把握することができない状況となっていた。

このほか、1事務所等が管理する残りの2棟（通信鉄塔等の台帳価格計2495万円）については、耐震補強工事が実施されているものの、関係資料が残っていないなどのため、当該工事が耐震安全性の目標をⅠ類として実施されたものであるか確認することができなかった（後掲の表2の⑵②参照）。

（注1）29事務所等　北海道開発局、青森、岩手、金沢、沼津、福井、姫路、和歌山、倉吉、福山、山口、徳島、長崎各河川国道事務所、郡山、長野、岐阜、名古屋、北勢、兵庫、土佐、福岡各国道事務所、下館、渡良瀬川、木曽川下流、出雲各河川事務所、鬼怒川、筑後川両ダム統合管理事務所、多治見砂防国道事務所、小樽開発建設部

（注2）19棟のうち6棟については、耐震診断を実施した後、耐震安全性の目標をⅡ類とした耐震補強工事は実施されていたものの、耐震安全性の目標をⅠ類とした対策は実施されていない局舎である。

表2　⑴、⑵の各事態の事務所等名、通信鉄塔等の台帳価格等

検査の結果		事務所等数 注(1)	事務所等名	通信鉄塔の基数	局舎の棟数	通信鉄塔等の台帳価格 注(2) 注(3)
事態						
(1)	耐震性等が確保されているか不明な状態のままとなっていた事態	16	北海道開発局、青森、岩手、沼津、福井、姫路、山口、長崎各河川国道事務所、郡山、長野、岐阜、北勢各国道事務所、下館、渡良瀬川、出雲各河川事務所、多治見砂防国道事務所	20	13	14億0582万円
(2) ①	耐震性等が確保されていないと確認されたのに耐震対策が実施されていなかった事態	15	金沢、沼津、福井、姫路、倉吉、山口、徳島、長崎各河川国道事務所、郡山、名古屋、兵庫、土佐各国道事務所、木曽川下流河川事務所、筑後川ダム統合管理事務所、小樽開発建設部	9	19	12億0820万円
(2) ②	耐震補強工事が実施されているものの、当該工事が耐震安全性の目標をⅠ類として実施されたものであるか確認することができなかった事態	1	鬼怒川ダム統合管理事務所	—	2	2495万円
小計		16		9	21	12億3316万円
合計		26		29	34	26億3240万円

注(1) 複数の事態に該当する事務所等があるため、事務所等数を集計しても合計欄と一致しない。
注(2) 通信鉄塔及び局舎のうち、河川管理施設又は道路管理施設に該当しているため、取得価格等を国有財産台帳に記載することとなっていないものについては、国有財産台帳価格を0円として集計している。
注(3) 各事態に該当する局舎については、局舎の国有財産台帳価格に加えて、局舎に設置されている通信鉄塔の国有財産台帳価格を計上するなどしているため、(1)の事態に係る通信鉄塔等の台帳価格と(2)の事態に係る通信鉄塔等の台帳価格とで重複しているものがあり、集計しても合計欄と一致しない。

　このように、通信鉄塔及び局舎について、耐震診断が実施されていないなどしていて、耐震性等が確保されているか不明な状態のままとなっていたり、耐震診断の結果、耐震性等が確保されていないと確認されたのに耐震対策が実施されていなかったりなどしていて、大規模地震が発生した際等に多重無線回線の機能が維持できないおそれがある事態は適切ではなく、改善を図る要があると認められる。

本院が要求する改善の処置　同省本省において、大規模地震が発生した際等に多重無線回線の全国的なネットワークの機能が維持されるよう、次のとおり改善の処置を要求する。
ア　事務所等に対して、通信鉄塔及び局舎に係る耐震診断及び耐震対策を実施することの重要性や、耐震診断及び耐震対策の実施状況等について関係資料を保存するなどして確認できるようにしておくことの重要性について周知すること
イ　通信鉄塔及び局舎の耐震性等が確保されているかについて、事務所等から定期的に報告させて把握すること
ウ　事務所等に対して、通信鉄塔及び局舎に係る耐震診断及び耐震対策を順次実施していくための実施方針を定めさせ、その内容及びイの内容を踏まえて、多重無線回線の全国的なネットワークの機能を維持する観点等から必要な指導を行うこと

第Ⅱ章

国土交通省

通信鉄塔及び局舎の概要

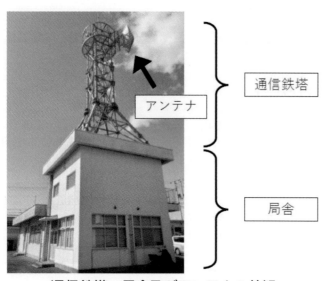

通信鉄塔、局舎及びアンテナの外観

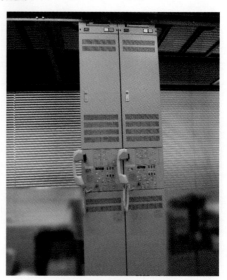

多重無線装置の外観

（検査報告377ページ）

処　置　済　下水道管路施設の老朽化対策の実施状況について

=＜要点＞=

　下水道管路施設の老朽化対策に当たり、事業主体に対し、腐食環境下にある下水道管路施設を適切に把握すること、速やかに下水道法等に基づく点検を行うことを検討すること及び点検結果等を適切に記録し保存することを周知するとともに、緊急度Ⅰと判定された下水道管路施設について、修繕等の具体的な実施時期を確認し、必要に応じて助言を行うこととすることなどにより、修繕等の必要な措置が速やかに実施されるなどするよう改善させたもの（指摘金額2850万円、背景金額4億4298万円）

下水道管路施設の老朽化対策の概要

⑴　下水道事業の概要

　　国土交通省は、下水道事業を行う地方公共団体（以下「事業主体」）に対して、毎年度多額の社会資本整備総合交付金等を交付している。事業主体は、交付金等により、下水を排除するために設けられる管渠（以下「下水道管渠」）等の改築等を実施している。

⑵　下水道施設の維持又は修繕に関する技術上の基準等

　　同省は、平成27年に下水道法等を改正して下水道施設の維持又は修繕に関する技術上の基準等（以下「基準等」）を定めている。基準等によれば、暗渠である構造の部分を有する排水施設であり、下水の貯留その他の原因により腐食するおそれが大きい箇所（以下「腐食環境下」）にあって、コンクリートその他腐食しやすい材料で造られているものについては、5年に1回以上の適切な頻度で点検を行うことなどとされている。当該点検は、下水道施設の状態を把握して異状の有無を確認するものであり、下水道の損傷、腐食等の異状を把握したときは、下水道の効率的な維持及び修繕が図られるよう、必要な措置を講ずることとされている。

　　そして、当該点検を行った場合には、点検の年月日等を記録して、これを次に点検を行うまでの期間、保存することとされている。

第Ⅱ章

⑶ 下水道ストックマネジメント支援制度の概要等

　同省は、28年度に、下水道ストックマネジメント支援制度を創設している。同支援制度は、同省が、下水道ストックマネジメント計画を策定し、同計画に基づき計画的な点検・調査[注1]（以下「点検等」）及び長寿命化を含めた改築を行うなどする事業主体に対して交付金等を交付するものである。

　そして、各事業主体は、同計画等に基づき、下水道管渠又はマンホール（以下「下水道管路施設」）の点検等及び点検等により把握した施設の劣化状況の診断（以下「診断」）を行っている。「下水道維持管理指針(実務編)」等によれば、診断は、点検等の結果を踏まえ、下水道管路施設の機能や状態の健全さを示す指標（以下「緊急度」）を用いて判定することとされていて、緊急度は、異状の程度の高い順にⅠからⅢまでの判定を行うこととされており、判定基準例において、緊急度Ⅰの区分は重度で速やかに措置が必要であるとされ、緊急度Ⅱの区分は中度で簡易な対応により必要な措置を5年未満まで延長できるなどとされている。

　検査の結果　20都道府県[注2]の612事業主体が管理している腐食環境下における下水道管路施設及び20都道府県の250事業主体が28年度から令和3年度までの間に下水道ストックマネジメント計画等に基づき緊急度の判定を行った下水道管路施設の点検等に係る契約計1,088件（契約金額計179億8409万円、交付金等交付額計82億1294万円）を対象として検査した。

⑴ 下水道法等に基づく点検の実施

ア　腐食環境下にある下水道管路施設を適切に把握していなかった事態

　612事業主体のうち71事業主体は、国土交通大臣が定めた主要な下水道管渠（下水排除面積が20ha以上等の管渠）及び当該下水道管渠に接続するマンホール（これらを「主要な管路施設」）については、腐食環境下にある下水道管路施設を把握していたが、主要な管路施設以外の下水道管路施設については、腐食環境下にある下水道管路施設を把握していなかった。

イ　腐食環境下にある下水道管路施設の点検を行っていなかったなどの事態

　612事業主体のうち166事業主体が腐食環境下にあるとして把握していた下水道管路施設について、67事業主体では基準等の制定後6年間に1回も点検が行われていなかった。また、107事業主体では、点検を実施している可能性があるとしているものの、その結果等を記録し保存していなかったため点検の実施の有無を確認することができない状況となっていた。

　したがって、ア又はイの事態に該当する計204事業主体が管理する腐食環境下における下水道管路施設は、その損傷、腐食等の状況が把握されていないことなどから、腐食等が発生しやすい環境下で異状が発生していても速やかに必要な措置を講ずることができず、下水道管路施設の持続的な機能確保や効率的な維持・修繕等に支障が生ずるおそれがある状況となっていた。そして、当該支障が生ずるおそれがある状況となっていた下水道管路施設の帳簿価額について、同省が公表している調査結果に示されている割合[注3]を用いて推計すると、帳簿価額相当額

国土交通省

（注1）点検・調査　　点検は、マンホール内部からの目視や、地上からマンホール内に管口テレビカメラを挿入する方法等により行われる。調査は、詳細な劣化状況や動向等を定量的に確認するとともに、原因を検討するために、管内に潜行する調査員による目視、又は下水道管渠用テレビカメラを挿入する方法等により行われる。
（注2）20都道府県　　東京都、北海道、京都、大阪両府、岩手、宮城、秋田、福島、茨城、栃木、群馬、石川、三重、滋賀、奈良、広島、徳島、高知、長崎、熊本各県
（注3）調査結果に示されている割合　　令和3年度における全国の下水道管渠の延長に対する腐食環境下にある下水道管渠の延長の割合(0.66％)及び同年度に点検を行った腐食環境下にある下水道管渠の延長に対する異状が発生している下水道管渠の延長の割合(10％)

は計21億8898万円、帳簿価額相当額に係る国庫補助金等相当額は4億4298万円(3年度末現在)となる。

(2) 緊急度判定後の修繕等の実施状況

　前記の250事業主体のうち144事業主体は、4年度末時点で、緊急度Ⅰと判定された下水道管渠計91.1km及びマンホール計10,344か所について、全く又は一部しか修繕等を実施していなかった。このうち、平成28年度又は29年度に緊急度Ⅰと判定された施設の修繕等が実施されていない期間についてみると、判定後5年以上修繕等を実施していなかったものは、20事業主体における下水道管渠計4.9km及びマンホール計580か所となっていた。また、30年度から令和3年度までの間に緊急度Ⅰと判定された下水道管路施設の4年度末時点における修繕等の実施の予定についてみると、判定後5年を経過する年度の10年度以降に修繕等を実施する予定とするなどしていたものは、20事業主体における下水道管渠計7.7km及びマンホール計627か所となっていた。

　しかし、緊急度Ⅰと判定された下水道管路施設については、緊急度Ⅱと判定された下水道管路施設より異状の程度が高いものであり、速やかに修繕等を実施する必要があった。

　したがって、前記の判定後5年以上修繕等を実施していなかったなどの37事業主体は、緊急度Ⅰと判定された下水道管路施設(当該判定を行った下水道管路施設の点検等に係る契約計85件(契約年度は平成24年度から令和3年度まで)における事業費相当額計5842万円、交付金等相当額計2850万円)について、修繕等を実施する予定の年度を見直すなどする必要があると認められた。

　このように、**事業主体において、腐食環境下にある下水道管路施設を適切に把握していなかったなどの事態及び緊急度Ⅰと判定された下水道管路施設について速やかに修繕等を実施していなかったなどの事態は適切ではなく、改善の必要があると認められた。**

　国土交通省が講じた改善の処置 　同省は、次のような処置を講じた。

ア　事業主体に対して5年9月に事務連絡を発して、腐食環境下にある下水道管路施設を適切に把握し、下水道法等が改正された平成27年以降1回も点検を行っていない場合は速やかに点検を行うことについて検討すること及び点検結果等を適切に記録し保存することについて周知した。

イ　アの事務連絡により緊急度Ⅰと判定された下水道管路施設について、事業主体における修繕等の具体的な実施時期を令和5年度中に確認するとともに、修繕等の必要な措置が速やかに実施されるよう必要に応じて助言を行うこととした。また、6年度以降においても、同様の確認等を継続して実施していくこととした。

(検査報告383ページ)

処置済　無人飛行機の飛行に係る情報を共有するシステムにおけるドクターヘリ離発着場所及び条例飛行禁止区域の登録について

┌─＜要点＞─────────────────────────────
│
│無人航空機の運航者に注意喚起を行うなどするために構築したドクターヘリ離発着場所、条例
│飛行禁止区域等の情報を共有するシステムについて、ドクターヘリの運航者及び地方公共団体
│に対して、改めて、その構築目的、活用方法等について周知し、同システムにおいて共有すべ
│き情報の登録を依頼するとともに、継続的に登録の働きかけを行うなどすることにより、ドク
│ターヘリ離発着場所及び条例飛行禁止区域の登録が進捗するよう改善させたもの(指摘金額5億
│9813万円)
│
└─────────────────────────────────────

共有システムの概要等

⑴　共有システムの構築等

　　国土交通省は、無人航空機とドクターヘリコプター^(注1)(以下「ドクターヘリ」)との接近、衝突等を事前に回避させること、地方公共団体が条例により無人航空機の飛行を制限又は禁止している区域^(注2)(以下「条例飛行禁止区域」)における無人航空機の落下による第三者の負傷、損害等を防止することなどを目的として、「ドローン情報基盤システム(飛行情報共有機能)」(以下「共有システム」)を構築して、平成31年4月から運用を開始している。

　　同省は、29年度から令和4年度までの間に、共有システムに係る契約計17件を締結しており、共有システムの構築、保守等に要した経費は計5億9813万円となっている。

⑵　共有システムの概要

　　共有システムは、無人航空機の運航者、ドクターヘリの運航者、地方公共団体等が、それぞれの保有する情報を共有システムに登録することにより共有し、無人航空機の運航者に注意喚起を行うなどするものである。そして、ドクターヘリの運航者が国土交通大臣による離陸及び着陸の許可が必要とされないドクターヘリの離発着場所のうち、定常的にドクターヘリが離発着する場所(以下「ドクターヘリ離発着場所」)を、また、地方公共団体が条例飛行禁止区域を、それぞれ共有システムに登録することにより、無人航空機の運航者に、これらの情報を周知する機能を備えている。

　　ドクターヘリ離発着場所及び条例飛行禁止区域については、通常、一般には知られておらず、上記のとおり、共有システムに確実に登録することにより、無人航空機の運航者がこれらの情報を認識して、無人航空機とドクターヘリとの接近、衝突等や、条例飛行禁止区域における無人航空機の落下による第三者の負傷、損害等の発生を防止することが可能となる。

検査の結果　前記共有システムの構築、保守等に要した経費5億9813万円を対象に、国土交通本省において検査するなどした。

⑴　ドクターヘリ離発着場所及び条例飛行禁止区域の登録に向けた国土交通省の取組

　　同省は、平成31年3月に、ドクターヘリ離発着場所の登録に関して、一般社団法人全日本航空事業連合会に対する説明会を開催し、同連合会を通じて全国のドクターヘリの運航者全12者に対して共有システムの利用に係る案内を送付するなどして、共有システムへの登録を求めていた。

　　また、同省は、同年4月に、条例飛行禁止区域の登録に関して、47都道府県、20政令指定都市及び23特別区の計90地方公共団体に対して共有システムの利用、登録等に係る案内(以下「登録案内」)を送付して、共有システムへの登録を求めていた。なお、政令指定都市以外の市町村に対しては、都道府県から登録案内の内容を周知することとしていた。

⑵　ドクターヘリ離発着場所の登録状況等

　　共有システムの運用開始から3年を経過した令和4年4月1日時点において、共有システムにドクターヘリ離発着場所が登録されているのは、2者の8か所のみであった。

(注1)　ドクターヘリコプター　　救急医療用機器等を装備し、医師・看護師を搭乗させて救急現場に向かい、機内で患者の観察・治療を継続しながら、患者を専門医療機関へ搬送するヘリコプター

(注2)　地方公共団体の中には、多くの人が訪れる公園、文教施設等、特に利用者等の安全を確保する必要があると判断した施設等が所在する特定の区域について、当該区域での無人航空機の飛行等、他の利用者等に危険を及ぼすおそれのある行為を、条例により制限又は禁止しているところがある。

第Ⅱ章

国土交通省

　そして、上記本院の検査結果を受けて同省が調査したところ、5年3月末時点におけるドクターヘリの運航者は12者であり、当該12者に係るドクターヘリ離発着場所の箇所数は748か所となっており、この箇所数に占める上記の登録済箇所数(8か所)は1.1%にすぎない状況となっていた。

　しかし、同省は、このようにドクターヘリ離発着場所がほとんど登録されていない状況であるにもかかわらず、前記の平成31年3月の共有システムの利用に係る案内の送付以降、ドクターヘリの運航者に対して、共有システムの構築目的、活用方法等に関する周知及び共有システムへの追加の登録依頼を行っていなかった。

(3)　条例飛行禁止区域の登録状況等

　共有システムの運用開始から3年を経過した令和4年4月1日時点において、共有システムに条例飛行禁止区域が登録されているのは、2団体の2条例に係る2か所のみであった。

　そして、上記本院の検査結果を受けて同省が調査したところ、5年3月末時点における条例飛行禁止区域を定めている地方公共団体は116団体であり、当該116団体が条例飛行禁止区域を定めている条例数は256条例、条例飛行禁止区域は5,321か所となっており、この箇所数に占める上記の登録済箇所数(2か所)は0.04%にすぎない状況となっていた。

　しかし、同省は、このように条例飛行禁止区域がほとんど登録されていない状況であるにもかかわらず、前記の平成31年4月の登録案内の送付以降、地方公共団体に対して、共有システムの構築目的、活用方法等に関する周知及び共有システムへの追加の登録依頼を行っていなかった。

　そこで、同省からの登録案内に対する対応状況等について、同省が登録案内を送付した90地方公共団体に対して本院がアンケート調査を実施したところ、同省が各地方公共団体への送付先について事前の調整や確認を行わずに登録案内を発出するなどしたこともあり、65団体については登録案内を受領していたか確認できない状況となっていた。

　このように、**共有システムにおいて、ドクターヘリの運航者又は地方公共団体による共有すべき情報の登録が著しく低調であるにもかかわらず、同省はドクターヘリの運航者及び地方公共団体に対して、共有システムの利用に係る案内等の送付以降、共有システムの構築目的、活用方法等に関する周知及び追加の登録依頼を行っていなかった。また、地方公共団体への登録案内の送付に当たり、送付先についてあらかじめ調整及び確認を十分行っていなかった。これらにより、共有システム(構築、保守等に要した経費5億9813万円)において共有すべきドクターヘリ離発着場所及び条例飛行禁止区域がほとんど登録されておらず、無人航空機の運航者が、ドクターヘリ離発着場所や条例飛行禁止区域を認識しないまま、無人航空機をドクターヘリ離発着場所や条例飛行禁止区域で飛行させる可能性が高いものとなっていた事態は適切ではなく、改善の必要があると認められた。**

　<u>国土交通省が講じた改善の処置</u>　同省は、共有システムの機能を十分に発揮させるために、共有システムへのドクターヘリ離発着場所及び条例飛行禁止区域の登録が進捗するよう、次のような処置を講じた。

ア　令和4年9月及び5年8月にドクターヘリの運航者の団体に対して通知等を発出するなどして、同団体を通じてドクターヘリの運航者に対して、改めて共有システムの構築目的、活用方法等についての周知や共有システムへの登録依頼を行い、継続的に登録の働きかけを行うとともに、今後も働きかけを行うこととした。

イ　地方公共団体と文書の送付先についてあらかじめ調整及び確認を十分に行った上で、4年9月及び5年8月に都道府県、政令指定都市及び特別区に対して通知等を発出するなどして、当該地方公共団体及び管内市町村に対して、改めて共有システムの構築目的、活用方法等についての周知や

共有システムへの登録依頼を行い、継続的に登録の働きかけを行うとともに、今後も働きかけを行うこととした。

なお、上記ア及びイの結果、5年8月時点において、ドクターヘリ離発着場所については728か所（前記の748か所に占める割合97.3％）、条例飛行禁止区域については4,152か所（前記の5,321か所に占める割合78.0％）がそれぞれ登録されている。

ドローン情報基盤システム（飛行情報共有機能）の主な機能

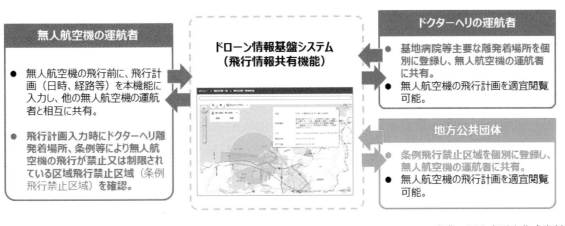

出典：国土交通省作成資料

（検査報告388ページ）

処　置　済　橋りょう工事における床版防水工の設計について

＝＜要点＞＝

橋りょう工事における床版防水工の設計に当たり、道路橋床版防水便覧に定められている要求性能を満たすことを前提として、設計条件等により特定の床版防水層を使用しなければならない特段の理由がなく床版防水層の候補が複数ある場合は、経済性を比較検討して最も経済的なものを選定する必要があることなどを明確化した上で、事業主体に対してその内容を周知することなどにより経済的な設計となるよう改善させたもの（指摘金額：直轄事業2173万円、国庫補助事業等5586万円）

橋りょう工事における床版防水工の概要

(1)　橋りょう工事における床版防水層の概要

国土交通省は、直轄事業又は国庫補助事業等において、橋りょうの新設工事及び補修工事を多数実施している。

同省の国道事務所等、都道府県及び市区町村（これらを「事業主体」）は、その設計を「道路橋示方書・同解説」に基づき行っており、これによれば、橋りょうの鉄筋コンクリートの床版（以下「床版」）について、アスファルト舗装とする場合は床版防水層等を設けなければならないこととされている。そして、事業主体は、床版防水層を設置する床版防水工の設計を、「道路橋床版防水便覧」（以下「便覧」）等に基づいて行うこととしている。

(2)　床版防水層の設計

　床版防水層は、床版の防水を目的として、床版と舗装の間に設けられるものである。便覧によれば、床版防水層には、防水性、接着性、耐熱性等の性能が要求されている（これらの性能を「要求性能」）。床版防水工の設計に当たっては、床版の条件、施工条件、経済性等の設計条件を整理して、設計条件に応じた要求性能を満たしたものの中から最適な床版防水層を選定することが重要であるとされ、床版防水層の候補が複数ある場合は、優先すべき要求性能に優れた最適な床版防水層を選定することなどとされている（参考図参照）。床版防水層の選定に当たっては、床版防水層が要求性能を保持していることを確認するとされていて、基本照査試験(注)において便覧に示されている規格値等を満たすことなどが最低限必要であるとされている（基本照査試験等において求められる所要の性能を「基本性能」）。

　なお、便覧には、床版防水層の選定に当たり、整理すべき設計条件の一つとされている経済性をどのように考慮するかについては記載されていない。

　床版防水層は、防水シートを床版に接着するシート系床版防水層と防水材を現場で溶解等させて床版に塗膜を形成する塗膜系床版防水層の二つに大別されており、基本性能を満たす床版防水層は、シート系床版防水層及び塗膜系床版防水層のいずれにも存在している。

＜参考図＞

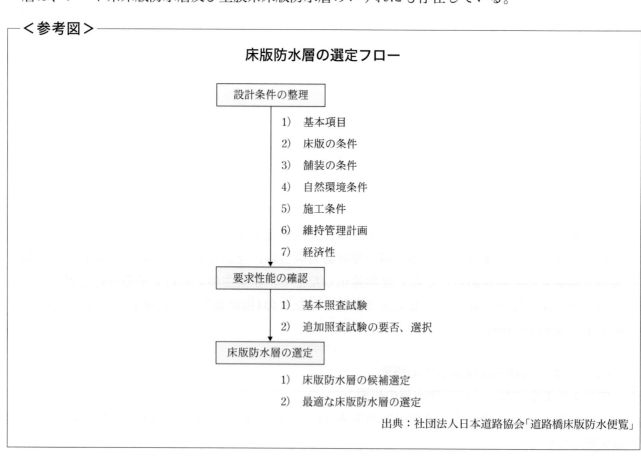

床版防水層の選定フロー

出典：社団法人日本道路協会「道路橋床版防水便覧」

　そして、同省は、床版防水層の選定に当たっては、便覧に定められている要求性能を満たすことを前提として、設計条件等により特定の床版防水層を使用しなければならない特段の理由がある場合を除き、床版防水層の候補が複数ある場合は、最も経済的な床版防水層を選定する必要が

(注) 基本照査試験　床版防水層が、防水性、接着性等の基本性能を保持していることを確認するために必要不可欠な、防水性試験や引張接着試験等の試験

あるとしている。

　また、令和3年度末時点における塗膜系床版防水層の市場単価は、シート系床版防水層の市場単価に比べて1㎡当たり350円から460円安価なものとなっている。

検査の結果　10地方整備局等^(注1)管内の18国道事務所等^(注2)、20道府県^(注3)及び322市町村の計360事業主体が、2、3両年度に実施した床版防水工を含む橋りょう工事計1,445件(直轄事業146件(契約金額350億0603万円、床版防水工に係る積算額4億9559万円)、国庫補助事業等1,299件(契約金額794億3950万円、床版防水工に係る積算額15億8875万円(国庫補助金等相当額9億0996万円))))を対象として検査した。

　上記の360事業主体は、床版防水工の設計に当たり、設計条件を整理し、便覧に定められている要求性能を満たすことを前提として、床版防水層を選定しており、その選定方法についてみると、185事業主体の576橋においては、経済性を比較検討して最も経済的な床版防水層を選定していたもの、又は関係機関との調整等の設計条件等により特定の床版防水層を使用しなければならない特段の理由があったものとなっていた。一方、255事業主体(直轄事業9事業主体、補助事業246事業主体)の1,098橋においては、便覧にシート系床版防水層の方が防水性等の性能が優れていると記載されていることなどから、防水性等の性能といった経済性以外の理由により複数の床版防水層の候補の中から選定していたもの、又は特段の理由がないにもかかわらず特定の床版防水層を使用することとしていたものとなっていた。

　しかし、上記の255事業主体が床版防水層に求めていた要求性能は基本性能であり、これを満たす床版防水層は、シート系床版防水層及び塗膜系床版防水層のいずれにも存在していた。このことから、1,098橋の床版防水工については要求性能を満たす床版防水層の候補が複数あることになるため、いずれも経済性を比較検討して最も経済的な床版防水層を選定する必要があったと認められた。

　このように、床版防水工の設計に当たり、設計条件等により特定の床版防水層を使用しなければならない特段の理由がなく要求性能を満たす床版防水層の候補が複数あるにもかかわらず、経済性を比較検討して最も経済的なものを選定していなかった事態は適切ではなく、改善の必要があると認められた。

低減できた床版防水工に係る積算額　前記255事業主体の1,098橋の床版防水工に係る積算額直轄事業1億5494万円、国庫補助事業等10億9361万円(国庫補助金等相当額6億2184万円)について、経済性を比較検討して最も経済的な床版防水層を選定したとして改めて試算すると、直轄事業1億3320万円、国庫補助事業等10億0291万円(国庫補助金等相当額5億6597万円)となり、直轄事業2173万円、国庫補助事業等9069万円(国庫補助金等相当額5586万円)それぞれ低減できたと認められた。

国土交通省が講じた改善の処置　同省は、橋りょう工事の床版防水工の設計に当たっては、便覧に定められている要求性能を満たすことを前提として、設計条件等により特定の床版防水層を使用しなければならない特段の理由がなく床版防水層の候補が複数ある場合は、経済性を比較検討して最も経済的なものを選定する必要があることなどを明確化した上で、5年8月に、事務連絡を発出し事業主体に対してその内容を周知するなどして経済的な設計となるよう処置を講じた。

(検査報告393ページ)

(注1) 10地方整備局等　　東北、関東、北陸、中部、近畿、中国、四国、九州各地方整備局、北海道開発局、沖縄総合事務局
(注2) 18国道事務所等　　磐城、高崎、千葉、長岡、高山、飯田、京都、松江、岡山、福岡各国道事務所、仙台、姫路、徳島、宮崎各河川国道事務所、札幌、函館、釧路各開発建設部、北部国道事務所
(注3) 20道府県　　北海道、京都、大阪両府、山形、茨城、埼玉、新潟、石川、福井、山梨、愛知、三重、滋賀、鳥取、香川、愛媛、高知、福岡、長崎、宮崎各県

| 処　置　済 | 水害ハザードマップにおけるアンダーパス等の情報の記載について |

―＜要点＞―

水害ハザードマップに記載する必要があるとされている情報について、地図面の視認性を確保しつつ記載する方法等を示すとともに、これらの情報が記載されているか網羅的に確認するためのチェックシートを作成して、市区町村に対して、水害ハザードマップの作成等に活用するよう周知することにより、水害ハザードマップを通じて水害時に人命・身体に直接影響を及ぼす可能性があるアンダーパス等の重要な情報が住民等に提供されるよう改善させたもの（指摘金額12億0509万円）

| ハザードマップ作成等事業の概要等 |

(1)　ハザードマップ作成等事業の概要

　　市区町村は、水防法等の規定に基づき、洪水、内水、高潮及び津波の各ハザードマップ（これらを「水害ハザードマップ」）の作成、住民への周知等のための印刷及び配布に係る事業（以下「ハザードマップ作成等事業」）を実施しており、国土交通省は、ハザードマップ作成等事業を実施している市区町村に対して防災・安全交付金等を交付している。

(2)　水害ハザードマップ作成の手引の概要

　　同省は、平成28年4月に従来四つに分かれていた各ハザードマップの作成の手引を統合するとともに、早期の立退き避難が必要な区域（以下「早期立退避難区域」）を設定することなどを新たに示した「水害ハザードマップ作成の手引き」（以下「手引」）を作成し、都道府県を通じて市区町村に通知し、市区町村は手引に基づき水害ハザードマップを作成している。

(3)　水害ハザードマップの構成及び記載項目等

　　手引によれば、水害ハザードマップは、地図面と情報・学習編で構成し作成するものとされている。

　　市区町村は、表のとおり、水防法等又は手引において、記載する必要があるとされている情報（以下「要記載情報」）を地図面又は情報・学習編に記載する必要があるとされている。

表　水防法等又は手引において記載する必要があるとされている項目等

記載項目	記載する情報	記載が必要な水害ハザードマップの種類	記載箇所
①避難路その他の避難経路に関する事項注(1)	・住民等が避難場所等へ避難する際の危険箇所や注意を要する場所（水没するおそれのあるアンダーパス（注(2)）や過去の降雨で冠水した道路等）	洪水、内水、高潮、津波	地図面
	・避難方向等	津波	地図面
②土砂災害警戒区域	・土砂災害警戒区域 ・土砂災害特別警戒区域　等	洪水、内水、高潮、津波	地図面又は情報・学習編
③早期立退避難区域	・家屋倒壊等氾濫想定区域等の中から早期立退避難区域として設定した区域	洪水、内水、高潮	地図面
④避難場所等　注(1)	・水害時に使用する避難場所等 ・浸水想定区域内の避難場所等の利用条件	洪水、内水、高潮、津波	地図面又は情報・学習編
⑤地下街、要配慮者利用施設等　注(1)	・地下街の名称及び所在地 ・要配慮者利用施設の名称及び所在地　等	洪水、内水、高潮	地図面又は情報・学習編

注(1) 手引において記載する必要があるとされている項目のうち、水防法等で記載が義務付けられている項目
注(2) アンダーパスとは、主に市街地の道路において、他の道路や鉄道等と立体交差し、前後区間に比べて道路の高さが低くなっている区間をいう。

検査の結果 国土交通本省及び19都道府県(注1)の375市区町村において、28年度から令和4年度までの間に実施したハザードマップ作成等事業(事業費計34億2624万円、交付金交付額計15億1359万円)を対象として検査を行った。

⑴ アンダーパス、避難方向等の情報が記載されていないもの

国等の道路管理者は、管理している道路において降雨等の際に冠水が想定されるアンダーパス等を把握し、公表している。そこで、これらの情報が地図面に記載されているか照合したところ、18都道府県の91市区町村は、地図面の視認性が確保されにくくなることなどを理由として812か所について記載していなかった。

また、津波ハザードマップの地図面に住民等の避難方向等が記載されているか確認したところ、9道府県の34市町は、視認性が確保されにくくなることなどを理由として、住民等の避難方向等を記載していなかった。

⑵ 土砂災害警戒区域等の情報が記載されていないもの

土砂災害ハザードマップ(注2)に記載されている土砂災害警戒区域等の情報が水害ハザードマップの地図面に記載されているか照合するなどしたところ、18都道府県の52市区町は、別途土砂災害ハザードマップを作成していることなどを理由として、地図面に土砂災害警戒区域等の情報を記載するなどしていなかった。

⑶ 早期立退避難区域の情報が記載されていないもの

国等が設定し公表している家屋倒壊等氾濫想定区域等について、市区町村が設定する早期立退避難区域の情報を地図面に記載しているか確認したところ、19都道府県の198市区町村は、家屋倒壊等氾濫想定区域等を早期立退避難区域として設定することで住民等に家屋倒壊等氾濫想定区域等以外は立退き避難が必要な区域ではないと思われてしまうおそれがあることなどを理由として、早期立退避難区域の情報を記載していなかった。

⑷ 避難場所等の利用条件が記載されていないもの

洪水浸水想定区域等内に所在する避難場所等の利用条件が地図面又は情報・学習編に記載されているか確認したところ、17都道府県の105市区町は、視認性が確保されにくくなることなどを理由として、地図面に避難場所等の利用条件を記載しておらず、情報・学習編にも利用条件については記載していなかった。

⑸ 地下街、要配慮者利用施設等の名称及び所在地が記載されていないもの

市区町村が作成した地域防災計画に名称及び所在地が記載されている地下街、要配慮者利用施設等が地図面に記載されているか照合するなどしたところ、19都道府県の189市区町村は、視認性が確保されにくくなることなどを理由として、地図面に地下街、要配慮者利用施設等の名称及び所在地を記載するなどしていなかった。

このように、⑴から⑸までの事態のとおり、19都道府県の316市区町村が作成した水害ハザードマップ(重複分を除くと、ハザードマップ作成等事業費計27億6384万円(交付金交付額計12億0509万円))において、水害時に人命・身体に直接影響を及ぼす可能性がある重要な情報が住民等に提供されていなかった事態は適切ではなく、改善の必要があると認められた。

(注1) 19都道府県　　東京都、北海道、京都、大阪両府、岩手、宮城、秋田、福島、茨城、栃木、群馬、石川、三重、滋賀、奈良、広島、徳島、長崎、熊本各県
(注2) 土砂災害ハザードマップ　　土砂災害警戒区域等における土砂災害防止対策の推進に関する法律に基づき、市区町村が作成するもの

第Ⅱ章

国土交通省

国土交通省が講じた改善の処置　同省は、5年9月に地方整備局等を通じて都道府県等に対して事務連絡を発して、水害ハザードマップを通じて水害時に人命・身体に直接影響を及ぼす可能性がある重要な情報が住民等に提供されるよう、次のような処置を講じた。

ア　アンダーパス等の地図面に記載する必要があるとされている情報について、視認性を確保しつつ地図面に記載する方法及び地図面に記載することで視認性が確保されにくくなる場合において情報・学習編を有効に活用することなどにより記載する方法を示し、市区町村に対して、水害ハザードマップの作成時等に活用するよう周知した。

イ　水害ハザードマップに要記載情報が記載されているか網羅的に確認するためのチェックシートを作成し、市区町村に対して、アと同様に活用するよう周知した。　　　　　　　（検査報告397ページ）

処　置　済　航空管制官訓練教官業務作業員の派遣契約に係る予定価格の積算について

＜要点＞

航空管制官訓練教官業務作業員の派遣契約に係る予定価格の積算に当たり、派遣単価の算出根拠となる資料に記載された派遣料金に消費税が含まれていることなどを踏まえた派遣単価の算出方法を定めた積算要領を制定するなどして、予定価格の積算が適切に行われるよう改善させたもの（指摘金額7800万円）

航空管制官訓練教官業務作業員の派遣契約の概要等

(1)　航空管制官訓練教官業務作業員の派遣契約の概要

　国土交通省は、航空法等に基づき、航空機に対して、安全かつ円滑な航空交通の確保を考慮して、離陸若しくは着陸の順序、時機若しくは方法又は飛行の方法について指示する航空交通管制業務(以下「管制業務」)を行っている。

　そして、航空交通管制職員試験規則等によれば、管制業務に従事しようとする職員は、全国の空港事務所、航空交通管制部等の管制業務を行う機関(以下「管制機関」)ごとに管制業務に係る技能証明を取得し、かつ、国土交通省が実施する英語能力証明試験を定期的に受験して英語能力証明を取得しなければならないこととされている(管制業務に係る技能証明及び英語能力証明を取得して管制業務に従事している職員を「航空管制官」)。

　そのため、国土交通省は、管制機関において適切に技能証明及び英語能力証明に係る研修を実施することを目的として、全国の管制機関に配置されている航空管制官のうち一部の者に、当該研修全般に係る管理、当該研修を受ける職員に対する指導等(以下「訓練教官業務」)を管制業務と兼務で行わせている。

　しかし、近年、我が国の航空交通量が増加傾向にあることから、国土交通省は、訓練教官業務を行う航空管制官の負担を軽減して管制業務に専念させることなどを目的として、訓練教官業務の一部等を航空管制官に代わって派遣労働者に実施させることとして、平成21年度以降、毎年度、航空管制官訓練教官業務作業員(以下「インストラクター」)の派遣契約(単価契約。以下「派遣契約」)を派遣会社と締結して、インストラクターを全国の管制機関等に配置している。

　インストラクターが行う業務には、航空管制官の技能証明の取得及び技量維持に係る訓練、研修等を実施する航空管制官訓練業務と、英語能力証明試験に関する英語教育等を実施する英語教育補助業務とがある。

　　派遣契約については、インストラクターが行う業務の実施場所に応じて、国土交通本省及び東京、大阪両航空局で、それぞれ一般競争入札により締結しており、その契約件数及び派遣業務費の支払額は、令和3、4両年度計18件、計9億4021万円となっている。

⑵　派遣契約に係る予定価格の積算

　　派遣契約に係る予定価格の積算は、国土交通本省及び東京、大阪両航空局において、国土交通省が毎年度発出している派遣契約に関する積算方針や単価等が記載された事務連絡(以下「積算方針」)に基づき行うことになっている。

　　積算方針によれば、派遣契約に係る予定価格については、インストラクターが行う航空管制官訓練業務及び英語教育補助業務の別に定めた時間単価(以下「派遣単価」)にインストラクターの年間総労働時間及び人数を乗じた額に、消費税(地方消費税を含む。)相当額を加算して積算することとされている(次式参照)。

$$\boxed{\text{予定価格の積算額}} = \overbrace{\boxed{\text{派遣単価}} \times \boxed{\text{年間総労働時間}} \times \boxed{\text{人　数}}}^{A} + A \times \text{消費税率}$$

　　このうち派遣単価は、国土交通省において、次のように算出している。

① 　毎年度、過年度に国土交通本省及び東京、大阪両航空局と派遣契約を締結した派遣会社から賃金台帳の提出を受けて、これを基に、直近3か年度の各年度のインストラクターの1人1時間当たりの賃金の単価を計算し、その平均額を算出する(算出した平均額を「賃金単価」)。

② 　厚生労働省が毎年度公表している「労働者派遣事業報告書の集計結果[注]」(以下「厚労省集計結果」)に記載されたインストラクターが行う業務に類似する職種の派遣料金(以下「集計結果派遣料金」)及び派遣労働者の賃金(以下「集計結果派遣労働者賃金」)から、直近3か年度の各年度の集計結果派遣料金に占める派遣会社のマージン(集計結果派遣料金から集計結果派遣労働者賃金を差し引いた額。派遣会社の利益、派遣会社が負担する社会保険料、教育訓練費等がこれに含まれる。)の割合を計算し、その平均値を算出する(算出した平均値を「マージン率」)。

③ 　①で算出した賃金単価と②で算出したマージン率を使用して、次式により派遣単価を算出する。

$$\boxed{\text{③派遣単価}} = \boxed{\text{①賃金単価}} \div \left(1 - \boxed{\text{②マージン率}} \right)$$

__検査の結果__　前記の派遣契約18件を対象として、国土交通本省及び東京、大阪両航空局において検査した。

　　国土交通本省及び東京、大阪両航空局は、前記18件の派遣契約に係る予定価格について、積算方針に定めた派遣単価にインストラクターの年間総労働時間及び人数を乗じた額に、消費税相当額を加算して、計10億4847万円と積算していた。

　　そして、国土交通省は、積算方針に定めた派遣単価の算出に当たり、集計結果派遣料金には消費税が含まれないものとして、集計結果派遣料金をそのまま用いて、マージン率を年度及びインスト

(注) 労働者派遣事業報告書の集計結果　　厚生労働省が、労働者派遣事業の適正な運営の確保及び派遣労働者の保護等に関する法律に基づき、毎年度、所定の様式により派遣会社から提出される労働者派遣事業報告書に記載された派遣料金等を集計して取りまとめたもの

ラクターが行う業務の別に30.4％から32.8％までと算出していた。

　しかし、労働者派遣事業報告書の様式には、平成27年9月以降、同報告書に記載する派遣料金は消費税を含むと明記されており、また、29年度以降は、厚労省集計結果においてもその旨が明記されていた。

　そこで、集計結果派遣料金から消費税相当額を控除してマージン率を試算すると、年度及びインストラクターが行う業務の別に24.9％から27.3％までとなり、このマージン率を使用するなどして派遣単価を試算すると、国土交通省が積算方針に定めた派遣単価2,241円から3,819円までを151円から293円まで下回る額となった。

　このように、**積算方針に定めた派遣単価の算出過程において、集計結果派遣料金から消費税相当額を控除しなかったため、予定価格の積算額が過大となっていた事態は適切ではなく、改善の必要があると認められた。**

| 低減できた積算額 | 前記18件の派遣契約に係る予定価格の積算額10億4847万円について、集計結果派遣料金から消費税相当額を控除して算出したマージン率を使用するなどして試算した派遣単価に基づいて修正計算すると計9億7039万円となり、積算額を約7800万円低減できたと認められた。

| 国土交通省が講じた改善の処置 | 国土交通省は、派遣契約に係る予定価格の積算が適切に行われるよう、次のような処置を講じた。

ア　集計結果派遣料金には消費税が含まれていることを踏まえて令和5年度の派遣契約に係る派遣単価を算出した上で、5年2月に関係部局に対して積算方針を発するなどして、5年度の派遣契約について当該派遣単価を使用して予定価格を積算するよう周知した。

イ　同年8月に、今後の派遣単価の算出に当たり、集計結果派遣料金から消費税相当額を控除して算出したマージン率を使用することなどを定めた積算要領を制定し、同月に積算方針の作成を担当する部局に対して事務連絡を発して、当該積算要領に基づいて適切に派遣単価を算出するよう周知した。

（検査報告402ページ）

◎　10　環境省

| 不　　　当 | 補助事業の実施及び経理が不当

> ＜要点＞
> 循環型社会形成推進交付金事業、二酸化炭素排出抑制対策事業、廃棄物処理施設整備(課題対応型産業廃棄物処理施設運用支援事業)交付金事業等において、補助の対象とならないなどしていて、国庫補助金1億3453万円が不当と認められる。

⑴　補助対象外など
　　循環型社会形成推進交付金事業等の設備等の整備に要した費用が交付対象外など

| 交付金事業の概要 | 循環型社会形成推進交付金交付取扱要領等によれば、最終処分場を整備する事業において交付金の交付対象となるのは、廃棄物の処理に直接必要な各種の設備等とされており、フェンス、門扉、構内道路等は、交付の対象とされていない。

　また、交付対象事業費の範囲は、交付対象設備等に係る本工事費、付帯工事費等から構成される工事費、事務費等とされており、このうちの本工事費は、材料費、労務費及び直接経費から構成される直接工事費に、共通仮設費及び現場管理費から構成される間接工事費と、一般管理費を加えて

算定することとされている。

　このうち共通仮設費は、役務費、運搬費等を積み上げるなどして算定することとされている。また、現場管理費は、直接工事費及び共通仮設費の合計額である純工事費に取扱要領に定められた所定の率を乗じて得た額の範囲内とすることとされている。その際、コンクリート製の側溝等のように、工場において生産されて完成された製品として設置することにより効用を発揮するものの調達額(以下「特殊製品費」)が直接工事費に含まれている場合には、特殊製品費の1/2に相当する額を純工事費から減額することとされている。

　さらに、交付金の交付限度額は、事務費を含めた交付対象事業費に所定の交付率を乗じて算定し、交付額は交付限度額を超えないものとするとされている。

　<u>検査の結果</u>　交付対象事業費の算定に当たり、4事業主体は、交付の対象とならないフェンス、門扉、構内道路等の整備に要した費用を交付対象事業費に含めていた。また、沖縄県環境整備センター株式会社は、共通仮設費について、役務費、運搬費等を二重に計上するなどしており、2事業主体(京都府舞鶴市及び香川県小豆郡小豆島町)は、現場管理費について、純工事費から特殊製品費の1/2に相当する額を減額していなかったり、取扱要領に定められた所定の率よりも高い率を用いたりして算出するなどしていた。

　さらに、小豆島町は、交付限度額について、事務費に交付率1/3を乗ずることなく算定していた。

　したがって、**フェンス、門扉、構内道路等の整備に要した費用を交付対象事業費から除いたり、取扱要領に基づいて共通仮設費及び現場管理費を算出したりするなどして適正な交付対象事業費を算定すると計87億6638万円となることから、本件交付対象事業費計90億4182万円は、これに比べて2億7544万円過大となっていた。そして、適正な交付対象事業費に所定の交付率を乗ずるなどして適正な交付限度額を算定すると計28億2987万円となり、本件交付金交付額計29億1693万円との差額8705万円が過大に交付されていて不当**と認められる。

部局等	補助事業者等 (事業主体)	補助事業等	年度	国庫補助金等 交付額	不当と認める 国庫補助金等相当額
				円	円
長野県	長野広域連合	循環型社会形成推進交付金	平成30〜令和2	9億6301万	988万
京都府	舞鶴市	同	平成30〜令和3	5億1417万	4149万
香川県	小豆郡小豆島町	同	元〜3	5億0284万	1202万
沖縄県	沖縄県環境整備センター株式会社	廃棄物処理施設整備(課題対応型産業廃棄物処理施設運用支援事業)交付金	平成29〜令和元	9億3690万	2365万
計	**4事業主体**			29億1693万	8705万

第Ⅱ章

交付の対象とならない構内道路

(検査報告412ページ)

(2) 補助金の交付が過大

　ア　循環型社会形成推進交付金事業において、現場管理費の算定が適切でなかったため、交付金の交付が過大

| 交付金事業の概要 | （交付対象事業費を構成する費用の算定の概要については、前掲272ページ参照）

| 検査の結果 | 2府県の2事業主体は、交付対象事業費の算定に当たり、現場管理費について、純工事費から特殊製品費の1/2に相当する額を減額していなかったり、取扱要領に定められた所定の率よりも高い率を用いたりして算出していた。

　したがって、取扱要領に基づいて現場管理費を算出するなどして適正な交付対象事業費を算定すると計45億5316万円となることから、本件交付対象事業費計46億5816万円は、これに比べて1億0499万円過大となっており、これに係る交付金相当額計3499万円が過大に交付されていて不当と認められる(茨城県水戸市については、前掲96ページ参照)。

<事例>
　水戸市は、循環型社会形成推進交付金事業として、水戸市下入野町地内において、最終処分場を整備する工事を事業費47億1331万円(交付対象事業費42億8155万円、交付金交付額14億2718万円)で実施していた。
　しかし、同市は、本件交付対象事業費の算定に当たり、本工事費のうち現場管理費について、純工事費から特殊製品費(コンクリート製の側溝等の調達額)の1/2に相当する額計5億0108万円を減額していなかったり、取扱要領に定められた所定の率(7.5％)よりも高い予定価格の積算の際に適用した「茨城県積算基準及び標準歩掛　土木編」に定める率(21.41％等)を用いたりして算出していた。
　したがって、取扱要領に基づいて現場管理費を算出するなどして適正な交付対象事業費を算定すると41億7987万円となることから、本件交付対象事業費42億8155万円は、これに比べて1億0168万円過大となっており、これに係る交付金相当額3389万円が過大に交付されていた。

環境省

部局等	補助事業者等 （事業主体）	補助事業等	年度	国庫補助金等 交付額	不当と認める 国庫補助金等相当額
				円	円
茨城県	水戸市	循環型社会形成推進交付金	平成29～令和2	14億2718万	3389万
京都府	綾部市	同	平成28～令和2	1億2553万	110万
計	2事業主体			15億5272万	3499万

（検査報告414ページ）

イ　二酸化炭素排出抑制対策事業費交付金（先進的設備導入推進事業）において、鉄くずの売却収入を事業費から控除していなかったため、交付金の交付が過大

交付金事業の概要　山梨県管内の大月都留広域事務組合は、平成29年度から令和元年度までの間に、二酸化炭素排出抑制対策事業費交付金（先進的設備導入推進事業）事業として、同県大月市初狩町中初狩地内に所在する「まるたの森クリーンセンター焼却施設」において、老朽化した既設の焼却炉、灰出し装置等の基幹的設備を解体して、先進的な設備に更新する工事等を事業費21億7080万円（交付対象事業費19億5500万円、交付金9億7750万円）で実施した。

「循環型社会形成推進交付金の実績報告及び額の確定マニュアル」（環境省作成）によれば、事業の実施に伴い鉄くずなどの売却収入が生じた場合は、事業費から当該売却収入を控除して交付対象事業費を算定することとされている。

検査の結果　同組合は、既設設備の解体により発生した鉄くずの売却収入571万円を得ていたのに、これを事業費から控除しておらず、交付金相当額計285万円が過大に交付されていて不当と認められる。

（検査報告415ページ）

⑶　補助事業により取得した財産の無断処分
二酸化炭素排出抑制対策事業費等補助金の交付を受けて実施した事業により整備した設備を無断で廃棄

補助事業の概要　「二酸化炭素排出抑制対策事業費等補助金（省CO2型リサイクル高度化設備導入促進事業）交付要綱」、「二酸化炭素排出抑制対策事業費等補助金（廃熱・湧水等の未利用資源の効率的活用による低炭素社会システム整備推進事業）交付要綱」等によれば、事業主体は、間接補助事業により取得した価格が50万円以上の機械、器具等については、減価償却資産の耐用年数等に関する省令で定める期間（以下「処分制限期間」）を経過するまで、補助事業者の承認を受けないで廃棄等の財産処分を行ってはならず、補助事業者は、上記の承認を与える場合には、あらかじめ環境大臣の承認又は指示を受けなければならないとされている。また、上記の承認に当たっては、「環境省所管の補助金等で取得した財産の処分承認基準について」に準ずることとされており、これによれば、原則として、国庫納付に関する条件を付するものとされており、財産処分を行う場合の納付金額は、財産処分する施設等に係る国庫補助額に、処分制限期間に対する残存年数（処分制限期間から経過年数を差し引いた年数）の割合（以下「残存割合」）を乗じて得た額とされている。

検査の結果　2事業主体は、本件補助金により整備した設備について、処分制限期間内であったにもかかわらず、補助事業者の承認を受けずに廃棄していた。

したがって、2事業主体が補助事業者の承認を受けずに廃棄していた設備の整備に要した事業費に

残存割合を乗じた額1024万円に係る国庫補助金相当額計512万円が不当と認められる。

―＜事例＞―
　株式会社小矢沢商店(令和2年10月1日以降は合併により福田三商株式会社)は、平成28年11月及び29年2月に、長野県に所在するスーパーマーケット4店舗にペットボトルを回収するための店頭設置型圧縮・破砕設備(処分制限期間10年。以下「設備」)計4台を設置する事業を事業費1412万円(補助対象事業費同額)で実施し、実績報告書を補助事業者である公益財団法人廃棄物・3R研究財団に提出して、補助事業者から補助金706万円(国庫補助金相当額同額)の交付を受けていた。
　しかし、会社は、使用済みペットボトルの価格が下落しており、想定した収入が得られないことなどから、順次上記4台の設備の稼働を停止し、処分制限期間内であったにもかかわらず、令和3年3月及び4月に財団の承認を受けずに設備(設備の整備に要した事業費に残存割合を乗じた額計806万円、これに係る国庫補助金相当額計403万円)を廃棄していた。

部局等	補助事業者等	間接補助事業者等 (事業主体)	補助事業等	年度	国庫補助金等 交付額	不当と認める 国庫補助金等相当額
環境 本省	公益財団法人廃棄物・3R研究財団	株式会社小矢沢商店	二酸化炭素排出抑制対策	平成 28	円 706万	円 403万
	一般社団法人温室効果ガス審査協会	株式会社ハピネット・ロジスティクスサービス	同	29	174万	109万
計	2補助事業者	**2事業主体**			880万	512万

(検査報告416ページ)

⑷　工事の設計が不適切
　　太陽光発電設備の規模が合理的かつ妥当なものとなっておらず過大

補助事業の概要　大十株式会社は、平成29年度に、再生可能エネルギーの自立的普及の促進のための再生可能エネルギー設備を導入する事業(以下「導入事業」)として、姫路新物流センターとして新設する倉庫(以下「新倉庫」)において、太陽光発電設備を設置する工事を事業費2800万円(補助対象事業費2754万円、補助金交付額621万円、国庫補助金相当額同額)で実施した。

　環境省は、導入事業の実施に当たり、事業主体から提出された交付申請書等の審査、交付の決定、補助金の交付等の事務を公募により選定した者に行わせており、29年度については、公益財団法人日本環境協会が選定されている。そして、会社は、本件補助事業について、協会に実績報告書を提出して、協会から補助金の交付を受けていた。

　「平成29年度二酸化炭素排出抑制対策事業費等補助金(再生可能エネルギー電気・熱自立的普及促進事業)交付規程」等によれば、実施計画書の様式において、設備の導入については、設備等の規模が合理的かつ妥当であることを明確に記載することなどとされている。また、事業主体が中小企業の場合、太陽光発電設備の導入事業の補助金額は、補助対象事業費に補助率1/3を乗じて得た額と太陽電池出力に9万円/kWを乗じて得た額とのいずれか少ない額とされている。そして、この太陽電池出力は、太陽電池モジュール[注]のJIS等に基づく公称最大出力(以下「公称最大出力」)の合計値とパ

(注) 太陽電池モジュール　太陽の光エネルギーを電気エネルギーへ変換する太陽光発電設備を構成する一つの部材で、パネル状になっている。

ワーコンディショナ^(注)(以下「パワコン」)の定格出力の合計値との低い方の値で、kW単位の小数点以下を切り捨てた値とされている。

検査の結果 会社は、太陽光発電設備の設計に当たり、新倉庫において、24時間操業を前提として1年間に使用することが想定される電力量(以下「想定使用電力量」)について、24時間操業の既存の倉庫における1年間の使用電力の実績量288,886kWhに、既存の倉庫の施設面積に対する新倉庫の施設面積の割合を乗ずるなどして101,110.1kWhと算定していた。そして、この想定使用電力量を確保できる発電量となるよう、パワコンの定格出力の合計値を69.3kW、公称最大出力の合計値を100.1kWと算定するなどして、太陽電池出力が69kWの規模の太陽光発電設備を設置していた。

しかし、この太陽光発電設備は、蓄電池設備が併設されていないため、夜間等に使用することはできず、昼間に発電された電力が、その時点で稼働する設備の消費電力を賄うためにのみ使用できる設計となっていた。そのため、太陽光発電設備の規模は、新倉庫において太陽光発電により消費電力を賄うこととしていた昼間に稼働する全ての設備を使用するために必要な電力(以下「必要電力」)を確保できるものとなっていれば足り、これが合理的かつ妥当な規模であると認められる。

そこで、新倉庫で使用されるフォークリフト充電設備等の消費電力等を基に必要電力を算定したところ、計30.1kWとなり、この必要電力を確保するためには、パワコンの定格出力の合計値を39.6kW、公称最大出力の合計値を46.2kWとして、太陽電池出力を39kWとすれば足りることになる。

したがって、太陽光発電設備を上記の規模として事業費を算定すると1592万円(補助対象事業費1557万円)となり、補助対象事業費に補助率1/3を乗じた519万円と、修正後の太陽電池出力39kWに9万円/kWを乗じた351万円を比較すると、適正な補助金交付額は351万円(国庫補助金相当額同額)となることから、前記の補助金交付額621万円との差額270万円(国庫補助金相当額同額)が過大に交付されていて、不当と認められる。

導入設備

太陽電池モジュール

パワーコンディショナ

(検査報告418ページ)

(注)パワーコンディショナ　太陽電池モジュールにより発電された直流電力を当該施設で使用可能な交流電力に変換するなどの装置

第Ⅱ章

防衛省

⑸　工事の積算が過大
二酸化炭素排出抑制対策事業費等補助金により実施した事業において、ヒートポンプ設置費の積算が過大

補助事業の概要　鹿児島県出水郡長島町は、平成29年度に、二酸化炭素排出抑制対策事業費等補助金により保有している施設の省エネルギー化のための省エネルギー設備等の導入を行う事業(以下「導入事業」)として、町営のレジャー施設である太陽の里において、二酸化炭素の排出削減のためにヒートポンプの設置等を実施する「レジャー施設太陽の里設備更新工事」(以下「本件工事」)等3工事(以下「3工事」)を事業費1億7825万円(補助対象事業費1億7042万円、補助金交付額1億1361万円、国庫補助金相当額同額)で実施した。

　環境省は、導入事業の実施に当たり、事業主体から提出された交付申請書の受理、交付の決定、実績報告書等の審査、補助金の交付等の事務を公募により選定した者に行わせており、29年度については、一般財団法人環境イノベーション情報機構が選定されている。そして、同町は、本件補助事業について、機構に実績報告書を提出して、機構から補助金の交付を受けていた。

検査の結果　同町は、本件工事の予定価格の積算に当たり、ヒートポンプ1基当たりの設置費(以下「設置単価」)について、ヒートポンプ本体の機器費328万円、労務費76万円及び労務費に一定の率を乗じたその他経費17万円を合算するなどして423万円と算出し、これに設置基数7基を乗じて、ヒートポンプの設置費を計2961万円と算定していた。

　しかし、同町が、設置単価の算出に用いた労務費76万円は、ヒートポンプ1基当たりの作業人日数5.6人日に1日当たりの労務単価1万9600円を乗じて算出すべきところ、誤って、作業人日数を上記の5.6人日にヒートポンプの設置基数である7基を乗じた39.2人日とし、これに1日当たりの労務単価1万9600円を乗じて算出したものであり、適正な作業人日数を用いて算出した設置単価は342万円であった。

　したがって、**適正な設置単価を用いて本件工事の工事費を修正計算すると9555万円となり、3工事に係る事業費は1億7552万円となることから、本件事業費1億7825万円はこれに比べて約270万円割高となっていて、これに係る国庫補助金相当額180万円が不当**と認められる。　(検査報告419ページ)

◎　11　防衛省

不　　当　隊舎改修に伴う建築工事等の施行に当たり、宿泊費等の積算を誤ったため、契約額が割高

> ＜要点＞
> 隊舎改修に伴う建築工事等の施行に当たり、作業員等の宿泊費等の積算を誤ったため、契約額が3760万円割高となっていて、不当と認められる。

工事の概要　北関東防衛局は、平成30年度から令和3年度までの間に、「父島(30補)隊舎改修建築その他工事」(以下「本件工事」)を一般競争契約により五洋建設株式会社に契約額3億9934万円で請け負わせて施行している。

　本件工事は、小笠原諸島父島に所在する海上自衛隊父島基地分遣隊において、既存の隊舎2棟の事務室、便所、洗面洗濯室、浴室等の改修を行うもので、建築工事、電気設備工事、機械設備工事、

土木工事等から構成されている。

　局は、本件工事の工事費について、国土交通省大臣官房官庁営繕部が制定し、官庁営繕関係基準類等の統一化に関する関係省庁連絡会議において統一基準と決定された「公共建築工事積算基準」、「公共建築工事共通費積算基準」、防衛省が定めている「土木工事積算基準」等に基づき、直接工事費に共通仮設費、現場管理費、一般管理費等及び消費税等相当額を加えて積算している。

　また、補正予算で発注される工事については、防衛省が上記のほかに別途通知を発出している。そして、平成30年度補正予算で発注される工事については、「平成30年度補正予算に係る建設工事標準図等活用発注(簡易型)指針について(通知)」に基づき、設計変更において、新たな工種等を追加する場合又は当初の条件を大幅に変更する場合における単価及び価格は、受注者から提出された見積価格を採用することができることとされている。本件工事も、平成30年度補正予算で発注された工事であり、上記の通知等により積算している。

|検査の結果|　局は、本件工事において、施工後の最終の契約変更に当たり、受注者から見積書を提出させるなどして工事費を積算していたが、次のアからウまでの誤りなどが認められた。

ア　本件工事の工事場所は離島に所在することから、必要となる作業員等の宿泊費を建築工事の共通仮設費に積み上げて計上している。この宿泊費の積算に当たり、受注者から提出された渡航履歴報告書に記載の滞在期間に基づいて宿泊日数を延べ1,539日とし、宿泊費1894万円を計上すべきであったのに、同報告書の誤った宿泊日数の合計1,555日を採用し、更に宿泊日数1日につき3人が宿泊したものと誤認したため、これに3を乗じて宿泊日数を4,665日とし、宿泊費5266万円を計上していた。

イ　本件工事で使用する足場や養生等の直接仮設に係る費用の積算に当たり、見積価格は工事全体の隊舎2棟分における当該費用一式で623万円とされていたのに、当該見積価格は隊舎1棟当たりの価格であると誤認して、隊舎2棟分として1246万円を直接工事費に計上していた。

ウ　第1隊舎の外壁改修における径が300mm以下の削孔54か所に係る費用の積算に当たり、受注者の見積価格は削孔長1m当たりの単価が115,100円となっていたことから、これを削孔1か所当たりの単価に換算した27,000円に、箇所数の54を乗じた145万円を直接工事費に計上すべきであった。しかし、削孔1か所当たりの単価が115,100円であると誤認したため、これに54を乗じた621万円を直接工事費に計上していた。

　したがって、**適切な積算方法に基づくなどして本件工事の工事費を修正計算すると、他の項目において積算過小となっていた費用を考慮しても、工事費の総額は3億6167万円となることから、本件契約額3億9934万円はこれに比べて約3760万円割高となっていて不当**と認められる。

（検査報告421ページ）

|不　　　　当|　職員の不正行為

┌─＜要点＞─────────────────────────────┐
│　海上自衛隊第61航空隊本部の自衛官が、トナーカートリッジ等及びICカード乗車券を領得したものが1件、414万円あった。│
└──────────────────────────────────┘

　海上自衛隊第4航空群(以下「4空群」)及び同第61航空隊(以下「61航空隊」)において、厚木航空基地に所在する61航空隊本部の資材班員であった自衛官大塚某が、次のように**トナーカートリッジ等及**

第Ⅱ章

防衛省

びICカード乗車券(購入価格相当額等計414万円)を領得したものであり、**不当**と認められる。

ア　物品供用官である61航空隊本部資材班長(以下「資材班長」)の補助者として、物品の受領の事務に従事中、同基地に所在する4空群第4整備補給隊第4補給隊が管理する貴重品庫の鍵から不正に合鍵を作製し、その合鍵を使用して、令和3年2月から5月までの間に貴重品庫に立入りトナーカートリッジ等計269点(購入価格相当額計413万円)を領得した。

イ　資材班長に供用されていたICカード乗車券の保管の事務に従事中、2年11月にICカード乗車券1枚(チャージ金額[注1]14,894円、デポジット[注2]500円、計15,394円)を領得した。

なお、この損害額については、5年9月末現在で13,906円及び上記のICカード乗車券1枚(チャージ金額988円、デポジット500円、計1,488円)が同人から返納されている。　　　　　(検査報告422ページ)

処置要求㉞　物品役務相互提供協定(ACSA)に基づく提供に係る決済について

＝＜要点＞＝

物品役務相互提供協定(ACSA)に基づく提供に係る決済が期限内に完了していないものについて、速やかに決済を完了させるよう適宜の処置を要求するとともに、決済期限内に決済が行えない取引が長期間にわたり継続的に生じている状況を解消するために必要な取組の方針等を検討したり、債権発生通知書を歳入徴収官に送付することについて周知徹底を行ったりすることにより、ACSAに基づく提供が適切なものとなるよう是正改善の処置を求めたもの(指摘金額1億3507万円)

物品役務相互提供協定(ACSA)の概要等

(1)　物品役務相互提供協定(ACSA)の概要

海上自衛隊、陸上自衛隊、航空自衛隊、統合幕僚監部等(各自衛隊と合わせて「各自衛隊等」)は、我が国とアメリカ合衆国、英国、オーストラリア連邦、フランス共和国、カナダ及びインド共和国の6か国(以下「各国」)とがそれぞれ締結している物品役務相互提供協定(以下「ACSA」)に基づき、各国の軍隊への物品又は役務の提供の取引及び各国の軍隊からの物品又は役務の受領の取引(この提供の取引を「ACSAに基づく提供」、「ACSAに基づく提供」とこの受領の取引を合わせて「ACSA相互提供」)を行っている。

(2)　各国との手続取極の概要

防衛省は、手続取極を各国の国防省又は国防大臣との間で締結している。そのうち、アメリカ合衆国国防省と締結している手続取極である「日本国の自衛隊とアメリカ合衆国軍隊との間における後方支援、物品又は役務の相互の提供に関する日本国政府とアメリカ合衆国政府との間の協定に基づく日本国防衛省とアメリカ合衆国国防省との間の手続取極」によれば、物品又は役務に係る決済は、同種の置換え又は通貨による償還のいずれにおいても、物品又は役務の引渡しの日から12か月以内に完了することとされている。

(3)　ACSA相互提供に係る防衛省訓令の概要

各自衛隊等とアメリカ合衆国の各軍との間におけるACSA相互提供の実施に関し必要な事項を定めた「日米物品役務相互提供の実施に関する訓令」等によれば、各自衛隊等がアメリカ合衆国の各

(注1) チャージ金額　　ICカード乗車券に入金されている金額
(注2) デポジット　　　ICカード乗車券に対する預り金

軍との間における燃料等のACSA相互提供を実施する場合においては、双方のACSA相互提供を適正に実施する責務を有する者（以下「実施権者^(注1)」）が、それぞれ物品の品名又は役務の内容、提供年月日、数量等を記載した書面（以下「MLS」）に署名するなどして、ACSA相互提供を行うこととされている。そして、各自衛隊等の実施権者は、ACSA相互提供が終了した後、それらの実績をまとめたものをそれぞれ海上幕僚監部、陸上幕僚監部、航空幕僚監部及び統合幕僚監部（以下「各幕僚監部」）の長に報告することとされており、MLSも送付することになっている。さらに、物品又は役務に係る決済の方法として通貨による償還を受ける場合には、物品の場合は物品管理官又は分任物品管理官が、役務の場合は艦長等の役務提供部隊等の長が各幕僚監部で定められている歳入徴収官に債権発生通知書を送付することとされており、当該歳入徴収官は債権発生通知書に基づき納入告知書をアメリカ合衆国の各軍の指定先に送付し、指定の口座に入金させることになっている。

⑷　アメリカ合衆国との燃料相殺会議の概要

防衛省は、手続取極を実施するための細目及び条件を定める取決めとして、アメリカ合衆国国防省との間で「物品役務相互提供協定（ACSA）燃料の交換及び償還に関する国防兵站局エネルギー部に代表される米国国防省及び統合幕僚監部に代表される日本国自衛隊との間の実施取決め」を締結している。これによれば、各自衛隊等とアメリカ合衆国の各軍との間で実施した航空機用燃料、船舶用燃料等のACSA相互提供について、各自衛隊等の提供量とアメリカ合衆国の各軍の提供量との間で相殺することとされている。そして、相互の提供量の確認と相殺を行うため、燃料相殺会議を設置し、日本側は各幕僚監部が、アメリカ合衆国側は国防省国防兵站局エネルギー部（以下「DLAエネルギー部」）が、それぞれ燃料相殺会議における代表となっている。

燃料相殺会議においては、各幕僚監部とDLAエネルギー部は、MLS等の資料を基に双方の提供量等を互いに確認して、双方が合意した取引に関して相殺することになっている。そして、相殺後の差分を通貨で償還して決済が完了することになっている。

検査の結果　平成29年度から令和3年度までに行われたACSA相互提供の実績3,737件（取引金額計186億5257万円^(注2)）を対象として、内部部局、防衛装備庁、各幕僚監部、海上自衛隊補給本部及び16地方総監部等^(注3)において会計実地検査を行った。

前記のとおり、手続取極によれば、ACSA相互提供に係る決済は、物品又は役務の引渡しの日から12か月以内に完了することとされている。

そこで、ACSA相互提供に係る決済状況についてみたところ、海上自衛隊において、5年6月現在で、物品又は役務の引渡しの日から12か月以上経過しているのに、決済が完了していないACSAに基づく提供が110件（取引金額計1億3507万円）見受けられた。

そして、上記110件のうちアメリカ合衆国の各軍への燃料の提供の取引は、表1のとおり、53件（取引金額計8497万円）見受けられた。

(注1) 実施権者　　海上自衛隊においては、地方総監、航空群司令、艦長等が指定されている。
(注2) 未決済の取引分の金額が確認できないなどの理由により、取引金額の合計に含まれていない取引がある。
(注3) 16地方総監部等　　海上自衛隊大湊、横須賀、舞鶴、呉、佐世保各地方総監部、八戸、下総、厚木、岩国、大村、鹿屋、那覇各航空基地、下関基地隊、陸上自衛隊明野駐屯地、航空自衛隊築城、新田原両基地

第Ⅱ章

防衛省

表1　アメリカ合衆国の各軍への燃料の引渡しの日から12か月が経過しているのに、決済が完了していない状況

相手方	提供品目	提供年度	取引件数(件)	提供数量(kL)	取引金額(円)
アメリカ合衆国の各軍	燃料	平成29	10	67.21	3,394,105
		30	10	477.20	28,317,200
		令和元	17	54.84	4,509,327
		2	14	1,132.76	48,516,535
		3	2	3.32	233,396
計			53	1,735.33	84,970,563

　　上記の53件については、決済期限(物品又は役務の引渡しの日から12か月経過した日をいう。)内にアメリカ合衆国の各軍からDLAエネルギー部にMLSが提出されていなかったこと、及び海上幕僚監部においてアメリカ合衆国の各軍の実施権者の確認ができなかったことなど、燃料相殺会議における決済の手続を進めることができない状況となっていたことによるものであった。

　　また、前記110件のうちアメリカ合衆国の各軍への燃料の提供の取引を除いたACSAに基づく提供は、表2のとおり、57件(取引金額計5010万円)見受けられた。

表2　物品又は役務の引渡しの日から12か月が経過しているのに、決済が完了していない状況
　　（アメリカ合衆国の各軍への燃料の提供を除く。）

相手方	提供品目	提供年度	取引件数(件)	取引金額(円)
アメリカ合衆国、オーストラリア連邦及びフランス共和国の各軍	燃料、食料等	平成29	3	4,295
		30	38	241,874
		令和元	9	137,264
		2	0	0
		3	7(3)	49,721,962(49,694,400)
計			57(3)	50,105,395(49,694,400)

(注) 括弧書きは、燃料に係る分で内数であり、提供数量は計1,218kLである。

　　上記の57件については、海上幕僚監部において、納入告知書を送付すべき相手国の各軍側の指定先の確認ができないなどのため決済の手続を進めることができない状況となっていたこと、及び役務提供部隊等の長が歳入徴収官に債権発生通知書を送付していなかったため、当該歳入徴収官が納入告知書を相手国の各軍の指定先に送付することができなかったことによるものであった。

　　このように、ACSAに基づく提供について、決済の手続を進めることができない状況となっていたこと、及び債権発生通知書が歳入徴収官に送付されていなかったことにより、決済期限内に決済が完了していない事態は適切ではなく、是正及び是正改善を図る要があると認められる。

　　本院が要求する是正の処置及び求める是正改善の処置　海上幕僚監部において、ACSAに基づく提供が適切なものとなるよう、次のとおり、是正の処置を要求し及び是正改善の処置を求める。

ア　ACSAに基づく提供に係る決済が決済期限内に完了していない110件について、相殺又は指定の口座に入金させることにより、速やかに決済を完了させること(会計検査院法第34条の規定により是

正の処置を要求するもの）

イ　決済期限内に決済が行えない取引が長期間にわたり継続的に生じている状況を解消するために必要な取組の方針等について検討を行い、必要な措置を講ずるとともに、ACSAに基づく提供を実施した分任物品管理官及び役務提供部隊等の長に対して、歳入徴収官に債権発生通知書を送付することについて周知徹底を行うこと（同法第34条の規定により是正改善の処置を求めるもの）

（検査報告423ページ）

処　置　済　建設工事等に係る警備労務費の予定価格の積算について

───＜要点＞───

建設工事等に伴う警備業務契約に係る警備労務費の予定価格の積算に当たり、夜勤単価の算出の基となる合理的な割増率を定めるなどするとともに、契約変更を行う場合において、原則として当初契約の積算時における労務単価を用いるよう周知することにより、適切な積算を行うよう改善させたもの（指摘金額5億2550万円）

|警備業務契約における予定価格の積算等の概要|

(1)　警備業務契約の概要

　　防衛省は、自衛隊及び駐留軍の使用に供する施設を新たに取得し、又は既に取得した施設を改修するなどの建設工事を毎年度実施しており、地方防衛局等は、建設工事等の実施に当たっては、工事用資材の搬入・搬出を行う工事用車両の通行管理及び事故防止並びに侵入者の防止等を目的として、警備会社と役務契約（以下「警備業務契約」）を締結して、警備業務を実施している。

(2)　警備労務費に係る予定価格の積算の概要

　　同省は、警備業務契約の予定価格のうち物品費、諸経費等を除いた警備員等に係る労務費（以下「警備労務費」）の積算に当たっては、同省独自の基準がないことから、国土交通省大臣官房官庁営繕部が制定した「建築保全業務積算基準」（以下「建築保全積算基準」）等を基に算出することにしている。建築保全積算基準等によれば、警備員の労務単価は、次の①及び②のとおり、従事する時間帯に応じて区分することとされている。

①　午前5時から午後10時までの時間帯（以下「日中時間帯」）に業務に従事する場合の1日8時間当たり単価（以下「日割基礎単価」）

②　午後10時から午前5時までの時間帯（以下「深夜時間帯」）に業務に従事する場合の1時間当たり単価（以下「夜勤単価」）

　　そして、夜勤単価については、日割基礎単価を1時間当たりに換算した単価（以下「時間単価」）等に25％以上の割増率を乗じたものを時間単価に加えることとされている。

(3)　契約変更に係る予定価格の積算の概要

　　同省は、建設工事の契約に含まれる警備業務の予定価格の積算については、同省が定めた「土木工事積算基準」（以下「土木積算基準」）等により、安全費として計上している。そして、土木積算基準等によれば、契約変更に係る積算のうち、労務費の積算については、原則として原工事の積算時における労務単価を用いることとされている。

　　また、同省内部部局は、建設工事等の契約と別に締結される警備業務契約に係る契約変更を行う場合について、土木積算基準等に準拠するよう地方防衛局等に周知はしていないものの、警備

労務費の積算については、原則として当初契約の積算時における労務単価を用いることになるとしている。

検査の結果 平成30年度から令和4年度までの間に警備業務契約を締結していた4防衛局^(注)の契約のうち、4年度までに契約が完了していた26契約（契約額計169億7097万円、警備労務費の積算額計116億3831万円）を対象として検査した。

(1) 深夜時間帯の勤務に対して受注者における割増率の実態等より高い割増率となっている夜勤単価を適用していた事態

前記26契約のうち、沖縄防衛局の深夜時間帯に警備業務を実施させている警備業務契約11契約（契約額計166億3682万円、警備労務費の積算額計114億0162万円）では、複数の業者から徴取した見積書のうち総額が最低金額となっている見積書を予定価格として採用するなどしていた。上記予定価格の積算において採用した見積書に記載されている労務単価を確認したところ、日中時間帯の労務単価により時間単価については把握できるものの、夜勤単価に係る割増率が当該見積書に記載されていないことから、夜勤単価が適切なものとなっているかについては確認できないものとなっていた。また、実際に同防衛局は、深夜時間帯の勤務に係る割増率を把握していなかった。

そこで、上記11契約の予定価格の積算について、日中時間帯には時間単価を適用して、それを基に夜勤単価を算出するなどして割増率を算出したところ、11契約において割増率が25％を超えており、その割増率は25.4％から142.1％までとなっていた。

しかし、同防衛局を通じて上記11契約の受注者4者の給与規程等を確認したところ、割増率は25％又は26％となっており、各受注者は、これらの割増率により算出された夜勤単価を基に計算された給与を警備員等に対して実際に支払っていた。

(2) 契約変更の積算時における労務単価を合理的な理由もなく当初契約の積算時と異なる労務単価に変更していた事態

前記26契約のうち、南関東防衛局の1契約（当初契約額1億3852万円、警備労務費の積算額1億0115万円）において、実績の総時間数を基に契約を変更するに当たり、上記当初契約の予定価格の積算時に採用した労務単価1,575円について、今後の契約の参考とするなどのために入札後に受注者から提出させていた業務費内訳明細書に記載されている労務単価2,100円に変更するなどして、最終の契約変更後の契約額を7684万円（警備労務費の積算額5377万円）として契約を締結し、同額を支払っていた。

しかし、前記のとおり同省内部部局は、警備業務契約に係る契約変更を行う場合について土木積算基準等に準拠するよう地方防衛局等に周知はしていないものの、警備労務費の積算については、原則として当初契約の積算時における労務単価を用いることになるとしている。

そして、当該契約変更においては、新たな職種の警備員を配置するなどの仕様の変更はなく、また、同防衛局が受注者から入手した賃金台帳等を確認するなどしても、当初契約の積算時における労務単価を変更すべき事情は認められなかった。

このように、**警備労務費の予定価格の積算に当たり、深夜時間帯の勤務に対して受注者における割増率の実態等より高い割増率となっている夜勤単価を適用し、また、契約変更の積算時における労務単価を合理的な理由もなく当初契約の積算時と異なる労務単価に変更していた事態は適切では**

(注) 4防衛局　　北海道、南関東、近畿中部、沖縄各防衛局

なく、改善の必要があると認められた。

低減できた警備労務費の積算額　前記11契約の警備労務費について、夜勤単価の割増率を受注者に
おける割増率の実態を踏まえるなどして、建築保全積算基準等に定められている下限の25%と仮定
して試算すると、積算額は計108億8947万円となり、約5億1210万円低減できたと認められた。ま
た、前記1契約の警備労務費について、最終の契約変更の積算時における労務単価に当初契約の積算
時における労務単価1,575円を適用することとして修正計算すると、積算額は4033万円となり、約
1340万円低減できたと認められた。

防衛省が講じた改善の処置　同省内部部局は、警備業務契約に係る警備労務費の予定価格の積算が
適切に行われるよう、5年8月に地方防衛局等に対して通知を発して、次のような処置を講じた。
ア　深夜時間帯の勤務を伴う警備労務費の予定価格の積算に当たり、業者から見積書を徴取する際
　　に日割基礎単価について確認することや夜勤単価の算出の基となる合理的な割増率を25%に定め
　　たことなどを地方防衛局等に周知した。
イ　警備業務契約の契約変更を行う場合に、土木積算基準等に準拠し、原則として当初契約の積算
　　時における労務単価を用いるよう地方防衛局等に周知した。　　　　　　　（検査報告428ページ）

処 置 済　94式水際地雷敷設車の改造請負契約について

＜要点＞
94式水際地雷敷設車の改造に当たり、契約主体の選定及び契約内容について、経済性を十分に
考慮して検討を行い改造指令書を作成するよう周知することにより、今後予定される改造がよ
り経済的に実施されるようにするとともに、他の装備品等に係る改造を実施する場合において
も同様に経済性を十分に考慮した検討が行われるよう改善させたもの（指摘金額883万円）

94式水際地雷敷設車の改造請負契約の概要
⑴　94式水際地雷敷設車の概要
　　陸上自衛隊は、敵の上陸が予想される海岸の水際付近に地雷原を構成し、敵舟艇等の上陸を妨
　害することを目的として、94式水際地雷敷設車（以下「敷設車」）を平成6年度から17年度までの間に
　調達している。
　　敷設車には、地雷を敷設するために必要な距離測定装置等の器材が搭載等されており、陸上自
　衛隊は、距離測定装置において電波を用いる方式（以下「電波方式」）の敷設車を幌別、船岡、勝田
　各駐屯地に、GPSを用いる方式（以下「GPS方式」）の敷設車を和歌山、小郡両駐屯地にそれぞれ3台ず
　つ、計15台配備している。
⑵　敷設車に係る改造請負契約の概要
　　敷設車は、製造から長期間が経過したことで部品の製造が中止となり、故障した際に修理を行
　うことができないなどの支障を来していたため、陸上幕僚監部（以下「陸幕」）は、距離測定装置等
　の器材を新たに製造して、従来の器材と取り替える改造を実施することとした。改造に当たり、
　陸幕は、陸上自衛隊整備規則に基づき、改造指令書を作成し、改造対象となる敷設車（以下「対象
　敷設車」）、契約の主体となる部隊等（以下「契約主体」）等を指定している。
　　そして、改造指令書において契約主体として指定された陸上自衛隊補給統制本部（以下「補給統

　制本部」)及び5補給処等^(注)は、JMUディフェンスシステムズ株式会社から徴した見積書等を基に予定価格を算定して、表のとおり、29年度から令和3年度までの間に一般競争契約及び公募による随意契約により改造請負契約計8件(契約金額計7億7752万円)を会社と締結している。

表　契約状況

(単位：件、千円)

年度	契約主体	対象敷設車の配備駐屯地名	契約件数	契約金額
平成29年度	補給統制本部	勝田駐屯地	1	112,978
令和元年度	関東補給処古河支処	勝田駐屯地	2	76,961
	東北補給処	船岡駐屯地		107,877
2年度	北海道補給処	幌別駐屯地	3	129,140
	東北補給処	船岡駐屯地		43,560
	九州補給処	小郡駐屯地		61,050
3年度	関西補給処	和歌山駐屯地	2	129,360
	九州補給処	小郡駐屯地		116,600
計			8	777,527

(注) 令和2年度に九州補給処が契約した1件は一般競争契約である。

検査の結果　上記の改造請負契約8件を対象として検査した。

　前記契約主体の指定に当たり、陸幕は、前記8件の改造請負契約の初回に当たる平成29年度に締結した勝田駐屯地配備の対象敷設車に係る契約(以下「初回契約」)については、改造の作業要領等が未確定で、陸幕と会社の間で調整しながら作業を進める必要があったことから、補給統制本部を契約主体に指定していた。

　一方、陸幕は、改造場所を対象敷設車が配備されている駐屯地としていることなどから、2回目以降に締結した契約については、当該駐屯地等との調整を考慮したとして、当該駐屯地と同一方面隊の5補給処等をそれぞれ契約主体に指定していた。また、陸幕は、会社が同時に受注できる台数等を考慮したとして、各駐屯地に3台ずつ配備された敷設車について、1契約により3台全てを改造することなく、改造の発注時期を2か年度に分けて複数の契約により実施するよう指定するなどしていた。これらの理由から、令和元年度から3年度までに5補給処等が会社と締結した改造請負契約(以下「補給処等契約」)は、計7件(契約金額計6億6454万円)となっていた。

　改造請負契約は、会社が改造に必要な部品等を下請業者へ発注するために使用する図面、注文仕様書等(これらを「発注用図面等」)並びに会社が契約主体である補給統制本部及び5補給処等に作業内容の承認を受けるために提出する図面等(以下「承認用図面等」、発注用図面等と合わせて「図面等」)を作成する業務(以下「図面等作成業務」)を含むものとなっている。そして、補給統制本部及び5補給処等は、改造請負契約に係る予定価格の算定に当たり、会社から徴した見積書等を基に、図面等作成業務の費用を計上していた。

　そして、補給処等契約に係る図面等作成業務について、見積書を確認したところ、会社では、初回契約で作成した電波方式の図面等を基に修正等を行うことになっており、契約ごとに図面等を作

成することになっていた。このため、図面等作成業務に係る作業時間数及び費用が契約ごとに計上されていて、補給処等契約7件で計1,272時間、計1394万円となっていた(参考図1参照)。

＜参考図1＞

補給処等契約の予定価格に計上されていた図面等作成業務の概要

初回契約	
年度	平成29年度
契約主体	補給統制本部
距離測定装置	電波方式
対象敷設車の台数	1台
発注用図面等 承認用図面等	有

図面等

修正等

年度	令和元年度		2年度			3年度	
契約主体	関東補給処 古河支処	東北補給処	北海道 補給処	東北補給処	九州補給処	関西補給処	九州補給処
距離測定装置	電波方式	電波方式	電波方式	電波方式	GPS方式	GPS方式	GPS方式
対象敷設車の台数	2台	2台	3台	1台	1台	3台	2台
図面等作成業務に 係る作業時間数	166.4時間	193.2時間	193.2時間	166.4時間	193.2時間	193.2時間	166.4時間
図面等作成業務に 係る費用	175万余円	203万余円	214万余円	185万余円	214万余円	214万余円	185万余円
発注用図面等 承認用図面等	有	有	有	有	有	有	有

発注用図面等の作成及び承認用図面等の提出をそれぞれ7回としていた。

補給処等契約(図面等作成業務に係る作業時間数計1,272時間、費用計1394万余円)

　そこで、契約ごとに図面等作成業務に係る作業時間数が計上されていた理由について、陸幕を通じて会社に確認したところ、会社は、改造に必要な部品等は契約ごとに発注していたことから、会社が下請業者に発注するために使用する発注用図面等の作成に係る作業は契約ごとに発生していたとのことであった。また、契約主体である5補給処等から契約ごとに提出を求められていたことから、会社が5補給処等に提出する承認用図面等の作成に係る作業も契約ごとに発生していたとのことであった。しかし、会社によると、発注用図面等については、契約主体をまとめて契約数を減らすことで、また、承認用図面等については、内容が共通する場合には契約主体において2回目以降の提出を不要とすることで、図面等作成業務に係る作業時間数の削減が可能であったとのことであった。

　そして、補給処等契約では、改造場所となる駐屯地等との調整を5補給処等が実施していたものの、改造内容を踏まえた調整の内容等を考慮すると、補給統制本部が当該調整を実施することも可能であり、5補給処等に契約主体を分ける必要はなかったと認められた。

　上記のことから、補給処等契約を次のような契約主体及び契約内容としていれば、1,272時間となっていた図面等作成業務に係る作業時間数を計466時間にすることができたと認められた(参考図2参照)。

ア　契約主体について、補給統制本部が元、2、3各年度で1件ずつにまとめて締結することにより、契約数を計7件から計3件にすることで、契約ごとに計7回作成されていた発注用図面等の作成回数を計3回とする。

イ　契約内容について、承認用図面等の内容の共通性を考慮することにより、初回契約で受領して

いる電波方式の対象敷設車に係る承認用図面等は補給処等契約での提出を不要とすること、GPS方式の対象敷設車に係る承認用図面等の提出は1回のみとすることで、契約ごとに計7回提出されていた承認用図面等の提出回数を1回とする。

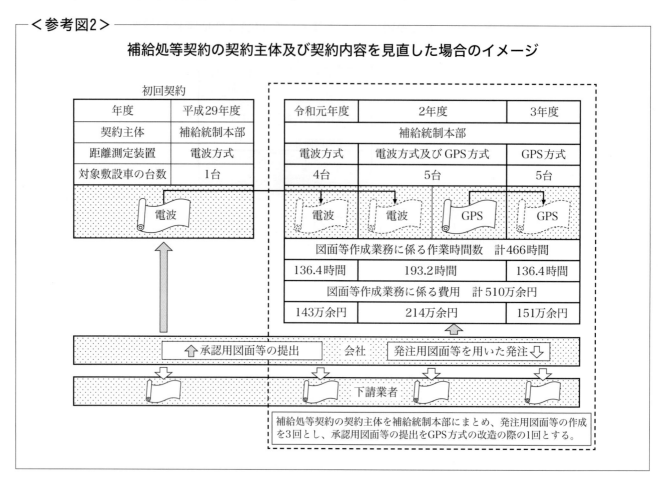

＜参考図2＞

補給処等契約の契約主体及び契約内容を見直した場合のイメージ

年度	平成29年度	令和元年度	2年度	3年度
契約主体	補給統制本部	補給統制本部		
距離測定装置	電波方式	電波方式	電波方式及びGPS方式	GPS方式
対象敷設車の台数	1台	4台	5台	5台

初回契約

電波 ／ 電波 ／ 電波 ／ GPS ／ GPS

図面等作成業務に係る作業時間数　計466時間		
136.4時間	193.2時間	136.4時間
図面等作成業務に係る費用　計510万余円		
143万余円	214万余円	151万余円

承認用図面等の提出　　会社　　発注用図面等を用いた発注

下請業者

補給処等契約の契約主体を補給統制本部にまとめ、発注用図面等の作成を3回とし、承認用図面等の提出をGPS方式の改造の際の1回とする。

　このように、陸幕が改造指令書の作成に当たり、契約主体を補給統制本部及び5補給処等に分けて改造請負契約を締結することなどを指示していたため、図面等作成業務が必要以上に発生していた事態は適切ではなく、改善の必要があると認められた。

　低減できた図面等作成業務に係る費用　補給処等契約7件の予定価格に計上されていた図面等作成業務に係る費用1394万円について、前記の作業時間数466時間を用いて修正計算すると、計510万円となり、883万円低減できたと認められた。

　陸幕が講じた改善の処置　陸幕は、今後の改造がより経済的に実施されるよう、5年8月に次のような処置を講じた。

ア　今後予定される敷設車の改造請負契約に係る改造指令書を作成する陸幕内の担当部署、及び作成に協力する補給統制本部等の関係部署に対して、契約主体の選定、並びに契約主体及び契約年度を複数に分けて改造を実施する場合における契約内容について、経済性を十分に考慮して検討することを留意点として明記した改造指令書の様式を定めて、これらに留意して改造指令書を作成することを周知するなどした。

イ　改造指令書を作成する可能性のある関係部署に対して、敷設車以外の装備品等の改造を実施する場合においても同様に経済性を十分に考慮して検討することを周知するなどした。

（検査報告432ページ）

処　置　済　掃海・輸送ヘリコプター等の部品供給等のPBL契約の実施について

＝＜要点＞＝

部品供給等のPBL契約の実施に当たり、仕様書等を需給統制機関に共有することにより、需給統制機関において部品供給の対象品目の部品の調達が行われないようにするとともに、PBL契約の仕様書等の作成時に、需給統制機関における部品供給の対象品目の保管状況を把握することなどにより、需給統制機関が保管している部品が有効に活用されるよう改善させたもの（指摘金額6573万円）

PBL契約等の概要

(1)　PBL契約の概要

　　防衛省は、装備品等の維持・整備に係る業務について、部品等の売買契約若しくは製造請負契約又は修理の役務請負契約の都度、必要な部品の個数や役務の工数に応じた契約を結ぶのではなく、役務の提供等により得られる成果に主眼を置いて、包括的な業務範囲について契約を結ぶ契約方式（Performance Based Logistics。以下「PBL」、PBLを採用した契約を「PBL契約」）を導入している。

　　防衛省PBLガイドラインによれば、企業に基地等への直接の部品供給を求めるPBLでは、従来官側で実施していた部品の所要量算定や在庫管理の業務を委託するため、契約相手方が保有する先進的なノウハウを活用した業務遂行が行われることにより、業務の最適化を見込むことができるなどとされている。

(2)　掃海・輸送ヘリコプター（MCH-101）等の部品供給等のPBL契約の概要

　　海上幕僚監部（以下「海幕」）は、掃海・輸送ヘリコプター（MCH-101）及び輸送用大型ヘリコプター（CH-101）（以下「MCH-101等」）の機体維持のための部品供給等の業務について、防衛装備庁に調達要求を行っている。そして、同庁は、これを受けて川崎重工業株式会社（以下「会社」）とPBL契約（以下「海自PBL契約」）を締結しており、海自PBL契約の契約額は、平成27年度（業務委託期間27年9月から29年11月まで）計72億8681万円、29年度（同期間29年12月から令和2年11月まで）計164億1713万円、2年度（同期間2年12月から5年9月まで）計226億2356万円、合計463億2751万円となっている。

　　海自PBL契約の仕様書及び調達要領指定書（これらを「海自PBL仕様書等」）によると、会社が行う部品供給の主な業務内容は、官給等された部品の保管を含めて部品供給の対象品目（以下「海自PBL対象品目」）の在庫管理を行うこと、部隊から海自PBL対象品目の請求を受けた場合は所定の期間内に部隊に供給すること、原則として官給等された部品を優先して供給すること、部隊で使用していた海自PBL対象品目の部品に故障が発生してそれが修理可能な場合は当該部品の官給等を受けて修理を行い、修理後は良品として維持、管理することなどとなっており、また、官給等されていない部品については会社が需給予測するなどして購入して供給することになっている。

　　また、海自PBL仕様書等には、海自PBL対象品目、官給等が可能な部品の品目及び数量のリスト（以下「官給品リスト」）、業務委託期間等が定められており、海自PBL契約締結後、海上自衛隊は官給品リストに記載された部品を会社に官給等することとなっている。

(3)　空補処における部品の管理及び調達

　　海上自衛隊物品管理補給規則によると、海上自衛隊補給本部長が海上自衛隊航空補給処（以下「空補処」）に需給の統制を行わせる必要があると認める品目（以下「空補処統制品目」）について、空

補処は海上自衛隊の需給統制機関[注1]として、部品の調達等を行うこととなっている。

検査の結果　平成29年度から令和4年度までの間のMCH-101等の部品等の調達に係る契約計118件（契約額計44億4652万円）及び平成27年度から令和5年度までの間の海自PBL契約を対象として、会計実地検査を行った。

⑴　空補処において調達する必要のない部品を調達していた事態

空補処は、部隊からの過去の部品の請求実績等に基づき調達所要量を算定し、前記118件の契約のうち、4会社[注2]と締結した4件の契約（契約額計1億3076万円）において調達した部品の中に、海自PBL対象品目に該当する部品が計5品目104個（これらに係る契約額相当額計958万円）含まれていた。これらは、海自PBL契約に基づいて部隊が会社に請求すれば会社から供給される部品であった。

そこで、空補処がこれらの部品を調達した理由を確認したところ、海幕は、海自PBL対象品目に空補処統制品目が含まれているにもかかわらず、海自PBL仕様書等を空補処に共有していなかった。そのため、空補処は上記の部品が海自PBL対象品目であることを把握することができないまま、海自PBL対象品目以外の部品の調達と同様に上記部品の調達を行っていたが、これらの部品は調達する必要がなかった。

⑵　空補処に保管されたままとなっていて部品が活用されていなかった事態

前記のとおり、海自PBL仕様書等によると、海自PBL契約締結後、海上自衛隊は官給品リストに記載された部品を会社に官給等することとなっている。しかし、5年5月の会計実地検査時点で、2年度の海自PBL契約の官給品リストに記載された品目のうち、計9品目26個（物品管理簿価格計5615万円。なお、これらのうち計3品目3個（同計5068万円）は修理が必要な部品である。）は、2年度の海自PBL契約の官給品リストの作成時点より前から空補処に保管されたままとなっていた。

そこで、2年度の海自PBL契約における官給品リストの数量の決定方法について確認したところ、海幕は、官給等することが可能な部品が空補処にあることを把握しておらず、2年度の海自PBL仕様書等の作成時に会社に保管されている官給等した部品の数量を会社に報告させるなどして官給品リストを作成していたため、官給品リストに上記の計9品目26個を含めていなかった。また、海幕は、海自PBL仕様書等を空補処に共有していなかったため、空補処は、保管している部品が海自PBL契約において官給等することとなっている海自PBL対象品目であることを認識していなかった。

海自PBL契約では、前記のとおり、海自PBL対象品目は、部隊が会社に請求すれば会社から供給される部品であり、空補処が払出しを行うことはない。このため、空補処に保管されたままとなっている部品については、2年度の海自PBL契約において活用されていない状況となっていた。

以上のように、**海幕において、海自PBL対象品目に空補処統制品目が含まれているのに海自PBL仕様書等を空補処に共有しておらず、空補処で海自PBL対象品目の調達が行われていた事態及び官給品リストの作成時に官給等の対象となる部品が空補処に保管されていることを把握するなどしておらず、空補処に保管されている部品を官給等して活用していなかった事態は適切ではなく、改善の必要があると認められた。**

海幕が講じた改善の処置　海幕は、5年9月に空補処等の需給統制機関に通知を発し、部品供給等の

（注1）　需給統制機関　　装備品等について、需要と供給の統制を効果的に行うために、在庫状況の把握、所要量の決定等の量的な統制業務等を行う機関

（注2）　4会社　　　丸紅エアロスペース株式会社、株式会社タイムワールド、株式会社S.T.ディバイス、新東亜交易株式会社

PBL契約の実施に当たり、部品供給の対象品目と重複して部品の調達が行われないよう、また、需給統制機関が保管している部品が有効に活用されるよう、次のとおり処置を講じた。

ア　PBL契約の仕様書等を需給統制機関に共有する体制を整備した。

イ　PBL契約の仕様書等の作成時に、需給統制機関におけるPBL契約に係る部品供給の対象品目の保管状況を把握するなどの体制を整備した。　　　　　　　　　　　　　　（検査報告436ページ）

○　（1　内閣府(内閣府本府)、2　総務省）

処置要求㊱　新型コロナウイルス感染症対応地方創生臨時交付金による物品配布等事業等の実施について

＜要点＞

新型コロナウイルス感染症対応地方創生臨時交付金による事業の実施に当たり、物品配布等事業において使用されていない物品の活用を促進する方策を検討するよう地方公共団体に対して周知するなどするとともに、端末購入等事業における超過期間に係る保守費用等について交付対象経費となる範囲の取扱いを明確に定めるなどした上で、実施計画上で交付の対象となる範囲を明らかにすることなどを地方公共団体に対して周知するなどするよう改善の処置を要求したもの(指摘金額112億1710万円)

新型コロナウイルス感染症対応地方創生臨時交付金の概要

⑴　**新型コロナウイルス感染症対応地方創生臨時交付金制度要綱等の概要**

　　新型コロナウイルス感染症対応地方創生臨時交付金は、「新型コロナウイルス感染症緊急経済対策」の一環として、新型コロナウイルスの感染拡大を防止するとともに、感染拡大の影響を受けている地域経済や住民生活を支援し地方創生を図るために、地方公共団体が地域の実情に応じてきめ細やかに必要な事業を実施することを目的として創設されたものである。

　　「新型コロナウイルス感染症対応地方創生臨時交付金制度要綱」によれば、交付金の交付対象となる事業(以下「交付対象事業」)は、制度要綱に掲げる基準に該当する国庫補助事業等及び地方単独事業とされており、国は、「新型コロナウイルス感染症緊急経済対策」等の閣議決定に掲げられた事項についての対応として、地方公共団体が作成した新型コロナウイルス感染症対応地方創生臨時交付金実施計画(以下「実施計画」)に基づく交付対象事業に要する費用に対して交付金を交付することとされている。

⑵　**新型コロナウイルス感染症対応地方創生臨時交付金交付要綱の概要**

　　交付行政庁となっている総務省が制度要綱に基づく交付金の交付に関して定めた「新型コロナウイルス感染症対応地方創生臨時交付金交付要綱(総務省)」によれば、同省は、実施計画に記載された全ての交付対象事業の完了後に地方公共団体が提出した実績報告書等の審査を行うなどして、交付対象事業の成果が交付決定の内容及びこれに付した条件に適合すると認めたときは、交付すべき額を確定し、地方公共団体に通知することなどとされている。

⑶　**交付金による事業の概要**

　　内閣府が作成した「新型コロナウイルス感染症対応地方創生臨時交付金Q&A」によれば、交付対象事業については、新型コロナウイルス感染症への対応として効果的な対策であり、地域の実情に

合わせて必要な事業であれば、原則として交付金の使途に制限はないとされている。そして、交付金は地方単独事業にも充当できることから、実施計画に記載された交付対象事業の内容は多岐にわたっている。

地方公共団体が交付金を活用して実施している事業の中には、マスク、パソコン等の物品を購入して、これを住民等に配布し、貸与し又は販売することを内容とするもの(このような内容の事業を「物品配布等事業」)や、小学校、中学校等における情報通信技術の環境整備、地方公共団体におけるリモート等による業務の実施のために、パソコン等の端末の購入や借入れを行うことを内容とするもの(このような内容の事業を「端末購入等事業」)など様々なものがある。

| 検査の結果 | 20府県及び505市町村の令和2、3両年度の実施計画における物品配布等事業計1,594事業[注](事業費計433億9269万円、交付金交付額計397億4295万円(4年度への繰越分を含む。))並びに20府県及び595市町村の2、3両年度の実施計画における端末購入等事業計2,075事業[注](事業費計1569億5363万円、交付金交付額計1258億5774万円)を対象として検査した。

(1) 物品配布等事業において購入数量の半分以上が一度も使用されていない事態

4県及び48市町村の計55事業(事業費計38億7694万円、交付金交付額計27億4002万円)において、4年度末時点で購入数量の半分以上が一度も使用されておらず、かつ、一度も使用されていない数量に購入単価を乗じた額が50万円以上の物品が、表のとおり、計90品目(購入金額計6億3398万円、交付金相当額計4億8465万円)見受けられた。

表　90品目の内訳(令和4年度末現在)

種類	品目	品目数	購入金額（万円）	交付金相当額（万円）
衛生資材	マスク、グローブ、防護服、ガウン、パーティション、消毒液、検査キット 等	51	5億2711	3億8075
情報機器（周辺機器を含む。）	パソコン、タブレット、モバイルプリンタ、キーボード等	21	3746	3588
防災機器	戸別受信機、外部アンテナ等	7	3243	3168
測定器	サーモグラフィー、活動量計	3	252	211
その他	テント、テント用マット、エコバッグ等	8	3444	3421
計		90	6億3398	4億8465

(注) 表中の数字は表示単位未満を切り捨てているため、集計しても計が一致しないものがある。

このように、地方公共団体が交付金により購入した物品の中には、納品後1年以上使用されることなく倉庫等に在庫として保管されているものが相当数あり、2年以上経過しているものも65品目あった。そして、90品目の中には、経年劣化によって比較的短期間で使用期限が到来する衛生資材や、パソコン等のように比較的早期に陳腐化する可能性がある情報機器等が含まれていた。

また、90品目の中には、物品の購入数量の決定に当たって、物品の配布、貸与又は販売の対象者(以下「物品の配布等対象者」)に対して当該物品を使用するかどうかの意向確認を実施していなかった品目が42品目見受けられた。

(注) 端末購入等事業の中には、パソコン等の端末を購入して職員に貸与するなどの事業を実施しているものがあり、これは物品配布等事業にも該当するため、これらの事業数、事業費及び交付金交付額には重複がある。

⑵　端末購入等事業において超過期間に係る保守費用等が交付対象経費に含まれている事態

　　18府県及び422市町村の計812事業（事業費計799億2769万円、交付金交付額計661億5350万円、計1,115契約、契約額計735億2492万円）において、実施計画に記載された事業実施期間を超える期間（以下「超過期間」）に係る端末の保守やソフトウェアライセンスに係る費用（以下「保守費用等」）が交付対象経費に含まれていた。そして、上記の812事業における超過期間に係る保守費用等は計151億8928万円、これに係る交付金相当額は計107億3308万円となっていて、端末の納入等の後、2年から最長で10年分の保守費用等が含まれていた。

　　地方公共団体に対して、超過期間に係る保守費用等を交付対象経費に含めている理由を確認したところ、制度要綱、Q&A等において、超過期間に係る保守費用等の交付対象経費としての取扱いが明示されていないためなどとしている。

　　このように、交付金については、原則として、その使途に制限が設けられていないところであるが、物品配布等事業において購入数量の半分以上が一度も使用されていない事態及び端末購入等事業において超過期間に係る保守費用等が交付対象経費に含まれている事態は適切ではなく、改善を図る要があると認められる。

　本院が要求する改善の処置　同府及び同省において、地方公共団体が交付金により購入して使用していない物品が適切に取り扱われるよう、また、今後、交付金による事業で、購入された物品が使用されない事態や超過期間に係る保守費用等が交付対象経費に含まれる事態が生ずることのないよう、次のとおり改善の処置を要求する。

ア　同府において、地方公共団体に対して、物品配布等事業で購入した物品の使用状況を確認させた上で、使用されていない物品については、実施計画に記載した内容の範囲内で物品の配布等対象者の要件を見直すこと、改めて配布等の希望を確認することなどにより、実施計画に記載された内容に沿って活用を促進する方策を検討するよう周知すること。また、これによっても活用することが困難な場合は、財産処分等について規定した交付要綱等に基づき、その取扱いを検討するよう周知すること

イ　同府において、物品配布等事業を実施する場合には、事業の目的を踏まえた上で必要に応じて物品の配布等対象者に対して当該物品を使用するかどうかの意向確認を実施するなどして、所要量の妥当性の確保に努めた上で購入数量を決定するよう地方公共団体に対して周知すること

ウ　同府において、端末購入等事業における超過期間に係る保守費用等について交付対象経費となる範囲の取扱いを明確に定めるなどした上で、実施計画上で交付の対象となる範囲を明らかにすることなどを地方公共団体に対して周知すること

エ　同省において、交付金の額の確定時の審査等に当たり、超過期間に係る保守費用等について、同府が定めた交付対象経費となる範囲の取扱いに沿ったものとなっているかなどの確認を行うこととすること

（検査報告442ページ）

§ 5　団体別の検査結果

◯　1　沖縄振興開発金融公庫

処置要求㉞　意見表示㊱　住宅資金等貸付業務における個人住宅資金等に係る融資対象住宅の融資後の状況把握等について

＜要点＞

住宅資金等貸付業務における個人住宅資金等の融資対象住宅について、借受者が沖縄振興開発金融公庫の承諾を得ることなく用途変更していた事態に対して必要な措置を講ずるよう適宜の処置を要求し、及び継続して貸付条件に沿った利用となるよう、実態調査の必要性を判断するための端緒となる情報を自ら取得してその判断をする具体的な仕組みを整備して、融資対象住宅の融資後の状況を適時適切に把握するための体制を整備するよう意見を表示したもの（指摘金額1億9319万円）

住宅資金等貸付業務の概要等

(1)　住宅資金等貸付業務の概要

ア　住宅資金等の概要

　沖縄振興開発金融公庫は、沖縄振興開発金融公庫法（以下「公庫法」）等に基づき、沖縄において自ら居住するため住宅を必要とする者等に対して、住宅の建設等の使途に充てるために必要な長期資金の貸付けを行っている。

　①公庫法等に基づき貸し付けられる長期資金のうち、住宅を賃貸する事業を行う者に対する資金を除いた個人に対して貸し付けられるもの及び②勤労者財産形成促進法等に基づき自ら居住するため住宅を必要とする勤労者等個人に対して貸し付けられる長期資金（①及び②を「個人住宅資金等」）に係る債権は、令和3年度末現在で計8,605件、残高計539億0601万円（3年度末の残高を「残高」）となっている。

イ　個人住宅資金等の貸付けに係る業務委託

　沖縄振興開発金融公庫代理貸付事務取扱規程によれば、公庫は、個人住宅資金等の貸付けについては、金融機関と業務委託契約を締結して貸付業務の一部を委託し、業務を受託した金融機関（以下「代理店」）を通じて貸付けを行うこととされている。そして、代理店に委託する業務は、貸付けの実行等の貸付手続、貸付債権の管理回収手続等とされている。

(2)　個人住宅資金等の貸付条件等及び融資後の手続等

ア　個人住宅資金等の貸付条件等

　沖縄振興開発金融公庫業務方法書及び勤労者財産形成持家融資業務方法書（これらを「業務方法書」）では、個人住宅資金等の貸付条件として、貸付金の使途は住宅の建設等であること、貸付けの相手方は自ら居住するため住宅を必要とする者等であること、償還期限は35年以内であることなどが定められている。

　そして、公庫は、個人住宅資金等の貸付けに当たり、その貸付けを受ける者（以下「借受者」）との間で金銭消費貸借抵当権設定契約証書（以下「証書」）を作成し、具体的な貸付条件等を定めることとしている。証書によれば、借受者が借入金を住宅の建設等以外の使途に使用したとき

などであって、公庫が借受者に書面により返済請求(繰上償還請求)を発したときは、借受者は債務の全部又は一部につき期限の利益を失い、直ちにその債務を返済することとされている。

イ　融資後の融資対象住宅の用途変更に係る手続等

個人住宅資金等の使途は、借受者が自ら居住するための住宅の建設等に必要な資金等とされている。そして、融資対象住宅(借受者が貸付けを受けて建設等する住宅)が融資後も継続して業務方法書の定める貸付条件に沿って利用されるようにするために、証書等において、借受者は、融資対象住宅の一部又は全部を店舗、事務所等、住宅以外の用途に利用する(以下「用途変更」)場合は、原状・用途変更承認申請書(以下「申請書」)を代理店に提出した上で、公庫の承諾を得る手続を行わなければならないこととなっている。

代理店は、公庫が作成した「沖縄公庫住宅資金債権管理の手引」(以下「債権管理の手引」)によれば、用途変更に係る申請については、債権保全上支障がないと認められるときであって用途変更部分に係る債務に相当する金額を繰上償還させる場合は、代理店において専決で処理するとともに公庫に報告することとされ、それ以外の場合は、代理店が公庫と協議して処理することとされている。

また、借受者において、公庫の承諾を得ないで用途変更を行ったときであって、公庫が借受者に書面により返済請求(繰上償還請求)を発したときは、借受者は、証書に基づき、債務の全部又は一部につき期限の利益を失い、直ちにその債務を返済することとなっている。

⑶　融資対象住宅の融資後の状況把握について

債権管理の手引によれば、公庫は、融資対象住宅の無断譲渡、無断賃貸、用途変更等がないかどうかなどを確認するための実態調査の実施が必要なときは、代理店に対して、調査の対象、期間及び件数を通知すること、公庫から通知を受けた代理店は、債権管理の手引に定められた調査方法に従って実態調査を行い、結果を取りまとめて公庫へ報告することとされている。

|検査の結果| 沖縄本島で店舗、事務所等の需要が多いと考えられる沿岸部の区域等に所在する融資対象住宅に係る貸付債権3,027件(残高計199億6125万円)を対象に選定して、3年度末時点で、融資対象住宅の情報から所在地において店舗、事務所等が設置されるなどしていて用途変更が疑われる93件について検査した。

⑴　借受者が公庫の承諾を得ることなく融資対象住宅を用途変更していた事態

借受者は、融資対象住宅について用途変更する場合には、あらかじめ公庫の承諾を得ることとなっているのに、借受者が代理店に申請書を提出して公庫の承諾を得ることなく、融資対象住宅の一部又は全部を用途変更して店舗、事務所等の用途に利用するなどしていた事態が23件(残高計1億9319万円)見受けられた。

上記23件のうち、公庫が代理店を通じて借受者から聞き取るなどして用途変更の開始時期を特定又は推定できたのは15件(残高計1億4107万円)であり、そのうち6件(残高計7545万円)は、35年以内とされている償還期限からみて、比較的早期と考えられる10年以内に用途変更されていたと特定され又は推定された。

⑵　公庫における融資対象住宅の融資後の状況把握等

公庫は、⑴のような事態について、融資対象住宅の状況を把握した上で、用途変更の状況に応じて繰上償還請求等の必要な措置を講ずる必要があることなどから、住宅資金等貸付業務の適切な実施のためには、融資後に融資対象住宅の状況を的確に把握することなどが重要である。

そこで、融資対象住宅の融資後の状況を公庫がどのように把握しているかなどについて検査し

たところ、公庫は、融資対象住宅の実態調査の実施が必要なときは、代理店を通じてこれを行うこととしているが、融資対象住宅の融資後の状況に応じて実態調査の必要性を判断するための端緒となる情報を公庫が自ら取得してその判断をする具体的な仕組みを設けていなかった。このため、公庫は、書類が保存されていて確認が可能な期間である平成29年度から令和3年度までの間、上記の端緒となる情報を取得していなかったことから、実態調査は一度も実施されておらず、現に(1)の事態について把握していなかった。

このように、公庫の個人住宅資金等の貸付けに関して、借受者が公庫の承諾を得ることなく融資対象住宅を用途変更していた事態は適切ではなく、是正を図る要があると認められる。また、公庫において、実態調査の必要性を判断するための端緒となる情報を自ら取得してその判断をする具体的な仕組みを設けていなかったため、実態調査が行われておらず、融資対象住宅の融資後の状況を十分に把握することができていない事態は適切ではなく、改善の要があると認められる。

本院が要求する是正の処置及び表示する意見　公庫において、借受者が公庫の承諾を得ることなく融資対象住宅を用途変更していた事態について、借受者に対して貸付条件に沿った利用となるよう必要な対応を執らせて、借受者が必要な対応を執ることができない場合には繰上償還請求等の必要な措置を講ずるよう是正の処置を要求するとともに、融資対象住宅が継続して貸付条件に沿った利用となるよう、実態調査の必要性を判断するための端緒となる情報を自ら取得してその判断をする具体的な仕組みを整備して、融資対象住宅の融資後の状況を適時適切に把握するための体制を整備するよう意見を表示する。

（検査報告452ページ）

◎　2　日本私立学校振興・共済事業団

不　当　私立大学等経常費補助金の経理が不当

＜要点＞
> 私立大学等経常費補助金の交付に当たり、一般補助について教育研究補助者の補助要件を満たしていないポスト・ドクターを算定対象に含めるなどして、誤った算定資料に基づいて補助金の額を算定していたため、補助金計892万円が過大に交付されていて不当と認められる。

補助金の概要　日本私立学校振興・共済事業団は、国の補助金を財源として、私立大学等[注]における教育又は研究に要する経常的経費に充てるために学校法人に私立大学等経常費補助金を交付している。

この補助金のうち一般補助の額は、専任教員等の数、専任職員数、学生数や各私立大学等の教育研究条件の整備状況等を勘案した増減率等に基づいて算定することとなっている。

このほか、特別補助として、私立大学等における特定の分野、課程等に係る教育の振興等のために特に必要があると認められるときは、補助金を増額して交付している。

特別補助の対象となる項目には「授業料減免事業等支援（新型コロナウイルス感染症緊急経済対策分）」、「大学間連携等による共同研究」等がある。このうち「授業料減免事業等支援（新型コロナウイルス感染症緊急経済対策分）」については、新型コロナウイルス感染症の直接的、間接的な影響で、

(注) 私立大学等　　私立の大学、短期大学及び高等専門学校

家計が急変した世帯の学生に対し、補助要件に該当する入学料・授業料減免等の給付事業等を実施している私立大学等を対象に、当該事業に係る所要経費の2/3以内の額を増額するものである。また、「大学間連携等による共同研究」については、特定の研究課題について産業界等又は国内外の大学等と組織的な共同研究環境を整備し、1研究課題当たりの所要経費が大学にあっては100万円以上、短期大学及び高等専門学校にあっては60万円以上の共同研究を実施している私立大学等に対して、当該共同研究に係る所要経費の区分に応じて定められた額を増額するものである。そして、対象となる経費は、当該共同研究の遂行等に直接必要な経費とし、直接関係しないものについては除外する。また、共同研究の遂行に当たり収入がある場合には、その額を所要経費から差し引くこととなっている。

検査の結果　3学校法人は、事業団に提出した算定資料において、一般補助について賃金を「職員人件費(兼務職員)」で会計処理しておらず教育研究補助者の補助要件を満たしていないポスト・ドクターを算定対象に含めていたり、特別補助のうちの「大学間連携等による共同研究」について共同研究の遂行に当たって生じた収入を所要経費から差し引いていなかったり、「授業料減免事業等支援(新型コロナウイルス感染症緊急経済対策分)」について誤って授業料減免等の実施見込額を所要経費に含めていたりなどしていたのに、事業団は、これらの誤った算定資料に基づいて補助金の額を算定していたため、補助金計892万円が過大に交付されていて不当と認められる。

事業主体 <本部所在地>	年度	補助金交付額	不当と認める補助金額	摘　要
学校法人昭和大学 <東京都品川区>	令和元 2	円 57億1408万 58億7763万	円 100万 243万	特別補助において所要経費から収入が差し引かれていなかったものなど(昭和大学)
学校法人早稲田大学 <東京都新宿区>	2	90億9837万	293万	特別補助において授業料減免等の実施見込額が所要経費に含まれていたもの(早稲田大学)
学校法人藤田学園 <愛知県豊明市>	元 2	27億6881万 29億8847万	124万 131万	一般補助において算定対象とならない教育研究補助者が含まれていたもの(藤田医科大学)
3事業主体		264億4738万	892万	

（検査報告457ページ）

3　東日本高速道路株式会社、4　中日本高速道路株式会社、5　西日本高速道路株式会社、6　本州四国連絡高速道路株式会社

意見表示㊱　高速道路における橋脚補強の整備手法について

＜要点＞
地震発生時に橋脚の損傷に起因して、上下線共に通行不能になり緊急輸送道路としての高速道路ネットワークが機能しないおそれがある区間等を早期に解消させるために、現地の条件等を踏まえた橋脚補強の効率的な整備手法について検討を行うなどの措置を講ずるよう意見を表示したもの（背景金額：東日本高速道路株式会社602億8839万円、中日本高速道路株式会社476億2886万円、西日本高速道路株式会社2824億3449万円、本州四国連絡高速道路株式会社226億3957万円）

高速道路の橋脚補強の概要

(1) 4会社が管理する高速道路の概要

東日本高速道路株式会社(以下「東会社」)、中日本高速道路株式会社(以下「中会社」)、西日本高速道路株式会社(以下「西会社」、これらを「3会社」)及び本州四国連絡高速道路株式会社(以下「本四会社」、3会社と合わせて「4会社」)が管理する高速自動車国道又は自動車専用道路(これらを「高速道路」)には、令和5年3月末現在、その管理する対象として、高速道路を構成する橋長15m以上の橋りょう計17,605橋が含まれている。高速道路は、災害対策基本法等に基づき、地方公共団体がそれぞれ策定している地域防災計画等において、災害応急対策活動のための緊急輸送道路に位置付けられている重要な道路である。このため、4会社は、事業継続計画等において、災害時に緊急車両の通行帯を24時間以内に確保することなどの目標を定めている。

(2) 橋りょうに係る耐震補強工事等の概要

4会社は、地震による落橋・倒壊、橋脚の損傷の被害等を未然に防止するために、平成8年より前の「道路橋示方書・同解説」を適用して設計するなどした橋りょうについて、耐震補強工事を実施し、地震時に橋りょうの損傷を軽微にとどめて速やかに機能回復を図り、緊急輸送道路として機能させるための性能(以下「機能回復性能」)を確保することとしている。そして、落橋・倒壊を防止するための対策は完了し、前記の17,605橋は落橋・倒壊するおそれはないとしている。一方、機能回復性能を確保するには至っていない橋りょうは平成28年熊本地震発生時点で計4,454橋となっていた。これらの橋りょうは、地震時に生じた橋脚の損傷に起因して、上下線共に通行不能となり、緊急車両の通行帯が確保できないなどの事態が発生し、緊急輸送道路としての高速道路ネットワークが機能しないおそれがある(地震発生時に橋脚の損傷に起因して、上下線共に通行不能になる部分を「地震時のミッシングリンク」)。

4会社は、上記橋りょうの機能回復性能を確保するために、橋脚の耐震補強工事(以下「橋脚補強」)を進めていて、対象となる橋りょうの中には、並行する上下線を分離した橋脚がそれぞれ支える構造のもの(以下「分離橋りょう」)などがある。

(3) 高速道路における安全・安心実施計画の概要

国土交通省は、平成28年熊本地震により耐震補強の必要性が改めて確認されたことなどから、「高速道路における安全・安心基本計画」を策定し、その中期的な整備方針等を示している。

これを受けて、4会社は、令和元年12月又は2年3月に「高速道路における安全・安心実施計画」をそれぞれ策定し、大規模地震の発生確率が高い地域[注]は3年度まで、それ以外の地域は8年度までを橋脚補強の完了目標年度とするなどとしている。

<u>検査の結果</u>　平成28年度から令和4年度までに4会社が締結した橋脚補強等に係る契約、東会社47件(契約金額計1398億5050万円)、中会社146件(同計4745億6379万円)、西会社190件(同計6155億0824万円)、本四会社20件(同計323億8120万円)、計403件(同計1兆2623億0375万円)を対象として検査した。

(1) 橋脚補強の進捗状況及びこれによる地震時のミッシングリンクの状況

前記の4,454橋に係る橋脚補強の進捗状況をみると、表1のとおり、平成28年度から令和4年度までの7年間で449橋の橋脚補強が完了している一方で、いまだ橋脚補強の工事契約の締結に至らない橋りょうが3,059橋(うち分離橋りょう1,345橋)と多く見受けられ、表2のとおり、4会社管内の高

(注)　大規模地震の発生確率が高い地域　　文部科学省に設置された地震調査研究推進本部が策定した「全国地震動予測地図2016年版」で示されている首都直下地震や南海トラフ巨大地震等、今後30年間に震度6弱以上の揺れに見舞われる確率が26%以上の地域

速道路本線67路線381区間において地震時のミッシングリンクが生ずるおそれがある状況となっていた。

表1　橋脚補強の進捗状況

会社名	地域区分	橋脚補強の対象(A)(橋)	令和3年度末(先行整備地域の完了目標)						4年度末(直近の状況)					
			完了(橋)	未完了(B)(橋)	工事中(橋)	工事契約未締結(C)(橋)	未完了率(B)/(A)(%)	未契約率(C)/(A)(%)	完了(橋)	未完了(D)(橋)	工事中(橋)	工事契約未締結(E)(橋)	未完了率(D)/(A)(%)	未契約率(E)/(A)(%)
東会社	先行整備	529	18	511	20	491	96.6	92.8	18	511	30	481	96.6	90.9
	その他整備	894	—	—	—	—	—	—	69	825	84	741	92.3	82.9
中会社	先行整備	392	89	303	253	50	77.3	12.8	108	284	240	44	72.4	11.2
	その他整備	107	—	—	—	—	—	—	40	67	1	66	62.6	61.7
西会社	先行整備	645	18	627	379	248	97.2	38.4	71	574	399	175	89.0	27.1
	その他整備	1,713	—	—	—	—	—	—	71	1,642	189	1,453	95.9	84.8
本四会社	先行整備	50	42	8	8	0	16.0	0.0	48	2	2	0	4.0	0.0
	その他整備	124	—	—	—	—	—	—	24	100	1	99	80.6	79.8
先行整備の計		1,616	167	1,449	660	789	89.7	48.8	245	1,371	671	700	84.8	43.3
その他整備の計		2,838	—	—	—	—	—	—	204	2,634	275	2,359	92.8	83.1
合計		4,454	167	1,449	660	789	—	—	449	4,005	946	3,059	89.9	68.7

表2　地震時のミッシングリンクが生ずるおそれがある路線及び区間（令和4年度末現在）

会社名	路線名	道路名	区間			区間数	分離橋りょう数	区間数計	分離橋りょう数計
東会社	北海道縦貫自動車道 函館名寄線	道央自動車道	長万部IC	～	登別室蘭IC	6	―	15	12
			白老IC	～	苫小牧西IC	1	2		
			札幌IC	～	江別西IC	1	2		
			岩見沢IC	～	滝川IC	4	6		
			深川IC	～	旭川鷹栖IC	1	2		
			旭川北IC	～	和寒IC	2			
	北海道横断自動車道 黒松内釧路線	札樽自動車道 道東自動車道	札幌西IC	～	札幌JCT	5	―	10	―
			千歳東IC	～	夕張IC	2	―		
			十勝清水IC	～	芽室IC	1	―		
			帯広JCT	～	池田IC	2	―		
	東北縦貫自動車道 弘前線	東北自動車道 東京外環自動車道	戸田西IC	～	美女木JCT	1	―	10	6
			戸田東IC	～	川口JCT	4	―		
			岩槻IC	～	久喜IC	2	―		
			十和田IC	～	碇ヶ関IC	3	6		
	東北縦貫自動車道 八戸線	八戸自動車道	安代JCT	～	九戸IC	3	9	4	9
			八戸JCT	～	八戸IC	1	―		
	東北横断自動車道 釜石秋田線	秋田自動車道	北上JCT	～	横手IC	3		6	―
			大曲IC	～	協和IC	1			
			秋田南IC	～	秋田北IC	2			
	東北横断自動車道 酒田線	山形自動車道 日本海東北自動車道	村田JCT	～	笹谷IC	2	6	12	14
			関沢IC	～	山形蔵王IC	1	4		
			山形北IC	～	月山IC	4	2		
			湯殿山IC	～	鶴岡JCT	3	2		
			庄内空港IC	～	酒田中央IC	2	―		
	東北横断自動車道 いわき新潟線	磐越自動車道	いわきJCT	～	郡山東IC	4	4	13	10
			磐梯熱海IC	～	猪苗代磐梯高原IC	1	2		
			磐梯河東IC	～	新潟中央JCT	8	4		
	日本海沿岸東北自動車道	日本海東北自動車道	庄内空港IC	～	酒田中央IC	2 注(3) (2)	―	2 注(3) (2)	―
	関越自動車道 新潟線	関越自動車道	前橋IC	～	渋川伊香保IC	1	2	4	8
			赤城IC	～	昭和IC	1	―		
			月夜野IC	～	湯沢IC	2	6		
	関越自動車道 上越線	上信越自動車道	藤岡IC	～	吉井IC	1		19	35
			富岡IC	～	中郷IC	17	35		
			上越高田IC	～	上越JCT	1			
	常磐自動車道	常磐自動車道 東京外環自動車道	川口JCT	～	外環三郷西IC	3	―	12	33
			水戸IC	～	いわき湯本IC	8	33		
			いわき中央IC	～	いわき四倉IC	1	―		
	東関東自動車道 千葉富津線	館山自動車道	蘇我IC	～	木更津JCT	4	―	5	―
			木更津南JCT	～	木更津南IC	1	―		
	東関東自動車道 水戸線	東関東自動車道	成田IC	～	大栄JCT	1	2	3	20
			大栄IC	～	潮来IC	2	18		
	北関東自動車道	北関東自動車道	栃木都賀JCT	～	宇都宮上三川IC	3		5	2
			友部IC	～	茨城町西IC	2			
	中央自動車道長野線	長野自動車道	安曇野IC	～	更埴IC	2	32	2	32
	北陸自動車道	日本海東北自動車道 北陸自動車道	親不知IC	～	上越IC	5	31	7	33
			新潟西IC	～	新潟亀田IC	2	2		
	一般国道6号 （東水戸道路）	東水戸道路	水戸南IC	～	ひたちなかIC	2	2	2	2
	一般国道6号 （仙台東部道路）	仙台東部道路	岩沼IC	～	仙台若林JCT	3	4	3	4

会社名	路線名	道路名	区間			区間数	分離橋りょう数	区間数計	分離橋りょう数計
東会社	一般国道7号 （秋田外環状道路）	秋田外環状道路	秋田北IC	～	昭和男鹿半島IC	1	—	1	—
	一般国道13号 （米沢南陽道路）	米沢南陽道路	米沢北IC	～	南陽高畠IC	1	—	1	—
	一般国道13号 （湯沢横手道路）	湯沢横手道路	湯沢IC	～	横手IC	2	—	2	—
	一般国道14号 （京葉道路）	京葉道路	宮野木JCT	～	穴皮IC	1	2	1	2
	一般国道16号 （横浜横須賀道路）	横浜横須賀道路	釜利谷JCT	～	佐原IC	5	2	8	4
			釜利谷JCT	～	並木IC	3	2		
	一般国道45号 （三陸縦貫自動車道 （仙塩道路））	三陸縦貫自動車道 （仙塩道路）	利府塩釜IC	～	利府中IC	1	—	1	—
	一般国道45号 （百石道路）	百石道路	八戸北IC	～	下田百石IC	1	4	1	4
	一般国道127号 （富津館山道路）	富津館山道路	富津竹岡IC	～	鋸南富山IC	3	—	3	—
	一般国道233号 （深川・留萌自動車道 （深川沼田道路））	深川・留萌自動車道 （深川沼田道路）	深川JCT	～	深川西IC	1	—	1	—
	一般国道409号 （東京湾横断・ 木更津東金道路）	東京湾横断・ 木更津東金道路	浮島IC	～	木更津JCT	3	24	3	24
	一般国道468号 （首都圏中央連絡 自動車道）	首都圏中央連絡 自動車道	日の出IC	～	青梅IC	1	—	7	—
			入間IC	～	坂戸IC	4	—		
			松尾横芝IC	～	東金IC	2	—		
	計							29路線 161区間	254橋
中会社	東海北陸自動車道	東海北陸自動車道	一宮JCT	～	岐阜各務原IC	4	10	8	20
			美並IC	～	郡上八幡IC	1	2		
			関IC	～	美濃関JCT	1	2		
			五箇山IC	～	小矢部砺波JCT	2	6		
	近畿自動車道伊勢線	伊勢自動車道	久居IC	～	一志嬉野IC	1	—	3	2
			勢和多気IC	～	玉城IC	2	2		
	一般国道1号 （新湘南バイパス）	新湘南バイパス	藤沢IC	～	茅ヶ崎中央IC	1	—	1	—
	計							3路線 12区間	22橋
西会社	中央自動車道西宮線	名神高速道路	八日市IC	～	大津IC	7	20	12	34
			京都東IC	～	京都南IC	1	4		
			大山崎JCT	～	吹田JCT	3	4		
			吹田IC	～	豊中IC	1	6		
	近畿自動車道 天理吹田線	西名阪自動車道 近畿自動車道	摂津南IC	～	門真IC	2	2	8	16
			法隆寺IC	～	天理IC	2	4		
			東大阪北IC	～	長原IC	4	10		
	近畿自動車道 松原那智勝浦線	阪和自動車道	美原南IC	～	堺JCT	1	4	8	44
			堺IC	～	泉佐野JCT	3	36		
			阪南IC	～	海南東IC	4	4		
	近畿自動車道敦賀線	舞鶴若狭自動車道	三田西IC	～	福知山IC	3	30	6	30
			舞鶴西IC	～	小浜西IC	3	—		

東日本高速道路株式会社、中日本高速道路株式会社、
西日本高速道路株式会社、本州四国連絡高速道路株式会社

会社名	路線名	道路名	区間		区間数	分離橋りょう数	区間数計	分離橋りょう数計
西会社	中国縦貫自動車道	中国自動車道	中国池田IC	〜 神戸JCT	4	22	18	52
			滝野社IC	〜 加西IC	1	2		
			福崎IC	〜 佐用IC	4	6		
			新見IC	〜 東城IC	1	2		
			庄原IC	〜 高田IC	3	4		
			広島北JCT	〜 鹿野IC	4	16		
			徳地IC	〜 山口IC	1	—		
	山陽自動車道 吹田山口線	山陽自動車道	神戸JCT	〜 三木JCT	2	12	36	323
			三木東IC	〜 龍野西IC	6	54		
			備前IC	〜 山陽IC	2	26		
			岡山IC	〜 岡山JCT	1	10		
			倉敷IC	〜 福山西IC	5	73		
			尾道IC	〜 広島東IC	7	46		
			広島IC	〜 廿日市JCT	3	29		
			大竹JCT	〜 山口JCT	9	67		
			神戸西IC	〜 三木JCT	1	6		
	中国横断自動車道 姫路鳥取線	播磨自動車道	播磨JCT	〜 播磨新宮IC	1	—	2 注(4) (1)	2 注(4) (2)
			宍粟JCT	〜 佐用JCT	1 注(4) (1)	2 注(4) (2)		
	中国横断自動車道 岡山米子線	岡山自動車道 米子自動車道	賀陽IC	〜 北房JCT	2	—	6	6
			湯原IC	〜 米子IC	4	6		
	中国横断自動車道 広島浜田線	広島自動車道 浜田自動車道	広島北IC	〜 広島JCT	2	22	6	24
			千代田JCT	〜 浜田JCT	4	2		
	四国縦貫自動車道	徳島自動車道 松山自動車道	藍住IC	〜 川之江東JCT	5	7	8	15
			いよ西条IC	〜 いよ小松JCT	1	2		
			松山IC	〜 内子五十崎IC	2	6		
	四国横断自動車道 阿南四万十線	高松自動車道 高知自動車道	高松西IC	〜 善通寺IC	2	2	5	6
			土佐IC	〜 須崎東IC	1	—		
			新宮IC	〜 大豊IC	1	—		
			高知IC	〜 伊野IC	1	4		
	九州縦貫自動車道 鹿児島線	九州自動車道	新門司IC	〜 若宮IC	6	38	18	166
			福岡IC	〜 みやま柳川IC	7	38		
			松橋IC	〜 えびのIC	4	88		
			薩摩吉田IC	〜 鹿児島北IC	1	2		
	九州横断自動車道 長崎大分線	長崎自動車道 大分自動車道	鳥栖IC	〜 諫早IC	9	88	20	173
			鳥栖JCT	〜 玖珠IC	7	63		
			九重IC	〜 湯布院IC	1	2		
			速見JCT	〜 大分IC	3	20		
	東九州自動車道	東九州自動車道	速見JCT	〜 大分IC	3 注(5) (3)	20 注(5) (20)	4 注(5) (3)	20 注(5) (20)
			宮崎西IC	〜 清武IC	1	—		
	関西国際空港線	関西空港自動車道	上之郷IC	〜 りんくうJCT	2	4	2	4
	関門自動車道	関門橋	門司港IC	〜 門司IC	1	—	1	—
	沖縄自動車道	沖縄自動車道	石川IC	〜 北中城IC	3	10	3	10
	一般国道1号 （京滋バイパス）	京滋バイパス	瀬田東IC	〜 笠取IC	3	20	3	20
	一般国道2号 （第二神明道路）	第二神明道路	大蔵谷IC	〜 伊川谷JCT	1	2	4	16
			玉津IC	〜 明石西IC	2	8		
			長坂IC	〜 永井谷JCT	1	6		
	一般国道2号 （広島岩国道路）	広島岩国道路	大野IC	〜 大竹JCT	2	26	2	26

会社名	路線名	道路名	区間			区間数	分離橋りょう数	区間数計	分離橋りょう数計
西会社	一般国道3号 (南九州西回り自動車道 (八代日奈久道路))	南九州自動車道 (八代日奈久道路)	八代JCT	〜	八代南IC	1	2	1	2
	一般国道3号 (南九州西回り自動車道 (市来〜鹿児島西))	南九州自動車道 (鹿児島道路)	伊集院IC	〜	鹿児島西IC	2	2	2	2
	一般国道9号(安来道路)	山陰道(安来道路)	米子西IC	〜	東出雲IC	2	―	2	―
	一般国道10号(椎田道路)	椎田道路	みやこ豊津IC	〜	椎田南IC	3	―	3	―
	一般国道10号 (宇佐別府道路)	宇佐別府道路	宇佐IC	〜	速見IC	4	―	4	―
	一般国道10号 (日出バイパス)	日出バイパス	速見IC	〜	日出IC	1	―	1	―
	一般国道10号(隼人道路)	隼人道路	隼人東IC	〜	加治木IC	2	―	2	―
	一般国道24号 (京奈和自動車道 (京奈道路))	京奈和自動車道 (京奈道路)	城陽JCT	〜	木津IC	6	4	6	4
	一般国道34号 (長崎バイパス)	長崎バイパス	川平IC	〜	西山町IC	1	―	1	―
	一般国道196号 (今治・小松自動車道 (今治小松道路))	今治小松自動車道	いよ小松JCT	〜	いよ小松北IC	1	―	1	―
	一般国道478号 (京都縦貫自動車道)	京都縦貫自動車道 (京都丹波道路)	杳掛IC	〜	千代川IC	4	14	6	14
			八木西IC	〜	丹波IC	2	―		
	一般国道497号 (西九州自動車道 (武雄佐世保道路))	西九州自動車道 (武雄佐世保道路)	武雄南IC	〜	佐世保大塔IC	3	8	3	8
計							32路線	200区間	995橋
本四会社	一般国道28号 (本州四国連絡道路 (神戸・鳴門ルート))	神戸淡路鳴門 自動車道	布施畑IC	〜	垂水IC	1	2	5	58
			淡路IC	〜	洲本IC	4	56		
	一般国道30号 (本州四国連絡道路 (児島・坂出ルート))	瀬戸中央自動車道	水島IC	〜	児島IC	1	16	1	16
	一般国道317号 (本州四国連絡道路 (尾道・今治ルート))	西瀬戸自動車道	西瀬戸尾道IC	〜	尾道大橋出入口	1	―	2	―
			因島北IC	〜	因島南IC	1	―		
計							3路線	8区間	74橋
4会社合計							67路線	381区間	1345橋

注(1) 区間とは、インターチェンジ又はジャンクション間を指す。

注(2) 分離橋りょう数は、工事契約未締結である橋りょう数を示しており、区間内に分離橋りょうが設置されていない場合は「―」としている。

注(3) 当該区間は、いずれも東北横断自動車道酒田線庄内空港IC〜酒田中央ICの各区間と重複している。

注(4) 当該区間及び分離橋りょうは、いずれも中国縦貫自動車道福崎IC〜佐用ICの各区間及び当該区間における該当分離橋りょうと重複している。

注(5) 当該区間及び分離橋りょうは、いずれも九州横断自動車道長崎大分線速見JCT〜大分ICの各区間及び当該区間における該当分離橋りょうと重複している。

東日本高速道路株式会社、中日本高速道路株式会社、西日本高速道路株式会社、本州四国連絡高速道路株式会社

⑵　分離橋りょうの上下線の2橋の橋脚補強を同時に実施していた事態

　　前記4,454橋のうち分離橋りょう1,873橋について、橋脚補強の実施状況をみたところ、表3のとおり、橋脚補強を実施している528橋全てについて、並行する上下線の2橋の橋脚補強を同時に実施していた(橋脚補強等に係る契約計123件、契約金額計3504億1622万円(東会社8件470億7365万円、中会社13件264億0124万円、西会社89件2543億0175万円、本四会社13件226億3957万円))。

　　一方、4会社は、これまでの高速道路の整備に当たり、予定していた4車線のうち2車線を暫定的に整備して段階的に供用を開始(当該段階を「暫定整備段階」)し、その後に4車線として完成させる整備手法を用いてきた経緯がある。しかし、4会社は、地震時のミッシングリンクが生ずるおそれがある区間等の早期の解消に当たっては、上記の高速道路を整備する際に用いたような、暫定的に上下線のいずれか一方の分離橋りょうの橋脚補強を実施する整備手法を用いていなかった。今後、4会社が、工事契約の締結に至らない分離橋りょう1,345橋の橋脚補強を進めるに当たっては、施工上の制約により多額の仮設費用を伴う場合等があることを踏まえる必要があるものの、上記のような効率的な整備手法を用いることにより、地震時のミッシングリンクが生ずるおそれがある区間等を早期に解消することができると認められる。

表3　地震時のミッシングリンクが生ずるおそれがある区間等における分離橋りょうの橋脚補強の実施状況(令和4年度末現在)

(単位：橋)

会社名	分離橋りょう	工事完了又は工事中		工事契約未締結
		上下線の一方の橋脚補強を実施	上下線の2橋同時に橋脚補強を実施	
東会社	274	0	20	254
中会社	88	0	66	22
西会社	1,375	0	380	995
本四会社	136	0	62	74
計	1,873	0	528	1,345

⑶　機能回復性能が確保された橋りょうが並行して設置されているのに暫定整備段階で設置した橋りょうの橋脚補強を実施していた事態

　　段階的に整備を進めて4車線化した区間の橋りょうの中には、暫定整備段階に設置された機能回復性能が確保されていない橋りょうがある一方、その後車線を追加して整備する段階において、既に機能回復性能が確保されている橋りょうが並行して設置されている場合は、暫定整備段階に設置された橋りょうの橋脚が損傷したとしても当該橋りょうに起因して地震時のミッシングリンクが生ずるおそれはないことになる。

　　そこで、上記の条件に該当する295橋における橋脚補強の実施状況をみたところ、表4のとおり、機能回復性能が確保された車線を追加して整備した後は地震時のミッシングリンクが生ずるおそれはないにもかかわらず、3会社は、暫定整備段階に設置された89橋について橋脚補強を実施していた(橋脚補強等に係る契約計39件、契約金額計936億7941万円(東会社7件181億0974万円、中会社13件253億7022万円、西会社19件501億9944万円))。

表4　機能回復性能が確保された橋りょうが並行して設置されている区間に暫定整備段階で設置された橋りょうの橋脚補強の実施状況（令和4年度末現在）

（単位：橋）

会社名	橋脚補強の対象	工事完了又は工事中	工事契約未締結
東会社	97	10	87
中会社	74	34	40
西会社	124	45	79
計	295	89	206

　　一つの契約で(2)及び(3)の事態が重複しているものを控除して各事態の橋脚補強等に係る契約について合計すると、契約計149件、契約金額計4129億9133万円（東会社14件602億8839万円、中会社24件476億2886万円、西会社98件2824億3449万円、本四会社13件226億3957万円）となる。

　　4会社は、橋脚補強を計画的に進めて早期に完了することを目指しているにもかかわらず、多くの区間等において地震時のミッシングリンクが生ずるおそれがある状況下において、橋脚補強の実施に当たり、分離橋りょうについて暫定的に上下線いずれか一方の橋りょうの橋脚補強を実施するという効率的な整備手法を用いていなかった。また、3会社は、段階的に4車線化した区間の橋りょうについて、機能回復性能が確保された車線を追加して整備した後は地震時のミッシングリンクが生ずるおそれはないにもかかわらず、暫定整備段階に設置された橋りょうの橋脚補強を実施していた。

　　このように、地震時のミッシングリンクが生ずるおそれがある区間等を早期に解消させるための整備手法を用いていない事態は適切ではなく、改善の要があると認められる。

　本院が表示する意見　4会社において、地震時のミッシングリンクが生ずるおそれがある区間等を早期に解消させるために、現地の条件等を踏まえた橋脚補強の効率的な整備手法について検討を行い、今後の整備手法の方針等を決定し各支社等に対して通知するなどの措置を講ずるよう意見を表示する。

分離橋りょうの上下線の2橋の橋脚補強を同時に実施していた事態

橋脚補強前

橋脚補強後（上下線2橋を同時に補強）

（検査報告460ページ）

（前掲71ページ「令和４年度決算検査報告の特色」参照）

（3　東日本高速道路株式会社、4　中日本高速道路株式会社、5　西日本高速道路株式会社）

処置済　プレキャストコンクリート床版等の非破壊試験の頻度について

＜要点＞

橋りょうのプレキャストコンクリート製の床版及びその接合部の設計に当たり、鉄筋のかぶりを確認するための非破壊試験について、プレキャストコンクリート製の床版の特徴及び製作状況並びにその接合部の構造等を考慮した適切な頻度とするよう改善させたもの（指摘金額：東会社2650万円、中会社2340万円、西会社6120万円）

プレキャストコンクリート製の床版等の非破壊試験等の概要

⑴　プレキャストコンクリート製の床版等の概要

　東日本高速道路株式会社（以下「東会社」）、中日本高速道路株式会社（以下「中会社」）及び西日本高速道路株式会社（以下「西会社」、これらの会社を「3会社」）は、高速道路の改築、修繕等として、既設橋りょうの老朽化した鉄筋コンクリート製の床版を取り替える工事（以下「床版取替工事」）等において、プレキャストコンクリート製の床版（以下「プレキャスト床版」）を多数使用している。

　プレキャスト床版は、主に工場で製作されるため、品質管理が場所打ちコンクリート製の床版（以下「場所打ち床版」）より容易であり、品質にばらつきが少なく、また、工事現場での省力化、工期短縮等を図ることができるものとなっている。そして、3会社は、床版取替工事においてプレキャスト床版を用いることを標準とするなどしている。

　プレキャスト床版を用いた床版取替工事等の施工に当たっては、架設したプレキャスト床版同士を接合して、橋りょうの延長に合わせた一連の床版を構築することから、プレキャスト床版同士を接合するための部分（以下「床版接合部」）が生ずることとなる。そして、プレキャスト床版の接合は、プレキャスト床版に固定された鉄筋を隣のプレキャスト床版の鉄筋と重ね合わせるなどした後に、当該床版接合部にコンクリートを充填する方法が標準となっている（参考図1及び2参照）。

⑵　非破壊試験等の概要

　3会社は、道路の建設及び維持修繕に関わるコンクリート構造物について、コンクリート施工管理要領（以下「コンクリート要領」）等に基づき施工管理を行うこととしている。コンクリート要領によれば、橋りょう上部構造等のコンクリート構造物は、完成した構造物における鉄筋のかぶり[注]が適切であるかなどを非破壊試験によって確認しなければならないこととされている。

　そして、非破壊試験の頻度は、場所打ち床版は橋軸方向に10m当たり上面及び下面の2か所、プレキャスト床版は製作工場において出荷前に1枚当たり上面及び下面の2か所、床版接合部は工事現場においてコンクリート充填後に1接合部当たり上面及び下面の2か所とされている。3会社は、高速道路は、高速走行等による構造物への負荷が大きいこと、床版等について補修が必要となった場合には大規模な交通規制が必要となるなど社会的な影響が大きいことなどを踏まえて、所定の品質を確保していることを確認するためにこれらの頻度を定めたとしている。

[注]　鉄筋のかぶり　　コンクリートと鉄筋との付着の確保、鉄筋の腐食の防護等のために設けられるコンクリートの厚さで、コンクリート内の鉄筋の表面からコンクリートの表面までの最短距離をいう。

検査の結果　令和4年度に契約を締結した工事のうち、プレキャスト床版を使用している全ての工事である東会社15工事(工事費計537億5469万円)、中会社10工事(工事費計1031億5129万円)、西会社8工事(工事費計542億1526万円)、計33工事(工事費計2111億2124万円)を対象として検査した。

33工事のうち非破壊試験に要する費用(以下「非破壊試験費」)を積上げ計上していた28工事(東会社12工事、中会社8工事、西会社8工事)は、全ての工事においてプレキャスト床版及び床版接合部の非破壊試験を、プレキャスト床版の1枚及び床版接合部の1接合部当たりそれぞれ上面及び下面の2か所等の頻度で実施することとして設計していた。そして、その積算額は、表のとおり、計1億7448万円(東会社4598万円、中会社3769万円、西会社9081万円)となっていた。

表　プレキャスト床版及び床版接合部の非破壊試験費を積上げ計上していた工事

(単位：工事、千円)

会社名	プレキャスト床版を使用している工事数	プレキャスト床版及び床版接合部の非破壊試験費を積上げ計上している工事		プレキャスト床版の非破壊試験費を積上げ計上している工事		床版接合部の非破壊試験費を積上げ計上している工事	
		工事数	積算額(A)=(B)+(C)	工事数	積算額(B)	工事数	積算額(C)
東会社	15	12	45,980	11	28,628	7	17,352
中会社	10	8	37,695	7	23,978	5	13,716
西会社	8	8	90,813	6	48,553	5	42,260
計	33	28	174,489	24	101,160	17	73,329

注(1) 一つの工事でプレキャスト床版及び床版接合部の両方の非破壊試験費を積上げ計上している工事があるため、それぞれの工事数を集計しても「プレキャスト床版及び床版接合部の非破壊試験費を積上げ計上している工事」の工事数の計とは一致しない。
注(2) 積算額は表示単位未満を切り捨てているため、各項目を集計しても計と一致しない。

⑴ プレキャスト床版の非破壊試験の頻度がプレキャスト床版の特徴及び製作状況を考慮したものとなっていなかった事態

「コンクリート標準示方書」によれば、工場で製作されるプレキャストコンクリート製品は、工場内で使用材料、製造等に対する一貫した品質管理を行うことなどで品質にばらつきが少ない製品を工事現場に供給することができるものとされていて、鉄筋のかぶりなどの確認は任意の抜取りにより行うのが一般的であるとされている。そして、3会社は、工事において使用するプレキャスト床版の製作工場について、過去に3会社へプレキャスト床版の納入実績があること又はプレキャストプレストレストコンクリート製品の日本産業規格の認証を受けていることを要件とするなどしており、3会社の工事において使用されるプレキャスト床版は、品質管理の体制が整っていて上記のような製作環境が確保された工場で製作されている。

このように、3会社におけるプレキャスト床版の特徴を踏まえれば、一連の製作工程において1回にコンクリートを打設できる範囲(以下「ロット」)で製作されたものについては、非破壊試験を一定の頻度で抜き取ったものに対して行えば、鉄筋のかぶりが適切に確保できているかを確認できるものとなっていた。

そして、3会社の過去の工事でのプレキャスト床版の製作状況をみたところ、製作工場における1回のロットで製作するプレキャスト床版の数量は、約95%の工事において2枚以上となっていた。

このため、3会社の工事において使用されるプレキャスト床版の特徴及び製作状況を踏まえる

と、その非破壊試験の頻度は、1枚当たり上面及び下面の2か所より低い頻度とすることができる状況となっていた。

⑵　床版接合部の非破壊試験の頻度が床版接合部の構造等を考慮したものとなっていなかった事態

　　床版接合部に配置される鉄筋は、前記のとおりプレキャスト床版のコンクリートに固定されていて、コンクリートの充塡の際に動かないものとなっている(参考図2参照)。一方、床版接合部は、工事現場でプレキャスト床版を架設した後にコンクリートを充塡するものである。したがって、床版接合部のコンクリートの自重がプレキャスト床版を載せる桁に作用することで、桁にたわみが生じて、床版接合部に充塡したコンクリートが沈み込み、コンクリートの表面の位置が変わることなどにより、鉄筋のかぶりに不足等が生ずるおそれがある。

　　上記の構造等を踏まえれば、床版接合部の非破壊試験は、桁のたわみが鉄筋のかぶりに影響しているかを確認すればよいものとなっていた。

　　そして、桁のたわみは支承と支承の間(以下「支間」)で生ずるものであり、床版取替工事の対象となる橋りょうの一般的な支間の延長が30m程度であること、床版接合部と同様に充塡したコンクリートの自重によるたわみの影響を受ける場所打ち床版の非破壊試験の頻度は橋軸方向に10m当たり上面及び下面の2か所であることなどを踏まえると、床版接合部の非破壊試験の頻度は、1接合部当たり上面及び下面の2か所より低い頻度とすることができる状況となっていた。

　　このように、プレキャスト床版及び床版接合部の非破壊試験について、プレキャスト床版の特徴及び製作状況並びに床版接合部の構造等を考慮することなく、プレキャスト床版の1枚及び床版接合部の1接合部当たりそれぞれ上面及び下面の2か所等の頻度で実施することとして設計していた事態は適切ではなく、改善の必要があると認められた。

[低減できた積算額]　前記の28工事の非破壊試験費の積算額、東会社12工事4598万円、中会社8工事3769万円、西会社8工事9081万円について、前記のプレキャスト床版の特徴及び製作状況並びに床版接合部の構造等を踏まえて、プレキャスト床版は2枚当たり上面及び下面の2か所、床版接合部は1支間当たり3接合部の上面及び下面の6か所(参考図3参照)等の頻度により、それぞれ非破壊試験を実施することとして試算すると、東会社1945万円、中会社1427万円、西会社2955万円となり、それぞれ約2650万円、約2340万円、約6120万円低減できたと認められた。

[3会社が講じた改善の処置]　3会社は、5年8月に、コンクリート要領を改定し、プレキャスト床版及び床版接合部の非破壊試験について、プレキャスト床版は2枚当たり上面及び下面の2か所、床版接合部は1支間当たり上面及び下面の6か所の頻度でそれぞれ実施することとして、同年9月からこれを適用する処置を講じた。

─<参考図1>─────────────────────────────

プレキャスト床版を使用した橋りょうの概念図

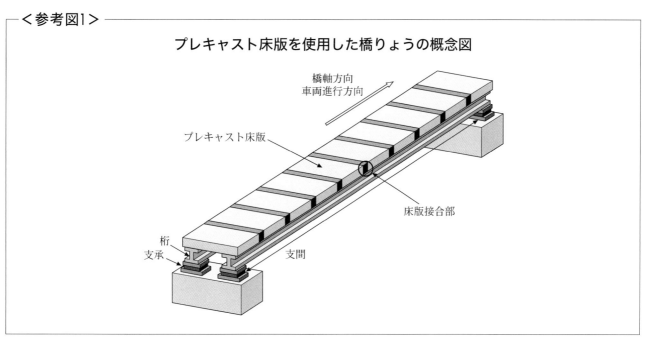

─<参考図2>─────────────────────────────

床版接合部の断面の概念図

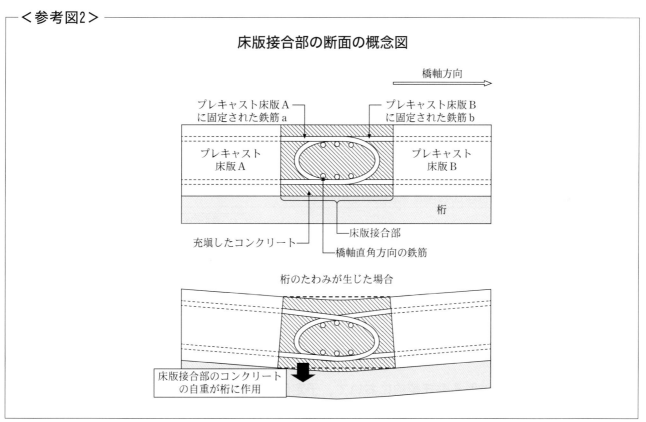

第Ⅱ章

東日本高速道路株式会社、中日本高速道路株式会社、西日本高速道路株式会社

―＜参考図3＞―

床版接合部の非破壊試験の頻度の概念図

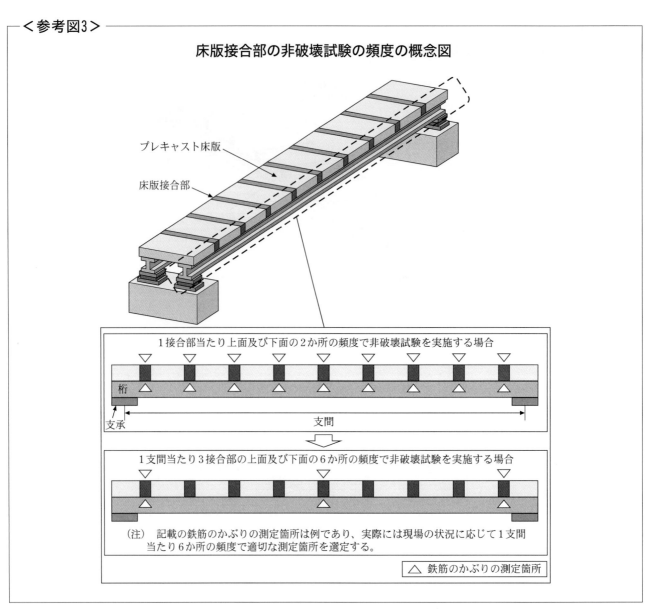

（検査報告469ページ）

◎　7　日本年金機構

不　当　警備業務に係る委託契約において、予定価格の積算に当たり、警備員の1時間当たりの人件費単価の算出を誤ったこと及び平日の巡回警備に係る1日当たりの配置時間数を過大に設定していたことにより、契約額が割高

―＜要点＞―
警備業務に係る委託契約において、予定価格の積算に当たり、警備員の1時間当たりの人件費単価の算出を誤ったこと及び平日の巡回警備に係る1日当たりの配置時間数を過大に設定していたことにより、契約額が5700万円割高となっていて、不当と認められる。

警備業務に係る委託契約の概要等　日本年金機構は、令和4年6月1日から7年5月31日までの間における本部施設の警備業務について、総合評価落札方式による一般競争入札により、テイケイ株式会

社に契約額4億9500万円で委託している。

　機構は、仕様書等において、警備員の配置箇所を平日と休日に分けてそれぞれ定め、配置箇所に警備員が常駐して行う警備(以下「常駐警備」)については、配置箇所ごとに常駐させる時間帯を示している。また、施設を警備員が巡回して行う警備(以下「巡回警備」)については、平日は原則として1日に計5回の巡回を行うとしてそれぞれ巡回する時刻を定めている。

　機構は、賃金構造基本統計調査(以下「賃金センサス」)における「きまって支給する現金給与額^(注)」「年間賞与その他特別給与額」等から算出した1か月当たりの人件費を基に、午前5時から午後10時までの間の1時間当たりの人件費単価(以下「日勤単価」)を算出し、また、午後10時から午前5時までの深夜時間帯については、労働基準法に定める割増しの対象になるとして、日勤単価に1.25を乗じてこの間の1時間当たりの人件費単価(以下「夜勤単価」)を算出しており、これらの単価に委託期間において必要な配置人数及び配置時間数を乗ずるなどして予定価格を積算している。

⎣検査の結果⎦　機構が賃金センサスを基に算出した日勤単価及び夜勤単価は、時間外勤務手当等や賞与等を含むものとなっていた。しかし、複数の警備員が交替で常駐警備と巡回警備に従事することで警備員1名の1日当たりの労働時間が8時間を超えないようにすることが可能であることなどから、日勤単価及び夜勤単価の算出に当たり、時間外勤務手当等を含める必要はなかった。また、労働基準法等によれば、深夜時間帯の労働に係る割増賃金の基礎となる賃金には賞与等は算入しないこととされていることから、夜勤単価について、賞与等を算入していない1時間当たりの人件費単価を算出した上で、これに割増率である25/100を乗じて得た割増額を日勤単価に加算する方法により算出すべきであった。

　さらに、機構は、巡回警備に係る人件費について、平日1日当たりの配置時間数を24時間と設定し、これに委託期間のうち平日の総日数を乗じて算出した日勤又は夜勤に係る総時間数に日勤単価又は夜勤単価を乗じて積算していた。しかし、仕様書等において、平日の巡回警備は原則として1日に計5回の巡回を行うとされているものの、1回当たりの所要時間数は示されていなかったことから、過去に機構から本部の警備業務に係る委託を受けていた受託事業者のシフト表等を確認したところ、1日当たりの配置時間数は最大でも計8.5時間程度(1回当たりの所要時間数は1.7時間)となっていて、終日(24時間)配置されるものとはなっていなかった。

　したがって、**日勤単価及び夜勤単価について、算定の基礎となる1か月当たりの人件費から時間外勤務手当等を除外するなどして算出するとともに、平日の巡回警備に配置する警備員の1日当たりの配置時間数を8.5時間とするなどして予定価格を修正計算すると4億3793万円となり、本件契約額4億9500万円はこれに比べて約5700万円割高となっていて不当**と認められる。　(検査報告475ページ)

処置済　国民年金保険料収納業務の請負契約に係る予定価格の積算について

┌─＜要点＞───┐
│　国民年金保険料収納業務に係る請負契約において、業務の実態をより適切に反映した実施見込件│
│　数を用いて予定価格を積算することにより、予定価格が適切に算定されるよう改善させたもの(指│
│　摘金額3億0920万円)│
└──┘

(注) きまって支給する現金給与額　事業所の就業規則等で定められた給与に関する支給条件及び算定方法によって支給された現金給与額をいい、基本給、通勤手当、家族手当等が含まれるほか、時間外勤務手当等も含まれる。

第Ⅱ章

日本年金機構

国民年金保険料収納業務等の概要

(1) 国民年金保険料収納業務に係る請負契約の概要

　　日本年金機構は、日本年金機構法等に基づき、国民年金保険料の滞納者に対して行う納付の勧奨(以下「納付督励」)等の業務を民間事業者に委託するなどして実施している。納付督励等の委託は、透明かつ公正な競争の下で民間事業者の創意と工夫を適切に反映させることにより、公共サービスをより良質かつ低廉に行うことを目的とする「競争の導入による公共サービスの改革に関する法律」に基づき実施されている。機構は、納付督励等の委託に当たり、全国の年金事務所を複数の契約地区に区分して、令和2年7月に、同年10月から5年4月までの間を事業対象期間とする請負契約(以下「令和2年契約」)17件を2民間事業者との間で、5年1月に、同年5月から8年4月までの間を事業対象期間とする請負契約(以下「令和5年契約」)15件を2民間事業者との間で、それぞれ締結している。

　　機構は、「国民年金保険料収納事業民間競争入札実施要項(令和5年5月開始事業)」等に基づき、総合評価落札方式による一般競争入札で契約の相手方となる民間事業者を選定している。機構は、実施要項等において、上記の事業対象期間を年度で3期に分割して、期ごとの納付率の目標等を定めている。入札に参加する民間事業者は、機構から提供される納付督励等の過去の実績値等を参考に、納付率の目標を達成できるよう、機構が求める最低限の督励実施頻度を上回る納付督励等の実施見込件数(以下「提案件数」)を期ごとに設定するなどした提案書を機構に提出している。

　　事業を受託した民間事業者(以下「受託事業者」)は、契約締結後、各期の開始前に、納付督励等を実際に行うための督励実施計画を作成し、機構の承認を得ている。受託事業者は、各期の督励実施計画において、提案件数と同様の手法により納付督励等の実施見込件数(以下「計画件数」)を設定し、計画件数に達するよう納付督励等を実施している。

　　実施要項等によれば、納付督励等の具体的な手段・手法の詳細は受託事業者の提案に委ねるものとするが、従来の納付督励等の実績を参考とし、適切かつ効果的に納付督励等を実施することとされている。機構は、この点を考慮して、計画件数が提案件数とかい離していても、過去の実績を踏まえた合理的な内容であり、納付率の目標を達成し得ると判断した場合には、計画件数を含めて督励実施計画を承認するとしている。

(2) 令和5年契約に係る予定価格の積算

　　機構は、契約地区ごとに、人件費等の必要な経費を期ごとに積み上げて予定価格を積算しており、電話による納付督励等(以下「電話督励」)に係る人件費については次のとおり算出している。

① 電話番号を把握している滞納者数に、最低限の督励実施頻度に基づく滞納者1人当たりの督励件数を乗じて、電話督励を最低限実施すべき件数(以下「最低実施件数」)を算出する。

② 前回契約である令和2年契約の提案件数を同契約の最低実施件数で除することにより、最低実施件数に対して受託事業者が実際に納付督励等を行うと見込まれる件数が何倍になるかを示す倍率(以下「勧奨倍率」)を算出する。

③ ①の最低実施件数に、②の勧奨倍率を乗じて、実施予定件数を算出する(次式参照)。

④ ③の実施予定件数を基にオペレーターの必要席数を算出し、これに人件費単価を乗ずるなど

して電話督励に係る人件費を算出する。

　機構は、最低実施件数に勧奨倍率を乗じた実施予定件数に基づいて電話督励に係る人件費を算出している理由について、納付率の目標の達成のためには、最低限の督励実施頻度以上に納付督励等を実施する必要があることから、受託事業者が実際に行うと見込まれる電話督励の件数を予定価格の積算に反映させるためであるとしている。

検査の結果 令和5年契約15件(契約金額計65億1949万円、予定価格計75億2749万円)を対象として検査した。

　機構は、前記のとおり、令和5年契約の予定価格の積算に当たり、勧奨倍率について、令和2年契約の最低実施件数に対する提案件数の倍率により算出している。また、機構は、計画件数が提案件数とかい離していても、過去の実績を踏まえた合理的な内容であり、納付率の目標を達成し得ると判断した場合には、計画件数を含む督励実施計画を承認するとしている。そこで、令和2年契約について、提案件数と計画件数とを比較したところ、17件の第1期から第3期までの全ての期において両者は一致しておらず、各期の提案件数に対する計画件数の増減率は、最も増加したもので15.79%、最も減少したもので△55.85%となっていた。また、事業対象期間全体でみると、提案件数計84,398,224件に対して計画件数は計77,854,061件となっていて、上記の増減率は△7.75%となっていた。

　提案件数と計画件数とがかい離している理由について、最もかい離が大きかった契約の受託事業者に確認したところ、提案件数は、契約開始前の実績値を基に3期分を一括して作成している一方、計画件数は、各期における直近の実績値を基に期ごとに作成しており、両者の作成時期が異なることにより、計画件数の方が用いる実績値の時点が新しくなるためであるとしている。また、機構の事業実施部署(以下「実施部署」)は、この点について、民間事業者の創意と工夫により、期を重ねるごとに効果的な納付督励等が実施できるようになれば、提案件数と計画件数との間にかい離が生ずることもあるなどとしている。そして、機構の予定価格積算部署(以下「積算部署」)は、勧奨倍率を用いて予定価格を積算している理由について、前記のとおり、受託事業者が実際に行うと見込まれる電話督励の件数を予定価格に反映させるためであるとしている。

　しかし、積算部署は、実施部署から令和2年契約の計画件数に係る情報が共有されていなかったことから、前記のとおり、令和5年契約の予定価格の積算に当たり、受託事業者の創意と工夫が反映された直近の実績値を基に作成された令和2年契約の計画件数ではなく、それよりも古い実績値を基に作成された令和2年契約の提案件数に基づくなどして算出した勧奨倍率を用いて電話督励に係る人件費を算出していた。

　したがって、業務の実態を予定価格の積算により適切に反映させるためには、予定価格の積算に用いる勧奨倍率は、前回契約の提案件数ではなく、直近の実績値を基に作成された前回契約の計画件数に基づくなどして算出する必要があると認められた。

　このように、**機構において、積算部署が実施部署との間で計画件数を共有しておらず、予定価格の積算が業務の実態をより適切に反映したものとなっていなかった事態は適切ではなく、改善の必要があると認められた。**

低減できた積算額 以上のことを踏まえて、計画件数に基づくなどして勧奨倍率を算出して、令和5年契約の予定価格を修正計算すると、**72億1822万円**となり、予定価格を**約3億0920万円低減できた**と認められた。

機構が講じた改善の処置 機構は、5年8月に、関係部署に対して通知を発出して、次回の契約か

ら、積算部署と実施部署との間で前回契約の計画件数を共有し、積算部署において、前回契約の提案件数に代えて計画件数に基づくなどして算出した勧奨倍率を用いて予定価格を積算することにより、予定価格が業務の実態を反映して適切に算定されるよう処置を講じた。　　（検査報告477ページ）

処置済　日本年金機構が設置しているコールセンターで使用する統計管理装置（サーバ）等の機器群における情報セキュリティ対策について

＜要点＞

日本年金機構情報セキュリティポリシー等に基づいて実施すべき情報セキュリティ対策を事業担当部署に対して周知徹底することなどにより、情報システムの調達、保守等業務の外部委託等において適切な情報セキュリティ対策が講じられるよう改善させたもの（指摘金額6億1871万円）

日本年金機構における情報セキュリティ対策の概要等

(1)　日本年金機構情報セキュリティポリシーの概要等

　日本年金機構は、多数の情報システムを開発し、管理し、運用するなどしており、これらの情報システムについて、適切な情報セキュリティ対策を講ずるため、日本年金機構情報セキュリティポリシーを策定している。

　ポリシーによれば、情報システムとは、ハードウェア及びソフトウェアから成るシステムであって、情報処理又は通信の用に供するものとされている。そして、当該情報システムを所管する情報システムセキュリティ責任者（以下「セキュリティ責任者」）は、情報セキュリティ上の脅威に対抗するために必要となるセキュリティ要件(注)を適切に決定し、仕様書等に明記することとされている。また、セキュリティ責任者は、サーバ装置、端末等で使用するソフトウェアに関して公開されているぜい弱性対策を実施するとともに、その状況を定期的に確認し、対策が執られていない場合等には、ぜい弱性対策計画を策定し、必要な措置を講ずることとされている。

　機構が管理している情報資産台帳に登録された情報システムは、令和3年10月時点で719システムとなっており、このうち、他の機器と通信を行っており、ソフトウェアのぜい弱性対策等の情報セキュリティ対策を講ずることが特に重要とされる情報システムは、35システムとなっている。

(2)　情報セキュリティ要件確認実施要領等の概要

　情報管理対策室は、2年3月に情報セキュリティ要件確認実施要領を制定し、セキュリティ責任者等が定義又は設定を行ったセキュリティ要件がポリシーに適合しているかの適合性確認を実施するための手順等を定めて、同年9月から施行しており、事業担当部署は、情報システムの開発、購入、運用等を行おうとする場合、情報管理対策室に対して適合性確認の依頼を行って確認を受けることとなっている。

　また、システム企画部は、日本年金機構システム外部委託実施要領を制定し、情報システムの開発、運用等の外部委託の実施に際し、仕様書の作成、受託業者の選定及び契約書の作成等に当たって必要な事項を定めており、事業担当部署は、情報システムの調達等に係る外部委託を実施する場合、契約書、調達仕様書及び要件定義書の各案（これらを「仕様書案等」）を作成し、事前にシステム企画部に仕様書案等の審査を依頼しなければならないこととなっている（参考図参照）。

(注) セキュリティ要件　ポリシーに規定するセキュリティ責任者等が実施する必要がある遵守事項又は基本対策事項

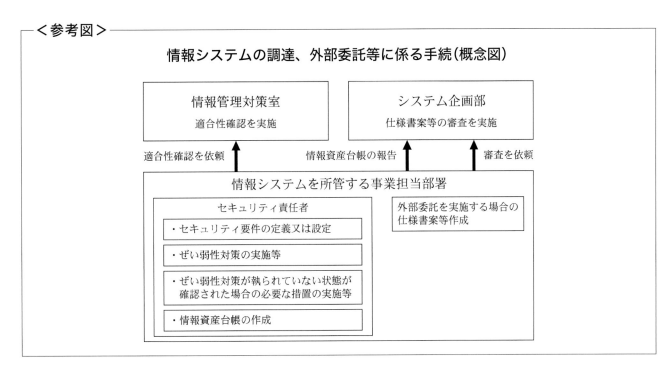

＜参考図＞

情報システムの調達、外部委託等に係る手続（概念図）

（図中）

情報管理対策室	システム企画部
適合性確認を実施	仕様書案等の審査を実施

適合性確認を依頼　　　　　情報資産台帳の報告　　　　審査を依頼

情報システムを所管する事業担当部署

セキュリティ責任者
・セキュリティ要件の定義又は設定
・ぜい弱性対策の実施等
・ぜい弱性対策が執られていない状態が確認された場合の必要な措置の実施等
・情報資産台帳の作成

外部委託を実施する場合の仕様書案等作成

⑶　**相談・サービス推進部が所管している情報システムの概要等**

　相談・サービス推進部は、事業担当部署の一つであり、年金相談業務をコールセンター等で実施しており、コールセンターにおいて電話相談に使用するためのコールセンター機器群（以下「CC機器群」）を調達して管理している。CC機器群は、前記35システムの一つであり、構内電話交換機、統計管理装置、ソフトウェア、通話録音装置、操作用パーソナルコンピュータ等で構成されており、調達、運用等に要した費用は、2年4月から5年10月までの間で計6億1871万円となっている。

　検査の結果

⑴　**CC機器群の調達契約等に係るセキュリティ要件の定義又は設定等の状況**

　CC機器群には通話録音装置が配置され、電話相談を行う被保険者等（以下「相談者」）とオペレーターとの間でのやり取りは全て同装置に録音される仕組みとなっており、同装置に記録される音声データには年金個人情報が含まれる。したがって、CC機器群については、情報システムとして、年金個人情報等の漏えいなどのリスクを回避するための情報セキュリティ対策を適切かつ確実に実施する必要がある。

　しかし、相談・サービス推進部は、CC機器群について、その調達等に当たり、情報セキュリティ対策が必要な情報システムに該当しない事務用の機器等（以下「事務機器」）であると判断し、事務機器として取り扱っていた。

　このため、同部が2年4月に実施したCC機器群の調達等及び同年9月以降に実施した保守等業務の外部委託に際して、セキュリティ責任者である相談・サービス推進部長は、セキュリティ要件の定義又は設定を行っていなかった。そして、同部は、システム企画部に対する仕様書案等の内容に係る審査の依頼を行っておらず、また、要件確認要領に基づき、2年9月以降は、情報管理対策室に対するセキュリティ要件に係る適合性確認の依頼を行うこととなったのに、2年9月以降に実施する保守等業務の外部委託に際して、これを行っていなかった。また、システム委託要領によると、外部委託の実施に当たり、仕様書等を作成する場合には、受託業者においてポリシーに適合した情報セキュリティ対策を確実に実施することなどの年金個人情報を保護する上で重要なセキュリティ要件や、受託業者の社員及び再委託先の社員がデータの持ち出しを行わないための対

策及び持ち出しを行った場合の対応策等について定めることとなっているのに、CC機器群の保守等業務に係る外部委託契約の仕様書等においてこれらの内容が定められていなかった。

⑵ CC機器群に係るぜい弱性対策の状況

前記のとおり、CC機器群に配置される通話録音装置には相談者とオペレーターとのやり取りが録音され、その音声データには年金個人情報が含まれる。また、ポリシーによれば、セキュリティ責任者は、ぜい弱性対策を実施するとともに、ぜい弱性対策の状況を定期的に確認し、ぜい弱性対策が執られていない状態が確認された場合等には、ぜい弱性対策計画を策定することなどとされている。

しかし、CC機器群において使用されているOSについて、製造元からぜい弱性に係る情報が随時公開されるなどしていたにもかかわらず、セキュリティ責任者である相談・サービス推進部長は、これらの情報を把握していなかった。そのため、セキュリティパッチ(注)を適用するなどのぜい弱性対策を実施しておらず、ぜい弱性対策計画の策定についての検討も行っていなかった。

これらのことなどから、CC機器群については、相談者の年金個人情報を含む録音データが漏えいするなどのリスクが回避されているとは認められない状況となっていた。

このように、**機構において、CC機器群について、ポリシーに基づく適切な情報セキュリティ対策が講じられておらず、相談者の年金個人情報を含む録音データが漏えいするなどのリスクが回避されているとは認められない状況となっていた事態は適切ではなく、改善の必要があると認められた。**

日本年金機構が講じた改善の処置 機構は、次のような処置を講じた。

ア　相談・サービス推進部は、CC機器群について、5年9月末までに、セキュリティ要件の定義又は設定を行い、適合性確認及び仕様書案等の審査を受けるなどした上で保守等業務に係る外部委託契約を締結するとともに、セキュリティパッチの適用等のぜい弱性対策等を実施し、相談者の年金個人情報を含む録音データが漏えいするなどのリスクを回避するための措置を完了した。

イ　情報管理対策室及びシステム企画部は、5年8月に、事業担当部署に対して指示文書を発出して、情報システムの調達、保守等業務に係る外部委託等に当たっては、ポリシー、要件確認要領及びシステム委託要領に基づき、事前に情報管理対策室の確認及びシステム企画部の審査を受ける必要があることや、情報セキュリティ対策の必要性等に関する情報システムと事務機器の分類上の整理及びそれぞれの調達手続について、改めて周知徹底した。　　　　　（検査報告480ページ）

◯　8　独立行政法人大学入試センター

処置済　大学入学共通テストに係る試験問題冊子等及びリスニング機器の調達について

― <要点> ―
大学入学共通テストに係る試験問題冊子等及びリスニング機器の調達に当たり、教科等別登録割合及びリスニング機器の不具合発生率等を考慮した経済的な調達を継続的に行うよう関係部局に周知徹底するなどするとともに、大学入試センターが保有する情報を活用して調達数量の算定基準等を検討するなどする会議を設置して継続的に調達数量を見直す体制を整備することにより、これらの調達が経済的に行われるよう改善させたもの（指摘金額7005万円）

(注) セキュリティパッチ　既に公開されているOSやソフトウェア等において発見されたぜい弱性等に対処するために製造元等から提供されるプログラム

制度の概要

⑴　**大学入学共通テストの概要**

　　独立行政法人大学入試センター(以下「センター」)は、大学に入学を志願する者に対し、大学と共同して大学入学共通テスト(以下「共通テスト」)を実施している。

　　共通テストの出題教科・科目等(教科及び科目等を「教科等」)のうち「外国語」の科目である「英語」は、リーディング試験及びリスニング試験で構成することとなっている。また、共通テストは、本試験のほか、天災その他の事情により試験が実施できなかった場合の再試験及び病気その他のやむを得ない事情により所定の試験を受験できなかった者に対する追試験を、センターが定めるところにより実施することとなっている。

⑵　**試験問題冊子等及びリスニング機器の調達等**

　　センターは、令和3、4両年度の共通テストの実施に当たり、表1のとおり、試験問題冊子及び解答用紙(以下「試験問題冊子等」)並びに「英語」のリスニング試験で使用するICプレーヤー、音声メモリー、イヤホン等(以下「リスニング機器」)を調達している。

表1　試験問題冊子等及びリスニング機器の調達に係る契約、調達数量等

調達品目	年度	契約名	契約年月日 (変更契約年月日)	調達数量 (部・台)	支払額 (万円)
試験問題 冊子等^(注)	令和3	令和4年度大学入学共通テスト 試験問題冊子等の印刷	3年12月21日 (4年2月10日)	4,525,215 4,890,950	16億5157
	4	令和5年度大学入学共通テスト 試験問題冊子等の印刷	4年12月1日 (5年2月10日)	4,445,160 4,807,470	16億8674
リスニング 機器	3	令和4年度大学入学共通テスト 英語リスニング用音声機器等賃貸借・輸送等業務	3年6月28日 (3年11月26日)	578,000	18億6079
	4	令和5年度大学入学共通テスト 英語リスニング用音声機器等賃貸借・輸送等業務	4年6月28日 (4年12月12日)	556,350	18億4731

(注) 試験問題冊子等の令和3、4両年度の調達数量欄の上段は試験問題冊子、下段は解答用紙の調達数量である。

検査の結果

センターにおいて、3、4両年度の契約で調達した試験問題冊子等(3年度支払額16億5157万円、4年度支払額16億8674万円)及びリスニング機器(3年度支払額18億6079万円、4年度支払額18億4731万円)を対象として検査した。

⑴　**試験問題冊子等及びリスニング機器の調達数量の算定に当たり、教科等別登録割合及び不具合発生率等を十分に考慮していなかった事態**

　ア　**試験問題冊子等及びリスニング機器の調達数量の算定に当たり、教科等別登録割合を十分に考慮していなかった事態**

　　　センターは、本試験で使用する志願者用の試験問題冊子等について、原則として、志願者数を推計し(推計した志願者数を「志願者推計数」)、これに、前年度の共通テストにおける全志願者数に占める各受験教科等別の登録者数の割合(以下「教科等別登録割合」)を乗ずるなどして、教科等別の調達数量を算定していた。一方、「英語」の試験問題冊子等及びリスニング機器については、志願者推計数と同数を調達数量として算定しており、教科等別登録割合を考慮していなかった。

　　　しかし、「英語」の教科等別登録割合をみると、3年度98.89%、4年度99.07%となっており、実際には「英語」を登録しない志願者も例年約5,000人いることから、「英語」についてのみ教科等別登録

割合を考慮しない理由はなく、他の教科等と同様に考慮して調達数量を算定する必要があると認められた。

　また、センターは、再試験及び追試験で使用する受験者用の試験問題冊子等及びリスニング機器について、原則として、再試験及び追試験の受験が想定される人数(以下「想定受験者数」)を見積もり、これと同数を調達数量として算定しており、教科等別登録割合を考慮していなかった。

　しかし、教科等別登録割合と再試験及び追試験の受験者数に占める各教科等別の受験者数の割合(以下「教科等別受験割合」)との間には強い正の相関関係がみられたことから、再試験及び追試験について教科等別登録割合を考慮しない理由はなく、本試験と同様に考慮して調達数量を算定する必要があると認められた(参考図参照)。

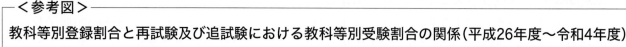

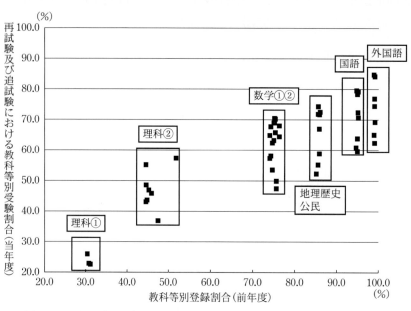

───＜参考図＞───

教科等別登録割合と再試験及び追試験における教科等別受験割合の関係(平成26年度～令和4年度)

(注)「地理歴史・公民」及び「理科②」については、1科目受験者と2科目受験者がいるものの、センターでは、同教科の延べ受験科目数のみ把握しているとのことから、当該年度の本試験の2科目受験者の割合を用いて、受験者数を推計した。

イ　予備機の調達数量の算定に当たり、不具合発生率等を十分に考慮していなかった事態

　センターは、予備のリスニング機器(以下「予備機」)について、志願者推計数に一定の予備率を乗じた数を調達数量としていた。予備率については、平成21年度に実施した試験におけるリスニング機器の不具合発生率(リスニング試験受験者数に占める各大学から報告された不具合発生台数の割合をいう。)等を考慮して、6.0%としていた。

　しかし、29年度から令和3年度までに実施された試験における不具合発生率を確認したところ、最も高かった年度は平成29年度の約0.05%であり、最も高かった試験場は約0.95%となっていて、各試験室で予備機の数を上回る不具合が発生する可能性は相当低い状況となっていたと思料された。センターは、試験の円滑な実施に万全を期するため、当面は志願者数50人以上の試験室には2台以上の予備機を配分することにしていることを踏まえると、予備率は4.0%あれば足りると認められた。

　ア及びイを踏まえて、本試験の「英語」の志願者推計数並びに再試験及び追試験の想定受験者数

に教科等別登録割合を乗ずることとするとともに、予備機の算定に当たり志願者推計数に乗ずる予備率を4.0%として、試験問題冊子等及びリスニング機器の必要な調達数量を試算したところ、表2のとおり、調達価格相当額計7005万円(令和3年度3375万円、4年度3629万円)を節減できたと認められた。

表2　節減できたと認められた調達数量及び調達価格相当額等

| 年度 | 調達品目 | 実際の調達数量(部・台) | 必要な調達数量(部・台) | 節減できたと認められた調達数量(部・台) | | | | 節減できたと認められた調達価格相当額(注)(万円) |
				アの事態のうち「英語」に係るもの	アの事態のうち「再試験及び追試験」に係るもの	イの事態	小計	
令和3	試験問題冊子	4,525,215	4,474,224	11,594	39,397	—	50,991	2437
	解答用紙	4,890,950	4,829,649	11,594	49,707	—	61,301	73
	リスニング機器	578,000	561,586	5,797	150	10,467	16,414	864
	計	—	—	—	—	—	—	3375
4	試験問題冊子	4,445,160	4,390,214	9,456	45,490	—	54,946	2764
	解答用紙	4,807,470	4,740,658	9,456	57,356	—	66,812	79
	リスニング機器	556,350	541,432	4,728	22	10,168	14,918	785
	計	—	—	—	—	—	—	3629
合計		—	—	—	—	—	—	7005

(注) 節減できたと認められた調達価格相当額は万円未満を切り捨てているため、各調達品目の金額を合計しても計欄及び合計欄の金額と一致しない。

⑵　センターにおける調達数量の見直しの状況

センターは、調達数量の算定の参考にするなどのために、例年、教科等別登録割合、リスニング機器の不具合発生台数等の情報を収集するなどし、保有している。

しかし、センターは、調達数量に不足が生じないことに重点を置いて見直しを行っており、経済的な調達となるよう調達数量を削減する余地がないかという検討には、保有する情報を十分に活用していなかった。

このように、**センターにおいて、試験問題冊子等及びリスニング機器の調達に当たり調達数量の算定が経済的に行われていなかった事態は適切ではなく、改善の必要があると認められた。**

センターが講じた改善の処置　センターは、試験問題冊子等及びリスニング機器の調達が経済的に行われるよう、次のような処置を講じた。

ア　5年8月に、関係部局に対して通知を発出して、教科等別登録割合及びリスニング機器の不具合発生率等を考慮した調達を継続的に行うよう周知徹底するとともに、同年6月及び7月に締結した5年度の調達契約においてこれらを考慮した調達数量とすることとした。

イ　5年8月に、センターが保有する情報を活用して調達数量の算定基準等の検討及び経済的な調達数量となっているかの点検を行い、共通テストの確実な実施を確保しつつ経済的な調達を実現することを目的として関係部局等の職員で構成される会議を設置し、継続的に調達数量を見直す体制を整備した。

(検査報告485ページ)

◯ 9　独立行政法人海技教育機構

不　　当　情報セキュリティ強化対策として機構の業務用端末をインターネットから分離するなどの契約の実施に当たり、機構において必要な業務を適時適切に実施していなかったため、分離システムの構築のために賃借した機器等の一部が未使用、また、追加費用が発生

━<要点>━━━━━━━━━━━━━━━━━━━━━━━━━━━━━━━━━━━
情報セキュリティ強化対策として機構の業務用端末をインターネットから分離するなどの契約の実施に当たり、VPNの構築に必要な検証を事前に行っていなかったため、船陸間のVPNを構築できず、分離システムの構築を一部断念した結果、賃借された機器等が一度も使用されていなかったり、分離システムの構築に必要な情報が機構から会社に適切に提供されなかったなどのため、追加費用が発生していたりしていて、6598万円が不当と認められる。
━━━━━━━━━━━━━━━━━━━━━━━━━━━━━━━━━━━━━━━

インターネット分離に係る契約の概要等　独立行政法人海技教育機構は、機構本部、海技大学校等の学校、練習船等の各拠点において、情報システムの安全性を確保するためのインターネットからの分離を行うため、平成29年8月に三菱HCキャピタル株式会社（令和3年3月31日以前は日立キャピタル株式会社）との間で、「情報セキュリティ強化対策に係わるインターネット分離及び保守業務」（以下「分離契約」、同契約により構築されるシステムを「分離システム」）を最終変更後契約額1億3852万円で締結し、同額を平成30年1月から令和5年4月までの間に会社に対して支払っていた。

　機構は、業務で取り扱う個人情報等をインターネット分離によって確実に保護するために、各拠点間にVPN[注1]を構築することとしていた。VPNの構築に当たり開発に係るコストを抑制し工程の手戻りを防ぐには、工事の計画等の内容を踏まえ、事前に各拠点間においてVPNの構築が可能かどうかを検証した上で着手することが必要となる。このVPNに係る検証及び構築については、分離契約の仕様書等において機構の業務であるとされていた。また、会社が分離システムを構築するためには、IPアドレス[注2]等の情報が必要となるが、このIPアドレス等の情報は、部外に秘匿を要するものとして、機構が自ら設定して会社に提供することとして、機構に支援・情報提供義務があるとされていた。

検査の結果　機構は、当初平成30年3月までに分離システムを構築し、30年4月に運用を開始することとしていたが、機構が、分離システムの構築に係る事前の準備や検討を十分に行わず、進捗管理等も適切に行わなかったなどの結果、運用開始が当初予定の30年4月から令和3年6月へと大幅にずれ込むことになり、その過程において、次のような事態が生じていた。

⑴　VPNの構築に必要な検証を事前に行っていなかったため、船陸間のVPNを構築できず、分離システムの構築を一部断念した結果、賃借された機器等が一度も使用されていなかった事態

　　機構は、VPNルータ等を用いて機構自ら各拠点間においてVPNを構築した上で、平成30年3月までに分離システムを構築することにしていた。そして、VPNの構築に当たり、開発に係るコストを抑制し工程の手戻りを防ぐには、事前にVPNの構築が可能かどうかを検証した上で着手することが必要となる。しかし、機構は、VPNルータと分離用サーバ等を接続すれば問題なく進められると考えていたことから、VPNの構築の検証を行う予定を立てていなかった。また、会社は機構に対して各

(注1) VPN　　Virtual Private Networkの略で仮想専用網と呼ばれる。インターネットをあたかも専用線であるかのように利用するネットワーク形態をいう。
(注2) IPアドレス　　インターネットに接続されるコンピュータ等を識別するため、各コンピュータ等に割り振られる数字列

拠点間におけるVPNの構築を30年1月までに行うよう依頼していたが、機構は工事の立会いのため対応できないなどの理由により、応じていなかった。このため、本部と練習船間(以下「船陸間」)の検証は令和元年12月になって初めて行われた。この検証の結果、船陸間では従来のモバイル回線でインターネット分離を行うと、通信容量が不足して業務に使用できないなどの問題が判明したため、機構は、2年3月に練習船における分離システムの構築を断念した。この結果、練習船に設置予定の分離用サーバ10台等(支払額相当額4260万円)は、一度も使用されることのないまま賃借期間終了後(5年4月)に会社に返還されていた。

⑵ 分離システムの構築に必要な情報が機構から会社に適切に提供されなかったなどのため、追加費用が発生していた事態

　機構は、IPアドレス等の情報について、部外に秘匿を要するものであるとして、自ら設定して会社に提供することとしており、会社は機構に対して平成30年1月までにIPアドレス等の提供を依頼していた。しかし、機構は工事の立会いのために対応できないなどの理由により、応じていなかった。また、30年4月の人事異動でも事務引継が十分に行われなかったことなどから、その後もIPアドレス等の提供は行っていなかった。このため、機構は30年10月に自らIPアドレス等を設定することは困難であるとして、会社にその設定等を依頼し、IPアドレスの調査費用等2841万円を追加費用とする変更契約を締結した。当該追加費用には、船陸間の分離システム断念に伴い最終の変更契約により減額された練習船に係る代金を含むため、当該減額分を控除した2338万円が最終的な追加費用となる。

　前記⑴及び⑵の事態について、全体像を示すと参考図のとおりである。

したがって、**使用されていなかった分離用サーバ等に係る支払額相当額4260万円及び追加費用の支払額2338万円の計6598万円が不当**と認められる。

＜参考図＞
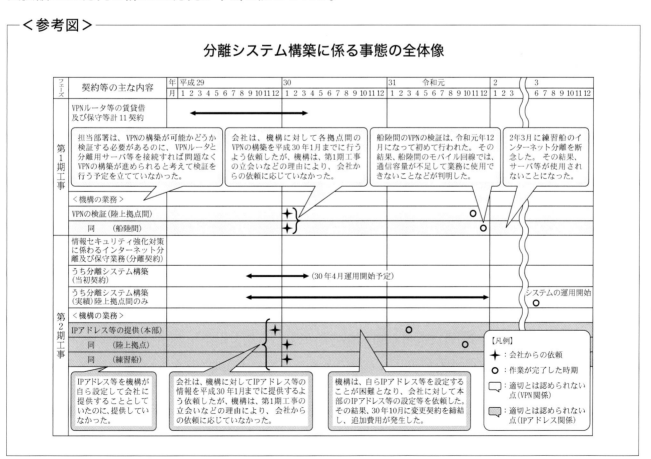

(検査報告492ページ)

独立行政法人海技教育機構

第Ⅱ章

国立研究開発法人新エネルギー・産業技術総合開発機構

◎　10　国立研究開発法人新エネルギー・産業技術総合開発機構

不　　当　委託事業で再委託事業者が購入し又は製造した機械装置等を機構の取得財産として管理していなかったため、機構の資産売却収入が不足

＜要点＞

委託事業で再委託事業者が購入し又は製造した機械装置等を機構の取得財産として管理していなかったため、機構において、一部の機械装置等を事業者又は再委託事業者に有償譲渡しておらず、機構の資産売却収入が418万円不足していて不当と認められる。

委託事業の概要等　国立研究開発法人新エネルギー・産業技術総合開発機構は、平成27年度から30年度までの間に、地中熱利用システムのコスト削減のための技術開発等を行う事業(以下「本件事業」)を東邦地水株式会社(以下「事業者」)に委託している。また、事業者は、本件事業のうち、地下水熱交換ユニットの開発に係る業務をゼネラルヒートポンプ工業株式会社(以下「再委託事業者」)に再委託している。

　機構が定めた業務委託契約約款及び委託業務事務処理マニュアルによれば、委託事業を実施するために受託者が購入し又は製造した機械装置等のうち、取得価額が50万円以上かつ法定耐用年数が1年以上のものは、検収又はしゅん工の検査をした日をもって機構の取得財産とすることとされている。また、再委託先が購入し又は製造した機械装置等のうち、取得価額が50万円以上かつ法定耐用年数が1年以上のものは、上記と同様に、機構の取得財産とすることとされている。

　そして、受託者は、購入し又は製造した機械装置等が機構の取得財産に該当することを機構に対して報告することとなっている。また、再委託先は、購入し又は製造した機械装置等が機構の取得財産に該当することを受託者を通じて機構に対して報告することとなっている。

　なお、機構の資産管理簿に登録された機械装置等に改造を行った場合で、その費用が10万円以上である場合は、別途資産管理簿に登録する必要があることとなっている。

　機構は、取得財産について、委託事業終了後、原則として受託者又は再委託先に譲渡することとなっており、譲渡価格は、取得価額、法定耐用年数等を用いて算出した事業終了日の属する月の残存価額を基に算定する(受託者等に機構の取得財産を売却することを「有償譲渡」)こととなっている。

検査の結果　再委託事業者は、28年7月から31年1月までの間に、地下水熱交換ユニットの開発に係る業務を実施するために、熱交換ユニット2点及び熱交換ユニットを含む空調システム1点を製造し、また、制御ソフト1点及び制御部品1点を購入して当該空調システムを改造していた(これら5点の取得価額計977万円)。そして、事業者が機構に提出した実績報告書等において、これら5点の取得価額は機械装置等費等に計上されていた。一方、再委託事業者は、これら5点について、事業者を通じて機構に対して行うこととなっている取得財産としての報告を行っていなかった。このため、機構は、これら5点を取得財産として管理していなかった。

　しかし、これら5点のうち4点は取得価額が50万円以上かつ法定耐用年数が1年以上のものであること、また、残りの1点は取得価額が50万円未満であるものの、上記4点のうち1点を改造するための部品でありその費用が10万円以上であることから、これら5点の機械装置等は機構の取得財産に該当する。このため、再委託事業者は、事業者を通じて機構に対して報告する必要があり、機構は、事業者からの報告を受けて、資産管理簿に登録して管理する必要があった。そして、これら5点のうち、

第三者の敷地に設置しているため原状回復を求められて、他に移設すると機能を失うことから廃棄処理を行った1点を除く4点(取得価額計798万円)について、機構は、それぞれの取得価額、法定耐用年数等を用いて算出した事業終了日の属する月の残存価額を基に算定した価格で事業者又は再委託事業者に有償譲渡する必要があったと認められる。

　したがって、上記の4点について、本件事業の終了時点における残存価額を基に有償譲渡する際の価格を算定すると計418万円となることから、機構において同額の資産売却収入が不足していて、不当と認められる。

(検査報告500ページ)

◎ 11 独立行政法人情報処理推進機構

不　　当　地域事業出資業務勘定において、政府出資等に係る不要財産の国庫納付に当たり損益取引により生じた配当金等に係る額を含めて申請し、主務大臣により同額の資本金の減少の決定及び通知がされ、同額の資本金を減少したため、財務諸表の資本金の額が過小に表示されていて不適正

　┌─**＜要点＞**────────────────────────────────────┐
　│地域事業出資業務勘定において、政府出資等に係る不要財産の国庫納付に当たり損益取引により生じた配当金等に係る額を含めて申請し、主務大臣により同額の資本金の減少の決定及び通知がされ、同額の資本金を減少したため、財務諸表の資本金の額が4290万円過小に表示されていて、機構の元年度の財務諸表における資本金の額が適正に表示されておらず不当と認められる。│
　└──┘

財務諸表の作成等の概要　独立行政法人情報処理推進機構は、独立行政法人通則法(以下「通則法」)に基づき、毎年度、貸借対照表、損益計算書等(以下「財務諸表」)を作成することとなっている。また、機構の会計は、「「独立行政法人会計基準」及び「独立行政法人会計基準注解」(以下「会計基準」)等に従うとされ、会計基準では、資本取引と損益取引とを明瞭に区別しなければならないこととなっていて(資本取引・損益取引区分の原則)、政府からの出資等といった会計上の財産的基礎の変動と業務に関連し発生した剰余金の変動との区分に留意することとなっている。

　通則法第8条によれば、独立行政法人は、その保有する重要な財産であって主務省令で定めるものが将来にわたり業務を確実に実施する上で必要がなくなったと認められる場合には、通則法第46条の2の規定により、当該財産(以下「不要財産」)を処分しなければならないこととされている。そして、同条第1項によれば、不要財産であって、政府からの出資又は支出に係るもの(以下「政府出資等に係る不要財産」)については、遅滞なく、主務大臣の認可を受けて、これを国庫に納付することとされている。また、同条第4項によれば、同条第1項の規定による国庫への納付をした場合において、当該納付に係る政府出資等に係る不要財産が政府からの出資に係るものであるときは、当該独立行政法人の資本金のうち当該納付に係る政府出資等に係る不要財産に係る部分として主務大臣が定める金額(以下「主務大臣決定額」)については、当該独立行政法人に対する政府からの出資はなかったものとし、当該独立行政法人は、その額により資本金を減少することとされている。主務大臣決定額については、主務大臣が独立行政法人に通知することとなっている。

検査の結果　機構は、平成31年4月に国庫納付に係る申請書を経済産業本省に提出するなどして、令

和元年6月に、地域事業出資業務勘定[注1](以下「出資勘定」)に属する①解散した地域ソフトウェアセンター[注2]に係る残余財産の分配金3億1646万円、②各地域ソフトウェアセンターからの配当金2192万円、③残余財産の分配金等の金融機関への預入れなどにより得られた運用収益等に相当する現金及び預金2099万円の計3億5938万円を政府出資等に係る不要財産であるとして国庫に納付していた。そして、経済産業本省は、主務大臣決定額を納付額と同額の3億5938万円と定めて機構に通知し、通知を受けて機構は、同額の資本金を減少し、資本取引として会計処理を行っていた。その後、機構は、これに基づき、出資勘定の貸借対照表の資本金の額を60億1843万円として元年度の財務諸表を作成していた。

しかし、②の配当金2192万円と、③の運用収益等2099万円から政府出資見合いの資産である未収収益4,625円を控除した2098万円の計4290万円は、損益計算書に収益として計上されていたものの累計であり、損益取引により生じたものであった。

このため、機構が上記の4290万円を含めて計3億5938万円の現金及び預金を政府出資等に係る不要財産であるとして国庫納付に係る申請書を提出したこと、経済産業本省が主務大臣決定額を同額と定めて機構に対して通知したこと、通知を受けて機構が同額の資本金を減少する会計処理をしたことは誤りであり、機構及び経済産業本省は、いずれの額についても、4290万円を除いた計3億1647万円とすべきであった。そして、これに伴い、元年度の出資勘定の貸借対照表は、正しくは資本金の額を60億6134万円と表示する必要があり、資本金の額は4290万円過小に表示されていた。

したがって、機構の元年度の財務諸表は、出資勘定の貸借対照表の資本金の額が適正に表示されておらず、不当と認められる。

(検査報告503ページ)

◎　12　独立行政法人中小企業基盤整備機構

処置済　熊本地震に係る被災中小企業施設・設備整備支援事業の貸付原資の滞留について

＜要点＞

独立行政法人中小企業基盤整備機構が被災中小企業施設・設備整備支援事業を実施するために熊本県に貸し付けた貸付金について、同県に対して、被害を受けた中小企業者等への貸付金の交付見込みを踏まえた規模の見直しを求めることにより、使用見込みのない額を返還させるよう改善させたもの(指摘金額9億1320万円)

被災中小企業支援事業に係る貸付け等の概要等

⑴　被災中小企業支援事業に係る貸付け等の概要

熊本地震に係る被災中小企業施設・設備整備支援事業(以下「被災中小企業支援事業」)は、平成28年熊本地震[注3]により被害を受けた中小企業者等(以下「被災中小企業者等」)に対して、施設又は

(注1) 地域事業出資業務勘定　情報処理の促進に関する法律の一部を改正する法律附則第8条の規定に基づき、地域ソフトウェアセンターに対する出資に係る経理をその他の経理と区分して整理するために設けられた勘定
(注2) 地域ソフトウェアセンター　ソフトウェア供給力の開発を効果的に図ることができると認められる地域において、プログラム業務従事者の知識及び技能の向上を図る事業その他のソフトウェア供給力開発事業を推進するために設立された株式会社。国からの出資金を原資として、機構の前身である特別認可法人情報処理振興事業協会が1社当たり4億円を出資して20社が設立されたが、解散により令和4年度末現在は9社となっている。
(注3) 平成28年熊本地震　平成28年4月14日以降に発生した同県を中心とする一連の地震活動

設備の整備に必要な資金を貸し付ける事業である。そして、独立行政法人中小企業基盤整備機構は、機構が定めた「熊本地震に係る被災中小企業施設・設備整備支援事業に係る熊本県に対する資金の貸付けに関する準則」(以下「準則」)等に基づき、被災中小企業支援事業を行う公益財団法人くまもと産業支援財団(以下「財団」)に被災中小企業支援事業の実施に必要な資金を無利子で貸し付ける熊本県に対して、その貸付けに係る資金の一部を無利子で貸し付けている。

準則によれば、被災中小企業支援事業は、機構が同県に貸し付ける資金(以下「機構貸付金」)を財源として同県が財団に貸し付ける資金(以下「県貸付金」)により実施することとされている。そして、両貸付金の用途は、それぞれ、財団が被災中小企業者等に対して資金の貸付けを行う事業(以下「貸付事業」)と、財団が貸付事業を実施するために必要な貸付決定、債権管理等の事務を行う事業(以下「管理事業」)とに区分されている。

機構は、参考図1のとおり、同県に対して平成28年9月、29年9月及び令和元年12月の3回にわたり合計385億4070万円(貸付事業分計141億2730万円、管理事業分計244億1340万円)の機構貸付金を交付している。同県は、これに同県が負担する資金(県貸付金の1/100に相当する額)を加えて、合計389億3000万円(貸付事業分計142億7000万円、管理事業分計246億6000万円)を県貸付金として財団に交付している。県貸付金の交付を受けた財団は、準則等により、貸付事業に係る県貸付金142億7000万円を原資として貸付事業を実施するほか、管理事業に係る県貸付金246億6000万円を用いて事務費充当基金を造成し、その運用益等を原資として管理事業を実施している^(注)(貸付事業の原資を「貸付原資」、貸付事業における被災中小企業者等に対する貸付金を「財団貸付金」)。

＜参考図1＞

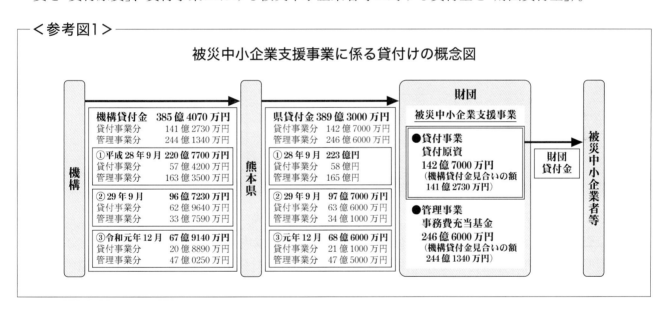

被災中小企業支援事業に係る貸付けの概念図

(2) 被災中小企業支援事業の実施手続

　被災中小企業支援事業における財団貸付金の貸付対象者は、同県から熊本県中小企業等グループ施設等復旧整備補助金(以下「グループ補助金」)等の交付決定を受けた被災中小企業者等とされている。また、貸付対象となる経費は、グループ補助金等の交付決定の対象となる施設及び設備の復旧・整備等に要する経費とされている。そして、財団貸付金は、上記経費のうち被災中小企

(注) 令和4年度末時点において、事務費充当基金の運用益等の累計額は計6億7041万円、管理事業費の累計額は計6億4434万円(うち人件費等の経費1億9107万円、貸倒引当金4億5327万円)となっていて、2606万円の差額が生じているが、同時点における貸付残高120億9073万円に対する貸倒引当金の必要見込額14億1461万円(準則の規定に基づき事務費充当基金の必要額を検討する際に熊本県が用いる貸倒引当実績率11.7%により算出)には達していない。

業者等の自己負担額の一部を財団が無利子で貸し付けるものである。財団は、同県が令和2年10月にグループ補助金等の最終の交付決定を行ったことを受けて、財団貸付金の借入申込みの受付期間(以下「借入申込期間」)を3年3月末までとしている。

　財団貸付金の貸付けに当たっては、財団が借入申込書の内容等を審査し、機構及び同県から承認を受けた上で貸付決定することとなっている。貸付決定を受けた被災中小企業者等は、貸付対象の施設等の整備及び経費の支払を完了したときには速やかに財団に報告し、報告を受けた財団は、報告内容が貸付決定の内容等に適合すると認めたときは、交付すべき財団貸付金の額を確定の上、交付することとなっている。同県は、財団貸付金が交付された場合には、財団から報告を受けて、その旨を貸付実行通知書により機構に通知することとなっている。財団貸付金の額は、貸付決定の額(以下「貸付決定額」)の範囲内となっている。

　被災中小企業者等に対する財団貸付金の交付期間(以下「貸付実施期間」)については、準則によれば、同県が機構貸付金の交付を受けた日の2年後の日の属する事業年度末までとされているが、同県からの申請に基づき、1事業年度ごとに貸付実施期間の延長を認めることができることとされている。そして、参考図2のとおり、元年12月交付分の機構貸付金に係る貸付実施期間は、2回延長されて6年3月末までとなっている。

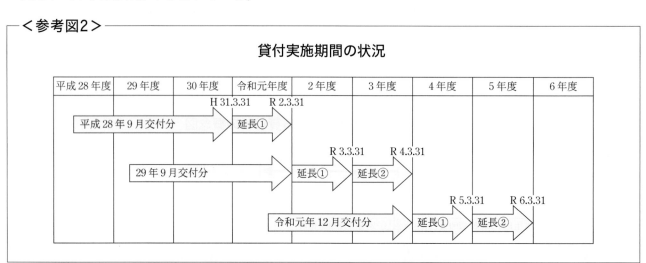

＜参考図2＞

貸付実施期間の状況

平成28年度	29年度	30年度	令和元年度	2年度	3年度	4年度	5年度	6年度

H 31.3.31　R 2.3.31

平成28年9月交付分　延長①

R 3.3.31　R 4.3.31

29年9月交付分　延長①　延長②

R 5.3.31　R 6.3.31

令和元年12月交付分　延長①　延長②

　そして、準則等によれば、財団は、貸付実施期間の終了後、財団貸付金として交付しなかった貸付原資の額(以下「未使用額」)を貸付実施期間終了後1年以内に同県に返還することとされており、同県は、財団から返還を受けた未使用額から同県の負担分を除いた額を機構に返還することとされている。

検査の結果　貸付事業に係る機構貸付金141億2730万円を対象として会計実地検査を行った。

　前記のとおり、財団は、財団貸付金の借入申込期間を3年3月末までとしており、最終の貸付決定は同年4月となっていて、同月までに252件を貸付決定していた。同県は、4年2月に、このうち2件について、同年3月末時点で未交付となる見込みであるとして、元年12月交付分の機構貸付金に係る貸付実施期間を5年3月末まで延長する申請書を機構に提出し、機構は4年3月にこれを承認していた。そして、財団は、4年3月末までに、上記2件を除く250件について、計131億1221万円の財団貸付金を被災中小企業者等に交付していた。

　その後、財団は、4年4月に、未交付となっていた上記2件のうち1件について財団貸付金1億4216万円を交付し、財団からその報告を受けた同県は、同年6月に貸付実行通知書により機構にその旨を通

知していた。一方、同年4月末時点で未交付となっていた残りの1件(貸付決定額9319万円)については、当該被災中小企業者が貸付対象としている施設等が、同県が実施する土地区画整理事業(6年度内に整備完了予定)の区域内にあり、同事業の完了後に、当該被災中小企業者が貸付対象の施設等の整備等を行うことになるため、当該被災中小企業者への財団貸付金の交付は早くても6年度以降になると見込まれていた。

そして、機構は、これらにより、貸付事業に係る県貸付金142億7000万円のうち、財団貸付金として交付済みの132億5437万円を除いた10億1562万円が4年4月末時点における未使用額であり、未交付となっていた6年度以降に交付予定の1件を除き財団貸付金の交付が完了し多額の未使用額が生じていることを4年6月に把握していた。

しかし、機構は、財団貸付金の交付見込みを踏まえた県貸付金の規模の見直しを行うよう同県に求めていなかった。

このため、同県において、県貸付金の規模の見直しが行われておらず、県貸付金のうち未使用額10億1562万円から、6年度以降に交付予定の1件の貸付けについて必要と見込まれる9319万円を控除した9億2242万円(機構貸付金見合いの額9億1320万円)は、財団において使用見込みのない資金となっていた。

このように、**貸付事業の資金が使用見込みのないまま財団に滞留している事態は適切ではなく、改善の必要があると認められた。**

| 機構が講じた改善の処置 | 機構は、同県に対して、財団貸付金の交付見込みを踏まえて県貸付金の規模の見直しを行い、使用見込みのない機構貸付金について返還するよう求め、同県は、機構と協議を行い、6年度以降に交付予定の1件の貸付けに必要な資金の上限額を貸付決定額と同額と決定し、5年4月に財団から県貸付金9億2242万円の返還を受けた。そして、機構は、同年5月に、同県から機構貸付金9億1320万円を返還させる処置を講じた。　　　　　　　　(検査報告506ページ)

処置済　小規模事業者持続化補助金の原資として交付した事業費の滞留について

| ＜要点＞ |
中小企業生産性革命推進事業のうちコロナ特別対応型の小規模事業者持続化補助金事業において事務局に概算払された事業費について、補助金の支払が終了していて使用見込みのない額を返還させるよう改善させたもの(指摘金額5億8226万円)

| 持続化補助事業等の概要 |
⑴　生産性革命事業の概要

独立行政法人中小企業基盤整備機構は、第4期中期計画(平成31年4月から令和6年3月まで)等に基づき、中小企業、小規模事業者等の販路開拓、設備投資、ITツールの導入等の支援を行う中小企業生産性革命推進事業(以下「生産性革命事業」)を実施している。生産性革命事業は、小規模事業者持続化補助金事業(以下「持続化補助事業」)のほか、ものづくり・商業・サービス生産性向上促進事業、サービス等生産性向上IT導入支援事業等の各事業で構成されている。

そして、機構は、第4期中期計画において、令和元年度一般会計補正予算を始めとする累次の補正予算に基づいて国から交付された運営費交付金を使用して上記の各事業を実施することとしており、補正予算ごとに運営費交付金の使途を限定している。このうち、令和2年度一般会計補正予算(第1号)及び令和2年度一般会計補正予算(第2号)により追加的に交付された運営費交付金(以下

「コロナ運営費交付金」)については、「新型コロナウイルス感染症緊急経済対策」等に基づいて補正予算に計上されたものであることを踏まえて、生産性革命事業における各事業において従前から実施している事業と区別して、新型コロナウイルス感染症が事業環境に与える特徴的な影響を乗り越えるための事業(以下「特別枠の事業」)のために使用することとしている。

(2)　持続化補助事業の概要

機構が生産性革命事業の一つとして実施している持続化補助事業は、生産性向上に資する経営計画を作成して販路開拓等に取り組む小規模事業者等に対して、これに要する経費の一部を補助するために、小規模事業者持続化補助金(以下「持続化補助金」)を交付するものである。そして、持続化補助事業は、令和元年度一般会計補正予算等に基づいて国から交付された運営費交付金を使用して実施する一般型の事業(以下「持続化補助事業(一般型)」)、コロナ運営費交付金を使用して実施するコロナ特別対応型の事業(以下「持続化補助事業(コロナ型)」)等に区分されている。このうち、持続化補助事業(コロナ型)は、持続化補助事業(一般型)の創設後、持続化補助事業における特別枠の事業として2年4月に新たに創設されたものである。

機構は、持続化補助事業(一般型)の実施に当たり、2年1月に、事業の管理、運営等を行う事務局を公募し、同年3月に全国商工会連合会(以下「全国連」)を商工会地区(主として町村の区域)における事務局として選定している。そして、機構は、全国連に対して、持続化補助事業の実施に必要な事業費(小規模事業者等に対して持続化補助金を交付するための原資として事務局に支払われる資金)及び事務費(事務局が持続化補助事業の管理、運営等を行うための人件費等の経費)を補助金として交付した上で、全国連から小規模事業者等に対して持続化補助金を交付する間接補助の方法を採用している。

一方、機構は、持続化補助事業(コロナ型)については、新型コロナウイルス感染症の感染拡大の影響を受けている小規模事業者等が十分に事業の実施期間を確保できるよう、迅速な体制の整備と速やかな業務の実施を図る必要があるとして、商工会地区における事務局に係る業務を持続化補助事業(一般型)の事務局となっている全国連に委託するとともに、小規模事業者等に対する持続化補助金の交付を機構自らが行う直接補助の方法を採用している。そして、機構は、同年4月に全国連との間で随意契約により、持続化補助事業(コロナ型)における事務局に係る業務(以下「委託業務」)に関する委託契約を締結していて、当該契約には、小規模事業者等に対する持続化補助金の支払業務が含まれている。

商工会地区における持続化補助事業に係る資金等の流れを示すと参考図のとおりである。

＜参考図＞

商工会地区における持続化補助事業に係る資金等の流れ

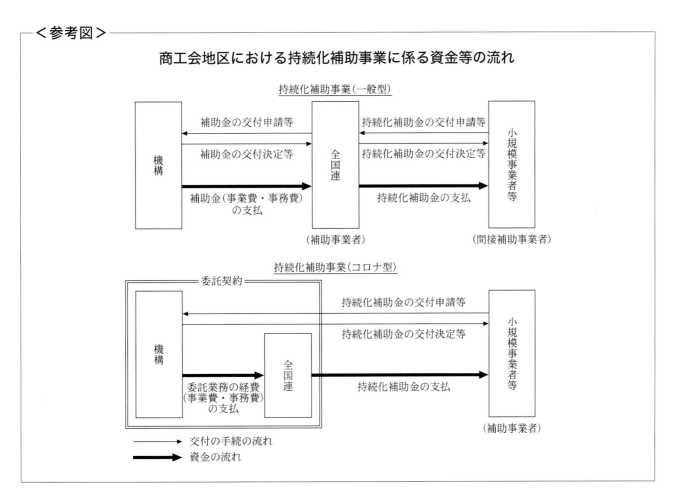

また、持続化補助事業(コロナ型)において、小規模事業者等が実施する事業の実施期限は3年10月末までとなっている。

⑶　持続化補助事業(コロナ型)における機構と全国連との委託契約の概要

持続化補助事業(コロナ型)における機構と全国連との委託業務に関する委託契約書によれば、事務費については、全国連の請求に基づき機構が概算払できることとされており、委託業務の終了後、概算払額が確定額を超える場合には、指定する期日までにその超過分を返還しなければならないこととされている。また、小規模事業者等に対する持続化補助金の支払業務の実施に当たり必要となる事業費については、事務費の場合に準じて、全国連に概算払できることとされていて、機構は、全国連に対して、2年6月から3年11月にかけて事業費計151億円を概算払している。そして、機構は、事業費の概算払額が小規模事業者等に対する持続化補助金の確定額を超えた場合については、事務費と同様にその精算を委託業務の終了後に行うとしている。

また、委託契約書によれば、全国連は、毎会計年度終了後に、委託業務の実施内容等を記載した実施報告書を機構に提出することとされている。

そして、機構と全国連との委託業務に関する委託契約の契約期間は、当初、令和2年度一般会計補正予算(第1号)の成立日である2年4月30日から4年2月28日までとされていたが、小規模事業者等に対する持続化補助金の交付が終了した後においても、機構が実施する小規模事業者等の取得財産に係る処分承認申請等の関係手続等の対応への協力等を行わせる必要があるとして、機構と全国連との間で変更契約を締結した上で6年3月31日まで延長されている。

第Ⅱ章

国立大学法人旭川医科大学、国立大学法人大阪大学

検査の結果　事業費の概算払額151億円を対象として、機構及び全国連において会計実地検査を行った。

全国連は、機構に提出した実施報告書の中で、事業費について、当該年度に実際に要した額(以下「実績額」)を機構に報告しており、これによると、3年度末時点における事業費の実績額は、計145億1773万円となっていた。そして、全国連から小規模事業者等に対する持続化補助金の支払は4年3月までに全て終了していたことから、事業費の概算払額151億円と実績額145億1773万円との差額である5億8226万円については、同年4月以降、使用見込みのないものとなっていた(表参照)。

表　全国連における持続化補助事業(コロナ型)の事業費の実績額等

(単位：千円)

機構から全国連に対する事業費の概算払費(令和3年度末時点) (a)	全国連における事業費の実績額(3年度末時点) (b)	4年4月以降使用見込みのない事業費 (a－b)
15,100,000	14,517,733	582,266

しかし、機構は、事業費の精算については、事務費と合わせて6年3月31日までの委託業務の終了後に行うとしていたことから、上記の5億8226万円については、4年4月以降、全国連において引き続き保有されたままとなっており、生産性革命事業における各事業の特別枠の事業に活用できない状況となっていた。

このように、同月以降、使用見込みがないにもかかわらず、持続化補助事業(コロナ型)の事業費5億8226万円が全国連に滞留している事態は適切ではなく、改善の必要があると認められた。

機構が講じた改善の処置　機構は、5年5月に、前記の使用見込みのない事業費について全国連から返還させる処置を講じた。

(検査報告510ページ)

(前掲64ページ「令和４年度決算検査報告の特色」参照)

◎　13　国立大学法人旭川医科大学、14　国立大学法人大阪大学

不　　　当　有形固定資産の減価償却に当たり適用する耐用年数を誤っていたため、財務諸表の表示が不適正

＜要点＞

有形固定資産の減価償却に当たり、構造、用途等に応じて「病院用のもの」の区分の法定耐用年数を適用しなければならない建物であるのに、誤って「事務所用のもの」の区分を適用するなどしていたため、旭川医科大学の貸借対照表の建物に係る減価償却累計額が2億7703万円過大に計上され、また、大阪大学の貸借対照表の建物に係る減価償却累計額が28億0185万円過小に計上されるなどしていて、両法人の令和3事業年度の財務諸表が適正に表示されておらず、不当と認められる。

財務諸表の作成等の概要　国立大学法人等は、毎事業年度、貸借対照表、損益計算書、国立大学法人等業務実施コスト計算書(以下「業務実施コスト計算書」)等(以下「財務諸表」)を作成することとなっている。国立大学法人等の会計については、国立大学法人法及び国立大学法人法施行規則に基

づき、国立大学法人会計基準(以下「会計基準」)等に従うものとされ、会計基準等に定められていない事項については一般に公正妥当と認められる企業会計の基準に従うものとなっている。

国立大学法人等が保有する有形固定資産の評価方法については、会計基準によれば、その取得原価から減価償却累計額及び減損損失累計額を控除した価額をもって貸借対照表価額とすることとされている。そして、取得原価の費用配分については、会計基準等によれば、減価償却の方法によって、当該資産の耐用年数にわたり各年度に配分することとされている。また、減価償却に当たり適用する耐用年数については、原則として減価償却資産の耐用年数等に関する省令において、建物にあってはその構造、用途等による区分に応じて定められるなどしている法定耐用年数を適用することとされている。

国立大学法人等が保有する償却資産のうち、その減価に対応すべき収益の獲得が予定されないものとして特定された資産(以下「特定償却資産」)の減価に係る会計処理については、会計基準によれば、当該資産の減価償却相当額は、損益計算上の費用には計上せず、資本剰余金を減額することとされている。そして、会計基準等によれば、納税者である国民の国立大学法人等の業務に対する評価及び判断に資するため、一会計期間に属する国立大学法人等の業務運営に関して、国民の負担に帰せられるコスト(以下「国立大学法人等業務実施コスト」)に係る情報を一元的に集約して表示することとされており、損益計算上の費用から運営費交付金及び国又は地方公共団体からの補助金等に基づく収益以外の収益を控除した額、特定償却資産の減価償却相当額等は、国立大学法人等業務実施コストに属するものとされている。

[検査の結果] 国立大学法人旭川医科大学及び国立大学法人大阪大学は、設立時に国から出資された、本部管理棟等計19棟及び病棟・診療棟等計8棟の減価償却に当たり、当該建物の構造、用途等の区分に応じた法定耐用年数等を適用したとしていた。

しかし、両法人は、構造、用途等に応じて「病院用のもの」の区分の法定耐用年数を適用しなければならない建物であるのに、誤って「事務所用のもの」の区分を適用するなどしていた。

このため、旭川医科大学の令和3事業年度の財務諸表は、貸借対照表の建物に係る減価償却累計額が2億7703万円過大に計上され、固定資産が同額過小に表示されていた。また、損益計算書の設備関係費が726万円過小に計上され、経常費用が同額過小に表示されていた。そして、業務実施コスト計算書の業務費が726万円過小に、損益外減価償却相当額が5225万円過小にそれぞれ計上され、国立大学法人等業務実施コストが5952万円過小に表示されるなどしていた。

また、大阪大学の3事業年度の財務諸表は、貸借対照表の建物に係る減価償却累計額が28億0185万円過小に計上され、固定資産が同額過大に表示されていた。また、損益計算書の設備関係費が1億3952万円過小に計上され、経常費用が同額過小に表示されていた。そして、業務実施コスト計算書の業務費が1億3952万円過小に、損益外減価償却相当額が111万円過小にそれぞれ計上され、国立大学法人等業務実施コストが1億4063万円過小に表示されるなどしていた。

したがって、両法人の3事業年度の財務諸表が適正に表示されておらず、不当と認められる。

(検査報告518ページ)

第Ⅱ章

◎　15　国立大学法人山口大学

不　当　学生健康診断サポート・データ管理システムの開発契約において、仕様書等で会社に対して提供することとされていた情報を適切に提供しなかったことなどにより、給付が完了していなかったのに、会社から納品書等を提出させ、会計規則等に反して給付が完了したこととして契約金額全額を支払

―＜要点＞――――――――――――――――――――――――――――――
学生健康診断サポート・データ管理システムの開発契約において、仕様書等で会社に対して提供することとされていた情報を適切に提供しなかったことなどにより、給付が完了していなかったのに、会社から納品書等を提出させ、会計規則等に反して給付が完了したこととして契約金額全額を支払っていて、499万円が不当と認められる。
――――――――――――――――――――――――――――――――――

学生健康診断サポート・データ管理システムの開発契約等の概要

(1)　契約の概要

　　国立大学法人山口大学は、「学生健康診断サポート・データ管理システム」(以下「新システム」)に係るソフトウェアの開発を、令和4年3月に、随意契約によりエコマス株式会社に契約金額499万円で請け負わせて実施している(この契約を「開発契約」)。

　　開発契約の内容は、山口大学の教員(以下「担当教員」)が自ら構築した学生健康診断システム(以下「旧システム」)について、Web化するなどするものであり、山口大学は、会社に対して、旧システムのライブラリー等の情報(以下「旧システムの情報」)を提供することとされている。そして、会社は、44項目の要件を満たした機能を有する新システムを4年3月31日までに開発することとされている。

(2)　給付の完了の確認等の概要

　　山口大学は、国立大学法人山口大学財務会計規則等(以下「会計規則等」)に基づき、請負契約に係る給付の完了を確認するため、必要な検査をしなければならないこととしており、当該検査を命ぜられた者(以下「検査職員」)は、契約金額が500万円未満の契約等については、納品書等に押印又はサインすることにより確認を行ったことを明らかにしなければならないなどとなっている。

検査の結果　山口大学は、開発契約について、給付が完了したとして検査職員がサインした納品書等に基づき、4年4月に会社に対して契約金額の全額を支払っていた。

　　しかし、開発契約の履行期限である4年3月31日から約10か月が経過した5年2月の会計実地検査時点においても、前記44項目のうち36項目の要件に係る機能を利用することができない状況となっていた。

　　そこで、開発契約の履行状況について確認したところ、担当教員は、旧システムの情報等について、開発契約の契約締結後速やかに会社に提供しておらず、履行期限の直前である4年3月下旬に一部のみを提供していた。一方、会社は、旧システムの情報等の提供を速やかに受けることができなかったことなどから、担当教員に対して履行期限までに新システムの開発を完了させることが困難である旨を連絡していた。しかし、担当教員は、会社に対して、履行期限までに新システムの開発が完了したこととして納品書等を発行するよう依頼し提出させていた。そして、検査職員は、新システムの開発が完了していないことを認識していながら、提出された上記の納品書にサインして、給付を確認したものとしていた。

国立大学法人山口大学

　また、検査職員が給付の完了を確認したとする4年3月31日時点における開発契約の給付の状況を確認したところ、前記44項目のうち42項目の開発が完了していなかった。

　このように、開発契約の仕様書等において会社に提供することとされていた旧システムの情報等を担当教員が適切に提供しなかったことなどにより新システムの開発が完了していないのに、会社から納品書等を提出させ、会計規則等に反して給付の完了を確認したこととして検査職員が納品書にサインし、これに基づき契約金額全額を支払っていたことは適切ではなく、**開発契約の支払額499万円が不当**と認められる(前掲117ページ参照)。　　　　　　　　　　　　　　　　(検査報告522ページ)

◎ 16　阪神高速道路株式会社

不　　当　耐震補強設計業務委託契約における鋼製橋脚に係る耐震補強の要否の判定及びそれに基づく設計について、適用した基準が適切でなかったため、改めてやり直す結果となっていて、成果品が所期の目的不達成

> ＜要点＞
> 耐震補強設計業務委託契約における鋼製橋脚に係る耐震補強の要否の判定及びそれに基づく設計について、適用した基準が適切でなかったため、改めてやり直す結果となっていて、成果品が所期の目的を達成しておらず、契約額相当額1999万円が不当と認められる。

契約等の概要　阪神高速道路株式会社大阪管理局(令和元年7月1日以降は管理本部管理企画部)は、平成28、29両年度に、橋りょうの耐震補強工事を実施するために、これに係る設計業務(以下「耐震補強設計業務」)を、契約額1億0161万円で阪神高速技研株式会社(以下「委託業者」)に委託して実施している。

　耐震補強設計業務は、既設橋りょうの鋼製橋脚134基等を対象として、耐震補強の要否を判定するとともに、耐震補強が必要と判定された橋脚について耐震補強設計を行うなどするものである。

　阪神高速道路株式会社(以下「会社」)は、橋りょうの設計に当たり、「道路橋示方書・同解説」(以下「示方書」)を適用することとしているが、既設橋りょうの鋼製橋脚に係る耐震補強設計等については、独自に定めた「鋼製橋脚の耐震設計・耐震補強設計手引き(案)」(以下「阪神基準」)を適用することとしている。

　阪神基準は、示方書を基に、会社において鋼製橋脚が多く用いられていることや平成7年兵庫県南部地震の被害実績等を勘案して策定されたものであり、耐震補強設計業務の実施時点において、耐震設計等について国内で広く適用されている示方書と比較しても、設計上許容される上限値が低く設定されているほか、耐震補強の要否の判定方法が異なるなどしている。そして、会社は、阪神基準を策定して以降、鋼製橋脚に係る耐震補強の要否の判定等については全て阪神基準を適用して実施することとしている。

検査の結果　大阪管理局は、平成28年熊本地震を契機とした緊急輸送道路の耐震補強対策を推進するという国の方針を踏まえて、早期に事業完了が見込めるなどとして阪神基準ではなく示方書を適用することとし、耐震補強設計業務委託契約を締結した直後の打合せにおいて、鋼製橋脚に係る耐震補強の要否の判定等については、示方書を適用するよう委託業者に指示していた。その結果、鋼製橋脚134基のうち116基において耐震補強が必要であると判定され、それに基づいて設計等された

成果品を29年12月に受領していた。

　大阪管理局は、上記の成果品に基づき、鋼製橋脚116基について耐震補強工事を施工することとして、30年5月に施工業者に請け負わせて実施していた。しかし、令和元年5月、大阪管理局は、他の鋼製橋脚の耐震補強との整合等を図る見直しを行うこととして、鋼製橋脚134基に係る耐震補強の要否の判定等について阪神基準を適用して行うこととすることを施工業者に通知し、別途の委託業務等において、鋼製橋脚134基に係る耐震補強の要否を判定し、それに基づく設計をやり直した結果、鋼製橋脚123基に係る耐震補強が必要であるとされた設計の成果品を2年3月に受領していた。その後、大阪管理局は、上記の成果品に基づいて、耐震補強工事の施工業者と変更契約を締結していた。

　このように、会社は、示方書とは別に阪神基準を独自に定め、鋼製橋脚に係る耐震補強の要否の判定等については全て阪神基準を適用することとしているのに、大阪管理局は、独自の判断により、示方書を適用するよう委託業者に指示していた。その結果、改めて阪神基準を適用してやり直す結果となり、示方書を適用して実施した鋼製橋脚134基に係る耐震補強の要否の判定及びそれに基づく成果品は耐震補強工事に使用されていなかった。

　したがって、鋼製橋脚134基に係る耐震補強の要否の判定等に適用した基準が適切でなかったため、改めてやり直す結果となっていて、示方書を適用して実施した成果品が所期の目的を達しておらず、これに係る契約額相当額1999万円が不当と認められる。

耐震補強対象の鋼製橋脚

（検査報告525ページ）

◎　17　日本郵便株式会社

処　置　済　荷物等集配委託契約に付随して荷物を配達地域ごとに区分する業務に対する委託料の
支払について

─＜要点＞─

荷物等集配委託契約に付随して荷物を配達地域ごとに区分する業務に対する委託料の支払に当
たり、覚書の日額単価等が実態に即したものとなるよう日額単価等の設定方法や変更の手続を
具体的に定めることにより区分業務委託料の支払等が適切に行われるよう改善させたもの（指摘
金額9995万円）

区分業務加算払制度の概要

(1)　荷物の集配業務に付随する区分業務加算払制度の概要

　日本郵便株式会社は、全国に13の支社と計2万を超える郵便局を設置し、このうち1,054郵便局
（令和5年3月現在。以下「集配局」）において、荷物の集荷及び配達（以下「集配業務」）を行ってい
る。集配局は、大半において、集配業務の効率的な運用等のためにその一部を法人等に委託して
実施している（この委託を「集配委託」、この委託に係る契約を「集配委託契約」）。集配局では、荷
物の到着が早朝であるため、到着した荷物を配達地域ごとに区分する業務（以下「区分業務」）を行
う要員の確保が難しいなどの場合があるため、「荷物の区分作業委託に関する覚書」（以下「覚書」）
を集配業務の受託者と締結して、区分業務を集配委託契約に付随する業務として、集配委託の受
託者に委託している。

　3年度に覚書を締結している集配委託契約は、11支社^(注)管内の200集配局における計516件となっ
ている。

　区分業務の委託は、日本郵便が定めた「集配委託マニュアル（郵便局用）」、「会計事務マニュアル
（共通事務集約センター用）」等（以下「マニュアル等」）に基づき実施されている。

　マニュアル等によれば、区分業務に対する委託料（以下「区分業務委託料」）は、集配委託契約の
委託料に加算して支払うこととされている（この仕組みを「区分業務加算払制度」）。そして、区分
業務委託料は、業務量に応じて1日当たりの単価（以下「日額単価」）を定めることとされており、区分
業務の委託は、各支社の集配業務所管部署（以下「支社（集配部門）」）から本社への上申に基づき、
必要と認められる集配局において行うこととされている。

　日本郵便本社によれば、区分業務の委託は、早朝に集配局の要員の確保が難しいなどのやむを
得ない理由がある場合に実施するものであることから、区分業務委託料は、集配局で区分業務に
係る受託者の作業人員や作業時間の管理を行うための更なる要員が必要となる1人当たり又は1時
間当たりの単価ではなく、集配局ごとの業務量に応じて算出した日額単価により支払うことにし
たとしている。また、日額単価の算出基準となる1人1時間当たりの単価は、区分業務加算払制度
が設けられた平成22年当時、全国の最低賃金を参考に設定したとしている。そして、日額単価に
ついては参考図1のとおり算出するとしている。

(注)　11支社　　北海道、関東、東京、南関東、信越、北陸、東海、近畿、中国、四国、九州各支社

第II章

日本郵便株式会社

┌─＜参考図1＞─────────────────────────────────┐
│
│ **日額単価の算出方法**
│
│ ┌──────┐　　┌──────┐ ┌─────────┬─────────┐ 　　┌──────┐
│ │日額単価│ ＝ │1日当たり│ │委託による│1人1時間 │ 　　│1人1時間│
│ │   │   │の平均的 │ │1日当たりの│当たりの │ × │当たりの│
│ │   │   │作業時間 │ │荷物の取扱│荷物の │ 　　│単価   │
│ └──────┘　　└──────┘ │個数の見込み÷区分個数 │ 　　└──────┘
│ 　　　　　　　　　　　　　 └─────────┴─────────┘
└──┘

　このように、日額単価は、集配委託契約の受託者において当該集配局で区分業務に従事する業務量に応じた1日当たりの作業時間に見合う人件費として集配局ごとに算出されている。

　また、マニュアル等によれば、集配局は、委託業務の履行状況を平時から確認し、覚書の内容と実際の業務内容等が合っていない場合には、契約者と変更内容等について合意した後、支社(集配部門)の指示に従い、覚書の一部変更の手続を行うこととなっている。

⑵ 区分業務委託料を含む委託料の支払に関する事務

　日本郵便によると、集配局は、区分業務を履行した日数を把握するため、日本郵便本社が様式を示した「区分業務の履行確認書」(以下「履行確認書」)を作成し、覚書に定めた日額単価に履行確認書で把握した日数を乗じて、区分業務委託料を算定することになっている。

　そして、マニュアル等によれば、区分業務委託料を含む委託料の支払に関する事務について、①集配局は、業務の実績(数量)を記載した請求書案を作成し受託者に提示して確認を受け、②確認を受けた請求書案を受託者から請求書として収受し、各支社に置かれている契約事務を所管する部署(以下「共通事務集約センター」)に請求書等を送付して支払依頼を行い、③共通事務集約センターは、履行の内容が集配委託契約に基づいたものとなっているかを確認の上で委託料を支払うとされている。

　検査の結果　令和3年度に11支社管内の200集配局において覚書を締結している集配委託契約計516件、区分業務委託料の支払金額4億0693万円(税込)を対象に検査した。

⑴ 覚書と異なる方法で算定した額を支払っていた事態

　5支社[注]管内の51集配局に係る100契約について、覚書ではマニュアル等のとおり単価は日額単価とされ、支払単位は日数とされていたのに、請求書では単価は1人当たり又は1時間当たりの単価に、支払単位は従事人数又は作業時間に変更されるなどしていた(表参照)。

表　覚書と異なる方法で算定した額の支払の例(令和3年度)

区分	覚書に基づく支払	覚書と異なる方法で算定した額の支払
単価	受託者当たりの日額単価1,000円	1人当たりの単価1,000円
支払単位	日数365日	延べ従事人数3,376人
支払額	365,000円	3,376,000円

(注) 金額はいずれも税抜

　また、日額単価を設定したことにより、履行状況の確認は区分業務を履行した日数のみの確認で足りるにもかかわらず、集配局は、従事人数又は作業時間を確認して、履行確認書等を作成しており、覚書と異なる方法で算定した額により請求書案を作成し、受託者の確認等を受けた上

(注) 5支社　　関東、東京、信越、東海、中国各支社

で、請求書として共通事務集約センターへ送付して支払依頼を行っていた。共通事務集約センターは、覚書と異なる方法で算定した額であるにもかかわらず、支払依頼のとおり計9995万円(税込)を支払っていた。

(2)　区分業務の委託に係る業務実態等

実際の年間配達個数及び区分業務の年間履行日数を把握できることなどから、前記の日額単価の算出方法に準じた算出方法により日額単価を試算することが可能な37集配局について、試算した日額単価と覚書の日額単価を比較したところ、8割以上の集配局で両者は30％以上かい離する結果となった(参考図2参照)。

┌─＜参考図2＞─────────────────────────────────┐
参考図1の日額単価の算出方法に準じた算出方法

| 配達個数を用いた日額単価(試算) | = | (集配局の年間配達個数 ÷ 区分業務の年間履行日数) ÷ 1人1時間当たりの荷物の区分個数 | × | 1人1時間当たりの単価 |
└──────────────────────────────────────┘

また、前記100契約の請求書の従事人数等と履行確認書等の従事人数等を比較したところ、両者は同数となっていたが、参考図3の方法により覚書の日額単価を割り戻して算出した1日当たりの平均的作業時間から、作業時間を1時間と仮定した計算上の従事人数等を試算して、上記の従事人数等と比較したところ、5割以上の契約で両者は30％以上かい離する結果となった。

┌─＜参考図3＞─────────────────────────────────┐
覚書の日額単価を割り戻して算出した計算上の従事人数等の算出方法

| 日額単価 | ÷ | 1人1時間当たりの単価 | = | 1日当たりの平均的作業時間 | → | 1日当たりの従事人数等(作業時間を1時間と仮定した場合) |
└──────────────────────────────────────┘

さらに、1人1時間当たりの単価についてみると、日本郵便本社は、前記のとおり、平成22年に当時の最低賃金を参考に設定していたが、令和4年においても見直しておらず、この間に最低賃金は30％以上上昇していた。

これらのことから、覚書の日額単価は、業務量等に応じたものとなっていないと思料された。

また、日本郵便本社は、集配委託契約の更新の際に、集配局において、区分業務に関する業務量の実態を確認した上で覚書の変更手続を行うこととしておらず、日額単価と業務量の実態が合っていない場合の覚書の変更手続を明確に定めていなかったため、マニュアル等において業務量の実態に即した日額単価を定めるための具体的な手続を明確にしているとは認められなかった。

したがって、(1)及び(2)のことなどから、日本郵便本社等において、区分業務加算払制度が適切に運営されていないと認められた(**100契約9995万円(税込)**)。

このように、区分業務加算払制度の運営に当たり、**日本郵便本社において業務量の実態に即した日額単価とするようにしていないことなどから、支社等において覚書と異なる方法で算定した額を支払っていた事態、集配局において履行確認を従事人数等により行っていたなどの事態は適切ではなく、改善の必要があると認められた。**

第Ⅱ章

日本下水道事業団

日本郵便が講じた改善の処置　日本郵便本社は、5年8月までに、日額単価等が実態に即したものとなるよう単価の設定方法や変更の手続を具体的に定め、また、共通事務集約センターにおける支払の際の請求書の修正依頼や確認した記録の保存等の手続を定め、それらの内容を定めた文書を発出すること及び社内用ポータルサイトに掲載することにより、支社(集配部門)及び集配局に対して、区分業務加算払制度や日額単価の考え方、覚書の遵守等についての具体的な内容の周知徹底を図る処置を講じた。　　　　　　　　　　　　　　　　　　　　　　　　　　　　(検査報告527ページ)

◎　18　日本下水道事業団

不　　当　水路橋の耐震補強工事の実施に当たり、落橋防止システムの設計が適切でなかったため、地震発生時におけるボックスカルバートの所要の安全度が確保されておらず、工事の目的不達成

＜要点＞

水路橋の耐震補強工事の実施に当たり、落橋防止システムの設計が適切でなかったため、地震発生時におけるボックスカルバートの所要の安全度が確保されていない状態となっていて、工事の目的を達しておらず、工事費相当額530万円が不当と認められる。

工事の概要　日本下水道事業団は、小山市小山水処理センター内において、令和元、2両年度に、水路橋(昭和49年築造)の耐震補強を目的として、落橋防止システムの設置等を工事費8694万円で実施した。

　本件水路橋は、下部構造として13基の橋脚、上部構造としてボックスカルバート12基(各内空断面の幅2.0m、高さ2.0m、12径間の総延長163.4m。)で構成されている。そして、落橋防止システムは、上部構造の落下防止を目的として、橋座部を橋軸方向に拡幅して、各径間のボックスカルバートの端部から橋座部の縁端までの長さ(以下「桁かかり長」)を確保するとともに、橋座部に鉄筋コンクリート製の落橋防止構造を設置するものである。

　事業団は、この落橋防止システムの設計を「道路橋示方書・同解説」に基づき行うこととしており、上部構造の落下防止対策として、桁かかり長、落橋防止構造等から適切に選定した落橋防止システムを設置することとなっている。このうち落橋防止構造については、橋軸方向に大きな変位が生じにくい構造特性を有する橋では、橋軸方向の落橋防止構造の設置を省略してもよいこととなっている。そして、両端が橋台に支持された一連の上部構造を有する橋は、落橋防止構造を省略してもよいとされる上記の構造特性を有する橋であるとみなされるが、単純橋が連続する場合はこれに含まれないこととなっている(参考図1参照)。

　また、橋の下部構造等において、鉄筋の端部は、鉄筋とコンクリートの付着により定着する場合、鉄筋の定着に必要な付着の長さ(以下「定着長」)を、所定の計算式より算出した長さ(以下「基本定着長」)以上確保することなどとなっている。

検査の結果

(1)　落橋防止システムの選定(可動支承部)

　　事業団は、本件水路橋は橋軸方向に大きな変位が生じにくい構造特性を有する橋であるとし

て、橋脚13基の可動支承部のうち7か所について、橋座部を拡幅して必要な桁かかり長を確保すれば落橋防止構造は省略できるとして設計し、これにより施工していた(参考図2参照)。

　しかし、本件水路橋は、単純橋が連続するものであり、両端が橋台に支持されている一連の上部構造を有する橋ではなく、橋軸方向に大きな変位が生じにくい構造特性を有する橋とはみなされないことから、落橋防止システムとして落橋防止構造を設置する必要があった(参考図1参照)。

(2)　落橋防止構造の鉄筋の定着長(固定支承部)

　事業団は、橋脚13基の固定支承部のうち9か所に鉄筋コンクリート製の落橋防止構造を設置していた。そして、落橋防止構造に配置する鉛直方向の鉄筋の基本定着長は、応力計算上の鉄筋に生ずる引張応力度(注)等から算出して647.5mmとし、実際の定着長を680.0mmとすれば、基本定着長以上の長さが確保できるとして設計し、これにより施工していた(参考図2参照)。

　しかし、基本定着長について、鉄筋の許容引張応力度(注)等から算出した長さ以上とすることとなっているのに、事業団は、上記のとおり、誤って応力計算上の鉄筋に生ずる引張応力度等から算出していた。

　そこで、鉄筋の許容引張応力度等に基づくなどして、適切な定着長を算出すると、981.2mmとなり、本件の定着長680.0mmはこれに比べて長さが不足していた。

　したがって、**本件水路橋の落橋防止システムは、設計が適切でなかったため、地震発生時にボックスカルバートの所要の安全度が確保されていない状態となっていて、工事の目的を達しておらず、これらに係る工事費相当額530万円が不当**と認められる。

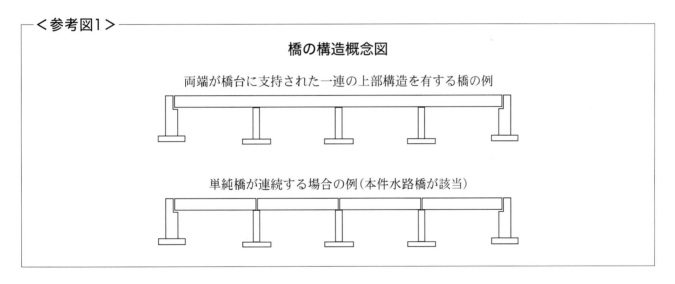

＜参考図1＞

橋の構造概念図

両端が橋台に支持された一連の上部構造を有する橋の例

単純橋が連続する場合の例(本件水路橋が該当)

(注) 引張応力度・許容引張応力度　　「引張応力度」とは、材に外から引張力がかかったとき、そのために材の内部に生ずる力の単位面積当たりの大きさをいう。その数値が設計上許される上限を「許容引張応力度」という。

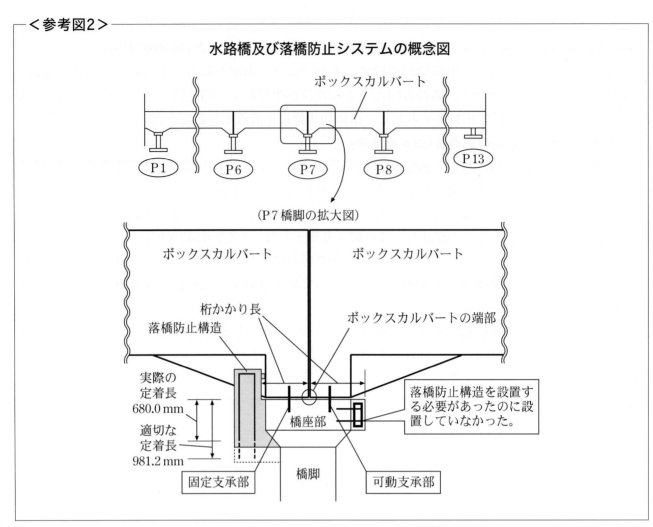

＜参考図2＞

水路橋及び落橋防止システムの概念図

ボックスカルバート

P1　P6　P7　P8　P13

（P7橋脚の拡大図）

ボックスカルバート　　ボックスカルバート

桁かかり長

落橋防止構造

ボックスカルバートの端部

実際の
定着長
680.0 mm

適切な
定着長
981.2 mm

橋座部

落橋防止構造を設置す
る必要があったのに設
置していなかった。

固定支承部　　橋脚　　可動支承部

（検査報告532ページ）

§6　不当事項に係る是正措置の検査の結果

不当事項に係る是正措置の概要　本院は、会計検査院法第29条第3号の規定に基づき、検査の結果、法律、政令若しくは予算に違反し又は不当と認めた事項を不当事項として検査報告に掲記している。

　省庁及び団体(以下「省庁等」)は、検査報告に掲記された不当事項に対して、省庁等が講じた又は講ずる予定の是正措置について説明する書類を作成しており、この書類は「検査報告に関し国会に対する説明書」として毎年度国会に提出されている。

　検査報告に掲記された不当事項に係る是正措置には次の方法がある。

①　補助金、保険給付金等の過大交付、租税、保険料等の徴収不足及び不正行為に係る不当事項に対して、省庁等が指摘に係る返還額等を債権として管理して、返還させ、又は徴収するなどすることによる是正措置(以下「金銭を返還させる是正措置」)

②　租税及び保険料の徴収過大等に係る不当事項に対して、省庁等が指摘に係る還付額を還付するなどすることによる是正措置

③　構造物の設計及び施工が不適切となっている事態等に係る不当事項に対して、省庁等が手直し工事、体制整備等を行うことによる是正措置(以下「手直し工事等による是正措置」)

④　会計経理の手続が法令等に違反しているが省庁等に実質的な損害が生じているとは認められないなどの不当事項に対して、同様の事態が生じないよう指導の強化を図るなどの再発防止策を実施することによる是正措置

検査の結果　昭和21年度から令和3年度までの検査報告に掲記した不当事項についてみると、是正措置が未済となっているものが30省庁等における346件153億1996万円ある。このうち、金銭を返還させる是正措置を必要とするものが30省庁等における343件151億5937万円、手直し工事等による是正措置を必要とするものが3省における3件1億6058万円ある。

本院の所見　是正措置が未済となっているものの中には、債務者等の資力が十分でないこと、債務者等が行方不明であることなどのため、その回収が困難となっているものも存在するが、省庁等において、引き続き適切な債権管理を行うことなどにより、是正措置が適正かつ円滑に講じられることが肝要である。

　本院は、是正措置が未済となっているものの状況について今後とも引き続き検査していくこととする。
(検査報告535ページ)

§ 7　国会及び内閣に対する報告並びに国会からの
　　　検査要請事項に関する報告等

○　1　国会及び内閣に対する報告（随時報告）

随　　　時　新型コロナウイルス感染症患者受入れのための病床確保事業等の実施状況等について

┌─＜報告の要点＞═══════════════════════════════════

1　医療機関における確保病床の状況等

　ア　確保病床の病床利用率が50％を下回っていた医療機関に対してアンケート調査を実施し
　　たところ、各医療機関において、当該医療機関が当初受け入れることを想定したコロナ患
　　者等の看護必要度等に見合った入院受入体制は確保されていたものの、実際は、既に入院
　　しているコロナ患者等の対応に看護師等の稼働が割かれるなどして人数が不足し、入院受
　　入要請のあったコロナ患者等の受入れが困難になっていた状況や、確保病床数には、看護
　　師等の人数を増員できた場合に受入可能となる病床が含まれていたが、実際は想定してい
　　た人数を確保できなかったため、都道府県調整本部等からのコロナ患者等の入院受入要請
　　を断っていた状況が見受けられた。

　所見：厚生労働省は、交付金交付要綱等において、交付金は、当該確保病床の運用に必要な
　　　　看護師等の人員が確保できているなど実際に入院受入体制が整っている確保病床を交
　　　　付対象とするものであることを明確に定めるとともに、医療機関において、確保病床
　　　　の運用に必要な看護師等の確保が困難になった場合には、都道府県と当該医療機関と
　　　　の間で病床確保補助金等の交付対象となる確保病床数を適宜調整するよう、都道府県
　　　　に対して指導すること

　イ　検査の対象とした医療機関による休止病床の設定自体には一定の合理性があるものが多
　　かったが、病床確保補助金等の額が当該病床が100％稼働しているものとして算定されるこ
　　ととなっていることなどのため、休止前の稼働状況に基づく診療報酬を上回る額の病床確
　　保補助金等の交付を受けている医療機関も生じているものと思料された。

2　病床確保事業における病床確保料等の状況

　　各医療機関における実際の入院患者に係る診療報酬額と病床確保料上限額とを比較したと
　ころ、医療機関によって大きな差が生じており、医療機関によって、機会損失を上回る額の
　交付を受けることとなったり、十分な補填となっていなかったりする結果となっていた。

　所見：厚生労働省は、病床確保料上限額の設定等が適切であるか改めて検証し、その検証結
　　　　果を踏まえて、確保病床に係る病床確保料については入院コロナ患者等の診療報酬額
　　　　を、休止病床に係る病床確保料については休止前入院患者の診療報酬額を、それぞれ
　　　　参考にするなどして、病床確保料上限額の設定を見直したり、医療機関の医療提供体
　　　　制等の実態を踏まえた交付金の交付額の算定方法を検討したりして、交付金の交付額
　　　　の算定の在り方を検討すること

└───

（同様の資料をデータでご覧になりたい方はこちらをご参照ください：
▶https://www.jbaudit.go.jp/pr/kensa/result/5/pdf/050113_point.pdf）

新型コロナウイルス感染症患者受入れのための病床確保事業等の実施状況等（随時）

厚生労働省、47都道府県、496医療機関

検査の背景

✓ 厚生労働省は、令和2年度から、都道府県に対して**病床確保事業**に係る**交付金**（新型コロナウイルス感染症緊急包括支援交付金（医療分））を交付、都道府県は、コロナ患者等の受入れのために病床を確保した医療機関に対して**交付金を原資とした補助金（病床確保補助金）**を交付　等

✓ 交付金の対象となる病床は、①コロナ患者等を**入院させるために確保した病床（確保病床）**のうち空床となっている病床と②コロナ患者等を**受け入れるために休止した病床（休止病床）**

✓ 交付金の交付額は、**1日1床当たりの病床確保料上限額**（医療機関の種別、病床区分（例えば確保病床はICU、HCU、その他の病床）ごとに定められている額）に、**コロナ患者等を受け入れるために空床や休止病床としていた延べ病床数を乗ずる**などして算定

検査の状況

✓ 2、3両年度に実施された病床確保事業等を対象として、厚生労働本省、47都道府県及び**496医療機関**（全3,483医療機関の14.2%）を検査

✓ **確保病床の病床利用率が50%を下回っていた医療機関に対してアンケート調査を実施**したところ、①既に入院しているコロナ患者等の対応に看護師等の稼働が割かれるなどして人数が不足し、入院受入要請のあったコロナ患者等の受入れが困難になっていた状況や、②確保病床数には、**看護師等の人数を増員できた場合に受入可能となる病床**が含まれていたが、**実際は想定していた人数を確保できなかったため、都道府県調整本部等からのコロナ患者等の入院受入要請を断っていた**と回答した医療機関が見受けられた

✓ 都道府県の多くは、病床確保料上限額をそのまま使用して病床確保補助金の交付額を算定している状況であったことなどから、各医療機関における実際の入院患者に係る**診療報酬額と病床確保料上限額とを比較**したところ、**医療機関によって大きな差**が生じており、医療機関によって、機会損失を上回る額の交付を受けることとなったり、十分な補塡となっていなかったりする結果となっていた　等

所見

✓ 交付金交付要綱等において、交付金は、当該確保病床の運用に必要な看護師等の人員が確保できているなど**実際に入院受入体制が整っている確保病床を交付対象とする**ものであることを明確に定めるとともに、医療機関において、確保病床の運用に必要な看護師等の確保が困難になった場合には、**都道府県と当該医療機関との間で病床確保補助金等の交付対象となる確保病床数を適宜調整する**よう、都道府県に対して指導すること

✓ **病床確保料上限額の設定等が適切であるか改めて検証**し、その検証結果を踏まえて、確保病床に係る病床確保料については入院コロナ患者等の診療報酬額を、休止病床に係る病床確保料については休止前入院患者の診療報酬額を、それぞれ参考にするなどして、**病床確保料上限額の設定を見直し**たり、医療機関の医療提供体制等の**実態を踏まえた交付金の交付額の算定方法を検討**したりして、交付金の交付額の算定の在り方を検討すること

新型コロナウイルス感染症患者受入れのための病床確保事業等の実施状況等（随時）

厚生労働省、47都道府県、496医療機関

検査の背景　病床確保事業等の概要

病床確保事業

○病床確保料等を対象として都道府県に対して**交付金**を交付、都道府県は医療機関に対して病床確保補助金を交付

（交付金の対象となる病床）

①コロナ患者等を入院させるために**確保した病床（確保病床）**のうち空床となっている病床

②コロナ患者等を**受け入れるために休止した病床（休止病床）**

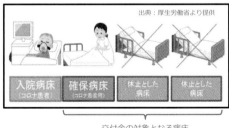

出典：厚生労働省より提供

入院病床（コロナ患者） ／ 確保病床（コロナ患者用） ／ 休止とした病床 ／ 休止とした病床

交付金の対象となる病床

（交付金の交付額の算定方法）

・厚生労働大臣が必要と認めた額（基準額）と対象経費の実支出額とを比較して算定

・基準額の算定に当たっては、**1日1床当たりの病床確保料上限額**にコロナ患者等を受け入れるために空床や休止病床としていた延べ病床数を乗ずるなどして算定

・病床確保料上限額は**医療機関の種別、病床区分ごとに定められている**

※医療機関の種別は重点医療機関等の4種別、病床区分は確保病床については3区分、休止病床については4区分

重点医療機関の確保病床に係る病床確保料上限額（単位：円／日・床）

病床区分		重点医療機関	
		特定機能病院等	一般病院
確保病床	ICU	436,000	301,000
	HCU	211,000	211,000
	その他の病床	74,000	71,000

緊急支援事業

○コロナ患者等の対応を行う医療従事者の人件費等を対象として、医療機関に対して新型コロナウイルス感染症患者等入院受入医療機関緊急支援事業補助金（**受入補助金**）を直接交付

・確保した病床数に応じて算定した額を交付。受入補助金の算定対象となる病床は、交付金の交付対象にもなる

検査の状況　令和2、3両年度の交付状況をみると・・・

交付金　　　計3,477医療機関（純計）、　3兆1029億円　（うち検査対象　計496医療機関、　1兆2834億円）

受入補助金　計2,248医療機関（純計(注1)）、2818億円　（　　同　　　計471医療機関(注2)、1223億円）

(注1)このうち2,242医療機関は交付金の3,477医療機関と重複　　(注2)全て交付金の496医療機関と重複

新型コロナウイルス感染症患者受入れのための病床確保事業等の実施状況等（随時）

厚生労働省、47都道府県、496医療機関

検査の状況　医療機関における確保病床の状況等

・全国における確保病床の平均病床使用率は、2回目の緊急事態宣言の期間中等で入院患者数が最も多かった令和3年1月、同年8月及び4年2月の各時点でみると50%台
・検査対象とした496医療機関においても病床利用率の平均では50%以上となっていたが、医療機関によって大きな差がある状況

各月の確保病床の病床利用率が50%を下回っていた医療機関に対してその理由等に係るアンケート調査を実施

確保病床の病床利用率が50%を下回った理由として、入院受入要請を断ったことがあると回答した医療機関（注）における断った理由（複数選択可）
（注）3年1月55医療機関、同年8月42医療機関、4年2月53医療機関

入院受入要請を断った理由	調査対象年月		
	3年1月	3年8月	4年2月
	回答数 （割合）	回答数 （割合）	回答数 （割合）
既に入院しているコロナ患者等の中に、トイレや食事の介助等の日常生活援助の必要度が高い者が多く、対応する看護師等の人数が足りなくなったため	11 (14.1%)	8 (13.1%)	11 (15.9%)
重度のコロナ患者を当初想定していたよりも多く受け入れることにより、対応する医師、看護師等の人数が足りなくなったため	9 (11.5%)	8 (13.1%)	3 (4.3%)
確保病床数には、コロナ患者等を担当する医師、看護師等の人数を増員できた場合に受入可能となる病床が含まれていたが、実際に想定していた人数を確保できなかったため	3 (3.8%)	6 (9.8%)	1 (1.4%)
計（回答数）	78 (100%)	61 (100%)	69 (100%)

既に入院しているコロナ患者等の対応に看護師等の稼働が割かれるなどして人数が不足し、入院受入要請のあったコロナ患者等の受入れが困難になっていた状況

回答した**8医療機関**(1医療機関は各月とも該当)における状況を見たところ…
⇒いずれの医療機関も、**確保病床数と実際に受入れが可能であった確保病床数との間に差あり**

（1医療機関の3年8月の例）
確保病床数：78
うち実際に入院受入れが可能であった確保病床数：41

個々の医療機関についてみれば、コロナ患者等の入院受入要請があった時点において当該要請を断ったことについてはやむを得なかった事情があったと思料されたが、看護師等の不足により**実際にはコロナ患者等を入院させることができなかった病床に対しても病床確保補助金等が交付されている**ことになる

所見　交付金交付要綱等において、交付金は、当該確保病床の運用に必要な看護師等の人員が確保できているなど**実際に入院受入体制が整っている確保病床を交付対象とする**ものであることを明確に定めるとともに、医療機関において、確保病床の運用に必要な看護師等の確保が困難になった場合には、都道府県と当該医療機関との間で病床確保補助金等の交付対象となる確保病床数を適宜調整するよう、都道府県に対して指導すること

新型コロナウイルス感染症患者受入れのための病床確保事業等の実施状況等（随時）

厚生労働省、47都道府県、496医療機関

検査の状況　病床確保事業における病床確保料等の状況

（病床確保料上限額に係る厚生労働省の考え方）
設けた趣旨・・・確保病床が空床となったことなどにより**得られなくなった診療報酬に係る機会損失を補塡する必要**あり
設定方法　・・・重症のコロナ患者等又は一般患者の入院料等に係る**診療報酬の点数**を積算するなど
（都道府県による医療機関への交付額の算定方法）
その多くは、**病床確保料上限額をそのまま使用**して交付額を算定

検査対象のうち重点医療機関**426医療機関**における入院コロナ患者1人1日当たりの**実際の診療報酬額と病床確保料上限額とを比較**

全体では…
・特定機能病院等のICU区分、HCU区分及び一般病院のHCU区分では診療報酬額が病床確保料上限額を下回る（△63,444円～△73,789円）（右図①②⑤参照）
・残りの区分では診療報酬額が病床確保料上限額を上回る（1,778円～62,821円）（右図③④⑥参照）

医療機関ごとでは…
（例:右図①の**特定機能病院等のICU区分**(124医療機関)で分析）
・診療報酬額が病床確保料上限額を**下回っていた医療機関**は**74医療機関**(全体の59.6%)
　⇒　最も差が大きい医療機関では△294,028円
・診療報酬額が病床確保料上限額を**上回っていた医療機関は50医療機関**(同40.3%)　⇒　最も差が大きい医療機関では252,980円

426医療機関における診療報酬額と病床確保料上限額との比較（令和3年1月分及び同年8月分）

区　分		医療 機関数	病棟数 （棟）	コロナ患者の診療実績		病床確保料 上限額(b) （円／日）	差額 (c)=(a)-(b) （円／日）	
				実人数 （人）	1人1日当たりの 診療報酬額(a) （円／日）			
重点 医療 機関	特定機能 病院等	ICU	124	170	3,075	369,130	436,000	△ 66,870 ①
		HCU	68	82	1,915	147,556	211,000	△ 63,444 ②
		ICU・HCU以外	137	210	7,561	85,862	74,000	11,862 ③
	一般病院	ICU	33	36	265	363,821	301,000	62,821 ④
		HCU	48	64	1,971	137,211	211,000	△ 73,789 ⑤
		ICU・HCU以外	216	283	12,359	72,778	71,000	1,778 ⑥

医療機関によって大きな差が生じており、医療機関によって、機会損失を上回る額の交付を受けることとなったり、十分な補塡となっていなかったりする結果。原因としては医療機関が満たす施設基準(医療提供体制)、患者の重症度、治療内容の違いなどによる

所見　**病床確保料上限額の設定等が適切であるか改めて検証**し、その検証結果を踏まえて、確保病床に係る病床確保料については入院コロナ患者等の診療報酬額を、休止病床に係る病床確保料については休止前入院患者の診療報酬額を、それぞれ参考にするなどして、病床確保料上限額の**設定を見直したり、**医療機関の医療提供体制等の**実態を踏まえた交付金の交付額の算定方法を検討したり**して、交付金の交付額の算定の在り方を検討すること

検査の状況の主な内容 本院は、新型コロナウイルス感染症患者(以下「コロナ患者」)受入れのための病床確保事業等^(注1)の実施状況等について、①新型コロナウイルス感染症緊急包括支援交付金(医療分)のうち病床確保事業に係る分(以下「交付金」)及び新型コロナウイルス感染症患者等入院受入医療機関緊急支援事業補助金(以下「受入補助金」)の交付状況はどのようになっているか、②全国におけるコロナ患者及び新型コロナウイルス感染症疑い患者(これらを「コロナ患者等」)を受け入れるための病床(以下「コロナ病床」)の確保等の状況はどのようになっているか、③交付金や受入補助金の交付の対象となった医療機関における補助対象期間において即応病床^(注2)として確保された病床(以下「確保病床」)の状況等はどのようになっているか、④交付金や受入補助金の交付の対象となった医療機関の医業収支の状況はどのようになっているか、⑤病床確保事業における病床確保料等は医療機関の実態に沿ったものとなっているかに着眼して検査した。

⑴　交付金及び受入補助金の交付状況

令和2、3両年度における交付金及び受入補助金の交付状況をみると、交付金は、2年度は2,290医療機関に対して1兆1403億4947万円、3年度は3,320医療機関に対して1兆9626億2872万円、計3,477医療機関に対して3兆1029億7819万円となっており、受入補助金は、2年度は1,732医療機関に対して1606億4650万円、3年度は1,694医療機関に対して1212億0442万円、計2,248医療機関に対して2818億5092万円となっていた。

⑵　全国の医療機関におけるコロナ病床の確保等の状況

2年4月から4年3月までの間の各月最終週時点の国内における入院コロナ患者数と、コロナ患者の入院受入要請があれば受け入れることとして医療機関が都道府県と調整済みの最大の確保病床の数(以下「最大確保病床数」)の推移をみたところ、入院コロナ患者数には何回かのピークがあり、大きく増減を繰り返していたが、この間、最大確保病床数は、3年9月から同年10月にかけて及び4年2月から同年3月にかけて入院コロナ患者数が急激に減少した時期に一時減少したものの、その他の時期においてはほぼ一貫して増加しており、2年5月1日には16,081床であったものが、4年3月30日には43,671床となっていた。

⑶　医療機関における確保病床の状況等

確保病床の病床利用率^(注3)が50%を下回っていた医療機関に対してアンケート調査を実施したところ、各医療機関において、当該医療機関が当初受け入れることを想定したコロナ患者等の看護必要度等に見合った入院受入体制は確保されていたものの、実際は、既に入院しているコロナ患者等の対応に看護師等の稼働が割かれるなどして人数が不足し、入院受入要請のあったコロナ患者等の受入れが困難になっていた状況や、確保病床数には、コロナ患者等を担当する医師、看護師等の人数を増員できた場合に受入可能となる病床が含まれていたが、実際は想定していた人数を確保できなかったため、都道府県内の患者受入れを調整する機能を有する組織・部門等からのコロナ患者等の入院受入要請を断っていたと回答した医療機関が見受けられた。

(注1) 病床確保事業等　新型コロナウイルス感染症緊急包括支援交付金(医療分)の対象事業である新型コロナウイルス感染症対策事業のうち病床確保に関する事業及び新型コロナウイルス感染症重点医療機関体制整備事業(これらを「病床確保事業」)並びに新型コロナウイルス感染症患者等入院受入医療機関緊急支援事業

(注2) 即応病床　コロナ患者の発生、又はこれを受けた都道府県からの受入要請があれば、即時にコロナ患者の受入れを行うことについて医療機関と調整している病床

(注3) 確保病床の病床利用率　病床使用率は、一般的には、延べ病床数に対する延べ入院患者数の割合をいうが、ここでは、次の算式により算出しており、区別のため、病床利用率と称している。

$$病床利用率(\%) = \frac{1か月間の延べ確保病床数 - 1か月間の延べ空床数}{1か月間の延べ確保病床数} \times 100$$

　また、休止病床[注1]を設定している382医療機関において、病床の一部又は全部が休止病床となっている病棟を対象に、休止病床として設定する前の元年度の病床使用率をみると、80％以上90％未満となっていた医療機関が123医療機関と最も多くなっていた一方で、50％を下回っていた医療機関も17医療機関と一定数見受けられた。そして、検査の対象とした医療機関による休止病床の設定自体には一定の合理性があるものが多かったが、病床確保事業のうち都道府県が医療機関に対して交付する補助金(以下「病床確保補助金」)等の額が当該病床が100％稼働しているものとして算定されることとなっていることなどのため、休止前の稼働状況に基づく診療報酬を上回る額の病床確保補助金等の交付を受けている医療機関も生じているものと思料された。

(4)　コロナ関連補助金の交付を受けた医療機関の医業収支の状況

　検査の対象とした国が出資等を行っている独立行政法人等が設置する269医療機関[注2]の医業収支の状況についてみると、新型コロナウイルス感染症の感染が拡大した2、3両年度は、病床確保補助金、受入補助金等の新型コロナウイルス感染症対策に関連して医療機関に交付される補助金等(地方自治体が地方単独事業として交付する補助金等を含む。以下「コロナ関連補助金」)を除く医業収支の赤字が増大するなどの状況がみられた一方、コロナ関連補助金を含めると、全体の医業収支が黒字に転換し又は赤字幅を縮小していたり、黒字が更に増大していたりしている状況が見受けられた。

　そして、医業収支の状況と、確保病床数、休止病床数、入院コロナ患者数等との関係について相関係数を算出するなどして確認したところ、元年度から2、3両年度までの医業収支の増減率と、医療機関の許可病床数に占める確保病床数及び休止病床数の合計の割合との相関係数は0.66となっており、両者の間には中程度以上の正の相関関係がみられた。

(5)　病床確保事業における病床確保料等の状況

　検査の対象とした496医療機関のうち、コロナ患者専用の病院や病棟を設定する新型コロナウイルス感染症重点医療機関となっている426医療機関について、各医療機関における実際の入院患者に係る診療報酬額と確保病床、休止病床の別に定められた病床確保料の上限額(以下「病床確保料上限額」)とを比較したところ、医療機関によって大きな差が生じており、医療機関によって、機会損失を上回る額の交付を受けることとなったり、十分な補填となっていなかったりする結果となっていた。

　検査の状況に対する所見　新型コロナウイルス感染症の感染が完全な終息には至っていない中、病床確保事業等を適切に実施し、必要なコロナ病床を確保し、コロナ患者等に対して十分な医療を提供することは引き続き課題となっている。

　また、新型コロナウイルス感染症のみならず、今後、新たに大規模な感染症の流行が発生するなどした際に、病床確保事業等と同様の事業を実施し、患者を受け入れるための病床を確保するなどの医療提供体制の整備を行う必要が生ずることも考えられる。

　ついては、本院の検査で明らかになった状況を踏まえて、引き続き病床確保事業等を実施した

(注1)　休止病床　　コロナ患者等を受け入れる医療機関において、看護職員等をコロナ患者等が収容される病棟に配置換えするために当該看護職員等が従来配置されていた病棟を閉鎖したり、感染予防の見地から多床室に収容するコロナ患者等を1名のみとし、多床室の残りの病床を空床としたりするなどのために、休床とする既存の病床
(注2)　269医療機関　　独立行政法人労働者健康安全機構が開設する27病院、独立行政法人国立病院機構が開設する102病院、独立行政法人地域医療機能推進機構が開設する53病院、国立高度専門医療研究センターが開設する8病院、国立大学法人が開設する44病院、社会保険関係団体が開設する31病院、その他の医療機関4病院

り、今後同様の事業を実施したりする場合には、厚生労働省において、次の点に留意することが重要である。

ア　交付金がコロナ患者等の入院受入体制が整い即応病床として確保されているコロナ病床に対して交付されるという制度の趣旨に照らして、交付金の交付要綱等において、交付金は、当該確保病床の運用に必要な看護師等の人員が確保できているなど実際に入院受入体制が整っている確保病床を交付対象とするものであることを明確に定めるとともに、各医療機関の入院受入体制は看護師等の人員の確保の状況、受け入れている患者の状況等に応じて変動し得るものであることを踏まえて、医療機関において、確保病床の運用に必要な看護師等の確保が困難になった場合には、都道府県と当該医療機関との間で病床確保補助金等の交付対象となる確保病床数を適宜調整するよう、都道府県に対して指導すること

イ　病床確保事業における病床確保料等について、病床確保料上限額の設定等が適切であるか改めて検証し、その検証結果を踏まえて、確保病床に係る病床確保料については入院コロナ患者等の診療報酬額を、休止病床に係る病床確保料については休止前に入院していた患者の診療報酬額を、それぞれ参考にするなどして、病床確保料上限額の設定を見直したり、医療機関の医療提供体制等の実態を踏まえた交付金の交付額の算定方法を検討したりして、交付金の交付額の算定の在り方を検討すること

　本院としては、同省における新型コロナウイルス感染症患者受入れのための病床確保事業等の実施状況等について、引き続き注視していくこととする。　　　　　　　（検査報告541ページ）

| 随　　　時 | 東日本大震災からの復興等に関する事業の実施状況等について |

＝＜報告の要点＞＝

1　復旧・復興予算の執行状況等、国から財政支援等を受けて地方公共団体等が実施する復旧・復興事業の状況

　　復興期間（当初）において措置された予算現額44兆7478億円の令和2年度末現在における執行状況は、支出済額38兆1711億円（執行率85.3%）、繰越額4317億円、不用額6兆1448億円、経費項目別の執行状況は、「復興関係公共事業等」7兆7456億円、「原子力災害復興関係経費」6兆1223億円、「地方交付税交付金」5兆8790億円となっていた。また、第2期復興・創生期間における事業費は1.6兆円程度と見込まれていた。

　　復興期間（当初）に東日本大震災関係経費として交付された国庫補助金等及び地方交付税のうち、特定被災自治体に交付されたものは計19兆3389億円、このうち東北3県に交付されたものは計17兆6796億円（全体の91.4%）となっていた。

　　復興交付金は2年度をもって廃止することとされたが、復興交付金事業（基幹事業）2,911事業のうち44事業は4年度に延長して実施されているため、復興庁は、事業を実施している特定被災自治体に対して、同年度中に確実に事業を完了するよう求めていた。

　所見：各種事業に係る予算執行の実績等を踏まえて、第2期復興・創生期間において各種事業が円滑かつ着実に実施されるよう努めること
　　　　：延長して実施されている復興交付金事業が4年度中に完了するよう助言等を行うこと

2　復旧・復興事業の実績及び成果の状況

　　防潮堤の完成率は2年度末現在76.1%（3年度末現在で92.1%）となっていた。2年度末現在で東北3県で津波災害警戒区域が指定されておらず（4年9月末現在も同様）、7市町で避難対象地域が指定されておらず、10市町で避難困難地域が設定されていなかった。また、整備が4年以上保留されたままとなっている復興公営住宅について、保留を継続するとしていた。

　　復興庁が公表している避難者数に避難を終了したと考えられる者が含まれていた。避難指示・解除区域市町村は様々な帰還環境整備事業を実施しているが、利用されないままとなっているなどの施設が見受けられた。復興庁は、認定復興再生計画は福島特措法等において、計画期間終了後、国による検証等を行うこととなっていないとしていた。

　所見：災害に強い地域が形成されるよう、警戒避難体制の整備を進めていくなどして、「多重防御」のための施策を円滑に遂行していくよう助言等を行っていくこと。整備された住宅の入居状況や土地の利用状況を踏まえ、新たな整備について慎重に検討するなどの必要な助言等を行っていくこと
　　　　：東北3県における避難者数を正確に把握したり、帰還環境整備事業により整備された施設の利用状況等を把握したり、帰還困難区域が設定されている市町村の課題等を把握したりなどして、これらを踏まえて支援・助言等を行っていくこと

（同様の資料をデータでご覧になりたい方はこちらをご参照ください：
▶https://www.jbaudit.go.jp/pr/kensa/result/5/pdf/050203_01_point.pdf）

東日本大震災からの復興等に関する事業の実施状況等（随時）　16府省庁等、238地方公共団体等

検査の背景	✓ 国は、東日本大震災からの復興の基本方針等に基づき、**復興期間（当初。平成23年度からの10年間）**のうち当初の5年間は集中復興期間として東日本大震災**復興交付金**の創設等の施策を、28年度からの5年間は**復興・創生期間**として被災者支援総合交付金の創設等の施策を実施。また、復興期間（当初）を通し原子力災害からの福島の復興再生に向けた取組、帰還・生活再建に向けた取組等を実施
	✓ 復興期間（当初）が終了し、令和7年度までの15年間とされた復興期間のうち、3年度からの5年間は第2期復興・創生期間として新たな基本方針に基づく取組が開始
	✓ 会計検査院は、東日本大震災からの復興等に対する事業の実施状況等に関して、参議院からの要請を受けて検査を実施し平成24年10月から29年4月までの間に計5回報告　等

検査の状況	✓ 復興期間（当初）において措置された予算現額44兆7478億円の令和2年度末現在における執行状況は**支出済額38兆1711億円（執行率85.3%）**、繰越額4317億円（繰越率0.9%）、不用額6兆1448億円（不用率13.7%）。復興期間（当初）に特定被災自治体に交付された国庫補助金等及び地方交付税額計19兆3389億円のうち東北3県に交付されたものは**計17兆6796億円（全体の91.4%）**。なお、第2期復興・創生期間における事業費は1.6兆円程度の見込み
	✓ 2年度をもって廃止することとされた復興交付金について、**44事業が4年度に延長して実施**　等
	✓ 復旧・復興事業の実績及び成果の状況についてみると、
	①津波防災に関して、復興期間（当初）における防潮堤の完成率は2年度末現在で**76.1%（3年度末現在で92.1%）**。**2年度末現在**で東北3県で津波防災地域づくり法に基づく**津波災害警戒区域が指定されていない**（4年9月末現在も同様）
	②住まい、市街地等の整備に関して、災害公営住宅の整備が4年以上保留されたまま、**復興公営住宅の宅地として利用されていない土地がある**。復興公営住宅の整備は保留を継続
	③住民の帰還等に関して、復興庁が公表している避難者数に**避難を終了したと考えられる者が含まれていた**。帰還環境整備事業を実施しているが、**利用されないままとなっている施設**あり。認定復興再生計画の計画期間終了後、**国による検証等を行うこととなっていない**　等

所見	✓ 各種事業に係る予算執行の実績等を踏まえて、第2期復興・創生期間において各種事業が**円滑かつ着実に実施される**よう努めること
	✓ 延長して実施される復興交付金事業が**4年度中に完了するよう助言等を行うこと**　等
	✓ 復旧・復興事業の実績及び成果の状況に関して、①災害に強い地域が形成されるよう、警戒避難体制の整備を進展させていくなどして、「多重防御」のための施策を円滑に遂行していくよう、助言等を行っていくこと、②整備された住宅の入居状況や土地の利用状況を踏まえ、**新たな整備について慎重に検討する**などの必要な助言等を行っていくこと、③東北3県における**避難者数を正確に把握**したり、帰還環境整備事業により整備された**施設の利用状況等を把握**したり、帰還困難区域が設定されている市町村の課題等を把握したりなどして、これらを踏まえて**支援・助言等を行っていくこと**　等

東日本大震災からの復興等に関する事業の実施状況等（随時）　16府省庁等、238地方公共団体等

検査の背景　国の復旧・復興への取組

○復興期間の名称　(注)復興期間の名称は令和2年7月第26回復興推進会議決定によるもの

平成								令和							
23	24	25	26	27	28	29	30	元	2	3	4	5	6	7	8 （年度）

復興期間

| 集中復興期間 | 第1期復興・創生期間 | 第2期復興・創生期間 |

「復興期間（当初）」

○復興期間における国の主な取組
・集中復興期間の主な取組・・・**東日本大震災復興交付金**創設　等
・復興・創生期間の主な取組・・・被災者支援施策を一括化、拡充等した**被災者支援総合交付金**創設　等
・原子力災害からの福島の復興再生に向けた取組・・・特定復興再生拠点区域の制度創設　等
・帰還・生活再建に向けた取組・・・**福島再生加速化交付金等**創設　等

○財政上の措置
・**復旧・復興予算**は東日本大震災復興特別会計(平成24年度〜令和2年度)及び一般会計補正予算(平成23年度)で措置
・道府県及び市町村が実施する復旧・復興事業等における負担額等に対処するために震災復興特別交付税を創設　等
・令和2年7月第26回復興推進会議決定によれば・・・
　　復興期間（当初）の事業費　31.3兆円程度
　　第2期復興・創生期間の事業規模　1.6兆円程度　合計　32.9兆円程度
　　財源については、実績を踏まえると32.9兆円程度となり事業規模に見合うとした

検査の状況1-1　復旧・復興予算の執行状況

平成23年度〜令和2年度（復興期間（当初）全体）
の予算現額　　　計44兆7478億円

令和2年度末現在の執行状況
・**支出済額　38兆1711億円**　執行率　85.3%
・不用額　　　6兆1448億円　不用率　13.7%
・繰越額　　　　4317億円　繰越率　0.9%

支出済額を経費項目別にみると・・・
「復興関係公共事業等」　　7兆7456億円
「原子力災害復興関係経費」6兆1223億円
「地方交付税交付金」　　　5兆8790億円
「東日本大震災復興交付金」3兆3281億円　等

東日本大震災からの復興等に関する事業の実施状況等（随時）　　16府省庁等、238地方公共団体等

検査の状況1-2　　国から財政支援等を受けて地方公共団体等が実施する復旧・復興事業の状況①

特定被災自治体(注)に対する国庫補助金等及び地方交付税の交付額の状況
（令和2年度末現在）

（単位：百万円、％）

特定被災自治体が所在する道県名	国庫補助金等					地方交付税		特定被災自治体に対する交付額の合計
	補助事業等	復興関連基金事業	復興交付金事業	被災者支援総合交付金事業	福島再生加速化交付金事業等	地方負担に係る地方財政措置としての震災復興特別交付税	復興基金事業	
	国庫補助金等交付額	国庫補助金等交付額	復興交付金交付額	支援交付金交付額	福島交付金交付額等	震災復興特別交付税交付額	特別交付税及び震災復興特別交付税交付額	
	A	B	C	D	E	F	G	H=(A+B+C+D+E+F+G)
計(11道県)	6,552,035	3,302,438	3,328,347	64,042	585,703	5,205,654	300,701	19,338,922
計(東北3県)	5,972,234	3,172,441	3,222,300	63,763	585,703	4,395,598	267,622	17,679,665
計(11道県)に占める割合	91.1	96.0	96.8	99.5	100.0	84.4	88.9	91.4

(注)特定被災自治体（11道県及び管内227市町村）‥‥東日本大震災財特法で定める特定被災地方公共団体である9県（青森、岩手、宮城、福島、茨城、栃木、千葉、新潟、長野各県）、特定被災地方公共団体である市町村及びそれ以外の特定被災区域内の市町村、9県以外で特定被災地方公共団体である市町が所在する北海道及び埼玉県

（左のうち国庫補助金等を受けて地方公共団体等が実施する事業の概要）
補助事業等(A)‥‥津波防災、産業再生等の事業のため地方公共団体等が実施
復興関連基金事業(B)‥‥産業再生等の事業のため基金造成等した基金団体が実施
復興交付金事業(C)‥‥津波防災、住まい、市街地等の整備、産業再生等の事業のため特定被災自治体等が実施
被災者支援総合交付金事業(D)‥‥被災者支援等の事業のため特定被災自治体等が実施
福島再生加速化交付金事業等(E)‥‥住まい、市街地等の整備、住民の帰還等の事業のため特定被災自治体等が実施　等

復興期間（当初）に特定被災自治体に交付された額は**計19兆3389億円**、このうち東北3県（岩手、宮城、福島各県）に交付されたものは**計17兆6796億円**（全体の91.4%）
（東北3県及び管内市町村における国庫支出金等の受入れの状況は次のスライドを参照）

復興交付金事業の実施状況

・復興期間（当初）において特定被災自治体のうち8県及び99市町村に交付された額は計3兆3283億円、執行額等は計3兆1348億円
・復興交付金は2年度をもって廃止することとされ、復興庁は事業を実施している自治体に対して4年度中に確実に事業を完了するよう求める
・復興交付金事業2,911事業（基幹事業）のうち**44事業は3年度中に完了せずに4年度に延長して実施**

所見　・各種事業に係る予算執行の実績等を踏まえて、第2期復興・創生期間において各種事業が円滑かつ着実に実施されるよう努めること
　　　　・延長して実施されている復興交付金事業が4年度中に完了するよう助言等を行うこと　等

東日本大震災からの復興等に関する事業の実施状況等（随時）　　16府省庁等、238地方公共団体等

検査の状況1-2　　国から財政支援等を受けて地方公共団体等が実施する復旧・復興事業の状況②
東北3県及び管内市町村等における国庫支出金等（国庫支出金及び震災復興特別交付税）の受入れの状況

東北3県及び管内市町村等における国庫支出金等の受入れの状況
（平成23年度～令和2年度）

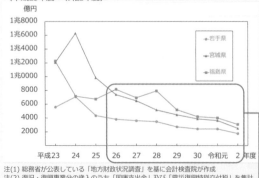

注(1) 総務省が公表している「地方財政状況調査」を基に会計検査院が作成
注(2) 復旧・復興事業分の歳入のうち「国庫支出金」及び「震災復興特別交付税」を集計

・平成23、24両年度（当初2年間）は岩手県及び宮城県も多くの国庫支出金等を受入れ
・岩手県及び宮城県は25年度以降は減少しており、福島県については28年度までは増減を繰り返しているが、29年度以降は減少

・**26年度以降は福島県が東北3県の中で最も多額**

(注)避難指示・解除区域市町村（12市町村）‥‥避難指示区域が設定され、又は避難指示が解除されるなどした区域が所在する田村、南相馬両市、伊達郡川俣、双葉郡広野、楢葉、富岡、大熊、双葉、浪江各町、双葉郡川内、葛尾、相馬郡飯舘各村

東北3県及び管内市町村等の歳入総額（平成23年度～令和2年度）

（単位：億円、％）

年度	岩手県			宮城県			福島県			避難指示・解除区域市町村		
	歳入総額	国庫支出金等	左の割合	歳入総額	国庫支出金等	左の割合	歳入総額	国庫支出金等	左の割合	歳入総額	国庫支出金等	左の割合
	A	B	B/A	C	D	D/C	E	F	F/E	G	H	H/G
23	2兆2717	5567	24.5	3兆6309	1兆2047	33.1	3兆4420	1兆2267	35.6	1747	438	25.1
24	2兆5026	7062	28.2	4兆3741	1兆6280	37.2	3兆1057	7146	23.0	1931	456	23.6
25	2兆3110	4341	18.7	3兆8027	9813	25.8	3兆3150	6729	20.3	2123	398	18.7
26	2兆1944	3808	17.3	3兆4748	7388	21.2	3兆6572	8156	22.3	3609	1396	38.6
27	2兆1868	3610	16.5	3兆4440	6476	18.8	3兆5441	6928	19.5	3047	550	18.0
28	2兆1564	3474	16.1	3兆1292	5168	16.5	3兆5450	7923	22.3	3020	836	27.6
29	2兆0417	2725	13.3	2兆9212	4462	15.2	2兆8587	5196	18.1	3001	967	32.2
30	1兆9468	2420	12.4	2兆7373	3872	14.1	2兆5837	4205	16.2	2849	843	29.5
令和元	1兆8846	2416	12.8	2兆6817	3642	13.5	2兆6047	4021	15.4	2750	724	26.3
2	2兆1167	1759	8.3	3兆0963	2508	8.1	3兆0395	3083	10.1	2954	540	18.2
計(4)	21兆6132	3万7187	17.2	33兆2927	7兆1660	21.5	31兆6962	6兆5659	20.7	2兆7042	7153	26.4

注(1) 総務省が公表している「地方財政状況調査」を基に会計検査院が作成
注(2) 「歳入総額」は、県及び管内市町村等の「歳入合計」を集計
注(3) 「国庫支出金等」は、復旧・復興事業分の歳入のうち「国庫支出金」及び「震災復興特別交付税」を集計
注(4) 「計」は、復興期間（当初）の平成23年度から令和2年度までを集計

・東北3県における歳入額に占める国庫支出金等の割合は23、24両年度は25%から35%程度と高くなっていたが、令和2年度には**おおむね10%以下に減少**

・避難指示・解除区域市町村(注)である12市町村の歳入総額に占める国庫支出金等の割合は**福島県全体と比べてやや高くなっている**

第Ⅱ章

東日本大震災からの復興等に関する事業の実施状況等（随時）

16府省庁等、238地方公共団体等

検査の状況2 復旧・復興事業の実績及び成果の状況

①津波防災に関する施策に係る事業

<東北3県の防潮堤の整備状況（ハード）>
・沿岸37市町村に所在する海岸保全区域に係る海岸における防潮堤の整備に係る事業は2年度末現在で583海岸で実施
・防潮堤が**完成した海岸数**は2年度末現在で**444海岸、完成率は76.1%（3年度末現在で92.1%）**。支出済事業費からみた進捗率は90.9%

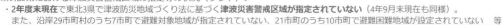

<東北3県における津波災害警戒区域の指定等の状況（ソフト）>
・**2年度末現在**で東北3県で津波防災地域づくり法に基づく**津波災害警戒区域が指定されていない**（4年9月末現在も同様）。
また、沿岸29市町村のうち7市町で避難対象地域が指定されていない、21市町のうち10市町で避難困難地域が設定されていない　等

所見 災害に強い地域が形成されるよう、警戒避難体制の整備を進めていくなどして、**「多重防御」のための施策を円滑に遂行していくよう**助言等を行っていくこと

②住まい、市街地等の整備に関する事業

・災害公営住宅整備事業等は岩手、福島両県及び56市町村で実施。2年度末現在の計画戸数に対する整備済みの戸数の割合は99.4%と整備はおおむね完了
・福島県において153戸が未整備。うち**123戸**については県により**整備が4年以上保留されたまま**となっており、既に造成工事等が終了している**115戸**に係る**土地が復興公営住宅の宅地として利用されていない**。福島県は保留を継続するとしている

所見 整備された住宅の入居状況や土地の利用状況を踏まえ、**新たな整備について慎重に検討するなどの必要な助言等を行っていくこと**

③住民の帰還等の状況等

<東北3県における避難者数の状況>
復興庁は、全国避難者情報システムにより避難先市町村が把握している避難者数を調査して公表。復興庁が公表している避難者数の中には、**既に避難を終了したと考えられる者が多数含まれており**、復興庁が公表している宮城県の県外避難者数（3年3月10日現在3,670人）は、同県の把握している県外避難者数（同月11日現在87人）と**大きくかい離**

<福島県における住民の帰還等の状況>
原子力災害対策本部の決定に基づき避難指示区域が設定され、又は避難指示が解除されるなどした区域が所在する12市町村は、住民の帰還等の促進を目的として様々な帰還環境整備事業を実施。複数の市町村では、避難指示の解除後も**住民の帰還が順調に進んでいないため、利用されないままとなっている**などの施設が見受けられた

<認定復興再生計画による帰還のための取組の実施状況>
認定復興再生計画における事業等の完了率は4年6月時点で**おおむね10%台**。認定復興再生計画は福島特措法等において、計画期間終了後、**国による検証等を行うこととなっていない**

所見 **東北3県における避難者数を正確に把握**したり、帰還環境整備事業により**整備された施設の利用状況等を把握**したり、帰還困難区域が設定されている市町村の課題等を把握したりなどして、**これらを踏まえて支援・助言等を行っていくこと**

検査の状況の主な内容 本院は、東日本大震災からの復興等に関する事業の実施状況等について、①東日本大震災復旧・復興関係経費に係る予算（以下「復旧・復興予算」）は、どのような経費に配分され執行されているか、また、復興財源はどのように確保されているか、事業規模に見合うものとなっているか、②「東日本大震災からの復興の基本方針」（以下「復興基本方針」）において「復興期間」と位置付けられた平成23年度からの10年間（この10年間を「復興期間（当初）(注)」）において、国からの財政支援等を受けて地方公共団体等が実施する事業等の執行状況等はどのようになっているか、特に、地方公共団体等が国からの国庫補助金等の交付を受けて設置造成又は積増し（以下「設置造成等」）を行った基金により復旧・復興事業を実施する事業（以下「復興関連基金事業」）及び東日本大震災復興交付金(以下「復興交付金」)を原資として実施する事業（以下「復興交付金事業」）は、計画どおりに進捗し実施されているか、また、使用見込みのない額が基金に滞留するなどしていないか、③復興期間（当初）に実施された復旧・復興事業により、どのような施設等が整備され、これらによりどのような成果が得られているか、特に、津波防災に関する施策に係る事業は適切に実施され、災害に強い地域づくりに寄与しているか、復興交付金事業等による住宅や土地の整備等は被災者の住まいの再建等に寄与しているか、産業再生に関する事業は企業の立地や雇用の創出に寄与しているか、また、被災者支援に関する復旧・復興事業は、避難生活の長期化、復興の進捗等の状況に対応

随時報告

(注) 復興基本方針において、復興期間（当初）のうち当初の5年間は「集中復興期間」と位置付けられた。また、平成27年6月に決定された「平成28年度以降の復旧・復興事業について」において、28年度からの5年間は、「復興・創生期間」と位置付けられた。その後、令和2年7月に決定された「令和3年度以降の復興の取組について」において、復興期間は3年度から7年度までの5年間を含む15年間とされ、平成28年度から令和2年度までは「第1期復興・創生期間」、3年度から7年度までの5年間は「第2期復興・創生期間」と位置付けられた（第1期復興・創生期間を「平成28年度以降の復旧・復興事業について」と同様に「復興・創生期間」）。

して実施されているか、④岩手、宮城、福島各県(以下「東北3県」)における避難者の状況はどのようになっているか、特に、原子力災害からの復興及び再生に向けて引き続き様々な取組が実施されている福島県における住民の帰還等の状況等はどのようになっているかに着眼して検査した。

(1) 復旧・復興予算の執行状況等

ア 復旧・復興予算の歳出予算額及び執行状況

復興期間(当初)において各年度に措置された予算現額の合計額44兆7478億円の令和2年度末現在における執行状況は、支出済額38兆1711億円、翌年度繰越額(以下「繰越額」)4317億円、不用額6兆1448億円であり、復興期間(当初)全体の執行率は85.3%、繰越率は0.9%、不用率は13.7%となっていた[注1]。

イ 予算の経費の内容から区分した項目別の執行状況

復旧・復興予算の支出済額を予算の経費の内容から区分した項目ごとにみると、「復興関係公共事業等」7兆7456億円、「原子力災害復興関係経費」6兆1223億円、「地方交付税交付金」5兆8790億円、「東日本大震災復興交付金」3兆3281億円等となっている。

ウ 財源等の内容から区分した項目別の歳入の状況

復旧・復興事業の財源等の決算額を財源等の内容から区分した項目ごとにみると、「復興特別所得税」3兆0830億円、「復興特別法人税」2兆2995億円、「一般会計より受入」10兆3057億円、「復興公債金」17兆3933億円等となっている。

エ 復興債の発行及び償還の状況

復興債[注2]の発行状況をみると、発行計画額計22兆5395億円に対して発行実績額は計17兆3933億円、復興債の2年度末現在額は6兆7845億円となっている。

オ 復興財源フレームの状況

2年度末現在の事業規模及び財源の状況をみると、事業規模は、復興期間(当初)の事業費31.3兆円程度に第2期復興・創生期間における事業費1.6兆円程度を加えて計32.9兆円程度、財源は、既に収納されているものに3年度以降に収納するものを含めると計32.9兆円程度となり、財源は事業規模に見合うものと見込まれた。

(2) 国から財政支援等を受けて地方公共団体等が実施する復旧・復興事業の状況

復興期間(当初)の10か年度に東日本大震災復旧・復興関係経費として国から交付された、財政支援等における国庫補助金等及び地方交付税のうち、特定被災自治体[注3]に交付されたものは計19

(注1) 令和2年度までの各年度予算の執行状況を予算措置年度別の予算現額ごとに、当該予算措置年度の翌年度以降の執行状況も含めて分析した。すなわち、予算現額は、歳出予算額(当初予算額、補正予算額及び予算移替額の合計)に予備費使用額及び流用等増減額を加減したものとしており、前年度から繰り越された額は含めていない。支出済額は、当該予算措置年度における支出済額に、繰越額として翌年度以降に支出された額も含めている。また、繰越額は、予算措置年度別の予算現額が2年度末現在で繰り越されている額を、不用額は、予算措置年度別の予算現額が2年度末までに不用とされている額を示している。すなわち、執行率、繰越率及び不用率はそれぞれ復旧・復興事業に係る支出済額、繰越額及び不用額の予算現額に対する割合であり、また、繰越率及び不用率は、それぞれ予算措置年度別の予算現額が、2年度末現在でどの程度繰り越され、又は、2年度末までにどの程度不用とされたかを示している。

(注2) 復興債　東日本大震災復興基本法(以下「復興基本法」)第8条で定める復興に必要な資金を確保するため、復興期間中に実施する施策に必要な財源を確保するための特別措置について定めた「東日本大震災からの復興のための施策を実施するために必要な財源の確保に関する特別措置法」に基づき発行される公債

(注3) 特定被災自治体　次の①から③までの11道県及び管内227市町村
　　　① 「東日本大震災に対処するための特別の財政援助及び助成に関する法律」第2条第2項に規定する地方公共団体(以下「特定被災地方公共団体」)である青森、岩手、宮城、福島、茨城、栃木、千葉、新潟、長野各県
　　　② 特定被災地方公共団体である市町村及びその区域が特定被災区域(同条第3項に規定する区域をいう。)内にある特定被災地方公共団体以外の市町村
　　　③ ①の9県以外で特定被災地方公共団体である市町が所在する北海道及び埼玉県

兆3389億円、このうち東北3県に交付されたものが計17兆6796億円となっていて、全体の91.4%を占めている。

ア　復興関連基金事業の実施状況

復興関連基金事業の実施状況をみると、186事業に係る国庫補助金等交付額計5兆1322億円、取崩額計3兆8223億円、国庫補助金等交付額に対する取崩額の割合(以下「基金事業執行率」)は74.4%となっている。そして、復興関連基金事業の終了予定年度が3年度以降である109事業のうち、国からの国庫補助金等の交付を受けて基金を設置造成等した地方公共団体、公益法人その他の団体(以下「基金団体」)が公益財団法人等である59事業に係る19基金の基金事業終了年度までに必要な基金事業費に対する基金残額の割合(以下「保有割合」)をみると、2年度末現在で59事業のうち15事業に係る3基金の保有割合が1を上回っており、最大で1.85となっているなどしている。

イ　復興交付金事業の実施状況

復興交付金事業の実施状況をみると、特定被災自治体のうち8道県及び99市町村に復興交付金計3兆3283億円が交付されていて、このうち基金型事業を選択しているのは7県及び89市町村で、交付額は計3兆3248億円、取崩額は計3兆1318億円、基金事業執行率は94.1%となっている。復興交付金は、2年6月の東日本大震災復興特別区域法の改正により、2年度をもって廃止することとされたが、その後に改正された東日本大震災復興交付金制度要綱によれば、2年度中に完了しない場合には、復興交付金事業の計画期間の最終年度を3年度に変更する手続を行った上で実施することとされた。さらに、3年度中に生じた避け難い事故により完了しない場合には、計画期間の最終年度を4年度に変更する手続を行った上で4年度の確実な事業完了に向け必要な措置を講ずることとされている。復興交付金事業の完了等の状況をみると、基幹事業2,911事業のうち、中止又は廃止となった108事業を除き、2年度末までに完了したものが2,656事業、3年度中に完了したものが103事業となっていたが、残りの44事業は4年度に延長して実施されている。復興庁は、4年度に復興交付金事業を実施する特定被災自治体に対して、自らの責任において同年度中に確実に事業を完了するよう求めている。

(3)　復旧・復興事業の実績及び成果の状況

ア　津波防災に関する施策に係る復旧・復興事業の実績及び成果

(ア)　防潮堤の整備状況

沿岸37市町村(注1)に所在する海岸保全区域に係る583海岸のうち、復興期間(当初)において津波等の災害を防止するために設置された堤体、水門等(これらを「防潮堤」)が完成した海岸数は444海岸、完成率は76.1%となっている(3年度末現在、完成した海岸数は537海岸、完成率92.1%)。また、市町村別の完成率をみると、21市町村では80%以上、このうち13市町村では100%となっている一方、3町では50%未満となっている。3町のうち福島県双葉郡大熊、双葉両町では、完成していない防潮堤の整備予定地が全て帰還困難区域(注2)となっているため、

(注1)　沿岸37市町村　　岩手県の宮古、大船渡、久慈、陸前高田、釜石各市、上閉伊郡大槌、下閉伊郡山田、岩泉、九戸郡洋野各町、下閉伊郡田野畑、普代、九戸郡野田各村、宮城県の仙台、石巻、塩竈、気仙沼、名取、多賀城、岩沼、東松島各市、亘理郡亘理、山元、宮城郡松島、七ヶ浜、利府、牡鹿郡女川、本吉郡南三陸各町、福島県のいわき、相馬、南相馬各市、双葉郡広野、楢葉、富岡、大熊、双葉、浪江、相馬郡新地各町

(注2)　帰還困難区域　　平成24年3月時点での空間線量率から推定された年間積算線量が50mSv(Sv(シーベルト)は人体の被ばくによる生物学的影響の大きさ(線量当量)を表す単位)を超えていて、事故発生後6年間を経過してもなお年間積算線量が20mSvを下回らないおそれがある地域

完成率が低くなっている。

　なお、地域によっては、地域住民等との調整により防潮堤の高さが当初設計に基づくものよりも低くなったものもあり、このような場合には、復興基本方針で掲げられているような「多重防御」の発想による対策がより重要となると考えられる。

(イ) 津波災害警戒区域の指定、津波避難計画の策定、避難対象地域の指定及び避難困難地域の設定の状況

　東北3県における津波災害警戒区域の指定の状況についてみると、2年度末現在でいずれの県においても津波災害警戒区域は指定されていない(4年9月末現在においても同様)。沿岸31市町村^(注1)における津波避難計画^(注2)の策定状況、避難対象地域の指定及び避難困難地域の設定の状況をみると、2年度末現在で津波避難計画は全ての市町村で策定されていて、避難対象地域は、該当する地域がない2市を除いた29市町村のうち7市町で指定されておらず、避難困難地域は、該当する地域がない10市町村を除いた21市町村のうち10市町で設定されていない。

イ　住まい、市街地等の整備に関する復旧・復興事業の実績及び成果

(ア) 恒久住宅の供給等の状況

a　災害公営住宅整備事業等による恒久住宅の供給

　災害公営住宅の整備状況をみると、計画戸数29,806戸に対して29,653戸が完成し、完成率(計画戸数に対する整備済戸数の割合)は99.4%となっており、災害公営住宅の整備はおおむね完了しているものの、福島県において整備が4年以上保留されていて、原子力災害による避難者のための災害公営住宅の宅地として利用されていない土地がある。同県は、帰還に向けての環境整備の進捗状況等を総合的に踏まえて、保留を継続するとしている。

b　災害公営住宅の入居等の状況

　災害公営住宅の入居の状況をみると、管理戸数29,589戸のうち27,410戸が入居済み又は入居手続中であり、2,179戸が入居者未定で空室となっている。また、東北3県における被災者以外の者の入居を可能とする取扱いとされた災害公営住宅への被災者以外の者の入居戸数の状況をみると、29,589戸のうち2,613戸(8.8%)となっている。

(イ) 都市再生区画整理事業の実施状況等

　都市再生区画整理事業のうち被災市街地復興土地区画整理事業により整備された土地の面積及び整備された面積に対する利用されている土地(駐車場等の一時的な利用も含む。)の面積の割合(以下「利用率」)をみると、整備された面積は、21市町村計で住宅が立地する地区が471ha、商工業施設等が立地する地区が435ha、行政機関、消防等防災施設、公園等が立地する地区が408haとなっていて、それぞれの利用率は69.2%、73.7%、96.8%となっている。

ウ　産業再生に関する復旧・復興事業の実績及び成果

(ア) 中小企業者等の事業に係る施設等の復旧状況

　東北3県において中小企業組合等共同施設等災害復旧費補助金の交付決定を受けた延べ12,505事業者のうち延べ9,148事業者が事業を完了しているが、資金や用地の確保が困難となったことなどから延べ569事業者が事業を廃止し又は取り消しているほか、延べ2,788事業

(注1)　沿岸31市町村　　沿岸37市町村のうち、福島県の南相馬市、双葉郡楢葉、富岡、大熊、双葉、浪江各町の計6市町を除いた31市町村で、会計検査院法第30条の3の規定に基づく平成29年4月12日の報告に係る会計実地検査実施箇所である。
(注2)　津波避難計画　　市町村が住民等の生命及び身体の安全を確保するための避難対策について定める計画

者が事業を延期するなどしている。

(イ)　企業立地支援による復旧・復興の状況

　　津波・原子力災害被災地域雇用創出企業立地補助金による事業、地域経済産業復興立地推進事業費補助金による事業及び自立・帰還支援雇用創出企業立地補助金による事業の各事業を合わせた採択事業者数1,668事業者のうち、事業を完了した事業者は867事業者、辞退等事業者数は509事業者となっていて、辞退等事業者数の割合は30.5％となっている。また、新規地元雇用者数について、採択事業者に係る見込数と完了事業者に係る実績数とを比較すると、両者に開差が生じている事業があり、これは、事業を実施中で完了していない事業者や、採択後又は交付決定後に事業を辞退した事業者があることなどのためである。

エ　被災者支援に関する復旧・復興事業の実績及び成果

(ア)　相談活動の実施回数

　　被災者の孤立防止や心のケアを図るための訪問等(以下「相談活動」)の実施回数については減少傾向にあるが、事業実施主体によると、避難等で家族構成が変化したことなどにより、支援を必要とする高齢者世帯や単身者世帯等が増加していることから、これらの者の孤独死を未然に防ぐなどのためにも、復興・創生期間後においても、引き続き相談活動の実施が必要であるとしている。

(イ)　交流活動の実施回数

　　地域住民と融合しコミュニティの形成を図るための交流会、イベントの開催等(以下「交流活動」)の実施回数は、複数の事業について元年度から2年度で大きく減少しているが、事業実施主体によると、避難指示が解除された地区において、地域住民同士のつながりの修復が必要であるという課題が残っていることなどから、復興・創生期間後も引き続き交流活動の実施が必要であるとしている。

(ウ)　第2期復興・創生期間に向けての被災者支援総合交付金事業に関する取組

　　国は、元年12月に「「復興・創生期間」後における東日本大震災からの復興の基本方針」を定めて、復興・創生期間後の各分野における取組、復興を支える仕組み及び組織についての方針を示し、その後、3年3月に同基本方針の見直しを行っている(以下、見直し後の基本方針を「3年基本方針」)。被災者支援については、3年基本方針において、東日本大震災の影響によりケアが必要な高齢者等の被災者に対する心のケア等の被災者支援が第2期復興・創生期間の取組事項として掲げられており、被災者支援総合交付金の東北3県及び管内市町村以外の事業実施主体分を含めた3年度の予算額も125億円となっていて、引き続き被災者支援総合交付金を原資として実施する被災者支援総合交付金事業の実施が見込まれる。

オ　住民の帰還等の状況等

(ア)　東北3県における避難者数の状況

　　同庁は、全国避難者情報システムにより避難先市町村が把握している避難者数を調査して公表しているが、同庁が公表している避難者数の中には、既に避難を終了したと考えられる者が多数含まれており、同庁が公表している宮城県の県外避難者数は、同県の把握している県外避難者数と大きくかい離していた。同庁は、同県が把握している避難者数について確認したり、避難先市町村と共有するようにしたりなどして、かい離の解消に努めるとしている。

(イ)　福島県における住民の帰還等の状況

　　平成26年4月以降、避難指示解除準備区域[注1]及び居住制限区域[注2]の避難指示は順次解除され、復興期間(当初)の終了時点までに、7市町村[注3]に設定されている帰還困難区域を除き、全ての避難指示解除準備区域及び居住制限区域の避難指示が解除されている(以下、避難指示区域が設定され、又は避難指示が解除されるなどした区域が所在する12市町村[注4]を「避難指示・解除区域市町村」)。避難指示・解除区域市町村別に22年と令和2年の人口を比較すると、2年度末現在で区域内に帰還困難区域が設定されている双葉郡大熊町等5町村の減少率は70%を超えている。また、平成23年3月11日現在の住民登録数に対する令和2年7月1日現在の帰還者数の割合をみたところ、田村市、双葉郡広野町及び川内村では50%を超えているが、区域内に帰還困難区域が設定されている町村では低くなっていて、特に、双葉郡富岡、大熊、浪江各町の同割合は5%未満となっているなどしている。住民の帰還促進は、3年3月に改定された福島復興再生基本方針において、引き続き重要な課題であるとされており、現在、避難指示・解除区域市町村は様々な帰還環境整備事業(福島再生加速化交付金を原資として実施する福島再生加速化交付金事業の交付対象項目である帰還環境整備の交付対象事業)を実施しているが、複数の市町村では、避難指示の解除後も住民の帰還が順調に進んでいないため、利用されないままとなっているなどの施設が見受けられた。

(ウ)　認定復興再生計画による帰還のための取組の実施状況

　　平成29年5月の福島復興再生特別措置法(以下「福島特措法」)の改正により、内閣総理大臣は、帰還困難区域等をその区域に含む市町村の長が申請した「特定復興再生拠点区域の復興及び再生を推進するための計画」(以下「復興再生計画」)が福島復興再生基本方針に適合することなどの基準に適合すると認めるときは、復興再生計画を認定するとされていて、帰還困難区域が設定されている7市町村のうち、南相馬市を除く6町村は、復興再生計画を申請し、内閣総理大臣による認定を受けている(内閣総理大臣の認定を受けた復興再生計画を「認定復興再生計画」)。復興再生計画を作成した6町村のうち、令和4年6月に双葉郡葛尾村及び大熊町の特定復興再生拠点区域全域の避難指示が、8月に双葉町の特定復興再生拠点区域全域の避難指示が解除された。6町村の認定復興再生計画に基づく事業等の進捗状況を確認したところ、4年6月時点において未着手又は実施中となっている事業等が多数見受けられ、認定復興再生計画に記載された事業等のうち完了している事業等が占める割合は、おおむね10%台にとどまっている状況となっている。同庁は、認定復興再生計画は福島特措法等において、計画期間終了後、国による検証等を行うこととなっていないとしている。

検査の状況に対する所見　復興期間(当初)における国や地方公共団体等の取組により、復興期間(当初)が終了した時点において、地震・津波被災地域では、住まいの再建・復興まちづくりはおおむね完了し、産業・生業の再生も一定程度進展している。一方で、原子力災害被災地域においては、いまだに帰還困難区域が設定されているなどしていて、多くの住民が避難生活を余儀なくされている

(注1)　避難指示解除準備区域　　平成24年3月時点での空間線量率から推定された年間積算線量が20mSv以下となることが確実であることが確認された地域
(注2)　居住制限区域　　24年3月時点での空間線量率から推定された年間積算線量が20mSvを超えるおそれがあると確認されていて、住民の被ばく線量を低減する観点から引き続き避難の継続を求める地域
(注3)　7市町村　　南相馬市、双葉郡富岡、大熊、双葉、浪江各町、双葉郡葛尾、相馬郡飯舘両村
(注4)　12市町村　　田村、南相馬両市、伊達郡川俣、双葉郡広野、楢葉、富岡、大熊、双葉、浪江各町、双葉郡川内、葛尾、相馬郡飯舘各村

状況となっており、帰還困難区域では、可能なところから段階的に、一日も早い復興を目指した各種の復旧・復興事業が行われるなどしている。

　そして、3年基本方針によれば、復興の進展に伴い、引き続き対応が必要となる事業や新たな課題も明らかとなっているとして、地震・津波被災地域においては、復興の総仕上げの段階に入っている一方で、今後も一定の支援が必要な心のケア等の被災者支援、住まいとまちの復興等の取組を行うこと、原子力災害被災地域においては、復興・再生には中長期的な対応が必要であり、本格的な復興・再生に向けた帰還・移住等の促進等の取組を行うことなどとされている。ついては、同庁及び関係府省等は連携して、国及び地方公共団体が行う施策が復興基本法に定める基本理念に即して更なる復旧・復興の進展につながるよう、今後も次の点に留意するなどして、第2期復興・創生期間における復興施策の推進及び支援に適切に取り組む必要がある。

ア　復興期間(当初)に実施された各種事業に係る予算執行の実績等を踏まえて、東北3県等との緊密な連絡調整を行うことなどにより、第2期復興・創生期間において各種事業が円滑かつ着実に実施されるよう努めること

イ　3年度以降に終了することとなっている復興関連基金事業について、基金事業終了年度までに必要な基金事業費よりも基金残額が上回っているものが見受けられることから、基金団体が地方公共団体である基金を含め、引き続き、使用見込みのない余剰金等が生じていないか確認するなど、資金が有効に活用されるよう、基金団体と十分に連携して適切な基金の執行管理を行うこと。また、復興交付金事業について、3年度中に完了せず4年度に延長して実施されている事業が同年度中に完了するよう助言等を行うこと

ウ　津波防災に関する施策に係る復旧・復興事業について、引き続き、災害に強い地域が形成されるよう、警戒避難体制の整備を進めていくなどして、「多重防御」のための施策を円滑に遂行していくよう助言等を行っていくこと。住まい、市街地等の整備に関する復旧・復興事業について、復興交付金事業等により整備された住宅の入居状況や土地の利用状況を踏まえ、新たな整備について慎重に検討するなどの必要な助言等を行っていくこと。産業再生に関する復旧・復興事業について、引き続き、被災地における企業立地の進展により新規雇用を創出するために、事業を実施して新規地元雇用者数を確保できるよう支援するとともに、事業完了後も継続して雇用が確保されるよう助言等を行っていくこと

エ　被災者支援に関する復旧・復興事業について、引き続き、東北3県等における課題等を把握して、支援・助言等を行っていくとともに、東北3県等からの要望も踏まえつつ、適切に事業内容の見直しを図るなどの取組を行っていくこと

オ　東北3県における避難者数を正確に把握したり、帰還環境整備事業により整備された施設の利用状況等を把握したり、帰還困難区域が設定されている市町村の課題等を把握したりなどして、これらを踏まえて支援・助言等を行っていくこと

　本院としては、今後も復興等に関する事業の実施状況について引き続き注視していくこととする。

(検査報告545ページ)

随　　時　新型コロナウイルス感染症に係るワクチン接種事業の実施状況等について

=＜報告の要点＞=

1　ワクチンの確保、管理、配布等の状況

　(1)　ワクチンの確保の状況

　　　厚生労働省は、計8億8200万回分のワクチンを確保することにしたことについて、ワクチン製造販売業者の我が国への供給可能数量を確認した上で、特定のワクチン製造販売業者がワクチンの開発に失敗することなどがあったとしても国民にワクチンを接種できるように、当該供給可能数量を基に将来にわたるワクチン接種回数等について種々シミュレーションを行って決定したとしているが、同省がワクチンの確保に当たり作成していた資料には、確保することにした数量に係る算定根拠が十分に記載されておらず、それ以上の説明は得られなかった。

　　所見：厚生労働省は、今後、ワクチンと同様に確保する数量に不確定要素のある物資を緊急で確保する場合であっても、当該数量に係る算定根拠資料を作成して保存し、事後に当該数量の妥当性を客観的に検証することができるようにすること

　(2)　ワクチンの管理、配布等の状況

　　　厚生労働省におけるワクチンの在庫数量の把握状況についてみたところ、同省は、納入数量及び配布数量を必要の都度確認していたのみで、納入数量と配布数量との差引きにより在庫数量を算出するなどしたことを示す記録を作成していなかった。

　　　令和3年2月16日から4年3月31日までの間に厚生労働省が都道府県等に配布したワクチンの数量（接種可能回数換算）は、計298,689,680回分となっていた。

　　所見：厚生労働省は、ワクチン等の管理を適切に行うために、基本的な情報となる在庫数量を適時適切に把握することができるよう、体制を整えること

2　補助金等の交付を受けて都道府県及び市町村が実施するワクチン接種事業の実施状況等

　　　厚生労働省は、ワクチン接種のために必要な体制を実際の接種より前に着実に整備することを目的として都道府県及び市町村に新型コロナウイルスワクチン接種体制確保事業費国庫補助金（体制確保補助金）を交付している。

　　　体制確保補助金に係る補助事業のうち、ワクチン接種に協力した接種機関等に支払われていた接種協力金について確認したところ、一部の自治体は、接種協力金の支払要綱等を策定するに当たり、接種協力金の全部又は一部について、具体的な経費の積算を行うなどせずに、明確な根拠に基づくことなく支払内容や支払単価を設定していたり、支払対象経費が何であるかを具体的に定めていなかったりしていた。

　　所見：厚生労働省は、都道府県及び市町村に対して、接種機関等に支払った接種協力金を体制確保補助金の補助対象経費とする場合は、接種協力金の支払要綱等の策定又は改定に当たり、明確な根拠に基づいて接種協力金の支払内容、支払単価等を決定するよう指導すること

（同様の資料をデータでご覧になりたい方はこちらをご参照ください：
▶https://www.jbaudit.go.jp/pr/kensa/result/5/pdf/050329_point.pdf）

新型コロナウイルス感染症に係るワクチン接種事業の実施状況等（随時）

デジタル庁、厚生労働省、防衛省、47都道府県、305市区町村

| 検査の背景 | ✓ | 国は、新型コロナウイルス感染症の感染拡大を受けて、以下の事業（**ワクチン接種事業**）を実施
・ワクチンの確保　　・ワクチン接種に必要な物品の調達
・ワクチン接種に係る事務の実施に必要なシステムの開発
・都道府県及び市町村が行うワクチン接種に係る事務に対する補助金等（注）の交付　等
（注）補助金等…負担金（新型コロナウイルスワクチン接種対策費国庫負担金）、体制確保補助金（新型コロナウイルスワクチン接種体制確保事業費国庫補助金）及び包括支援交付金（新型コロナウイルス感染症緊急包括支援交付金（医療分）のうち時間外・休日のワクチン接種会場への医療従事者派遣事業と新型コロナウイルスワクチン接種体制支援事業）|

| 検査の状況 | 1．ワクチン接種事業に係る令和2、3両年度における国の支出済額：**計4兆2026億円**（予算現額に対する割合**68.4%**）
　4年3月末現在で全人口の約8割が1回目及び2回目の接種を完了しており、全人口の約4割が3回目接種を完了
2．①厚生労働省は**計8億8200万回分**のワクチンの確保に当たり作成していた資料には、**確保**することにした**数量に係る算定根拠が十分に記載されておらず**、それ以上の説明は得られず
　②同省は、納入数量及び配布数量を必要の都度確認していたのみで、納入数量と配布数量との差引きにより**在庫数量を算出するなどしたことを示す記録を作成せず**
　③同省は、アストラゼネカワクチンのキャンセルに係る契約に定められている**返金額の妥当性**について**確認せず**
3．体制確保補助金に係る補助事業のうち、一部の自治体が接種機関等に支払った**接種協力金**について、本来は負担金により支弁される接種機関がワクチン接種のために通常必要とする費用や、本来は包括支援交付金の交付対象である接種回数等に応じた上乗せ額を対象に支払われたものではないことを**確認できず**
4．一部の自治体において、ＯＣＲラインに記載されている情報が正しく読み取られず、**誤った接種記録が**ワクチン接種記録システム（ＶＲＳ）に登録。解消のため追加的な業務や費用が発生　等 |

| 所見 | ✓ | 厚生労働省は、①今後、ワクチンと同様に確保する数量に不確定要素のある物資を緊急で確保する場合であっても、当該数量に係る**算定根拠資料を作成**して保存し、事後に当該数量の妥当性を客観的に検証することができるようにすること、②ワクチン等の管理を適切に行うために、基本的な情報となる**在庫数量を適時適切に把握**することができるよう体制を整えること、③**返金額の妥当性を確認**するよう努めること（上記2への所見）
✓ 厚生労働省は、都道府県及び市町村に対して、接種機関等に支払った接種協力金を体制確保補助金の補助対象経費とする場合は、接種協力金の支払要綱等の策定又は改定に当たり、**明確な根拠**に基づいて接種協力金の支払内容、支払単価等を**決定**するよう指導すること（上記3への所見）
✓ デジタル庁及び厚生労働省は、今後、緊急的にシステムを導入する必要がある場合であっても、システムを利用する際に利用者に大きな負担が生じることのないよう、**仕様等**について**適切に検討**すること（上記4への所見）　等 |

新型コロナウイルス感染症に係るワクチン接種事業の実施状況等（随時）

デジタル庁、厚生労働省、防衛省、47都道府県、305市区町村

検査の背景　ワクチン接種事業の概要

（注）下図は、「新型コロナウイルス感染症に係る予防接種の実施に関する手引き（抜粋）」を基に本院が作成

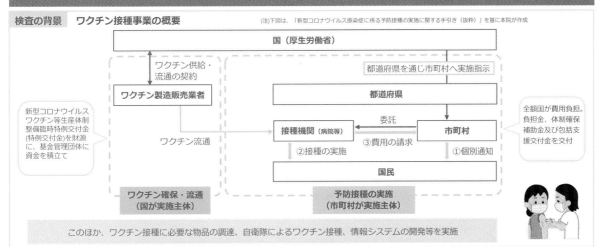

このほか、ワクチン接種に必要な物品の調達、自衛隊によるワクチン接種、情報システムの開発等を実施

検査の状況1　ワクチン接種事業に係る国の決算の状況 等

（単位：億円）

	予算現額(A)	支出済額(B)	繰越額(C)	不用額(D)	執行率(B/A)
令和2年度	15,742	7,728	7,997	16	49.0%
3年度	45,619	34,298	8,154	663	75.1%

2、3両年度の支出済額：**計4兆2026億円**
執行率：**68.4%**

・4年3月末現在のワクチンの接種実績・・・全人口の約8割が1回目及び2回目の接種を完了、全人口の約4割が3回目接種を完了

新型コロナウイルス感染症に係るワクチン接種事業の実施状況等（随時）

デジタル庁、厚生労働省、防衛省、
47都道府県、305市区町村

検査の状況2①　ワクチンの確保の状況

ワクチンの確保に係る費用の支払の枠組み

①特例交付金を交付　②資金を積立て　③助成金として交付

厚生労働省　→　基金管理団体　→　ワクチン製造販売業者

①厚生労働省は基金管理団体に対して特例交付金を交付

②基金管理団体は、特例交付金を財源に資金を積立て

③ワクチン製造販売業者からの請求に基づき、基金管理団体は、所要額を取り崩して、助成金として交付

・4年3月末までの基金管理団体に対する交付額：**計2兆4498億円**（事務費除く）
　製造販売業者に対して交付された助成金の額：**計1兆4578億円**

確保するワクチンの数量

ワクチンの種別	ワクチン製造販売業者等名	令和4年3月末までに締結した契約等に係る供給量の計（回分）
ファイザーワクチン	ファイザー株式会社	3億9900万
モデルナワクチン	武田／モデルナ社	2億1300万
アストラゼネカワクチン	アストラゼネカ株式会社	1億2000万
ノババックスワクチン	武田薬品 (注)	1億5000万
計		8億8200万

(注) 武田薬品が米国のノババックス社から技術移管を受けて国内で生産等を行うことになっている

厚生労働省が計8億8200万回分のワクチンの確保に当たり作成していた資料には、確保することにした<u>数量に係る算定根拠が十分に記載されておらず</u>、それ以上の説明は得られず

このため ⬇

確保した数量が実際の必要数量に比べて著しく過大であれば、キャンセル料の支払や保管期限が到来したことによる廃棄といった**不経済な事態が発生しかねない**

所見　厚生労働省は、今後、ワクチンと同様に確保する数量に不確定要素のある物資を緊急で確保する場合であっても、当該数量に係る**算定根拠資料を作成して保存**し、事後に当該数量の妥当性を客観的に検証することができるようにすること

新型コロナウイルス感染症に係るワクチン接種事業の実施状況等（随時）

デジタル庁、厚生労働省、防衛省、
47都道府県、305市区町村

検査の状況2②　ワクチンの管理の状況

厚生労働省におけるワクチンの**在庫数量の把握状況**についてみたところ・・・

・**納入数量**：ファイザー株式会社及び武田／モデルナ社からは週1回程度の頻度で、アストラゼネカ株式会社からは任意の時期に、それぞれ報告を受けていた
・都道府県、市町村及び接種機関への**配布数量**：ワクチン接種円滑化システム（Ｖ－ＳＹＳ）により確認できるとしていた

しかし ⮕ 厚生労働省は、納入数量及び配布数量を必要の都度確認していたのみで、納入数量と配布数量との差引きにより在庫数量を算出するなどしたことを示す**記録を作成せず**
このため、4年3月の会計実地検査時点で、過去の特定日現在におけるワクチンの**在庫数量を把握せず**

所見　厚生労働省は、ワクチン等の管理を適切に行うために、基本的な情報となる**在庫数量を適時適切に把握**することができるよう、体制を整えること

検査の状況2③　アストラゼネカワクチンのキャンセルの状況

アストラゼネカワクチンのキャンセルに係る経緯等

・アストラゼネカワクチンの都道府県等への配布数量は、令和3年度末の段階で18万5900回分と僅かな量にとどまる
・厚生労働省は、4年2月1日にアストラゼネカ株式会社と別途の契約を締結して、以下のことなどを定めた
　①ワクチン供給契約上確保することにしていた1億2000万回分のうち、同日時点で同社が同省に納入していないアストラゼネカワクチン（同省の要求に基づき、同日以降納入することが決定されていたものを除く。）6225万余回分をキャンセル
　②同省と同社がアストラゼネカワクチンの流通業務が完了したと認めたときに**同社が一定額を同省へ返金する**

4年3月の会計実地検査において、上記契約の内容について確認したところ・・・

⮕ 厚生労働省は、上記契約に定められている同省へ**返金することとなっている金額の妥当性**について**確認せず**

所見　厚生労働省は、返金することとなっている金額の**妥当性について確認**するよう努めること、また、今後、ワクチンの確保に係る費用の精算を行うための契約を締結するなどの場合は、精算額の算定根拠となる資料を入手するなどして、その**妥当性を適切に確認**すること

新型コロナウイルス感染症に係るワクチン接種事業の実施状況等（随時）
デジタル庁、厚生労働省、防衛省、47都道府県、305市区町村

検査の状況3　補助事業の実施状況等

厚生労働省がワクチン接種事業で交付する補助金等
- 負担金（市町村が支弁するワクチン接種事業に要する費用として市町村に交付）
- 体制確保補助金（ワクチン接種のために必要な体制を実際の接種より前に着実に整備することを目的として都道府県及び市町村に交付）
- 包括支援交付金（時間外・休日のワクチン接種会場への医療従事者派遣事業及び新型コロナウイルスワクチン接種体制支援事業について　都道府県に交付）

体制確保補助金に係る事業のうち、5都県及び65市区がワクチン接種に協力した
接種機関等に支払っていた「接種協力金」について確認したところ・・・

接種協力金の支払に係るイメージ図

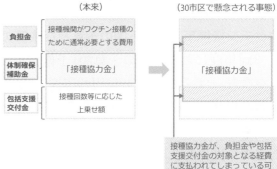

30市区は、接種協力金の支払要綱等を策定するに当たり、接種協力金の全部又は一部について・・・
- 具体的な経費の積算を行うなどしていなかった
- 明確な根拠に基づくことなく支払内容や支払単価を設定していた
- 支払対象経費が何であるかを具体的に定めていなかった
（30市区が2、3両年度に支払った接種協力金の額：54億9159万円）

このため

支払った接種協力金について、以下の内容を確認できず
- 本来は負担金により支弁される接種機関がワクチン接種のために通常必要とする費用ではないこと
- 本来は包括支援交付金の交付対象である接種回数等に応じた上乗せ額を対象に支払われたものではないこと

接種協力金が、負担金や包括支援交付金の対象となる経費に支払われてしまっている可能性あり

所見　厚生労働省は、都道府県及び市町村に対して、接種機関等に支払った接種協力金を体制確保補助金の補助対象経費とする場合は、接種協力金の支払要綱等の策定又は改定に当たり、**明確な根拠**に基づいて接種協力金の支払内容、支払単価等を**決定**するよう指導すること

新型コロナウイルス感染症に係るワクチン接種事業の実施状況等（随時）
デジタル庁、厚生労働省、防衛省、47都道府県、305市区町村

検査の状況4　ワクチン接種事業に係る国の情報システムの開発等の状況

ワクチン接種事業に係る国の情報システムの概要
ワクチン接種円滑化システム（V−SYS）　厚生労働省が開発、令和3年1月稼働
　（主な機能）国等の担当者が配布量等を登録、ワクチン製造販売業者が**配布量**を把握、登録情報を統計情報として公表　等
ワクチン接種記録システム（VRS）　内閣官房が開発、3年4月稼働（運用・保守は3年9月以降はデジタル庁）
　（主な機能）接種者情報等を登録、市町村等の担当者が**接種記録**を把握、接種情報の公表　等

VRSへの情報登録の流れと本件の事態（赤枠）

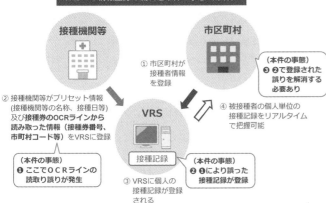

接種機関等

市区町村

① 市区町村が接種者情報を登録

（本件の事態）
❸ ❷で登録された誤りを解消する必要あり

② 接種機関等がプリセット情報（接種機関等の名称、接種日等）及び**接種券のOCRラインから読み取った情報（接種券番号、市町村コード等）**をVRSに登録

④ 被接種者の個人単位の接種記録をリアルタイムで把握可能

VRS

（本件の事態）
❶ ここでOCRラインの読取り誤りが発生

接種記録

（本件の事態）
❷ ❶により誤った接種記録が登録

③ VRSに個人の接種記録が登録される

検査対象とした305市区町村の4年7月末における状況をみたところ・・・

216市区町において、OCRラインに記載されている情報が正しく読み取られなかったことにより、以下のような事態が発生
- ある被接種者の接種記録が、誤って別の者の接種記録として登録
- 誰のものかわからない接種記録が登録

上記のことから、開発期間が短く、仕様の検討を十分に行えなかったなどのやむを得ない事情があったものの、**誤って登録された接種記録の解消のため追加的な業務や費用が発生**

所見　デジタル庁及び厚生労働省は、今後、今般のワクチン接種事業により開発されたシステムのように、緊急的にシステムを導入する必要がある場合であっても、システムを利用する際に利用者に大きな負担が生じることのないよう、**仕様等**について**適切に検討**すること

検査の状況の主な内容　本院は、①新型コロナウイルス感染症に係るワクチン(以下「ワクチン」)接種を実施するに当たって、国、都道府県及び市町村(特別区、一部事務組合及び広域連合を含む。)が実施する事業(以下「ワクチン接種事業」)に係る予算及び決算の状況はどのようになっているか、②ワクチン接種の実施状況はどのようになっているか、③ワクチンの確保、管理、配布等の状況はどのようになっているか、④ワクチン接種で使用する物品の調達、配布等の状況はどのようになっているか、⑤補助金等の交付を受けて都道府県及び市町村が実施するワクチン接種事業(以下「補助事業」)の実施状況はどのようになっているか、⑥自衛隊によるワクチン接種(令和3年5月24日から運営を開始した大規模接種のための会場を「自衛隊大規模接種センター」、4年1月31日及び2月7日から運営を開始した大規模接種のための会場を「自衛隊大規模接種会場」)の実施状況等はどのようになっているか、⑦ワクチン接種事業に係る国の情報システムの開発等の状況はどのようになっているかなどに着眼して検査した。

⑴　ワクチン接種事業に係る国の予算及び決算の状況

2、3両年度における国の予算額(予備費の使用決定により配賦された予算額(以下「予備費使用額」)を含む。)は、計5兆2149億円(2年度1兆3360億円、3年度3兆8788億円)となっていた。このうち予備費使用額は、2年度計7490億円(予算額全体に占める予備費使用額の割合56.0%)、3年度計2兆0353億円(同52.4%)となっていた。

2、3両年度における国の決算の状況について、支出済額は、計4兆2026億円(歳出予算現額(歳出予算額に、前年度繰越額、予備費使用額及び流用等増減額を加減したもの)に対する割合68.4%。2年度7728億円(同49.0%)、3年度3兆4298億円(同75.1%))となっていた。

⑵　ワクチン接種の実施状況

4年3月末現在のワクチンの接種実績をみると、全人口の約8割が1回目及び2回目の接種を完了しており、全人口の約4割がワクチンの2回目接種完了からおおむね8か月以上経過した後に行う3回目の接種を完了している状況となっていた。

⑶　ワクチンの確保、管理、配布等の状況

ア　ワクチンの確保の状況

厚生労働省は、4年3月末までにワクチンの製造販売の承認を受けた業者(以下「ワクチン製造販売業者」)との間で締結した契約により、計8億8200万回分のワクチンの供給を受けることにしていた。

ワクチンの確保に係る費用の支払について、厚生労働省は、ワクチン製造販売業者との契約内容を踏まえて、同省とは別の基金管理団体に新型コロナウイルスワクチン等生産体制整備臨時特例交付金を交付してワクチン生産体制等緊急整備基金(以下「団体基金」)に資金を積み立てた上で、基金管理団体がワクチン製造販売業者からの請求に基づき所要額を団体基金から取り崩した上で特例交付金に係る助成金を交付する枠組みとしていた。

4年3月末までにワクチンの確保に係る費用として基金管理団体からワクチン製造販売業者に対して交付された助成金の額は、合計で1兆4578億1837万円となっていた。

今後、緊急に物資の確保が必要となり、当該物資の確保に係る枠組みを立案する際は、上記の枠組み以外に方法がないのかなどについて十分に検討した上で意思決定を行うことが求められる。

厚生労働省は、計8億8200万回分のワクチンを確保することにしたことについて、ワクチン製造販売業者の我が国への供給可能数量を確認した上で、特定のワクチン製造販売業者がワクチ

ンの開発に失敗することなどがあったとしても国民にワクチンを接種できるように、当該供給可能数量を基に将来にわたるワクチン接種回数等について種々シミュレーションを行って決定したとしているが、同省がワクチンの確保に当たり作成していた資料には、確保することにした数量に係る算定根拠が十分に記載されておらず、それ以上の説明は得られなかった。

イ　ワクチンの管理、配布等の状況

厚生労働省におけるワクチンの在庫数量^(注1)の把握状況についてみたところ、同省は、納入数量及び配布数量を必要の都度確認していたのみで、納入数量と配布数量との差引きにより在庫数量を算出するなどしたことを示す記録を作成していなかった。

3年2月16日から4年3月31日までの間に厚生労働省が都道府県等に配布したワクチンの数量(接種可能回数換算)は、米国のファイザー社製のワクチン219,515,130回分、米国のモデルナ社製のワクチン78,988,650回分、英国のアストラゼネカ社製のワクチン(以下「アストラゼネカワクチン」)185,900回分、計298,689,680回分となっていた。

厚生労働省が4年2月にアストラゼネカ株式会社(英国のアストラゼネカ社の日本法人)と締結したアストラゼネカワクチンのキャンセルに係る契約の内容について確認したところ、同省が、上記の契約に定められている、同省に返金することとなっている金額の妥当性を確認していなかったことが判明した。

(4)　ワクチン接種で使用する物品の調達、配布等の状況

厚生労働省は、2、3両年度に、ワクチン接種で使用する物品である超低温(－75℃±15℃)の温度設定に対応した冷凍庫9,900台、低温(－20℃±5℃)の温度設定に対応した冷凍庫12,000台、保冷バッグ40,000個、注射針及びシリンジ(注射針単体3億5292万余本、シリンジ(注射筒)単体3億7230万余本及び注射針・シリンジ一体型2億2139万余本)の調達に係る契約を、いずれも随意契約により締結しており、これらに係る支払額は計392億8502万円となっていた。

(5)　補助事業の実施状況等

厚生労働省は、市町村が支弁するワクチン接種事業に要する費用として市町村に新型コロナウイルスワクチン接種対策費国庫負担金を、ワクチン接種のために必要な体制を実際の接種より前に着実に整備することを目的として都道府県及び市町村に新型コロナウイルスワクチン接種体制確保事業費国庫補助金(以下「体制確保補助金」)を、新型コロナウイルス感染症緊急包括支援交付金(医療分)の交付の対象となる事業のうち時間外・休日のワクチン接種会場への医療従事者派遣事業及び新型コロナウイルスワクチン接種体制支援事業について都道府県に交付金(これらの2事業について交付される分を「包括支援交付金」)を、それぞれ交付している。

検査の対象とした47都道府県及び305市区町村に対する2、3両年度の交付決定件数1,614件のうち、4年6月末現在で厚生労働省による額の確定が行われているのは、97件(全体の6.0%)にすぎない状況となっており、同省は順次、額の確定の作業を進めるとしている。

体制確保補助金に係る補助事業のうち、5都県及び65市区がワクチン接種に協力した接種実施医療機関(以下「接種機関」)等に支払っていたワクチン接種に係る協力金(以下「接種協力金」)について確認したところ、30市区^(注2)は、接種協力金の支払要綱等を策定するに当たり、接種協力金の全

(注1)　ここでいう在庫数量とは、未接種となっているワクチンのうち都道府県等に配布されていないものの数量、すなわちワクチン製造販売業者において国内で保管されているワクチンの数量を指す。

(注2)　30市区　　札幌、桐生、川口、深谷、佐倉、流山、印西、小金井、川崎、甲府、上田、岐阜、大垣、多治見、各務原、可児、春日井、岸和田、茨木、泉佐野、寝屋川、大東、天理、米子、高松、飯塚、大分、別府各市、新宿、杉並両区

部又は一部について、具体的な経費の積算を行うなどせずに、明確な根拠に基づくことなく支払内容や支払単価を設定していたり、支払対象経費が何であるかを具体的に定めていなかったりしていた。このため、接種協力金が、本来は負担金により支弁される接種機関がワクチン接種のために通常必要とする費用や、本来は包括支援交付金の交付対象である接種回数等に応じた上乗せ額を対象に支払われたものではないことを確認することができなかった。

⑹　自衛隊によるワクチン接種の実施状況等

陸上自衛隊中央会計隊(以下「中央会計隊」)等は、自衛隊大規模接種センター及び自衛隊大規模接種会場の運営に当たり、多数の委託契約等を締結しており、その主なものは、予約の受付、接種会場における案内、警備、清掃等の業務についての業務委託契約や、民間看護師の派遣を受けるための派遣契約等となっていた。これらのうち、上記の業務委託契約には利益制限付特約条項(注1)が付されており、中央会計隊が原価監査を実施して実績価格を決定することとなっていたが、5年2月の会計実地検査時点において原価監査は終わっておらず、実績価格はまだ決定していなかった。また、上記業務委託契約の主要部分について第三者に委託(以下「再委託」)が行われており、自衛隊大規模接種センターでは一部について、民間事業者が書面による申請を行っておらず、業務委託契約に基づく中央会計隊の承認(以下「再委託承認」)を得ていなかったものの、その後の自衛隊大規模接種会場では全てについて再委託承認を得ていた。

⑺　ワクチン接種事業に係る国の情報システムの開発等の状況

厚生労働省は、ワクチン等の流通やワクチン接種の実務を支援するために、ワクチン接種円滑化システム(Vaccination System。以下「V-SYS」)の開発等を行い、3年1月18日から稼働させた。また、内閣官房は、被接種者ごとの接種記録を登録するワクチン接種記録システム(Vaccination Record System。以下「VRS」)を開発して、同年4月12日から稼働させた。

ワクチン接種に関する統計情報について、3年5月27日にVRSにおいて公表が開始された。一方、厚生労働省は、VRSが一部の機能に限定して稼働したり稼働が間に合わなかったりする場合を想定して、ワクチン接種事業を滞りなく進めるために、V-SYSにおいても、ワクチン接種に関する統計情報をインターネット上で国民に公表する機能を追加した。

今後、複数の省庁が関係するシステムの開発に当たっては、緊急的に開発が必要となる場合も含め、関係省庁間での調整や情報共有を十分に行うことが求められる。

また、VRSでは、接種機関等の担当者等が、内閣官房が別途調達したタブレット端末の貸与を受けて、接種券(注2)に印刷されたOCRライン(注3)をタブレット端末のカメラ等で読み取り、VRSに接種記録(注4)として登録することとなっている。検査の対象とした305市区町村のうち216市区町において、OCRラインを正しく認識しなかったことにより、ある被接種者の接種記録が、誤って別の者の接種記録としてVRSに登録されるなどしていた。上記216市区町のうち101市区町は、予診票の内容とVRSに登録された接種記録を、目視や読み合わせにより全件突合して確認を行った上で、誤った記録の修正を行っていた。また、別の51市区町は、パンチ入力等のタブレット端末以外の方法に

(注1) 利益制限付特約条項　　契約の相手方が契約の履行により適正利益を超える利益を得た場合には、この適正利益を超える利益に相当する金額を返納させる条件を課したもの

(注2) 接種券　　接種機関等に対し、当該市町村におけるワクチンの接種対象者であることを示すために、市町村が発行し、接種対象者に送付する書面

(注3) OCRライン　　スキャナ等の読取機器を活用して、接種対象者を特定するための情報等を効率的にシステムに取り込めるように、接種券等に印刷された数字列からなる符号

(注4) 接種記録　　ワクチンの接種日、接種回数、ワクチン製造販売業者名等の情報

より別途作成した接種記録を、既にVRSに登録されていた接種記録に一括して上書きして修正を行っていた。上記51市区町のうち46市区は、パンチ入力の業務を体制確保補助金による補助事業により行っていた。

検査の状況に対する所見　新型コロナウイルス感染症の感染が完全な終息には至っていない中、ワクチン接種事業を適切に実施し、新型コロナウイルス感染症のまん延の防止を図ることは引き続き課題となっている。

また、新型コロナウイルス感染症のみならず、今後、新たに大規模な感染症の流行が発生するなどした際に、ワクチン接種事業と同様の事業を実施する必要が生ずることも考えられる。

ついては、検査で明らかになった状況を踏まえて、引き続きワクチン接種事業を実施したり、今後同様の事業を実施したりする際に、デジタル庁及び厚生労働省は、次の点に留意する必要がある。

ア　厚生労働省は、今後、ワクチンと同様に確保する数量に不確定要素のある物資を緊急で確保する場合であっても、当該数量に係る算定根拠資料を作成して保存し、事後に当該数量の妥当性を客観的に検証することができるようにすること

イ　厚生労働省は、ワクチン等の管理を適切に行うために、基本的な情報となる在庫数量を適時適切に把握することができるよう、体制を整えること

ウ　厚生労働省は、引き続き、アストラゼネカ株式会社と4年2月に締結した契約に定められている、同省へ返金することとなっている金額の算定根拠資料を入手するなどして、返金することとなっている金額の妥当性について確認するよう努めること、また、今後、ワクチンの確保に係る費用の精算を行うための契約を締結するなどの場合は、精算額の算定根拠資料を入手するなどして、その妥当性を適切に確認すること

エ　厚生労働省は、都道府県及び市町村に対して、接種機関等に支払った接種協力金を体制確保補助金の補助対象経費とする場合は、接種協力金の支払要綱等の策定又は改定に当たり、明確な根拠に基づいて接種協力金の支払内容、支払単価等を決定するよう指導すること

オ　デジタル庁及び厚生労働省は、今後、今般のワクチン接種事業により開発されたシステムのように、緊急的にシステムを導入する必要がある場合であっても、システムを利用する際に利用者に大きな負担が生じることのないよう、仕様等について適切に検討すること

本院としては、ワクチン接種事業の実施状況等について、引き続き注視していくこととする。

（検査報告553ページ）

◯　2　国会からの検査要請事項に関する報告

要　　請　東京オリンピック・パラリンピック競技大会に向けた取組状況等について

┌── ＜報告の要点＞ ══════════════════════

1　大会の開催に向けた取組等の状況

（1）　大会の総経費及び公表状況等

　　　大会のために国が負担した経費は3641億円、JSCによる支援額は1026億円となっていた。これらと大会組織委員会が公表した大会組織委員会の負担分6404億円及び東京都の負担分5965億円を合算し、重複額計48億円を控除すると、大会の総経費は1兆6989億円となる。

　　　大会組織委員会の大会経費には、行政的経費は含まれていない。オリパラ事務局は、各年度のオリパラ関係予算を公表していたが、大会組織委員会や大会施設に対する支援額、スポーツ振興くじの収益による国庫納付金の減少見合いの額等が含まれておらず、大会のために国が負担する経費の総額は示されていなかった。また、大会終了までの総額（見込額）を示したものではない。オリパラ事務局の事務の移管を受けたスポーツ庁は、オリパラ関係予算の支出額等を公表する予定はないとしている。また、国は、大会組織委員会及び東京都の大会経費並びに大会のために国が負担した経費の総額については、大会の前後を通じて取りまとめていない。

所見：国は、国際的な大規模イベントについて、相当程度国が関与することが見込まれる場合には、国が負担する経費の総額（見込額）を適時に明らかにするとともに、イベント終了後にはその執行状況を明らかにし、また、イベント全体の経費の総額を明らかにする仕組みをあらかじめ整備するなど、イベントの招致及び実施に対する国民の理解に資するよう十分な情報提供を行う態勢を検討すること

（2）　国立競技場の整備等

　　　国立競技場の民間事業化の具体的な事業スキーム等は決まっていない状況となっていた。

所見：文部科学省及びJSCは、国立競技場の民間事業化に向けた事業スキームの検討を遅滞なく進めていくこと

（3）　共同実施事業

　　　オリパラ開催準備基金における交付金相当額の保管額は計380億円となっていた。

所見：文部科学省は、東京都と調整の上、基金の残余額について、国庫納付の手続を行うこと

2　各府省等が実施する大会の関連施策等の状況

　　　政府の取組状況報告に記載された大会の関連施策に係る事業のうち、大会に特に資する事業の支出額は114事業計3554億円、大会関連経費は329事業計1兆3002億円となっていた。これらのうち大会に特に資する事業について検査したところ、いくつかの課題が見受けられた。

（同様の資料をデータでご覧になりたい方はこちらをご参照ください：
▶https://www.jbaudit.go.jp/pr/kensa/result/4/pdf/041221_point.pdf）

東京オリンピック・パラリンピック競技大会に向けた取組状況等（要請）　　各府省等

検査の要請の内容等	✓ **要請（平成29年6月5日）された事項**は、東京オリンピック・パラリンピック競技大会に関する次の各事項 ① 大会の開催に向けた取組等の状況 ② 各府省等が実施する大会の関連施策等の状況 ✓ 平成30年10月及び令和元年12月の報告に続く**3回目の報告** ✓ 大会の開催に向けた取組等の状況及び各府省等が実施する大会の関連施策の状況について実施した**総括的な検査の結果を報告する**もの
検査の結果	✓ **大会のために国が負担した経費は3641億円**、（独）日本スポーツ振興センター（JSC）による支援額は**1026億円**。これらと大会組織委員会が公表した大会組織委員会の負担分6404億円及び東京都の負担分5965億円を合算して、重複額計48億円を控除すると、**大会の総経費は1兆6989億円** ✓ **オリパラ関係予算は大会終了までの間で国が負担する経費の総額（見込額）を示したものではなく**、また**最終的な支出額を公表することとはなっていない**。国は、大会組織委員会及び東京都の大会経費並びに大会のために国が負担した経費の総額については、**大会の前後を通じて取りまとめていない** ✓ 国立競技場の**民間事業化の具体的な事業スキーム等は決まっていない** ✓ オリパラ開催準備基金における交付金相当額の**保管額は計380億円**であり、4年10月末現在で**国庫納付の手続がとられていない** ✓ 政府の取組状況報告に記載された大会の関連施策のうち**大会に特に資する事業の支出額は114事業3554億円**、大会関連経費は329事業1兆3002億円。大会に特に資する事業に課題が見受けられたものあり
所見	✓ 国は、国際的な大規模イベントについて、相当程度国が関与することが見込まれる場合には、**国が負担する経費の総額（見込額）を適時に明らかにする**とともに、**イベント終了後にはその執行状況を明らかにし**、また、**イベント全体の経費の総額を明らかにする仕組みをあらかじめ整備する**など、イベントの招致及び実施に対する**国民の理解に資するよう十分な情報提供を行う態勢を検討する**こと ✓ 文部科学省及びJSCは、**国立競技場の民間事業化に向けた事業スキームの検討**を遅滞なく進めていくこと ✓ 文部科学省は、東京都と調整の上、**基金の残余額について、国庫納付の手続を行う**こと

東京オリンピック・パラリンピック競技大会に向けた取組状況等（要請）　　各府省等

検査の結果　1(1)-1　　大会の総経費

大会に関する経費（概念図）

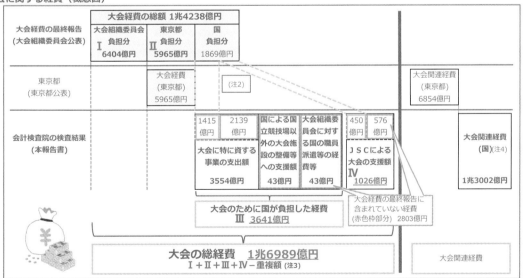

(注1) 大会に関わる事業等としては、他に、地方公共団体、各種団体、スポンサー企業等が独自財源で、またはプロモーションの一環として実施した事業等がある。
(注2) 大会経費の最終報告における国負担分（1869億円）と、これに相当する会計検査院の検査結果（1415億円＋450億円＝1865億円）の差は、見込額と実績額の差及び返還額の控除による差である。
(注3) 合計に当たっては、Ⅰ及びⅡは公表値を使用し、国又はJSCからの補助金等48億円の重複を控除している。
(注4) 「大会関連経費（国）」は、国の大会の関連施策に係る事業のうち、「大会に特に資する事業」以外の事業（本来の行政目的のために実施する事業であり、大会や大会を通じた新しい日本の創造にも資するが、大会に直接資する金額を算出することが困難な事業等）の支出額である。

東京オリンピック・パラリンピック競技大会に向けた取組状況等（要請）　各府省等

大会組織委員会が大会経費として整理した経費（国の負担額）と会計検査院が国の負担として整理した経費【相互の関係】

大会組織委員会が大会経費として整理した経費	国の負担額	内訳
国立競技場を始めとする新規恒久施設の整備費用及び大会運営等の経費 （施設改修、セキュリティ、ドーピング対策、大会の気運醸成等の行政的経費は対象外）	1869億円	・国立競技場の整備費用 1240億円 ・パラリンピック交付金　379億円 ・コロナ対策交付金　　　251億円

会計検査院が国の負担として整理した経費	上記の実績額	国等の負担	大会経費の最終報告に含まれていない経費	
1　大会のために国が負担した経費　((1)+(2)+(3))	**1415億円**	**3641億円**	**2226億円**	
（1）大会に特に資する事業の支出額（①+②+③）	1415億円	3554億円	2139億円	
①　オリパラ関係予算に係る事業 次の要件の両方に該当するもの ・大会の運営又は大会の開催機運の醸成や成功に直接資すること ・大会招致を前提に、新たに又は追加的に講ずる施策であること(実質的な施策の変更・追加を伴うもの)	（960億円）	（3068億円）	（179億円） （91億円） （1837億円）	・国立競技場の整備費用（JSCへの交付金、出資金） ・コロナ対策交付金以外のコロナ対策費 ・選手強化費、セキュリティ対策費、ドーピング対策費等
②　①以外に大会に資することとなった事業 次の要件のいずれかに該当し、かつ、金額を特定可能なもの (a) 大会組織委員会が対象となったもの　(d) 各府省等と大会組織委員会が共同で実施したもの (b) 大会期間中に大会施設において実施したもの　(e) 事業の成果が大会に活用されたもの (c) 大会組織委員会からの依頼や協力要請により実施したもの　(f) 上記以外で、執行の結果、大会の運営又は大会の開催機運の醸成や成功に直接資することに該当したもの	－	（31億円）	（31億円）	・選手村における日本産食材提供による魅力発信業務　等
③　国立競技場の整備費用(スポーツ振興くじの収益による国庫納付金の減少見合いの額) 国立競技場の整備に係る財源スキームにおいて国の負担に含めると整理されている額	（454億円）	（454億円）	－	
（2）国による国立競技場以外の大会施設の整備等への支援額	－	43億円	43億円	
（3）大会組織委員会に対する国の職員派遣等経費及びオリパラ事務局の人件費	－	43億円	43億円	
2　ＪＳＣによる大会の支援額　((1)+(2))	**450億円**	**1026億円**	**576億円**	
（1）国立競技場の整備費用等におけるＪＳＣの負担額	450億円	870億円	（155億円） （190億円） （74億円）	・国立競技場の整備費用 ・国立代々木競技場の整備費用 ・ナショナルトレーニングセンター拡充整備に係る用地取得等
（2）東京オリンピック・パラリンピック競技大会等開催助成	－	156億円	（43億円） （30億円） （83億円）	・大会組織委員会に対して ・地方公共団体に対して ・民間団体に対して
計　（1＋2）	**1865億円**	**4668億円**	**2803億円**	

東京オリンピック・パラリンピック競技大会に向けた取組状況等（要請）　各府省等

検査の結果　1(1)-2　大会組織委員会、東京都及び国の大会に関する経費の公表状況等

大会に関する経費の公表状況

公表の主体	大会前の公表	大会後（予定含む）の公表
大会組織委員会	**Ｖ予算** 大会終了までの間に必要な大会経費を見込む 東京都及び国の負担額を加えた大会経費の総額 (令和2年12月公表では1兆6440億円)も参考として公表	**大会経費の最終報告** 4年6月に公表した大会経費の総額は1兆4238億円
東京都	**大会経費** 大会に直接必要となる経費 3年1月公表では7170億円	**大会経費** 4年6月公表資料では5965億円
	大会関連経費 本来の行政目的のために行われる事業であるが、大会の成功にも資する事業の経費 3年1月公表では7349億円	**大会関連経費** 4年11月公表では6854億円
国(注)	**オリパラ関係予算** 大会の関連施策のうち特に大会の準備及び運営に関係する内容についてオリパラ事務局が取りまとめたもの 3年1月公表までの合計額(平成25年度～令和3年度予算)は3959億円	**左の支出額** オリパラ事務局及びレガシー推進室は公表していない(組織は既に廃止) 事務を引き継いだスポーツ庁において今後公表予定はないとしている

> 会計検査院が集計したところ…
> 大会のために使用された
> **実支出額は3068億円**

国(注)における公表状況 ・オリパラ関係予算は大会終了までに負担する経費の総額（見込額）を示したものではない	・2、3両年度のオリパラ関係予算の支出額は未公表、今後の公表予定なし ・国は、大会組織委員会及び東京都の大会経費並びに大会のために国が負担した経費の総額については、大会の前後を通じて取りまとめていない

(注) 内閣官房東京オリンピック競技大会・東京パラリンピック競技大会推進本部事務局
（オリパラ事務局。4年3月の廃止後は内閣官房オリンピック・パラリンピックレガシー推進室、同年7月の同室廃止後はスポーツ庁）

所見　国は、国際的な大規模イベントについて、相当程度国が関与することが見込まれる場合には、**国が負担する経費の総額（見込額）を適時に明らかにする**とともに、**イベント終了後にはその執行状況を明らかにし**、また、**イベント全体の経費の総額を明らかにする**仕組みをあらかじめ整備するなど、イベントの招致及び実施に対する**国民の理解に資するよう十分な情報提供を行う態勢を検討すること**

東京オリンピック・パラリンピック競技大会に向けた取組状況等（要請）　　各府省等

検査の結果 1(2)　国立競技場の整備等

令和元年12月の会計検査院の報告における所見

JSCは、引き続き文部科学省、関係機関等と協議するなどして速やかに大会終了後の新国立競技場の改修に関する内容の検討を行ったり、民間の投資意向等と国及びJSCの財政負担等を総合的に勘案しつつ財務シミュレーション等を行ったりすること、文部科学省は、その内容を基に**民間事業化に向けた事業スキームの検討を基本的考え方(注)に沿って遅滞なく進めること**　　(注)平成29年11月に策定した「大会後の運営管理に関する基本的な考え方」

文部科学省の民間事業化等に係る方針

- 基本的考え方では民間事業化についてコンセッション事業の導入可能性調査等を行い、公募を経て令和2年秋頃を目途に優先交渉権者を選定予定
- 大会の開催が約1年延期されたことや、民間事業者を取り巻く経済環境も大きく変化していることから、改めて民間事業者の感触や反応等を丁寧に確認しながら、実現性のあるスケジュールを見定めていく方針

国立競技場は元年11月に完成

整備費用に係る3年度までの支払額2000億円（東京都返還額控除後）。うち国の負担額965億円、JSCの負担額606億円、東京都の負担額429億円

民間事業化等に向けた検討状況（令和4年10月末現在）・・・民間事業化の具体的な事業スキーム等については決まっていない状況

国立競技場完成から民間事業化までの間は**JSCが施設の維持管理費を負担**（運営収入、運営費交付金等）

⇒元年11月の国立競技場の完成後に生じた維持管理費等の状況（4年10月末現在）

維持管理費が運営収入を上回っており、差額及び土地賃借料について国が予算措置を講じている状況

	国の予算措置額(運営費交付金(特殊経費))				
	令和元年度	2年度	3年度	4年度	計
維持管理費	5億円	19億円	18億円	12億円	56億円
土地賃借料 (都有地及び区有地)				10億円	10億円

通常利用が再開された4年4月~8月の運営収入と維持管理費の差額は2億円　4年度に運営費交付金を充当予定

所見　文部科学省及びJSCは、**国立競技場の民間事業化に向けた事業スキームの検討**を遅滞なく進めていくこと

東京オリンピック・パラリンピック競技大会に向けた取組状況等（要請）　　各府省等

検査の結果 1(3)　共同実施事業

共同実施事業の概要

・共同実施事業は、大会組織委員会、東京都、国等が役割分担及び経費分担に応じて負担する資金を使用して大会組織委員会が実施

・**国は、パラリンピック経費の4分の1相当額及びコロナ対策経費の全額又は2分の1相当額を負担**

・東京都は、国から交付を受けたパラリンピック交付金450億円及びコロナ対策交付金560億円を**東京オリンピック・パラリンピック開催準備基金（オリパラ開催準備基金）に積み増して自らの資金と区分して経理**

・基金の余剰額が明らかに見込まれる場合には、文部科学大臣は、事業の廃止前であっても当該余剰額を国庫に納付させることができる

共同実施事業における国の負担状況

- 平成29年度から令和3年度までの負担額　計629億円（パラリンピック交付金相当額378億円、コロナ対策交付金相当額250億円）
- 使用されないなどして**オリパラ開催準備基金に保管されている額**(4年10月末現在)

　計380億円（パラリンピック交付金相当額71億円、コロナ対策交付金相当額309億円）

東京都と大会組織委員会の共同実施事業の最終的な精算が4年6月末に終了したものの、同年10月末現在で**国庫納付の手続がとられていない**

所見　文部科学省は、東京都と調整の上、**基金の残余額について、国庫納付の手続を行うこと**

検査の結果 2　各府省等が実施する大会の関連施策等の状況

令和3年6月に公表された政府の取組状況報告(注)に記載された各府省等が実施する**大会の関連施策**に係る事業の支出額の集計

（平成25年度から令和3年度までに支出額がある事業）

分類	大会に特に資する事業		大会関連経費 （左の事業以外）	
	事業数	支出額	事業数	支出額
計	114	3554億円	329	1兆3002億円

- 大会関連経費は、大会に特に資する事業以外の事業(本来の行政目的のために実施する事業であり、大会に直接資する金額を算出することが困難な事業等)の支出額をいう
- 大会に特に資する事業の中に**課題が見受けられたものあり**

　（例：農林水産省「選手村における日本産食材提供による魅力発信業務」）

(注)　「2020年東京オリンピック競技大会・東京パラリンピック競技大会の準備及び運営の推進に関する政府の取組の状況に関する報告」

検査の要請の内容　本院は、内閣、内閣府、復興庁、総務省、法務省、外務省、財務省、文部科学省、厚生労働省、農林水産省、経済産業省、国土交通省、環境省、防衛省、独立行政法人日本スポーツ振興センター(以下「JSC」)等を対象に、①東京オリンピック・パラリンピック競技大会(以下「大会」)の開催に向けた取組等の状況、②各府省等が実施する大会の関連施策等の状況を検査し、その結果を報告することを求める要請を受けた。

検査の結果の主な内容　本院は、上記要請の大会に関する各事項について、次の点などに着眼して検査した。

① 大会のために国が負担した経費は最終的にどのようになっているか、また、JSCによる大会の支援額はどのようになっているか。

② 公益財団法人東京オリンピック・パラリンピック競技大会組織委員会(平成26年12月31日以前は一般財団法人東京オリンピック・パラリンピック競技大会組織委員会。令和4年6月30日解散。以下「大会組織委員会」)、東京都、国及びJSCが大会のために負担した経費の総額はどのようになっているか。

③ 内閣官房東京オリンピック競技大会・東京パラリンピック競技大会推進本部事務局(以下「オリパラ事務局」)、オリパラ事務局から事務の移管を受けた内閣官房オリンピック・パラリンピックレガシー推進室(以下「レガシー推進室」)及びスポーツ庁は、大会終了後、大会のために国が負担した経費の総額や2020年東京オリンピック・パラリンピック競技大会関係予算(以下「オリパラ関係予算」)の支出額等について、前記の要請により本院が会計検査を実施して元年12月4日に参議院に対して行った報告(以下「元年報告」)の所見を踏まえて、国民に対して十分な情報提供を行っているか。

④ 新型コロナウイルス感染症対策関連の追加経費や大会延期に伴う追加経費はどのようになっているか。

⑤ JSC、日本中央競馬会、東京都、大会組織委員会、東京都外の競技会場が所在する地方公共団体(以下「都外自治体」)である6県3市町等における大会施設の整備、大会のために取得した財産の活用状況等はどのようになっているか。大会終了後の国立競技場の運営管理、活用方法等の検討等について、元年報告以降の進捗状況はどのようになっているか。

⑥ 国が東京都を通じて大会組織委員会に交付する東京パラリンピック競技大会開催準備交付金(以下「パラリンピック交付金」)及び東京オリンピック・パラリンピック競技大会新型コロナウイルス感染症対策交付金(以下「コロナ対策交付金」)を財源の一部として実施される共同実施事業[注1]について、大会組織委員会による執行、共同実施事業管理委員会[注2]による確認及び東京都による負担金の額の確定は適切に行われているか。また、パラリンピック交付金及びコロナ対策交付金により東京都に造成された基金の残余額に係る国庫納付の状況はどのようになっているか。

⑦ 各府省等が実施する大会に関連して講ずべき施策(以下「大会の関連施策」)について、元年報告以降の実施状況はどのようになっているか。

(注1) 共同実施事業　　大会の準備及び運営のために、大会組織委員会、東京都、国等が役割分担及び経費分担に応じて負担する資金を使用して、大会組織委員会が実施する事業

(注2) 共同実施事業管理委員会　　平成29年9月に、大会組織委員会、東京都及び国が、コスト管理・執行統制等の観点から、共同実施事業の適切な遂行に資する管理を行うことを目的として、大会組織委員会による各種取組等について確認の上、必要に応じて指摘等を行う協議の場として設立した。

⑧　前記の要請により本院が会計検査を実施して平成30年10月4日に参議院に対して行った報告及び元年報告において課題等が見受けられた大会の関連施策の実施状況は改善されているか(元年報告の検査結果に対して執られた処置の状況について確認する検査を「フォローアップ検査」)。

⑴　大会の開催に向けた取組等の状況

ア　大会の総経費

　　大会組織委員会が令和4年6月に公表した大会経費の最終報告では、大会経費[注1]の総額は1兆4238億円[注2]、このうち国の大会経費は1869億円とされている。

　　今回、本院が検査したところ、国は、大会のために様々な経費を負担し、また、地方公共団体等が所有する大会施設の整備等への支援、大会組織委員会に対する職員の派遣等、様々な支援を実施していた。また、JSCはスポーツ振興くじの収益を財源として、大会の開催に係る助成を行っていた。大会のために国が負担した経費は3641億円、JSCによる大会の支援額は1026億円となっていた。そこで、これらと大会組織委員会が公表した大会経費の最終報告における大会組織委員会の負担分6404億円及び東京都の負担分5965億円を合算し、重複額計48億円を控除した額(以下「大会の総経費」)は、1兆6989億円[注3]となる。

イ　大会組織委員会、東京都及び国の大会に関する経費の公表状況等

　　大会組織委員会、東京都及び国は、大会に関する経費をそれぞれ公表している。このうち、大会組織委員会の大会経費には、大会におけるそれぞれの役割分担及び経費分担に関する基本的な方向性についての合意[注4](以下「大枠の合意」)並びに追加経費の負担についての合意[注5]により国の負担とされた国立競技場の整備費用、パラリンピック交付金及びコロナ対策交付金が含まれているが、これら以外のオリパラ関係予算を含む行政的経費は含まれていない。

　　国は、「2020年東京オリンピック競技大会・東京パラリンピック競技大会の準備及び運営に関する施策の推進を図るための基本方針」等に基づき大会の関連施策を実施することとしていて、オリパラ事務局は、各府省等がオリパラ関係予算と整理した各年度の予算を公表していたが、その最終的な支出額を事後的に公表することとはなっていない。オリパラ関係予算には、大会組織委員会や大会施設に対する支援額等が含まれていないほか、スポーツ振興くじの収益による国庫納付金の減少見合いの額も含まれておらず、これらを含めた大会のために国が負担する

(注1)　大会経費　　大会組織委員会は、大会経費の範囲について、過去に開催されたオリンピック・パラリンピック競技大会も含めて統一的な定義は存在しておらず、それぞれの大会ごとに公表された経費の対象範囲は必ずしも同一ではないと考えられるとしている。その上で、大会組織委員会は、大会経費の最終報告においては「大会に直接必要となる経費」を「大会経費」として取りまとめたとしている。

(注2)　大会経費の最終報告における大会経費は、大会組織委員会の負担分に、清算法人となる大会組織委員会の清算業務に必要な経費の見込額が含まれていたり、東京都の負担分に、大会終了後の令和4年度及び5年度の新規恒久施設の整備費用の計画額が含まれていたり、国の負担分に、国費の支出を伴わない経費(スポーツ振興くじの収益による国庫納付金の減少見合いの額)が含まれていたりなどしており、各主体の決算額とは異なるものとなっている。

(注3)　大会経費の最終報告における大会組織委員会の負担分6404億円、東京都の負担分5965億円については、国庫補助金等の交付を受けたものを除き、本院の検査の対象とはならないため、公表値をそのまま使用している。

(注4)　平成29年5月に、大会組織委員会、東京都、国及び11都外自治体は、大会におけるそれぞれの役割分担及び経費分担に関する基本的な方向性について、「東京2020オリンピック・パラリンピック競技大会の役割(経費)分担に関する基本的な方向について」のとおり合意した。

(注5)　令和2年12月に、大会組織委員会、東京都及び国は、「東京オリンピック・パラリンピック競技大会における新型コロナウイルス感染症対策調整会議」が大会における新型コロナウイルス感染症対策について取りまとめた中間整理を踏まえた必要な対策を着実に実施して、その際に、それぞれの役割に基づいて責任を果たすこととして、必要となる追加経費の負担について、「東京2020オリンピック・パラリンピック競技大会の追加経費の負担について」のとおり合意した。

経費の総額は示されていなかった。オリパラ関係予算は、各年度の予算額をその都度公表していたものであり、大会組織委員会のＶ予算[注1]や東京都の大会経費及び大会関連経費[注2]とは異なり、大会終了までの間に大会のために国が負担する経費の総額（見込額）を示したものではない。また、国は、大会組織委員会及び東京都の大会経費並びに大会のために国が負担した経費の総額については、大会の前後を通じて取りまとめていない。これについて、オリパラ事務局は、国は大会運営の当事者ではないことから、大会の総経費を示すことは行っていないとしていた。オリパラ事務局は4年3月に廃止され、オリパラ事務局の事務の移管を受けたレガシー推進室も同年7月に廃止された。そして、レガシー推進室から事務の移管を受けたスポーツ庁は、既に同年6月に大会組織委員会により大会経費の最終報告が公表されているとして、今後、国として、大会の追加経費を含むオリパラ関係予算の支出額等を取りまとめて公表する予定はないとしている。

ウ　大会のために国が負担した経費

本院の検査結果に基づき、大会のために国が負担した経費を集計したところ3641億円（うち大会の追加経費494億円）となっており、その内訳は、大会の準備、運営等に特に資する事業（以下「大会に特に資する事業」）の支出額（国立競技場の整備費用を含む。）計3554億円、国による国立競技場以外の大会施設の整備等への支援計43億円、大会組織委員会に対する国の職員派遣等の経費及びオリパラ事務局に係る人件費計43億円となっていた。

エ　JSCによる大会の支援額

大会の開催に係る公的支援には、国が経費を負担して実施するもののほか、JSCがスポーツ振興くじの売上金額の一部を財源として実施するものなどがあり、JSCによる大会の支援額は計1026億円となっていた。その内訳は、国立競技場の整備費用等におけるJSCの負担額計870億円、地方公共団体又はスポーツ団体が行うスポーツ振興に係る事業に対するスポーツ振興くじ助成の一つの事業として実施していた「東京オリンピック・パラリンピック競技大会等開催助成」の助成額計156億円となっていた。

オ　国立競技場の整備費用等の状況

国立競技場の民間事業化等に向けた検討状況を確認したところ、4年10月末現在、民間事業化の具体的な事業スキーム等については決まっていない状況となっていた。そして、元年11月の国立競技場の完成後に生じた維持管理費の状況を確認したところ、国立競技場の運営による自己収入（利用料金の徴収等。以下「運営収入」）では不足が見込まれることを考慮するなどして、国からJSCに対して、運営費交付金の特殊経費として元年度から4年度までに計56億円の予算措置が講じられていた。また、国立競技場の敷地のうち、都有地及び区有地の賃借料に対して運営費交付金の特殊経費として、4年度に、別途、10億円の予算措置が講じられていた。

カ　大会終了後のオリパラ開催準備基金におけるパラリンピック交付金相当額及びコロナ対策交付金相当額の保管額等の状況

東京都は、国から交付を受けたパラリンピック交付金450億円及びコロナ対策交付金560億円を東京オリンピック・パラリンピック開催準備基金（以下「オリパラ開催準備基金」）に積み立てて経理している。東京都は、4年3月に、大会組織委員会との間で3年度の共同実施事業負担金の

（注1）Ｖ予算　　大会組織委員会の収支に加えて、東京都及び国に係る大会終了までの間に必要な大会経費を見込んだ予算
（注2）大会関連経費　　本来の行政目的のために行われる事業であるが、大会の成功にも資する事業の経費

　額を確定して、同年6月には共同実施事業における大会組織委員会、東京都、国それぞれの負担額は確定していた。そして、同年10月末現在のオリパラ開催準備基金における交付金相当額の保管額は、パラリンピック交付金相当額71億円及びコロナ対策交付金相当額309億円の合計380億円となっていた。しかし、これについて、同年10月末現在、国庫納付の手続がとられていない。東京都によれば、国庫納付の予定時期については、文部科学省との間で調整中であるとしている。

キ　パラリンピック経費のうち、適切ではないと認められたもの

　大会組織委員会がパラリンピック競技大会の競技会場の整備及び運営に必要な経費等(以下「パラリンピック経費」)として執行した事業についてみたところ、元、3両年度のパラリンピック経費計1888万円(うちパラリンピック交付金相当額計472万円)について、車椅子アスリートのバスの乗降をより円滑に行うためのスロープが大会期間中に使用されていなかったなどの適切ではない事態が見受けられた。

⑵　各府省等が実施する大会の関連施策等の状況

ア　大会の関連施策の支出額等

　本院が、3年6月に公表された「2020年東京オリンピック競技大会・東京パラリンピック競技大会の準備及び運営の推進に関する政府の取組の状況に関する報告」に記載された大会の関連施策に係る事業について集計したところ、計443事業となっていた。そして、大会に特に資する事業の支出額は11府省等の114事業計3554億円、国の大会関連経費[注1]は14府省等の329事業計1兆3002億円となっていた。

イ　フォローアップ検査において課題が見受けられたもの

　オリパラ事務局は、住民等と大会等に参加するために来日する選手等との交流を行い、スポーツの振興等を図る取組を行う地方公共団体をホストタウンとして登録する事業を平成28年1月から行っていて、令和3年度末の登録数は計533団体となっている。ホストタウンとして登録された地方公共団体(以下「登録団体」)は、毎年度、交流計画の実施に要する経費のうち登録団体が負担する額の1/2について、特別交付税の地方財政措置を受けることができることとなっている。登録団体が交流計画に記載した施策等のうち当該年度に実施予定の事業であって、特別交付税の対象となる事業(以下「対象事業」)のうち元年度から3年度までのものについて、特別交付税の控除措置[注2]の状況をみたところ、基礎数値[注3]を報告したものの対象事業に係る経費が生じていない団体が計117団体あり、このうち、控除措置が行われた又は行われる予定としているのは計13団体(117団体の11.1%)となっていた。したがって、適切に控除措置を行うことができるよう、総務省は、元年度から3年度までの特別交付税の交付を受けた団体に対して実際に要した経費の報告を求める必要があると認められた。

(注1)　国の大会関連経費　　国の大会の関連施策に係る事業のうち、大会に特に資する事業以外の事業(本来の行政目的のために実施する事業であり、大会や大会を通じた新しい日本の創造にも資するが、大会に直接資する金額を算出することが困難な事業等)の支出額である。これらの事業の支出額は、東京都が公表している大会関連経費の「本来の行政目的のために行われる事業であるが、大会の成功にも資する事業の経費」に相当すると考えられる。

(注2)　控除措置　　特別交付税に関する省令の規定に基づき、前年度以前の特別交付税の各事項の算定額について、必要な経費の見込額等により算定した額が実際に要した経費を著しく上回り、又は算定の基礎に用いた数について誤りがあることなどにより特別交付税の額が過大に算定されたと認められるときに、特別交付税の算定の基礎とすべきものとして総務大臣が調査した額を控除する措置

(注3)　基礎数値　　対象事業の実施に要する経費のうち登録団体が負担する額(見込額を含む。)

ウ　元年報告以降の検査において課題が見受けられたもの

　　農林水産本省は、発信力のあるトップアスリートに高品質な日本産食材を体験してもらいその魅力を世界に発信してもらうことなどを目的として、選手村のメインダイニングホールにおいて国産豚肉を使用したメニューの提供を行うこととする「選手村における日本産食材提供による魅力発信業務」に係る請負契約(契約金額1914万円)を締結している。しかし、実際の業務とは異なる内容の仕様書を作成していたり、履行期限までに給付が完了していないのに契約金額全額を支払っていたり、食材の産地表示が確実に行われるかを確認することなく契約を締結しており、本件契約で調達した日本産食材について産地表示が行われない状況で提供されていたりしていた。

[検査の結果に対する所見]　大会の招致に当たり、政府は、国際オリンピック委員会が求める財政に関する政府保証書を発行しており、万が一、大会組織委員会が資金不足に陥り、東京都がこれを補填しきれなかった場合は政府が補填するとされていた。政府保証書の性格については、政府としての政治的な意思の表明として発出されたものであるなどとされているが、このような政府としての意思の表明を行う場合には、大会の招致及び実施に対する国民の理解に資するよう、大会運営の財政に関する情報を示すことが重要であり、大会の支援を行う立場である国としては、大会の開催に至るまで、適時に、大会組織委員会が公表したV予算等を踏まえて、大会のために国が負担する経費の総額(見込額)を示すことが重要であったと考えられる。

　　また、新型コロナウイルス感染症の感染拡大により、大会の開催時期は延期され、原則として無観客での開催となるなど、大会の実施環境が大きく変わる中で、結果として、国が大会組織委員会の資金不足を補填するような状況には至らなかったものの、大枠の合意等に基づき大会のための経費を負担してきた国としては、大会に対する国の支援の状況を明らかにして、大会の招致及び実施に対する国民の理解に資するよう、大会のために国が負担した経費及びこれを含む大会の総経費を公表することが重要であったと考えられる。

　　大会終了後に、大会組織委員会により大会経費の総額が1兆4238億円と公表されたものの、大会のために国が負担した経費の総額及びこれを含む大会の総経費は明らかにされないままとなっている。

　　今回、本院は、大会のために国が負担した経費及びJSCによる大会の支援額を明らかにするとともに、これに大会組織委員会及び東京都が公表した大会経費を合計した額を1兆6989億円と示した。

　　今後、大会と同様に、地方公共団体や民間団体が実施主体となる国際的な大規模イベントが招致され、政府が財政に関する政府保証書を発行して、必要な協力及び支援を行うなど相当程度関与することが考えられる。そのような場合に、イベントの招致及び実施に対する国民の理解や判断に資するよう、国は、イベントの実施までの間に適時に、イベントの準備段階からイベント終了までに国が負担することとなる経費の総額(見込額)を明らかにすることが望まれる。また、イベント終了後には、その事後評価に資するよう、実際に国が負担した額及びイベント全体の経費の総額について国民に明らかにすることが望まれる。

　　また、国立競技場については、運営収入では維持管理費を支弁できず、相当の国費が充てられていることから、民間事業化に向けた事業スキームの検討が遅滞なく行われることが重要である。

　　さらに、4年6月に東京都と大会組織委員会との間で共同実施事業の最終的な精算が終了しているが、同年10月末現在、オリパラ開催準備基金において、交付金相当額380億円が保管されていることなどから、国が東京都に交付したパラリンピック交付金及びコロナ対策交付金に係る基金の残余額について、国庫納付が行われる必要がある。

　ついては、検査の結果を踏まえて、国及びJSCは、次の点に留意するなどして、大会終了後の課題について、関係者と相互に連携を図り、適切に対応していく必要がある。

ア　国は、今後、国際的な大規模イベントについて、実施主体等が資金不足に陥った際に政府が補塡する旨の政府保証書を発行して、協力及び支援を行うなど相当程度国が関与することが見込まれる場合には、イベントのために国が負担する経費の総額(見込額)をイベントの実施までに適時に明らかにするとともに、イベント終了後にはその執行状況を明らかにし、また、イベント全体の経費の総額に関する情報を取りまとめて明らかにする仕組みをあらかじめ整備するなど、イベントの招致及び実施に対する国民の理解に資するよう十分な情報提供を行う態勢を検討すること

イ　文部科学省及びJSCは、国立競技場の民間事業化に向けた事業スキームの検討を遅滞なく進めていくこと

ウ　文部科学省は、東京都と調整の上、パラリンピック交付金及びコロナ対策交付金に係る基金の残余額について、国庫納付の手続を行うこと　　　　　　　　　　　　　　　(検査報告558ページ)

要　　請　放射性物質汚染対処特措法3事業等の入札、落札、契約金額等の状況について

<報告の要点>
1　各事業の入札、契約などの状況、特に、1者応札となったものに係る契約金額の状況
 (1)　放射性物質汚染対処特措法3事業等に係る契約の状況等
　　　環境省福島地方環境事務所が締結した契約984件のうち、一般競争契約は735件（全体の74.7%）、随意契約は249件（同25.3%）となっていた。そして、1者応札率は、上記の735件全体で49.3%となっており、汚染廃棄物処理事業及び中間貯蔵施設事業の総合評価落札方式による建設コンサルタント業務等契約では97.9%及び67.9%となっていた。また、平均落札率は、複数応札となった契約81.3%に対して、1者応札となった契約は94.6%と13.3ポイント高くなっていた。
　所見：環境省は、競争性の確保に取り組んできているとしているが、今後も、放射性物質汚染対処特措法3事業等に係る契約において、1者応札率の低減のために有効と考えられる取組の状況を確認し、契約ごとに1者応札等となった要因を把握するなどして、競争性の確保について引き続き取り組むこと
 (2)　放射性物質汚染対処特措法3事業等に係る契約の予定価格の積算
　　　積算単価の適用についてみると、誤って予定価格積算作業時点から1年以上前の時点の物価資料単価を適用しており、その結果、材料費が割高となっていた工事契約が見受けられた。諸経費の算定についてみると、前工事と後工事とがいずれも土木工事である後工事について合算調整により諸経費をより経済的に算定する必要があったと認められた。
　所見：放射性物質汚染対処特措法3事業等に係る契約の予定価格の積算について、積算単価を適切に適用しているか確認したり、後工事の諸経費の算定に当たり合算調整を行ったりして、予定価格を適切かつ経済的に積算するための取組を行うこと
 (3)　放射性物質汚染対処特措法3事業等に係る契約の変更契約の状況
　　　前記984件のうち、増額変更割合が30%を超える契約件数は169件となっており、100%を超えるものも59件あった。
　所見：変更契約について、請負工事等の発注に当たっては、放射性物質汚染対処特措法3事業等の特性を考慮した上で、これまでに実施してきた工事等により得られた知見やノウハウを生かして対象数量を見込むなどして、大幅な増額変更とならないよう取組を行うこと
2　各事業に係る受注者の事業実施体制等及びこれに対する国の監督等の状況
　　環境省は、不法投棄等の事案の発生を受けて、監督等の仕組みを見直しているが、その後においても不法投棄等の事案が発生している。このような事案が発生しているのは、不法投棄等の発生を防止するための仕組みを整備していなかったことにもよると考えられる。
　所見：不法投棄等の事案について、事業者に対して引き続き注意喚起を行うとともに、環境省がこれまで講じてきた対策を検証して、不法投棄等の事案の発生を防止するために必要な制度や効果的な仕組みの整備を検討すること

（同様の資料をデータでご覧になりたい方はこちらをご参照ください：
▶https://www.jbaudit.go.jp/pr/kensa/result/5/pdf/050203_02_point.pdf）

放射性物質汚染対処特措法3事業等の入札、落札、契約金額等の状況等（要請）　環境省等

検査の要請の内容等	✓	要請（令和3年6月7日）された事項は、平成二十三年三月十一日に発生した東北地方太平洋沖地震に伴う原子力発電所の事故により放出された放射性物質による環境の汚染への対処に関する特別措置法に基づく除染事業、汚染廃棄物処理事業、中間貯蔵施設事業等（放射性物質汚染対処特措法3事業等）に関する次の各事項 ① 各事業の入札、契約などの状況、特に、一者応札となったものに係る契約金額の状況 ② 各事業に係る受注者の事業実施体制等及びこれに対する国の監督等の状況

検査の結果	✓	環境省福島地方環境事務所が平成28年4月から令和3年9月までの間に締結した契約984件のうち一般競争契約は735件（全体の74.7%）で、1者応札率（契約件数に対する1者応札となった契約件数の割合）は49.3%。平均落札率（契約金額の予定価格に対する比率の平均）は、複数応札となった契約81.3%に対し1者応札となった契約は13.3ポイント高い94.6%　等
	✓	予定価格の積算について、積算単価の適用についてみると、誤って予定価格積算作業時点から1年以上前の時点の物価資料単価を適用しており、その結果、材料費が割高となっていた工事契約が11件となっていた（割高となっていた積算額計2億0910万円）。また、諸経費の算定についてみると、合算調整により諸経費をより経済的に算定する必要があったと認められる工事契約が7件となっていた（低減できた諸経費の積算額計1198万円）
	✓	変更契約の状況についてみると、前記984件のうち増額変更割合（当初契約金額に対する増額変更金額の累計の割合）が30%を超える契約件数は169件となっており、100%を超えるものも59件となっていた
	✓	各事業に係る受注者の事業実施体制等及びこれに対する国の監督等の状況についてみると、環境省は、不法投棄等の事案の発生を受けて、監督等の仕組みを見直しているが、その後も事案が発生。事案の発生は、不法投棄等の発生を防止するための仕組みを整備していなかったことにもよると考えられる

所見	✓	今後も、1者応札率の低減のために有効と考えられる取組の状況を確認し、契約ごとに1者応札等となった要因を把握するなどして、競争性の確保について引き続き取り組むこと
	✓	予定価格の積算について、積算単価を適切に適用しているか確認したり、諸経費の算定に当たり合算調整を行ったりして、予定価格を適切かつ経済的に積算するための取組を行うこと
	✓	変更契約について、福島第一原発事故の発生から11年が経過し、放射性物質汚染対処特措法3事業等が進捗して契約実績も蓄積されてきていることなどを踏まえて、今後、請負工事等の発注に当たっては、放射性物質　対処特措法3事業等の特性を考慮した上で、これまでに実施してきた工事等により得られた知見等を生かして対象数量を見込むなどして、大幅な増額変更とならないよう取組を行うこと
	✓	不法投棄等の事案について、事業者に対して引き続き注意喚起を行うとともに、環境省がこれまで講じてきた対策を検証して、不法投棄等の事案の発生を防止するために必要な制度や効果的な仕組みの整備を検討すること

放射性物質汚染対処特措法3事業等の入札、落札、契約金額等の状況等（要請）　環境省等

検査の背景　放射性物質汚染対処特措法3事業等の概要

事業区分			事業の概要	事業主体	主な事業内容
放射性物質汚染対処特措法3事業等	放射性物質汚染対処特措法3事業	①除染事業	土壌等の除染等の措置等	国	除染工事注(1)、除去土壌注(2)の仮置場への運搬、一時保管、仮置場復旧工事等
				地方公共団体	【国庫補助事業】除染工事、除去土壌等の仮置場への運搬、一時保管等
		②汚染廃棄物処理事業	事故由来放射性物質に汚染された廃棄物の処理等	国	被災建物の解体撤去、仮置場等への廃棄物の収集及び運搬、仮置場等における廃棄物の破砕選別及び保管、仮設焼却施設等における減容化等
				地方公共団体等	【国からの委託事業】廃棄物の一時保管
		③中間貯蔵施設事業	福島県内の除去土壌及び放射能濃度が10万Bq/kg超の事故由来放射性物質に汚染された廃棄物を一定期間安全かつ集中的に管理保管するための中間貯蔵施設の設置、運営等	国	施設整備、除去土壌等の仮置場等から中間貯蔵施設への運搬等
				中間貯蔵・環境安全事業株式会社	【国からの委託事業】工事監理・監督支援の補助、中間貯蔵施設の運営
		④特定復興再生拠点区域事業	特定復興再生拠点区域における土壌等の除染等の措置、廃棄物の処理等	国	特定復興再生拠点区域における除染工事、被災建物の解体撤去等

注(1)　除染工事　　事故由来放射性物質に汚染された土壌を除去するなどの工事
注(2)　除去土壌　　環境大臣が指定した地域等に係る土壌等の除染等の措置に伴い生じた土壌及び廃棄物

国、地方公共団体等は、放射性物質汚染対処特措法に基づく①～③の3事業（放射性物質汚染対処特措法3事業）を民間事業者等との間で契約を締結するなどして実施。また、国は、福島復興再生特別措置法等に基づく④の事業を民間事業者等との間で契約を締結するなどして実施
（①～④を合わせて放射性物質汚染対処特措法3事業等）

① 土壌等の除染等の措置等に係る事業（除染事業）
② 事故由来放射性物質に汚染された廃棄物の処理等に係る事業（汚染廃棄物処理事業）
③ 中間貯蔵施設の設置、運営等に係る事業（中間貯蔵施設事業）
④ 特定復興再生拠点区域における土壌等の除染等の措置、廃棄物の処理等に係る事業（特定復興再生拠点区域事業）

検査の結果　1(1)-1　契約の状況の概要

○放射性物質汚染対処特措法3事業等に係る平成23年度から令和3年度までの国の予算の執行額は、環境省の国直轄事業3兆6543億円、国庫補助事業1兆5001億円、同省以外の国直轄事業55億円、計5兆1600億円
○環境省が平成28年4月から令和3年9月までの間に締結した放射性物質汚染対処特措法3事業等に係る契約は1,213件（当初契約金額計1兆8540億円）
○上記契約1,213件のうち環境省福島地方環境事務所（福島事務所）が発注主体である契約は984件（全体の81.1%。当初契約金額計1兆7649億円）

放射性物質汚染対処特措法3事業等の入札、落札、契約金額等の状況等（要請）　環境省等

検査の結果　1(1)-2　入札・落札等の状況等

福島事務所が平成28年4月から令和3年9月までの間に締結した契約984件を対象としてその状況をみたところ…

①1者応札率（契約件数に対する1者応札となった契約件数の割合）の状況

○契約984件のうち一般競争契約は735件（全体の74.7%）、随意契約は249件（同25.3%）。
　上記の契約735件について**1者応札率は全体で49.3%**

○上記の契約735件を、工事、建設コンサルタント業務等、その他業務に区分するなどしてみたところ、総合評価落札方式による**汚染廃棄物処理事業及び中間貯蔵施設事業の建設コンサルタント業務等契約**で、それぞれ**1者応札率が97.9%及び67.9%**となっていて、全体の1者応札率49.3%に対して、それぞれ**48.6ポイント及び18.6ポイント高く**なっていた

（汚染廃棄物処理事業及び中間貯蔵施設事業の建設コンサルタント業務等契約の主な業務内容）
・環境省の監督職員等に対する支援等として、汚染廃棄物の埋立処分等の実施状況の確認等に臨場するなどの監理・監督支援業務
・汚染廃棄物の減容化や中間貯蔵施設の整備等に係る各種の設計書等の精査を行うなどの技術支援業務

②平均落札率（契約金額の予定価格に対する比率の平均）の状況

契約内容区分別及び応札者数区分別の平均落札率の状況（平成28年4月～令和3年9月）

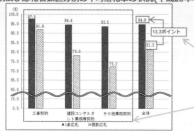

全体の**平均落札率**は、複数応札となった契約81.3%に対して、**1者応札となった契約は94.6%**と13.3ポイント高くなっていた

いずれの契約内容区分（工事、建設コンサルタント業務等、その他業務）においても　1者応札となった契約の平均落札率が複数応札となった契約より高くなっていた

環境省が行っている競争性確保のための取組
　環境省が行っている1者応札率の低減を始めとする競争性の確保のための取組のうち1者応札等アンケートについて、同省は、試行的に取り組むという理由により環境本省が締結する契約のみとしていたのを各地方環境事務所等まで拡充するとしている

所見　今後も、1者応札率の低減のために有効と考えられる取組の状況を確認し、契約ごとに1者応札等となった要因を把握するなどして、**競争性の確保について引き続き取り組むこと**

放射性物質汚染対処特措法3事業等の入札、落札、契約金額等の状況等（要請）　環境省等

検査の結果　1(2)　予定価格の積算

予定価格の積算方法等

環境省は、工事費について、「除染特別地域における除染等工事暫定積算基準」（積算基準）に基づき算定し、積算基準に定めがない工種については、一般の公共事業で実施する工事の内容と比べて特段異なる点がないとした場合、「国土交通省土木工事標準積算基準書」（国交省積算基準）等に基づき算定し、これらを基に予定価格を積算

（工事費の構成）
工事費＝直接工事費＋諸経費（間接工事費＋一般管理費等）＋消費税等相当額
※諸経費は直接工事費等の諸経費対象額に諸経費率を乗ずるなどして算定

予定価格の積算についてみたところ・・・

①積算単価の適用を誤ったため、材料費が割高となっていた事態

積算基準によれば、**積算単価**（設計書に計上する材料の単価）は、物価資料（刊行物である積算参考資料）に掲載されている材料については物価資料に掲載されている単価（物価資料単価）により決定し、予定価格積算作業時点の**最新の価格**を用いることとされている

福島事務所において、誤って予定価格積算作業時点から**1年以上前の時点の物価資料単価を適用**しており、その結果、材料費が割高となっていた契約が**11件**
（割高となっていた積算計**2億0910万円**）

②諸経費の算定が経済的に実施されていなかった事態

実施中の工事（前工事）の受注者を相手方として随意契約により前工事に関連する請負工事（後工事）を実施する場合・・・
国交省積算基準では、後工事の諸経費(注)について、**前工事と後工事を一括して発注したこととして全体としての諸経費を算定**して、この額から**前工事の諸経費の額を控除する調整（合算調整）**を行うこととなっている

一方、環境省は、除染事業の除染工事について、**積算基準に合算調整を行うこととする規定を設けていない**

そのため・・・

国交省積算基準を参考にして合算調整を行うことが可能であり、**合算調整により諸経費をより経済的に算定する必要があったと認められる契約が7件**
（低減できた諸経費の積算額計**1198万円**）

（合算調整時の後工事に係る諸経費算定式）

| 後工事の諸経費 | ＝ | 全体の諸経費（前工事と後工事の合計の諸経費対象額×これに応じた諸経費率） | － | 前工事の諸経費（前工事の諸経費対象額×これに応じた諸経費率） |

(注)諸経費率は諸経費対象額が大きくなるに従って逓減する仕組みとなっている

所見　予定価格の積算について、積算単価を適切に適用しているか確認したり、後工事の諸経費の算定に当たり合算調整を行ったりして、**予定価格を適切かつ経済的に積算するための取組を行うこと**

放射性物質汚染対処特措法3事業等の入札、落札、契約金額等の状況等（要請）　環境省等

検査の結果 1(3)　変更契約の状況

環境省における変更契約の概要

○請負工事の発注に当たっては、事前の計画及び調査を慎重に行い、**設計変更の必要を生じないよう措置**

○変更見込金額の累計が請負代金額の30%を超える工事は、原則として別途の契約とする

○福島事務所は、締結済みの契約を対象に、内容又は契約金額の大幅な変更が必要と考えられる場合、契約委員会において、変更契約の適否を審査

変更契約の状況についてみたところ・・・

○福島第一原発事故直後から平成27年度までの集中復興期間では、除染工事の早期完了等に迅速に対応することが求められており、新たに契約を締結する場合の手続に時間を要することなどを考慮すると、増額変更割合が30%を超える変更契約を行い対応したことについてやむを得ない面があったと考えられる

また、集中復興期間に引き続き28年4月から令和3年9月までの間に福島事務所が締結した契約984件についても、集中復興期間と同様の事情もあったと考えられるものの、**増額変更割合が30%を超える契約は169件、増額変更割合が100%を超える契約も59件**と一定程度見受けられた

所見　変更契約について、福島第一原発事故の発生から11年が経過し、放射性物質汚染対処特措法3事業等が進捗して契約実績も蓄積されてきていることなどを踏まえて、今後、請負工事等の発注に当たっては、放射性物質汚染対処特措法3事業等の特性を考慮した上で、これまでに実施してきた工事等により得られた知見等を生かして対象数量を見込むなどして、**大幅な増額変更とならないよう取組を行うこと**

検査の結果 2　各事業に係る受注者の事業実施体制等及びこれに対する国の監督等の状況

国の監督等の概要

○平成25年1月に、除染適正化推進本部を設置したり、除染適正化プログラムを作成したりするなど対策を実施

○不法投棄等の事案が発生したことを受けて、再発防止通知を事業者に対して発出するなどして、**監督等の仕組みを見直し**

　➡　見直し後においても不法投棄等の事案は発生

不法投棄等の発生を防止するための仕組みについてみたところ・・・

○**除去土壌等及び解体廃棄物が発生した重量と仮置場等に搬入された重量とが合致しているかを確認する仕組み**については検討していなかった

○**除去土壌等及び解体廃棄物について適切に仮置場等に搬入されるまでの処分過程に係る管理制度**は整備していなかった

所見　不法投棄等の事案について、**事業者に対して引き続き注意喚起を行う**とともに、環境省がこれまで講じてきた対策を検証して、**不法投棄等の事案の発生を防止するために必要な制度や効果的な仕組みの整備を検討すること**

検査の要請の内容　本院は、環境省等を対象に、①各事業の入札、契約などの状況、特に、一者応札となったものに係る契約金額の状況、②各事業に係る受注者の事業実施体制等及びこれに対する国の監督等の状況を検査し、その結果を報告することを求める要請を受けた。

検査の結果の主な内容　本院は、上記要請の放射性物質汚染対処特措法3事業等[注1]の入札、落札、契約等の状況並びに各事業に係る受注者の事業実施体制等及びこれに対する国の監督等の状況に関する各事項について、①放射性物質汚染対処特措法3事業等の入札、落札及び契約の状況はどのようになっているか、特に、応札者が1者となったもの（以下「1者応札」）に係る契約金額等の状況はどのようになっているか、また、環境省が行っている競争性確保のための取組はどのようになっているか、予定価格の積算は経済性を考慮して適切に行われているか、②放射性物質汚染対処特措法3事業等に係る受注者における事業実施体制等及びこれに対する国の監督等の状況はどのようになっているか、除染事業等における除去土壌等[注2]の不法投棄等の不適切な事案に関して同省が整備している仕組みは事案の再発を防止する効果的なものとなっているかなどに着眼して検査を実施した。

(注1)　放射性物質汚染対処特措法3事業等　「平成二十三年三月十一日に発生した東北地方太平洋沖地震に伴う原子力発電所の事故により放出された放射性物質による環境の汚染への対処に関する特別措置法」(以下「放射性物質汚染対処特措法」)に基づき実施する除染事業、汚染廃棄物処理事業、中間貯蔵施設事業及び福島復興再生特別措置法等に基づき実施する特定復興再生拠点区域事業
(注2)　除去土壌等　環境大臣が指定した地域等に係る土壌等の除染等の措置に伴い生じた土壌及び廃棄物

(1) **各事業の入札、契約などの状況、特に、1者応札となったものに係る契約金額の状況**

ア　**放射性物質汚染対処特措法3事業等に係る契約の状況等**

　　環境省福島地方環境事務所(平成29年7月13日以前は福島環境再生事務所。以下「福島事務所」)が28年4月から令和3年9月までの間に締結した契約984件について契約方式別の契約件数及びその比率をみると、一般競争契約735件(全体の74.7%)、随意契約249件(同25.3%)となっていた。

　　上記の一般競争契約735件について1者応札率(注1)をみたところ49.3%となっていた。

　　契約内容区分別に1者応札率を比較したところ、工事契約では29.5%と放射性物質汚染対処特措法3事業等全体の49.3%より19.8ポイント低くなっていたが、建設コンサルタント業務等(工事の設計若しくは監理・監督支援又は工事に関する調査、企画、立案若しくは助言の技術支援を行う業務等をいう。)契約では62.1%と放射性物質汚染対処特措法3事業等全体の1者応札率より12.8ポイント高くなっているとともに、1者応札となった契約の件数が最も多くなっていた。総合評価落札方式(注2)による建設コンサルタント業務等契約の1者応札率について、事業区分により1者応札率に差があるかみると、汚染廃棄物処理事業及び中間貯蔵施設事業の建設コンサルタント業務等契約で、それぞれ1者応札率が97.9%及び67.9%となっていて、放射性物質汚染対処特措法3事業等全体の1者応札率よりそれぞれ48.6ポイント及び18.6ポイント高くなっていた。

　　また、応札者数と落札率(注3)との関係をみると、複数応札となった契約の平均落札率(注4)は全体で81.3%であるのに対して、1者応札となった契約の平均落札率は全体で94.6%と13.3ポイント高くなっていて、いずれの契約内容区分においても、1者応札となった契約の平均落札率が複数応札となった契約より高くなっていた。

　　事業実施地域を市町村単位として発注される契約の入札、落札等の状況をみると、同省が、平成29年度以降に、6町村において実施している特定復興再生拠点区域事業の除染工事等契約の1者応札率は、6町村いずれにおいても当該町村における29年度までに終了している除染事業の除染工事契約より低くなっていた。一方、5町村において、特定復興再生拠点区域事業の工事監理・監督支援業務契約の1者応札率は、除染事業の工事監理・監督支援業務契約より高くなっていた。また、除染事業及び特定復興再生拠点区域事業の工事監理・監督支援業務契約については、発注があった9市町村のうち8市町村において、1者応札により同様の内容の契約を同一の契約相手方が継続して受注している契約が見受けられた。

　　同省が行っている1者応札率の低減を始めとする競争性の確保のための取組のうち1者応札等アンケート(注5)についてみると、同省は、試行的に取り組むという理由により環境本省が締結する契約のみとしていたのを各地方環境事務所等まで拡充するとしている。

イ　**放射性物質汚染対処特措法3事業等に係る契約の予定価格の積算**

　　工事費の算定に当たり設計書に計上する材料の単価(以下「積算単価」)の適用についてみると、誤って予定価格積算作業時点から1年以上前の時点の物価資料単価(注6)を適用しており、そ

(注1) 1者応札率　　契約件数に対する1者応札となった契約件数の割合
(注2) 総合評価落札方式　　契約がその性質又は目的から最低価格方式により落札者を決定し難いものである場合に、価格だけでなく性能、機能その他の要素を総合的に評価して落札者を決定する方式
(注3) 落札率　　契約金額の予定価格に対する比率
(注4) 平均落札率　　各契約の落札率の合計を契約件数で除したもの
(注5) 1者応札等アンケート　　環境本省が締結した契約のうち1者応札となった契約及び企画競争で1者応募となった契約について、入札説明会又は企画競争説明会に参加したものの、応札又は応募をしなかった者に対するアンケート調査
(注6) 物価資料単価　　刊行物である積算参考資料に掲載されている単価

の結果、材料費が割高となっていた工事契約が11件(割高となっていた積算額計2億0910万円)見受けられた。

諸経費の算定についてみると、前工事^(注1)と後工事^(注2)とがいずれも土木工事である組合せ4組に係る後工事7件の諸経費については、組ごとに後工事の発注時点において契約を締結済みの土木工事を前工事として、それらを一体的な工事とみなして、国土交通省土木工事標準積算基準書を参考にして合算調整^(注3)を行うことが可能であり、合算調整により諸経費をより経済的に算定する必要があったと認められる(低減できた諸経費の積算額計1198万円)。

ウ　放射性物質汚染対処特措法3事業等に係る契約の変更契約の状況

変更割合別の状況についてみると、前記984件のうち、増額変更割合^(注4)が30%を超える増額となっている契約件数は169件となっており、増額変更割合が100%を超えるものも59件見受けられた。

増額変更理由についてみると、汚染廃棄物の処理量の増加が全体の30.2%と最も多くなっており、この汚染廃棄物の処理量の増加を含めた数量増を理由とするものが全体の76.3%を占めていた。福島事務所は、契約委員会設置要綱に基づき設置された契約委員会において変更理由を説明して変更契約の適否について審査を受けた上で変更契約を締結しており、新たに契約を締結することなく事業の早期着手が可能となり、汚染廃棄物の早期処理等の諸課題に迅速に対応できたとしている。

東日本大震災復興基本法に基づき23年7月に定められた「東日本大震災からの復興の基本方針」等で定められた27年度までの集中復興期間においては、除染工事の早期完了、汚染廃棄物の早期処理等に迅速に対応することが求められており、新たに契約を締結する場合の手続に時間を要することなどを考慮すると、増額変更割合が30%を超える変更契約を行い対応したことについては、やむを得ない面があったと考えられる。

一方、集中復興期間に引き続く28年4月から令和3年9月までの間に締結した契約984件については、契約締結後に住民の意向、地域情勢等により事業の早期着手を求められたため、締結済みの契約において処理する汚染廃棄物の量を増加させたことなど、集中復興期間と同様の事情もあったと考えられるものの、前記のとおり、増額変更割合が30%を超える契約が169件となっており、100%を超える契約も59件見受けられている。

⑵　各事業に係る受注者の事業実施体制等及びこれに対する国の監督等の状況

同省は、不法投棄等の事案の発生を受けて、再発防止通知を発出したり、段階確認の項目や実施時期の明確化を図ったりするなどして、監督等の仕組みを見直している。

しかし、監督等の仕組みの見直し後においても、結果として不法投棄等の事案が発生している。このような事案が発生しているのは、一義的には受注者において契約図書の内容に従った履行をすることに対する認識が欠けていたことによるが、同省において、除去土壌等及び解体廃棄物^(注5)が不法投棄等されることなく仮置場等に確実に搬入されたかを確認するための仕組みなど不法投棄等の発生を防止するための仕組みを整備していなかったことにもよると考えられる。

(注1)　前工事　　　実施中の工事
(注2)　後工事　　　前工事の受注者を相手方として随意契約により実施する前工事に関連する請負工事
(注3)　合算調整　　後工事の諸経費の算定に当たって、前工事と後工事を一括して発注したこととして全体の諸経費を算定して、この額から前工事で計上している諸経費の額を控除する調整を行うこと
(注4)　増額変更割合　当初契約金額に対する増額変更金額の累計の割合
(注5)　解体廃棄物　　被災建物の解体撤去により生じた廃棄物

検査の結果に対する所見　政府は、放射性物質汚染対処特措法等の枠組みの下、今日まで、多額の国費を投じて放射性物質汚染対処特措法3事業等を実施してきている。

東京電力株式会社(平成28年4月1日以降は東京電力ホールディングス株式会社)の福島第一原子力発電所において発生した事故(以下「福島第一原発事故」)の発生から11年が経過したものの、福島県内においては、放射性物質汚染対処特措法3事業等はいずれも実施中であり、今後も放射性物質汚染対処特措法3事業等の適切で経済的かつ効率的な実施が求められている。また、環境省等が放射性物質汚染対処特措法3事業等を実施する過程では、除染適正化推進本部を設置したり、除染適正化プログラムを作成したり、警告決議に対する措置を講じたりした後においても、不適切な事案が生じており、各事業に係る契約を履行する受注者の適切な事業実施体制等や環境省等による適切で厳正な監督等が求められている。

ついては、同省において、今後、次の点に留意して、放射性物質汚染対処特措法3事業等に適切に取り組む必要がある。

⑴　各事業の入札、契約などの状況、特に、1者応札となったものに係る契約金額の状況

　ア　同省は、競争性の確保に取り組んできているとしているが、今後も、放射性物質汚染対処特措法3事業等に係る契約において、1者応札率の低減のために有効と考えられる取組の状況を確認し、契約ごとに1者応札等となった要因を把握するなどして、競争性の確保について引き続き取り組むこと

　イ　放射性物質汚染対処特措法3事業等に係る契約の予定価格の積算について、積算単価を適切に適用しているか確認したり、後工事の諸経費の算定に当たり合算調整を行ったりして、予定価格を適切かつ経済的に積算するための取組を行うこと

　ウ　変更契約について、福島第一原発事故の発生から11年が経過し、放射性物質汚染対処特措法3事業等が進捗して契約実績も蓄積されてきていることなどを踏まえて、今後、請負工事等の発注に当たっては、放射性物質汚染対処特措法3事業等の特性を考慮した上で、これまでに実施してきた工事等により得られた知見やノウハウを生かして対象数量を見込むなどして、大幅な増額変更とならないよう取組を行うこと

⑵　各事業に係る受注者の事業実施体制等及びこれに対する国の監督等の状況

不法投棄等の事案について、事業者に対して引き続き注意喚起を行うとともに、同省がこれまで講じてきた対策を検証して、不法投棄等の事案の発生を防止するために必要な制度や効果的な仕組みの整備を検討すること

本院としては、放射性物質汚染対処特措法3事業等の入札、落札、契約金額等の状況について、今後も引き続き検査していくこととする。　　　　　　　　　　　　　　　　　(検査報告566ページ)

要　　　請 防災・減災、国土強靱化のための3か年緊急対策の実施状況等について

＝＜報告の要点＞＝

1　3か年緊急対策の実施状況及び予算の執行状況

　　内閣官房国土強靱化推進室は、緊急対策予算に基づいて国が支出した額について、各府省庁から報告させておらず、集計していなかった。また、全160対策のうち69対策については、対策ごとの支出済額等が把握されていなかった。

　　3地方支分部局並びに10道県及び287市町村等が17対策として実施した事業の一部は、30年閣議決定等においては倒壊等の被害の生ずる可能性がある施設について耐震化を実施するなどとされている対策であるのに、同対策として新たな施設を整備する事業を実施するなどしていて、30年閣議決定等に明記されていない内容となっていた。

　所見：推進室において、3か年緊急対策のように国が支出する額を明示するなどして進める
　　　　取組については、国の支出額を各府省庁から報告させて集計するとともに、各府省庁
　　　　に対策ごとの支出済額等を把握して報告することを求めて公表することなどにより、
　　　　予算及びその執行状況をより適切な形で明らかにするよう検討すること

　　　：推進室において、各府省庁に対して、実施する事業の内容や閣議決定等の内容との関
　　　　係等について国民に対して十分な説明を行うよう周知すること

2　3か年緊急対策による効果の発現状況

　　法務本省、10道県及び55市町等が33対策として実施した359事業は、事業の内容が測量業務、設計業務等のみとなっていて、このうち336事業については、令和4年6月末現在、工事が施工中であったり、工事にまだ着手していなかったりしていて完了しておらず、災害発生時に3か年緊急対策として実施した事業の効果が発現しない状況となっていた。

　　1県及び6市町が実施した5対策の9事業については、3か年緊急対策の各対策として施設や設備の整備等の事業を実施したものの、整備等を実施した施設や設備が、事業を実施した後に発生した台風等の際に破損するなどして被災しており、このうち1事業は、設備の設置に当たり台風等に対する検討が十分でなかったものであった。

　　4対策として実施した事業の一部において、事業の成果物が十分に活用されるよう引き続き取り組む必要がある状況が見受けられた。また、8対策として実施した事業の一部において、施設及び設備の整備等の効果が災害発生時に確実に発現するよう引き続き取り組む必要がある状況が見受けられた。

　所見：推進室において、各府省庁と連携して、3か年緊急対策の各対策として実施した事業
　　　　について、防災、減災等の効果が十分に発現するよう引き続き取り組んでいくこと

（同様の資料をデータでご覧になりたい方はこちらをご参照ください：
▶https://www.jbaudit.go.jp/pr/kensa/result/5/pdf/050517_point.pdf)

防災・減災、国土強靱化のための3か年緊急対策の実施状況等（要請）　　内閣官房、11府省庁

検査の要請の内容等	✓ 要請（令和2年6月15日）された事項は、防災・減災、国土強靱化のための3か年緊急対策に関する次の各事項 　① 緊急対策の実施状況及び予算の執行状況　　② 緊急対策による効果の発現状況 ✓ 「防災・減災、国土強靱化のための3か年緊急対策」（30年閣議決定）等に基づき、11府省庁において特に緊急に実施すべき160対策を平成30年度から令和2年度までの3年間で集中的に実施（事業費は7兆円を想定。うち国費の見込みは3兆円） ✓ 施策の推進に係る総合調整等は内閣官房国土強靱化推進室（推進室）
検査の結果	1. 3か年緊急対策の予算総額（平成30年度~令和2年度）は計3兆6790億円 　推進室は、3か年緊急対策に係る国の支出額を各府省庁から報告させておらず、集計せず。会計検査院が集計したところ、支出済額は計3兆4271億円（予算総額に対する割合93.1%） 　全160対策のうち69対策（予算総額計2兆7490億円。同74.7%）について、5省は対策ごとの支出済額等を把握せず 2. ①全160対策のうち17対策（5省）の事業の一部は、30年閣議決定等に明記されていない内容（支出済額計672億円） 　②国土交通省は実施している67対策のうち40対策について対策実施箇所数を把握せず 　③対策予定箇所のうち対策を実施しなかった箇所がある11対策のうち3対策（2省）についてその後の状況を把握せず 3. 各対策に関連する重要業績指標（KPI）140指標の進捗状況等として年次計画に記載された目標年度等には、進捗状況を確認するのに不十分なもの10指標（7対策）、変更の妥当性の検証が困難なもの14指標（13対策）等あり 4. 33対策として実施した359事業は、3か年緊急対策としての事業の内容が測量業務、設計業務のみ。うち336事業は、4年6月末現在、工事が施工中又は未着手で、災害発生時に3か年緊急対策として実施した事業の効果が発現しない状況（3か年緊急対策に係る支出済額計69億円） 　5対策として実施した9事業は、整備した施設等が事業実施後に破損するなどして被災　等
所見	✓ 推進室は、国が支出する額を明示等して進める取組については、国の支出額を各府省庁から報告させて集計し、各府省庁に対策ごとの支出済額等の報告を求めて公表することなどにより、予算及びその執行状況をより適切な形で明らかにするよう検討すること（検査の結果1） ✓ 推進室は、①各府省庁に対して、今後、国土強靱化に関する施策を実施するに当たり、事業の内容や当該事業と閣議決定等との関係等について国民に十分な説明を行うよう周知すること、②対策予定箇所数等に係る実績を把握させ、報告させて公表すること、③各府省庁は、対策が完了しなかった箇所について、適時適切にフォローアップを行うこと（検査の結果2） ✓ 推進室は、今後、年次計画の作成に当たりKPIの進捗状況を各府省庁から報告させる際には、目標年度等の変更状況等を確実に報告させて、年次計画に記載することにより、施策の進捗状況をより分かりやすく公表すること（検査の結果3） ✓ 推進室は、各府省庁と連携して、3か年緊急対策の各対策として実施した事業について、防災、減災等の効果が十分に発現するよう引き続き取り組んでいくこと（検査の結果4）　等

防災・減災、国土強靱化のための3か年緊急対策の実施状況等（要請）　　内閣官房、11府省庁

検査の背景　防災・減災、国土強靱化のための3か年緊急対策等の概要

平成25年12月に「強くしなやかな国民生活の実現を図るための防災・減災等に資する国土強靱化基本法」（国土強靱化基本法）を制定

⬇

26年6月に国土強靱化に関する施策の推進に関する基本的な計画（国土強靱化基本計画）を閣議決定し、30年12月に変更

⬇

（施策の優先順位付けや重点化、災害リスク等に応じ効果的に施策を推進することなどを定める）

同月に「防災・減災、国土強靱化のための3か年緊急対策」を閣議決定（30年閣議決定）

観点	項目	対策数	事業規模
Ⅰ 防災のための重要インフラ等の機能維持	(1) 大規模な浸水、土砂災害、地震・津波等による被害の防止・最小化	38	おおむね2.8兆円
	(2) 救助・救急、医療活動等の災害対応力の確保	43	おおむね0.5兆円
	(3) 避難行動に必要な情報等の確保	17	おおむね0.2兆円
Ⅱ 国民経済・生活を支える重要インフラ等の機能維持	(1) 電力等エネルギー供給の確保	8	おおむね0.3兆円
	(2) 食料供給、ライフライン、サプライチェーン等の確保	22	おおむね1.1兆円
	(3) 陸海空の交通ネットワークの確保	28	おおむね2.0兆円
	(4) 生活等に必要な情報通信機能・情報サービスの確保	4	おおむね0.02兆円
計		160	おおむね7兆円

（このうち国が支出する額は3兆円台半ば見込み）

（注）上図は、30年閣議決定を基に作成

各府省庁が重要インフラの機能確保について実施した緊急点検等の結果を踏まえて、
特に緊急に実施すべき7項目、160の対策を定め、平成30年度から令和2年度までの3年間で集中的に実施
内閣官房国土強靱化推進室（推進室）が施策の推進に係る企画、立案並びに総合調整に関する事務を行う

防災・減災、国土強靱化のための3か年緊急対策の実施状況等（要請）
内閣官房、11府省庁

検査の結果1　3か年緊急対策に係る予算の執行状況等

緊急対策予算の内容等

3か年緊急対策のために国が支出する経費は、平成30年度の補正予算や、3か年緊急対策等に係る予算について「臨時・特別の措置」として他の予算とは区分して編成された令和元年度、2年度の当初予算等において措置（**緊急対策予算**）　等

推進室は、3か年緊急対策に係る**国の支出額**について、各府省庁から報告させておらず、**集計していなかった**

会計検査院において緊急対策予算の執行状況を集計したところ・・・

平成30年度から令和3年度までの間の支出済額は計3兆4271億円

（単位：百万円）

府省庁	予算総額 A	支出済額		繰越額		不用額	
		B	執行率 B/A（%）	C	繰越率 C/A（%）	D	不用率 D/A（%）
11府省庁計	3,679,041	3,427,167	93.1	28,118	0.7	223,756	6.0

注(1)「支出済額」及び「不用額」は、平成30年度から令和3年度までの合計額を記載
注(2)「繰越額」は、令和3年度から4年度への繰越額を記載

そして、全160対策のうち148対策(注)について、各府省庁に対して、対策ごとの支出済額等を確認したところ・・・

148対策のうち**69対策**（予算総額計**2兆7490億円**。緊急対策予算全体に占める割合74.7%）については、**対策ごとの支出済額等が把握されていなかった**
（法務省、文部科学省、厚生労働省、農林水産省及び国土交通省が実施する対策）

(注)実施する事業の全てが国庫補助金等の交付を受けずに地方公共団体等が実施するなどの12対策を除く

会計検査院において分析したところ、執行率が80%未満で不用額が10億円以上の対策等が9対策・3対策群(注)あり

例：厚生労働省「全国の上水道施設（取・浄・配水場）に関する緊急対策」

(注)同じ予算科目から支出されている複数の対策をまとめたもの

所見　推進室は、国が支出する額を明示等して進める取組については、国の支出額を各府省庁から報告させて集計し、各府省庁に対策ごとの支出済額等の報告を求めて公表することなどにより、**予算及びその執行状況をより適切な形で明らかにするよう検討すること**

防災・減災、国土強靱化のための3か年緊急対策の実施状況等（要請）
内閣官房、11府省庁

検査の結果2　3か年緊急対策の実施状況等

30年閣議決定等の内容

- 3か年緊急対策として特に緊急に実施すべき160対策の具体的な内容、対策予定箇所数、達成目標等が示されている
- 進捗状況のフォローアップを定期的に行い、その結果を公表すること、箇所数等による進捗管理を行うこととされている

① 3か年緊急対策として実際に実施された事業の内容について確認したところ・・・

3地方支分部局並びに10道県及び287市町村等が**17対策**（文部科学省、厚生労働省、農林水産省、国土交通省、環境省）として実施した事業の一部は、**30年閣議決定等に明記されていない内容**（事業に係る支出済額計672億5208万円）

例1：厚生労働省「社会福祉施設等の耐震化に関する緊急対策」	例2：国土交通省「市街地における電柱に関する緊急対策」
耐震化改修整備を実施する対策とされているのに、耐震性があるとされた既存の建物等の新築等を実施（国庫補助金等相当額24億6135万円）	対策を実施するとされている緊急輸送道路ではない道路において、無電柱化を実施（交付金相当額27億8919万円）

推進室によれば、30年閣議決定等において示されている対策の内容と一致する事業以外の事業を3か年緊急対策として実施してはならないことにはなっていない

30年閣議決定等に明記されていない内容の事業としてどのような事業を実施するかなどについては、3か年緊急対策の実施結果として対策ごとの進捗状況等が記載されている令和3年度の年次計画でも言及されていないなど、**国民に対して必ずしも十分な説明がなされていない**

② 各府省庁が対策を実施した箇所数について確認したところ・・・

国土交通省は実施している67対策のうち40対策について**対策実施箇所数を把握せず**

③ 対策予定箇所のうち対策を実施しなかった箇所について確認したところ・・・

対策を実施しなかった箇所がある11対策のうち3対策（総務省、厚生労働省）について**その後の状況を把握せず**

所見　推進室は、①各府省庁に対して、今後、国土強靱化に関する施策を実施するに当たり、事業の内容や当該事業と閣議決定等との関係等について国民に十分な説明を行うよう周知すること、②対策予定箇所数等に係る実績を把握させ、報告させて公表すること、③各府省庁は、対策が完了しなかった箇所について、**適時適切にフォローアップを行うこと**

第Ⅱ章

防災・減災、国土強靱化のための3か年緊急対策の実施状況等（要請）
内閣官房、11府省庁

検査の結果3　KPIに係る目標値、実績値等の公表の状況

施策の効果に係る評価等

・国土強靱化推進本部は、国土強靱化基本計画に基づき、毎年度、当該年度に取り組むべき施策等を施策群（プログラム）ごとに取りまとめた**年次計画**を作成
・年次計画には、施策等の進捗管理のために設定した重要業績指標（KPI）の基準年度、初期値、目標年度、目標値及び過去5年間の現状値を記載
・令和元年度から3年度までの間の年次計画に記載されている3か年緊急対策の各対策に関連するKPIは**92対策**に係る**140指標**

　92対策に係るKPI140指標の進捗状況等として年次計画に記載されている内容を確認したところ、以下の状況が見受けられた

❶ **KPIの進捗状況を確認するのに十分なものとなっていなかったもの　10指標（7対策）**
・初期値、目標年度又は目標値が記載されていない指標　**7指標（4対策）**
・年次計画の年度よりも前の年度が目標年度として記載されるなどしている指標　**3指標（3対策）**

❷ 年次計画の記載だけでは**変更の妥当性を検証することが困難**な状況となっていたもの
・前年度の年次計画から目標年度、目標値等が変更されたもの全て（年次計画には、どの指標をどのような理由でどのように変更したのかなどを記載することになっていないため）　**14指標（13対策）**

例：文部科学省「国立大学法人、国立研究開発法人等施設等の重要インフラ設備に関する緊急対策」

❸ **目標の達成状況が明らかとなっていなかったもの**
・目標年度が到来して廃止されたもの全て（目標年度が到来した指標について目標値が達成されたかどうかを記載することになっていないため）　**38指標（36対策）**

所見　推進室は、今後、年次計画の作成に当たりKPIの進捗状況を各府省庁から報告させる際には、目標年度等の変更状況等を確実に報告させて、年次計画に記載することにより、**施策の進捗状況をより分かりやすく公表**すること

防災・減災、国土強靱化のための3か年緊急対策の実施状況等（要請）
内閣官房、11府省庁

検査の結果4　各対策として実施した事業に係る効果の状況

①工事の完了状況

　各対策のうち、建築物等の施設の新設、耐震化等の工事を伴う内容となっている対策として実施した事業についてみたところ・・・

・359事業（33対策）は、**事業の内容が測量業務、設計業務等のみ**となっていて、工事を実施するものとなっていない
・うち336事業は、令和4年6月末現在、工事が施工中又は未着手で完了しておらず、災害発生時に3か年緊急対策として実施した**事業の効果が発現しない状況**（事業に係る支出済額計**69億7648万円**）　　例：農林水産省「ため池に関する緊急対策」

②整備等を実施した施設や設備の被災状況

　推進室は3年4月に「防災・減災、国土強靱化のための3か年緊急対策による取組事例集」において、3か年緊急対策として事業を実施した後に発生した地震、台風、局地的な豪雨等の際に、事業の効果が発現した事例等を公表

一方
・9事業（5対策）は、整備等を実施した施設等が、事業実施後に発生した台風等の際に破損するなどして被災
・うち以下の1事業は、単に設計上想定すべき規模を超える台風等が発生したことなどにより被災したのではなく、**設備の設置に当たり台風等に対する検討が不十分**

例：文部科学省「学校施設における空調整備に関する緊急対策」

空調設備の室外機について、安定計算が行われておらず、強風に対する検討も不十分のため、架台と共に屋上に据え置かれただけとなっており、台風接近時に転倒、破損するなどして使用できず

　上記のほか、事業の一部で事業の成果物が十分に活用されるよう引き続き取り組む必要がある状況（4対策）、事業の一部で施設及び設備の整備等の効果が災害発生時に確実に発現するよう引き続き取り組む必要がある状況（8対策）あり

所見　推進室は、各府省庁と連携して、3か年緊急対策の各対策として実施した事業について、防災、減災等の**効果が十分に発現**するよう引き続き取り組んでいくこと

検査の要請の内容　本院は、内閣官房、内閣府、警察庁、総務省、法務省、文部科学省、厚生労働省、農林水産省、経済産業省、国土交通省、環境省、防衛省を対象に、①緊急対策の実施状況及び予算の執行状況、②緊急対策による効果の発現状況を検査し、その結果を報告することを求める要請を受けた。

検査の結果の主な内容　本院は、上記要請の防災・減災、国土強靱化^(注1)のための3か年緊急対策(以下「3か年緊急対策」、3か年緊急対策の実施のために平成30年12月に政府が行った閣議決定を「30年閣議決定」)に関する各事項について、①予算及びその執行状況はどのようになっているか、各対策として事業を実施した箇所(以下「対策実施箇所」)において実施された事業の内容は、30年閣議決定、「防災・減災、国土強靱化のための3か年緊急対策(原案)(一覧)」等(これらを「30年閣議決定等」)の趣旨に照らして適切なものとなっているか、対策実施箇所において実施することとされた事業はどの程度完了しているか、対策が完了しなかった箇所等に対するフォローアップは適切に行われているか、②3か年緊急対策は「起きてはならない最悪の事態」の回避に十分に寄与するものとなっているか、3か年緊急対策の各対策として実施された事業は、防災、減災等の効果が十分に発現するものとなっているかなどに着眼して検査した。

⑴　3か年緊急対策の実施状況及び予算の執行状況

　ア　内閣官房国土強靱化推進室(以下「推進室」)は、各年度の予算案の作成時に、3か年緊急対策に係る予算の追加等を行うために編成された平成30年度一般会計補正予算(第2号)及び平成30年度特別会計補正予算(特第2号)並びに3か年緊急対策等に係る予算について「臨時・特別の措置」として他の予算とは区分して予算編成が行われた令和元年度当初予算及び令和2年度当初予算において措置されるなどしている予算(これらの3か年緊急対策に係る予算を「緊急対策予算」)に係る歳出予算額等^(注2)を3か年緊急対策の各対策に関係する11府省庁^(注3)から報告させているものの、緊急対策予算に基づいて国が支出した額については、各府省庁から報告させておらず、集計していなかった。

　　また、3か年緊急対策として実施する全160対策のうち、事業実施に伴う経費が生じなかったり、各対策として実施する事業の全てが国庫補助金等の交付を受けずに地方公共団体、民間事業者等が実施する事業となっていたりする12対策を除く148対策について、各府省庁に対して、対策ごとの3か年緊急対策に係る国の支出額等及びこのうち各対策に係る支出済歳出額(以下「支出済額^(注4)」)等を確認したところ、内閣府、警察庁、総務省、経済産業省、環境省及び防衛省の6府省庁は、全ての対策について対策ごとの支出済額等を把握していたのに対して、法務省、文部科学省、厚生労働省、農林水産省及び国土交通省の5省は、一部の対策について対策ごとの支出済額等を把握していなかった。このため、148対策のうち79対策(予算総額計9299億円。緊急対策予算全体に占める割合は25.2%)については、対策ごとの支出済額等が把握されていたが、残りの69対策(予算総額計2兆7490億円。緊急対策予算全体に占める割合は74.7%)については、対策ごとの支出済額等が把握されていなかった。

(注1)　国土強靱化　　国民生活及び国民経済に甚大な影響を及ぼすおそれがある大規模自然災害等に備えた国土の全域にわたる強靱な国づくり
(注2)　歳出予算額等　　歳出予算額(当初予算額、補正予算額及び予算移替額の合計)と予備費使用額とを合計した金額
(注3)　11府省庁　　内閣府、警察庁、総務省、法務省、文部科学省、厚生労働省、農林水産省、経済産業省、国土交通省、環境省、防衛省
(注4)　国庫補助金等による事業の場合は、地方公共団体、民間事業者等の事業主体が国に実績を報告した際の国庫補助金等交付額等を集計している。

30年度から令和3年度までの間の緊急対策予算に係る対策ごと又は同じ予算科目から支出されている複数の対策(以下「対策群」)ごとの支出済額の歳出予算現額^(注1)又は予算総額^(注2)に対する割合(以下「執行率」)をみたところ、80％未満となっていたものが21対策及び3対策群で、このうち5対策では40％未満となっていた。そして、執行率が80％未満となっていた21対策及び3対策群のうち、平成30年度から令和3年度までの不用額の合計が10億円以上となっていたものは、9対策及び3対策群となっていた。

イ　国土強靱化に関する施策の推進に関する基本的な計画(以下「国土強靱化基本計画」)によれば、3か年緊急対策は、45の「起きてはならない最悪の事態」ごとにこれを回避するための施策群(以下「プログラム」)を整理した上で、重点化すべき15のプログラムを選定し、選定した15のプログラム及びこれと関連が強い5のプログラム(以下「重点化すべきプログラム等」)の中で特に緊急に実施すべき施策について実施することとされている。しかし、実際に、3か年緊急対策の各対策が、重点化すべきプログラム等の中のどのプログラムのどの施策に該当するのかについては、30年閣議決定、年次計画^(注3)等には記載されていない。

そこで、本院において、各府省庁が推進室に報告している内容に基づき、3か年緊急対策の各対策がどのプログラムのどの施策に該当するのかなどについて体系的に整理した結果、該当する施策がない対策が6対策、該当する施策はあるものの、当該施策が重点化すべきプログラム等になっていない対策が3対策見受けられた(6対策及び3対策に係る対策ごとの予算積算額(推進室が、各年度の予算案の作成時に各府省庁から報告させた各対策の予算額をいう。)は計143億6088万円)。

ウ　3か年緊急対策の各対策として実際に実施された事業の内容について確認したところ、会計実地検査の際に検査の対象とした事業^(注4)のうち、3地方支分部局並びに10道県及び287市町村等が17対策として実施した事業の一部は、30年閣議決定等においては倒壊等の被害の生ずる可能性がある施設について耐震化を実施するなどとされている対策であるのに、同対策として新たな施設を整備する事業を実施していたり、30年閣議決定等において対策を実施するとされている施設以外の施設について事業を実施していたりなどしていて、30年閣議決定等に明記されていない内容となっていた(これらの事業に係る支出済額は計672億5208万円)。

エ　3年度の年次計画には、3か年緊急対策の実施結果として、各対策の「令和2年度までの予算による実施箇所数」(以下「予算箇所数」)が記載されるなどしているが、予算箇所数は、3年度末までに事業を実施することになる見込みの箇所数等となっている。

そこで、各対策の3年度末までに各府省庁が対策を実施した箇所数(以下「対策実施箇所数」)について各府省庁に確認したところ、国土交通省以外の10府省庁は、全ての対策(計93対策)について対策実施箇所数を把握していたが、国土交通省は、同省が実施している67対策のうち40対策について対策実施箇所数を把握していなかった。

また、一部の対策については、3か年緊急対策の実施結果として3年度の年次計画に記載され

(注1) 歳出予算現額　　歳出予算額に、前年度繰越額、予備費使用額及び流用等増減額を加減したもの
(注2) 予算総額　　平成30年度から令和2年度までの間の歳出予算現額を合計した上で、平成30年度から令和元年度への繰越額及び元年度から2年度への繰越額を控除した額
(注3) 年次計画　　当該年度に取り組むべき施策等をプログラムごとに取りまとめたもの
(注4) 会計実地検査の際に検査の対象とした事業は、会計実地検査を行った11府省庁の本府省庁、9地方支分部局等、10道県及び3政府出資法人、並びに上記10道県内の765市町村等が、3か年緊急対策の各対策として実施した事業である。

ている予算箇所数が対策実施箇所数とかい離している状況となっていた。

オ　各府省庁が重要インフラの機能確保について実施した緊急点検又はブロック塀、ため池等に関する既往の点検の結果、対応を検討する必要があるとされた箇所(以下「要検討箇所」)のうち対策を実施する必要があるのに対策を実施することが見込まれる箇所(以下「対策予定箇所」)としなかった箇所があった8対策について、その後の状況を各府省庁において把握しているか確認したところ、8対策のうち6対策については各府省庁がその後の状況のフォローアップを行って把握していたが、2対策については把握していなかった。また、対策予定箇所のうち対策を実施しなかった箇所(精査の結果、対策を実施する必要がないことが判明した箇所を除く。)があるとしていた11対策のうち8対策については、各府省庁がその後の状況のフォローアップを行って、対策を実施する必要がある箇所が残っているかどうかを把握していたが、3対策については把握していなかった。

⑵　3か年緊急対策による効果の発現状況

ア　3か年緊急対策の各対策が該当する施策に係る大規模自然災害等に対する脆弱性の評価(以下「脆弱性評価」)の実施状況について確認したところ、全160対策のうち119対策については、該当する施策が脆弱性評価の対象となっていて、「起きてはならない最悪の事態」がどのようなプロセスで起こり得るかについて論理的に分析して作成したフローチャートに基づき、当該「起きてはならない最悪の事態」をどのように回避するものであるのかが明確にされるなどしていた。

　一方、残りの41対策については、該当する施策が、平成30年8月に脆弱性評価の結果が公表された後でプログラムの中の施策として新たに位置付けられた施策であるため、脆弱性評価の対象となっていなかった。そして、41対策の該当する施策については、プログラムの中の施策として新たに位置付ける際に、フローチャートのどの箇所に該当するのかを各府省庁が推進室に対して報告していたものの、その内容が公表されていなかった(41対策に係る対策ごとの予算積算額は計2043億9119万円)。

イ　3か年緊急対策の各対策に関連するKPI[注]の進捗状況等として年次計画に記載されている内容をみたところ、①初期値、目標年度又は目標値が記載されていない指標が7指標(4対策)、年次計画の年度よりも前の年度が目標年度として記載されるなどしている指標が3指標(3対策)あり、KPIの進捗状況を確認するのに十分なものとなっていなかったり、②前年度の年次計画から目標年度、目標値等が変更された指標について、年次計画には、どの指標をどのような理由でどのように変更したのかなどを記載することになっていないため、前年度の年次計画から目標年度、目標値等が変更された14指標(13対策)の全てについて、年次計画の記載だけでは目標年度、目標値等の変更の妥当性を検証することが困難な状況となっていたり、③目標年度が到来した指標について目標値が達成されたかどうかを記載することになっていないため、目標年度が到来して廃止された38指標(36対策)の全てについて、目標の達成状況が明らかとなっていなかったりしていた。

ウ　会計実地検査の際に検査の対象とした事業のうち、法務本省、10道県及び55市町等が、33対策として実施した359事業は、事業の内容が測量業務、設計業務等のみとなっていて、工事を実施するものとなっていなかった(これらの事業に係る支出済額は計71億4811万円)。そして、上記

[注] 施策及び各プログラムの進捗管理のために設定した重要業績指標。なお、各対策が該当する施策のKPIの中には、各対策に関連するKPIでないものもある。

　の359事業を実施した箇所の令和4年6月末現在の状況を確認したところ、23事業については、3か年緊急対策として実施した測量業務、設計業務等に基づき工事が別途実施されて完了していたが、残りの336事業については、工事が施工中であったり、工事にまだ着手していなかったりしていて完了しておらず、災害発生時に3か年緊急対策として実施した事業の効果が発現しない状況となっていた（工事が完了していなかった事業に係る支出済額は計69億7648万円）。

　　会計実地検査の際に検査の対象とした事業のうち、1県及び6市町が実施した5対策の9事業については、3か年緊急対策の各対策として施設や設備の整備等の事業を実施したものの、整備等を実施した施設や設備が、事業を実施した後に発生した台風等の際に破損するなどして被災していた（これらの事業に係る交付金等相当額は計1億1842万円）。9事業について、施設や設備の整備等に係る設計及び施工の状況を確認したところ、9事業のうち1事業は、設備の設置に当たり台風等に対する検討が十分でなかったものであった。

　　3か年緊急対策の各対策として実施した事業の成果物が活用されているかについて確認したところ、会計実地検査の際に検査の対象とした事業のうち4対策として実施した事業の一部において、事業の成果物が十分に活用されるよう引き続き取り組む必要がある状況が見受けられた。また、3か年緊急対策の各対策として整備等を実施した施設及び設備に係る災害発生時に向けた対応状況について確認したところ、会計実地検査の際に検査の対象とした事業のうち8対策として実施した事業の一部において、施設及び設備の整備等の効果が災害発生時に確実に発現するよう引き続き取り組む必要がある状況が見受けられた。

エ　3か年緊急対策の各対策の達成目標は、必ずしも「起きてはならない最悪の事態」を回避する効果を直接捉えるものにはなっていなかった。そして、推進室によると、3か年緊急対策については、多数の分野の施策にまたがって実施されていて、3か年緊急対策全体の効果を横断的に評価することは技術的に困難であるとしており、3か年緊急対策全体の効果を評価するための指標は設定されていなかった。

　　KPIの内容をみると、施策の実施状況を把握するための指標として設定されたものであるため、各施策として実施する事業の事業量を示す指標となるなどしていて、「起きてはならない最悪の事態」を回避する効果を直接捉えることができる指標ではないものが多くなっていた。

　　このため、本院において、3か年緊急対策又は3か年緊急対策を含む施策若しくはプログラムの効果について定量的に評価するのは困難な状況となっていた。

[検査の結果に対する所見]　推進室及び各府省庁は、3年度以降も、国土強靱化に関する施策のうち優先順位の高いものに重点化して進める取組として「防災・減災、国土強靱化のための5か年加速化対策」（令和2年12月閣議決定。この閣議決定に基づいて実施される対策を「5か年加速化対策」）の各対策を実施しており、これらの取組を含む国土強靱化に関する各種の施策について今後も多額の予算が執行されることが見込まれるところである。

　ついては、推進室及び各府省庁は、次の点に留意するなどして、国土強靱化に関する施策について、透明性を確保しつつ効果的に実施する必要がある。

⑴　3か年緊急対策の実施状況及び予算の執行状況

ア　推進室において、今後、3か年緊急対策のように、国が支出する額を明示して、優先順位の高いものに重点化して進める取組については、国の支出額を各府省庁から報告させて集計するとともに、各府省庁に対して、対策ごとの支出済額等を把握して報告すること、対策ごとの支出済額等を把握することが難しい対策については、その理由や、各対策に係る予算の執行状況等

に関して把握可能な情報を報告することを求めて、これらを公表することなどにより、当該取組に係る予算及びその執行状況をより適切な形で明らかにするよう検討すること。また、各府省庁において、3か年緊急対策の各対策又は各対策群のうち多額の不用額を計上することになったものについて、その原因を分析するなどして、今後同様の対策を実施する場合は、より正確な所要額の算定及び着実な事業の執行に努めること

イ　推進室において、今後、3か年緊急対策のように、優先順位の高いものに重点化して進める取組については、各対策がどのプログラムのどの施策に該当するのかなどの位置付けを十分に確認して公表すること

ウ　推進室において、各府省庁に対して、今後、国土強靱化に関する施策を実施するに当たり、引き続き国土強靱化基本計画やこれに関連する閣議決定等において示されている内容を十分に踏まえて事業の内容を検討するとともに、3か年緊急対策として30年閣議決定等に明記されていない内容の事業が実施されていたことを踏まえて、実施する事業の内容や、必要に応じて、当該事業と国土強靱化基本計画又はこれに関連する閣議決定等において示されている内容との関係等について国民に対して十分な説明を行うよう周知すること

エ　推進室において、今後、3か年緊急対策のように優先順位の高いものに重点化して進める取組について、対策予定箇所数等をあらかじめ明示して取り組むこととする場合には、各府省庁に対して、各対策の進捗管理のために設定する対策予定箇所数等を実績が把握可能な単位により定めた上で、その実績を適切に把握するよう周知するとともに、対策予定箇所数等に係る実績についても各府省庁から報告させて公表すること

オ　各府省庁において、3か年緊急対策の実施に当たり、要検討箇所のうち対策予定箇所としなかった箇所及び対策予定箇所のうち対策が完了しなかった箇所について、防災等のために必要な事業が実施されないままとならないよう、適時適切にフォローアップを行っていくこと。また、推進室において、対策予定箇所のうち対策が完了しなかった箇所に係るフォローアップの状況を報告させ、これを取りまとめて公表すること

⑵　3か年緊急対策による効果の発現状況

ア　推進室において、今後、3か年緊急対策のように、優先順位の高いものに重点化して進める取組については、各対策に係る施策が脆弱性評価の対象となっていなかった場合でも、どの「起きてはならない最悪の事態」をどのように回避するものであるのかを公表すること

イ　推進室において、今後、年次計画の作成に当たりKPIの進捗状況を各府省庁から報告させる際には、初期値、目標年度、目標値、目標年度等の変更状況及び目標年度が到来した指標に係る目標の達成状況について確実に報告させて、これを年次計画に記載することにより、施策の進捗状況をより分かりやすく公表すること

ウ　推進室において、各府省庁と連携して、3か年緊急対策の各対策として実施した事業について、防災、減災等の効果が十分に発現するよう引き続き取り組んでいくこと

エ　推進室において、3か年緊急対策のように優先順位の高いものに重点化して進める取組の効果や、施策又はプログラムの効果に関して、的確な評価に資する指標をあらかじめ設定するなどの評価方法の改善等に引き続き努めていくこと

本院としては、3か年緊急対策、5か年加速化対策等の国土強靱化に関する施策の実施状況等について、今後とも引き続き検査していくこととする。　　　　　　　　　　　　（検査報告571ページ）

要　　　請　予備費の使用等の状況について

┌─＜報告の要点＞━━━━━━━━━━━━━━━━━━━━━━━━━━━━━━━━

1　予備費を使用して新たに設け又は金額を追加した項の執行状況

　　コロナ関係予備費の使用決定により予算が配賦されるなどした令和3年度の全予算科目において予備費使用相当額の執行状況を区別できなかった。8府省等は、実務上の取扱いとして、管理簿等により事業単位で予算の執行管理を行うなどしていて、また、財源選択の順序の整理方法等が異なるものの、いずれの事業も予備費使用相当額の執行状況を区別できた。

　　事業別の予算の執行状況等をみたところ、他事業への予備費使用相当額の流用及び目内融通が見受けられた。また、翌年度繰越額に予備費使用相当額に係る金額が含まれているものには、予備費使用事項1事項に係る予備費使用相当額の全額を繰り越しているものがあった。

　　予備費使用相当額の執行状況等の公表を執行管理等の実態に即して事業ごとに行うなどすれば、事後的な検証により一層資すると考えられる。

2　予備費の使用状況、特に使用理由及び使用額の積算基礎の状況

　　予備費使用事項1事項に係る予備費使用相当額の全額が繰り越されていた2府省の4事業においては、予備費使用要求額の積算に当たり、予備費使用決定日から年度末までの日数を超える期間等を用いていた。2府省は、4事業のいずれも予備費使用要求時には年度内に事業完了を予定していて、予備費使用要求額も年度内の支出見込額に基づき積算しており、当該期間については飽くまで年度内に要する経費の規模を算出するために用いたものであるなどとしている。

　　予備費は国会による事前議決の原則の例外であること、予備費使用要求額等の積算は年度内の支出見込額に基づいて行われる必要があることなどから、予備費使用相当額の繰越しの状況については、予備費使用決定時の想定も含めて十分な説明が求められると考えられる。

　所見：次の点に留意するなどして、予備費使用相当額の執行状況等の公表の在り方について
　　　　引き続き検討し適時適切に国会及び国民への情報提供に取り組んでいく必要がある。

　　　・事業ごとに、事業予算全体の執行状況と併せて、その内訳として予備費使用相当額の執行状況を公表すること

　　　・事業ごとに財源選択の順序の整理方法等を明示すること

　　　・予備費使用相当額の流用等又は目内融通を行った場合には、その状況を丁寧に示すこと

　　　・予備費使用相当額について多額の繰越しが生じた場合、特に、予備費使用事項1事項に係る予備費使用相当額の全額を翌年度に繰り越した場合には、事業の実施、事業予算の執行等に係る予備費使用決定時の想定、繰越しに至った経緯等を丁寧に示すこと

└──

検査の要請の内容　本院は、内閣、内閣府、財務省、文部科学省、厚生労働省、農林水産省、経済産業省、国土交通省を対象に、令和2年度一般会計新型コロナウイルス感染症対策予備費及び一般会計予備費（新型コロナウイルス感染症対策のために使用したものに限る。）のうち翌年度に繰り越した経費並びに3年度一般会計新型コロナウイルス感染症対策予備費に関する①予備費を使用して新たに設け又は金額を追加した項の執行状況、②予備費の使用状況、特に使用理由及び使用額の積算基礎

の状況を検査し、その結果を報告することを求める要請を受けた。

検査の結果の主な内容　予備費の「使用」とは、特定の経費の財源に充てるために、財務省所管の歳出予算に計上された予備費(一般会計の場合)を財源として各省各庁所管の歳出予算に新しい項を設けて予算を計上したり、既定の項の予算を追加したりして、当該経費の金額について財政法第31条第1項の規定に基づく予算の配賦があったのと同様の効果を生じさせることであるとされている(予備費の使用決定により予算科目に配賦された予算額を「予備費使用額」)。予備費の使用決定は、予備費を使用する経緯や目的に応じて定められた事項(以下「予備費使用事項」)を単位として行われている。

　政府は、予備費の使用等について、「予備費の使用等について」(以下「昭和29年閣議決定」)を定めている。昭和29年閣議決定第3項によれば、国会開会中は、事業量の増加等に伴う経常の経費(第1号)、法令又は国庫債務負担行為により支出義務が発生した経費(第2号)、災害に基因して必要を生じた諸経費その他予備費の使用によらなければ時間的に対処し難いと認められる緊急な経費(第3号)、その他比較的軽微と認められる経費(第4号)等を除き、予備費の使用は行わないこととされている。また、昭和29年閣議決定第4項によれば、予備費使用額については、「これをその目的の費途以外に支出してはならない」こととされている。

　予備費として計上されていた予算が使用の目的に応じて特定の予算科目に配賦された後、予備費使用額を財源とする予算は、当該予算科目において当初予算等の既定予算と一体として執行される。したがって、予算科目において、歳出予算現額(歳出予算額(当初予算額、補正予算額等の合計)に、前年度繰越額、予備費使用額、流用^(注)等増減額及び予算決定後移替増減額(以下「移替増減額」)を加減したもの。以下「予算現額」)から予備費使用額を財源とする予算を区別してその執行状況を具体的に確認することは、予備費の使用決定により新たに予算科目が設定されて当該予算科目に計上された予算現額の全てが予備費使用額による場合等を除き、基本的にできない。また、予備費の使用決定により予算が配賦された予算科目からの流用等増減額若しくは移替増減額又は前年度繰越額が計上されている予算科目において、これらの額のうち予備費使用額を財源とする予算の額(予算現額、前年度繰越額、流用等増減額、移替増減額等にそれぞれ含まれる予備費使用額を財源とする予算に相当する額を「予備費使用相当額」)を区別してその執行状況を具体的に確認することも、基本的にできない。

　一般会計予算には、使途の制限のない予備費(以下「一般会計予備費」)とは別に、予算総則で使途を制限した予備費(以下「特定使途予備費」)が計上される場合がある。特定使途予備費のうち、新型コロナウイルス感染症対策予備費(以下「コロナ対策予備費」)は、令和2年度一般会計補正予算(第1号)(以下「2年度第1次補正」)予算総則補正第10条及び令和3年度一般会計予算予算総則第16条の規定によれば、新型コロナウイルス感染症に係る感染拡大防止策に要する経費その他の同感染症に係る緊急を要する経費以外には使用しないものとするとされている。

　令和2年度においては、新型コロナウイルス感染症対策に係る緊急な経費については、2年度第1次補正によりコロナ対策予備費が創設されるまでの間は一般会計予備費が使用され、コロナ対策予備費の創設以後は、一般会計予備費に優先してコロナ対策予備費が使用されている(一般会計予備費で新型コロナウイルス感染症対策に係る経費として使用されたもの及びコロナ対策予備費を合わせて「コロナ関係予備費」)。

(注)　流用　財政法第33条第2項の規定に基づき、目間で歳出予算の区分を変更し予算を彼此融通すること。予算統制の観点から、原則として財務大臣の承認を経なければならないこととなっている。

　本院は、前記要請の2年度コロナ関係予備費のうち翌年度に繰り越した経費及び3年度コロナ対策予備費に関する各事項について、次の点などに着眼して検査した。

① 　コロナ関係予備費の使用決定により予算が配賦されるなどした予算科目の執行状況はどうなっているか

② 　各府省等は、予備費使用相当額をその目的の費途以外に支出しないような執行管理を行っているか

③ 　各府省等は、予備費使用相当額の執行状況を区別できるような執行管理を行っているか

④ 　予算の執行の結果、予備費使用相当額について多額の繰越し又は不用を生じているものはないか

⑤ 　予備費使用相当額の執行状況等に関する公表の内容は予備費使用相当額の執行等に関する事後的な検証に資するものとなっているか

⑥ 　予備費使用要求書（各省各庁の長が予備費の使用を必要と認めるときに作製し財務大臣に送付することとなっている、理由、金額及び積算の基礎を明らかにした調書をいう。）等の記載事項はどのようになっているか

⑦ 　予備費使用決定時における執行時期の想定はどのようになっているか

⑧ 　予備費使用要求額等の積算はどのようになっているか

⑨ 　予備費の使用状況は、公表資料においてどの程度明らかになっているか

⑴ 予備費を使用して新たに設け又は金額を追加した項の執行状況

ア コロナ関係予備費の使用決定により予算が配賦されるなどした予算科目の執行状況等

　3年度の8府省等^(注)所管の22項47目の執行状況等を整理したところ、予算現額41兆8993億円に対して、支出済歳出額（年度内に支出済となった歳出額。以下「支出済額」）は29兆5369億円、翌年度繰越額は10兆9848億円、不用額は1兆3775億円となっていた。そして、当該8府省等所管の22項47目における予算現額の状況についてみると、全ての予算科目において予備費使用額以外の予算の額が含まれていて、予算科目の執行状況から予備費使用相当額の執行状況を区別できるものはなかった。

イ 8府省等における予算の執行管理等の状況

　8府省等は、いずれも実務上の取扱いとして事業を単位として予算の執行管理等を行っていて、2年度コロナ関係予備費34事項については7府省等の37事業に、3年度コロナ対策予備費16事項については4府省の26事業にそれぞれ予備費の使用決定により予算が配賦されたものとして予算が執行されていた。そして、これらの純計は7府省等の56事業（これらに係る予備費使用事項計50事項）となっていた。なお、いずれの事業も、事業の実施及び当該事業予算の執行を担当する部局（以下「事業担当部局」）が表計算ソフトを用いるなどして作成した事業予算の残額等を管理する帳簿（以下「管理簿」）等を備え、管理簿等による事業予算の執行管理等が行われていた。

　予算現額及び財源内訳の状況について、管理簿等に基づき事業ごとに整理したところ、予算現額がコロナ関係予備費1事項に係る予備費使用相当額のみの事業もあれば、予算現額に複数の財源に係る額が含まれる事業もあった。

　事業予算の執行管理等の状況についてみたところ、前記7府省等の56事業のうち4省の8事業に

（注） 8府省等　　内閣、内閣府、文部科学省、厚生労働省、農林水産省、経済産業省、国土交通省の7府省等及び令和2、3両年度コロナ関係予備費の使用決定により予算が配賦された内閣府所管の予算科目から予算の移替えを受けるなどしていた総務省

ついては、予算現額がコロナ関係予備費1事項に係る予備費使用相当額のみとなっていた。

　前記7府省等の56事業のうち7府省等の48事業については、予算現額に複数の財源に係る額が含まれていた。そして、当該7府省等の48事業のうち4府省の15事業については、事業予算の中で予備費使用相当額を充てる経費を限定しているため、経費区分ごとに予算の執行管理が行われていた。このうち①2省の11事業については予備費使用相当額を充てる経費区分の予算現額がコロナ関係予備費1事項に係る予備費使用相当額のみとなっており、②2府省の3事業については予備費使用相当額を充てる経費区分の予算現額に複数の財源に係る額が含まれていてこれらの執行管理を一体的に行っており、③厚生労働省の1事業については予備費使用相当額を充てる経費区分が複数あり、一部の経費区分の予算現額に複数の財源に係る額が含まれていてこれらの執行管理を一体的に行っていた。

　上記7府省等の48事業のうち6府省等の33事業については、事業予算の予算現額に複数の財源に係る額が含まれていて、これらの執行管理を一体的に行っているとしていた。そして、当該6府省等の33事業に上記②2府省の3事業及び③厚生労働省の1事業を加えた7府省等の37事業のうち、事業予算の支出等を行う際に複数ある財源のいずれから支出等を行うこととするかについての整理(以下「財源選択の順序の整理」)の方法として、予算配賦の順に執行するよう整理(以下「先入れ先出し執行」)する方法を採用しているものが6府省等の32事業、先に配賦された当初予算額、補正予算額等の既定予算額より、後に配賦された予備費使用相当額を優先的に執行するよう整理する方法を採用しているものが3省の4事業、先に配賦された予備費使用相当額より、後に配賦された補正予算額を優先的に執行するよう整理する方法を採用しているものが厚生労働省の1事業となっていた。

　以上のとおり、8府省等においては、実務上の取扱いとして、管理簿等により事業単位で予算の執行管理を行うなどしていることから、使用決定されたコロナ関係予備費が意図せずその目的の費途以外に支出されないように管理されていると認められる。また、事業によって予算現額の財源内訳の状況並びに予備費使用相当額を充てる経費の限定の状況及び採用する財源選択の順序の整理方法が異なるものの、いずれの事業も予備費使用相当額の執行状況を区別することができるようになっていた。

ウ　事業別の予算の執行状況等

㋐　2年度の状況

　2年度コロナ関係予備費の使用決定により予算が配賦された7府省等の37事業の中には、事業間で同一の予算科目に属する事業予算を彼此融通(以下「目内融通」)しているものが見受けられた。目内融通は一つの予算科目内における実務上の予算異動であり、決算書上表示されないものである。上記7府省等の37事業のうち、厚生労働省の3事業において、他の事業への予備費使用相当額の目内融通が4件見受けられた。予備費使用相当額について他の事業へ目内融通を行い、当該他の事業のために執行した場合、目内融通先の事業が予備費使用決定の目的の費途の範囲内でなければ、予備費使用額をその目的の費途以外に支出してはならないとする昭和29年閣議決定第4項に照らして適切ではないと考えられる。「目的の費途」について、財務省は、予備費使用要求書等に記載された予備費使用事項及び使用理由の文言のほか、予備費を使用した経費の性質、予備費使用決定の経緯等を総合的に勘案して解釈されるとしている。そこで、当該目内融通4件における目内融通に係る予備費使用事項と目内融通先の事業に係るコロナ関係予備費の使用決定の状況をみると、目内融通に係る予備費使用事項と同一

の予備費使用事項により予算が配賦された事業への目内融通となっていたものが2件、目内融通に係る予備費使用事項と同一の予備費使用事項による予算の配賦を受けていない事業への目内融通となっていたものが2件となっていた。なお、このうち1件は、コロナ関係予備費の使用決定により予算が配賦された事業からコロナ関係予備費の使用決定による予算の配賦を受けていない事業への目内融通となっていた。当該目内融通4件について、厚生労働省は、当初にコロナ関係予備費の使用決定により予算が配賦された事業と、新型コロナウイルス感染症の影響により労働者を休業させた事業主に対する支援という点で政策目的が同一の事業への目内融通であるなどのため、いずれも当該コロナ関係予備費の使用決定の目的の費途の範囲内にあり、その目的の費途以外に支出したものではないとしている。

　上記7府省等の37事業に、コロナ関係予備費の使用決定による予算の配賦を受けていなかったが他の事業から予備費使用相当額の目内融通を受けていた厚生労働省の1事業を加えた7府省等の38事業のうち、7府省等の27事業については翌年度繰越額に予備費使用相当額に係る金額計4兆7964億円が含まれていて、このうち6府省等の14事業において、予備費使用事項1事項に係る予備費使用相当額の全額を翌年度に繰り越していた。

(イ)　3年度の状況

　2年度コロナ関係予備費に係る予備費使用相当額を3年度に繰り越していた7府省等の27事業及び3年度コロナ対策予備費の使用決定により予算が配賦された4府省の26事業の純計7府省等の49事業のうち、厚生労働省の1事業において、他の事業への予備費使用相当額の流用が1件見受けられた。予備費使用相当額について他の事業へ流用を行い、当該他の事業のために執行した場合、目内融通と同様に、流用先の事業が予備費使用決定の目的の費途の範囲内でなければ、予備費使用額をその目的の費途以外に支出してはならないとする昭和29年閣議決定第4項に照らして適切ではないと考えられる。そこで、当該流用について、流用に係る予備費使用事項と流用先の事業に係るコロナ関係予備費の使用決定の状況をみると、流用に係る予備費使用事項と同一の予備費使用事項による予算の配賦を受けていない事業への流用となっていた。当該流用について、厚生労働省は、新型コロナウイルス感染症の感染拡大防止を目的とした事業への流用であり、当初のコロナ関係予備費の使用決定の目的の費途の範囲内にあり、その目的の費途以外に支出したものではないとしている。また、当該流用を承認した財務省も、同一の項により新型コロナウイルス感染症の感染拡大防止に資するワクチン接種体制の確保、治療薬の確保等を目的として実施する事業間での流用であり、予備費の使用決定の目的の費途以外に支出したものではないとしている。

　上記7府省等の49事業のうち、厚生労働省の2事業において、他の事業への予備費使用相当額の目内融通が2件見受けられた。そして、当該目内融通2件は、いずれも目内融通に係る予備費使用事項と同一の予備費使用事項による予算の配賦を受けていない事業への目内融通となっていた。なお、このうち1件は、コロナ関係予備費の使用決定により予算が配賦された事業からコロナ関係予備費の使用決定による予算の配賦を受けていない事業への目内融通となっていた。当該目内融通2件について、厚生労働省は、当初にコロナ関係予備費の使用決定により予算が配賦された事業と、医療機関等における感染拡大防止対策等に要する費用を補助するという点で政策目的が同一の事業への目内融通であるなどのため、いずれも当該コロナ関係予備費の使用決定の目的の費途の範囲内にあり、その目的の費途以外に支出したものではないとしている。

　前記7府省等の49事業に、コロナ関係予備費の使用決定による予算の配賦を受けていなかっ

たが他の事業から予備費使用相当額の目内融通を受けていた厚生労働省の1事業を加えた7府省等の50事業について、予備費使用相当額に係る支出の状況をみると、予備費使用相当額計9兆4149億円に対して計8兆2335億円が支出されていた。

上記7府省等の50事業のうち、3府省の9事業については翌年度繰越額に予備費使用相当額に係る金額計7282億円が含まれていて、このうち2府省の4事業において、予備費使用事項1事項に係る予備費使用相当額の全額を翌年度に繰り越していた。

前記7府省等の50事業のうち、6府省の25事業については不用額に予備費使用相当額に係る金額計4532億円が含まれていて、このうち国土交通省の1事業において、予備費使用事項1事項に係る予備費使用相当額の全額が不用となっていた。

エ　予備費使用相当額の執行状況に係る公表状況

「経済対策のフォローアップについて」[注1]及び行政事業レビューシート[注2]では、予備費使用相当額を区別した執行状況は明らかにされていなかった。

3年度コロナ対策予備費の使用決定により予算が配賦された4府省は、5年1月にそれぞれのウェブサイト上で「令和3年度一般会計新型コロナウイルス感染症対策予備費の執行状況（令和3年度決算時点）」を公表している。また、財務省は、5年2月に、同省のウェブサイト上で4府省分を取りまとめるなどした資料（4府省が公表した資料と合わせて「3年度コロナ対策予備費執行状況公表資料」）を公表している。3年度コロナ対策予備費執行状況公表資料では、3年度コロナ対策予備費に係る「事項」（以下「公表単位としての事項」）ごとに、予備費使用額に対する支出済額、翌年度繰越額及び不用額が明らかにされていた。ただし、公表単位としての事項の内訳として事業ごとの執行状況を明らかにするものとはなっていなかった。また、3年度コロナ対策予備費執行状況公表資料に記載された予備費使用相当額の執行状況の計数は、3年度コロナ対策予備費の使用決定により予算が配賦された4府省の26事業における執行状況を集計したものであり、当該4府省の26事業には、予算現額がコロナ関係予備費1事項に係る予備費使用相当額のみの事業並びに事業予算の中で予備費使用相当額を充てる経費を限定している事業及び複数の財源に係る額の執行管理を一体的に行っていて財源選択の順序の整理方法として先入れ先出し執行を採用している事業が含まれていた。この点について、3年度コロナ対策予備費執行状況公表資料の中には、全体について「既定経費から順次支出したと整理するなど、一定の前提を置いて支出済額等を整理したものである」などと注記されていて、公表単位としての事項それぞれについて「一定の前提」を明示したものとはなっていないものもあった。

前記のとおり、8府省等において、実務上の取扱いとして、予算の執行管理等及び予備費の使用要求が事業単位で行われていることなどから、予備費使用相当額の執行等に関する事後的な検証を事業単位で行えば、当該検証が実態に即したものとなると考えられる。これを踏まえると、予備費使用相当額の執行状況の公表に当たって、予備費の使用決定により予算が配賦されるなどした事業ごとに、事業予算全体の執行状況と併せて、その内訳として予備費使用相当額の執行状況を公表したり、流用又は目内融通の状況を丁寧に示したりすれば、予備費使用相当

(注1)　「経済対策のフォローアップについて」　　内閣府が、令和2、3両年度の新型コロナウイルス感染症に係る対応策、経済支援等を含む経済対策等に基づき各府省等が実施する主な事業（原則として一般会計の予算額が100億円以上の事業）の進捗状況を取りまとめて公表している資料

(注2)　行政事業レビューシート　　各府省等が、行政事業レビュー実施要領等に基づき、国民への分かりやすさや成果の検証可能性等に配意して設定された事業ごとに作成し、公表することとなっている資料

額の執行等に関する事後的な検証に、より一層資することになると考えられる。また、事業予算の予算現額に複数の財源に係る額が含まれている事業における予備費使用相当額の執行状況等の各金額は、採用する財源選択の順序の整理方法等によって変わり得ることから、実態に即して予備費使用相当額の執行等に関する事後的な検証を行うためには、整理方法等が把握できるようになっていることが必要であると考えられる。これを踏まえると、予備費使用相当額の執行状況等の公表に当たって、予備費の使用決定により予算が配賦されるなどした事業ごとに財源選択の順序の整理方法等を明示すれば、予備費使用相当額の執行等に関する事後的な検証に、より一層資することになると考えられる。

(2) 予備費の使用状況、特に使用理由及び使用額の積算基礎の状況

　ア　検査の対象となる予備費使用事項

　　　コロナ関係予備費の使用決定により配賦された予算の執行状況に係る検査の結果、使用状況に係る検査の対象となる2、3両年度コロナ関係予備費は、予備費使用事項7府省等の41事項(これらに係る事業7府省等の49事業、予備費使用額10兆7089億円)となる。

　イ　予備費使用要求書等の記載事項の状況

　　　予備費の使用に係る文書には、予備費使用要求書、予備費使用書及び閣議請議書(予備費使用書について閣議決定を求める際に作製される書類をいう。)並びに予備費使用総調書及び各省各庁所管使用調書(以下「予備費使用調書」)がある。

　　　配賦先の予算科目については、予備費使用要求書、予備費使用書及び予備費使用調書には項及び目が、閣議請議書には項がそれぞれ記載されている。

　　　積算内訳については、予備費使用要求書及び予備費使用書に記載されている。

　　　国会開会中の予備費使用の場合における昭和29年閣議決定第3項該当号については、閣議請議書に記載されている。なお、使用状況に係る検査の対象とした7府省等の41事項のうち国会開会中に使用決定した7府省等の25事項は、いずれも昭和29年閣議決定第3項第3号(災害に基因して必要を生じた諸経費その他予備費の使用によらなければ時間的に対処し難いと認められる緊急な経費)に該当するとされていた。

　　　予備費使用事項、使用理由[注1]及び金額[注2]については、いずれの文書にも記載されている。そして、記載内容は、予備費使用事項及び金額についてはいずれの文書も同一となっていて、使用理由についてはいずれの文書もほぼ同様となっていた。

　ウ　予備費の使用理由の状況

　　(ア)　予備費の使用を必要とした事象等

　　　　使用状況に係る検査の対象とした7府省等の41事項に係る7府省等の49事業におけるコロナ関係予備費の使用を必要とした事象について、事業担当部局から説明を徴したところ、緊急経済対策等の政策パッケージにおいて実施等することとなったこと、新型コロナウイルス感染症の感染状況を踏まえて事業実施期間を延長することになったことなどを挙げていて、同様の説明を財務省に行ったとしていた。また、当該事象が発生した当時、予備費の使用によらず他の事業からの流用又は目内融通による予算確保を検討したかについて事業担当部局から説明を徴したところ、7府省等の49事業全てについてこれを検討したとしていた。

(注1)　予備費使用要求書においては「要求理由」、閣議請議書においては「事由」、予備費使用調書においては「説明」をそれぞれ示す。
(注2)　予備費使用要求書においては「予備費使用要求額」、その他の文書においては「予備費使用額」をそれぞれ示す。

㋑　予備費使用決定日と支出負担行為の時期とのかい離状況等

　　使用状況に係る検査の対象とした7府省等の49事業(これらに係る予備費使用事項41事項)のうち、4府省の28事業(同19事項)においては、予備費使用相当額に係る支出負担行為(国の支出の原因となる契約その他の行為)の時期が予備費使用決定日より1月以上後となっていた。このうち内閣府の2事業(同2事項)においては、予備費使用決定日から1月以上後に予備費使用相当額に係る支出負担行為を行うことを予備費使用決定時に想定していたとしていた。また、3府省の15事業(同13事項)においては、予備費使用相当額に係る支出負担行為の実際の時期が予備費使用決定時の想定より1月以上後となったとしていた。

エ　予備費使用額の積算基礎の状況

　　7府省等から予備費使用要求時において作成した予備費使用要求額の積算に係る根拠資料(以下「積算根拠資料」)の提出を求めるなどして、使用状況に係る検査の対象とした7府省等の49事業(これらに係る予備費使用事項41事項)における予備費使用要求額等の積算の状況についてみたところ、5府省の14事業(同16事項)においては積算の対象とした期間が示され、このうち2府省の4事業(同4事項)においては、予備費使用決定日から年度末までの日数を超える期間等を用いていた。また、当該4事業のいずれにおいても、積算根拠資料等における当該期間を用いて積算された予備費使用要求額が、予備費使用要求書に記載された予備費使用要求額及び使用決定された予備費使用額と一致していた。そして、当該4事業のいずれにおいても、当該予備費使用事項に係る予備費使用相当額の全額が翌年度に繰り越されていた。当該4事業について、2府省は、いずれも予備費使用要求時には年度内に事業を完了することを予定していて、予備費使用要求額も年度内の支出見込額に基づき積算しており、積算に用いた期間については飽くまで年度内に要する経費の規模を算出するために用いたものであるなどとしている。財務省も、予備費の使用決定により配賦された予算が年度内に執行されることを前提として、予備費使用要求額も年度内の支出見込額に基づき積算されたものであると2府省から説明を受けて、これを確認した上で予備費使用書を作製したとしている。その上で、2府省が予備費の使用要求を行う際に、予備費使用決定日から年度末までの短期間でどのように事業を完了することを想定していたのかなどについても確認したが、その内容は判然としなかった。

　　予備費使用額の積算基礎の状況、予備費使用相当額の繰越しの状況等については以上のとおりであるが、予備費は国会による事前議決の原則の例外であるとされていること、予備費使用要求額等の積算は予算単年度主義(国会における予算の議決は毎会計年度行うという原則)に基づき年度内の支出見込額に基づいて行われる必要があることなどから、予備費使用相当額の繰越しの状況については、予備費使用決定時の想定も含めて十分な説明が求められると考えられる。これらを踏まえると、事業予算の執行の結果、予備費使用相当額について多額の繰越しが生じた場合、特に、予備費使用事項1事項に係る予備費使用相当額の全額を翌年度に繰り越した場合には、予備費使用決定時において、年度内にどのように事業を実施し、どのように事業予算を執行することを想定していたのか、また、予備費使用決定後にどのような事由により繰越しに至ったのかなどについて、丁寧に示すことが望まれる。

オ　予備費の使用状況に係る公表状況等

　　財務省のウェブサイト上で公表されている予備費使用調書には、予備費使用事項、使用理由、予備費使用額、配賦先の予算科目等は記載されていた一方、積算内訳及び国会開会中の予備費使用の場合における昭和29年閣議決定第3項該当号は記載されていなかった。

　財務省は同省のウェブサイト上で「令和2年度一般会計新型コロナウイルス感染症対策予備費使用実績」及び「令和3年度一般会計新型コロナウイルス感染症対策予備費使用実績」を公表しているが、積算内訳及び国会開会中の予備費使用の場合における昭和29年閣議決定第3項該当号は記載されていなかった。

　予見し難い予算の不足に充てるための予算措置であるもののうち、補正予算については歳出予算に係る各目明細書により予算額の積算内訳が公表されている一方で、予備費の使用決定については予備費使用額の積算内訳が公表されていない状況となっている。

検査の結果に対する所見　予備費については、予見し難い予算の不足に充てるために設けられている一方、令和2、3両年度には多額の予算が計上され、その大部分が使用されている。また、4年度には、令和4年度一般会計補正予算(第1号)によりコロナ対策予備費の使途に原油価格・物価高騰対策が追加され、令和4年度一般会計補正予算(第2号)により国際情勢の変化等に伴い発生し得る経済危機への対応を使途とするウクライナ情勢経済緊急対応予備費が創設され、また、両補正予算において、予備費使用額に相当する予備費予算額を追加する措置が行われている。そして、令和5年度一般会計予算においても、新型コロナウイルス感染症及び原油価格・物価高騰対策予備費並びにウクライナ情勢経済緊急対応予備費がそれぞれ計上されている。

　また、予備費については、参議院決算委員会における令和元年度決算審査措置要求決議において、予備費は国会による事前議決の原則の例外であることから、その使用の状況について十分な説明が求められるとされている。さらに、令和2年度決算審査措置要求決議において、政府は、国会開会中に使用決定した各経費の予見可能性や緊急性の観点、昭和29年閣議決定との関係について疑念を招かないよう、国会において、より一層の説明責任を果たすべきであるとされ、また、予備費を財源とした執行額のみを把握することができず必要な検証を行うことが困難なものもあるなどとした上で、政府は、情報開示の在り方について検討を行い、予算の執行状況に係る透明性を向上させるべきであるとされている。

　これらを踏まえると、感染症感染拡大、経済危機等の非常事態に対して国会による事前議決の原則の例外である予備費を活用して緊急的に対処することについて国民の理解を得るためには、予備費の使用決定及びこれにより配賦された予算の執行を予備費制度の趣旨に沿って適切に行うことはもとより、これらの状況について国会及び国民への情報提供を適切に行い、予備費使用相当額の執行等に関する事後的な検証により一層資することによって、透明性を確保し説明責任の向上を図ることが重要であると考えられる。

　ついては、検査の結果を踏まえて、政府は、感染症感染拡大、経済危機等の非常事態に緊急的に対処するために、特定使途予備費又は当該特定使途予備費の創設までの間にあっては一般会計予備費をそれぞれ使用決定し、これにより配賦された予算を執行するに当たっては、予備費の使用及び予備費使用相当額の執行を適切に行うとともに、次の点に留意するなどして、予備費使用相当額の執行状況等の公表の在り方について引き続き検討し適時適切に国会及び国民への情報提供に取り組んでいく必要がある。

ア　予備費の使用決定により予算が配賦されるなどした事業ごとに、事業予算全体の執行状況と併せて、その内訳として予備費使用相当額の執行状況を公表すること

イ　事業予算の予算現額に複数の財源に係る額が含まれている事業については、事業ごとに財源選択の順序の整理方法等を明示すること

ウ　当初に予備費の使用決定により予算が配賦された事業とは別の事業へ予備費使用相当額の流用

等又は目内融通を行った場合には、その状況を丁寧に示すこと

エ　事業予算の執行の結果、予備費使用相当額について多額の繰越しが生じた場合、特に、予備費使用事項1事項に係る予備費使用相当額の全額を翌年度に繰り越した場合には、事業の実施、事業予算の執行等に係る予備費使用決定時の想定、繰越しに至った経緯等を丁寧に示すこと

　本院としては、予備費の使用決定により配賦された予算が適正かつ適切に執行されているかについて、今後も引き続き検査していくこととする。　　　　　　　　　　　　　（検査報告578ページ）

（前掲54ページ「令和４年度決算検査報告の特色」参照）

◯ 　3　特定検査対象に関する検査状況

特　　定　国から個人事業者を対象として支給された持続化給付金の申告状況等について

＜検査状況の要点＞

　個人事業者に給付された新型コロナウイルス感染症対策中小企業等持続化給付金（以下「持続化給付金」）は所得税の申告において適正に収入計上されているか、国税庁において持続化給付金を受給した個人事業者を適切に把握することができるような体制が整備されているかなどに着眼して検査した。

　検査したところ、令和2年12月末までに持続化給付金を受給した約263万人の中から無作為に抽出した11,000人のうち、2年分の所得税申告データが確認できた者は8,903人となっていた。このうち、所得税確定申告書の収入金額が持続化給付金の受給額未満となっていて、持続化給付金が収入計上されていないと思料される者が428人（8,903人に占める割合は4.8％）見受けられた。この状況は、持続化給付金を受給した約263万人の個人事業者についても同様の傾向にあると推定される。また、国税通則法に基づく協力要請による資料収集のための手続のうち、中小企業庁に対する持続化給付金の給付実績の照会方法等については、持続化給付金の受給額の申告漏れ等の蓋然性が高いなど、課税上の問題があると認められる場合に照会することとしていた。そして、照会実績を確認したところ、国税局等ごとに区々となっており、国税庁は、給付実績の照会に係る活用効果については把握していないとしていた。さらに、国税庁が取り組んでいる次世代システムでは、給付金等の給付実績に係るデータと納税者から申告された内容をシステム上でマッチングするための具体的な体制整備についての検討は行われていない状況となっていた。

　今後も持続化給付金と同様の給付金事業等が実施されることも考えられる状況に鑑みれば、現行の照会手続をより効果的に活用することの検討を行うとともに、中長期的には、受給者数が膨大な給付金等について、税務行政のデジタル・トランスフォーメーションの取組の中で広く諸課題を検討することなどを通じて、より適正な申告の確保と申告内容の確認に係る事務の効率化を図っていくことが重要である。ついては、国税庁において、引き続き納税者に対して適正な申告が行われるよう周知等するとともに、給付金等の収入に関して納税者に適正な申告を促すことや、給付金等の収入計上の有無を効果的に確認することについて、現行の申告審理等や照会手続の中でより効果的な方策を検討し、また、税務行政のデジタル・トランスフォーメーションにおける課税の効率化、高度化等に係る中長期的な取組の中で検討して、引き続き、より効率的な税務行政を推進することが望まれる。

検査の背景

(1) 個人事業者を対象とした持続化給付金に係る課税の概要

　　経済産業省の外局である中小企業庁は、令和2年度に、新型コロナウイルス感染症の拡大により特に大きな影響を受けているフリーランスを含む個人事業者及び法人に対して、事業の継続を支え、再起の糧とするためとして、「持続化給付金給付規程(個人事業者等向け)」「持続化給付金給付規程(主たる収入を雑所得・給与所得で確定申告した個人事業者等向け)」(これらを「給付規程」)等に基づき、事業全般に広く使える新型コロナウイルス感染症対策中小企業等持続化給付金(個人事業者は上限100万円、法人は上限200万円。以下「持続化給付金」)を支給している。

　　持続化給付金は、新型コロナウイルス感染症の感染拡大による影響を緩和するために、国が個人や法人に対して支給している様々な給付金、助成金、協力金等のうち最大の規模の支援策で、膨大な数の受給者に対して画一的に支給されることが特徴であり、2年度における支出件数は約424万件、支出済額は計5兆5417億円となっている。

　　また、持続化給付金の申請期間は2年5月1日から3年2月15日までとされており、上記約424万件のうち、2年度に持続化給付金を受給した個人事業者は約281万人と全体の約2/3を占めている。

　　そして、国や地方公共団体が個人に対して支給する給付金、助成金、協力金等(以下「給付金等」)に係る所得税の課税上の取扱いについては、支給の根拠となる法令や所得税法等により非課税となるもの以外は課税の対象とされており、支給の根拠となる法令等に特段の定めがない持続化給付金は所得税の課税対象とされている。

　　2年中に持続化給付金を受給した個人事業者は、同年分の所得税の申告に当たり、事業所得に関連して受給した場合は事業所得の金額の計算上収入金額に計上することとされており、このほか、雑所得に関連して受給した場合は雑所得、給与所得に関連して受給した場合は一時所得にそれぞれの所得の金額の計算上収入金額とすること(所得の金額の計算上収入金額とすることを「収入計上」)とされている。ただし、所得金額の計算上、総収入金額より必要経費の方が多ければ、課税される所得金額は生じないため、所得税の申告義務も生じないこととなる。

(2) 所得税に係る納税者の申告手続及び税務署の審査手続

　　国税庁は、所得税の申告に当たり、「国税庁の事務の実施基準及び準則に関する訓令」に基づき、法令解釈通達により確定申告書等の様式を定めた上で、当該様式を同庁のウェブサイトに掲載している。また、同庁は、「青色申告決算書(一般用)の書き方」等の手引や「国税における新型コロナウイルス感染症拡大防止への対応と申告や納税などの当面の税務上の取扱いに関するFAQ」をウェブサイトに掲載して周知している。納税者は、これらを参考にして、自己の収入、経費等について、適正に申告することとなっている。

　　同庁によれば、個人事業者が給付金等を事業所得に収入計上する場合は、所得税及び復興特別所得税確定申告書(以下「所得税確定申告書」)に添付される青色申告決算書又は収支内訳書(以下「決算書等」)において、決算書等の種類(一般用、農業所得用等)に応じて設けられている雑収入欄又はその他の収入欄に、他の雑収入と合計した金額を記入することとされている。そして、給付金等を受給する機会の多い農業所得者が使用する農業所得用の決算書等には、雑収入の内訳欄等が設けられていて、同欄に給付金等の名称及びその金額を記入することとされている。

　　税務署は、納税者から提出された確定申告書等や収集した資料等により申告審理を行い、その結果、納税者の申告内容に疑義があるなど必要がある場合には、行政指導や税務調査による事実確認等を行うことになっている。申告審理の際に活用する情報としては、所得税法等に基づく各

種法定調書や、国税通則法第74条の12第1項の規定に基づく官公署等への協力要請により収集した資料等がある。

⑶　国税庁におけるデジタル・トランスフォーメーションの取組方針

　　デジタル活用によるサービスや仕事の在り方を変革するデジタル・トランスフォーメーションを推進する動きが社会全体に広まっていることを受けて、政府は、2年12月に「デジタル社会の実現に向けた改革の基本方針」を閣議決定して、その必要性について示している。これを受けて、国税庁は、3年6月に「税務行政のデジタル・トランスフォーメーション－税務行政の将来像2.0－」(以下「税務行政の将来像2.0」)を公表し、デジタルを活用した国税に関する手続や業務の在り方の抜本的な見直し(税務行政のデジタル・トランスフォーメーション)に取り組んでいく方針を示している。そして、この方針のうち、「課税・徴収事務の効率化・高度化等」の施策の一つとして、マイナンバーや法人番号をキーとして、納税者から申告された内容と国税当局が保有する各種データをシステム上でマッチングし、効率的に誤りを把握する取組を進めているなどとしている。さらに、5年6月には、税務行政の将来像2.0を改定し、「税務行政のデジタル・トランスフォーメーション－税務行政の将来像2023－」を公表し、今後は、従前の「納税者の利便性の向上」と「課税・徴収事務の効率化・高度化等」に、新たに「事業者のデジタル化促進」を加えた三つの柱に基づいて、施策を進めていくことを明らかにした。

検査の着眼点等　本院は、個人事業者に給付された持続化給付金は所得税の申告において適正に収入計上されているか、国税庁において持続化給付金を受給した個人事業者を適切に把握することができるような体制が整備されているかなどに着眼して検査した。

　　検査に当たっては、所得税は暦年の所得の合計額に課税されることから、前記の2年度に持続化給付金を受給した個人事業者約281万人のうち、2年12月末までに受給した約263万人に係る氏名、受給額等が記載された受給データの提出を中小企業庁から受けて、その中から統計的な手法を用いて無作為に抽出した11,000人を対象として、国税庁から当該11,000人に係る2年分の所得税申告データ[注]の提出を求めて、両データを突合するなどの方法により所得税の申告状況を確認するなどして検査した(図表1参照)。

(注) 所得税申告データ　　国税庁が税務行政の各種事務処理を行うために運用している国税総合管理システムに登録された所得税確定申告書等の情報を出力したデータ。各税務署は、提出された所得税確定申告書等のうち所定の基準に該当するものについて必要な情報を同システムに登録している。

図表1　検査の方法の概要

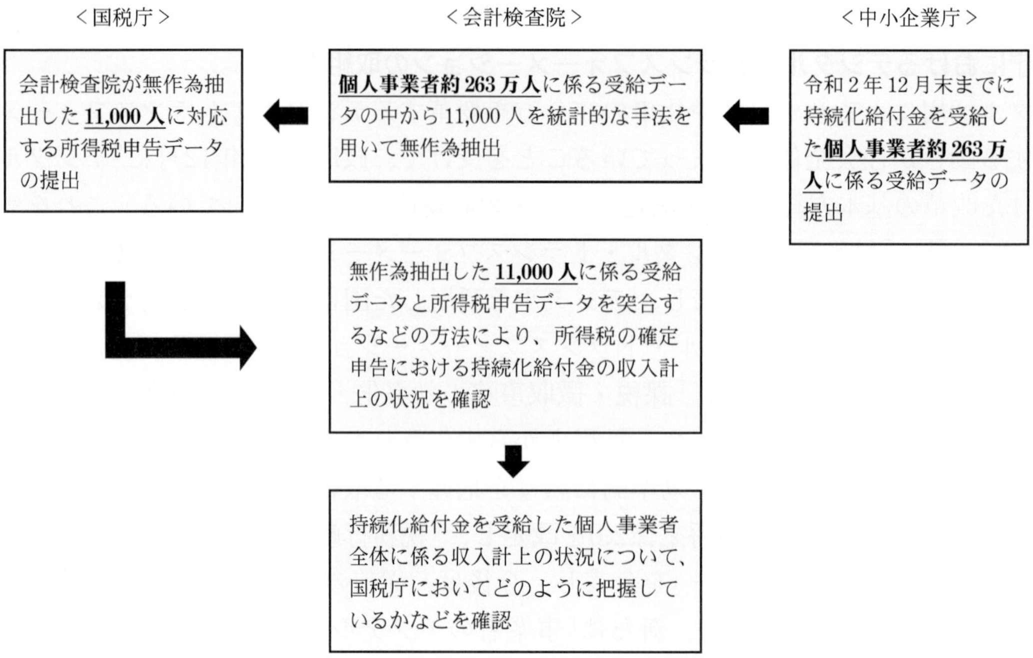

＜国税庁＞　　　　　　　　　　＜会計検査院＞　　　　　　　　　＜中小企業庁＞

```
会計検査院が無作為抽       個人事業者約263万人に係る受給デー      令和2年12月末までに
出した11,000人に対応  ←  タの中から11,000人を統計的な手法を  ←  持続化給付金を受給し
する所得税申告データ       用いて無作為抽出                    た個人事業者約263万
の提出                                                 人に係る受給データの
                                                      提出
```

```
無作為抽出した11,000人に係る受給
データと所得税申告データを突合す
るなどの方法により、所得税の確定
申告における持続化給付金の収入計
上の状況を確認
```

```
持続化給付金を受給した個人事業者
全体に係る収入計上の状況について、
国税庁においてどのように把握して
いるかなどを確認
```

検査の状況

(1)　持続化給付金を受給した個人事業者の所得税の申告状況等

ア　持続化給付金を受給した個人事業者の所得税の申告状況

　　前記の11,000人に係る受給データと所得税申告データを突合して、給付規程に基づき、事業所得に関連して持続化給付金を受給している個人事業者(以下「事業所得者」)と雑所得又は給与所得に関連して持続化給付金を受給している個人事業者(以下「雑所得・給与所得者」)の二つに区分(以下「給付規程区分」)して確認した。その結果、図表2のとおり、2年分の所得税申告データが確認できた者は事業所得者8,796人、雑所得・給与所得者107人、計8,903人、所得税申告データが確認できなかった者は2,097人となっていた。

　　なお、上記の2,097人については、持続化給付金の申請書に記載された住所地ではなく事業所の所在地が所得税確定申告書に記載されていたなどのため2年分の所得税の申告を行っているのに両データが合致しない可能性や、総収入金額より必要経費の方が多いため課税される所得金額が生じない可能性等があることから、所得税申告データが確認できなかったものである。

図表2　11,000人に係る受給データと令和2年分の所得税申告データとの突合結果

(単位：人)

所得税申告データの確認状況／給付規程区分	所得税申告データが確認できた者	所得税申告データが確認できなかった者	計
事業所得者	8,796	2,068	10,864
雑所得・給与所得者	107	29	136
計	8,903	2,097	11,000

イ　給付規程区分別及び課税される所得金額階層別(税率区分別)の2年分の所得税の申告状況

　　前記の2年分の所得税申告データが確認できた者(以下「2年分所得税申告者」)8,903人を対象と

して、給付規程区分別及び課税される所得金額階層別（税率区分別）に所得税の申告状況をみたところ、図表3のとおり、所得税申告データが確認できた事業所得者8,796人のうち、課税される所得金額がある者は5,138人（58.4％）、課税される所得金額がない者は3,658人（41.5％）、所得税申告データが確認できた雑所得・給与所得者107人のうち、課税される所得金額がある者は77人（71.9％）、課税される所得金額がない者は30人（28.0％）となっていた。

図表3　給付規程区分別及び課税される所得金額階層別（税率区分別）の令和2年分の所得税の申告状況

（単位：人、％、千円）

| 課税される所得金額（税率区分別） | 給付規程区分 | | | | | | 計 | | |
| | 事業所得者 | | | 雑所得・給与所得者 | | | | | |
	人数	割合	持続化給付金受給額	人数	割合	持続化給付金受給額	人数	割合	持続化給付金受給額
4000万円以上	4	0.0	4,000	—	—	—	4	0.0	4,000
1800万円以上4000万円未満	23	0.2	22,281	—	—	—	23	0.2	22,281
900万円以上1800万円未満	112	1.2	110,747	—	—	—	112	1.2	110,747
695万円以上900万円未満	85	0.9	84,526	—	—	—	85	0.9	84,526
330万円以上695万円未満	598	6.7	592,431	3	2.8	3,000	601	6.7	595,431
195万円以上330万円未満	880	10.0	870,159	7	6.5	6,960	887	9.9	877,119
1,000円以上195万円未満	3,436	39.0	3,330,475	67	62.6	64,241	3,503	39.3	3,394,716
小計	5,138	58.4	5,014,622	77	71.9	74,201	5,215	58.5	5,088,823
0円	3,658	41.5	3,467,243	30	28.0	24,673	3,688	41.4	3,491,916
計	8,796	100.0	8,481,865	107	100.0	98,874	8,903	100.0	8,580,739

注(1) 課税される所得金額の全額が1,000円未満であるときは、その全額を切り捨てるため、1,000円未満の者は申告義務はないが、所轄税務署長から確定申告書等を青色申告書により提出することができる旨の承認を受けた者が損失額を翌年に繰り越す場合等においては、確定申告が必要である。
注(2) 単位未満を切り捨てているため、各項目の数値を集計しても小計欄及び計欄の数値と一致しないものがある。

ウ　持続化給付金の収入計上の状況

　前記のとおり、持続化給付金は所得税の課税対象となるため、2年中に持続化給付金を受給した個人事業者は、同年分の所得税の申告において、持続化給付金が関連する所得区分に応じて、それぞれ、事業所得、雑所得又は一時所得に持続化給付金を収入計上することとされている。したがって、持続化給付金を収入計上すべき所得区分の収入金額は、異なる所得区分に誤って収入計上している場合を除けば、少なくとも持続化給付金の受給額を下回ることはないため、当該収入金額が受給額を下回っている場合は、持続化給付金を収入計上していないことになる。

　そこで、2年分所得税申告者8,903人について、上記の収入金額と持続化給付金との関係に着目して所得税確定申告書の収入金額の状況をみたところ、図表4のとおり、収入金額が持続化給付金の受給額未満となっていて、持続化給付金が収入計上されていないと思料される者が428人（2年分所得税申告者8,903人に占める割合は4.8％。持続化給付金受給額計3億8418万円）見受けられた。

　以上のように、統計的な手法を用いて無作為に抽出した11,000人において見受けられた状況は、持続化給付金を受給した約263万人の個人事業者についても同様の傾向にあると推定される。

　なお、前記のとおり、給付金等を事業所得に収入計上する場合は、現状では農業所得用以外の事業所得の決算書等の様式には給付金等に係る金額等を記入する内訳欄がないため、個人事業者が持続化給付金を受給していても、決算書等では持続化給付金の収入計上の有無を明確に確認することはできない状況となっている。このことから、収入金額が持続化給付金の受給額を上回っている場合においても、持続化給付金の収入計上の有無については、各個人事業者に個別に確認しなければ明確に判断できないと思料される。

図表4　持続化給付金を受給した個人事業者の収入金額等の状況

（単位：人、千円、％）

収入金額の状況	給付規程区分				計		
	事業所得者		雑所得・給与所得者				
	人数	持続化給付金受給額	人数	持続化給付金受給額	人数	割合	持続化給付金受給額
(A)　持続化給付金受給額以上	8,408	8,134,011	67	62,546	8,475	95.1	8,196,558
(B)　持続化給付金受給額未満	388	347,853	40	36,327	428	4.8	384,181
計	8,796	8,481,865	107	98,874	8,903	100.0	8,580,739
(参考)　(B)に係る持続化給付金加算後の課税される所得金額階層別(税率区分別)内訳	388	347,853	40	36,327	428	4.8	384,181
695万円以上900万円未満（税率：23%）	1	1,000	0	0	1	0.0	1,000
330万円以上695万円未満（税率：20%）	15	15,000	1	1,000	16	0.1	16,000
195万円以上330万円未満（税率：10%）	30	29,978	8	7,983	38	0.4	37,961
1,000円以上195万円未満（税率：5%）	281	257,153	28	26,757	309	3.4	283,911
0円	61	44,722	3	586	64	0.7	45,308

注(1) 収入金額が持続化給付金受給額未満である428人については、参考として持続化給付金加算後の課税される所得金額階層別（税率区分別）に内訳を記載している。なお、持続化給付金加算後の課税される所得金額は、所得税申告データの収入金額に持続化給付金の受給額を単純に加算して算出したものであり、前年からの繰越損失等については考慮していない。
注(2) 雑所得が主たる収入である者については、所得税確定申告書の収入金額等の「雑所得　業務」欄及び「雑所得　その他」欄の金額と持続化給付金の受給額とを比較した。
注(3) 給与所得が主たる収入である者については、一時所得の所得金額から算出した収入金額と持続化給付金の受給額とを比較した。
注(4) 「割合」は、2年分所得税申告者8,903人に占める割合である。
注(5) 単位未満を切り捨てているため、「持続化給付金受給額」及び「割合」の各項目の数値を集計しても計欄の数値と一致しない。

⑵　国税庁における持続化給付金に係る資料収集の状況

　⑴のとおり、新型コロナウイルス感染症の感染拡大による影響を緩和するために、国が個人や法人に対して支給している給付金、助成金、協力金等の中でも最大の規模の支援策である持続化給付金について、所得税の申告状況を検査したところ、収入計上されていないと思料される個人事業者が見受けられた。そこで、国税庁における持続化給付金に係る資料収集の状況についてみたところ、次のとおりとなっていた。

　国税通則法に基づく協力要請による資料収集のための手続のうち、支給庁である中小企業庁に対する持続化給付金の給付実績の照会方法等については、国税庁と中小企業庁との調整等の結果、持続化給付金の受給額の申告漏れ等の蓋然性が高いなど、課税上の問題があると認められる場合に照会することとしていた。そして、国税局等又は税務署(以下「局署」)が中小企業庁に持続化給付金の給付実績を照会する場合は、国税庁において照会事項を週次で取りまとめて中小企業庁に照会し、国税庁は中小企業庁の回答を局署に伝達し、局署において、中小企業庁から提供された情報を申告審理や税務調査の際に活用することにしていた。

　国税庁において、3、4両年度における照会実績を国税局等ごとに確認したところ、図表5のとおり、3、4両年度の合計が1,000件を超える国税局が複数ある一方で、数十件にとどまる国税局や照会実績が全くない国税局も複数見受けられるなど照会実績は区々となっており、また、国税庁は、給付実績の照会に係る活用効果については把握していないとしていた。

図表5　国税局等別の照会件数

(単位：件)

国税局等	照会件数		
	令和3年度	4年度	計
札 幌 国 税 局	120	5	125
仙 台 国 税 局	0	0	0
関 東 信 越 国 税 局	6	55	61
東 京 国 税 局	0	551	551
金 沢 国 税 局	0	0	0
名 古 屋 国 税 局	0	30	30
大 阪 国 税 局	1,419	237	1,656
広 島 国 税 局	2,736	5	2,741
高 松 国 税 局	8	6	14
福 岡 国 税 局	2	22	24
熊 本 国 税 局	0	0	0
沖 縄 国 税 事 務 所	0	1	1
計	4,291	912	5,203

注(1) 国税庁から提出を受けた資料を基に作成している。
注(2) 照会件数は、国税庁で件数の把握が可能な方法により照会を実施したものの件数で、家賃支援給付金に係る照会の件数を含む。

⑶　国税庁におけるデジタル・トランスフォーメーションの取組状況

　国税庁は、税務行政の将来像2.0において、目指すべき将来像として申告内容の自動チェックについても触れており、8年度から運用が予定される次世代システムでは、データ化する情報を拡充して、納税者から申告された情報と国税当局が保有する情報とのデータマッチングを効率的、効果的に実施することが可能になるとしている。そして、マイナンバーや法人番号をキーとして納税者から申告された内容と国税当局が保有する各種データをシステム上でマッチングして差異を把握した場合は、納税者へ通知することなどを検討するとしている。

　一方、国税庁によれば、給付金等の支給庁から給付実績に係るデータを入手することについても、国税通則法に基づいて照会することになるが、飽くまでも官公署等への任意の協力要請であ

り支給庁との調整が必要となること、データを活用することについては当該データと納税者情報のひも付けを行う作業に相当の事務量を要すること、現在同庁が開発に取り組んでいる次世代システムでは予算の制約があることなどの各種制約から、活用効果を考慮して効果的、効率的に取り組むとしており、今後、持続化給付金と同程度の規模の事業が行われることとなった場合においても、活用効果を適切に見極めつつ、個人事業者ごとに個々に収集の要否や収集方法等を判断するとしている。

　上記のとおり、国税通則法による照会手続には支給庁との調整が必要であり、また、予算、事務量等の各種制約がある中、持続化給付金のような受給者数が膨大な給付金等の給付実績に係るデータと申告された内容をシステム上でマッチングするための具体的な体制整備についての検討は行われていない状況となっている。

本院の所見　持続化給付金の2年度の支出済額は、5兆5417億円と多額に上っており、持続化給付金の給付事業そのものは完了しているが、今後も、災害又は感染症の発生、社会経済情勢の変動等に伴い、持続化給付金の給付事業と同様に受給者数が膨大な給付金事業が実施されることも考えられる。

　本院は、個人事業者に給付された持続化給付金は所得税の申告において適正に収入計上されているか、国税庁において持続化給付金を受給した個人事業者を適切に把握することができるような体制が整備されているかなどに着眼して検査したところ、次のような状況となっていた。

　収入金額が持続化給付金の受給額未満となっていて、持続化給付金が収入計上されていないと思料される事業所得者及び雑所得・給与所得者が見受けられた。そして、この状況は、持続化給付金を受給した約263万人の個人事業者についても同様の傾向にあると推定される。また、農業所得用以外の事業所得の決算書等の様式には給付金等の金額等を記入する内訳欄がないため、決算書等では持続化給付金の収入計上の有無を明確に確認することができない状況となっていた。

　国税通則法に基づく協力要請による資料収集のための手続のうち、支給庁である中小企業庁に対する持続化給付金の給付実績の照会方法等については、国税庁と中小企業庁との調整等の結果、持続化給付金の受給額の申告漏れ等の蓋然性が高いなど、課税上の問題があると認められる場合に照会することとしていた。

　持続化給付金に係る照会実績を確認したところ、国税局等ごとに区々となっており、また、国税庁は、給付実績の照会に係る活用効果については把握していないとしていた。

　そして、国税庁が取り組んでいる次世代システムでは、データ化する情報を拡充して、納税者から申告された情報と国税当局が保有する情報とのデータマッチングを効率的、効果的に実施することが可能になるとしているが、支給庁から支給される給付金等については、予算、事務量等の各種制約から活用効果を考慮して効果的、効率的に取り組むとしており、システム上のマッチングのための具体的な体制整備についての検討は行われていない状況となっていた。

　前記のとおり、持続化給付金を受給した個人事業者の中には収入計上していないと思料される者も見受けられており、持続化給付金を受給した約263万人の個人事業者についても同様の傾向にあると推定される。また、今後も持続化給付金の給付事業と同様に受給者数が膨大な給付金事業等が実施されることも考えられる。このような状況に鑑みれば、現行の照会手続における活用効果について検証を行うなどして、より効果的に申告審理等に活用することの検討を行うとともに、中長期的には、受給者数が膨大な給付金等について、国税庁における税務行政のデジタル・トランスフォーメーションの取組の中で広く諸課題を検討することなどを通じて、より適正な申告の確保と申告内

容の確認に係る事務の効率化を図っていくことが重要である。

　ついては、国税庁において、上記のような状況を踏まえた上で、引き続き納税者に対して適正な申告が行われるよう周知等するとともに、給付金等の収入に関して納税者に適正な申告を促すことや、給付金等の収入計上の有無を効果的に確認することについて、現行の申告審理等や照会手続の中でより効果的な方策を検討し、また、税務行政のデジタル・トランスフォーメーションにおける課税の効率化、高度化等に係る中長期的な取組の中で検討して、引き続き、より効率的な税務行政を推進することが望まれる。

　本院としては、今後とも持続化給付金のような受給者数が膨大な給付金等に係る納税者の適正な申告の確保と申告内容の確認のための方策の検討状況等について、引き続き注視していくこととする。

（検査報告588ページ）

（前掲58ページ「令和４年度決算検査報告の特色」参照）

特　定　食料の安定供給に向けた取組について

<＜検査状況の要点＞

　食料の安定供給に向けたこれまでの取組に係る執行額や事業の実施状況はどのようになっているか、食料自給率等の食料・農業・農村基本計画（以下「基本計画」）等に示された指標に係る目標の目標年度における達成状況はどのようになっていて、その達成状況は基本計画の変更に当たりどのように検証されているか、特に海外依存度が高い小麦、大豆及び飼料作物並びに生産資材に係る取組の実施状況及び指標に係る目標の達成状況はどのようになっているかなどに着眼して検査した。

　検査したところ、平成29年度から令和４年度までの間の食料の安定供給に向けた取組に係る事業の執行額は、毎年度２兆円以上が支出されており、554事業の合計で16兆4654億円となっていた。そして、基本計画等に示された指標の中には、目標年度において目標を達成等していない指標があり、その中には、総合食料自給率や飼料自給率等、全ての目標年度において目標を達成していない指標もあった。また、飼料作物に係る指標の中には、目標と対比可能な実績を把握しておらず、目標と実績とを対比できないものなどがあった。しかし、基本計画等に示された指標について、農林水産省は、進捗状況は検証していたものの、基本計画の目標年度における目標の達成状況等の検証は行っていなかった。

　今後、農林水産省が、限られた予算の中で、食料の安定供給に向けた取組により、農業構造の変化や食料安全保障上のリスクに対応していくためには、より一層、効率的、効果的な施策の実施が求められている。そして、食料の安定供給や食料自給率向上に向けた施策の実施に当たっては、情報提供等を通じて国民の理解を深めるとともに、基本計画等に示された指標に係る目標の達成状況等を適時適切に検証するなどして効率的、効果的に実施していくことがますます重要になる。

　ついては、本院の検査で明らかになった状況を踏まえて、今後、農林水産省において、食料の安定供給に向けた取組について、効率的、効果的な施策の実施に資するよう基本計画等に示された指標に係る目標の達成状況等の検証を適時適切に行うことの重要性に留意して、引き続き、生産の増大、輸入及び備蓄の適切な組合せにより食料の安定供給が図られるよう努めることが望まれる。

　検査の背景

⑴　食料の安定供給の概要等

ア　食料の安定供給の概要

　　農林水産省は、食料の安定的な供給について、食料・農業・農村基本法（以下「基本法」）に基づき、世界の食料の需給及び貿易が不安定な要素を有していることに鑑み、国内の農業生産の増大（国内の林業及び水産業における食料の生産の増大と合わせて「生産の増大」）を図ることを基本とし、これと輸入及び備蓄とを適切に組み合わせることにより確保することとしている。

　　基本法によれば、政府は、食料・農業・農村基本計画（以下「基本計画」）を定めなければならないとされており、基本計画において、食料自給率の目標等について定めるものとされている。また、政府は、食料、農業及び農村をめぐる情勢の変化を勘案し、並びに食料、農業及び農村に関する施策の効果に関する評価を踏まえ、おおむね5年ごとに、基本計画を変更するものとされている（平成12年、17年、22年、27年及び令和2年に策定された基本計画をそれぞれ「平成12年基本計画」「平成17年基本計画」「平成22年基本計画」「平成27年基本計画」及び「令和2年基本計画」）。

イ　食料自給率の概要等

㋐　食料自給率の概要

　　食料自給率は、国内の食料供給に対する国内生産の割合を示すものとされていて、その示し方には総合食料自給率と品目別自給率があり、総合食料自給率には、更に供給熱量ベース及び生産額ベースがある。

　　各基本計画に定められた総合食料自給率の目標については、図表1のとおりとなっていて、令和2年基本計画においては、12年度を目標年度として、供給熱量ベースの総合食料自給率で45％となっている。また、我が国の総合食料自給率は、図表1のとおり、長期的に低下傾向で推移してきたが、近年はおおむね横ばいとなっていて、4年度の供給熱量ベースの総合食料自給率は38％となっている。

図表1　各基本計画に定められた総合食料自給率の目標及び我が国の総合食料自給率の推移

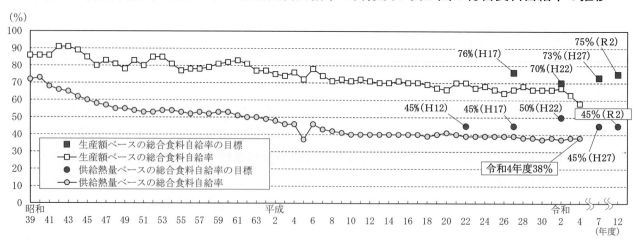

注⑴　食料需給表（農林水産省）等を基に本院が作成した。
注⑵　令和4年度の総合食料自給率は、農林水産省が5年8月7日に公表した概算値である。
注⑶　総合食料自給率の目標の括弧書きの「H12」「H17」「H22」「H27」及び「R2」は、それぞれ平成12年基本計画、平成17年基本計画、平成22年基本計画、平成27年基本計画及び令和2年基本計画における目標であることを示す。
注⑷　平成22年基本計画における供給熱量ベースの総合食料自給率の目標（50％）は、我が国の持てる資源を全て投入したときに初めて可能となる高い目標として設定されたものである。
注⑸　平成5年度は、記録的な冷夏により、米の作況指数（水田10ａ当たりの平年収量を100として、その年の収量を示す指数）が74となったことから、前年度に比べて、生産額ベース及び供給熱量ベースの総合食料自給率がいずれも大きく低下した。

(イ) 我が国の令和4年度における供給熱量ベースの総合食料自給率等の状況

図表2のとおり、4年度の1人1日当たり総供給熱量は2,260kcalであり、供給熱量を品目別にみると、米、畜産物、油脂類、小麦、砂糖類、魚介類及び大豆の供給熱量が大きく、これらの品目で計1,846kcalとなっていて、全体の約8割を占めている。

また、4年度の品目別供給熱量自給率についてみると、上記品目のうち、畜産物、油脂類、小麦及び大豆は30％を下回っており、海外依存度が比較的高い品目となっている。そして、畜産物については、国内で生産されたもののうち国産飼料(注)により生産された分に係る供給熱量を基に計算しているため品目別供給熱量自給率が低くなっている。

図表2　令和4年度の1人1日当たり総供給熱量の品目別の内訳

供給熱量ベースの総合食料自給率
＝1人1日当たり国産供給熱量850kcal／1人1日当たり総供給熱量2,260kcal＝38％

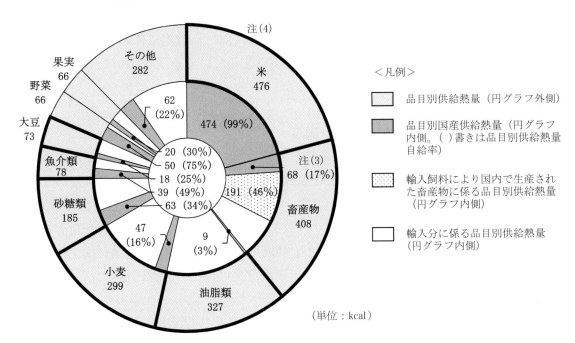

注(1) 食料需給表(農林水産省)等を基に本院が作成した。
注(2) 図表中の各値は、農林水産省が5年8月7日に公表した概算値(同年9月8日に公表された訂正を含む。)である。
注(3) 畜産物の品目別国産供給熱量は、国産飼料により国内で生産された畜産物に係る供給熱量である。
注(4) 品目別供給熱量が大きい順に米から大豆までの品目別供給熱量(太枠部分)を合計すると計1,846kcal(全体の81.6％)となる。

(2) 社会情勢の変化及び国内の対応

近年の気候変動等による世界的な食料生産の不安定化、世界的な食料需要の拡大に伴う調達競争の激化、ウクライナ情勢の緊迫化等に伴う輸入食品原材料や肥料、飼料等の生産資材の価格高騰等を背景として、政府は、食料安全保障の強化が国家の喫緊かつ最重要課題となっているとしている。

そして、4年12月に「食料安全保障強化政策大綱」(以下「大綱」)が策定され、食料安全保障の強化のための重点対策として、海外依存度が高い麦、大豆、飼料作物等の生産拡大等を推進する「食料安

(注) 飼料　飼料は、生草、乾草等の繊維質を多く含む粗飼料と、穀類、大豆油粕等のたんぱく質や炭水化物を多く含む濃厚飼料とに分類される。また、粗飼料は更に良質粗飼料と低質粗飼料に分類され、基本計画に示された品目の飼料作物は良質粗飼料に該当する。

第Ⅱ章

農林水産省

全保障構造転換対策(過度な輸入依存からの脱却に向けた構造的な課題への対応)」等が掲げられた。

　また、4年9月以降、食料・農業・農村政策審議会(以下「審議会」)において、5年度中の基本法の改正案の国会提出を視野に入れて、基本法の検証・検討が進められ、5年9月に行われた答申では、平時から食料安全保障の達成を図るなど、今後20年の変化を見据えて、現行の基本法の基本理念や主要施策等を見直すこととされた。また、食料自給率については、国内生産と消費に関する目標の一つとし、それに加えて、新たに策定される基本計画において整理される課題に適した数値目標等を設定することとされた。

検査の着眼点等 本院は、有効性等の観点から、食料の安定供給に向けたこれまでの取組に係る執行額や事業の実施状況はどのようになっているか、食料自給率等の基本計画等に示された指標に係る目標の目標年度における達成状況はどのようになっていて、その達成状況は基本計画の変更に当たりどのように検証されているか、特に海外依存度が高い小麦、大豆及び飼料作物並びに生産資材に係る取組の実施状況及び指標に係る目標の達成状況はどのようになっているかなどに着眼して、平成29年度から令和4年度までの間(注)の食料の安定供給に向けた取組に係る事業(農林水産省が実施している事業のうち、同省が食料安定供給に資さないとしている事業を除いた554事業)等を対象に検査した。

検査の状況

(1) 食料の安定供給に向けた取組に係る執行額等

　平成29年度から令和4年度までの間の食料の安定供給に向けた取組に係る事業の執行額をみると、毎年度2兆円以上が支出されており、上記554事業の合計で16兆4654億円となっていた。そして、農林水産省は、上記の554事業について、地方公共団体等に対する補助金等の交付(補助事業)、委託等により行う国の直轄事業、独立行政法人に対する運営費交付金の交付等の方法により実施しており、これらの実施方法別にみると、補助事業が10兆3860億円(執行額全体に占める割合63.0%)、直轄事業が5兆4461億円(同33.0%)、運営費交付金が6159億円(同3.7%)となっていて、補助事業が大部分を占めていた。

　また、生産の増大、輸入及び備蓄に係る取組別にみると、図表3のとおり、生産の増大が12兆8609億円(執行額全体に占める割合78.1%)、輸入が1兆8614億円(同11.3%)、備蓄が3439億円(同2.0%)となっており、生産の増大に係る取組の執行額が大部分を占めていた。

図表3　生産の増大、輸入及び備蓄に係る取組別の執行額

(単位：億円、%)

区分	平成29年度	30年度	令和元年度	2年度	3年度	4年度	計	割合
生産の増大	1兆9000	1兆8435	2兆0436	2兆3586	2兆3864	2兆3287	12兆8609	78.1
輸入	2806	2873	2634	2572	3359	4368	1兆8614	11.3
備蓄	553	427	604	710	610	532	3439	2.0
その他	2178	2247	2358	2636	2489	2080	1兆3990	8.4
計	2兆4539	2兆3983	2兆6033	2兆9505	3兆0323	3兆0269	16兆4654	100.0

(注)「その他」は、農業者年金事業、農業施設災害復旧等事業等の年金給付、大規模自然災害からの復旧等に関する取組等、「生産の増大」「輸入」又は「備蓄」のいずれにも区分できないものである。

(注) 行政文書の保存期間等を考慮して本院において設定した。

(2)　食料の安定供給に向けた取組の実施状況

ア　生産の増大に係る取組

　　生産の増大に係る取組については、平成29年度から令和4年度までの間に、補助事業397事業、直轄事業139事業、運営費交付金13事業等、計519事業(重複を除く。)が実施されていた。

　　小麦、大豆及び飼料作物並びに生産資材は、大綱において、海外依存度が高いことから今後生産拡大等を図ることとなっている。また、農地及び農業労働力は、国内農業の生産基盤であり、生産の増大を図る上で欠くことのできない重要な要素であると考えられる。そこで、①小麦、大豆及び飼料作物の生産の増大、②農地及び農業労働力並びに③生産資材のそれぞれの取組に係る事業の実施状況をみたところ、次のとおりとなっていた。

(ア)　小麦、大豆及び飼料作物の生産の増大に係る取組

　　小麦、大豆及び飼料作物の生産の増大に係る取組については、平成29年度から令和4年度までの間に小麦に係る206事業、大豆に係る205事業、飼料作物に係る160事業、計226事業(重複を除く。)が実施されており、農林水産省は、水田活用の直接支払交付金等を主要な事業と位置付けて実施していた。

(イ)　農地及び農業労働力に係る取組

　　農地については、荒廃農地の発生防止・解消に関連する施策として、平成29年度から令和4年度までの間に多面的機能支払交付金、中山間地域等直接支払交付金、農地中間管理事業等7事業が実施されていた。

　　また、農業労働力については、青年層の新規就農の促進や雇用者の増加を目的として、平成29年度から令和4年度までの間に、農業人材力強化総合支援事業等4事業が実施されていた。

(ウ)　生産資材に係る取組

　　堆肥、下水汚泥資源及び国産飼料の利用拡大等に係る取組については、平成29年度から令和4年度までの間に堆肥に係る54事業、下水汚泥資源に係る38事業、飼料に係る60事業、計73事業(重複を除く。)が実施されており、農林水産省は、国産飼料の供給・利用拡大については、畜産生産力・生産体制強化対策事業のうち草地生産性向上対策等2事業を主要な事業として位置付けている一方、堆肥、下水汚泥資源等の肥料の利用拡大に係る取組として実施された事業については、平成29年度から令和4年度までの間において主要な事業に位置付けているものはないとしている。

イ　輸入に係る取組

　　輸入に係る取組については、平成29年度から令和4年度までの間に7事業が実施されており、このうち執行額が大きい主要な事業をみると、麦管理経費等となっていた。

　　このうち、海外依存度が高い麦について、国は、主要食糧の需給及び価格の安定に関する法律(以下「食糧法」)等に基づき、海外で買い入れた麦の輸入価格(買付価格及び港湾経費)に、国内産麦の振興対策に係る原資や輸入した麦の備蓄等に要する経費に充当するマークアップを上乗せして、製粉企業等の実需者に売り渡している。そして、国が輸入している麦について、平成29年度から令和4年度までの間の輸入に係る国の収支をみると、ウクライナ情勢の影響を受けた買付価格の高騰等により、2年度以降、売買差益は大きく減少していた。

　　また、農林水産省は、一般輸入方式[注]で輸入される小麦について、通常、年に2回、直近6か

(注)　一般輸入方式　　あらかじめ国が製粉企業等からの買受申込みを取りまとめ、一括して輸入・販売をする方式

月の同省の買付価格を基に算定した政府売渡価格に基づき売買契約を締結して、製粉企業等に売り渡している。しかし、同省は、4年10月から5年3月までの間に売り渡す小麦に係る政府売渡価格については、ウクライナ情勢による買付価格の急騰の影響を緩和するために、直近6か月間の買付価格を基に算定せず、前期の政府売渡価格を据え置く緊急措置を講じていた。そこで、本院において、上記の緊急措置によるマークアップの減収額を試算(注1)すると、309億6215万円となっていた。

ウ　備蓄に係る取組

国が備蓄水準を定めている品目は、4年度末時点において、食糧法等に基づき備蓄を行っている米、食糧用小麦及び飼料穀物となっており、米の備蓄については国自らにより、食糧用小麦及び飼料穀物の備蓄については製粉企業、配合飼料メーカー等に補助金を交付することにより、それぞれ実施されていた。

そして、平成29年度から令和4年度までの間の備蓄に係る国の財政負担をみると、6か年の平均で、1か年当たり、米については461億円(備蓄水準1ｔ当たり46,155円)、食糧用小麦については43億円(同4,833円)、飼料穀物については14億円(同1,461円)の財政負担が生じていた。

(3)　総合食料自給率等の指標に係る目標の達成状況等及び検証状況

ア　供給熱量ベースの総合食料自給率に係る目標の達成状況等

農林水産省は、供給熱量ベースの総合食料自給率の目標について、目標年度における品目(注2)ごとの食料消費の見通しが適切に見込まれ、かつ、生産努力目標の生産量が生産されれば達成されるとしている。供給熱量ベースの総合食料自給率と食料消費及び国内生産との関係を整理すると、食料消費の減少による1人1日当たり総供給熱量の減少及び国内生産の増大による1人1日当たり国産供給熱量の増加は総合食料自給率の上昇要因になる一方、食料消費の増加による1人1日当たり総供給熱量の増加及び国内生産の減少による1人1日当たり国産供給熱量の減少は総合食料自給率の低下要因になる。

そして、平成10年度以降、供給熱量ベースの総合食料自給率は40%前後で推移し、これまで各基本計画に掲げられた総合食料自給率の目標は達成されていない(図表1参照)。一方、このような状況下において、農林水産省は、基本計画がおおむね5年ごとに見直されることなどを理由として、各基本計画の目標年度における品目別の食料消費の見通し及び生産努力目標とそれぞれの実績とを対比した資料を作成、公表していない。

そこで、本院において、品目別の食料消費の見通し及び生産努力目標とそれぞれの実績とを対比するとともに、供給熱量ベースの総合食料自給率への品目別の寄与度を試算したところ、次のとおりとなっていた。

㋐　食料消費の見通し及び生産努力目標と実績との対比

1人1日当たり総供給熱量に占める割合が大きい米、畜産物(生乳、牛肉、豚肉、鶏肉及び鶏卵)、油脂類、小麦、砂糖類、魚介類及び大豆の11品目について、目標年度に到達している平

(注1)　政府売渡価格については令和4年10月に4年3月第2週から9月第1週までの期間の買付価格を基に算定した価格、売渡数量については4年10月から5年3月までの間に売り渡された数量(実績)とそれぞれ仮定して売払金額を算出し、実際の売払金額との差額を機械的に試算した。
(注2)　品目　令和2年基本計画においては、米(米粉用米、飼料用米を除く。)、米粉用米、飼料用米、小麦、大麦・はだか麦、大豆、そば、かんしょ、ばれいしょ、なたね、野菜、果実、てん菜、さとうきび、茶、生乳、牛肉、豚肉、鶏肉、鶏卵、飼料作物、魚介類、海藻類及びきのこ類が示されている。

成12年基本計画、平成17年基本計画及び平成22年基本計画に示された品目別の食料消費の見通し及び生産努力目標とそれぞれの実績とを対比すると、食料消費については、米及び魚介類は3か年度とも実績が見通しを下回っており、見通しに対して1人1日当たり総供給熱量を減少させる要因となっていた。一方、豚肉及び鶏肉は3か年度とも実績が見通しを上回っており、見通しに対して1人1日当たり総供給熱量を増加させる要因となっていた。また、大豆、牛肉、豚肉、鶏肉及び魚介類の5品目については、見通しと実績とが20％以上かい離する年度が見受けられた。

そして、上記の5品目について、農林水産省に食料消費の見通しと実績とがかい離した理由を確認したところ、消費者ニーズの変化や家畜伝染病の発生等によるとしていた。

一方、生産努力目標については、小麦、豚肉、鶏肉及び鶏卵は生産努力目標を実績が上回り、生産努力目標に対して1人1日当たり国産供給熱量を増加させる要因となった年度があった。しかし、全体的にみると、生産努力目標を実績が下回る傾向となり、生産努力目標に対して1人1日当たり国産供給熱量を減少させる要因となっていた。また、小麦、大豆、なたね、砂糖類、生乳、牛肉及び魚介類については、生産努力目標を実績が20％以上下回る年度も見受けられた。

そして、生産努力目標を実績が上回った品目及び20％以上下回った品目について、農林水産省にその理由を確認したところ、生産努力目標を実績が上回ったものは、天候に恵まれたこと、消費や価格の堅調な推移等によるとしていて、生産努力目標を実績が20％以上下回ったものは、天候不順等、生産者の高齢化・減少、生産努力目標の達成のための対策が進捗等しなかったことなどによるとしていた。

(イ)　**供給熱量ベースの総合食料自給率への品目別の寄与度**

1人1日当たり総供給熱量に占める割合が大きい11品目について、食料消費や国内生産の増減が供給熱量ベースの総合食料自給率の低下にどのように影響したかをみるために、新型コロナウイルス感染症の影響の小さい直近の年度である令和元年度(供給熱量ベースの総合食料自給率38％)において、平成10年度(同40％)に対する総供給熱量及び国産供給熱量の増減による供給熱量ベースの総合食料自給率への寄与度を試算すると、図表4のとおりとなっていた。

すなわち、品目別自給率が高い米及び魚介類についてみると、消費量の減少による総供給熱量の減少がそれぞれ総合食料自給率を1.69ポイント及び0.44ポイント上昇させる要因となっていたが、これに伴う生産量の減少による国産供給熱量の減少がそれぞれ総合食料自給率を3.60ポイント及び0.89ポイント低下させる要因となっており、上昇要因より低下要因の方が大きいため、総合食料自給率を低下させる大きな要因となっていた。一方、豚肉及び鶏肉についてみると、消費量の増加による総供給熱量の増加がそれぞれ総合食料自給率を0.22ポイント及び0.24ポイント低下させる要因となるなど、総合食料自給率を低下させる大きな要因となっていた。

また、生産量の増加による総合食料自給率への寄与度をみると、小麦及び大豆についてはそれぞれ総合食料自給率を1.00ポイント及び0.14ポイント上昇させる要因となっていたが、小麦及び大豆以外の品目については、上昇への寄与度が小さかったり、生産量の減少により低下させる要因となっていたりしていた。

図表4　令和元年度における供給熱量ベースの総合食料自給率への品目別の寄与度（対平成10年度）（試算）

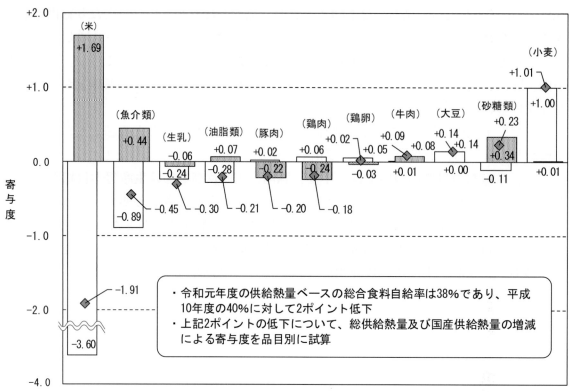

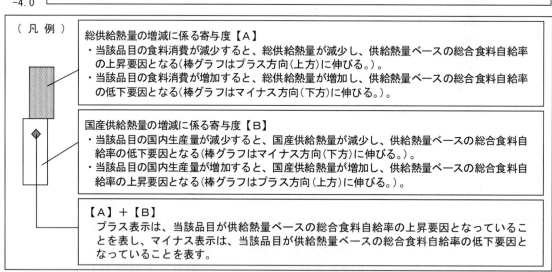

（注）総供給熱量又は国産供給熱量の増減に係る寄与度は、食料・農業・農村白書で示された算出方法に基づくなどして、それぞれ次の算定式により試算した。

総供給熱量の増減に係る寄与度＝－((各品目の1人1日当たり供給熱量の増減×令和元年度の総人口×令和元年度の日数)×令和元年度国産供給熱量)÷(平成10年度総供給熱量×令和元年度総供給熱量)×100

国産供給熱量の増減に係る寄与度＝各品目の国産供給熱量の増減÷平成10年度総供給熱量×100

イ　小麦、大豆及び飼料作物に係る指標の推移等

　　小麦、大豆及び飼料作物に係る総合食料自給率の目標の前提となっている指標である生産量、10a当たりの収量（以下「単収」）、作付面積及び品目別自給率について、それぞれ基本計画に掲げられている目標と実績とを対比すると、次のとおりとなっていた。

㋐　生産量、単収及び作付面積

　　生産量、単収及び作付面積の推移をみると、生育が天候の影響を受けると考えられるため

年度により増減が大きいものの、小麦の生産量、単収及び作付面積は、令和2年度を除き目標をおおむね達成している状況であった。また、大豆については、生産量及び作付面積は2年度を除き目標をおおむね達成している状況であったが、単収は目標を下回る状況で推移していた。そこで、農林水産省に大豆の単収が目標を達成できていない理由を確認したところ、水田での湿害、水田転作の拡大・長期化に伴う連作障害・地力低下等によるとしていた。

このため、前記大豆の生産の増大に係る取組の効果の発現には、単収向上の面で一定の制約があったと思料される。

一方で、飼料作物については、農林水産省において、必ずしも毎年度の実績を把握していないため、目標と実績とを対比できない年度があるが、確認できた範囲では、生産量が目標の7割程度、単収及び作付面積が目標の8割程度となっており、目標を達成できていなかった。そこで、同省にこれらが目標を達成できていない理由を確認したところ、条件が良い土地の確保が困難であること、飼料作物の生産に係る労働力不足等によるとしていた。

このため、前記飼料作物の生産の増大に係る取組の効果の発現には、農地や農業労働力等の生産条件の面で一定の制約があったと思料される。

(イ)　品目別自給率

品目別自給率の推移をみると、図表5のとおり、小麦及び大豆については、目標をおおむね達成している状況であったが、令和2年基本計画における12年度の目標は、小麦が19%、大豆が10%にとどまっており、仮に、今後、小麦及び大豆の生産の増大に係る取組を令和2年基本計画どおりに継続してこれらの目標が達成できたとしても、海外依存度が高いことに変わりはない状況となっている。

また、飼料作物については、確認できた範囲では、生産量、単収及び作付面積の目標を達成できていない一方で、平成22年基本計画以降、品目別自給率の目標はいずれも100%と設定されている。飼料作物は粗飼料のうち良質粗飼料に該当するものであるが、農林水産省では良質粗飼料の実績を把握していないため、飼料作物の品目別自給率について、低質粗飼料を含めた粗飼料全体でみたところ、図表5のとおり、70%台後半で推移している状況となっていた。

図表5　小麦、大豆及び飼料作物に係る品目別自給率の推移

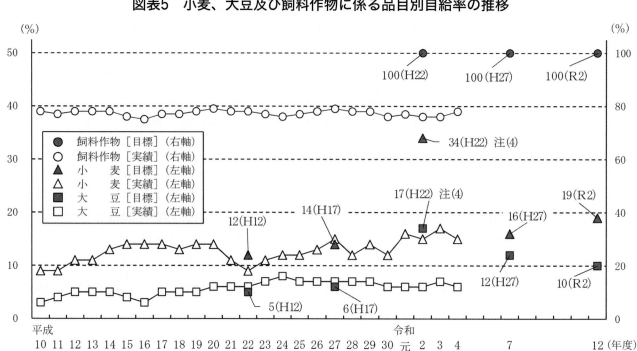

注(1)　食料需給表(農林水産省)等を基に本院が作成した。
注(2)　令和4年度の品目別自給率は、農林水産省が5年8月7日に公表した概算値である。
注(3)　品目別自給率の目標の括弧書きの「H12」「H17」「H22」「H27」及び「R2」は、それぞれ平成12年基本計画、平成17年基本計画、平成22年基本計画、平成27年基本計画及び令和2年基本計画における目標であることを示す。
注(4)　平成22年基本計画における品目別自給率の目標は、我が国の持てる資源を全て投入したときに初めて可能となる高い目標として設定されたものである。
注(5)　飼料作物の実績は、低質粗飼料を含めた粗飼料全体の自給率である。

ウ　農地及び農業労働力の確保に係る指標の見通し及び実績

㋐　農地

　　農地の確保に係る指標としては、各基本計画において、基本計画の目標年における農地面積の見通しや、生産努力目標を前提とした場合に必要となる耕地利用率等が示されていることから、農地面積及び耕地利用率の推移をみると、いずれも、これまでの全ての基本計画の目標年で見通しを下回っており、農地面積については、2年において437万haとなっていて、既に7年の見通しの水準(440万ha)まで減少してきている。

　　農地面積については、各基本計画と合わせて策定された「農地の見通しと確保」等において、農地の転用や荒廃農地がこれまでと同水準で発生し、かつ、荒廃農地の発生防止・解消に係る施策を講じないと仮定した場合の農地面積に、同施策の効果として増加する農地面積を加えるなどして見通しが示されている。そこで、農地面積の増減事由別に、それぞれの農地面積の見通しと実績とを対比すると、平成22年基本計画においては、農地の転用及び荒廃農地の発生の実績については見通しを上回り、荒廃農地の解消の実績については見通しを下回る状況となっていた。

㋑　農業労働力

　　農業労働力の確保に係る指標としては、各基本計画と合わせて策定された「農業構造の展望」において、基幹的農業従事者[注]数等について、近年の傾向が続いた場合の見通し(以下「す

───────────────────────────────

(注)　基幹的農業従事者　　15歳以上の世帯員のうち、ふだん仕事として主に自営農業に従事している者

う勢ベース」）及び新規就農を促進することなどにより増加することを前提にした場合の見通し（以下「展望ベース」）が示されている。そして、上記基幹的農業従事者数等の見通しと実績とを対比すると、平成12年基本計画及び平成17年基本計画の基幹的農業従事者数についてはすう勢ベースを上回っていたが、平成22年基本計画の基幹的農業従事者数及び販売農家(注)数についてはすう勢ベースを下回っていた。また、4年時点で、平成27年基本計画及び令和2年基本計画において、展望ベースとしてそれぞれの基準年から増加を見込んでいた40代以下及び49歳以下の青年層について、それぞれの基本計画の基準年の農業就業者数よりも減少している状況となっていた。

エ　生産資材に係る指標に係る目標の達成状況

生産資材のうち飼料については、基本計画において飼料自給率目標が設定されている。

そして、飼料自給率目標の達成状況をみると、平成10年度以降、粗飼料の自給率は70％台後半で推移しているが、飼料の国内供給量の8割を占める濃厚飼料の自給率が10％前後で推移していることから、飼料自給率は20％台で推移しており、飼料自給率目標を達成できていなかった。

なお、生産資材のうち肥料については、基本計画等に目標や総合食料自給率の目標の前提となる指標が設定されていない。

オ　総合食料自給率等の指標の検証状況

アからエまでのとおり、総合食料自給率等の基本計画等に示された指標の中には、目標を達成していないなどしているものが見受けられたことから、同指標の検証状況を確認したところ、農林水産省は、基本計画を策定する際には、基本法に基づき、審議会において、政策評価の結果等を踏まえた施策の検証を行っているとしていた。

そこで、直近で目標年度（目標年を含む。）に到達した平成22年基本計画等に示された指標が、政策評価の指標として設定されているかをみたところ、牛肉、豚肉及び鶏肉の生産努力目標に係る指標は設定されていた一方、それ以外の指標については設定されていなかった。

また、令和2年基本計画の策定の際の審議会（令和元年9月から2年3月まで）における、基本計画等に示された指標の検証状況をみたところ、品目別自給率を除き、全ての指標について、平成27年基本計画等で示された指標の進捗状況は検証されていたが、目標年度に到達した基本計画等に示された指標に係る目標年度における目標の達成状況を確認して、目標年度において目標を達成していなかった場合の要因分析をするなどの検証は行われていなかった。

上記について、農林水産省は、総合食料自給率については、平成16年に総合評価による政策評価を実施していたものの、外交、経済等の様々な要因により決定されるものであることなどから、政策評価の対象とすることができないとしていた。また、基本計画等に示された指標について、審議会において、直近の基本計画の進捗状況で検証していることについては、今後10年程度先までの施策の方向等を示すものとして策定される基本計画がおおむね5年ごとに見直されることから、その時点における施策の方向等を示しているのが直近の基本計画であることを理由としていた。

しかし、総合食料自給率については、政策評価の対象とし難い面があるとしても、長期に多額の予算を措置してきた食料の安定供給に向けた取組について、総合食料自給率やその目標の

(注) 販売農家　　経営耕地面積が30a以上又は農産物販売金額が年間50万円以上の農家

前提となっている指標に係る目標の達成状況を適時適切に検証することにより、得られた知見等を将来の政策に的確に反映していくことが重要である。

本院の所見　食料の安定供給については、近年の気候変動等による世界的な食料生産の不安定化、ウクライナ情勢の緊迫化等に伴う輸入食品原材料や生産資材の価格高騰等を背景として、政府は、食料安全保障の強化が国家の喫緊かつ最重要課題となっているとしている。一方、基本法は、制定から20年以上が経過し、農業構造の変化に加えて、食料安全保障上のリスクが制定時には想定されなかったレベルに達してきており、基本法の改正に向けた検証・検討が進められている。

このような中、本院において、基本法制定以降に策定された基本計画について、総合食料自給率等の基本計画等に示された指標に係る目標年度における目標の達成状況等を検査したところ、次のような状況となっていた。

基本計画等に示された指標の中には、目標年度において目標を達成等していない指標があり、その中には、総合食料自給率や飼料自給率等、全ての目標年度において目標を達成していない指標もあった。また、飼料作物に係る指標の中には、目標と対比可能な実績を把握しておらず、目標と実績とを対比できないものなどがあった。しかし、基本計画等に示された指標について、農林水産省は、進捗状況は検証していたものの、基本計画の目標年度における目標の達成状況等の検証は行っていなかった。

そこで、品目ごとの供給熱量ベースの総合食料自給率への寄与度を本院が試算した結果、小麦及び大豆を除いて生産量の増加による総合食料自給率の上昇への寄与度が小さいことなどが明らかになった。また、小麦、大豆及び飼料作物の生産の増大に係る取組について、大豆及び飼料作物はその効果の発現に一定の制約があることが思料されるとともに、小麦及び大豆は基本計画どおりに当該取組を継続したとしても海外依存度が高いことに変わりはない状況となるなどしていた。一方、小麦の輸入について、ウクライナ情勢の影響を緩和するための政府売渡価格に係る緊急措置による減収額を試算すると、300億円超になっていた。

今後、農林水産省が、限られた予算の中で、食料の安定供給に向けた取組により、農業構造の変化や食料安全保障上のリスクに対応していくためには、より一層、効率的、効果的な施策の実施が求められている。そして、食料の安定供給や食料自給率向上に向けた施策の実施に当たっては、情報提供等を通じて国民の理解を深めるとともに、基本計画等に示された指標に係る目標の達成状況等を適時適切に検証するなどして効率的、効果的に実施していくことがますます重要になる。

ついては、本院の検査で明らかになった状況を踏まえて、今後、農林水産省において、食料の安定供給に向けた取組について、効率的、効果的な施策の実施に資するよう基本計画等に示された指標に係る目標の達成状況等の検証を適時適切に行うことの重要性に留意して、引き続き、生産の増大、輸入及び備蓄の適切な組合せにより食料の安定供給が図られるよう努めることが望まれる。

本院としては、食料の安定供給に向けた取組について、引き続き注視していくこととする。

（検査報告599ページ）

（前掲78ページ「令和４年度決算検査報告の特色」参照）

特　定　燃料油価格激変緩和対策事業の実施状況について

┌═＜検査状況の要点＞═══════════════════════════════════
│　　資源エネルギー庁が事業者に対して補助金を交付して基金を造成させて実施する燃料油価格
│　激変緩和対策事業の実施状況はどのようになっているか、基金を取り崩して燃料油の卸売事業
│　者(以下「卸売事業者」)に交付する補助金(以下「基金補助金」)の交付額の算定は適切か、基金補
│　助金の交付等の業務を委託した事務局における業務の実施状況はどのようになっているか、交
│　付された基金補助金の小売価格への反映状況はどのようになっているかなどに着眼して検査し
│　たところ、
│　　①　基金補助金の交付額の算定方法等に関して、補助対象数量がマイナス値となる場合の基
│　　　金補助金の取扱いについて、同庁が令和3年12月に定めた「コロナ下における燃料油価格激
│　　　変緩和対策事業における実務ガイドライン」に定めがなく、また、卸売事業者に対する同庁
│　　　の指示が適切でなかったため、卸売事業者2者において、国内向け販売量が国内調達量を
│　　　下回る場合の基金補助金の交付額の算定が適切とは認められない状況となっていた。
│　　②　小売事業者に対して電話により行っていた小売価格の聞き取り調査(以下「電話調査」)及
│　　　び調査員を派遣して行っていた小売価格の視察調査(以下「現地調査」)の実施状況等に関し
│　　　て、同庁は、小売価格の上昇が適切に抑制されていたのかなどについて、両調査の結果に
│　　　基づく分析を行っておらず、両調査の実施がどのように小売価格の抑制に寄与しているの
│　　　かなどについては不明な状況となっていた。また、単に全国の小売価格の推移を把握する
│　　　のであれば、同庁が燃料油価格激変緩和対策事業の実施前から行っている石油製品小売市
│　　　況調査の結果を活用することにより十分対応可能であると考えられる。電話調査及び現地
│　　　調査については、小売価格の把握に加えて、小売事業者に対して心理的に小売価格の抑制
│　　　を促すという事実上の効果があると思料されるものの、上記のような状況等に鑑みると、
│　　　両調査の実施が価格抑制の実効性を確保するという目的に照らしてどのように機能してい
│　　　るかを検証した上で、両調査の必要性も含めて、その実施内容や実施方法、報告内容等に
│　　　ついて十分に検討することが望まれる。
│　　したがって、同庁において、以下のことに留意する必要がある。
│　　①　今後の概算払及び精算において、国内向け全販売量が国内調達量を下回る場合の基金補
│　　　助金の交付が適切なものとなるよう、同一の燃料油に対して二重に基金補助金が交付され
│　　　ている事態を解消させるとともに、同様の事態の再発防止を図るために、卸売事業者等に
│　　　対して適切な指導等を行うこと
│　　②　電話調査及び現地調査については、燃料油価格激変緩和対策事業を継続して実施する場
│　　　合や、今後同種の事業を実施する場合には、事業実施期間中においても、随時、電話調査
│　　　及び現地調査の必要性も含めて、その実施内容や実施方法、報告内容等について十分に検
│　　　討すること
└══

検査の背景

⑴　燃料油価格激変緩和対策事業の概要等

　ア　燃料油価格激変緩和対策事業の概要

　　　政府は、令和3年11月に「コロナ克服・新時代開拓のための経済対策」を閣議決定した。これを
　　受けて、資源エネルギー庁は、原油価格の高騰がコロナ下からの経済回復の重荷になる事態を

防ぐための激変緩和措置として、燃料油の卸売価格の抑制のための手当てを行うことで、小売価格の急騰を抑制することにより、消費者の負担を低減することを目的として、「コロナ下における燃料油価格激変緩和対策補助金交付要綱」を定め、これに基づき、基金の造成、管理等を円滑に実施できる事業者(以下「基金設置法人」)に対して補助金を交付して基金を造成させて、「コロナ下における燃料油価格激変緩和対策事業」を実施することとした。そして、「コロナ下における燃料油価格激変緩和対策補助金実施要領」によれば、基金設置法人は、燃料油の卸売事業者(注1)(以下「卸売事業者」)に対する補助金の交付等の業務について、経済産業大臣が定める事業者(以下「事務局」)と委託契約を締結して実施することとされている(基金を取り崩して卸売事業者に交付する補助金を「基金補助金」)。

　資源エネルギー庁は、本事業の実施前から、サービスステーション(以下「SS」)2,000か所程度を対象として、小売価格に関する石油製品小売市況調査(以下「本庁調査」)を毎週行っていた。そして、本事業における基金補助金の交付対象期間中に、本庁調査によるレギュラーガソリンの1L当たりの全国平均小売価格が資源エネルギー庁が定める基準価格(当初は170円/L)以上となったときに、基金補助金を交付することとなっていた。基金補助金の交付額は、本庁調査が実施された週の木曜日を起算日とした1週間の燃料油(ガソリン等)の卸売販売量に支給単価を乗じた額とされている。そして、4年1月24日に実施された本庁調査において、レギュラーガソリンの全国平均小売価格が基準価格を超える170.2円/Lとなったことから、同月27日以降の燃料油の卸売販売量を対象として、卸売事業者に対する基金補助金の交付が開始された。

　基金補助金の交付額の算定に当たり、1L当たりの支給単価は、1週間ごとに、次の算定式のとおり、予測価格(注2)から基準価格を差し引いて算定することとなっている。当初、支給単価の上限は5円/Lとなっていた。

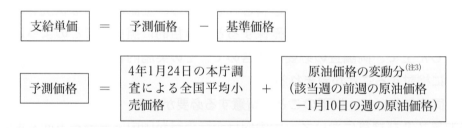

　図表1のとおり、5年3月末までに講じた対策により、基金補助金の交付対象期間の延長、支給単価の上限の引上げなどが行われている(燃料油価格の激変緩和に係る事業を総称して「燃料油価格激変緩和対策事業」、燃料油価格激変緩和対策事業に係る補助金の交付要綱及び実施要領を、それぞれ「交付要綱」及び「実施要領」)。そして、燃料油価格激変緩和対策事業の予算額は3、4両年度で累計6兆2133億円となっている。なお、前記の基金については、燃料油価格激変緩和対策事業の変遷に伴い、その名称は変更されているものの、同一の基金として管理されている。

(注1) 燃料油の卸売事業者　　石油の備蓄の確保等に関する法律第16条の規定に基づき石油輸入業の登録をした事業者、同法第26条の規定に基づき石油精製業の届出をした事業者等
(注2) 予測価格　　基金補助金を交付しなかった場合に想定される翌週の本庁調査によるレギュラーガソリンの1L当たりの全国平均小売価格
(注3) 原油価格の変動分　　原油価格の変動分の算定に用いる原油価格は、日本経済新聞に掲載されているドバイ原油価格(米ドル建て価格。TTSレート(Telegraphic Transfer Selling rate)を用いて円建てに換算したもの)の1週間の平均値

図表1　燃料油価格激変緩和対策事業の変遷（令和5年3月末時点）

対策名等（閣議決定等）	コロナ克服・新時代開拓のための経済対策（閣議決定）	原油価格高騰に対する緊急対策（原油価格高騰等に関する関係閣僚会合）等	コロナ禍における「原油価格・物価高騰等総合緊急対策」（原油価格・物価高騰等に関する関係閣僚会議）	第4回物価・賃金・生活総合対策本部	物価高克服・経済再生実現のための総合経済対策（閣議決定）
決定日	令和3年11月19日	4年3月4日	4月26日	9月9日	10月28日
事業名	コロナ下における燃料油価格激変緩和対策事業	コロナ感染症及び国際情勢の緊迫化に伴う燃料油価格激変緩和対策事業	燃料油価格激変緩和対策事業		
補助金名	コロナ下における燃料油価格激変緩和対策補助金	コロナ感染症及び国際情勢の緊迫化に伴う燃料油価格激変緩和対策補助金	燃料油価格激変緩和対策補助金		
基金名	コロナ下における燃料油価格激変緩和基金	コロナ感染症及び国際情勢の緊迫化に伴う燃料油価格激変緩和基金	燃料油価格激変緩和基金		
事業開始日	4年1月27日	3月10日	4月28日		
基金補助金の交付対象期間	4年3月末まで	3月末まで（その後、4月末まで）	9月末まで	12月末まで	5年9月末まで
補助対象燃料油	ガソリン、軽油、灯油、重油		ガソリン、軽油、灯油、重油、航空機燃料		
基準価格	170円/L（4週毎に1円/L切上げ）	172円/L	168円/L		
支給単価の上限	5円/L	25円/L	35円/L（35円/Lを超える分についても1/2を支給）		5年1月から5月にかけて毎月2円/Lずつ引下げ、6月以降は段階的に縮小
予算措置	893億円	3579億余円	1兆4429億余円	1兆2959億余円	3兆0271億余円
年度、会計名及び科目	令和3年度エネルギー対策特別会計エネルギー需給勘定（項）燃料安定供給対策費（目）石油製品販売業構造改善対策事業費等補助金	令和3年度一般会計（項）燃料安定供給対策費（目）燃料油価格激変緩和強化対策事業費補助金令和3年度エネルギー対策特別会計エネルギー需給勘定（項）燃料安定供給対策費（目）石油製品販売業構造改善対策事業費等補助金	令和4年度一般会計（項）燃料安定供給対策費（目）燃料油価格激変緩和強化対策事業費補助金	令和4年度一般会計（項）燃料安定供給対策費（目）燃料油価格激変緩和強化対策事業費補助金	令和4年度一般会計（項）エネルギー需給構造高度化対策費（目）エネルギー価格激変緩和対策事業費補助金
財源の内訳	○70億円（移用及び流用）○予備費23億円○補正予算（特第1号）800億円（うち300億円は予備費）	○令和3年度一般会計予備費3499億余円○令和3年度エネルギー対策特別会計79億余円（移用及び流用）	○予備費2774億余円○補正予算（第1号）1兆1655億余円	○新型コロナウイルス感染症及び原油価格・物価高騰対策予備費1兆2959億余円	○補正予算（第2号）3兆0271億余円
累計	893億円	4472億余円	1兆8901億余円	3兆1861億余円	6兆2133億余円

イ　支給単価の上限の変更等

　　実施要領等によれば、基準価格は4年3月7日の週から同年4月18日の週までは172円/Lに固定され、同期間の支給単価の上限については5円/Lから25円/Lに引き上げられた。また、予測価格は、該当週の前週の支給単価も用いて算定する方法に改められ、同年3月7日の週以降は、次の算定式により算定することとされた。

$$予測価格 = \boxed{\begin{array}{c}該当週の本庁調\\査による全国平\\均小売価格\end{array}} + \boxed{\begin{array}{c}該当週の\\前週の支給\\単価\end{array}} + \boxed{\begin{array}{c}原油価格の変動分\\(該当週の前週の原油価格\\－該当週の前々週の原油価格)\end{array}}$$

　　さらに、4年4月25日の週以降、基準価格については168円/Lに固定され、支給単価の上限については25円/Lから35円/Lに引き上げることとされるとともに、予測価格から基準価格を差し引いた額が35円/Lを超える場合は、その超過分に0.5を乗じた額を支給単価に加算することなどとされた。また、同月28日以降、補助対象となる燃料油として航空機燃料が加えられた。

⑵　燃料油価格激変緩和対策事業の実施体制の概要

　　資源エネルギー庁は、3年11月25日に、「令和3年度「コロナ下における燃料油価格激変緩和対策事業」に係る基金設置法人募集要領」及び「令和3年度「コロナ下における燃料油価格激変緩和対策事業」に係る事務局募集要領」(これらを「募集要領」)を定め、事業内容、委託業務の内容、委託費の上限額等を示して、基金設置法人及び事務局をそれぞれ募集した。審査の結果、同年12月2日に、基金設置法人については一般社団法人全国石油協会(以下「全国石油協会」)を、事務局については株式会社博報堂(以下「博報堂」)を、それぞれ採択した。これを受けて、同月8日に全国石油協会と博報堂との間で委託契約が締結された。

⑶　予算執行調査の結果を踏まえた資源エネルギー庁の対応

　　財務省は、4年度に燃料油価格激変緩和対策事業を対象とする予算執行調査を実施している。そして、4年3月から7月までのガソリン販売実績量等を基に基金補助金の交付による価格抑制効果を機械的に推計したところ、ガソリン分について、実際の抑制額が基金補助金の交付額を110億円下回る結果となっていること、また、基金補助金の趣旨について改めてSSに対して周知徹底を行い、基金補助金全額の販売価格への転嫁を促すべきであることなどの調査結果を同年10月に公表している。

　　資源エネルギー庁は、当該予算執行調査の結果を踏まえて、国内の全てのSS(以下「全SS」)及びSS以外の一部の小売事業者に対して電話により行っていた小売価格の聞き取り調査(以下「電話調査」)において、基金補助金の趣旨について改めて説明するなどして、基金補助金全額の小売価格への反映を促すとともに、全SS等の中から選定したSSに調査員を派遣して行っていた小売価格の視察調査(以下「現地調査」)の実施数を増やすなどの対応を執っている。

⑷　行政事業レビューシート等の作成状況等

　　各府省庁は、行政事業レビュー実施要領等に基づき、行政事業レビューシート等を作成し、公表することなどとなっている。資源エネルギー庁は、燃料油価格激変緩和対策事業について、成果目標を定めるなどした行政事業レビューシート等を作成して公表している。

　【検査の着眼点等】　前記のとおり、燃料油価格激変緩和対策事業は、基金補助金の交付対象期間が数次にわたり延長されるとともに、支給単価の上限が変更されるなどしていて、3、4両年度に6兆2133億円に上る多額の予算が計上されている。また、資源エネルギー庁は、前記の予算執行調査の結果を踏まえて、基金補助金全額の小売価格への反映を促すなどの対応を執っている。

　　そこで、本院は、上記の状況等を踏まえて、合規性、経済性、効率性、有効性等の観点から、燃料油価格激変緩和対策事業の実施状況はどのようになっているか、基金補助金の交付額の算定は適切か、事務局における委託業務の実施状況はどのようになっているか、交付された基金補助金の小売価格への反映状況はどのようになっているかなどに着眼して検査した。

検査の状況

⑴　燃料油価格激変緩和対策事業の予算の執行状況等

ア　燃料油価格激変緩和対策事業の予算の執行状況

　　燃料油価格激変緩和対策事業の予算の執行状況についてみたところ、歳出予算現額は6兆2133億円、支出済歳出額は3兆1910億円となっていて、3兆0222億円を4年度から5年度に繰り越していた。その後、資源エネルギー庁は、5年6月末までに、5年度に繰り越した3兆0222億円のうち1984億円を基金設置法人に対して補助金として交付している。

イ　基金の造成額

　　全国石油協会における基金造成の状況についてみたところ、全国石油協会は、3年12月から5年3月末までの間に、必要の都度、国から補助金の交付を受けていた。そして、3、4両年度の歳出予算現額6兆2133億円のうち、5年3月末までに3兆1910億円を基金に積み立てていたものの、残りの3兆0222億円は国から交付を受けていなかった。その理由を確認したところ、全国石油協会は、93億円で燃料油価格激変緩和対策事業を開始したものの、数次にわたる基金補助金の交付対象期間の延長等により多額の基金を管理することは想定しておらず、いわゆるマイナス金利政策の影響により金融機関は多額かつ短期の資金を受け入れるとマイナス金利を負担することになるため、造成した基金を預金できる金融機関を確保できなかったとしている。

ウ　基金の取崩額、基金残高等

　　全国石油協会は、交付要綱等に基づき、卸売事業者に対して基金補助金を交付する場合のほか、全国石油協会の基金管理等に要する経費に充てる場合や博報堂に対して委託費を支払う場合に、経済産業大臣の了解を得た後、基金を取り崩すことができることとなっている。

　　全国石油協会が基金に積み立てた3兆1910億円について、5年3月末時点における基金の取崩額、基金残高等の状況をみたところ、基金の取崩額は計2兆9893億円となっていて、基金残高は2017億円となっていた。

エ　基金補助金の交付額

　　全国石油協会が3年12月に定めた「コロナ下における燃料油価格激変緩和対策補助金交付規程」によれば、基金補助金の支払に当たり、必要があると認められる経費については概算払を行うことができるとされている。そして、卸売事業者は、概算払の請求に当たっては、概算払請求書のほか、証ひょうとして燃料油別・販売先別の販売数量、販売期間、支給単価等が明記された請求書等を全国石油協会に提出しなければならないとされている。

　　また、卸売事業者による概算払の請求に当たっては、原則として、週ごとに基金補助金の交付額を算定した上で月単位で翌月に請求することになっており、概算払の請求を受けた全国石油協会は、博報堂の審査を経るなどして、請求を受けた月の月末までに当該卸売事業者に対して概算払を行うことになっている。そして、資源エネルギー庁が3年12月に定めた「コロナ下における燃料油価格激変緩和対策事業における実務ガイドライン」（以下「ガイドライン」）によると、卸売事業者は、燃料油価格激変緩和対策事業の最終月から3か月を超えない範囲において精算に係る申請等を行うこととなっている。燃料油価格激変緩和対策事業については、5年9月末現在、同年12月末まで延長されることとなっており最終月に至っていないため、精算は行われておらず、概算払が続けられている状況となっている。

　　そして、5年3月末までの基金補助金の交付状況についてみたところ、概算払により基金補助金の交付を受けていた卸売事業者は30者、交付額は計2兆9893億円となっていた。また、燃料油

別にみると、ガソリン計1兆2849億円（全体の42.9％）、軽油計9112億円（同30.4％）、灯油計2911億円（同9.7％）、重油計4391億円（同14.6％）及び航空機燃料計628億円（同2.1％）となっていた。

(2) 基金補助金の交付額の算定方法等

ア　基金補助金の交付額の算定方法

ガイドラインによると、燃料油については、同一の燃料油に対して二重に基金補助金が交付されることを防ぐために、原則として、輸入又は国内で精製した卸売事業者が当該燃料油を販売した時点において、基金補助金が一回に限り交付されることとなっている。

資源エネルギー庁は、燃料油価格激変緩和対策事業の開始前に、一部の卸売事業者から聞き取りを行った上で、基金補助金の交付対象となる燃料油の販売量（以下「補助対象数量」）の算定について三つの方法を設定しており、これらを算定式で示すと次のとおりとなっている。

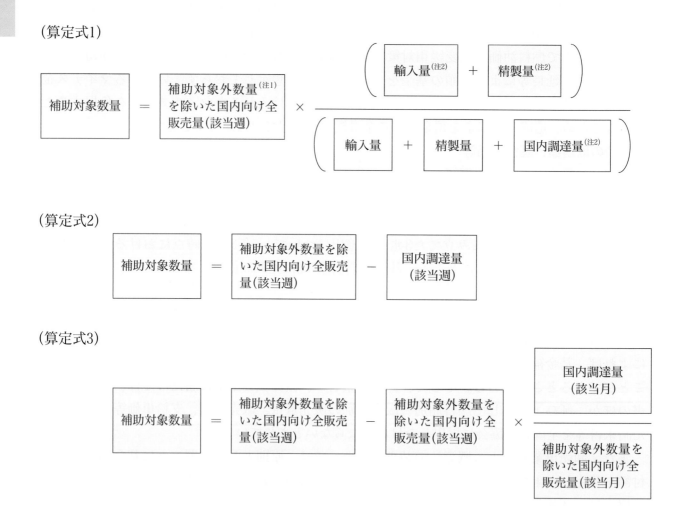

（算定式1）

（算定式2）

（算定式3）

ガイドライン等によると、卸売事業者は、補助対象数量の算定に当たり、当該卸売事業者に係る燃料油取引の実情に合わせて三つの算定式からいずれか一つを選択して補助対象数量を算定し、これに支給単価を乗ずるなどして、基金補助金の交付額を算定することとなっている。

（注1）補助対象外数量　国内向け全販売量のうち、支給単価を反映した価格で販売することができなかった場合や、燃料以外の用途で用いられることが明らかであった場合等における販売量

（注2）輸入量、精製量及び国内調達量は、1年以内であり、かつ、各卸売事業者が合理的であると判断する特定の期間（6か月、1年等）内の量となる。また、国内調達量は、他の卸売事業者からの仕入量であることから、原則として基金補助金分が織り込まれたものとなる。

なお、卸売事業者は、一度選択した算定式を事業実施期間中に他の算定式に変更することはできないこととなっている。

イ　卸売事業者における基金補助金の取扱い

(ア)　基金補助金の卸売価格への反映状況

卸売事業者30者が概算払の請求時に全国石油協会に提出していた証ひょうを確認するなどしたところ、卸売事業者は、燃料油の販売に当たり、支給単価相当分を差し引いた額を卸売価格としていることを小売事業者等に対して通知した上で販売していて、検査した範囲では、支給単価が卸売価格に反映されていない事態は見受けられなかった。

(イ)　国内向け全販売量が国内調達量を下回る場合の取扱い

三つの算定式は、いずれも販売量等の計数を週ごとに把握することが想定されている。一方、卸売事業者における燃料油の実際の販売は、卸売事業者の規模や市況等にも左右され、調達した週内で完了することもあれば、翌週以降に及ぶこともあると考えられる。

そして、補助対象外数量がないと仮定すると、ある週に調達した燃料油の販売が翌週以降にも及ぶ場合、算定式2及び算定式3による補助対象数量はマイナス値となる場合があるが、ガイドラインには、補助対象数量がマイナス値となる場合の基金補助金の取扱いについては定められていなかった。

そこで、本院において、卸売事業者30者から全国石油協会に5年6月末までに提出されていた概算払請求書を確認したところ、一部の請求月において週単位の国内向け全販売量が国内調達量を下回り補助対象数量がマイナス値となっている卸売事業者が3者見受けられた。

このうち、卸売事業者2者は、マイナス値となった燃料油の補助対象数量に係る基金補助金の交付額を算定すると計マイナス3億6611万円となったのに、資源エネルギー庁に問合せを行った結果、同庁の指示に基づき、これを0円としたとしていて、基金補助金の交付額の算定に当たり、マイナス分を他の燃料油に係る基金補助金の交付額と相殺していなかった。

前記のとおり、資源エネルギー庁は、同一の燃料油に対して二重に基金補助金が交付されることを防ぐためにガイドラインを定めている。また、同庁は、算定式2及び算定式3において国内調達量を差し引くこととしている理由について、卸売事業者が国内で調達した燃料油を小売事業者等に販売する場合、国内で調達した燃料油の卸売価格には基金補助金分が原則として織り込まれていることによるとしている。これらのことから、マイナス値となった燃料油の補助対象数量に係る基金補助金の交付額を0円として、これを相殺せずに基金補助金の交付額を算定した場合、同一の燃料油に対して二重に基金補助金が交付されることになる。

このように、補助対象数量がマイナス値となる場合の基金補助金の取扱いについてガイドラインに定めがなく、また、卸売事業者に対する同庁の指示が適切でなかったため、国内向け販売量が国内調達量を下回る場合の基金補助金の交付額の算定が適切とは認められない状況となっていた。なお、資源エネルギー庁は、本院の検査を踏まえて、5年6月30日にガイドラインを改定し、その内容を全国石油協会、卸売事業者及び博報堂に対して周知した。

したがって、資源エネルギー庁は、今後の概算払及び精算において、国内向け全販売量が国内調達量を下回る場合の基金補助金の交付が適切なものとなるよう、前記のように同一の燃料油に対して二重に基金補助金が交付されている事態を解消させるとともに、同様の事態の再発防止を図るために、卸売事業者等に対して適切な指導等を行う必要がある。

(3)　事務局における委託業務の状況等

　　ア　事務局における委託業務の実施体制の状況

　　　　博報堂の企画提案書によると、委託費の総額は24億9061万円であり、このうち再委託費は計19億1977万円、再委託費の割合(以下「再委託費率」)は77.0%となっていた。

　　　　募集要領によると、再委託費率が50%を超える場合には、理由書を資源エネルギー庁に提出することとなっている。理由書によると、事務局として実施する各業務は専門性が求められることから、これらの業務を専門的に扱う事業者に再委託することにより、事業全体の品質確保と事業費の効率化を図ることができるためであるとしていた。そして、博報堂は、事業全体の企画、立案等に係る業務を除く専門的な業務を株式会社ヴァリアス・ディメンションズ(以下「VD社」)、株式会社博報堂プロダクツ、株式会社博報堂DYメディアパートナーズ及び株式会社D&Iパートナーズ(4年4月1日に株式会社博報堂コネクトに社名変更)の4者に再委託していた。

　　　　また、博報堂から受託した業務の一部について、VD社は5者に対して、株式会社D&Iパートナーズは2者に対して、それぞれ委託又は外注(博報堂が全国石油協会から受託した業務の再々委託等)を行っていた。なお、5年3月末時点において、再々委託等を受けた上記の5者から更に委託又は外注を行っているものはなかった。

　　イ　委託費及び再委託費の推移等

　　　　燃料油価格激変緩和対策事業については、基金補助金の交付対象期間が延長されるとともに、支給単価の上限が変更されるなどしていて、その歳出予算現額は当初と比べて大幅に増加している。そのため、全国石油協会と博報堂との間の委託契約についても、改定について合意するなどしていて、5年3月末時点において、委託費の上限額は126億円に増加していた。

　　　　そして、この上限額126億円のうち、博報堂の人件費等に相当する額を除いた108億円(再委託費率86.1%)がVD社等4者に対する再委託費に係る額となっていた。

　　ウ　電話調査及び現地調査の実施状況等

　　　　資源エネルギー庁は、燃料油価格激変緩和対策事業を実施するに当たり、小売価格の上昇が適切に抑制されるよう、全国の小売価格の推移をモニタリングすることにより価格抑制の実効性を確保するとしている。

　　　　博報堂は、企画提案書において、募集要領において実施することとなっている「価格モニタリングに係る業務」について、ガソリン等の小売価格を把握するために、電話調査及び現地調査を行うとしていた。そして、博報堂は、資源エネルギー庁との協議を経て、VD社に価格モニタリングに係る業務を再委託していて、再委託費の上限額は5年3月末時点で62億円となっていた。

　　　　そこで、電話調査及び現地調査の実施状況等についてみたところ、次のとおりとなっていた。

　　　(ア)　電話調査の実施状況

　　　　　VD社は、博報堂を通じて資源エネルギー庁から全国のSS28,578か所(当時)に係る事業者名、給油所名、電話番号、住所等の基礎情報が記載されたリストの提供を受けて、これを基に電話調査を実施することとしていた。

　　　　　電話調査は、本庁調査と同様に、SSにおける小売価格を毎週調査するものとなっており、基金補助金の交付が開始された4年1月27日から5年3月末までの間(計61週間)において、VD社が電話調査を実施した時期及び回数(計59回)は本庁調査と全く同じとなっていた。また、資源エネルギー庁は、全SSを対象に電話調査を行うことを博報堂を通じてVD社に指示していた(電話調査の対象としたSSを「電話調査対象SS」)。

　そこで、電話調査対象SSに対する電話調査の実施状況についてみたところ、電話調査対象SSの数に対する電話調査を実施したSSの数の割合は、1回目となる4年1月31日の週は96.7％となっていたが、その後漸減し、同年4月以降は75％程度で推移していた。そして、電話調査が実施されていないSS（以下「電話調査未実施SS」という。）の数は、電話調査開始直後から増加していて、同年3月7日の週以降は約5,000か所から約6,000か所までの間で推移していた。VD社は、電話調査未実施SSのほとんどは、過去の電話調査において回答を拒否したSS（以下「電話回答拒否SS」という。）であるとしている。VD社は、電話回答拒否SSに対しては、次回以降電話調査を実施せず、現地調査の対象とするなどの対応とすることについて、博報堂を通じて資源エネルギー庁の了承を得ていた。

(イ)　現地調査の実施状況

　資源エネルギー庁は、現地調査を実施するに当たり、電話調査の結果、小売価格の上昇が抑制されていないSS（小売価格が前週と比較して一定額以上上昇しているSS。以下「価格非抑制SS」という。）や、電話回答拒否SSを現地調査の対象とするよう、博報堂を通じてVD社に指示していた。そして、VD社は、電話調査の結果を踏まえるなどしてSSを選定し現地調査を実施していて、4年2月から5年3月末までの実施回数は計58回となっていた。

　現地調査の実施状況についてみたところ、現地調査の開始以降、現地調査の実施数は漸増していて、4年5月30日の週以降は1,500か所程度で推移していた。その後、資源エネルギー庁は、予算執行調査の結果を踏まえて、5年1月以降の現地調査の実施数を増やすよう、博報堂を通じてVD社に指示していたことから、同年1月9日の週以降は1,763か所から2,157か所までの間で推移していた。

　また、現地調査の実施数（延べ83,344か所）の内訳をみると、価格非抑制SSに対する現地調査の実施数が計7,394か所（延べ14,319か所）、電話回答拒否SSに対する現地調査の実施数が計7,788か所（延べ69,025か所）となっていて、延べ箇所数でみると、電話回答拒否SSの割合が全体の82.8％となっていた。

(ウ)　電話調査及び現地調査の結果についての報告

　資源エネルギー庁は、小売価格の上昇が適切に抑制されるよう、全国の小売価格の推移をモニタリングすることにより価格抑制の実効性を確保するとして、毎週電話調査及び現地調査を実施するよう、博報堂を通じてVD社に指示しており、その結果については、博報堂を通じて毎週報告を受けていた。

　そこで、博報堂からの報告内容をみたところ、電話調査及び現地調査のそれぞれについて、毎週の調査件数、回答件数、燃料油別の小売価格の平均価格等が記載されていた。

　一方、資源エネルギー庁は、燃料油価格激変緩和対策事業の効果として、毎週、予測価格と本庁調査による全国平均小売価格との差額を算定し、支給単価との関係を示した資料を公表しているが、博報堂を通じて毎週報告を受けている電話調査及び現地調査の結果については、公表しない取扱いとしていた。

　また、電話調査の結果については、前記のとおり、現地調査の対象となる価格非抑制SSの選定に活用されているものの、価格非抑制SS及び電話回答拒否SSに対する現地調査については、各調査時点における小売価格の把握にとどまっていた。

　そして、資源エネルギー庁は、小売価格の上昇が適切に抑制されていたのかなどについて、電話調査及び現地調査の結果に基づく分析を行っておらず、両調査の実施がどのように小売価格の抑制に寄与しているのかなどについては不明な状況となっていた。

㈏　電話調査、現地調査及び本庁調査の結果の比較

　SSにおける小売価格に関する調査としては、電話調査、現地調査及び本庁調査の三つがあることから、レギュラーガソリンの全国平均小売価格について、これらの調査結果を比較してみたところ、図表2のとおり、電話調査及び現地調査の結果が本庁調査の結果を常に下回る状況となっていたが、価格の推移は、いずれの調査も同様の傾向を示していると見受けられた。

図表2　電話調査、現地調査及び本庁調査の結果（レギュラーガソリン）

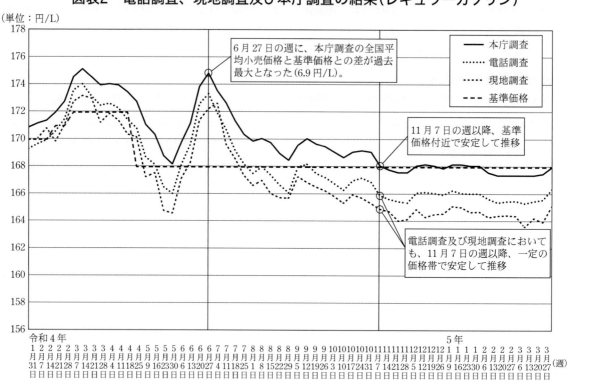

（注）現地調査は、前週の電話調査の結果を踏まえて実施することとなっているため、1回目の電話調査となる令和4年1月31日の週には実施されていない。

　そこで、各調査間の相関係数をそれぞれ算出したところ、0.98から0.99までの間となっていて、強い正の相関関係がみられ、上記の期間中においてほぼ同様の値動きをしていることが認められた。

　上記の比較分析結果を踏まえると、単に全国の小売価格の推移を把握するのであれば、本庁調査の結果を活用することにより十分対応可能であると考えられる。

　前記のとおり、価格モニタリングに係る業務は、博報堂からVD社に再委託されていて、再委託費の上限額は5年3月末時点で62億円となっている。資源エネルギー庁は、小売価格の上昇が適切に抑制されるよう、全国の小売価格の推移をモニタリングすることにより価格抑制の実効性を確保するとして、毎週電話調査及び現地調査を実施するよう博報堂を通じてVD社に指示している。

　しかし、前記のとおり、資源エネルギー庁は、小売価格の上昇が適切に抑制されていたのかなどについて、電話調査及び現地調査の結果に基づく分析を行っておらず、両調査の実施がどのように小売価格の抑制に寄与しているのかなどについては不明な状況となっていた。また、単に全国の小売価格の推移を把握するのであれば、本庁調査の結果を活用することにより十分対応可能であると考えられる。

電話調査及び現地調査については、小売価格の把握に加えて、小売事業者に対して心理的に小売価格の抑制を促すという事実上の効果があると思料されるものの、上記のような状況等に鑑みると、両調査の実施が価格抑制の実効性を確保するという目的に照らしてどのように機能しているかを検証した上で、両調査の必要性も含めて、その実施内容や実施方法、報告内容等について十分に検討することが望まれる。

したがって、資源エネルギー庁は、燃料油価格激変緩和対策事業を継続して実施する場合や、今後同種の事業を実施する場合には、事業実施期間中においても、随時、電話調査及び現地調査の必要性も含めて、その実施内容や実施方法、報告内容等について十分に検討する必要がある。

⑷ 基金補助金の交付による価格抑制効果等

ア 資源エネルギー庁における価格抑制効果の指標

資源エネルギー庁は、基金補助金の交付による価格抑制効果を測定する指標として、該当週の支給単価の算定の基になった予測価格から翌週の本庁調査による全国平均小売価格を差し引いて算定した額を、1L当たりの抑制された単価(以下「抑制単価」)として公表している。

イ 基金補助金の交付による価格抑制効果

㊀ 基金補助金の交付額と実際の抑制額との比較

資源エネルギー庁が抑制単価を算定し、その結果を公表しているガソリン、軽油及び灯油のそれぞれについて、4年2月から5年3月までの14か月間に交付された基金補助金を対象として、予算執行調査と同様の算定方法により基金補助金の交付額と実際の抑制額とを比較した。

その結果、基金補助金の交付額は計2兆4713億円(ガソリン1兆2773億円、軽油9032億円及び灯油2907億円)となっていたのに対して、実際の抑制額は計2兆4508億円(同1兆2671億円、同8959億円及び同2876億円)となっていた。小売事業者の在庫状況等によって小売価格への反映に時間差が生ずるものであるため、これらを単純に比較することはできないが、ガソリン等における実際の抑制額は、基金補助金の交付額を計204億円下回るものとなっていた。このうち、ガソリンについてみると、基金補助金の交付額と実際の抑制額との開差額は101億円となり、予算執行調査の結果として公表されている5か月間の開差額110億円と比べて、9億円開差額が縮小していた。

㊁ 小売価格と卸売価格との比較

ガソリンの開差額は101億円となっており、当該期間についてみると、小売事業者において基金補助金の支給単価に相当する額が小売価格に反映されていない可能性がある。資源エネルギー庁は、前記のとおり毎週2,000か所程度のSSを対象に本庁調査を実施しているほか、毎月1,500か所程度のSSを対象に卸売価格に関する石油製品卸売市況調査を実施している。そこで、3、4両年度に上記両調査の対象となっており、かつ、3年度分と4年度分の調査結果を比較することができたSS700か所について、レギュラーガソリンの小売価格、卸売価格及びこれらの差(以下「価格差」)をみたところ、次のような状況となっていた。

上記のSS700か所の平均でみた小売価格等の推移は、事業開始の前後を問わず、卸売価格が上昇すると価格差が縮小し、卸売価格が下落すると価格差が拡大しているが、卸売価格が上昇しても価格差が縮小しなかった場合や、卸売価格が下落しても価格差が拡大しなかった場合がある。また、燃料油価格激変緩和対策事業の開始前の10か月間(3年4月から4年1月まで)において平均17.8円/Lであった価格差は、開始後の14か月間(4年2月から5年3月まで)では19.4円/Lとなり、1.6円/L拡大していた。

　　　レギュラーガソリンの小売価格は、原油コスト、揮発油税等の税金、精製費、備蓄費、販売
管理費等で構成されており、そのほとんどが変動する要素であることから、どの要素が小売価
格に影響を与えているか明確に示すことは困難であり、また、前記のとおり、卸売価格の変動
が価格差に反映されないこともある。

　　　これらのことなどから、基金補助金の支給単価に相当する額が小売価格に適切に反映されて
いたかどうかを判断することは困難であるが、前記のSS700か所について、SSごとに、燃料油価
格激変緩和対策事業の開始前後のそれぞれの期間における価格差の平均を算出して比較し、そ
の拡大又は縮小の状況をみた。そして、拡大又は縮小が0.5円/L未満のものを「価格差に変化
がない」とみなして集計したところ、700か所のうち、価格差に変化がないSSは102か所（全体の
14.5％）、価格差が拡大していたSSは486か所（同69.4％）、価格差が縮小していたSSは112か所
（同16.0％）となっていた。

ウ　行政事業レビューシート等における成果目標

　　　資源エネルギー庁が4年12月に公表した燃料油価格激変緩和対策事業に係る行政事業レビュー
シート等における定量的な成果目標は、「制度発動期間中にガソリンの全国平均価格が予測価格
よりも低くなる週の割合を100％にする」とされており、同庁は、同シートに、上記の成果目標を
達成した旨を記載していた。

　　　しかし、前記のとおり、同庁は、燃料油価格激変緩和対策事業について、予測価格を基に支
給単価を決定して基準価格を目指す事業であるとしていることから、基金補助金の交付により
ガソリンの全国平均小売価格が予測価格よりも低くなればその目的が達成されるというものでは
ない。このため、行政事業レビューシート等における定量的な成果目標は、事業の目的に照らし
達成すべき目標として適切とはいえない状況となっていた。なお、同庁は、本院の検査を踏まえ
て、上記成果目標の修正を検討している。

[本院の所見]　今回、基金補助金の交付額の算定方法等についてみたところ、補助対象数量がマイナ
ス値となる場合の基金補助金の取扱いについてガイドラインに定めがなく、また、卸売事業者に対す
る資源エネルギー庁の指示が適切でなかったため、卸売事業者2者において、国内向け販売量が国内
調達量を下回る場合の基金補助金の交付額の算定が適切とは認められない状況となっていた。同庁
は、本院の検査を踏まえて、5年6月30日にガイドラインを改定し、燃料油の補助対象数量がマイナス
値となる場合の基金補助金の交付額の算定方法等を定め、その内容を全国石油協会、卸売事業者及び
博報堂に対して周知した。

　　また、電話調査及び現地調査の実施状況等についてみたところ、資源エネルギー庁は、小売価格の
上昇が適切に抑制されていたのかなどについて、両調査の結果に基づく分析を行っておらず、両調査
の実施がどのように小売価格の抑制に寄与しているのかなどについては不明な状況となっていた。ま
た、単に全国の小売価格の推移を把握するのであれば、本庁調査の結果を活用することにより十分対
応可能であると考えられる。電話調査及び現地調査については、小売価格の把握に加えて、小売事業
者に対して心理的に小売価格の抑制を促すという事実上の効果があると思料されるものの、上記のよ
うな状況等に鑑みると、両調査の実施が価格抑制の実効性を確保するという目的に照らしてどのよう
に機能しているかを検証した上で、両調査の必要性も含めて、その実施内容や実施方法、報告内容等
について十分に検討することが望まれる。

　　したがって、資源エネルギー庁において、上記のような状況を踏まえた上で、今後の概算払及び精
算において、国内向け全販売量が国内調達量を下回る場合の基金補助金の交付が適切なものとなるよ

う次のアの点に留意するとともに、電話調査及び現地調査については、次のイの点に留意することが必要である。

ア　同一の燃料油に対して二重に基金補助金が交付されている事態を解消させるとともに、同様の事態の再発防止を図るために、卸売事業者等に対して適切な指導等を行うこと

イ　燃料油価格激変緩和対策事業を継続して実施する場合や、今後同種の事業を実施する場合には、事業実施期間中においても、随時、電話調査及び現地調査の必要性も含めて、その実施内容や実施方法、報告内容等について十分に検討すること

　本院としては、燃料油価格激変緩和対策事業の実施状況について、今後の原油価格、燃料油価格等の動向も踏まえつつ、資源エネルギー庁において同種の事業として実施されている電気・ガス価格激変緩和対策事業等の実施状況も含めて、引き続き検査していくこととする。　　（検査報告633ページ）

（前掲73ページ「令和４年度決算検査報告の特色」参照）

特　定　株式会社日本政策金融公庫等が中小企業者等に対して実施した新型コロナウイルス感染症特別貸付等に係る貸付債権等の状況について

＜検査状況の要点＞

　株式会社日本政策金融公庫（以下「日本公庫」）及び株式会社商工組合中央金庫（以下「商工中金」）が中小企業者等に対して実施した新型コロナウイルス感染症特別貸付等（以下「新型コロナ特別貸付等」）を対象として、貸付債権の状況はどのようになっているかなどに着眼して検査したところ、

①　新型コロナ特別貸付等に係る貸付債権の令和4年度末時点の貸付残高は、合計で989,267件14兆3085億円と多額に上っていた。そのうち9割超は元金返済中の貸付債権又は据置期間中の貸付債権であり、条件変更中の貸付債権及び延滞等に至った貸付債権は、いずれも1割未満となっていたが、3、4両年度末の金額はそれぞれ前年度末から大幅に増加していた。また、新型コロナ特別貸付等の借換えが相当数生じていると思料された。4年度末までに償却した新型コロナ特別貸付等に係る貸付債権は合計で7,291件697億円、同年度末における新型コロナ特別貸付等に係るリスク管理債権の額は合計で8785億円、同年度末における新型コロナ特別貸付に係る部分直接償却実施額は合計で1246億円となっていた。

②　日本公庫の国民生活事業において、新型コロナ特別貸付の審査手続において設けられた緩和措置の下における貸付申込先の状況把握の適正性を担保するための取組において、貸付申込先の状況把握が十分に行われたことが確認できない事態が見受けられた。

③　日本公庫の国民生活事業において、債務者の破綻等により貸付債権の全額について回収の見込みがないなどと認められるときに行う償却について、債務者の生活状況が困窮状況にあるという償却事由の根拠となる事実が十分に把握されていないまま償却が決定されていた事態が見受けられた。

　ついては、検査で明らかになった上記の状況を踏まえて、以下のことに留意するなどして、資金繰り支援等を適切に実施していく必要がある。

①　日本公庫及び商工中金において、新型コロナ特別貸付等及びその借換後の貸付債権について、引き続き、債務者の状況把握等を適切に実施するなどすること

②　日本公庫の国民生活事業において、今後の非常時において関係省庁の要請を踏まえるなどして緩和措置を設ける場合には、緩和措置の下における貸付申込先の状況把握の適正性

　　を担保するための取組がより適切に行われるよう努めること
　③　日本公庫の国民生活事業において、償却の決定を慎重かつ適切に行うとともに、外部に
　　委託して調査した結果に基づき債務者の生活困窮を事由として償却を決定した貸付債権に
　　ついては、改めて償却を決定した根拠を検証し、必要な対応を執るなどすること

検査の背景

⑴　新型コロナウイルス感染症の感染拡大の影響を受けている中小企業者等に対して株式会社日本
　政策金融公庫等が実施した資金繰り支援等の概要
　ア　株式会社日本政策金融公庫等が実施した中小企業者等に対する新型コロナ関連資金繰り支援
　　の概要
　　　株式会社日本政策金融公庫(以下「日本公庫」)、株式会社商工組合中央金庫(以下「商工中金」)
　　等は、令和2年1月以降の新型コロナウイルス感染症の感染拡大を受けて政府等が決定した対応
　　策等を踏まえて事業者に対する各種の資金繰り支援(以下「新型コロナ関連資金繰り支援」)を実
　　施している。
　　　中小企業者(注1)又は小規模事業者(注2)(これらを「中小企業者等」といい、商工中金の危機対応業
　　務に係る貸付け及び信用保証(注3)においては中小企業等協同組合等を含む。)に対する新型コロナ
　　関連資金繰り支援の5年3月末までの主な実績をみると、日本公庫、商工中金等による貸付けの
　　実績は約131万件21兆円であり、このうち①日本公庫の「中小企業者(主として小規模事業者)」に
　　対する「新型コロナウイルス感染症特別貸付(生活衛生新型コロナウイルス感染症特別貸付を含
　　む。)」、②日本公庫の「中小企業者」に対する「新型コロナウイルス感染症特別貸付」及び③商工中
　　金の「中小企業者」に対する「危機対応貸付け」の三つで全体の約90％に相当する約118万件19兆円
　　を占めている。また、信用保証の実績は約192万件35兆円、独立行政法人中小企業基盤整備機構
　　等による貸付金利を当初3年間実質的に無利子化するための利子補給等の実績は約226万件6959
　　億円となっている。
　イ　中小企業者等に対する新型コロナ関連資金繰り支援に関する国の財政援助の状況
　　　政府は、中小企業者等に対する新型コロナ関連資金繰り支援の実施に当たり、元年度から4年
　　度までの間、日本公庫、商工中金等に対して財政援助を行っており、その内訳は、財政投融資
　　計画に基づく財政融資資金の貸付け16兆5178億円、出資金10兆9568億円、補助金4兆4338億円と
　　なっている。
　　　また、この間、財務省、中小企業庁等の関係省庁は、日本公庫、商工中金等に対して、2年4
　　月に事業者の資金需要に迅速に対応できるように審査の簡素化・迅速化に取り組むことなどを
　　要請し、3年1月に中小企業者等の資金繰りに支障が生じないように元本・金利の返済猶予等の
　　既往債務の条件変更について引き続き個別企業の実情に応じた最大限の配慮を行うことなどを
　　要請するなどした。そして、日本公庫、商工中金等は、上記の要請を踏まえるなどして、審査
　　の簡素化・迅速化を図るための取組等や、既往債務の条件変更を行うなどしてきている。

(注1)　中小企業者　　資本金の額若しくは出資の総額が3億円以下の会社等又は常時使用する従業員の数が300人以下の会社若しく
　　　　は個人等
(注2)　小規模事業者　　従業員20人以下等の中小企業者
(注3)　信用保証　　信用保証協会による金融機関から受ける融資に係る債務の保証

第Ⅱ章

特定検査状況

⑵　中小企業者等に対する新型コロナ関連資金繰り支援の主な制度の概要

ア　日本公庫の新型コロナ特別貸付の概要

　　日本公庫は、国民一般向けの業務(以下「国民生活事業」)として主として小規模事業者に対する小口の事業資金の貸付けや、中小企業者向けの業務(以下「中小企業事業」)として主として中小企業者に対する事業資金の貸付けを行うなどしている。

　　日本公庫は、財務省等が制定した「新型コロナウイルス感染症特別貸付制度要綱」等に基づき、新型コロナウイルス感染症の影響により一時的に業況悪化を来している中小企業者等を対象とする新型コロナウイルス感染症特別貸付(以下「新型コロナ特別貸付」)を2年3月に開始しており、対象者の要件、貸付限度額等は図表1に示すとおりとなっている。なお、新型コロナ特別貸付の取扱期限は、数度にわたり延長され、5年9月末時点においては6年3月末までとされている。

図表1　日本公庫の新型コロナ特別貸付の概要

事業	国民生活事業		中小企業事業	
対象者の要件	売上高減5%以上等であり、かつ、中長期的に業況が回復し、発展することが見込まれる者			
貸付限度額	8000万円　注(1)		6億円　注(2)	
貸付期間(うち据置期間)	20年以内(5年以内)　注(3)			
利率	6000万円以内の部分　注(4)	当初3年間：基準利率－0.9%　注(6)　3年経過後：基準利率　注(7)	4億円以内の部分　注(5)	当初3年間：基準利率－0.9%　注(6)　3年経過後：基準利率　注(7)
	6000万円超の部分	基準利率　注(7)	4億円超の部分	基準利率　注(7)
担保	無担保			

注(1)　制度開始当初は6000万円であり、令和2年7月に8000万円へ拡充された。
注(2)　制度開始当初は3億円であり、2年7月に6億円へ拡充された。
注(3)　運転資金については、制度開始当初は15年以内であり、4年4月に20年以内へ延長された。
注(4)　制度開始当初は3000万円であり、2年7月に4000万円、3年1月に6000万円へそれぞれ拡充された。
注(5)　制度開始当初は1億円であり、2年7月に2億円、3年1月に3億円、4年10月に4億円へそれぞれ拡充された。
注(6)　5年10月以降に貸付申込みを受け付けた分から「基準利率－0.5%」へ引き上げられた。
注(7)　基準利率とは、株式会社日本政策金融公庫業務方法書に基づき、主務大臣の承認を受けて定める貸出金利をいう。収支相償を原則として、資金の調達コストに経費率及び信用コストを加えて設定されている。

イ　商工中金の危機対応業務に係る貸付けの概要

　　商工中金は、財務省、経済産業省等が定めた「危機対応認定に係る通知について」等に基づき、2年3月に、指定金融機関が行う危機対応業務の一環として、新型コロナウイルス感染症の感染拡大の影響を受けた者に対する資金の貸付けを開始している。当該貸付けのうち、中小企業者向けの制度に係る貸付けであって、かつ、資本性劣後ローンを除いたもの(以下「危機対応貸付け」)については、日本公庫の中小企業事業が行う新型コロナ特別貸付とほぼ同様の制度となっている。一方、適用する金利については、商工中金の所定の金利となっており、当該金利が日本公庫の基準利率を上回る場合には、事業者が当該金利を一旦商工中金に支払った後、その上回る分について日本公庫から利子補給金として商工中金を通じて事業者に支給されることになっている。危機対応貸付けの取扱期限は、数度にわたり延長され、最終的には4年9月末ま

でとされている。

⑶ 日本公庫等の新型コロナ特別貸付等及び民間ゼロゼロ融資の返済開始時期の状況

　日本公庫等の新型コロナ特別貸付等（日本公庫の国民生活事業及び中小企業事業における新型コロナ特別貸付並びに商工中金の危機対応貸付け）及び民間金融機関による新型コロナウイルス感染症対策に伴う実質無利子・無担保の融資（以下「民間ゼロゼロ融資」）の返済開始時期の状況は、図表2のとおりとなっている。日本公庫等の新型コロナ特別貸付等については、返済開始時期を迎えるものが集中する時期（2年度から5年度までの間の各年度の6月前後）を経過し、5年9月末時点で既に元利金の返済が本格化している。一方、民間ゼロゼロ融資については、返済開始時期を迎えるものが2年度前半から3年度前半までの間に集中しているほか、5年度前半から6年度前半までの間にも集中している。

図表2　日本公庫等の新型コロナ特別貸付等及び民間ゼロゼロ融資の返済開始時期の状況

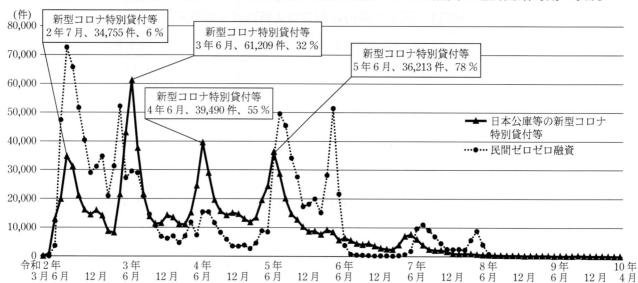

注⑴ 令和5年3月末時点で貸付残高のある日本公庫等の新型コロナ特別貸付等及び民間ゼロゼロ融資を対象に集計している。
注⑵ 日本公庫の新型コロナ特別貸付については各貸付けの5年3月末時点における返済開始月を返済開始時期として集計している。これに対し、商工中金の危機対応貸付け及び民間ゼロゼロ融資については、データの制約により各貸付けの貸付当初に設定された返済開始月を返済開始時期として集計しており、5年3月までの貸付後の条件変更の情報は反映されていない。
注⑶ 図表中の％は、10年4月までの累計件数に対するそれぞれの時点までの累計件数の割合を示している。
注⑷ 日本公庫等の新型コロナ特別貸付等については、10年5月から14年10月までの間に返済開始時期を迎えるものが若干数ある。

⑷ 中小企業者等の倒産の状況

　中小企業者等の倒産件数の状況についてみると、図表3のとおり、2年度以降、元年度よりも低い水準で推移している。一方、このうち新型コロナウイルス関連の倒産件数（株式会社東京商工リサーチが、倒産した企業の当事者や担当弁護士から聴取した情報により集計した倒産件数）は、2年度以降、増加傾向にあり、全体の倒産件数に占める割合をみると、4年度は2年度と比較して21.6ポイント増加している。

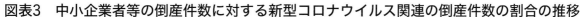

図表3　中小企業者等の倒産件数に対する新型コロナウイルス関連の倒産件数の割合の推移

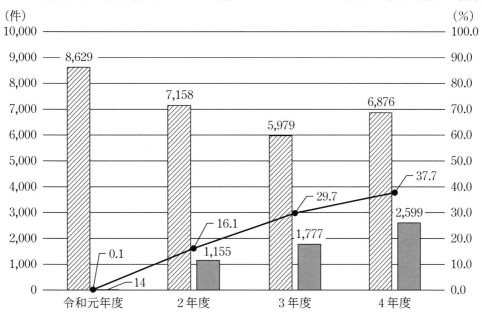

凡例：
- (斜線)　中小企業者等の倒産件数
- (灰色)　中小企業者等の新型コロナウイルス関連の倒産件数
- ●—●　中小企業者等の倒産件数全体に対する新型コロナウイルス関連の倒産件数の割合

注(1) 株式会社東京商工リサーチ「全国企業倒産状況」等を基に本院が作成した。
注(2) 令和元年度の新型コロナウイルス関連の倒産件数は、2年2月から集計されている。

検査の着眼点及び対象

(1)　検査の着眼点

　前記のとおり、日本公庫等の新型コロナ特別貸付等については、返済開始時期を迎えるものが集中する時期を経過し、その元利金の返済が本格化するなどしている一方で、中小企業者等については新型コロナウイルス関連の倒産件数が増加するなどしている。

　そこで、本院は、新型コロナ特別貸付等に係る貸付債権の状況はどのようになっているか、新型コロナ特別貸付等の実施に当たって設けられた審査手続等に係る一時的な緩和措置(以下「緩和措置」)はどのように実施されていたか、貸付債権の管理はどのように行われているかなどに着眼して検査した。

(2)　検査の対象

　中小企業者等に対する新型コロナウイルス感染症に係る貸付けの実績において多数を占める日本公庫等の新型コロナ特別貸付等について、日本公庫の国民生活事業及び中小企業事業の新型コロナ特別貸付のうち5年3月末までに貸付けが実行されたもの並びに商工中金の危機対応貸付けを対象として、両法人の本店、日本公庫の152支店のうち15支店^(注1)及び商工中金の92支店のうち7支店^(注2)において会計実地検査を行った。また、日本公庫の3支店^(注3)について、資料の提出を求めてその内容を確認するなどして検査した。

検査の状況

(1)　新型コロナ特別貸付等に係る貸付債権の状況

(注1) 15支店　　福島、郡山、さいたま、浦和、松戸、東京、岐阜、多治見、名古屋、名古屋中、大阪、吹田、神戸東、神戸、下関各支店
(注2) 7支店　　盛岡、さいたま、上野、新潟、金沢、大阪、高松各支店
(注3) 3支店　　富山、高岡、松山各支店

　新型コロナ特別貸付等に係る貸付債権の状況の全体像として、4年度末までの貸付実績、同年度末時点の貸付残高等の状況、同年度末時点の貸付残高に係る元金返済等の状況、リスク管理債権等の状況等の関係を示すと、図表4のとおりである。

図表4　令和4年度末時点における新型コロナ特別貸付等に係る貸付債権の状況（概念図）

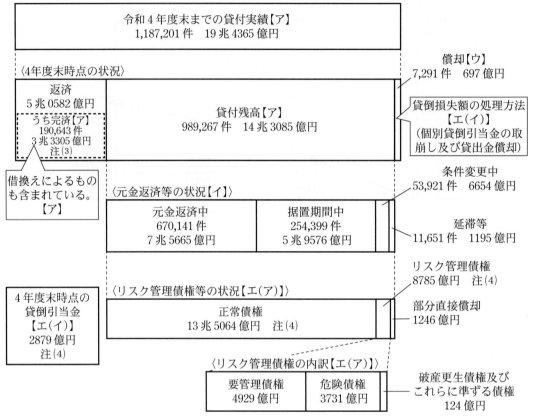

注(1) 図表内の【ア】等は、それぞれ後述の検査の状況の記載箇所を表している。
注(2) 日本公庫の国民生活事業において、〈4年度末時点の状況〉では、4年度末までの貸付実績（償却されたものを除く。）のうち同年度末までに債務者が入金していないものを貸付残高として集計している。これに対して、〈元金返済等の状況〉では、同年度末までの貸付実績（償却されたものを除く。）のうち同年度末までに日本公庫が入金処理していないものを対象に「返済状況による区分」を集計している。このため、〈4年度末時点の状況〉における貸付残高の件数及び金額と〈元金返済等の状況〉における各区分を合計した件数及び金額は一致しない。
注(3) 日本公庫の中小企業事業における当該金額には、データの制約により、完済となっていない貸付けに係る返済額を含む。
注(4) 商工中金の危機対応貸付けには、データの制約により、中堅企業及び大企業向けの制度並びに中小企業者向けの資本性劣後ローンを含む。
注(5) 〈リスク管理債権等の状況〉における正常債権及びリスク管理債権には未収利息等を含む一方で貸付先への未入金額を含んでいない。また、商工中金の危機対応貸付けには、データの制約により、中堅企業及び大企業向けの制度並びに中小企業者向けの資本性劣後ローンを含んでいる。このため、これらに部分直接償却を加えた金額は、〈4年度末時点の状況〉における貸付残高の金額又は〈元金返済等の状況〉における各区分を合計した金額とは一致しない。

　これらの新型コロナ特別貸付等に係る貸付債権の状況についての検査の状況は、アからエまでのとおりである。

ア　貸付実績及び貸付残高の状況

　新型コロナ特別貸付等の貸付実績等をみると、図表5のとおり、4年度末までの貸付実績の累計額は、全体で1,187,201件19兆4365億円となっており、このうち、最も大きい日本公庫の国民生活事業では、1,080,557件11兆6025億円となっていた。また、4年度末時点の貸付残高は、貸付債権の中には既に返済を開始しているものや完済しているものがあることなどから、全体で989,267件14兆3085億円と、それぞれ上記貸付実績の83.3%（件数比）及び73.6%（金額比）となっていた。

図表5　新型コロナ特別貸付等の貸付実績及び貸付残高の状況（令和4年度末現在）

	貸付実績			貸付残高			貸付残高/貸付実績	
	件数 (件) (A)	金額 (億円) (B)	1件当たり の貸付金額 (万円) (B/A)	件数 (件) (C)	金額 (億円) (D)	1件当たり の貸付残高 (万円) (D/C)	件数 (C/A)	金額 (D/B)
日本公庫の国民生活事業(E)	1,080,557	11兆6025	1073	892,744	8兆4617	947	82.6%	72.9%
令和2年度末(F)	781,883	8兆5507	1093	746,379	8兆0517	1078	95.4%	94.1%
2年度末からの増減 (G＝E−F)	298,674	3兆0518		146,365	4100			
日本公庫の中小企業事業(H)	67,780	5兆2659	7769	61,492	3兆9794	6471	90.7%	75.5%
2年度末(I)	47,714	3兆8272	8021	47,005	3兆6815	7832	98.5%	96.1%
2年度末からの増減 (J＝H−I)	20,066	1兆4386		14,487	2978			
商工中金(K)	38,864	2兆5680	6607	35,031	1兆8673	5330	90.1%	72.7%
2年度末(L)	32,330	2兆1570	6671	30,918	1兆9417	6280	95.6%	90.0%
2年度末からの増減 (M＝K−L)	6,534	4110		4,113	▲743			
計(E＋H＋K)	1,187,201	19兆4365	1637	989,267	14兆3085	1446	83.3%	73.6%
2年度末(F＋I＋L)	861,927	14兆5349	1686	824,302	13兆6750	1658	95.6%	94.0%
2年度末からの増減 (G＋J＋M)	325,274	4兆9016		164,965	6335			

(注) 新型コロナ特別貸付の中には、当初他の貸付けであったものが一定の条件により事後的に新型コロナ特別貸付となったものがあることなどから、日本公庫の国民生活事業における2年度末の貸付実績及び貸付残高の数値並びに日本公庫の中小企業事業における2年度末の貸付実績の数値は、令和2年度決算検査報告の数値と一致しない。

　4年度末までに完済された新型コロナ特別貸付等は、日本公庫の国民生活事業180,779件（貸付実績の16.7%）1兆7324億円（同14.9%）、中小企業事業6,148件[注1]（同9.0%）1兆2772億円（同24.2%。この金額には、完済となっていない貸付けに係る返済額を含む。）、商工中金3,716件[注1]（同9.5%）3207億円（同12.4%）、計190,643件3兆3305億円となっている。この中には他の貸付けに借り換えることによって完済されたものが相当数含まれていると思料されるが、日本公庫の国民生活事業及び中小企業事業並びに商工中金のデータの制約により借換えによって完済されたものの件数等を正確に把握することはできなかった。

　そこで、関連する資料等により借換えによって完済されたものについて確認したところ、①日本公庫の国民生活事業では、新たな貸付けを行うことにより既往の貸付残高の全てを決済したものが91,118件（完済されたものの50.4%）8754億円（同50.5%）あった。②日本公庫の中小企業事業では、公庫融資借換特例制度[注2]の利用実績が、新型コロナ特別貸付の貸付件数が大幅に増加した2年度以降に、同様に大幅に増加していた。③商工中金では、危機対応貸付けのうち4年度末ま

(注1) 日本公庫の中小企業事業及び商工中金における完済件数については、データの制約により正確な件数を把握できなかったため、貸付実績件数（67,780件及び38,864件）から貸付残高件数（61,492件及び35,031件）及び償却件数（140件及び117件）を差し引いて算定しており、貸付後に債権分割が行われたことによる件数の増加については考慮していない。
(注2) 公庫融資借換特例制度　　社会的、経済的環境の変化等外的要因や金融機関との取引状況の変化により資金繰りに困難を来している中小企業者等や経営改善、経営再建等に取り組む必要が生じている中小企業者等に対して、中小企業者等の経営安定や中小企業者等の自助努力による企業再建の支援を図るために、既往の日本公庫の中小企業事業からの融資の借換資金を、新たな融資の資金使途に含めるなどの特例を設ける制度

でに期限前弁済されたもので、期限前弁済日と同日に新規の危機対応貸付け又は商工中金の新型コロナ対策資本性劣後ローンが貸し付けられたものがあり、これを借換えとみなして集計すると、2,897件(同77.9%)2627億円(同81.9%)となった。

なお、日本公庫は、5年3月に、コロナ禍で債務が増大した中小企業者等を支援するために、日本公庫の新型コロナ特別貸付及び新型コロナ対策資本性劣後ローンの申込期限を延長し、これらの制度の活用により、借換えの円滑化等を図ることとしていることから、同月以降も新型コロナ特別貸付等の借換えが相当数生じていると思料される。

新型コロナ特別貸付等や日本公庫等の他の貸付けの借換えによる完済については、これにより借換前の新型コロナ特別貸付等に係る貸付債権がなくなる一方で、新たな同額程度の貸付債権が生ずることになるため、日本公庫及び商工中金は、当該貸付債権について、引き続き債務者の状況把握等を適切に実施することが重要であると考えられる。

イ　元金返済等の状況

新型コロナ特別貸付等に係る貸付債権について、4年度末時点における元金返済等の状況、同時点までの貸付条件の変更(返済期間や据置期間の延長や、月々の返済額の減額により、貸付条件を緩和すること。以下「条件変更」)の実施状況並びに元利金支払の延滞及び事業者の破綻(以下「延滞等」)の発生状況をみたところ、次のとおりとなっていた。

(ア)　元金返済の状況

元金返済の状況をみると、図表6のとおり、いずれも件数及び金額の両方で、元金返済中の貸付債権が4割程度から7割程度までと、また、据置期間中であるため4年度末時点で元金返済の必要がない貸付債権が2割程度から6割程度までとなっており、これら二つで全体の9割超を占めていた。また、条件変更中の貸付債権及び延滞等に至った貸付債権は、いずれも1割未満となっていた。

図表6　新型コロナ特別貸付等の元金返済の状況

(単位：件、億円)

元金返済の状況	日本公庫の国民生活事業				日本公庫の中小企業事業				商工中金				計			
	件数	割合	金額	割合	件数	割合	金額	割合	件数	割合	金額	割合	件数	割合	金額	割合
元金返済中	615,744	68.9%	4兆9072	57.9%	36,672	59.6%	1兆9617	49.2%	17,725	50.5%	6976	37.3%	670,141	67.6%	7兆5665	52.8%
据置期間中	216,647	24.2%	2兆9970	35.4%	22,441	36.4%	1兆8697	46.9%	15,311	43.7%	1兆0908	58.4%	254,399	25.6%	5兆9576	41.6%
条件変更中	50,275	5.6%	4712	5.5%	2,043	3.3%	1256	3.1%	1,603	4.5%	684	3.6%	53,921	5.4%	6654	4.6%
延滞等	10,923	1.2%	868	1.0%	336	0.5%	223	0.5%	392	1.1%	104	0.5%	11,651	1.1%	1195	0.8%
計	893,589	100%	8兆4623	100%	61,492	100%	3兆9794	100%	35,031	100%	1兆8673	100%	990,112	100%	14兆3092	100%

注(1) 各区分の内容は次のとおりである。
　　元金返済中：令和4年度末時点で当初の約定どおり元金返済中のもの
　　据置期間中：4年度末時点で据置期間中のもの(条件変更により元金返済が猶予されているものを除く。)
　　条件変更中：4年度末時点で条件変更により元金返済が猶予されたり、償還額が減額されたりしているもの
　　延　滞　等：4年度末時点で3か月以上の延滞中のもの及び債務者に法的又は形式的な経営破綻の事実が発生していて破綻先となっているもの
　　　　　　　　なお、「元金返済中」「据置期間中」「条件変更中」には、4年度末時点で3か月未満の延滞中のものを含む。
注(2) 日本公庫の国民生活事業及び中小企業事業においては、データの制約により、4年度末時点で過去に条件変更を行ったことがあるものを全て条件変更中に区分している。
注(3) 日本公庫の国民生活事業においては、図表5では、4年度末までの貸付実績(償却されたものを除く。)のうち同年度末までに債務者が入金していないものを貸付残高として集計している。これに対して、本図表では、同年度末までの貸付実績(償却されたものを除く。)のうち同年度末までに日本公庫が入金処理していないものを対象に各区分を集計している。このため、図表5における貸付残高の件数及び金額と本図表における各区分を合計した件数及び金額は一致しない。

(イ)　条件変更及び延滞等の状況

　　条件変更中の新型コロナ特別貸付等に係る貸付債権の残高について、2年度末時点から4年度末時点までの間の推移をみると、図表7のとおり、いずれも3、4両年度末の金額は、それぞれ前年度末から大幅に増加していた。

図表7　条件変更中の新型コロナ特別貸付等に係る貸付債権の残高の推移

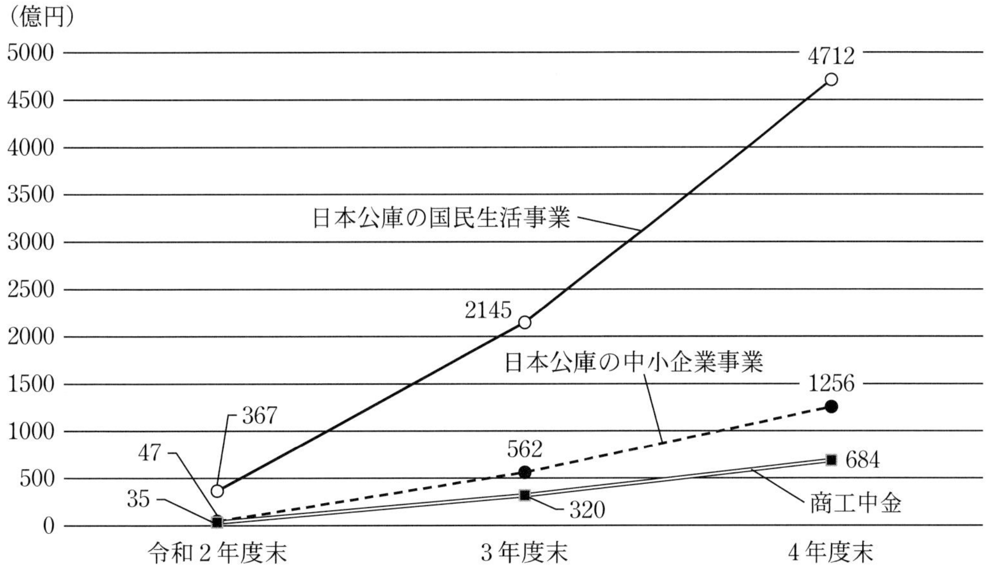

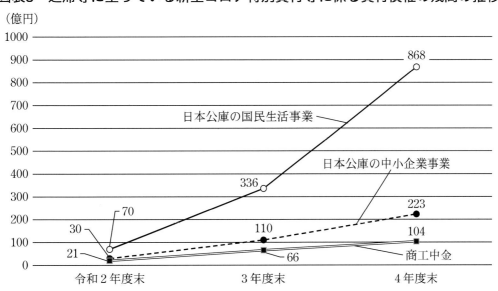

（注）日本公庫の国民生活事業及び中小企業事業においては、データの制約により、各年度末時点で過去に条件変更を行ったことがあるものを全て集計している。

　　また、延滞等に至っている新型コロナ特別貸付等に係る貸付債権の残高について、2年度末時点から4年度末時点までの間の推移をみると、図表8のとおり、いずれも3、4両年度末の金額は、それぞれ前年度末から大幅に増加していた。

図表8　延滞等に至っている新型コロナ特別貸付等に係る貸付債権の残高の推移

（億円）

ウ　償却の状況

(ア)　償却の実施状況

　　日本公庫及び商工中金は、それぞれ内規に基づき、資産に計上している貸付債権の全額につ

いて、債務者の破産、死亡等により回収の見込みがないなどと認められるときは、当該貸付債権を償却することとしている。

日本公庫等における元年度から4年度までの間の償却の実施状況をみると、図表9のとおり、償却全体の件数及び金額は、日本公庫の国民生活事業及び中小企業事業ではいずれもおおむね横ばい、商工中金では件数は減少傾向、金額はおおむね横ばいとなっている。一方、新型コロナ特別貸付等に係る償却の件数及び金額は、貸付実績が増加していることもあり、いずれも年々増加していた。そして、4年度末までに償却した新型コロナ特別貸付等に係る貸付債権は、計7,291件697億円となっており、このうち貸付実績の多い日本公庫の国民生活事業においてはその件数及び金額も多く、7,034件(全体の96.4%)及び572億円(全体の82.0%)となっていた。

図表9　償却の実施状況

(単位：件、億円)

| | 日本公庫の国民生活事業 | | | | 日本公庫の中小企業事業 | | | | 商工中金 | | | | 計 | | | |
| | 件数 | | 金額 | | 件数 | | 金額 | | 件数 | | 金額 | | 件数 | | 金額 | |
	全体	左のうち新型コロナ特別貸付	全体	左のうち新型コロナ特別貸付	全体	左のうち新型コロナ特別貸付	全体	左のうち新型コロナ特別貸付	全体	危機対応貸付け	全体	危機対応貸付け	全体	新型コロナ特別貸付等	全体	新型コロナ特別貸付等
令和元年度	13,254	－	605	－	833	－	280	－	494		349		14,581	－	1234	－
2年度	13,643	176	612	13	710	－	249	－	424	－	275	－	14,777	176	1136	13
3年度	12,966	2,248	649	178	748	42	304	30	412	32	286	11	14,126	2,322	1240	221
4年度	11,163	4,610	660	379	814	98	333	60	373	85	293	21	12,350	4,793	1287	462
計(A)	51,026	7,034	2527	572	3,105	140	1167	91	1,703	117	1204	33	55,834	7,291	4899	697
貸付実績(B)		1,080,557		11兆6025		67,780		5兆2659		38,864		2兆5680	1,187,201		19兆4365	
A/B		0.6%		0.4%		0.2%		0.1%		0.3%		0.1%		0.6%		0.3%

注(1) 日本公庫の国民生活事業においては、事業資金の貸付けではない教育貸付及び恩給・共済年金担保貸付に係る分は含まれていない。
注(2) 商工中金においては、データの制約により、全体の件数は取引先ベースとなっている。

(イ)　償却事由の状況

4年度末までの償却の件数及び金額が特に多い日本公庫の国民生活事業について、2年度から4年度までの間に償却された新型コロナ特別貸付に係る貸付債権の償却事由をみたところ、いずれも「破産等」及び「生活困窮」で9割程度となっていた。また、新型コロナウイルス感染症の感染拡大前の元年度と比較すると、特に「生活困窮」の割合が大きくなっていた。

エ　リスク管理債権等及び貸倒引当金の状況

(ア)　リスク管理債権等の状況

日本公庫は、「株式会社日本政策金融公庫の会計に関する省令」の規定に基づき、その有する貸出金等の債権について、図表10に掲げる債権の区分ごとの額及び正常債権を除いたものの合計額を財務諸表に注記することとされている(これらの債権のうち「3月以上延滞債権」及び「貸出条件緩和債権」を「要管理債権」、また、「破産更生債権及びこれらに準ずる債権」「危険債権」及び「要管理債権」を「リスク管理債権」)。また、商工中金は、「経済産業省・財務省・内閣府関係株式会社商工組合中央金庫法施行規則」の規定に基づき、これと同様の事項を業務及び財産の状況に関する説明書類に記載することとされている。

図表10　債権の区分

区分		説明	回収不能となる危険性等
破産更生債権及びこれらに準ずる債権		破産手続開始、更生手続開始、再生手続開始の申立て等の事由により経営破綻に陥っている債務者に対する債権及びこれらに準ずる債権	高
危険債権		債務者が経営破綻の状態には至っていないが、財政状態及び経営成績が悪化し、契約に従った債権の元本の回収及び利息の受取りができない可能性の高い債権(破産更生債権及びこれらに準ずる債権に該当するものを除く。)	
要管理債権	3月以上延滞債権	元金又は利息の支払が約定支払日の翌日から3月以上遅延している貸出金(破産更生債権及びこれらに準ずる債権並びに危険債権に該当するものを除く。)	リスク管理債権
	貸出条件緩和債権	債務者の経営再建又は支援を図ることを目的として、金利の減免、利息の支払猶予、元本の返済猶予、債権放棄その他の債務者に有利となる取決めを行った貸出金(破産更生債権及びこれらに準ずる債権、危険債権並びに3月以上延滞債権に該当するものを除く。)	
正常債権		債務者の財政状態及び経営成績に特に問題がないものとして、破産更生債権及びこれらに準ずる債権、危険債権並びに要管理債権以外のものに区分される債権	低

注(1)　「株式会社日本政策金融公庫の会計に関する省令」の規定を基に本院が作成した。
注(2)　日本公庫及び商工中金は、リスク管理債権の状況及び金融機能の再生のための緊急措置に関する法律(以下「金融再生法」)に基づく区分による債権の状況を公表しているが、令和5年9月現在、両者の区分の内容は同一であるため、「リスク管理債権」に統一して表記している。

　日本公庫及び商工中金は、上記により組織全体(日本公庫は事業全体を含む。)のリスク管理債権等の状況を公表しているが、貸付制度別のリスク管理債権等の状況は公表していない。そこで、新型コロナ特別貸付等が開始される前の平成30年度末から令和4年度末までの間の日本公庫等におけるリスク管理債権全体及び新型コロナ特別貸付等に係るリスク管理債権の状況をみると、次のとおりとなっていた。

a　リスク管理債権等の額

　日本公庫の国民生活事業及び中小企業事業では、図表11及び図表12のとおり、いずれも新型コロナ特別貸付に係るリスク管理債権の額が増加したことにより、リスク管理債権全体の額も増加していた。一方、商工中金では、図表13のとおり、危機対応貸付けに係るリスク管理債権の額が少なく、リスク管理債権全体の額はおおむね横ばいで推移していた。そして、4年度末における新型コロナ特別貸付等に係るリスク管理債権の額は、日本公庫の国民生活事業で5018億円、日本公庫の中小企業事業で3417億円、商工中金で349億円、全体で8785億円(うち破産更生債権及びこれらに準ずる債権124億円、危険債権3731億円、要管理債権4929億円)となっていた。

　平成30年度末から令和4年度末までのリスク管理債権の内訳をみると、日本公庫の国民生活事業では「要管理債権」、日本公庫の中小企業事業では「危険債権」、商工中金では「危険債権」及び「破産更生債権及びこれらに準ずる債権」が、それぞれ大部分を占めていた。

　また、「破産更生債権及びこれらに準ずる債権」の金額は、日本公庫の国民生活事業で200億円程度から300億円程度まで、日本公庫の中小企業事業で100億円程度となっていたが、両事業では、「破綻先」及び「実質破綻先」に対する債権で担保等による回収が不可能な部分は債権残高から控除するという、いわゆる部分直接償却を実施しており、当該金額がリスク管理債権、主に「破産更生債権及びこれらに準ずる債権」から控除されている(4年度末における新型コロナ特別貸付に係る部分直接償却実施額は、日本公庫の国民生活事業で1019億円、日本公庫の中小企業事業で227億円、計1246億円)。一方、商工中金では、部分直接償却を実施し

ておらず、「破産更生債権及びこれらに準ずる債権」の金額が1000億円超となっていた。

なお、部分直接償却については、前記の償却と異なり、日本公庫において債権の全額について回収の見込みがないなどと判断しているものではない。

図表11　日本公庫の国民生活事業におけるリスク管理債権等の額の推移

（単位：億円）

区分		平成30年度末	令和元年度末	2年度末	3年度末	4年度末
破産更生債権及びこれらに準じる債権(A)		318	271	235	184	196
	新型コロナ特別貸付	—	—	—	0	2
	新型コロナ特別貸付以外	318	271	235	183	193
危険債権(B)		785	827	971	933	1140
	新型コロナ特別貸付	—	4	236	417	597
	新型コロナ特別貸付以外	785	823	735	515	543
要管理債権(C)		4018	4145	3896	5420	7570
	新型コロナ特別貸付	—	—	356	2050	4418
	新型コロナ特別貸付以外	4018	4145	3540	3369	3151
リスク管理債権(D=A+B+C)		5123	5244	5103	6538	8906
	新型コロナ特別貸付	—	4	592	2469	5018
	新型コロナ特別貸付以外	5123	5240	4510	4069	3888
正常債権(E)		6兆5049	6兆5159	12兆2165	11兆9241	11兆0906
	新型コロナ特別貸付	—	1305	7兆9827	8兆3192	7兆8600
	新型コロナ特別貸付以外	6兆5049	6兆3854	4兆2337	3兆6049	3兆2305
合計(F=D+E)		7兆0172	7兆0404	12兆7268	12兆5779	11兆9813
	新型コロナ特別貸付	—	1309	8兆0420	8兆5661	8兆3619
	新型コロナ特別貸付以外	7兆0172	6兆9094	4兆6848	4兆0118	3兆6193
部分直接償却実施額		1339	1394	1210	1230	1796
	新型コロナ特別貸付	—	0	117	419	1019
	新型コロナ特別貸付以外	1339	1394	1092	811	777
リスク管理債権比率(D/F)		7.3%	7.4%	4.0%	5.1%	7.4%
	新型コロナ特別貸付	—	0.3%	0.7%	2.8%	6.0%
	新型コロナ特別貸付以外	7.3%	7.5%	9.6%	10.1%	10.7%

注(1) 令和3年度末に銀行法等に規定されたリスク管理債権の区分が変更され、金融再生法に基づく債権の区分と統一されたが、2年度以前の各区分の金額は、変更後の区分で集計したものである（日本公庫の中小企業事業及び商工中金についても同じ。）。
注(2) 日本公庫の国民生活事業では部分直接償却を実施しており、部分直接償却実施額は、債権残高から控除されている。

図表12　日本公庫の中小企業事業におけるリスク管理債権等の額の推移

（単位：億円）

区分		平成 30年度末	令和 元年度末	2年度末	3年度末	4年度末
破産更生債権及びこれらに準じる債権(A)		127	99	104	74	90
	新型コロナ特別貸付	—	—	—	1	5
	新型コロナ特別貸付以外	127	99	104	72	84
危険債権(B)		4213	4444	6745	7969	8305
	新型コロナ特別貸付	—	13	1931	2842	2978
	新型コロナ特別貸付以外	4213	4431	4813	5127	5327
要管理債権(C)		756	718	1099	1367	1478
	新型コロナ特別貸付	—	0	205	390	432
	新型コロナ特別貸付以外	756	717	893	976	1046
リスク管理債権 (D=A+B+C)		5097	5262	7948	9411	9875
	新型コロナ特別貸付	—	13	2136	3234	3417
	新型コロナ特別貸付以外	5097	5248	5812	6176	6458
正常債権(E)		4兆7204	4兆5802	7兆3475	7兆4264	7兆2953
	新型コロナ特別貸付	—	165	3兆4469	3兆7643	3兆6042
	新型コロナ特別貸付以外	4兆7204	4兆5636	3兆9005	3兆6621	3兆6910
合計(F=D+E)		5兆2303	5兆1064	8兆1424	8兆3676	8兆2828
	新型コロナ特別貸付	—	179	3兆6606	4兆0877	3兆9459
	新型コロナ特別貸付以外	5兆2303	5兆0884	4兆4817	4兆2798	4兆3369
部分直接償却実施額		726	714	739	743	828
	新型コロナ特別貸付	—	—	35	110	227
	新型コロナ特別貸付以外	726	714	703	632	600
リスク管理債権比率 (D/F)		9.7%	10.3%	9.7%	11.2%	11.9%
	新型コロナ特別貸付	—	7.5%	5.8%	7.9%	8.6%
	新型コロナ特別貸付以外	9.7%	10.3%	12.9%	14.4%	14.8%

(注) 日本公庫の中小企業事業では部分直接償却を実施しており、部分直接償却実施額は、債権残高から控除されている。

図表13　商工中金におけるリスク管理債権等の額の推移

(単位：億円)

区分		平成30年度末	令和元年度末	2年度末	3年度末	4年度末
破産更生債権及びこれらに準じる債権(A)		1465	1366	1212	1097	1061
	危機対応貸付け	―	―	18	54	115
	危機対応貸付け以外	1465	1366	1193	1043	945
危険債権(B)		1950	1773	1811	1652	1749
	危機対応貸付け	―	―	58	78	155
	危機対応貸付け以外	1950	1773	1752	1573	1593
要管理債権(C)		235	246	260	355	546
	危機対応貸付け	―	―	1	20	78
	危機対応貸付け以外	235	246	259	335	467
リスク管理債権(D=A+B+C)		3651	3386	3284	3105	3356
	危機対応貸付け	―	―	77	153	349
	危機対応貸付け以外	3651	3386	3206	2952	3006
正常債権(E)		8兆1265	8兆1289	9兆3467	9兆4500	9兆4593
	危機対応貸付け	―	―	1兆9920	2兆1766	2兆0421
	危機対応貸付け以外	8兆1265	8兆1289	7兆3547	7兆2734	7兆4171
合計(F=D+E)		8兆4917	8兆4676	9兆6751	9兆7606	9兆7949
	危機対応貸付け	―	―	1兆9998	2兆1919	2兆0771
	危機対応貸付け以外	8兆4917	8兆4676	7兆6753	7兆5686	7兆7178
Ⅳ分類額(G)		794	764	687	640	616
	危機対応貸付け	―	―	3	11	23
	危機対応貸付け以外	794	764	683	629	593
リスク管理債権比率((D－G)/(F－G))		3.3%	3.1%	2.7%	2.5%	2.8%
	危機対応貸付け	―	―	0.3%	0.6%	1.5%
	危機対応貸付け以外	3.3%	3.1%	3.3%	3.0%	3.1%

注(1)「危機対応貸付け」については、商工中金において中堅企業及び大企業向けの制度並びに中小企業者向けの資本性劣後ローンに係る金額を中小企業者向けの制度に係る金額と一体として集計しているため、これらの全体額となっている。

注(2) 商工中金では部分直接償却を実施しておらず、破綻先及び実質破綻先に対する債権で担保等による回収が不可能な部分(表中のⅣ分類額)は、債権残高(リスク管理債権の残高)に含まれている。

b　リスク管理債権の比率

　　日本公庫の国民生活事業及び中小企業事業では、図表14のとおり、債権の総額に対するリスク管理債権の割合(以下「リスク管理債権比率」)が、新型コロナ特別貸付の債権残高が大幅に増加した2年度末に一旦低下したものの、3、4両年度末は、aのとおり新型コロナ特別貸付に係るリスク管理債権の額が増加したことなどにより、全体のリスク管理債権比率は上昇していた。

　　一方、商工中金では、aのとおり危機対応貸付けに係るリスク管理債権の額が少なく、全体のリスク管理債権比率はおおむね横ばいで推移していた。

図表14　リスク管理債権比率の推移

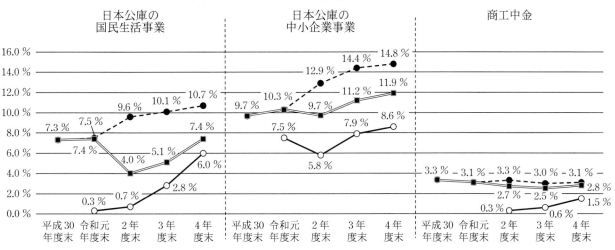

(注) 商工中金の「新型コロナ特別貸付等」については、商工中金において危機対応貸付けのうち中堅企業及び大企業向けの制度並びに中小企業者向けの資本性劣後ローンに係る金額を中小企業者向けの制度に係る金額と一体として集計しているため、これらの債権全体に係るリスク管理債権比率を示している。

c　日本公庫の国民生活事業における自己査定の状況

日本公庫及び商工中金は、自己査定(注1)において実施されている債務者区分(注2)の結果等に基づき、各債権をリスク管理債権等に区分し、その額を集計している。

aのとおり、日本公庫の国民生活事業では、リスク管理債権の大部分が要管理債権となっており、また、4年度末の新型コロナ特別貸付に係るリスク管理債権比率が6.0%と日本公庫の中小企業事業の8.6%より低くなっている。これは、自己査定の仕組み上、日本公庫の中小企業事業及び商工中金と異なり、債務者の財務状況等が悪化しても、原則としてそれが自己査定の結果に反映されず、当該貸付債権について、3か月以上延滞がなければ正常債権又は要管理債権に区分されるためと考えられる。

(イ)　貸倒引当金の状況

日本公庫の国民生活事業及び中小企業事業並びに商工中金における元年度から4年度までの間の貸倒引当金の状況をみると、4年度末における貸倒引当金の計上額は、日本公庫の国民生活事業3297億円、日本公庫の中小企業事業6935億円、商工中金1848億円、計1兆2080億円(うち新型コロナ特別貸付等分2879億円)となっていて、日本公庫の国民生活事業及び中小企業事業では、元年度末と比べて2倍以上増加していた。一方、商工中金では、4年度末における貸倒引当金の計上額は、元年度における貸倒引当金の計上額と比べてわずかな増加となっていた。

(2)　新型コロナ特別貸付等の審査手続において設けられた緩和措置等の実施状況

ア　日本公庫等の緩和措置の概要

日本公庫及び商工中金は、新型コロナ特別貸付等の実施に当たって、「検査の背景」(1)のとおり、いずれも関係省庁の要請を踏まえるなどして審査の簡素化・迅速化を図るための取組を行っている。そして、審査手続については、コロナ禍において緩和措置を設けて、必要に応じて書類

(注1) 自己査定　　適正な償却及び引当を行うために、金融機関が決算時に自己の保有する債権を査定すること
(注2) 債務者区分　　債務者の財務状況、資金繰り、収益力等により、返済の能力を判定して、その状況等により債務者を「正常先」「要注意先」「破綻懸念先」「実質破綻先」又は「破綻先」に区分すること

徴求の簡素化及び貸付申込先の店舗等に対する実地調査(以下「実地調査」)の省略を行うことを可能としていた。

日本公庫及び商工中金の支店等における緩和措置の実施状況を検査したところ、書類徴求の簡素化について、特に貸付申込数が著しく増加し、主な貸付先が個人事業主や小規模事業者となっている日本公庫の国民生活事業においては、貸付先が資金繰り表、最新決算期後の試算表等の書類を作成しないことが多く、新規に作成する負担が比較的大きいこともあり、これらの書類の徴求を省略するなどの措置が全国的に幅広く実施されていた。これに対して、主な貸付先が比較的規模の大きい中小企業者となっている日本公庫の中小企業事業及び商工中金においては、その実施は限定的となっていた。そして、実地調査の省略については、日本公庫及び商工中金のいずれにおいても、2、3両年度においては特に新型コロナウイルス感染症の感染拡大の防止に努める必要もあったことから、全国的に実施されていた。

なお、これらの緩和措置は、いずれも2年3月に開始され、5年3月までに廃止されている。

イ　緩和措置の下における貸付申込先の状況把握に係る取組の状況

日本公庫の国民生活事業においては、アのとおり緩和措置を全国的に幅広く実施していたが、緩和措置の下における貸付申込先の状況把握の適正性を担保するために、貸付申込先の事業について中長期的に業況が回復し、発展が見込まれることを認定する根拠(以下「認定根拠」)を、貸付けを行う各支店が貸付関係書類の所定の欄に詳細かつ具体的に記録することとしていた。また、最新決算期後の試算表や会計帳簿等決算の裏付けとなる書類等の徴求を不要とする代わりに、貸付申込先の当面の資金繰り状況等について確認し、その内容を貸付関係書類の適宜の欄に記載することとしていた。

そこで、会計実地検査を行った日本公庫の前記の15支店、及び資料の提出を求めてその内容を確認するなどして検査した日本公庫の前記の3支店に係る国民生活事業において、初期デフォルト関係書類[注]の作成対象となった初期デフォルト債権(貸付後1年以内にデフォルトに至った貸付債権)に係る貸付けのうち新型コロナ特別貸付に係る貸付け計353件(貸付金額計36億7503万円)を対象として、各支店が作成した初期デフォルト関係書類の内容を踏まえつつ、緩和措置の下における貸付申込先の状況把握の適正性を担保するための取組の状況を確認した。その結果、貸付申込先の状況把握が十分行われたことが確認できない事態が次の(ア)及び(イ)のとおり計59件、貸付金額計5億8966万円見受けられる状況となっていた((ア)及び(イ)の事態の間には重複しているものがあり、上記の件数及び金額は純計を示している。)。なお、上記の59件はいずれも初期デフォルト債権に係る貸付けであるが、それぞれ複合的な要因により初期デフォルトに至っていると考えられ、これらの検査結果は、初期デフォルトの発生要因を特定するものではない。

(ア)　貸付関係書類の所定の欄に認定根拠が十分に記録されていなかった事態

貸付申込時における貸付申込先の直前の決算期の収支が赤字かつ債務超過となっている場合や、直前期及び前々期の収支が2期連続赤字となっている場合等には、貸付時に当該貸付申込先の返済能力についてより慎重に検討する必要がある。一方、これらの場合において、貸付関係書類の所定の欄に認定根拠が十分に記録されていなかった事態が計39件、貸付金額計3億

(注)　初期デフォルト関係書類　　各支店では、初期デフォルトの発生抑止を図ることを目的として、延滞等の発生原因の把握や審査時における調査状況の検証等を行ったり、これらを踏まえた今後の審査に活かすべき点や延滞等の抑制に向けた取組等の検討を行ったりしており、その内容を当該書類により本店に報告している。

0756万円見受けられた。

　上記の事態について、事例を示すと次のとおりである。

＜事例1＞

　A支店は、2年4月に事業者Bに対して貸付金額1500万円の貸付けを行ったが、その後、同年10月に事業者Bの破綻を把握した。事業者Bに係る貸付関係書類によれば、事業者Bは、直近の決算が2期連続で赤字かつ債務超過となっており、新型コロナウイルス感染症の感染拡大前から業況が悪化するなどしていたが、貸付関係書類の所定の欄における認定根拠の記述については、業況の悪化がみられる中での取引実態に係る記述や新型コロナウイルス感染症が収束すれば業況の回復が見込まれるといった旨の記述にとどまっており、詳細かつ具体的な記録がなかった。

　日本公庫は、当該39件の貸付関係書類を精査したところ、17件については、貸付関係書類の他の欄に記載されている内容を総合的に分析すれば認定根拠を確認できたとしている。しかし、審査の迅速化を図る中で、貸付関係書類の所定の欄に集約して記載することで認定根拠をより明確にする取扱いが、審査の決裁過程や事後検証において有効であることから、同欄に明確に記録する必要があったと認められる。

(ｲ)　**貸付関係書類において貸付申込先の資金繰り状況の現況を確認した旨の具体的な記載がないなどしていた事態**

　貸付審査時において貸付申込先の最新の決算期から例えば6か月以上経過している場合には、当該貸付申込先のその後の状況の変化を確認するために、貸付申込先の直近の財務状況をより慎重に把握する必要がある。しかし、緩和措置により試算表の徴求を不要とするなどしている中で、このような場合において、貸付関係書類において貸付先の資金繰り状況の現況を確認した旨の具体的な記載がないなどしていた事態が計26件、貸付金額計3億2810万円見受けられた。

　上記の事態について、事例を示すと次のとおりである。

＜事例2＞

　C支店は、2年8月に事業者Dに対して貸付金額2000万円の貸付けを行ったが、その後、3年3月に事業者Dの破綻を把握した。事業者Dに係る貸付関係書類には、本件貸付けの審査時から1年以上前の情報である元年6月期の決算を基にした内容が記載されていたが、緩和措置により試算表等の書類徴求を行っていない中で、貸付関係書類には貸付申込先の資金繰り状況の現況を確認した旨の記載がなかった。

---

(3)　**新型コロナ特別貸付等に係る貸付債権の管理の状況**

　日本公庫及び商工中金において行っている債務者の状況把握及び当該状況に応じた支援、貸付債権の保全、回収等の貸付債権の管理の状況について検査したところ、次のような状況となっていた。

ア　**貸付債権の管理の体制**

　①早急な保全や回収を図る必要がない「正常債権」及び、「要管理債権」のうち元金返済猶予等の条件変更を行っている「貸出条件緩和債権」の管理と、②「要管理債権」のうち3か月以上の延滞が発生するなどした「3か月以上延滞債権」、「危険債権」及び「破産更生債権及びこれらに準ずる債権」の管理については、日本公庫及び商工中金のいずれにおいても、それぞれ異なる部署が担当している（上記①の管理を担当する部署を「正常債権等担当部署」、上記②の管理を担当する部署を「延滞債権等担当部署」）。

「検査の状況」(1)アのとおり、新型コロナ特別貸付等に係る貸付残高が増加していることから、正常債権等担当部署及び延滞債権等担当部署でそれぞれ管理する債務者数(以下「管理先数」)について、2年3月末及び5年3月末の両時点での状況をみたところ、正常債権等担当部署の管理先数は、日本公庫の国民生活事業では836,932先から1,154,336先、中小企業事業では40,060先から57,690先とそれぞれ大きく増加している状況となっていた。

イ　正常債権等担当部署及び延滞債権等担当部署における新型コロナ特別貸付等に係る貸付債権の管理の状況

(ア)　正常債権等担当部署における元金返済中又は据置期間中の貸付債権の管理の状況

元金返済中及び据置期間中の貸付債権の管理について、日本公庫の中小企業事業及び商工中金においては、債務者の財務状況等を決算書等により定期的に把握することとしている。

これに対して、日本公庫の国民生活事業においては、膨大な数の貸付債権を管理していることから、債務者の財務状況等を決算書等により定期的に把握することとしておらず、条件変更を実施した場合等にその把握を行うこととしている。

他方、日本公庫の国民生活事業においては、2年9月以降、コロナ禍における債務者の事業の継続及び発展を支援する観点から、債務者の経営状況の変化等の把握及び経営改善支援に重点的に取り組むこととして、貸付時に必ずしも十分に行えなかった債務者の実態把握の補完や、コロナ禍における債務者の課題等の共有等を行うことで債務者を支援する取組(以下「債務者フォローアップ」)を開始している。具体的には、必要に応じて債務者に対して電話等による接触を図り、それらを通じて把握した債務者の現況等により資金繰り支援、経営改善計画書の策定等の支援を行っている。このほか、コロナ禍において中断していた取組の再開として、同月以降、貸付後2年以内に初めて返済遅延又は条件変更があった債務者に対して、各支店が速やかに電話等による接触を図り、債務者のデフォルトの抑制に向けて資金繰り表の作成、経営改善計画書の策定支援等の早期改善支援を行っている。

(イ)　延滞債権等担当部署における延滞等に至った貸付債権の管理の状況

日本公庫及び商工中金においては、3か月以上の延滞に至った貸付債権や、債務者の区分が「破綻先」等となるなどした貸付債権を対象として、正常債権等担当部署から延滞債権等担当部署への貸付債権の移管を行うこととしている。

そして、延滞債権等担当部署は、上記の移管を受けた貸付債権について、改めて実態調査等を実施した上で、再生支援及び貸付債権の回収を行っている。その過程で、延滞等に至っていた債務者の正常弁済が6か月間継続されるなどした場合には、当該貸付債権を延滞債権等担当部署から正常債権等担当部署に返戻し、再び正常債権等担当部署において管理を行うこととしている。

そこで、4年度における正常債権等担当部署と延滞債権等担当部署との間の移管及び返戻の状況をみたところ、日本公庫の国民生活事業及び商工中金のいずれにおいても延滞債権等担当部署から正常債権等担当部署に返戻された貸付債権の件数は正常債権等担当部署から延滞債権等担当部署に移管された件数と比べると少数にとどまっており、移管件数に対する返戻件数の割合は、特に新型コロナ特別貸付等に係る分において、日本公庫の国民生活事業では0.83%、商工中金では1.33%とそれぞれ低率となっていた。

このような状況を踏まえると、貸付債権が延滞等に至ることのないように、債務者の状況把

握及び当該状況に応じた支援といった取組が引き続き重要であると考えられる。

　また、日本公庫及び商工中金は、「検査の状況」(1)ウのとおり、債務者の破綻等により貸付債権の全額について回収の見込みがないなどと認められるときは償却を行うこととしており、その償却の決定の判断は慎重に行うことなどとしている。

　会計実地検査を行った日本公庫の7支店^(注1)の延滞債権等担当部署が所管する32支店のうち10支店^(注2)が貸付決定を行った国民生活事業の新型コロナ特別貸付等に係る貸付債権の償却(2年度から4年度までの間の償却決定件数計367件、貸付金額計56億3433万円に対する償却金額計53億9530万円)の状況をみたところ、債務者の生活困窮を償却事由に含んでいたものは計204件(貸付金額計29億5768万円に対する償却金額計29億0642万円)となっていた。そして、これらについて検査したところ、債務者等の生活状況等を把握するために外部に委託して債務者の生活状況を調査していた貸付債権の償却において、債務者の生活状況が困窮状況にあるという償却事由の根拠となる事実が十分に把握されていないまま償却が決定されていた事態が計30件(貸付金額計3億3561万円に対する償却金額計3億3504万円)見受けられた。なお、日本公庫によれば、5年6月末時点で、これら30件のうち4件について、日本公庫が償却決定した後に破産等の事実を把握したとしている。

本院の所見　日本公庫及び商工中金は、次の点に留意するなどして資金繰り支援等を適切に実施していく必要がある。

ア　日本公庫及び商工中金において、新型コロナ特別貸付等については4年度末時点において多額の貸付残高がある中で条件変更中の貸付債権、延滞等に至った貸付債権及び償却した貸付債権が年々増加し、また、新型コロナ特別貸付等の借換えが相当数生じていると思料されるなどしている状況を踏まえて、新型コロナ特別貸付等及びその借換後の貸付債権について、引き続き、債務者の状況把握等を適切に実施するとともに、貸付債権の状況等に応じて適切に貸倒引当金を算定し、計上すること

イ　日本公庫の国民生活事業において、今後の非常時において関係省庁の要請を踏まえるなどして緩和措置を設ける場合には、緩和措置の下における貸付申込先の状況把握の適正性を担保するための取組がより適切に行われるよう努めること

ウ　日本公庫の国民生活事業において、債務者フォローアップや早期改善支援等の債務者の状況把握及び当該状況に応じた支援に係る取組を引き続き適切に実施するとともに、これらの取組において、対象となる債務者の貸付関係書類において貸付時における貸付申込先の状況把握の適正性が十分に確認ができない状況となっている場合には、当該債務者の財務状況や業況の推移に特に留意すること。また、償却の決定を慎重かつ適切に行うとともに、外部に委託して調査した結果に基づき債務者の生活困窮を事由として償却を決定した貸付債権については、改めて償却を決定した根拠を検証し、必要な対応を執ること

　本院としては、今後とも日本公庫等の新型コロナ特別貸付等に係る貸付債権等の状況について、元利金の返済が本格化するなどしている一方で依然として多額の貸付残高があることなどを踏まえて、引き続き検査していくこととする。

(検査報告659ページ)

(前掲60ページ「令和4年度決算検査報告の特色」参照)

(注1) 7支店　　さいたま、東京、岐阜、名古屋、名古屋中、大阪、神戸各支店
(注2) 10支店　　さいたま、浦和、東京、岐阜、多治見、名古屋、名古屋中、大阪、神戸東、神戸各支店

第Ⅱ章

国民の関心の高い事項

○　4　国民の関心の高い事項等に関する検査状況

国民の関心の高い事項等に関する検査の取組方針　本院は、その使命を的確に果たすために毎年次策定している会計検査の基本方針に従って、我が国の社会経済の動向、財政の現状、行政における様々な取組等を踏まえて国民の期待に応える検査に努めており、特に、国会等で議論された事項、新聞等で報道された事項その他の国民の関心の高い事項については、必要に応じて機動的、弾力的な検査を行うなど、適時適切に対応することとしている。

検査の状況
(1)　検査の結果、検査報告に掲記したもの

　　上記国民の関心の高い事項等としては、新型コロナウイルス感染症対策、少子高齢化等を背景とした社会保障、自然災害の頻発化・激甚化等により関心が一層高まっている国民生活の安全性の確保、デジタル、環境及びエネルギーといった分野が挙げられる。また、厳しい財政の現状等を踏まえて、予算・経理の適正な執行はもとより、制度・事業の効果、資産、基金等のストック等に対する国民の関心は引き続き高いものとなっている。

　　これら国民の関心の高い事項等について、正確性、合規性、経済性、効率性、有効性等の多角的な観点から検査を行った結果、検査報告に掲記した主なものを示すと、次のとおりである。
　　　ア　新型コロナウイルス感染症対策関係経費等に関するもの
　　　イ　社会保障に関するもの
　　　ウ　国民生活の安全性の確保に関するもの
　　　エ　デジタルに関するもの
　　　オ　環境及びエネルギーに関するもの
　　　カ　制度・事業の効果等に関するもの
　　　キ　予算の適正な執行、会計経理の適正な処理等に関するもの
　　　ク　資産、基金等のストックに関するもの

(2)　その他の検査の状況

　　(1)のほか、国会法第105条の規定に基づく検査要請が行われた「新型コロナウイルス感染症拡大に伴う旅行振興策の実施状況等について」及び「官民ファンドにおける業務運営の状況について」について検査を実施している。

本院の所見　本院は、今後も我が国の社会経済の動向、財政の現状等を踏まえて国民の期待に応える検査に努めるために、国会等で議論された事項等の国民の関心の高い事項については、必要に応じて機動的、弾力的な検査を行うなど、適時適切に対応するとともに、我が国の財政健全化に向けた様々な取組について留意しながら検査を行っていくこととする。　　　　　　　（検査報告698ページ）

(1)の事項ごとの特徴的な案件は前掲51ページ参照

◯ 5　特別会計財務書類の検査

　会計検査院は、特別会計に関する法律第19条第2項の規定に基づき、令和4年11月8日に内閣から送付を受けた18府省庁等^(注1)が所管する13特別会計^(注2)の令和3年度特別会計財務書類について検査した。そして、同年12月23日に、内閣に対して、同書類の検査を行った旨を通知し、同書類を回付した。

　同書類について、同法、特別会計に関する法律施行令、特別会計の情報開示に関する省令、同省令第1条の規定に基づき定められた特別会計財務書類の作成基準(以下「作成基準」)等に従った適切なものとなっているかなどに着眼して検査した結果、作成基準等と異なる処理をしていて、同書類の計上金額の表示が適切とは認められないものが、4府省が所管する1特別会計^(注3)において1事項見受けられた。

　なお、上記の1事項については、環境省において所要の訂正が行われた。　　　（検査報告707ページ）

(注1) 18府省庁等　　国会、裁判所、会計検査院、内閣、内閣府、デジタル、復興両庁、総務、法務、外務、財務、文部科学、厚生労働、農林水産、経済産業、国土交通、環境、防衛各省
(注2) 13特別会計　　交付税及び譲与税配付金、地震再保険、国債整理基金、外国為替資金、財政投融資、エネルギー対策、労働保険、年金、食料安定供給、国有林野事業債務管理、特許、自動車安全、東日本大震災復興各特別会計
(注3) 1特別会計　　エネルギー対策特別会計

§8　平成23、30、令和2、3各年度決算検査報告掲記の「意見を表示し又は処置を要求した事項」の結果

　本院が意見を表示し又は処置を要求したもののうち、令和3年度決算検査報告までに当局において処置が完了していなかったものは、平成23、30、令和2又は3年度決算検査報告に掲記された計23件(注)である。このうち、処置が完了したものが18件、処置が完了していないものが5件となっており、対象となった各省庁等が本院指摘の趣旨に沿い改善のために執った処置及び処置状況を整理すると次のとおりである。

◯　1　処置が完了したもの

平成23年度決算検査報告

(1)　防衛施設周辺放送受信事業補助金の補助対象区域について(防衛省)

＜指摘の要旨(意見表示事項㊱)＞

　防衛省は、自衛隊又は我が国に駐留するアメリカ合衆国の軍隊が使用する飛行場等周辺地域のうち指定する区域(以下「補助対象区域」)内において、日本放送協会と放送の受信についての契約を締結した者に対して、航空機騒音によるテレビ放送の聴取障害(以下「テレビ聴取障害」)の対策として、放送受信料のうち地上系放送分の半額相当額を補助している。しかし、補助対象区域の指定に当たり勘案することとなっている各種要件(以下「指定基準」)を定めた際の根拠資料が残されておらず、指定基準がテレビ放送の聴取における航空機騒音の実態を適切に反映したものとなっているか不明となっている事態が見受けられた。

＜講じた処置＞

　同省は、平成24年度から27年度までに、テレビ聴取障害の定義付けや指定基準の見直しなどを検討した上で学識経験者により構成された検討委員会を開催して検証を行い、その検証結果がテレビ聴取障害の現地の実態を反映したものとなっているかを確認するための調査等を実施して、検討委員会において調査結果を指定基準に反映するための最終的な検証を行い、28年度にはこれらを踏まえて航空機騒音の実態を反映させた指定基準の改正の方向性を取りまとめた。

　29年度には地元関係者に指定基準の改正の方向性を説明する時期等について検討を行うとともに、別途実施している住宅防音工事が完了した世帯は30年8月31日をもって防衛施設周辺放送受信事業(以下「放送受信事業」)の補助の対象としないこととするなど、放送受信事業の一部見直しについて地元関係者に対して説明を行うなどし、30年度には上記の住宅防音工事が完了した世帯等に係る放送受信事業の一部見直しについて通達の改正等を行った。令和元年度には、上記放送受信事業の一部見直しについて継続して必要な周知を行うとともに、放送受信事業の一部見直し後の状況を踏まえつつ、地元関係者に指定基準の改正の方向性を説明する時期等について検討を行った。2年度及び3年度には、新型コロナウイルス感染症対策の動向も踏まえつつ、地元関係者に指定基準の改正の

(注)　本書では、同様の指摘事項については、それらをまとめて記述している。

方向性を説明する時期等について引き続き検討を行った。

　そして、4年度には指定基準の改正の方向性を踏まえるなどして指定基準案を作成し、5年5月に地元関係者に説明を行い、同年6月に航空機騒音の実態の変化を適切に反映させられるよう新たな指定基準を定めた通達を各地方防衛局等に発出して周知するなどの処置を講じていた。

　今後、本院としては、新たな指定基準による補助対象区域の見直しの状況について注視していくこととする。　　　　　　　　　　　　　　　　　　　　　　　　　　　　　（検査報告440ページ）

平成30年度決算検査報告

⑵　国管理空港の土地等に係る行政財産の使用料の算定について（国土交通省）

＜指摘の要旨（処置要求事項㉞）＞

　国土交通省は、国管理空港の土地等の行政財産について東京、大阪両航空局（これらを「地方航空局」）が使用許可を行う場合（使用許可を行う者を「使用許可者」）の使用料について、不動産鑑定評価会社（以下「鑑定会社」）等に使用料に関する調査（以下「使用料調査」）及び使用料の変動率を求める調査を委託するなどして算定している。そして、使用料の算定に当たり、旅客ターミナルビル事業、貨物ターミナルビル事業及び駐車場事業（以下「3事業」）については事業ごとに収益性を確認できることから、これらの純収益の額に使用許可者に配分する純収益の割合（以下「使用許可者への配分率」）を乗ずるなどして算出した収益賃料等を用いている。しかし、駐車場事業とは別の事業に要した費用を駐車場事業に要した費用に含めて駐車場事業から生ずる純収益を算出したり、使用許可者と使用許可を受けて駐車場等の施設を運営する者（以下「事業者」）とで異なる方法で算出した建物等に帰属する純収益（以下「建物等帰属純収益」）による比率に基づいて3事業に係る純収益の使用許可者への配分率を算出したりしていることにより、使用料が過小に算定されている事態が見受けられた。

＜講じた処置＞

　同省は、次のような処置を講じていた。

ア　令和元年度に駐車場事業に供されている国管理空港の土地等に係る行政財産の使用許可において、2年3月に元年度に係る使用料の改定を行って、駐車場事業とは別の事業に要した費用を含めて駐車場事業から生ずる純収益を算出して使用料を算定していた18件について、駐車場事業とは別の事業に要した費用を含めないこととした。

イ　鑑定会社等に使用料調査を委託する際の仕様書において、駐車場事業から生ずる純収益を算出するに当たり、駐車場事業とは別の事業に要した費用を駐車場事業に要した費用に含めないことを明記するとともに、駐車場事業とは別の事業に要した費用を含まない営業損益等に関する資料を当該鑑定会社等に交付することとした。そして、上記を踏まえて元年12月に使用料調査を委託した。

ウ　3事業から生ずる純収益の使用許可者への配分率の算出方法について、2年1月、使用許可者及び事業者の建物等帰属純収益を比較可能な方法により算出するために、不動産鑑定士等により構成される有識者委員会を新たに設け、同年3月に同委員会から提言を受けるなどして検討し、建物等の取得価格を用いて使用許可者及び事業者双方の建物等帰属純収益を算出することとした。そして、5年7月に使用料調査を鑑定会社等に委託する際の仕様書に上記の算出方法を明記した。

エ　地方航空局が使用料の変動率を求める調査を鑑定会社等に委託する際に、イと同様の取扱いとなるよう駐車場事業から生ずる純収益を算出するに当たり、駐車場事業とは別の事業に要した費

第Ⅱ章

用を駐車場事業に要した費用に含めないことを仕様書に明記するとともに、駐車場事業とは別の事業に要した費用を含まない営業損益等に関する資料を鑑定会社等に交付するよう、2年6月に地方航空局に通知した。また、ウと同様の取扱いとなるよう3事業から生ずる純収益の使用許可者への配分率の算出方法について、建物等の取得価格を用いて使用許可者及び事業者双方の建物等帰属純収益を算出することを仕様書に明記するよう、5年7月に地方航空局に通知した。

（検査報告405ページ）

令和2年度決算検査報告

⑶　国民健康保険の保険基盤安定負担金の交付額について（厚生労働省）

＜指摘の要旨（処置要求事項㉞）＞

　厚生労働省は、国民健康保険法等に基づき、国民健康保険の保険者である市町村(特別区等を含む。)に対して、低所得者を多く抱える保険者の財政基盤を強化することを目的として保険基盤安定負担金を交付している。同法等によれば、市町村は、保険者支援分として、当該年度に納付すべきとして賦課した一般被保険者に係る保険料(保険税を含む。)の総額(以下「保険料算定額」)を一般被保険者の数で除して算定した一般被保険者一人当たりの平均保険料算定額に、保険料の軽減割合ごとに区分して集計した世帯に属する一般被保険者の数及び所定の割合をそれぞれ乗じて得た額を合算した額を算定し、この額を一般会計から当該市町村の国民健康保険に関する特別会計に繰り入れなければならない(これにより繰り入れる金額を「繰入金額」)こととされており、国は、繰入金額の1/2に相当する額を負担金として交付することとされている。そして、国民健康保険保険基盤安定負担金交付要綱によれば、負担金の交付決定には、証拠書類を整理し、保管しておかなければならないことなどの条件が付されることとされている。しかし、負担金の交付額を算定する際に用いる保険基盤安定負担金繰入金額算出基礎表(以下「算出基礎表」)を確認したところ、保険料算定額のうち、一般被保険者について算定した均等割額の総額は一般被保険者数に各市町村が条例で定める均等割額を乗じて得られる額と一致し、世帯について算定した平等割額の総額は世帯数に各市町村が条例で定める平等割額を乗じて得られる額と一致するものであるのに、111市町村においては、少なくともいずれかが一致していないため、負担金の交付額が適正に算定されていないと認められた。そして、これらの市町村では、算出基礎表を作成するために必要なデータ(以下「算定用データ」)の抽出条件を誤るなどしており、このうち12市町において負担金の交付額が過大となっている事態並びに84市町村において過年度分の算定用データをシステムから抽出することができず適正な繰入金額及び負担金の交付額を算定できない事態が見受けられた。

＜講じた処置＞

　同省は、次のような処置を講じていた。

ア　12市町のうち、返還の必要がないと判明した1市を除いた11市町に対して、令和4年3月に返還を求めた。また、84市町村に対して、市町村が保有している各種資料に基づき適切に保険基盤安定負担金の交付額を算定させ、過大に交付されていたと認められる負担金相当額があった41市町村のうち、34市町村に対して過大に交付されていたと認められる負担金相当額について、同月に返還を求めた。そして、残りの7市町に対して過大に交付されていたと認められる負担金相当額について、5年3月までに返還を求めた。

イ　3年12月に、同省が都道府県及び市町村との間で運用しているポータルサイトに通知を掲載する

第Ⅱ章　意見表示・処置要求事項の結果

ことにより、繰入金額及び負担金の交付額の算定に当たり、これらに用いる負担金繰入金額算出基礎表を作成するために必要なデータを抽出する時点等の抽出条件について、市町村に対して周知徹底した。

ウ　イの通知により、負担金の事業実績報告書の審査並びに繰入金額及び負担金の交付額の算定に当たり、一般被保険者について算定した均等割額の総額が一般被保険者数に均等割額を乗じて得られる額と一致しているかなどの具体的な確認方法を示すことにより、適正な繰入金額に基づき負担金の交付額が算定されているかを確認することについて、都道府県及び市町村に対して周知した。

エ　イの通知により、負担金の交付額を再度算定する場合に必要となる世帯数等のデータを交付決定の条件に従って適切に整理し、保管することについて、市町村に対して周知した。

(検査報告263ページ)

⑷　政府所有米穀の販売等業務委託契約のメッシュチェック荷役経費の単価の算定について(農林水産省)

＜指摘の要旨(処置要求事項㊱)＞

農林水産省は、民間の事業体(以下「受託事業体」)に、同省が備蓄等することとなっている国内産米穀及び外国産米穀(これらを「政府所有米穀」、このうち外国産米穀を「MA米」)の販売、保管、運送、販売等に伴うカビ確認等の業務を包括的に委託している。このうち販売等に伴うカビ確認は、米穀を二重の網に通し、網の上でカビ状異物を確認すること(以下「メッシュチェック荷役」)などによるものとされており、受託事業体は、この業務を複数の倉庫業者に再委託して実施させている。そして、受託事業体への委託費のうち、メッシュチェック荷役経費については、メッシュチェック荷役経費の単価にメッシュチェック荷役を行った政府所有米穀の数量を乗じた額を支払うこととされている。しかし、MA米に係るメッシュチェック荷役経費の単価について、多くの作業人員により処理していて1ｔ当たりの処理時間(以下「処理時間/ｔ」)が短い倉庫業者や、少ない作業人員により処理していて処理時間/ｔが長い倉庫業者が見受けられるのに、作業人員と処理時間/ｔをそれぞれ合計してそれらの要素ごとに平均値を算出し、これらを乗ずるなどして算定する方法により設定していたり、米穀の種類及び作業台の形状により作業効率が大きく異なっているのに、米穀の種類等ごとの処理数量を考慮せずに算定したものとなっていたりしていて、単価が作業実態に見合ったものとなっていない事態が見受けられた。

＜講じた処置＞

同省は、令和3年4月から4年10月までの間に、メッシュチェック荷役経費の単価を算定するに当たり必要なメッシュチェック荷役の作業実態の調査を実施し、その結果を踏まえて、5年6月に、倉庫業者ごとに算定した1ｔ当たりの処理に要する作業人員・時間等の平均値を、米穀の種類等ごとの処理数量により加重平均した上で、必要な調整を行うなどしてメッシュチェック荷役の作業実態に見合った単価を算定する方法を明確に定めるとともに、5年度の契約から当該算定方法に基づいて単価を設定することにより委託費の節減を図る処置を講じていた。

(検査報告318ページ)

令和3年度決算検査報告

⑸　家庭学習のための通信機器整備支援事業により整備したモバイルWi-Fiルータ等の使用状況について（文部科学省）

＜指摘の要旨（意見表示事項㊱）＞

　文部科学省は、公立学校情報機器整備費補助金交付要綱に基づき、地方公共団体等に対して公立学校情報機器整備費補助金を交付している。同補助金の対象となる事業のうち、「家庭学習のための通信機器整備支援事業」は、都道府県及び市町村(特別区、市町村の組合及び広域連合を含む。これらを「事業主体」)に対し、公立の小学校、中学校等の児童生徒が、学校教育活動の一環としてインターネットを利用して行う家庭における学習活動(以下「家庭学習」)に必要となるモバイルWi-Fiルータ等(以下「ルータ」)の貸与を目的とした購入費を補助するものである。しかし、家庭学習における使用を目的として整備したルータについて、納品から1年以上にわたって家庭学習において使用されていないものが多数あり、今後使用される見込みがないものも多数ある事態が見受けられた。

＜講じた処置＞

　同省は、次のような処置を講じていた。

ア　ルータの家庭学習における使用が低調となっている理由について、事業主体に対して調査を実施して確認させた上で、これを踏まえ、家庭学習における使用を促進するための方策等について検討し、ルータを放課後子ども教室で使用するなどの検討結果について令和5年2月に事務連絡を発して、事業主体に周知した。

イ　ルータの家庭学習以外での有効活用を図るための用途や方法について、事業主体に対して調査した上で検討し、その結果を踏まえ、アの事務連絡において、校外における教育活動で活用するなどの参考となる事例を紹介するなどして、適切な活用方法を事業主体に周知した。

（検査報告135ページ）

⑹　雇用調整助成金に係る支給額の算定方法について（厚生労働省）

＜指摘の要旨（意見表示事項㊱）＞

　厚生労働省は、雇用する雇用保険被保険者について休業又は教育訓練(以下「休業等」)を行った事業主に対して、事業主が支払った休業等に係る賃金の額(以下「休業手当」)に相当する額を対象として雇用調整助成金を支給している。雇用調整助成金の支給額は、①休業等を行った期間ごとに、事業主に係る労働保険の確定保険料算定の基礎となった前年度の賃金総額を前年度の被保険者数及び年間所定労働日数で除して算出される額に、事業主が労働組合等との間で締結した協定に基づく休業手当の支払率を乗ずることにより休業手当相当額を算定し、②これに所定の助成率を乗ずることにより1人1日分の助成額単価を算出し、③その額とその額の上限として同省が設定した額(以下「日額上限額」)のいずれか低い額に休業等を行った延べ人日数を乗ずることにより算定することとなっている。また、同省は、新型コロナウイルス感染症が経済社会情勢に大きな影響を及ぼしていることなどを踏まえて、令和2年4月以降、特例として助成率や日額上限額を引き上げるなどしている(この特例を「コロナ特例」)。しかし、雇用調整助成金に係る支給額の算定方法において、休業手当の支払率の対象とした、労働の対償として支払われるもの(以下「賃金等」)の範囲を考慮することとされていないことにより、一部の事業主において、賃金等のうち、休業手当の支払対象となっていない

部分に対しても助成が行われることになっていた。このため、コロナ特例による助成率や日額上限額の引上げに伴って、雇用調整助成金の支給額が休業手当の支払額を上回る額(以下「超過額」)が相当生じている状況となっている事態が見受けられた。

＜講じた処置＞

　同省は、5年9月に雇用調整助成金に係る支給要領を改正し、雇用調整助成金に係る支給額の算定に当たって超過額を生じさせないように、事業主が実際に支払った休業手当の総額に助成率を乗じて得た額を基に支給額を算定する方法に改めて、休業等を行った期間の初日が6年1月1日以降のものから適用することとする処置を講じていた。　　　　　　　　　　　　　　　(検査報告268ページ)

⑺　生活保護業務における情報提供ネットワークシステムを通じた情報照会の実施状況について（厚生労働省）

＜指摘の要旨（処置要求事項㊱）＞

　厚生労働省は、都道府県及び市町村に対して、生活保護システムと情報提供ネットワークシステム(以下「情報提供NWS」)とを接続し、社会保障・税番号制度の円滑な施行に資することを目的として、生活保護システム等の改修に必要な経費等を対象に、社会保障・税番号制度システム整備費補助金等を交付している。厚生労働省は、都道府県、市(特別区を含む。)又は福祉事務所を設置する町村(これらを「事業主体」)に対して、情報提供NWSを通じて、行政手続に必要な情報をやり取りすること(以下「情報連携」)により、省略可能な書類があったり、生活保護法第29条に基づく調査に要する時間が縮減されたりするなど、事業主体において業務上の利点があること、情報連携を行うには、業務フローの確認及び見直しの必要性があることなどを示した多数の通知(これらの通知を含め、厚生労働省が情報連携に関して発出した通知を「情報連携通知」)を発出している。しかし、23都道府県の35事業主体において、情報照会(情報提供NWSを通じて、他の機関に対して当該機関の保有する情報の提供を求めることをいう。)が全く実施されておらず、生活保護システム等の改修の効果が十分に発現されていない事態が見受けられた。

＜講じた処置＞

　同省は、次のような処置を講じていた。

ア　令和5年3月に事務連絡を発して、情報連携通知等を内容に基づいて分類したり、情報連携に関する留意点を質疑応答形式でまとめたりして、情報連携通知等の内容を理解しやすく整理した上で、事業主体に対して改めて周知した。

イ　アの事務連絡により、事業主体における情報照会の実施状況の把握や、情報照会に係る研修を実施するなどの支援を行うよう都道府県等に対して改めて周知した。　　　　(検査報告269ページ)

⑻　施設整備補助金により社会福祉施設等に整備した非常用設備等の耐震性の確保の状況について（厚生労働省）

＜指摘の要旨（処置要求事項㊱）＞

　厚生労働省は、災害時に入所者等の安全を確保するため、地方公共団体が行う高齢者関係施設への非常用自家発電設備及び受水槽等の給水設備(これらを「非常用設備等」)の整備に、又は社会福祉法人等が行う高齢者関係施設への非常用設備等の整備に対し都道府県若しくは市町村(特別区を含

む。）が補助する事業に、地域介護・福祉空間整備等施設整備交付金を交付している。また、社会福祉法人等が行う障害児者関係施設への非常用設備等の整備に対し都道府県又は政令指定都市若しくは中核市が補助する事業に、社会福祉施設等施設整備費補助金を交付している（地域介護・福祉空間整備等施設整備交付金及び社会福祉施設等施設整備費補助金を合わせて「施設整備補助金」、社会福祉法人等が行う非常用設備等の整備に対し都道府県又は市町村が補助する事業に施設整備補助金を交付する場合の都道府県又は市町村を「都道府県等」、施設整備補助金により非常用設備等を整備する地方公共団体又は社会福祉法人等を「事業主体」）。同省によれば、施設整備補助金に係る交付要綱等において耐震性を確保する必要性等は示されていないものの、整備する非常用設備等について耐震性の確保等に係る必要な措置がなされていることを前提に、都道府県等は施設整備補助金を交付するなどとしている。しかし、施設整備補助金による非常用設備等の整備に当たり、非常用設備等がアンカーボルト等により鉄筋コンクリートの基礎に固定されていないなどしていて、耐震性が確保されているか確認できず、地震の際に有効に機能しないおそれがある事態が見受けられた。

＜講じた処置＞

同省は、次のような処置を講じていた。

ア　令和4年11月及び12月に都道府県等に対して事務連絡を発出して、事業主体が施設整備補助金により整備する非常用設備等が地震時に転倒することなどがないよう耐震性を確保する必要があることを周知するとともに、施設整備補助金の事前協議等に当たって、当該非常用設備等の耐震性の確保の必要性、及び耐震性が確保されていることが分かる資料を整備しておくことが必要であることを事業主体に周知するなど、耐震性が確保されているか確認するに当たっての留意点等を示した。

イ　アの事務連絡により、都道府県等に対して、非常用設備等の耐震性の確保に係る項目を加えた事前協議等に用いるチェックリスト等を示すことにより、地方厚生（支）局において都道府県等が確認した内容を基に審査できるようにした。

(検査報告270ページ)

⑼　過剰木材在庫利用緊急対策事業の実施について（農林水産省）

＜指摘の要旨（意見表示事項㊱）＞

林野庁は、新型コロナウイルス感染症の世界的な拡大を受けて、公共建築物等の構造材等への木材製品の利用促進を緊急的に支援することにより、輸出できずに行き場のなくなった原木在庫の解消に貢献することを目的とし、令和2年度限りの事業として、過剰木材在庫利用緊急対策事業（以下「対策事業」）を実施している。林野庁は、対策事業の実施に当たり、一般社団法人全国木材組合連合会（以下「全木連」）を事業実施主体とし、木材製品の利用促進を行う工務店等への助成金の交付（対策事業において工務店等へ交付する助成金を「対策事業助成金」）等の業務に要する経費について、国庫補助金を交付している。また、林野庁は、JAS構造材等の消費拡大に向けた普及・実証の取組等に対して助成を行う実証支援事業等（以下「実証支援事業」）を平成30年度以降実施してきており、対策事業は、実証支援事業を参考にしている。そして、対策事業の対象とすることができる建築物等は、対策事業以外に国からの助成を受けていないことなどが要件とされている。しかし、一部の建築主が国庫補助金等を財源に含む地方公共団体の補助金等の交付を受けていて、建築物等が対策事業以外に国庫補助金等を財源に含む地方公共団体の補助金等の交付を受けているか確認することについて全木連に対して適切な説明が行われていなかったり、当該確認を行う仕組みが構築されていなかったりする事態、及び公募要領が公表された日より前に建築確認申請や工事請負契約、入札公告

が行われるなど対策事業が実施されなくても木材製品が利用されることが見込まれていて、対策事業助成金の交付が木材製品の利用促進のために効率的に行われていない事態が見受けられた。そして、林野庁は、対策事業に対する本院の指摘を踏まえて、全木連に対して、令和4年度の実証支援事業の実施に当たり、工務店等の事業主体が事業申請を行う際には、建築主が地方公共団体の補助金等を含めて国からの助成を受けていないことを建築主に書面で回答を求め、当該書面を提出させるよう規程に反映させる措置を講じている。

＜講じた処置＞

　同庁は、次のような処置を講じていた。

ア　4年度の実証支援事業の実施に当たり講じた上記措置の状況を踏まえ、今後実証支援事業を含めて対策事業と同様に他に国からの助成を受けていないことを要件とする事業（以下「同様の要件を規定する事業」）を実施する場合には、地方公共団体等に照会するなどして地方公共団体の補助金等の財源に国庫補助金等が含まれていないことを確認した資料を事業主体から事業実施主体に提出させ、更に事業実施主体が地方公共団体等に確認する仕組みを構築した。そして、5年度の実証支援事業については、5年3月に事業実施主体である全木連に対して通知を発出して、当該構築した仕組みを規程に反映させた。また、同様の要件を規定する事業については、地方公共団体の補助金等の財源として国庫補助金等が含まれていないことを確認するよう事業実施主体に対して適切な説明を行うこととするとともに、当該構築した仕組みを規程に反映させるよう指導することとし、5年3月に同庁内の各課に周知した。

イ　今後木材製品の利用促進を支援する事業を実施する場合に備えて、対策事業における事業要件等について検証を行い、木材製品の利用促進のために対策事業助成金の交付が効率的に行われるためには、実施要領等において、建築確認申請、工事請負契約等の木材を利用するために必要な申請や契約が対策事業の公募要領の公表日以降に行われたことを事業要件とする必要があったとする検証結果を取りまとめた。そして、制度設計において当該検証結果を踏まえた事業要件を設定するよう、5年7月に同庁内の各課に周知した。　　　　　　　　　　（検査報告321ページ）

⑩　林業・木材産業改善資金貸付事業の運営について（農林水産省）

＜指摘の要旨（処置要求事項㊱）＞

　林野庁は、林業従事者等が林業経営の改善等のために必要とする資金の貸付事業を行う都道府県に対して資金の一部を国庫補助金として交付している。そして、都道府県が造成した林業・木材産業改善資金（以下「改善資金」）において、多額の繰越金を発生させている事態について本院が平成13年及び20年に指摘するなどしたところ、林野庁は、貸付けが見込まれない額のうち、国庫補助金に相当する額を国へ自主納付できることとするなどの処置を講じたり、自主納付の考え方に係る通知を発するとともに都道府県に周知徹底を図るなどの処置を講じたりしている。しかし、都道府県において、貸付事業計画に記載する貸付見込額（以下「貸付計画額」）及び自主納付の検討対象とすべき額（以下「自主納付検討額」）の算定を適切な貸付需要に基づいて行っていなかったこと、林野庁において、上記の通知で示されている算定方法と異なる独自の算定方法（以下「独自算定」）による貸付計画額及び自主納付検討額並びに自主納付検討額を基に決定した自主納付の予定額（以下「自主納付予定額」）の内容について根拠資料を提出させたり、これらの算定結果について資金造成総額、実績報告書に記載された貸付実績の金額（以下「貸付実績額」）等と比較するなどしたりして、上記の内容及

第Ⅱ章

び算定結果の妥当性を検証した上で、疑義があるものについて再検討を求めるなどの十分な確認を行っていなかったことから、自主納付制度が十分に活用されておらず、改善資金が貸付需要に対応した適切な規模とならずに多額の繰越金を発生させている事態が見受けられた。

＜講じた処置＞

　同庁は、次のような処置を講じていた。

ア　令和4年11月に都道府県に対して通知を発して、適切な貸付需要に基づいて貸付計画額及び自主納付検討額を算定するよう周知徹底するとともに、都道府県に対する説明会やブロック会議において、当該通知に基づいて貸付計画額及び自主納付検討額を算定するよう指導を徹底した。

イ　アの通知により、独自算定による貸付計画額及び自主納付検討額並びに自主納付予定額の内容について都道府県から根拠資料を提出させたり、これらの算定結果について、資金造成総額、貸付実績額等と比較したりなどするとともに、上記の内容及び算定結果の妥当性をチェックシートにより検証した上で、疑義があるものについては再検討を求め、必要に応じてヒアリングを行うこととするなど十分に確認を行う体制を整備した。　　　　　　　　　　　　　　（検査報告322ページ）

⑾　農業農村整備事業等における公共測量の手続の実施について（農林水産省）

＜指摘の要旨（処置要求事項㊱）＞

　農林水産省は、土地改良法等に基づき、農業農村整備事業等を、自ら事業主体となって実施するほか、都道府県、市町村等が事業主体となって実施する場合に事業の実施に要する経費の一部を補助している。そして、各事業主体は、農業農村整備事業等の一環として各種の測量を実施している。測量法は、測量の重複を除き、測量の正確さを確保することなどを目的として、測量の実施の基準等を定めており、国又は公共団体が費用の全部又は一部を負担し又は補助して実施するなどする測量のうち、規模や精度に関する一定の要件を満たすものは、公共測量に該当することとなっている。そして、公共測量を実施する場合は、公共測量を計画する事業主体（以下「測量計画機関」）から国土地理院に計画書及び測量成果を提出するなどの公共測量の手続を行わなければならないこととなっており、当該手続を行うことにより、測量成果は、その精度が確保され、他の測量計画機関等により様々な用途に利活用されることになっている。しかし、測量計画機関が公共測量の手続を適切に行っていないため、その測量成果について、公共測量としての精度が確保されていることを客観的に確認できない状況となっていたり、国土地理院において一般の閲覧に供されていなかったりなどしていて、他の測量計画機関等が様々な用途に利活用できる状況になっていない事態が見受けられた。

＜講じた処置＞

　同省は、令和5年3月に地方農政局等に通知等を発して、測量計画機関が測量を実施する場合には、公共測量の意義や手続について十分に確認するなどして、公共測量に該当する測量について計画書及び測量成果を国土地理院に提出するなどの公共測量の手続を適切に行うよう、地方農政局等の測量計画機関に対して指導するとともに、地方農政局等を通じるなどして都道府県、市町村等の測量計画機関に対して助言を行う処置を講じていた。そして、同年5月に全ての地方農政局等及び都道府県の担当者を対象とした会議を開催するなどして、上記の通知等に基づき公共測量の手続を適切に行うよう、指導又は助言を行う処置を講じていた。　　　　　　　　　　　　　（検査報告323ページ）

第Ⅱ章　意見表示・処置要求事項の結果

⑿　国営更新事業に係る附帯施設の機能保全計画の策定状況等の把握等について（農林水産省）

＜指摘の要旨（処置要求事項㊱）＞

　農林水産省は、国営かんがい排水事業により造成された既存の農業水利施設の更新等を行う国営更新事業を順次実施している（国営更新事業により更新するなどした農業水利施設を「国営更新施設」）。また、都道府県等は、国営更新事業に関連する土地改良事業として、国営更新施設と田畑とを接続するための用排水路等の農業水利施設（以下「附帯施設」）の整備、更新等を実施している。このため、国営更新施設と附帯施設とが一体となって機能することにより、国営更新事業はその効果を発揮することとなる。国は、農業水利施設の機能保全対策について、施設の長寿命化とライフサイクルコストの低減を図る戦略的な保全管理を推進することとしている。そして、農政局等は、施設の機能を維持するための対策工法等について取りまとめた機能保全計画が策定されている附帯施設等のうち当該計画における対策工事の開始予定年度を経過した施設について、都道府県に対して対策工事の実施状況等を所定の様式（以下「把握様式」）により報告させることとしている。しかし、農政局等において附帯施設の機能保全計画の策定状況を把握していない事態、及び機能保全計画に基づく対策工事が実施されていない附帯施設について劣化の状況が機能保全コストが最も経済的となる最適コストによる対策工事で対応可能な範囲内（以下「最適コスト範囲内」）にあることを都道府県等が確認しているかどうかを農政局等において把握していない事態が見受けられた。

＜講じた処置＞

　同省は、次のような処置を講じていた。

ア　令和5年4月に発出した農政局等に対する通知により、把握様式を変更して附帯施設に係る機能保全計画の策定状況を把握するための項目を設けるとともに、附帯施設であることを確認できる項目及び附帯施設の劣化の状況が最適コスト範囲内であることについて都道府県等が確認していることを把握するための項目を設けた。

イ　5年2月に農政局等に対して通知を発出するなどして、変更後の把握様式に基づき、附帯施設の機能保全計画の策定状況を把握するとともに、策定していない場合は、都道府県等に対して必要に応じて助言を行うことを周知徹底した。また、附帯施設の劣化の状況が最適コスト範囲内であることについて都道府県等が確認していることを把握するとともに、確認していない場合は、都道府県等に対して必要に応じて助言を行うことを周知徹底した。

ウ　アの通知により、都道府県等に対して、農政局等を通じるなどして、附帯施設の機能保全計画の策定時期の目安を示すとともに、機能保全計画を策定することの目的やこれに基づき対策工事を行うことの必要性について周知徹底した。

（検査報告324ページ）

⒀　独立行政法人石油天然ガス・金属鉱物資源機構が管理している取戻しが見込まれない鉱害賠償積立金の取扱いについて（経済産業省）

＜指摘の要旨（意見表示事項㊱）＞

　独立行政法人石油天然ガス・金属鉱物資源機構（令和4年11月14日以降は独立行政法人エネルギー・金属鉱物資源機構）は、石炭又は亜炭を目的とする鉱業権者[注1]（租鉱権者[注2]を含む。以下「鉱業権者

(注1) 鉱業権者　　鉱区において、登録を受けた鉱物等を掘採し、及び取得する権利を有する者
(注2) 租鉱権者　　鉱業権者の鉱区において、鉱物を掘採し、及び取得する権利を有する者

等」)が石炭鉱害賠償担保等臨時措置法(昭和43年5月以降は石炭鉱害賠償等臨時措置法。以下「賠償法」)に基づき将来の沈下鉱害^(注)の賠償に要する費用の一部として積み立てた鉱害賠償積立金を管理している。資源エネルギー庁は、賠償義務を負う鉱業権者等(以下「賠償義務者」)の存否等により、鉱物の試掘、採掘等のために登録を受けた一定の土地の区域(以下「鉱区」)を有資力鉱区と無資力鉱区に区分している。このうち、無資力鉱区は、賠償義務者が存在しなかったり、通商産業局(平成13年1月6日以降は経済産業局)等において、賠償義務者がそれまで積み立てた鉱害賠償積立金に関する一切の権利を放棄することなどを条件として資力を有しないことの認定を行ったりした鉱区となっている(無資力鉱区に係る賠償義務者を「無資力賠償義務者」、無資力鉱区に係る鉱害賠償積立金を「権利放棄等積立金」)。また、賠償法によると、賠償義務者は機構に対して取戻しの請求を行うなどして機構から鉱害賠償積立金を取り戻せることとなっている一方、取戻し以外の鉱害賠償積立金の処理については定められていない。しかし、権利放棄等積立金については、無資力賠償義務者からの取戻しが見込まれないにもかかわらず、取戻し以外の鉱害賠償積立金の処理が定められていないことなどにより、機構において長期にわたり積み立てられたままとなっていて、他に活用されていない事態が見受けられた。

＜講じた処置＞

　同庁は、今後も無資力賠償義務者からの取戻しが見込まれない権利放棄等積立金の活用について、現行の制度において機構が任意で国庫納付することが可能であることなどを確認し、機構において国庫へ納付する額を算定して同庁に報告することを検討するよう、令和5年6月に機構に対して文書を発する処置を講じていた。そして、機構は、同庁が発した文書を踏まえて検討し、同年9月に権利放棄等積立金相当額15億4847万円を国庫に納付した。　　　　　　　　　　　(検査報告342ページ)

⒁　Go To トラベル事業における取消料対応費用等の支払について(国土交通省)

＜指摘の要旨(処置要求事項㉞㊱)＞

　観光庁は、ツーリズム産業共同提案体(以下「事務局」)に委託して実施しているGo To トラベル事業の一時停止措置等により取り消された旅行商品の予約について、事務局を通じて旅行業者等に対して、取消料対応費用及び当該費用を旅行業者等から観光関連事業者に配分するなどの事務に係る費用(以下「取消料対応費用等」)を支払う措置を講じている。そして、事務局は、「一時停止等の措置に係る旅行取消による取消料対応取扱要領」(以下「取扱要領」)等に基づき、旅行業者等から提出された予約日、取消日等を記載した一覧表(以下「予約リスト」)の内容等について確認(以下「事前審査」)を行い、一定の要件を満たす予約について取消料対応費用を支払っている(取扱要領等に基づく取消料対応費用の支払対象となるための要件を「支払要件」)。同庁は、事務局に対して、事前審査を終えた一部の申請に係る予約を抽出して、旅行業者等が保有している旅行商品の予約の内容、取消日等を証する書類等(以下「予約記録等」)の提出を旅行業者等に求めて改めて審査(以下「事後審査」)を行うよう指示し、事務局は、一部の予約について取消料対応費用等の支払対象とならないものであることを確認して、その結果を同庁に報告していた。しかし、同庁は、事後審査の対象範囲を拡充するなどの対応を事務局に指示していなかった。そこで、本院において、事後審査の対象とされなかっ

(注) 沈下鉱害　　深所採掘に起因する地盤沈下。「鉱害賠償積立金算定基準」によれば、採掘終了後2年半以内で安定するとされている。

た予約等について、取消料対応費用等の支払対象となるか確認したところ、予約記録等に記載された実際の取消日が取扱要領に定める対象期間に該当しないなど支払要件を満たしていないのに取消料対応費用等が支払われている事態、予約リストの記載内容上、支払要件を満たしていないなどしているのに取消料対応費用が支払われている事態及び事務局による審査が十分でない事態が見受けられた。

＜講じた処置＞

　同庁は、令和5年5月までに次のような処置を講じていた。

ア　予約記録等に記載された実際の取消日が取扱要領に定める対象期間に該当しないなど支払要件を満たしていないのに取消料対応費用等が支払われている事態について、事務局に対して、改めて支払対象とならない取消料対応費用等を算出させ、これを旅行業者から返還させた上で、事務局に支払う委託費から過大となっていた取消料対応費用等に相当する委託費を減額することにより、国庫に返還させた。

イ　予約リストの記載内容上、支払要件を満たしていないなどしているのに取消料対応費用が支払われている事態について、事務局に対して、予約記録等に基づき実際の予約の内容が支払要件を満たすなどしていることが確認されたものを除き、アと同様の方法等により、国庫に返還させた。

ウ　事務局に対して、効率的な確認方法等を検討させた上で、これまでの事後審査の結果や本院の検査結果を踏まえて、申請内容に疑義がある予約を抽出するなど、事後審査の対象範囲を拡充して、取消料対応費用等の支払対象とならないものがないか確認を行うよう指示し、支払対象とならないものについては、アと同様の方法等により、国庫に返還させた。　　　　（検査報告407ページ）

⒂　空き家対策事業における空き家等の除却等について（国土交通省）

＜指摘の要旨（処置要求事項㉞㊱）＞

　国土交通省は、空き家再生等推進事業及び空き家対策総合支援事業（これらを「空き家対策事業」）を実施している。そして、社会資本整備総合交付金及び空き家対策総合支援事業に係る補助金（これらを「補助金等」）を、空き家対策事業により空き家等の除却等をした所有者等に補助金等を交付する市区町村に交付している。空き家対策事業において、補助の対象となる空き家等の種類は不良住宅、空き家住宅等となっており、不良住宅の要件については、主として居住の用に供される建築物等でその構造等が著しく不良であるため居住の用に供することが著しく不適当なものであり、住宅地区改良法施行規則の「住宅の不良度の測定基準による測定表」（以下「測定表」）の評定項目に基づき不良度を測定した評点が100以上であるものとなっている。また、空き家住宅等の除却に当たっては、除却後の跡地を地域活性化のための計画的利用に供すること（以下「跡地の公益的利用」）が要件となっている。しかし、市町が実施した空き家対策事業において、不良住宅の要件を満たしていないものを不良住宅として除却していたものに補助金等が交付されている事態、空き家住宅等の跡地が実際に地域活性化に資するものとなっているか市町が把握していない事態及び跡地の公益的利用が行われていない事態が見受けられた。

＜講じた処置＞

　同省は、次のような処置を講じていた。

ア　令和5年4月までに、不良5住宅の要件を満たしていないものを不良住宅として除却していたものに補助金等が交付されていた市町に対して、補助金等の返還の措置を執った。

イ　5年3月に通知を発するなどして、都道府県を通じるなどして市区町村に対して、不良住宅の除却に当たっては、主として居住の用に供される建築物等であることを確認すること、及び住宅の不良度の測定に当たっては測定表の評定項目に基づいた方法により行うことについて周知徹底した。

ウ　イの通知等により、市区町村に対して、跡地の公益的利用が行われていないものについては、速やかに所有者等と協議の上、跡地の公益的利用についての同意等を得ることなどに努めることについて周知徹底した。

エ　4年11月から12月にかけて、空き家住宅等を除却した跡地の利用等に関する調査を行い、その結果を踏まえて、5年3月に、同省が定めている空き家対策事業の要綱を改正して、事業の実施前に所有者等から跡地の公益的利用についての同意を書面等で得ることなどを空き家対策事業の補助の要件として定めた。そして、イの通知等により、市区町村に対して、市区町村の補助金の交付要綱等においても、跡地の公益的利用の目的、必要期間、事業の実施前に所有者等から跡地の公益的利用についての同意を書面等で得ることなどを定めて、事業の実施前に市区町村が所有者等に跡地の公益的利用の必要性等を十分に説明するなどするよう周知徹底した。

オ　エのとおり、調査を行い、その結果を踏まえて、空き家対策事業の要綱を改正して、跡地の公益的利用の用途等を周辺住民等に周知することを空き家対策事業の補助の要件として定めた。そして、イの通知等により、市区町村に対して、空き家住宅等を除却した跡地について、事業の実施後に跡地の公益的利用の用途等を周辺住民等に周知すること、及び跡地の公益的利用の状況を確認することにより跡地が実際に地域活性化に資するものとなっているか把握することの必要性について周知徹底した。

(検査報告408ページ)

⒃　新型コロナウイルス感染症対応地方創生臨時交付金による商品券等の配布事業等の実施及び効果検証の実施等について（内閣府（内閣府本府）、総務省）

＜指摘の要旨（意見表示事項㊱及び処置要求事項㊱）＞

　内閣府は、令和2年4月に閣議決定された緊急経済対策の一環として、地方公共団体が地域の実情に応じてきめ細やかに必要な事業を実施することを目的として創設された新型コロナウイルス感染症対応地方創生臨時交付金（以下「コロナ交付金」）について、その基本的な枠組みとなる「新型コロナウイルス感染症対応地方創生臨時交付金制度要綱」等を定めるなどしている。これらによれば、コロナ交付金は、地方公共団体が作成した新型コロナウイルス感染症対応地方創生臨時交付金実施計画（以下「実施計画」）に基づく交付対象事業に要する費用に対して交付することとされていて、新型コロナウイルス感染症への対応として効果的な対策であり、地域の実情に合わせて必要な事業であれば、原則として使途に制限はないとされている。また、地方公共団体は、実施した個々の交付対象事業（以下「交付金事業」）の終了後に、効果の測定（以下「効果検証」）を実施し、結果を公表するなど説明責任を果たすよう要請されている。そして、総務省は、2年度に内閣府から5兆0110億円の予算の移替えを受けた後、同年度中に2兆6144億円を支出したほか、3年度に2兆3958億円を繰り越すなどしている。しかし、商品券等の配布事業において使用期限経過後の商品券等に係る未換金相当額等が事務委託等した商工会等に滞留するなどしている事態、金融機関から融資を受けた中小企業者等が負担した信用保証料の補助等事業において保証対象の債務に係る繰上償還に伴い生じた信用保証料等の過払い分の返金等（以下「過払分返金」）が地方公共団体に滞留している事態、水道料金等の減免事業において国又は地方公共団体により管理等が行われている施設（以下「公的機関」）の利用に係

る水道料金等の減免額にコロナ交付金が充当されている事態、新型コロナウイルス感染症対策中小企業等持続化給付金(以下「持続化給付金」)の上乗せ事業において持続化給付金の給付に係る贈与契約が解除された場合に上乗せ分の給付が要件を満たすものであるか確認することが困難となっている事態及び交付金事業の適切な方法による効果検証が実施されていなかったり検証結果が公表されていなかったりしている事態が見受けられた。

＜講じた処置＞

　同府及び同省は、次のような処置を講じていた。

ア　同府は、4年11月に地方公共団体に対して事務連絡を発し、商品券等の配布事業について、商品券等の使用実績を把握するなどした上で、事業者等との間で商品券等の換金額によって精算するなどして使用期限経過後の商品券等に係る未換金相当額が事務委託等した事業者等に滞留することがないようにするなどの取扱いを定めて周知した。

イ　同府は、アの事務連絡により、繰上償還が行われた場合に信用保証料の補助等事業に係る過払分返金が地方公共団体に生ずる場合があることを周知するとともに、過払分返金が生じた場合には、コロナ交付金を国庫に返還するなどの取扱いを定め、適切に対応するよう周知した。

ウ　同省は、4年11月に地方公共団体に対して事務連絡を発するなどし、信用保証料の補助等事業に係る過払分返金について、既に生じた過払分返金額等及び今後生ずる過払分返金額等の状況を把握して、把握した過払分返金額等について、補助対象事業費から除くなどして実績報告を行うとともに、コロナ交付金の額の確定後においてもコロナ交付金を国庫に返還する必要がないか確認した報告書を定期的に提出することとして、コロナ交付金を国庫に返還する仕組みを整備して、適切に処理するよう周知した。

エ　同府は、アの事務連絡及び4年12月に発した事務連絡により、水道料金等の減免事業について、公的機関を減免対象とすることはコロナ交付金の性質になじまないとする留意事項を示した。また、今後、新型コロナウイルス感染症対応地方創生臨時交付金実施計画に水道料金等の減免事業を掲げる場合は、公的機関を対象に含まない旨を記載させることとし、その旨を周知した。

オ　同府は、アの事務連絡により、地方公共団体が、国の補助金等の交付を受けていることを要件として独自の補助金等を交付するなどの事業を実施する際に、地方公共団体が国の補助金等の交付状況を国に確認することについての同意を交付対象者本人から得るなどして、当該交付状況に係る情報を利用するなどして当該補助金等の交付の適正性を確認する体制を整備するよう周知した。

カ　同府は、効果検証の方法を地方公共団体に対して周知する方策を検討し、アの事務連絡により、地方公共団体において、効果検証の実施状況について、同府が示した調査結果及び公表事例も参照し、公表事例における効果検証の手法も参考とした上で、適切な方法により、速やかに効果検証を実施して検証結果を公表するよう周知した。

　今後、本院としては、過払分返金が生ずることなどに伴うコロナ交付金の国庫への返還の状況について注視していくこととする。
(検査報告449ページ)

⑴ 子どもの健康と環境に関する全国調査(エコチル調査)における生化学検査等の業務に係る契約について(国立研究開発法人国立環境研究所)

＜指摘の要旨(処置要求事項㉞)＞

国立研究開発法人国立環境研究所は、化学物質のばく露や生活環境が、子どもの健康にどのような影響を与えているかを明らかにして、化学物質等の適切なリスク管理体制の構築につなげることを目的として、子どもの健康と環境に関する全国調査(以下「エコチル調査」)を実施している。そして、研究所は、エコチル調査に係る契約を、総額をもって契約金額とする契約(以下「総価契約」)又は単価を契約の主目的とし、期間を画してその供給を受けた実績数量を乗じて得た金額の対価を支払うことを内容とする契約(以下「単価契約」)により締結しており、その契約書においては、必要がある場合には、研究所は業務の内容を変更することができ、この場合において契約金額又は契約期間を変更するときは、契約の相手方と協議して書面によりこれを定めることとなっている。しかし、総価契約において、業務の実績数量が仕様書に記載されている予定数量を相当下回っているなどしていたのに契約変更等を行わないまま契約金額の全額を支払っていたり、単価契約において、単価が被験者1人当たりの金額として設定されているため、検査項目の全部又は一部の検査が行われていなくても被験者1人当たりの単価により支払われていたりした事態及び契約変更を行わずに請負者に対して仕様書に記載されていない業務を行わせていた事態が見受けられた。

＜講じた処置＞

研究所は、次のような処置を講じていた。

ア 令和5年1月に、実際の業務の実績を適切に反映した経済的な支払が可能となるよう「物品購入・役務等契約マニュアル」を改訂し、契約変更を行う場合の基準や業務費の単価の設定方法等を定めるとともに、これを関係部局に周知徹底した。

イ 5年5月までに、監督職員に任命されることが想定される要求部局の職員に対して、仕様書に記載されていない業務を新たに請負者に行わせる場合には契約変更を行う必要があることについて研修を行った。また、今後においても、同様の研修を継続して実施していくこととした。

(検査報告499ページ)

⑴ 証券化支援事業における住宅ローン債権に係る融資対象住宅の融資後の状況の把握等について(独立行政法人住宅金融支援機構)

＜指摘の要旨(処置要求事項㉞及び意見表示事項㊱)＞

独立行政法人住宅金融支援機構は、民間の金融機関(以下、単に「金融機関」)においてフラット35等の商品名で販売されている長期固定金利の住宅ローン(以下「フラット35」)の債権を買い取るなどの証券化支援事業を実施しており、独立行政法人住宅金融支援機構業務方法書等において、金融機関から買い取るフラット35の債権(以下「買取債権」)は、自ら居住する住宅を建設し、又は購入する者に対する貸付けに係るものであることなどの要件に適合するものでなければならないなどとしている。しかし、フラット35の融資を受けている者(以下「借受者」)が融資を受けて取得する住宅(以下「融資対象住宅」)に自ら居住せず第三者に居住用として賃貸(以下「第三者賃貸」)していたり、融資対象住宅の全部又は一部を店舗、事務所等として使用(以下「用途変更」)していたりしていて買取債権が要件に適合していない事態、買取債権について第三者賃貸や用途変更等の有無等についての実態調査(以下「融資後状況調査」)を行うことを規定していなかったり、借受者が機構の調査に応じな

い場合にどのように対応するかなどについて規程等に定めていなかったりしていて、機構が融資対象住宅の融資後の状況を十分に把握し、対応することができていない事態、及び融資対象住宅のうち、主としてその居住の用に供する住宅以外の住宅(以下「セカンドハウス」)の第三者賃貸や用途変更が生じやすいという特質を踏まえた融資後の状況を十分に把握するための方策を講じていない事態が見受けられた。

＜講じた処置＞

　機構は、令和5年8月までに次のような処置を講じていた。

ア　買取債権が要件に適合していない56件の事態について、要件に適合していない事態を解消するために必要な対応を執るよう借受者に求めた。これを受けて、借受者において任意の繰上完済等の対応が執られ、また、借受者が必要な対応を執ることができない場合には全額繰上償還の請求を行うなどの必要な措置を講じた。

イ　買取債権に係る規程を改正して、買取債権について融資後状況調査を行うことを規定するとともに、融資後状況調査の具体的な方法等を定めた実施細則を制定した。そして、融資後状況調査を担当する職員を増員したり、融資後状況調査を効率的に実施するための方策を講じたりして、融資対象住宅の融資後の状況の把握等を適時適切に実施する体制を整備した。また、セカンドハウスについて、全ての買取債権を対象として融資後状況調査を実施することとし、上記の実施細則においてその特質を踏まえて借受者が自ら居住していることの確認、調査方法等を定めた。

ウ　借受者が融資後状況調査に応じない場合であっても、機構が把握した融資対象住宅に関する情報等に基づき、第三者賃貸や用途変更等の要件違反の有無を判断した上で、繰上償還の請求等の必要な措置を講ずることなどをイの実施細則に定めた。　　　　　　　　　　　　(検査報告516ページ)

◯　2　処置が完了していないもの

令和3年度決算検査報告

⑴9　政府開発援助の効果の発現について(外務省)

＜指摘の要旨(意見表示事項㊱)＞

　外務省は、国際社会の平和と安定及び繁栄の確保により一層積極的に貢献することを目的として、開発途上地域の政府等に対して政府開発援助を実施している。しかし、草の根・人間の安全保障無償資金協力(以下「草の根無償」)による小学校改修計画において改修した小学校が児童数が少なくなったことを理由として閉鎖されていたり、給水システム整備計画において整備した給水スタンドの多くから水が出ないなど飲み水に適した安全な水質で水量が確保されていなかったりしていて援助の効果が十分に発現していない事態が見受けられた。

＜処置状況＞

　同省は、次のような処置を講じていた。

ア　小学校改修計画における事態を踏まえて、令和5年3月に在外公館に対して通知を発して、今後、草の根無償で人口減少が著しい地域に所在する小学校の改修工事等を行う事業を実施するに当たり、完了検査等により事業計画における児童数を下回っていたり、事業開始前よりも児童数が減少していたりなどしていることを認識した場合、事業完了後も引き続き利用状況等を確認す

ることとした。

イ　給水システム整備計画については、事業実施機関に対して、水量を回復できていない原因を究明させるなどして整備された給水システムが有効に活用されるよう働きかけを行った。その結果、事業実施機関は原因を水道管に盗水管が接続されていたことなどと特定して盗水管を取り外すなどの工事を行ったり、飲み水に適した安全なものではないとされていた水源から取水している既存の給水システムに接続した給水スタンドについて、取水槽等の洗浄、薬品の投入等を行ったりすることにより、飲み水に適した安全な水質で水量が確保できるようにしていた。また、5年3月に在外公館に対して通知を発して、今後、草の根無償で給水スタンドを複数設置する事業を実施するに当たり、多くの給水スタンドから水が出ていないなどの報告を受けるなどしてその状況を認識した場合、事業実施機関に報告させるなどして個々の給水状況を確認し、事業実施機関に対して、整備された給水施設が十分に活用されるように原因究明を行わせるなどの働きかけを行うとともに、事業実施機関が行う対策について、適切に報告させるなどしてその内容を把握することとした。

　一方、同省は、アの児童減少により閉校となった小学校について、事業実施機関に対して働きかけを行ったところ、事業実施機関は地域の主要産業である農業関連の研修施設としての活用に向けた取組を開始したとしており、引き続き有効活用されるよう働きかけを行うこととしている。

（検査報告88ページ）

⒇　障害児通所支援事業所における児童指導員等加配加算の算定について（厚生労働省）

＜指摘の要旨（処置要求事項㉞）＞

　厚生労働省（令和5年4月1日以降はこども家庭庁）は、児童福祉法等に基づき、障害児通所支援に要した費用について、市町村（特別区を含む。）が支弁した障害児通所給付費の1/2を負担している。そして、障害児通所給付費の算定に当たっては、常時見守りが必要な障害児への支援や障害児の保護者に対する支援方法の指導を行うなど支援の強化を図るために、事業所に配置すべき従業者の員数に加えて、児童指導員等を一人以上配置している場合等に、児童指導員等加配加算を算定することとなっており、児童発達支援管理責任者（以下「管理責任者」）を配置していない期間は当該加算を算定できないこととなっている（これを「児童指導員等加配加算の要件」）。しかし、9都県及び13市区の96指定障害児通所支援事業者等（指定障害児通所支援事業者等を「事業者」）の119事業所において、管理責任者が配置されていない期間であるにもかかわらず、児童指導員等加配加算を算定していたため、障害児通所給付費の支払において児童指導員等加配加算の額が過大となっている事態が見受けられた。そして、厚生労働省は、児童指導員等加配加算の要件について誤解しているなどの都県等及び事業者があるということを十分に把握していなかったため、管理責任者が児童指導員等加配加算の算定に必要な従業者であることについて「障害福祉サービス等報酬改定等に関するQ&A」（以下「Q&A」）等に記載していなかったり、児童指導員等加配加算の算定に必要な児童指導員等の人数を満たしているかを確認できる届出（以下「加算届」）の様式に管理責任者の配置についての記載欄を設けていなかったりして児童指導員等加配加算の要件について十分に周知していないなどしていた。

＜処置状況＞

　同省は、次のような処置を講じていた。

ア　児童指導員等加配加算の額が過大に算定されていた96事業者の119事業所のうち返還手続が未

済であった92事業者の115事業所については、このうち31事業者の32事業所に対して、5年6月までに、7県及び7市を通じて、適正な額の算定を行わせた上で、過大に算定されていた障害児通所給付費の返還手続を行わせた。

イ　5年3月に都道府県、政令指定都市、中核市又は児童相談所を設置する市等(以下「都道府県等」)に対して、事務連絡を発し、Q&Aに記載するなどの方法により児童指導員等加配加算の要件について周知徹底するとともに、管理責任者の配置についての記載欄を設けた加算届の様式を示した上で、児童指導員等加配加算の算定に必要となる従業者を確認する際に事業所における管理責任者の配置状況を確認するよう周知した。

ウ　イの事務連絡により、事業者に対して、都道府県等を通じて、イと同様に、児童指導員等加配加算の要件について周知徹底するとともに、児童指導員等加配加算の算定に必要となる従業者を確認する際に事業所における管理責任者の配置状況を確認するよう周知した。

　一方、同庁は、返還手続が未済であった92事業者の115事業所のうち返還手続を行わせた31事業者の32事業所を除く残りの61事業者の83事業所に対して、今後、5都県及び7市区を通じて、適正な額の算定を行わせた上で、過大に算定されていた障害児通所給付費の返還手続を行わせることとしている。　　　　　　　　　　　　　　　　　　　　　　　　　　　　　　　　　　　　(検査報告265ページ)

⑵1)　雇用調整助成金等及び休業支援金等の支給に関する事後確認の実施について(厚生労働省)

＜指摘の要旨(処置要求事項㉞㊱)＞

　厚生労働省は、休業又は教育訓練を行った事業主に対して、雇用調整助成金を支給したり、緊急雇用安定助成金を支給したりしている(これらを「雇用調整助成金等」)。また、同省は、休業させられている期間の賃金の支払を受けることができなかった労働者に対して、新型コロナウイルス感染症対応休業支援金を支給したり、新型コロナウイルス感染症対応休業支援給付金を支給したりしている(これらを「休業支援金等」)。そして、同省は、雇用調整助成金等又は休業支援金等の支給を迅速化するために、支給決定の際に行う審査の迅速化を行うなどする一方で、支給後に不正受給の有無等の確認(以下「事後確認」)に取り組むことにより適切な支給を確保するとしている。しかし、雇用調整助成金等と休業支援金等が重複して支給されること(以下「重複支給」)や休業支援金等について同一月の休業を対象として再度の支給申請が行われて二重に支給していること(以下「二重支給」)の有無に関する事後確認が適切に行われるなどしておらず、その把握及びそれに対する措置が講じられていない事態、及び雇用調整助成金等の支給を受けた事業主の事業所を訪問して行う調査(以下「実地調査」)の対象とする事業主の範囲がリスクの所在等を踏まえて設定されておらず、対象範囲外の事業主に不正受給が見受けられている事態が見受けられた。

＜処置状況＞

　同省は、次のような処置を講じていた。

ア　①厚生労働本省において、雇用調整助成金等及び休業支援金等の支給データから重複支給の可能性のある労働者を抽出したリストを四半期ごとに作成の上、都道府県労働局(以下「労働局」)において当該リストを基に重複支給の有無について調査を行うこととした。②重複支給が判明した場合は、事業主や労働者において重複支給とは別に同様の態様等にも留意して調査することとした。

　また、既に重複支給が確認された199事業主に雇用されていた437労働者の休業から、事業主の破産手続が完了しているなどして返還させる措置を講ずることが困難であったり、事実関係を特定した結果、返還させる必要がないことが判明したりした14事業主に雇用された27労働者の休業

を除いたもののうち、173事業主に雇用された378労働者の休業について、令和5年6月までに、事実関係を特定して返還させる措置を講じた。

イ　同本省において、休業支援金等の支給データから二重支給の可能性のある労働者を抽出したリストを四半期ごとに作成の上、労働局において当該リストを基に二重支給の有無について調査を行うこととした。

　　また、既に二重支給が確認された164事業主に雇用されていた185労働者から、労働者が死亡しているなどして返還させる措置を講ずることが困難であったり、不適正な支給額を特定した結果、返還させる支給額が生じないことが判明したりした20事業主に雇用された20労働者を除いたもののうち、132事業主に雇用された145労働者について、5年6月までに、不適正な支給額を特定して返還させる措置を講じた。

ウ　実地調査の対象とする事業主の選定に当たり、同本省において、不正受給のリスクが相対的に高いと思料される事業主の要件を設定し、労働局において、必要に応じて労働局が有する知見等により要件を加えた上で、これらの要件に該当する数が多い事業主から順に調査可能な事業主数の範囲内で実地調査の対象リストに掲載することとした。そして、労働局において、優先度に基づいて、当該リストに掲載した事業主の実地調査を行うこととした。

　　一方、厚生労働省は、アの既に重複支給が確認されたもののうち、事実関係の特定に至っていない19事業主^(注1)に雇用された35労働者^(注1)の休業について、また、イの既に二重支給が確認されたもののうち、不適正な支給額の特定に至っていない19事業主^(注2)に雇用された20労働者については、今後事実関係等を特定して返還させる措置を講ずることとしている。　　　　　　　　（検査報告266ページ）

⑵⑵　高収益作物次期作支援交付金事業の実施について（農林水産省）

＜指摘の要旨（処置要求事項㉞㊱）＞

　農林水産省は、新型コロナウイルス感染症の発生により売上げが減少するなどした野菜等の高収益作物について、農業者の次期作における生産体制の強化等の取組を支援するために、高収益作物次期作支援交付金事業（以下「交付金事業」）を実施している。交付金事業の事業実施主体である地域農業再生協議会等は、同省が定める取組を実施する農業者（以下「取組実施者」）に対して、交付金（以下「取組交付金」）を交付し、同省は、事業実施主体に対して、取組交付金の交付等に要した経費について高収益作物次期作支援交付金（以下「高収益交付金」）を交付することとしている。また、同省は、交付手続を迅速に進めるために、取組実施者が作成する提出書類等の簡素化を図ることとしており、売上げが分かる資料等の証拠書類を添付させることとしていない。しかし、37事業実施主体において取組交付金が過大に交付されるなどしている事態、及び事業実施主体が行う取組交付金の交付に関する事務処理に誤りが生ずることが想定される状況となっているのに、同省が事業実施主体に対して取組交付金の交付額が適正であるか再確認（以下「事後確認」）を促していないなどしている事態が見受けられた。そして、同省は、令和4年度以降は交付金事業を実施する予定はないとしているが、何らかの突発的、緊急的な事態が今後発生して、農業者の生産体制の強化等の取組を支援す

（注1）　複数の事態に該当する事業主及び労働者があるため、アに記載した事業主数又は労働者数とこれらの数を合計しても、既に重複支給が確認された休業に係る事業主数（199事業主）や労働者数（437労働者）とは一致しない。

（注2）　複数の事態に該当する事業主があるため、イに記載した事業主数とこの数を合計しても、既に二重支給が確認された事業主数（164事業主）とは一致しない。

るための事業を創設し、農業者等に対して迅速に補助金、交付金等を交付等することも考えられる。

＜処置状況＞

同省は、次のような処置を講じていた。

ア　上記37事業実施主体のうち36事業実施主体に対して、過大に交付されるなどしていた取組交付金に係る高収益交付金を速やかに返還するよう求めた。

イ　5年1月に事務連絡を発出し、高収益交付金の交付を受けた事業実施主体に対して、過大交付等の事例や誤りを生じやすいポイントについて周知し、必要と認められる場合には事後確認を行うよう促した。そして、当該事後確認の結果を報告させるとともに、取組交付金が過大に交付されるなどしていたと認められた事業実施主体に対してこれに係る高収益交付金を速やかに返還するよう求めた。

ウ　突発的、緊急的な事態に対応した補助金、交付金等の交付等に際して、必要に応じて事業実施主体に対して事後確認を行わせることができるようにするために、要綱において必要な事項を規定することを検討した。そして、5年7月に補助金等交付等要綱審査マニュアルを整備し、上記要綱の審査時に、必要な事項が規定されているかを確認することとした。

一方、同省は、アの過大に交付されていた取組交付金に係る高収益交付金の交付を受けた1事業実施主体に対して、引き続き、速やかに返還するよう求めることとしている。　　　（検査報告319ページ）

㉓　特定地域中小企業特別資金事業に係る貸付金の規模について（経済産業省、独立行政法人中小企業基盤整備機構）

＜指摘の要旨（処置要求事項㊱）＞

独立行政法人中小企業基盤整備機構は、一般勘定の政府出資金を財源として、中小企業庁及び福島県との協議の上で定めた「原子力発電所事故に伴う「特定地域中小企業特別資金」事業に係る福島県に対する資金の貸付けに関する準則」（以下「準則」）等に基づき、福島県に対して、特定地域中小企業特別資金事業を実施する公益財団法人福島県産業振興センターに対する貸付けに必要な資金の一部を無利子で貸し付けている（機構が福島県に対して貸し付けている資金を「機構貸付金」、福島県がセンターに対して貸し付けている資金を「県貸付金」）。そして、センターは、県貸付金を原資として、東北地方太平洋沖地震に伴う東京電力株式会社福島第一原子力発電所等における事故により移転を余儀なくされている中小企業者等（以下「移転中小企業者等」）に対する資金の貸付けを行う事業（以下「貸付事業」）や、事務費充当基金を造成してその運用収入等を原資として貸付事業に附帯する事務等を行う事業を実施している。また、準則等によれば、福島県は、移転中小企業者等に新規の貸付けを実施する期間（以下「貸付実施期間」）の終了日の属する年度末以降に県貸付金の規模を見直すこととされている。しかし、貸付事業の貸付実績が貸付事業の原資の規模に比べて低調なものとなっているなどしていたのに、福島県の申出により毎年度貸付実施期間が延長されているため準則に基づく県貸付金の規模の見直しが行われていなかったり、貸付需要が減少するなどの制度をめぐる環境の変化を把握できていたのにこれを踏まえた県貸付金の規模の見直しが行われていなかったりしていることなどにより、国費を財源とした多額の資金が使用見込みのない状況となっている事態が見受けられた。

＜処置状況＞

同庁及び機構は、次のような処置を講じていた。

ア　同庁及び機構は、県貸付金の規模の見直しについて福島県と具体的な手順を協議するなどした上で、機構において、イの改正した準則に基づき、令和5年6月に福島県に対して県貸付金の適正な規模を確認するための調査を行うよう求めた。

イ　同庁及び機構は、県貸付金の規模の今後の見直しについて福島県と協議するなどした上で、機構において、5年6月に準則を改正して、貸付実施期間の終了前にも福島県における県貸付金の必要額の検討が5年度ごとに行われたり、事業実績や制度をめぐる環境の変化等に応じて機構が福島県に対して県貸付金の適正な規模を確認するための調査を行うことを求めたりする規定を定めることにより、適時に見直しが行われるようにした。

　一方、同庁及び機構は、引き続き、福島県に対して、アの調査結果を踏まえて県貸付金の規模の見直しを行い、使用見込みのない機構貸付金の額を算出して償還するよう求めていくこととしている。

（検査報告514ページ）

第2節　令和４年度国有財産検査報告

　会計検査院は、国有財産法第33条第3項、第36条第3項等の規定に基づき、内閣から送付を受けた令和４年度国有財産増減及び現在額総計算書及び令和４年度国有財産無償貸付状況総計算書を検査し、令和5年11月7日、内閣にこれらを回付するとともに、国有財産検査報告を送付しました。

第3節　日本放送協会令和４年度財務諸表等の検査

　会計検査院は、放送法第74条第3項の規定に基づき、内閣から送付を受けた日本放送協会令和４年度財産目録、貸借対照表、損益計算書、資本等変動計算書及びキャッシュ・フロー計算書並びにこれらに関する説明書等(財務諸表等)を検査し、令和5年11月7日、内閣に対して、検査を行った旨を通知し、同書類を回付しました。

第4節　令和４年度特別会計財務書類の検査

　会計検査院は、特別会計に関する法律第19条第2項の規定に基づき、令和5年11月7日に内閣から送付を受けた令和４年度特別会計財務書類を検査し、同年12月25日、内閣に対して、検査を行った旨を通知し、同書類を回付しました。

　なお、第4節については、会計検査院ホームページ(https://www.jbaudit.go.jp/)に掲載しており、令和5年度決算検査報告に掲記される予定です。

第Ⅲ章　国の財政等の状況

§1　国の財政の状況

国の財政の現状等の概要　我が国の財政状況をみると、昭和40年度に初めて歳入補塡のための国債が発行されて以降、連年の国債発行により国債残高は増加の一途をたどり、令和4年度末において、建設国債、特例国債、復興債、借換債等のように利払・償還財源が主として税収等の歳入により賄われる国債(以下「普通国債」)の残高は1027.0兆円に達している。そして、4年度の一般会計歳出決算総額における公債依存度は38.1％、国債の償還等に要する国債費の一般会計歳出決算総額に占める割合は18.0％となっており、財政は厳しい状況が続いている。

こうした状況の中で、政府は、平成8年12月に「財政健全化目標について」を閣議決定するなどして、9年度を「財政構造改革元年」と位置付けて、財政健全化の努力目標を設定するとともに、財政構造改革を強力に推進することとした。

25年には、「当面の財政健全化に向けた取組等について－中期財政計画－」において、①「国・地方を合わせた基礎的財政収支」(以下「国・地方PB」)を2020年度(令和2年度)までに黒字化し、その後に②債務残高の対名目GDP比(名目GDPを「GDP」)の安定的な引下げを目指すという財政健全化のための目標を掲げた。

その後、政府は、「経済財政運営と改革の基本方針2018」において、「新経済・財政再生計画」を定めて、国・地方PBの黒字化の目標年度を2025年度(令和7年度)とし、同時に債務残高対GDP比の安定的な引下げを目指すとともに、国・地方PBの黒字化の目標年度である2025年度(令和7年度)までの中間年である2021年度(令和3年度)における中間指標として、国・地方PB赤字の対GDP比を2017年度(平成29年度)からの実質的な半減値(1.5％程度)、債務残高の対GDP比を180％台前半、財政収支赤字の対GDP比を3％以下と設定し、これらを「進捗を管理するためのメルクマール」とした。

そして、「経済財政運営と改革の基本方針2023」においては、「財政健全化の「旗」を下ろさず、これまでの財政健全化目標に取り組む。経済あっての財政であり、現行の目標年度により、状況に応じたマクロ経済政策の選択肢が歪められてはならない。必要な政策対応と財政健全化目標に取り組むことは決して矛盾するものではない。経済をしっかり立て直し、そして財政健全化に向けて取り組んでいく。ただし、最近の物価高の影響を始め、内外の経済情勢等を常に注視していく必要がある。このため、状況に応じ必要な検証を行っていく」こととしている。

また、国・地方PB、債務残高、財政収支及びそれぞれの対GDP比については、内閣府が、半年ごとに経済財政諮問会議に提出している「中長期の経済財政に関する試算」(以下「内閣府試算」)において実績値等を公表している。

国の財政の状況

(1)　国・地方PB及び国・地方PB対GDP比

国・地方PB、国の一般会計の決算額でみた基礎的財政収支(以下「一般会計PB」)及び地方普通会計の基礎的財政収支(以下「地方PB」)について、20年度から令和4年度までの推移をみると、図1のとおり、国・地方PBと一般会計PBはおおむね同じように推移している。これは、地方財政計画を通じて国から地方に交付される地方交付税交付金等によって地方の財源が保障される仕組みなどにより、地方PBがほぼ均衡して推移していることなどによる。

そして、一般会計PBは、4年度にマイナス23.6兆円となっており、前年度のマイナス31.1兆円か

ら7.5兆円改善しているが、新型コロナウイルス感染症の感染拡大に伴い歳出が大幅に増加する前(以下「コロナ禍前」)の元年度の水準(マイナス13.9兆円)には戻っていない。また、国・地方PBは、4年度にマイナス27.8兆円となっており、前年度のマイナス30.4兆円から2.6兆円改善しているが、一般会計PBと同様に、元年度の水準(マイナス14.8兆円)には戻っていない。

図1　国・地方PB、一般会計PB及び地方PBの推移

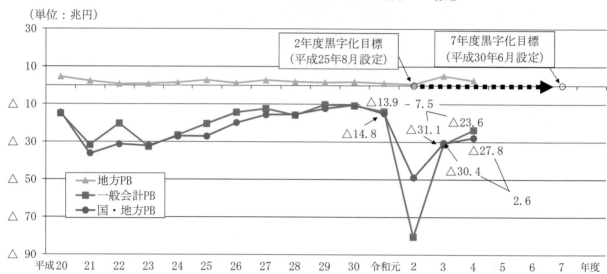

注(1)　一般会計PBは、本院が算出した。また、国・地方PB及び地方PBは、令和5年7月に公表された内閣府試算による。
注(2)　「2年度黒字化目標」は、「当面の財政健全化に向けた取組等について－中期財政計画－」において掲げられた国・地方PBを2020年度(令和2年度)までに黒字化する財政健全化のための目標である。
注(3)　「7年度黒字化目標」は、「経済財政運営と改革の基本方針2018」において定められた「新経済・財政再生計画」における2025年度(令和7年度)の国・地方PBの黒字化を目指す財政健全化のための目標である。

　国・地方PB及び一般会計PBのそれぞれの対GDP比について、平成20年度から令和4年度までの推移をみると、図2のとおり、国・地方PB対GDP比と一般会計PB対GDP比は、図1の国・地方PBと一般会計PBと同様に、4年度までおおむね同じように推移している。そして、一般会計PB対GDP比は、4年度はマイナス4.1%となっており、前年度のマイナス5.6%から1.4ポイント改善しているが、コロナ禍前の元年度の水準(マイナス2.4%)には戻っていない。また、国・地方PB対GDP比は、4年度にはマイナス5.0%となっており、前年度のマイナス5.5%から0.5ポイント改善しているが、一般会計PB対GDP比と同様に、元年度の水準(マイナス2.6%)には戻っていない。

図2　国・地方PB及び一般会計PBのそれぞれの対GDP比の推移

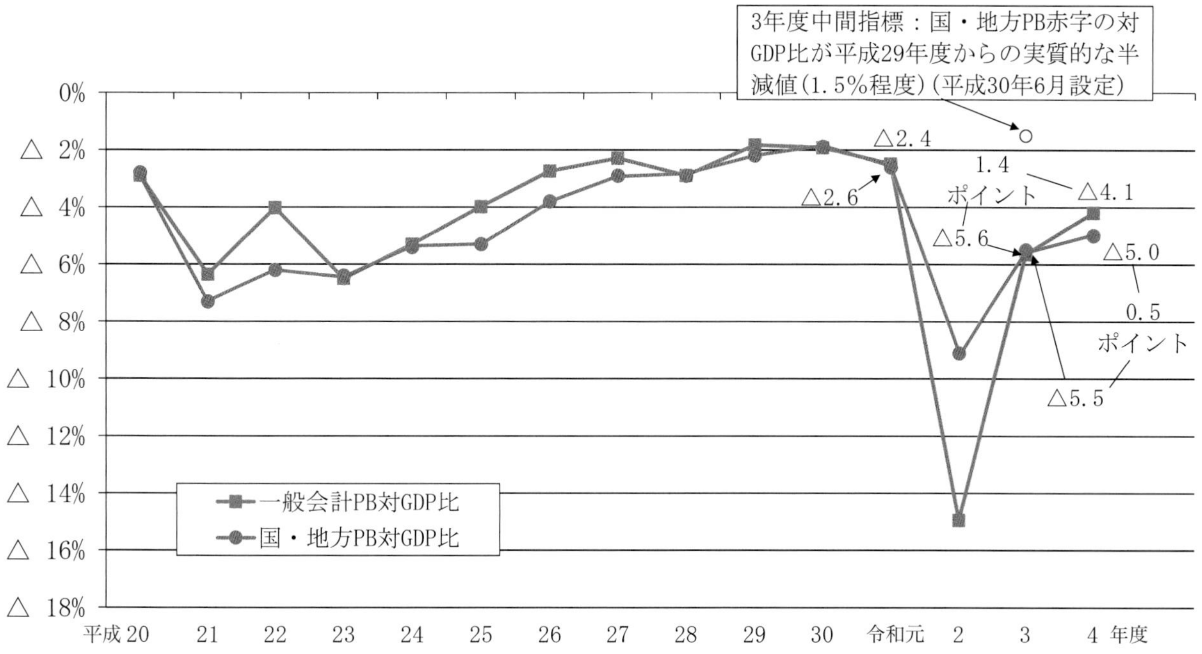

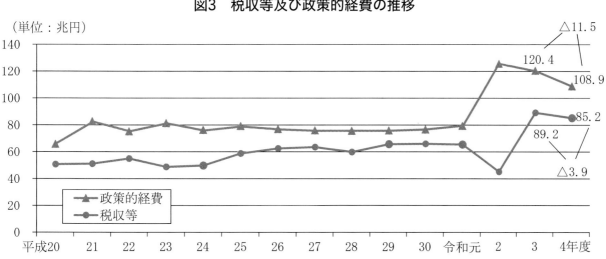

3年度中間指標：国・地方PB赤字の対GDP比が平成29年度からの実質的な半減値（1.5％程度）（平成30年6月設定）

注(1) 国・地方PB対GDP比は、令和5年7月に公表された内閣府試算による。
注(2) 一般会計PB対GDP比は、令和5年9月に公表された内閣府「2023年4-6月期四半期別GDP速報2次速報値（平成27年基準）」のGDPを用いて本院が算出した。
注(3) 「3年度中間指標」は、「経済財政運営と改革の基本方針2018」において設定された「進捗を管理するためのメルクマール」である。

　一般会計PBの内訳となる税収等及び政策的経費について、平成20年度から令和4年度までの推移をみると、図3のとおり、全ての年度において政策的経費が税収等を上回っている。そして、4年度は税収等が前年度から3.9兆円減少しているものの、政策的経費についても前年度から11.5兆円減少しているため、一般会計PBは前年度に比べて改善している。

図3　税収等及び政策的経費の推移

（単位：兆円）

4年度の税収等の前年度からの減少3.9兆円の内訳を租税及印紙収入、前年度剰余金受入及び「その他」に区分してみると、図4のとおり、租税及印紙収入が4.0兆円及び「その他」が4.1兆円それぞれ増加している一方、3年度に大幅に増加していた前年度剰余金受入が12.2兆円減少しており税収等の減少の主な要因となっている。

第Ⅲ章

図4　令和4年度における前年度からの税収等の減少の内訳

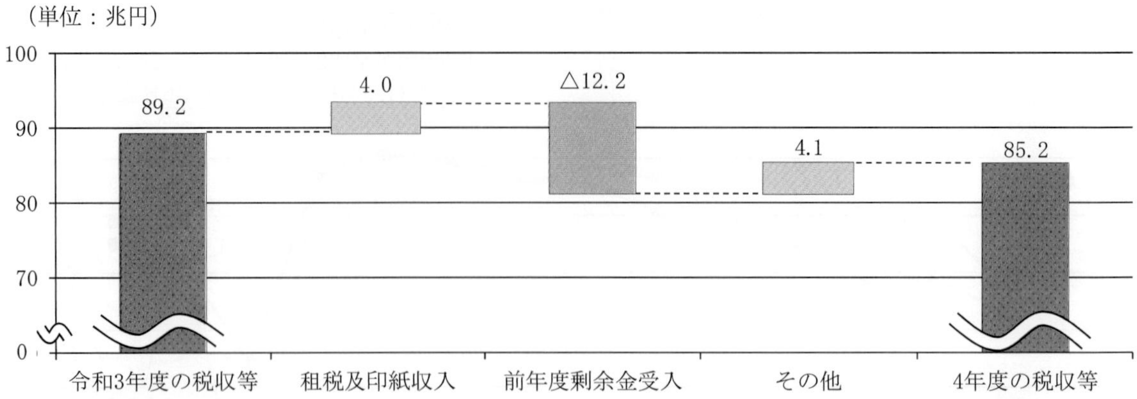

(単位：兆円)

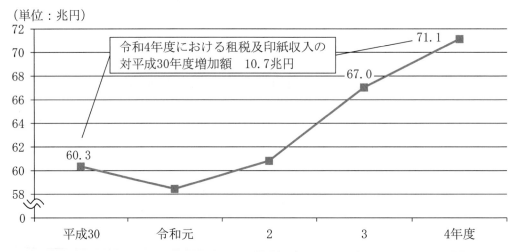

注(1)「その他」は、雑収入等(令和3年度：7.7兆円、4年度：7.3兆円)から、翌年度への繰越歳出予算財源等(令和3年度：22.4
兆円、4年度：17.9兆円)を控除したものである。
注(2)「租税及印紙収入」「前年度剰余金受入」及び「その他」については、前年度からの増減額を示している。

　租税及印紙収入について、平成30年度から令和4年度までの推移をみると、図5のとおり、平成
30年度の60.3兆円から10.7兆円増加し、令和4年度は71.1兆円となっている。

図5　租税及印紙収入の推移

(単位：兆円)

令和4年度における租税及印紙収入の
対平成30年度増加額　10.7兆円

71.1

67.0

60.3

| 平成30 | 令和元 | 2 | 3 | 4年度 |

　4年度の租税及印紙収入は71.1兆円に上り、このうち主要な税目である所得税、法人税及び消
費税の合計は60.5兆円となっていて、租税及印紙収入の約8割を占めている。上記の3税目につい
て、平成20年度から令和4年度までの推移を景気動向の推移と併せてみると、図6のとおり、所得
税及び法人税の推移は、景気拡張期に増加し、景気後退期に減少するなど、景気動向の推移とお
おむね連動している。4年度は、3年度と同様に新型コロナウイルス感染症の影響下からの持ち直し
の動きがみられ、景気拡張期となっており、所得税及び法人税は、前年度からそれぞれ1.1兆円及
び1.2兆円増加して、22.5兆円及び14.9兆円となっている。一方、消費税の推移は、所得税及び法
人税と異なり、景気動向の推移とはほとんど連動しておらず、消費税率(地方消費税分を含む。)の
改定(平成26年4月の5％から8％及び令和元年10月の8％から10％)の影響を強く受けた平成26年度
及び令和2年度に大幅に増加している。また、2年度以降は消費税が所得税を上回っていて、4年度
は、前年度から1.1兆円増加して23.0兆円となっている。

図6　所得税、法人税及び消費税と景気動向の推移

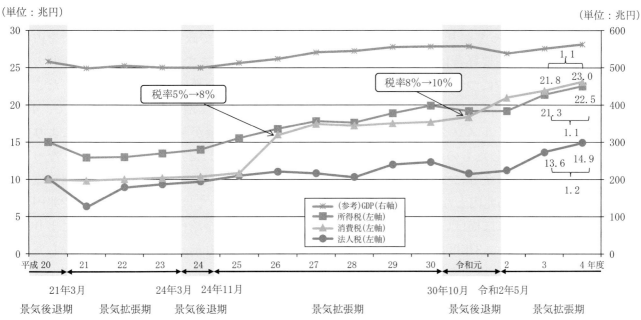

（単位：兆円）　　（単位：兆円）

注(1) 消費税の税率は地方消費税分を含めて示しているが、消費税の金額には地方消費税分を含めていない。
注(2)「景気拡張期」及び「景気後退期」は、我が国の景気の転換点を示す内閣府「景気基準日付」を基に記載している。
注(3) GDPは、令和5年9月に公表された内閣府「2023年4-6月期四半期別GDP速報2次速報値（平成27年基準）」による。

4年度の政策的経費の前年度からの減少11.5兆円の内訳を主要経費別にみると、図7のとおり、その他の事項経費は2.4兆円増加している一方、中小企業対策費が6.5兆円、社会保障関係費が6.2兆円それぞれ減少しており政策的経費の減少の主な要因となっている。

図7　令和4年度における前年度からの政策的経費の減少の内訳

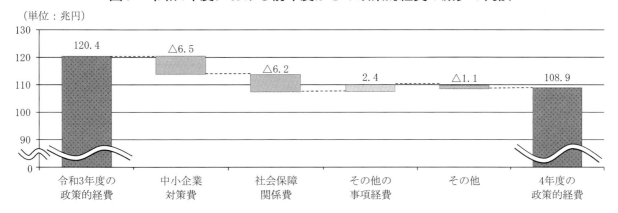

（単位：兆円）

注(1)「その他」は、地方交付税交付金等、文教及び科学振興費等である。
注(2)「中小企業対策費」「社会保障関係費」「その他の事項経費」及び「その他」については、前年度からの増減額を示している。

　4年度の政策的経費108.9兆円を主要経費別にみると、社会保障関係費が43.8兆円、地方交付税交付金等が17.5兆円、その他の事項経費が16.4兆円、文教及び科学振興費が8.6兆円及び公共事業関係費が8.1兆円となっており、これら五つの主要経費計94.6兆円で政策的経費の8割以上を占めている。上記五つの主要経費について、平成30年度から令和4年度までの推移をみると、図8のとおり、社会保障関係費については、高齢化に伴い年金、医療及び介護に係る経費が増加したことや新型コロナウイルス感染症への対応等により3年度までは一貫して増加している。そして、4年度は、新型コロナウイルスワクチン等生産体制整備臨時特例交付金が減少したことなどにより前年度から6.2兆円減少したものの、平成30年度の32.5兆円に対して11.2兆円増の43.8兆円となっている。地方交付税交付金等については、30年度の16.0兆円以降増加していたものの、令和4年度は前年度から減少し17.5兆円となっている。その他の事項経費については、平成30年度の6.2兆円に対して令和元年度はほぼ横ばいであったが、2年度は特別定額給付金給付事業費補助金等により前年度から大幅に増加し、3年度は同補助金がなかったことなどにより前年度から大幅に減少したものの、4年度は燃料油価格激変緩和強化対策事業費補助金が増加したことなどにより前年度から増加して16.4兆円となっている。文教及び科学振興費については、平成30年度の5.7兆円に対して令和元年度はほぼ横ばいであったが、2年度は産業技術実用化開発事業費補助金が増加したことなどにより前年度から増加し、3年度は同補助金が減少したことなどにより前年度から減少したものの、4年度は大学等成長分野転換支援基金補助金等により前年度から増加して8.6兆円となっている。公共事業関係費については、平成30年度の6.9兆円以降増加したものの、令和4年度は河川改修費が減少したことなどにより前年度から減少して8.1兆円となっている。

図8　社会保障関係費、地方交付税交付金等、その他の事項経費、文教及び科学振興費及び公共事業関係費の推移

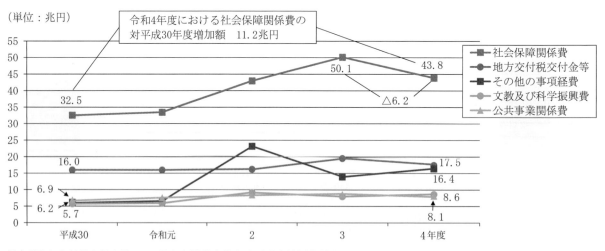

(注)「地方交付税交付金等」は、地方交付税交付金及び地方特例交付金である。

　4年度の社会保障関係費43.8兆円は、政策的経費108.9兆円の約4割を占めており、一般会計PBの赤字の支出面の大きな要因となっている。社会保障関係費について、平成20年度から令和4年度までの推移を高齢化率の推移と併せてみると、図9のとおり、我が国の高齢化に伴い増加傾向となっている。そして、新型コロナウイルス感染症への対応等が行われた令和2、3両年度にそれぞれ大幅に増加したものの、4年度は前年度から大幅に減少している。

図9　社会保障関係費及び高齢化率の推移

(単位：兆円)

（注）高齢化率は、総務省「人口推計」における各年10月1日現在の65歳以上人口の割合である。

⑵　財政収支対GDP比

　　財政収支、一般会計財政収支及び一般会計PBのそれぞれの対GDP比について、平成20年度から令和4年度までの推移をみると、図10のとおり、財政収支対GDP比と一般会計財政収支対GDP比はおおむね同じように推移している。これは、地方財政計画を通じて国から地方に交付される地方交付税交付金等によって地方の財源が保障される仕組みなどにより、地方の財政収支がほぼ均衡して推移していることなどによる。また、同期間内において一般会計財政収支と一般会計PBの差である国債等の利払費の金額の変動が少なかったため、一般会計財政収支対GDP比と一般会計PB対GDP比についても同じように推移している。

　　そして、一般会計財政収支対GDP比は、4年度はマイナス5.4％となっており、前年度のマイナス6.9％からは1.5ポイント改善していて、財政収支対GDP比は、4年度はマイナス6.0％となっており、前年度のマイナス6.6％からは0.6ポイント改善しているが、いずれもコロナ禍前の元年度の水準（それぞれマイナス3.8％、マイナス3.7％）には戻っていない。

図10　財政収支、一般会計財政収支及び一般会計PBのそれぞれの対GDP比の推移

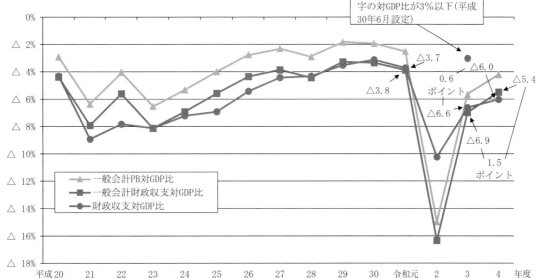

注⑴　財政収支対GDP比は、令和5年7月に公表された内閣府試算による。
注⑵　一般会計財政収支対GDP比及び一般会計PB対GDP比は、令和5年9月に公表された内閣府「2023年4-6月期四半期別GDP速報2次速報値（平成27年基準）」のGDPを用いて本院が算出した。
注⑶　「3年度中間指標」は、「経済財政運営と改革の基本方針2018」において設定された「進捗を管理するためのメルクマール」である。

　一般会計財政収支の内訳となる税収等と財政経費について、平成20年度から令和4年度までの推移をGDP成長率の推移と併せてみると、図11のとおり、税収等については、3年度までは、おおむねGDP成長率が継続してプラスのときに増加する傾向が見受けられる。4年度においては、GDP成長率はプラス2.0％であったが、税収等は、前記のとおり、前年度剰余金受入が前年度から12.2兆円減少したことなどにより前年度から3.9兆円減少して85.2兆円となり、財政経費は、前年度から11.5兆円減少して116.0兆円となっている。

図11　税収等、財政経費及びGDP成長率の推移

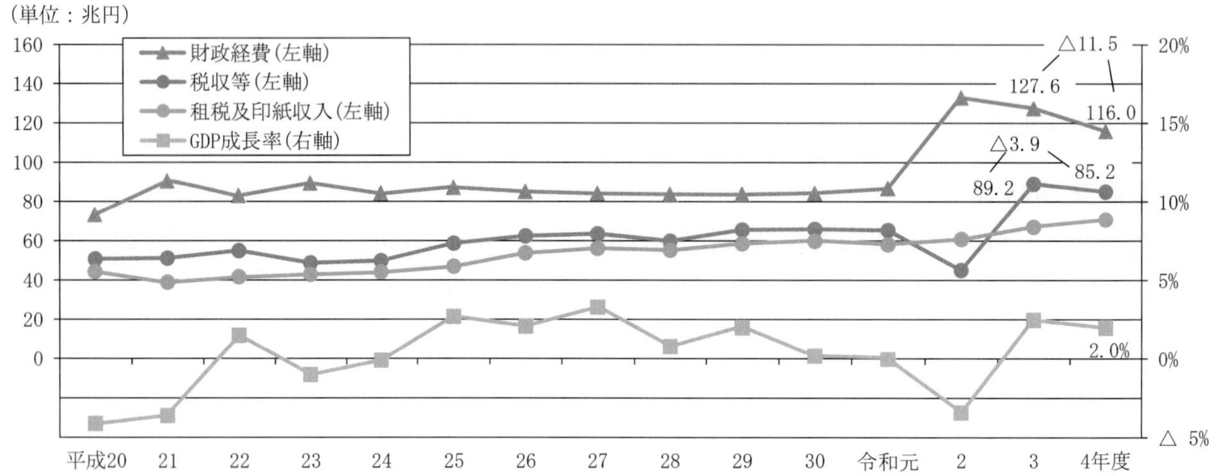

(単位：兆円)

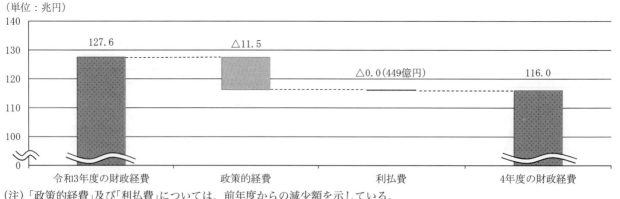

(注) GDP成長率は、令和5年9月に公表された内閣府「2023年4-6月期四半期別GDP速報2次速報値(平成27年基準)」による。

　4年度における前年度からの財政経費の減少11.5兆円の内訳を政策的経費と利払費に区分してみると、図12のとおり、利払費は横ばいとなっている一方、政策的経費が11.5兆円減少しており財政経費の減少の主な要因となっている。

図12　令和4年度における前年度からの財政経費の減少の内訳

(単位：兆円)

(注)「政策的経費」及び「利払費」については、前年度からの減少額を示している。

　普通国債の利率加重平均(年度末の残高に係る表面利率の加重平均)について、平成20年度から令和4年度までの推移をみると、図13のとおり、平成20年度の1.4％から令和4年度の0.7％へと0.6ポイント減少している。そして、利払費は、平成20年度の7.5兆円以降、普通国債の残高の累増による影響が普通国債の利率加重平均の低下による影響を上回っていることから27年度までは増加傾向となっていたが、28年度以降は普通国債の利率加重平均の低下による影響が普通国債の残高の累増による影響を上回っていることから減少している。そして、令和4年度の利払費は、同年度末の普通国債の残高が前年度末から35.6兆円増加して1027.0兆円となっている中で、前年度から横ばいの7.1兆円となっている。

図13　普通国債の残高、利払費及び利率加重平均の推移

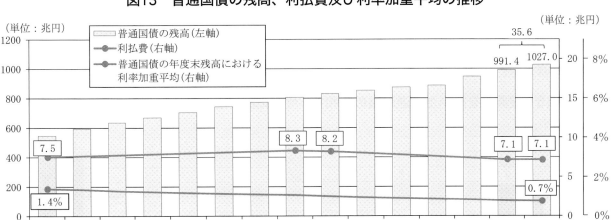

注(1) 普通国債の額は、一般会計歳入歳出決算に添付され国会に提出されている「国の債務に関する計算書」等では示されていないことから、財務省「国債統計年報」等における各年度末現在額による。
注(2) 利率加重平均は、割引国債（無利子）を除く。
注(3) 利払費は、一般会計における支出済歳出額である。

(3)　債務残高対GDP比

　債務残高とその内訳について、平成20年度末から令和4年度末までの推移をみると、図14のとおり、普通国債のうち復興債（その借換債を含む。）を除いた国債（以下「復興債を除いた普通国債」）が債務残高の大半を占めており、その残高は引き続き増加している。そして、4年度末の復興債を除いた普通国債の残高は、前年度末から35.9兆円増加（対前年度比3.6％増）して、1021.9兆円となっている。

図14　債務残高の推移

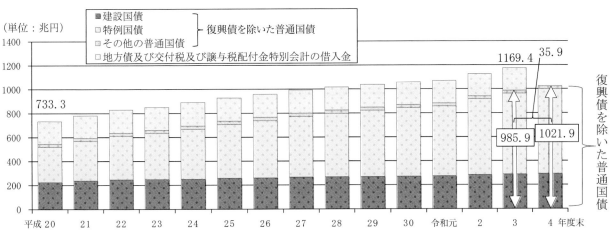

注(1) 復興債を除いた普通国債の額は、財務省「国債統計年報」等における各年度末現在額によるものであり、建設国債、特例国債及びその他の普通国債の額は、それぞれの借換債の額を含んでいる。
注(2) 特例国債には震災特例国債（阪神・淡路大震災に対処するための平成6年度における公債の発行の特例等に関する法律に基づき平成6年度に発行された国債）を含む。また、その他の普通国債は、減税特例国債、日本国有鉄道清算事業団承継債務借換国債、国有林野事業承継債務借換国債等である。
注(3) 地方債の額は、総務省「地方財政白書」における各年度末の地方債現在高による。なお、令和4年度末の地方債現在高は、5年9月時点では示されていない。
注(4) 交付税及び譲与税配付金特別会計の借入金の額は、一般会計の国の債務に関する計算書のうち交付税及び譲与税配付金特別会計から承継した分及び交付税及び譲与税配付金特別会計の債務に関する計算書における翌年度以降への繰越債務負担額を合算した額である。

　4年度末の復興債を除いた普通国債の前年度末からの増加35.9兆円の内訳を建設国債、特例国債及びその他の普通国債（それぞれの借換債を含む。）に区分してみると、図15のとおり、建設国債は4.8兆円、特例国債は31.4兆円それぞれ増加している一方、その他の普通国債は0.4兆円減少しており、復興債を除いた普通国債の増加の要因は、建設国債及び特例国債の増加となっている。

図15　復興債を除いた普通国債の令和4年度末における前年度末からの増加の内訳

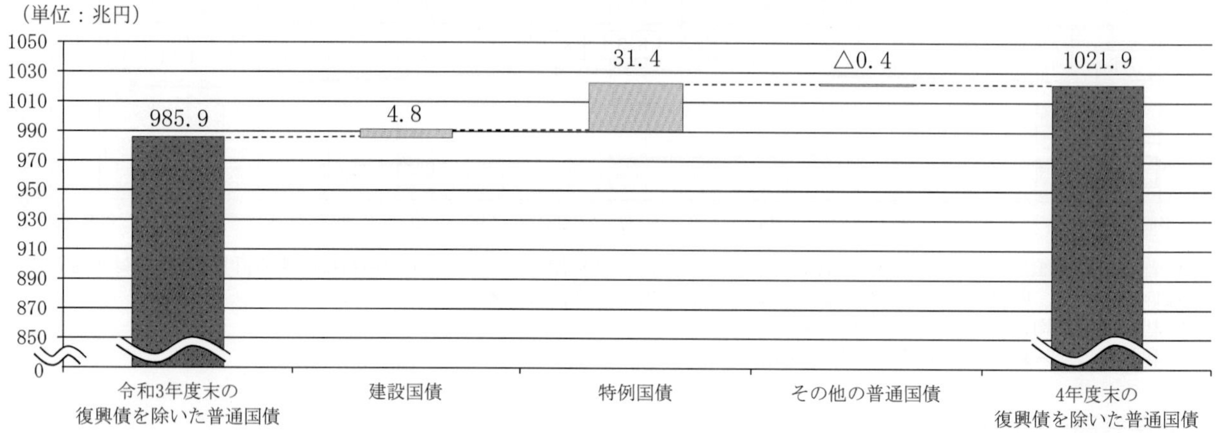

（単位：兆円）

注(1) 復興債を除いた普通国債等の額は、財務省「国債統計年報」等における各年度末現在額によるものであり、建設国債、特例国債及びその他の普通国債の額は、それぞれの借換債の額を含んでいる。
注(2)「その他の普通国債」は、減税特例国債、日本国有鉄道清算事業団承継債務借換国債、国有林野事業承継債務借換国債等である。
注(3)「建設国債」「特例国債」及び「その他の普通国債」については、前年度からの増減額を示している。

　建設国債及び特例国債の残高については、平成20年度末以降、特例国債の残高が建設国債の残高を上回る状況が続いており、また、いずれも20年度末から令和4年度末にかけて増加しているが、その増加額は特例国債が建設国債を大幅に上回る状況となっている（図14参照）。

　債務残高と債務残高対GDP比について、平成20年度から令和4年度までの推移をGDPの推移と併せてみると、図16のとおり、債務残高は一貫して増加しており、債務残高対GDP比の増加幅は、GDPが緩やかに増加していた平成25年度から令和元年度までについては、平成20年度から24年度にかけての増加幅に比べて抑えられていたものの、令和2年度の債務残高対GDP比は、債務残高が大幅に増加し、GDPが減少したことから前年度を大幅に上回った。そして、4年度の債務残高対GDP比は、対前年度比1.2ポイント増の213.5％となっており、平成25年度から令和元年度までの増加幅と同水準となっている。

図16　債務残高と債務残高対GDP比の推移

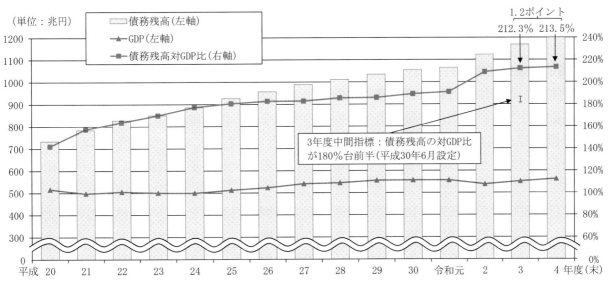

注(1) 債務残高及び債務残高対GDP比は、令和5年7月に公表された内閣府試算による。
注(2) GDPは、令和5年9月に公表された内閣府「2023年4-6月期四半期別GDP速報2次速報値(平成27年基準)」による。
注(3) 「3年度中間指標」は、「経済財政運営と改革の基本方針2018」において設定された「進捗を管理するためのメルクマール」
　　　である。

本院としては、これらを踏まえて、国の財政の状況について引き続き注視していくこととする。

（検査報告738ページ）

§　2　　日本銀行の財務の状況

| 量的・質的金融緩和等 |　日本銀行は、日本銀行法に基づき、我が国の中央銀行として、日本銀行券を発行するとともに、通貨及び金融の調節として、国債等の買入れを行うなどして金融機関等に資金を供給したり、日本銀行が振り出す手形等の売却を行って金融機関等から資金を吸収したりして、金融機関等が相互の資金決済等のために日本銀行に保有している当座預金(以下「日銀当座預金」)の残高を増減させることにより、金融市場における資金過不足の調整(以下「金融調節」)を行っている。

　また、日本銀行は、平成20年10月に、金融調節の一層の円滑化を通じて金融市場の安定確保を図るために、補完当座預金制度を導入している。この制度は、準備預金制度の対象となる金融機関に係る日銀当座預金及び準備預り金(これらを「日銀当座預金等」)のうち日本銀行に預け入れることが義務付けられている額を超える額並びに準備預金制度の対象とならない金融機関等のうち所定の金融機関等に係る日銀当座預金について、いずれも政策委員会で決定した適用利率(制度導入時は年0.1%)による利息を付すものである。

　日本銀行は、25年1月に、消費者物価の前年比上昇率で2%とする物価安定の目標を導入し、同年4月に、当該物価安定の目標を2年程度の期間を念頭に置いてできるだけ早期に実現するために「量的・質的金融緩和」の導入を決定した。また、その後、26年10月に「量的・質的金融緩和」の拡大を、28年1月に「マイナス金利付き量的・質的金融緩和」の導入を、同年9月に「長短金利操作付き量的・質的金融緩和」の導入を、30年7月に「強力な金融緩和継続のための枠組み強化」を、令和2年3月に「新型感染症拡大の影響を踏まえた金融緩和の強化」を、同年4月に「金融緩和の強化」を、3年3月に「より効果的で持続的な金融緩和」をそれぞれ決定するなどした。そして、日本銀行は、上記の各決定において定めた金融調節の方針、資産の買入れ方針等、金利操作方針等に基づき、長期国債、指数連動型上場投資信託(以下「ETF」)及び不動産投資信託(以下「J-REIT」)の買入れなどを行ったり、日銀当座預金等の一部に年マイナス0.1%の利率を適用したりなどしてきている。

| 日本銀行の財務の状況 |

⑴　資産、負債等

　4年度末における総資産残高は、前年度末から1兆1370億円減少して735兆1165億円(量的・質的金融緩和導入前の平成24年度末の164兆8127億円の約4.5倍)となっている。これは、日本銀行が保有する長期国債(以下「保有長期国債」)が前年度末から64兆9885億円増加して576兆2197億円(24年度末は91兆3492億円)となった一方、新型コロナウイルス感染症対応金融支援特別オペレーションの利用が減少し、同オペレーションに係る貸付残高が前年度末から80兆8562億円減少して5兆9810億円(同計上なし)となったことなどにより、「貸出金」が前年度末から57兆0931億円減少して94兆4397億円(同25兆4870億円)となったり、日本銀行が保有する短期国債が前年度末から9兆4415億円減少して5兆5009億円(同34兆0063億円)となったりしたことなどによる。

　また、令和4年度末における総負債残高は、前年度末から1兆9661億円減少して729兆5849億円(平成24年度末の161兆5239億円の約4.5倍)となっている。これは、国債補完供給の利用が増加したことにより「売現先勘定」が前年度末から4兆4509億円増加して5兆3709億円(24年度末は14兆5054億円)となったり、国庫の資金繰りの状況を反映して政府預金が2兆5654億円増加して15兆5979億

円(同1兆4941億円)となったりした一方、上記の新型コロナウイルス感染症対応金融支援特別オペレーション等を通じた資金供給の減少により日銀当座預金が前年度末から14兆1003億円減少して549兆0781億円(同58兆1289億円)となったことなどによる(図表1参照)。

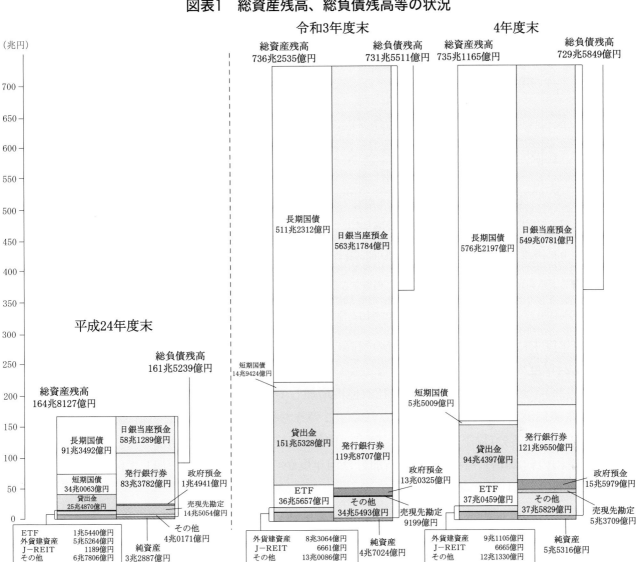

図表1　総資産残高、総負債残高等の状況

注(1) 日本銀行の貸借対照表及び附属明細書から本院が作成した。
注(2) 資産の「外貨建資産」は、国際金融協力の実施等に備える目的で保有している外貨預け金、外貨債券、外貨投資信託及び外貨貸付金である。

　そして、資本金、法定準備金、特別準備金及び当期剰余金(各年度における剰余金をいう。)で構成される純資産は、当期剰余金が前年度末から7629億円増加して2兆0875億円(平成24年度末は5760億円)となったことなどから、前年度末から8291億円増加して5兆5316億円(同3兆2887億円)となっている。

　また、上記の資本金、法定準備金(当該事業年度に係る剰余金の処分において積み立てられる額を含む。)及び特別準備金に債券取引損失引当金、外国為替等取引損失引当金等を加えて構成される自己資本の保有残高は、法定準備金1043億円、債券取引損失引当金4612億円及び外国為替等取引損失引当金3745億円を積み立てたことから、図表2のとおり、前年度末から9401億円増加して11兆8776億円(同6兆0811億円)となっている。

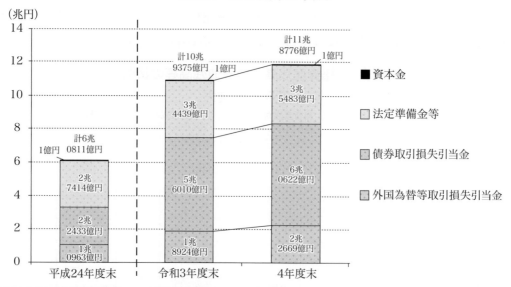

図表2　自己資本の状況

注(1) 日本銀行の決算説明資料から本院が作成した。
注(2) 法定準備金等は、当期剰余金の処分における法定準備金積立額及び特別準備金(1319万円)を含む。
注(3) 令和4年度末の債券取引損失引当金6兆0622億円は、同年度の長期国債利息1兆3411億円に同年度における有
　　利子負債の平均残高を保有長期国債の平均残高で除して得た比率を乗じて得るなどした金額と、有利子負債に
　　係る支払利息等の金額との差額の50%に相当する額4612億円を、3年度末の債券取引損失引当金5兆6010億円に
　　加えたものである。また、4年度末の外国為替等取引損失引当金2兆2669億円は、同年度の為替差益7490億円の
　　50%に相当する額3745億円を、3年度末の外国為替等取引損失引当金1兆8924億円に加えたものである。

　令和4年度末における保有長期国債の残高は、前年度末から64兆9885億円増加して576兆2197億
円(平成24年度末は91兆3492億円)となっている。そして、令和4年度における長期国債の買入額
は、図表3のとおり、前年度から63兆1221億円増加して135兆9890億円(買入代金ベース。平成24年
度の44兆8614億円の約3.0倍)となっていて、このうち償還期限が到来して償還される長期国債の
金額等に相当する分(以下「償還等相当分」)は前年度から13兆5878億円増加して71兆0005億円(同24
兆1988億円の約2.9倍)、保有残高の増加分は前年度から49兆5343億円増加して64兆9885億円(同20
兆6626億円の約3.1倍)となっている。

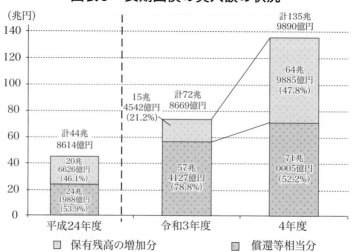

図表3　長期国債の買入額の状況

注(1) 日本銀行「マネタリーベースと日本銀行の取引」から本院が作成した。「マネタリーベース
　　と日本銀行の取引」には、金額について、億円単位未満が四捨五入で示されている。
注(2) 償還等相当分には、償却原価法による評価替えに伴う簿価の変動額等が含まれる。
注(3) (　)書きは、買入額全体に対する割合である。

また、保有長期国債の残存期間別の残高及び平均残存期間についてみると、令和4年度末は、図表4のとおり、平均残存期間は、前年度末と変わらず6.6年(平成24年度末は3.9年)となっている。

図表4　保有長期国債の残存期間別の残高及び平均残存期間の状況

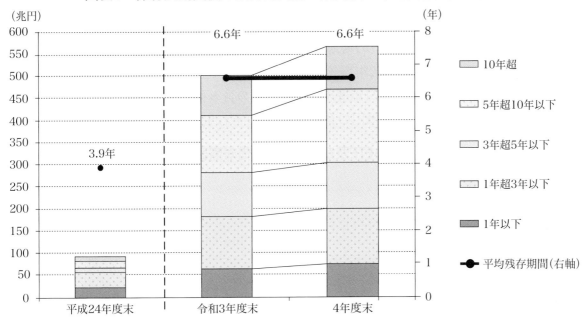

注(1) 日本銀行「日本銀行が保有する国債の銘柄別残高」及び財務省「国債の入札結果」から本院が作成した。
注(2) 保有長期国債の残高は、額面金額ベースであり、貸借対照表価額とは異なる。

日本銀行は、会計規程に基づき、保有長期国債については、原則として償還期限まで保有している実態を勘案して、償却原価法により評価を行うこととしている。

令和4年度末における保有長期国債の含み損益の状況をみると、この間の市場金利の動向を反映して、図表5のとおり、前年度末の4兆3730億円の含み益が1579億円の含み損(平成24年度末は2兆5248億円の含み益)に転じており、17年度末以降17年ぶりに含み損が生じている。

図表5　保有長期国債の含み損益等の状況

(単位：億円)

区　分	平成24年度末	令和3年度末	4年度末
貸借対照表価額(a)	91兆3492	511兆2312	576兆2197
時価(b)	93兆8741	515兆6042	576兆0618
含み損益(c)＝(b)－(a)	2兆5248	4兆3730	△1579

(注) 日本銀行の貸借対照表及び行政コスト計算財務書類(特殊法人等に係る行政コスト計算書作成指針(平成13年6月財政制度等審議会公表)に基づき、特殊法人等が民間企業として活動しているとの仮定に立って作成する財務書類)から本院が作成した。

令和4年度末におけるETF及びJ-REITの保有残高(貸借対照表価額)をみると、図表6のとおり、ETFは前年度末から4801億円増加して37兆0459億円(平成24年度末の1兆5440億円の約24.0倍)、J-REITは前年度末から4億円増加して6665億円(同1189億円の約5.6倍)となっている。

日本銀行は、上記のETF及びJ-REITについて、金融政策目的で買い入れたものであり、その保有の目的や実態が民間企業等とは異なることを踏まえて、会計規程に基づき、原価法により評価を行うこととしている。そして、保有等に伴う損失発生可能性に備えて、同規程に基づき、ETF及び

J-REITの時価の総額がそれぞれの帳簿価額の総額を下回る場合には、その差額に対してそれぞれの引当金を年度末に計上することなどとしているが、令和4年度末においてはいずれも時価の総額が帳簿価額の総額を上回ったため、引当金は計上していない。また、ETF及びJ-REITの年度末における時価が著しく下落した場合には減損処理を行うことなどとしているが、同年度末においてはいずれも時価が著しく下落した保有銘柄がなかったため、減損処理は行っていない。

　日本銀行が保有するETF及びJ-REITの帳簿価額の総額（貸借対照表価額）について、4年度末における含み損益をみると、この間の株式市場等の動向を反映して、ETFは前年度末から1兆3502億円増加して16兆0356億円の含み益（平成24年度末は5501億円の含み益）が、J-REITは前年度末から1028億円減少して780億円の含み益（同718億円の含み益）がそれぞれ生じている。

図表6　日本銀行が保有するETF及びJ-REITの貸借対照表価額及び含み損益の状況

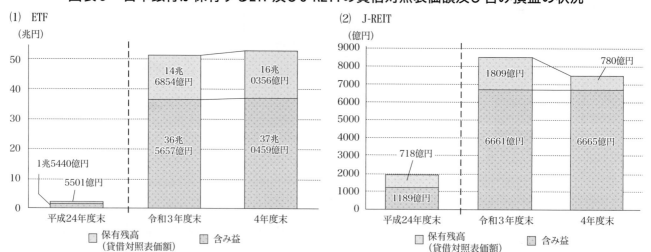

注(1) 日本銀行の貸借対照表及び行政コスト計算財務書類から本院が作成した。
注(2) ETF及びJ-REITは、国債のように償還期限が設定されるものではないため、その保有残高は処分又は減損処理によって減少することとなり、処分が行われる場合には、ETF及びJ-REITの帳簿価額と処分価格との差額が損益としてそれぞれ計上されることとなっている。

⑵　損益等

　令和4年度における経常損益の状況をみると、図表7のとおり、収益面では、ETFの分配金等の増加によりETF運用益が前年度から2617億円増加して1兆1044億円（平成24年度は214億円）となったり、長期国債利息が前年度から1895億円増加して1兆3411億円（同6005億円）となったりしたことなどから、経常収益は前年度から7094億円増加して3兆7602億円（同1兆3982億円）となっている。また、費用面では、外貨建資産から生ずる外貨債券費用が前年度から728億円減少して309億円（同700億円の外貨債券収益）となったり、貸出促進付利制度に係る支払利息が前年度から433億円減少して372億円（同計上なし）となったりしたことなどから、経常費用は前年度から1027億円減少して5295億円（同2665億円）となっている。

　以上のことから、経常利益は、前年度から8121億円増加して3兆2307億円（同1兆1316億円）となっている。

図表7　経常損益の状況

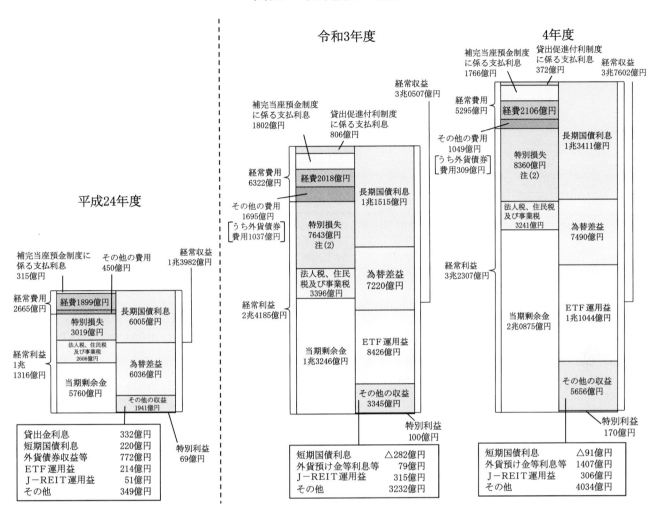

注(1) 日本銀行の損益計算書及び決算説明資料から本院が作成した。
注(2) 令和4年度の特別損失8360億円(3年度は7643億円)のうち4612億円(同4029億円)は債券取引損失引当金に、3745億円(同3610億円)は外国為替等取引損失引当金にそれぞれ積み立てた額である。

　日本銀行は、長期国債利息については、会計規程に基づき、保有長期国債の受取利息に償却原価法に基づく利息調整損益を加減して算定することとしている。令和4年度における長期国債利息の状況をみると、保有長期国債の残高の増加等により受取利息が前年度から461億円増加して2兆9349億円(平成24年度は9595億円)となったり、額面金額を上回る価額で買い入れてきた保有長期国債の一部が償還されたことに係る利息調整損の減少額が、額面金額を上回る価額で長期国債を買い入れたことに係る利息調整損の増加額を上回ったため利息調整損が減少したことなどにより、利息調整損益のマイナス幅が前年度から1433億円縮小して1兆5938億円(同3590億円)となったりしたことから、長期国債利息は前年度から1895億円増加して1兆3411億円(同6005億円)となっている(図表8参照)。

第Ⅲ章

図表8 長期国債利息の状況

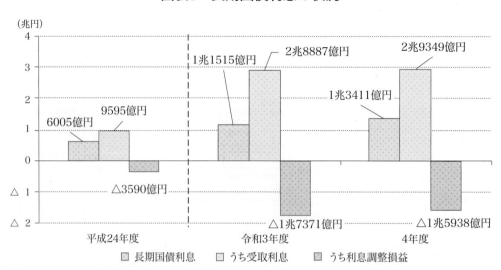

(注) 日本銀行の決算説明資料等から本院が作成した。

　また、令和4年度における保有長期国債の利回りなどの状況をみると、図表9のとおり、保有長期国債の平均残高の対平成24年度増加率が前年度から44.4ポイント増加して551.4%となり、長期国債利息の同増加率が前年度から31.5ポイント増加して123.3%となっている。そして、利回りは前年度の0.227%から0.019ポイント増加して0.246%(24年度は0.719%)となっている。

図表9 保有長期国債の平均残高、利回りなどの状況

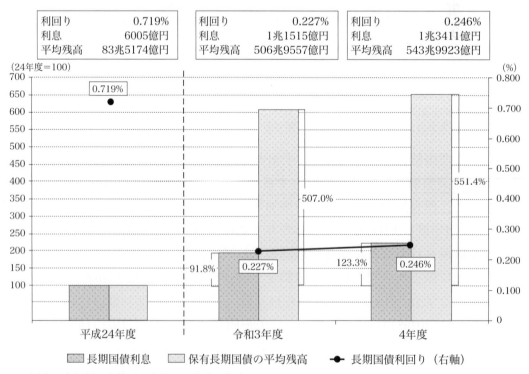

注(1) 日本銀行の決算説明資料から本院が作成した。
注(2) 棒グラフの%は、対平成24年度増加率を示している。

　令和4年度における補完当座預金制度に係る支払利息の状況をみると、図表10のとおり、年0.1%の利率に係る支払額は前年度から2億円増加して2077億円(平成24年度は315億円)となっている。一方で、年マイナス0.1%の利率が適用される日銀当座預金等の残高が増加したことから、年

マイナス0.1％の利率に係る受取利息は前年度から38億円増加して310億円(同計上なし)となったため、上記の支払利息は前年度から35億円減少して1766億円(同315億円)となっている。

　また、日本銀行は、令和3年4月16日以降、民間金融機関の貸出しなどの取組を支援するための各種の資金供給の利用残高に相当する日銀当座預金に一定の利息(適用利率は年0.2％、0.1％又は0％)を付す貸出促進付利制度に基づき、新型コロナウイルス感染症対応金融支援特別オペレーションの利用残高に相当する日銀当座預金に対して利息を付している。4年度における同制度に係る支払利息の状況をみると、同オペレーションを通じた資金供給の減少に伴い、当該利用残高に相当する日銀当座預金の残高が減少したことから、図表10のとおり、上記の支払利息は、前年度から433億円減少して372億円(平成24年度は計上なし)となっている。

図表10　補完当座預金制度及び貸出促進付利制度に係る支払利息の状況

(単位：億円)

制度	区　　分	平成24年度	令和3年度	4年度
補完当座預金制度	年0.1％の利率に係る支払額(a)	315	2075	2077
	うち新型コロナウイルス感染症対応金融支援特別オペレーションに係る支払額	―	3 (注)	―
	年マイナス0.1％の利率に係る受取利息(b)	―	272	310
	補完当座預金制度に係る支払利息(c)＝(a)－(b)	315	1802	1766
貸出促進付利制度	年0.2％の利率に係る支払額(d)	―	100	116
	年0.1％の利率に係る支払額(e)	―	705	255
	貸出促進付利制度に係る支払利息(f)＝(d)＋(e)	―	806	372
	両制度に係る支払利息の合計(g)＝(c)＋(f)	315	2608	2139

(注) 補完当座預金制度に係る支払利息のうち、令和3年度の「うち新型コロナウイルス感染症対応金融支援特別オペレーションに係る支払額」3億円は、貸出促進付利制度に係る支払利息が生ずる前の、3年4月1日から15日までの間に生じた支払利息である。

　日本銀行は、長期国債、ETF、J-REIT、外貨建資産等の資産を保有しており、このうち、長期国債及び外貨建資産については、日本銀行法施行令に基づき、各年度において、収益の額が損失の額を超えるときは、その超える部分の金額の全部又は一部を、財務大臣の承認を受けて、それぞれ債券取引損失引当金及び外国為替等取引損失引当金として積み立てることができることとなっている。

　そして、日本銀行の各年度における当期剰余金は、経常利益に上記債券取引損失引当金等の積立て又は取崩しなどに係る額を特別損益として加減したものから法人税、住民税及び事業税(以下「法人税等」)を差し引いて算定されている。

　また、日本銀行は、日本銀行法に基づき、当期剰余金の5％に相当する金額を法定準備金として積み立てなければならないこととなっており、特に必要があると認められるときは、財務大臣の認可を受けて当該金額を超える金額を法定準備金として積み立てることができることとなっている。さらに、当期剰余金のうち法定準備金への積立て及び出資者への配当を行った後の残額を国庫に納付しなければならないこととなっている。

　令和4年度における当期剰余金及び国庫納付金の状況をみると、当期剰余金は、前年度から7629億円増加して2兆0875億円(平成24年度は5760億円)となっている。これは、前年度と比較して、経常利益が8121億円増加した一方、日本銀行において財務の状況や収益の動向等を総合的に勘案して、特別損失である債券取引損失引当金積立額について、長期国債利息の金額に有利子負債の平

　　均残高を保有長期国債の平均残高で除して得た比率を乗じて得るなどした金額と有利子負債に係る支払利息等の金額との差額の50％に相当する額を財務大臣の承認を受けて積み立てた結果582億円増加したり、特別損失である外国為替等取引損失引当金積立額について、為替差益の50％に相当する額を財務大臣の承認を受けて積み立てた結果135億円増加したりしたことなどによる。また、国庫納付金は、上記のとおり当期剰余金が増加したことなどから、前年度から7247億円増加して1兆9831億円(同5472億円)となっている(図表11参照)。

図表11　当期剰余金及びその処分の状況

(単位：億円、％)

区　分	平成24年度	令和3年度	4年度
経常利益(a)	1兆1316	2兆4185	3兆2307
特別利益(b)	69	100	170
特別損失(c)	3019	7643	8360
うち債券取引損失引当金積立額	—	4029	4612
うち外国為替等取引損失引当金積立額	3018	3610	3745
法人税等(d)^{注(1)}	2606	3396	3241
当期剰余金(e)＝(a)＋(b)－(c)－(d)	5760	1兆3246	2兆0875
法定準備金積立額(f)	288	662	1043
積立率(f)/(e)	5.0	5.0	5.0
配当金(g)^{注(2)}	0	0	0
国庫納付金(h)＝(e)－(f)－(g)	5472	1兆2583	1兆9831

注(1) 国庫納付金の額は、日本銀行法に基づき、法人税及び事業税に係る課税所得の算定上、損金の額に算入することとなっている。
注(2) 配当金は、出資者に対して各年度総額500万円が支払われている。

　　本院としては、これらを踏まえて、日本銀行の財務の状況について引き続き注視していくこととする。

(検査報告753ページ)

資　　料

○　関係法令

○　検査事務の分掌

◉　関係法令

1　日本国憲法（抄）

第90条　国の収入支出の決算は、すべて毎年会計検査院がこれを検査し、内閣は、次の年度に、その検査報告
　とともに、これを国会に提出しなければならない。

②　会計検査院の組織及び権限は、法律でこれを定める。

2　会計検査院法（昭和22年法律第73号）　　最終改正　令和4年法律第168号

第1章　組織

第1節　総則

第1条　会計検査院は、内閣に対し独立の地位を有する。

第2条　会計検査院は、3人の検査官を以て構成する検査官会議と事務総局を以てこれを組織する。

第3条　会計検査院の長は、検査官のうちから互選した者について、内閣においてこれを命ずる

第2節　検査官

第4条　検査官は、両議院の同意を経て、内閣がこれを任命する。

②　検査官の任期が満了し、又は欠員を生じた場合において、国会が閉会中であるため又は衆議院の解散のた
　めに両議院の同意を経ることができないときは、内閣は、前項の規定にかかわらず、両議院の同意を経ない
　で、検査官を任命することができる。

③　前項の場合においては、任命の後最初に召集される国会において、両議院の承認を求めなければならな
　い。両議院の承認が得られなかつたときは、その検査官は、当然退官する。

④　検査官の任免は、天皇がこれを認証する。

⑤　検査官の給与は、別に法律で定める。

第5条　検査官の任期は、5年とし、1回に限り再任されることができる。

②　検査官が任期中に欠けたときは、後任の検査官は、前任者の残任期間在任する。

③　検査官は、満70歳に達したときは、退官する。

第6条　検査官は、他の検査官の合議により、心身の故障のため職務の執行ができないと決定され、又は職務
　上の義務に違反する事実があると決定された場合において、両議院の議決があつたときは、退官する。

第7条　検査官は、刑事裁判により禁錮以上の刑に処せられたときは、その官を失う。

> 注　令和4年法律第68号により改正され、令和7年6月1日から施行
> 　第7条中「禁錮」を「拘禁刑」に改める。

第8条　検査官は、第4条第3項後段及び前2条の場合を除いては、その意に反してその官を失うことがない。

第9条　検査官は、他の官を兼ね、又は国会議員、若しくは地方公共団体の職員若しくは議会の議員となるこ
　とができない。

第3節　検査官会議

第10条　検査官会議の議長は、院長を以て、これに充てる。

第11条　次の事項は、検査官会議でこれを決する。

　(1)　第38条の規定による会計検査院規則の制定又は改廃

　(2)　第29条の規定による検査報告

　(2)の2　第30条の2の規定による報告

(3)　第23条の規定による検査を受けるものの決定

(4)　第24条の規定による計算証明に関する事項

(5)　第31条及び政府契約の支払遅延防止等に関する法律(昭和24年法律第256号)第13条第2項の規定並びに予算執行職員等の責任に関する法律(昭和25年法律第172号)第6条第1項及び第4項の規定(同法第9条第2項において準用する場合を含む。)による処分の要求に関する事項

(6)　第32条(予算執行職員等の責任に関する法律第10条第3項及び同法第11条第2項において準用する場合を含む。)並びに予算執行職員等の責任に関する法律第4条第1項及び同法第5条(同法第8条第3項及び同法第9条第2項において準用する場合を含む。)の規定による検定及び再検定

(7)　第35条の規定による審査決定

(8)　第36条の規定による意見の表示又は処置の要求

(9)　第37条及び予算執行職員等の責任に関する法律第9条第5項の規定による意見の表示

第4節　事務総局

第12条　事務総局は、検査官会議の指揮監督の下に、庶務並びに検査及び審査の事務を掌る。

②　事務総局に官房及び左の5局を置く。

第1局

第2局

第3局

第4局

第5局

③　官房及び各局の事務の分掌及び分課は、会計検査院規則の定めるところによる。

第13条　事務総局に、事務総長1人、事務総局次長1人、秘書官、事務官、技官その他所要の職員を置く。

第14条　前条の職員の任免、進退は、検査官の合議で決するところにより、院長がこれを行う。

②　院長は、前項の権限を、検査官の合議で決するところにより、事務総長に委任することができる。

第15条　事務総長は、事務総局の局務を統理し、公文に署名する。

②　次長は、事務総長を補佐し、その欠けたとき又は事故があるときは、その職務を行う。

第16条　各局に、局長を置く。

②　局長は、事務総長の命を受け、局務を掌理する。

第17条　秘書官は、検査官の命を受けて、機密に関する事務に従事する。

②　事務官は、上官の指揮を受け、庶務、検査又は審査の事務に従事する。

第18条　技官は、上官の指揮を受け、技術に従事する。

第19条　会計検査院は、会計検査院規則の定めるところにより事務総局の支局を置くことができる。

第5節　会計検査院情報公開・個人情報保護審査会

第19条の2　行政機関の保有する情報の公開に関する法律(平成11年法律第42号)第19条第1項及び個人情報の保護に関する法律(平成15年法律第57号)第105条第1項の規定による院長の諮問に応じ審査請求について調査審議するため、会計検査院に、会計検査院情報公開・個人情報保護審査会を置く。

②　会計検査院情報公開・個人情報保護審査会は、委員3人をもつて組織する。

③　委員は、非常勤とする。

第19条の3　委員は、優れた識見を有する者のうちから、両議院の同意を得て、院長が任命する。

②　委員の任期が満了し、又は欠員を生じた場合において、国会の閉会又は衆議院の解散のために両議院の同意を得ることができないときは、院長は、前項の規定にかかわらず、同項に定める資格を有する者のうちか

ら、委員を任命することができる。

③　前項の場合においては、任命後最初の国会で両議院の事後の承認を得なければならない。この場合において、両議院の事後の承認が得られないときは、院長は、直ちにその委員を罷免しなければならない。

④　委員の任期は、3年とする。ただし、補欠の委員の任期は、前任者の残任期間とする。

⑤　委員は、再任されることができる。

⑥　委員の任期が満了したときは、当該委員は、後任者が任命されるまで引き続きその職務を行うものとする。

⑦　院長は、委員が心身の故障のため職務の執行ができないと認めるとき、又は委員に職務上の義務違反その他委員たるに適しない非行があると認めるときは、両議院の同意を得て、その委員を罷免することができる。

⑧　委員は、職務上知ることができた秘密を漏らしてはならない。その職を退いた後も、同様とする。

⑨　委員は、在任中、政党その他の政治的団体の役員となり、又は積極的に政治運動をしてはならない。

⑩　委員の給与は、別に法律で定める。

第19条の4　情報公開・個人情報保護審査会設置法(平成15年法律第60号)第3章の規定は、会計検査院情報公開・個人情報保護審査会の調査審議の手続について準用する。この場合において、同章の規定中「審査会」とあるのは、「会計検査院情報公開・個人情報保護審査会」と読み替えるものとする。

第19条の5　第19条の3第8項の規定に違反して秘密を漏らした者は、1年以下の懲役又は50万円以下の罰金に処する。

注　令和4年法律第68号により改正され、令和7年6月1日から施行

第19条の5中「懲役」を「拘禁刑」に改める。

19条の6　第19条の2から前条までに定めるもののほか、会計検査院情報公開・個人情報保護審査会に関し必要な事項は、会計検査院規則で定める。

第2章　権限

第1節　総則

第20条　会計検査院は、日本国憲法第90条の規定により国の収入支出の決算の検査を行う外、法律に定める会計の検査を行う。

②　会計検査院は、常時会計検査を行い、会計経理を監督し、その適正を期し、且つ、是正を図る。

③　会計検査院は、正確性、合規性、経済性、効率性及び有効性の観点その他会計検査上必要な観点から検査を行うものとする。

第21条　会計検査院は、検査の結果により、国の収入支出の決算を確認する。

第2節　検査の範囲

第22条　会計検査院の検査を必要とするものは、左の通りである。

　(1)　国の毎月の収入支出

　(2)　国の所有する現金及び物品並びに国有財産の受払

　(3)　国の債権の得喪又は国債その他の債務の増減

　(4)　日本銀行が国のために取り扱う現金、貴金属及び有価証券の受払

　(5)　国が資本金の2分の1以上を出資している法人の会計

　(6)　法律により特に会計検査院の検査に付するものと定められた会計

第23条　会計検査院は、必要と認めるとき又は内閣の請求があるときは、次に掲げる会計経理の検査をするこ

とができる。

(1)　国の所有又は保管する有価証券又は国の保管する現金及び物品

(2)　国以外のものが国のために取り扱う現金、物品又は有価証券の受払

(3)　国が直接又は間接に補助金、奨励金、助成金等を交付し又は貸付金、損失補償等の財政援助を与えているものの会計

(4)　国が資本金の一部を出資しているものの会計

(5)　国が資本金を出資したものが更に出資しているものの会計

(6)　国が借入金の元金又は利子の支払を保証しているものの会計

(7)　国若しくは前条第5号に規定する法人(以下この号において「国等」という。)の工事その他の役務の請負人若しくは事務若しくは業務の受託者又は国等に対する物品の納入者のその契約に関する会計

②　会計検査院が前項の規定により検査をするときは、これを関係者に通知するものとする。

第3節　検査の方法

第24条　会計検査院の検査を受けるものは、会計検査院の定める計算証明の規程により、常時に、計算書(当該計算書に記載すべき事項を記録した電磁的記録(電子的方式、磁気的方式その他人の知覚によつては認識することができない方式で作られる記録であつて、電子計算機による情報処理の用に供されるものとして会計検査院規則で定めるものをいう。次項において同じ。)を含む。以下同じ。)及び証拠書類(当該証拠書類に記載すべき事項を記録した電磁的記録を含む。以下同じ。)を、会計検査院に提出しなければならない。

②　国が所有し又は保管する現金、物品及び有価証券の受払いについては、前項の計算書及び証拠書類に代えて、会計検査院の指定する他の書類(当該書類に記載すべき事項を記録した電磁的記録を含む。)を会計検査院に提出することができる。

第25条　会計検査院は、常時又は臨時に職員を派遣して、実地の検査をすることができる。この場合において、実地の検査を受けるものは、これに応じなければならない。

第26条　会計検査院は、検査上の必要により検査を受けるものに帳簿、書類その他の資料若しくは報告の提出を求め、又は関係者に質問し若しくは出頭を求めることができる。この場合において、帳簿、書類その他の資料若しくは報告の提出の求めを受け、又は質問され若しくは出頭の求めを受けたものは、これに応じなければならない。

第27条　会計検査院の検査を受ける会計経理に関し左の事実があるときは、本属長官又は監督官庁その他これに準ずる責任のある者は、直ちに、その旨を会計検査院に報告しなければならない。

(1)　会計に関係のある犯罪が発覚したとき

(2)　現金、有価証券その他の財産の亡失を発見したとき

第28条　会計検査院は、検査上の必要により、官庁、公共団体その他の者に対し、資料の提出、鑑定等を依頼することができる。

第4節　検査報告

第29条　日本国憲法第90条により作成する検査報告には、左の事項を掲記しなければならない。

(1)　国の収入支出の決算の確認

(2)　国の収入支出の決算金額と日本銀行の提出した計算書の金額との不符合の有無

(3)　検査の結果法律、政令若しくは予算に違反し又は不当と認めた事項の有無

(4)　予備費の支出で国会の承諾をうける手続を採らなかつたものの有無

(5)　第31条及び政府契約の支払遅延防止等に関する法律第13条第2項並びに予算執行職員等の責任に関する法律第6条第1項(同法第9条第2項において準用する場合を含む。)の規定により懲戒の処分を要求した事項及

びその結果

⑹　第32条(予算執行職員等の責任に関する法律第10条第3項及び同法第11条第2項において準用する場合を含む。)並びに予算執行職員等の責任に関する法律第4条第1項及び同法第5条(同法第8条第3項及び同法第9条第2項において準用する場合を含む。)の規定による検定及び再検定

⑺　第34条の規定により意見を表示し又は処置を要求した事項及びその結果

⑻　第36条の規定により意見を表示し又は処置を要求した事項及びその結果

第30条　会計検査院は、前条の検査報告に関し、国会に出席して説明することを必要と認めるときは、検査官をして出席せしめ又は書面でこれを説明することができる。

第30条の2　会計検査院は、第34条又は第36条の規定により意見を表示し又は処置を要求した事項その他特に必要と認める事項については、随時、国会及び内閣に報告することができる。

第30条の3　会計検査院は、各議院又は各議院の委員会若しくは参議院の調査会から国会法(昭和22年法律第79号)第105条(同法第54条の4第1項において準用する場合を含む。)の規定による要請があつたときは、当該要請に係る特定の事項について検査を実施してその検査の結果を報告することができる。

第5節　会計事務職員の責任

第31条　会計検査院は、検査の結果国の会計事務を処理する職員が故意又は重大な過失により著しく国に損害を与えたと認めるときは、本属長官その他監督の責任に当る者に対し懲戒の処分を要求することができる。

②　前項の規定は、国の会計事務を処理する職員が計算書及び証拠書類の提出を怠る等計算証明の規程を守らない場合又は第26条の規定による要求を受けこれに応じない場合に、これを準用する。

第32条　会計検査院は、出納職員が現金を亡失したときは、善良な管理者の注意を怠つたため国に損害を与えた事実があるかどうかを審理し、その弁償責任の有無を検定する。

②　会計検査院は、物品管理職員が物品管理法(昭和31年法律第113号)の規定に違反して物品の管理行為をしたこと又は同法の規定に従つた物品の管理行為をしなかつたことにより物品を亡失し、又は損傷し、その他国に損害を与えたときは、故意又は重大な過失により国に損害を与えた事実があるかどうかを審理し、その弁償責任の有無を検定する。

③　会計検査院が弁償責任があると検定したときは、本属長官その他出納職員又は物品管理職員を監督する責任のある者は、前2項の検定に従つて弁償を命じなければならない。

④　第1項又は第2項の弁償責任は、国会の議決に基かなければ減免されない。

⑤　会計検査院は、第1項又は第2項の規定により出納職員又は物品管理職員の弁償責任がないと検定した場合においても、計算書及び証拠書類の誤謬脱漏等によりその検定が不当であることを発見したときは5年間を限り再検定をすることができる。前2項の規定はこの場合に、これを準用する。

第33条　会計検査院は、検査の結果国の会計事務を処理する職員に職務上の犯罪があると認めたときは、その事件を検察庁に通告しなければならない。

第6節　雑則

第34条　会計検査院は、検査の進行に伴い、会計経理に関し法令に違反し又は不当であると認める事項がある場合には、直ちに、本属長官又は関係者に対し当該会計経理について意見を表示し又は適宜の処置を要求し及びその後の経理について是正改善の処置をさせることができる。

第35条　会計検査院は、国の会計事務を処理する職員の会計経理の取扱に関し、利害関係人から審査の要求があつたときは、これを審査し、その結果是正を要するものがあると認めるときは、その判定を主務官庁その他の責任者に通知しなければならない。

②　主務官庁又は責任者は、前項の通知を受けたときは、その通知された判定に基いて適当な措置を採らなけ

ればならない。

第36条　会計検査院は、検査の結果法令、制度又は行政に関し改善を必要とする事項があると認めるときは、主務官庁その他の責任者に意見を表示し又は改善の処置を要求することができる。

第37条　会計検査院は、左の場合には予めその通知を受け、これに対し意見を表示することができる。

（1）　国の会計経理に関する法令を制定し又は改廃するとき

（2）　国の現金、物品及び有価証券の出納並びに簿記に関する規程を制定し又は改廃するとき

②　国の会計事務を処理する職員がその職務の執行に関し疑義のある事項につき会計検査院の意見を求めたときは、会計検査院は、これに対し意見を表示しなければならない。

第3章　会計検査院規則

第38条　この法律に定めるものの外、会計検査に関し必要な規則は、会計検査院がこれを定める。

3　財政法（昭和22年法律第34号）（抄）

第19条　内閣は、国会、裁判所及び会計検査院の歳出見積を減額した場合においては、国会、裁判所又は会計検査院の送付に係る歳出見積について、その詳細を歳入歳出予算に附記するとともに、国会が、国会、裁判所又は会計検査院に係る歳出額を修正する場合における必要な財源についても明記しなければならない。

第39条　内閣は、歳入歳出決算に、歳入決算明細書、各省各庁の歳出決算報告書及び継続費決算報告書並びに国の債務に関する計算書を添附して、これを翌年度の11月30日までに会計検査院に送付しなければならない。

第40条　内閣は、会計検査院の検査を経た歳入歳出決算を、翌年度開会の常会において国会に提出するのを常例とする。

②　前項の歳入歳出決算には、会計検査院の検査報告の外、歳入決算明細書、各省各庁の歳出決算報告書及び継続費決算報告書並びに国の債務に関する計算書を添附する。

4　国会法（昭和22年法律第79号）（抄）

第105条　各議院又は各議院の委員会は、審査又は調査のため必要があるときは、会計検査院に対し、特定の事項について会計検査を行い、その結果を報告するよう求めることができる。

5　国有財産法（昭和23年法律第73号）（抄）
（増減及び現在額報告書、総計算書）

第33条　各省各庁の長は、その所管に属する国有財産につき、毎会計年度間における増減及び毎会計年度末現在における現在額の報告書を作成し、翌年度7月31日までに、財務大臣に送付しなければならない。

2　財務大臣は、前項の規定により送付を受けた国有財産増減及び現在額報告書に基づき、国有財産増減及び現在額総計算書を作成しなければならない。

3　内閣は、前項の国有財産増減及び現在額総計算書を第1項の国有財産増減及び現在額報告書とともに、翌年度10月31日までに、会計検査院に送付し、その検査を受けなければならない。

第34条　内閣は、会計検査院の検査を経た国有財産増減及び現在額総計算書を、翌年度開会の国会の常会に報告することを常例とする。

2　前項の国有財産増減及び現在額総計算書には、会計検査院の検査報告のほか、国有財産の増減及び現在額に関する説明書を添付する。

（無償貸付状況報告書、総計算書）

第36条　各省各庁の長は、毎会計年度末において第22条第1項の規定(第19条及び第26条において準用する場合を含む。)により無償貸付をした国有財産につき、毎会計年度末における国有財産無償貸付状況報告書を作成し、翌年度7月31日までに、財務大臣に送付しなければならない。

2　財務大臣は、前項の規定により送付を受けた国有財産無償貸付状況報告書に基づき、国有財産無償貸付状況総計算書を作成しなければならない。

3　内閣は、前項の国有財産無償貸付状況総計算書を、第1項の各省各庁の国有財産無償貸付状況報告書とともに、翌年度10月31日までに、会計検査院に送付し、その検査を受けなければならない。

第37条　内閣は、会計検査院の検査を経た国有財産無償貸付状況総計算書を、翌年度開会の国会の常会に報告することを常例とする。

2　前項の国有財産無償貸付状況総計算書には、会計検査院の検査報告のほか、国有財産の無償貸付状況に関する説明書を添付する。

6　放送法(昭和25年法律第132号)（抄）

（目的）

第15条　協会は、公共の福祉のために、あまねく日本全国において受信できるように豊かで、かつ、良い放送番組による国内基幹放送(国内放送である基幹放送をいう。以下同じ。)を行うとともに、放送及びその受信の進歩発達に必要な業務を行い、あわせて国際放送及び協会国際衛星放送を行うことを目的とする。

（財務諸表の提出等）

第74条　協会は、毎事業年度の財産目録、貸借対照表、損益計算書その他総務省令で定める書類及びこれらに関する説明書(以下「財務諸表」という。)を作成し、これらに監査委員会及び会計監査人の意見書を添え、当該事業年度経過後3箇月以内に、総務大臣に提出しなければならない。

2　総務大臣は、前項の書類を受理したときは、これを内閣に提出しなければならない。

3　内閣は、前項の書類を会計検査院の検査を経て国会に提出しなければならない。

4　協会は、第1項の規定による提出を行つたときは、遅滞なく、貸借対照表及び損益計算書を官報に公告し、かつ、同項の書類を、各事務所に備えて置き、総務省令で定める期間、一般の閲覧に供しなければならない。

（会計検査院の検査）

第79条　協会の会計については、会計検査院が検査する。

7　国税収納金整理資金に関する法律(昭和29年法律第36号)（抄）

（目的）

第1条　この法律は、国税収納金整理資金を設置し、国税収納金等をこの資金に受け入れ、過誤納金の還付金等は、この資金から支払い、その支払つた金額を除いた国税収納金等の額を国税収入その他の収入とすることによつて、国税収入に関する経理の合理化と過誤納金の還付金等の支払に関する事務処理の円滑化を図ることを目的とする。

（帳簿及び報告書等）

第15条　国税収納命令官及び国税資金支払命令官は、政令で定めるところにより、帳簿を備え、かつ、報告書及び計算書を作成し、これを財務大臣又は会計検査院に送付しなければならない。

2　出納官吏、出納員及び日本銀行は、政令で定めるところにより、資金に属する現金でその出納したものに

ついて、国税収納命令官又は国税資金支払命令官に報告しなければならない。

（国税収納金整理資金受払計算書）

第16条　財務大臣は、毎会計年度、政令で定めるところにより、国税収納金整理資金受払計算書（当該国税収納金整理資金受払計算書に記載すべき事項を記録した電磁的記録（電子的方式、磁気的方式その他人の知覚によつては認識することができない方式で作られる記録であつて、電子計算機による情報処理の用に供されるものとして財務大臣が定めるものをいう。）を含む。以下この条において同じ。）を作成しなければならない。

2　内閣は、前項の国税収納金整理資金受払計算書を、翌年度の11月30日までに会計検査院に送付し、その検査を受けなければならない。

3　内閣は、前項の規定により会計検査院の検査を経た国税収納金整理資金受払計算書を、一般会計の歳入歳出決算とともに、国会に提出しなければならない。

8　決算調整資金に関する法律（昭和53年法律第4号）（抄）

（目的）

第1条　この法律は、決算調整資金を設置し、予見し難い租税収入の減少等により一般会計の歳入歳出の決算上不足が生ずることとなる場合において、この資金からその不足を補てんすることにより、一般会計における収支の均衡を図ることを目的とする。

（資金からの歳入組入れに関する調書）

第9条　財務大臣は、第7条第1項の規定により資金に属する現金を歳入に組み入れたときは、その調書を作成しなければならない。

2　内閣は、前項の調書を次の常会において国会に提出して、その承諾を求めなければならない。

3　財務大臣は、前項の調書を会計検査院に送付しなければならない。

（資金に係る計算書）

第10条　財務大臣は、毎会計年度、政令で定めるところにより、資金に属する現金の増減及び現在額の計算書（当該計算書に記載すべき事項を記録した電磁的記録（電子的方式、磁気的方式その他人の知覚によつては認識することができない方式で作られる記録であつて、電子計算機による情報処理の用に供されるものとして財務大臣が定めるものをいう。）を含む。以下この条において同じ。）を作成しなければならない。

2　内閣は、財政法第39条の規定により歳入歳出決算を会計検査院に送付する場合においては、前項の計算書を添付しなければならない。

3　内閣は、財政法第40条第1項の規定により歳入歳出決算を国会に提出する場合においては、第1項の計算書を添付しなければならない。

9　貨幣回収準備資金に関する法律（平成14年法律第42号）（抄）

（目的）

第1条　この法律は、貨幣回収準備資金を設置し、政府による貨幣の発行、引換え及び回収の円滑な実施を図り、もって貨幣に対する信頼の維持に資することを目的とする。

（資金の増減及び現在額計算書）

第13条　財務大臣は、毎会計年度、政令で定めるところにより、資金の増減及び現在額の計算書（当該計算書

に記載すべき事項を記録した電磁的記録（電子的方式、磁気的方式その他人の知覚によっては認識することができない方式で作られる記録であって、電子計算機による情報処理の用に供されるものとして財務大臣が定めるものをいう。）を含む。以下この条において同じ。）を作成しなければならない。

2　内閣は、財政法(昭和22年法律第34号)第39条の規定により歳入歳出決算を会計検査院に送付する場合においては、前項の計算書を添付しなければならない。

3　内閣は、財政法第40条第1項の規定により歳入歳出決算を国会に提出する場合においては、第1項の計算書を添付しなければならない。

10　特別会計に関する法律（平成19年法律第23号）（抄）
（企業会計の慣行を参考とした書類）

第19条　所管大臣は、毎会計年度、その管理する特別会計について、資産及び負債の状況その他の決算に関する財務情報を開示するための書類を企業会計の慣行を参考として作成し、財務大臣に送付しなければならない。

2　内閣は、前項の書類を会計検査院の検査を経て国会に提出しなければならない。

3　第1項の書類の作成方法その他同項の書類に関し必要な事項は、政令で定める。

資　料

資料

◯ 検査事務の分掌

　会計検査院の各局を構成し、検査対象機関についての検査事務を担当する各検査課や上席調査官の事務分掌は、次表の各局各課事務分掌のとおりです。

各局各課事務分掌

(令和5年12月末現在)

局	課及び上席調査官	事 務 分 掌 事 項
第1局	財務検査第1課	決算、債権及び物品の検査の総括 国会、内閣、内閣府(他の課(上席調査官を含む。以下同じ。)の所掌に属する分を除く。)、財務省(他の課の所掌に属する分を除く。)、日本銀行、預金保険機構、農水産業協同組合貯金保険機構、独立行政法人国立公文書館及び独立行政法人北方領土問題対策協会その他国が資本金の2分の1以上を出資している法人(他の課の所掌に属する分を除く。)の検査に関する事務 国の会計経理に関する検査として行う財政状況に関する検査のうち横断的な処理を要するものとして事務総長から特に命ぜられた事項の検査に関する事務
	財務検査第2課	国有財産の検査の総括 人事院、内閣府の沖縄の振興及び開発に係る経理、公正取引委員会、カジノ管理委員会、消費者庁、財務省理財局の所掌に属する国有財産、貨幣回収準備資金に係る経理、財務省の財政投融資特別会計特定国有財産整備勘定に係る経理(他の課の所掌に属する分を除く。)、独立行政法人造幣局、独立行政法人国立印刷局、独立行政法人国民生活センター、公益財団法人塩事業センター及び日本たばこ産業株式会社の検査に関する事務
	司 法 検 査 課	裁判所、会計検査院、国家公安委員会、法務省、日本司法支援センター及び自動車安全運転センターの検査に関する事務
	総 務 検 査 課	内閣府地方創生推進事務局、復興庁、総務省(他の課の所掌に属する分を除く。)、財政融資資金の地方債及び地方公共団体に対する貸付けに係る経理、福島国際研究教育機構並びに地方公共団体金融機構の検査に関する事務 検査を受けるものの東日本大震災からの復興に関する事業に係る経理に関する検査のうち横断的な処理を要するものとして事務総長から特に命ぜられた事項の検査に関する事務
	外 務 検 査 課	外務省、独立行政法人国際協力機構及び独立行政法人国際交流基金の検査に関する事務
	租税検査第1課	租税検査の総括 財務省大臣官房会計課の国税収納金整理資金に係る経理、財務省主税局及び関税局(他の課の所掌に属する分を除く。)、国税庁(他の課の所掌に属する分を除く。)、函館、東京、横浜各税関、独立行政法人酒類総合研究所並びに輸出入・港湾関連情報処理センター株式会社の検査に関する事務
	租税検査第2課	名古屋、大阪、広島、高松、福岡、熊本各国税局及び沖縄国税事務所並びに名古屋、大阪、神戸、門司、長崎各税関及び沖縄地区税関の検査に関する事務

局	課及び上席調査官	事　務　分　掌　事　項
第2局	厚生労働検査第　1　課	こども家庭庁、厚生労働省(他の課の所掌に属する分を除く。)、独立行政法人福祉医療機構及び独立行政法人国立重度知的障害者総合施設のぞみの園の検査に関する事務
	厚生労働検査第　2　課	厚生労働省労働基準局、職業安定局、雇用環境・均等局及び人材開発統括官、中央労働委員会、独立行政法人勤労者退職金共済機構、独立行政法人高齢・障害・求職者雇用支援機構、独立行政法人労働政策研究・研修機構並びに外国人技能実習機構の検査に関する事務
	厚生労働検査第　3　課	厚生労働省老健局及び保険局並びに全国健康保険協会の医療給付に係る経理の検査に関する事務
	厚生労働検査第　4　課	厚生労働省年金局、年金積立金管理運用独立行政法人、全国健康保険協会(他の課の所掌に属する分を除く。)及び日本年金機構の検査に関する事務
	上席調査官(医療機関担当)	厚生労働省大臣官房厚生科学課、医政局、健康・生活衛生局及び医薬局、検疫所、国立ハンセン病療養所、国立医薬品食品衛生研究所、国立保健医療科学院、国立社会保障・人口問題研究所、国立感染症研究所、独立行政法人労働者健康安全機構、独立行政法人国立病院機構、独立行政法人医薬品医療機器総合機構、国立研究開発法人医薬基盤・健康・栄養研究所、独立行政法人地域医療機能推進機構、国立研究開発法人国立がん研究センター、国立研究開発法人国立循環器病研究センター、国立研究開発法人国立精神・神経医療研究センター、国立研究開発法人国立国際医療研究センター、国立研究開発法人国立成育医療研究センター並びに国立研究開発法人国立長寿医療研究センターの検査に関する事務
	防衛検査第 1 課	防衛省(他の課の所掌に属する分を除き、財務省から委任された財政投融資特別会計特定国有財産整備勘定に係る経理を含む。)及び独立行政法人駐留軍等労働者労務管理機構の検査に関する事務
	防衛検査第 2 課	海上幕僚監部、海上自衛隊の部隊及び機関、地方防衛局の海上自衛隊関係の装備品等の調達、補給及び管理並びに役務の調達に係る経理並びに防衛装備庁の海上自衛隊関係の経理の検査に関する事務
	防衛検査第 3 課	航空幕僚監部、航空自衛隊の部隊及び機関、地方防衛局の航空自衛隊関係の装備品等の調達、補給及び管理並びに役務の調達に係る経理並びに防衛装備庁の航空自衛隊関係の経理の検査に関する事務

局	課及び上席調査官	事　務　分　掌　事　項
第3局	国 土 交 通 検 査 第　　1　　課	国土交通省(他の課の所掌に属する分を除く。)、国立研究開発法人土木研究所、国立研究開発法人建築研究所、独立行政法人都市再生機構及び株式会社海外交通・都市開発事業支援機構の検査に関する事務
	国 土 交 通 検 査 第　　2　　課	国土交通省港湾局及び航空局、航空保安大学校、国立研究開発法人海上・港湾・航空技術研究所、独立行政法人航空大学校、独立行政法人空港周辺整備機構、成田国際空港株式会社、新関西国際空港株式会社、横浜川崎国際港湾株式会社、中部国際空港株式会社並びに阪神国際港湾株式会社の検査に関する事務
	国 土 交 通 検 査 第　　3　　課	国土交通省水管理・国土保全局、独立行政法人水資源機構及び日本下水道事業団の検査に関する事務
	国 土 交 通 検 査 第　　4　　課	国土交通省都市局及び道路局並びに一般財団法人民間都市開発推進機構の検査に関する事務
	国 土 交 通 検 査 第　　5　　課	国土交通省鉄道局、物流・自動車局及び海事局、海難審判所、観光庁、気象庁、海上保安庁、運輸安全委員会、独立行政法人海技教育機構、独立行政法人自動車技術総合機構、独立行政法人鉄道建設・運輸施設整備支援機構、独立行政法人国際観光振興機構、独立行政法人自動車事故対策機構、東京地下鉄株式会社、北海道旅客鉄道株式会社、四国旅客鉄道株式会社並びに日本貨物鉄道株式会社の検査に関する事務
	環 境 検 査 課	環境省(他の課の所掌に属する分を除く。)、国立研究開発法人国立環境研究所、独立行政法人環境再生保全機構、中間貯蔵・環境安全事業株式会社及び株式会社脱炭素化支援機構の検査に関する事務
	上 席 調 査 官 （ 道 路 担 当 ）	東日本高速道路株式会社、中日本高速道路株式会社、西日本高速道路株式会社、本州四国連絡高速道路株式会社、独立行政法人日本高速道路保有・債務返済機構、首都高速道路株式会社及び阪神高速道路株式会社の検査に関する事務

局	課及び上席調査官	事 務 分 掌 事 項
第4局	文 部 科 学 検 査 第 1 課	文部科学省(他の課の所掌に属する分を除く。)、独立行政法人国立特別支援教育総合研究所、独立行政法人国立女性教育会館、独立行政法人国立科学博物館、独立行政法人国立美術館、独立行政法人教職員支援機構、独立行政法人日本スポーツ振興センター、独立行政法人日本芸術文化振興会、独立行政法人国立青少年教育振興機構、独立行政法人国立文化財機構及び放送大学学園の検査に関する事務
	文 部 科 学 検 査 第 2 課	文部科学省高等教育局、科学技術・学術政策局及び研究振興局、日本学士院、科学技術・学術政策研究所、日本私立学校振興・共済事業団、独立行政法人大学入試センター、国立研究開発法人科学技術振興機構、独立行政法人日本学術振興会、独立行政法人日本学生支援機構、国立大学法人法(平成15年法律第112号)別表第1に掲げる国立大学法人及び同法別表第2に掲げる大学共同利用機関法人、独立行政法人国立高等専門学校機構、独立行政法人大学改革支援・学位授与機構並びに国立研究開発法人日本医療研究開発機構の検査に関する事務
	上 席 調 査 官 (文部科学担当)	文部科学省研究開発局、国立研究開発法人物質・材料研究機構、国立研究開発法人防災科学技術研究所、国立研究開発法人量子科学技術研究開発機構、国立研究開発法人理化学研究所、国立研究開発法人宇宙航空研究開発機構、国立研究開発法人海洋研究開発機構及び国立研究開発法人日本原子力研究開発機構の検査に関する事務
	農 林 水 産 検 査 第 1 課	農林水産省(他の課の所掌に属する分を除く。)、独立行政法人農林水産消費安全技術センター、株式会社農林漁業成長産業化支援機構及び独立行政法人農業者年金基金の検査に関する事務
	農 林 水 産 検 査 第 2 課	農林水産省農村振興局の検査に関する事務
	農 林 水 産 検 査 第 3 課	農林水産省消費・安全局畜水産安全管理課及び動物衛生課並びに畜産局、動物検疫所、動物医薬品検査所、水産庁、日本中央競馬会、独立行政法人家畜改良センター、国立研究開発法人水産研究・教育機構並びに独立行政法人農畜産業振興機構の検査に関する事務
	農 林 水 産 検 査 第 4 課	農林水産省農林水産技術会議、林野庁、国立研究開発法人農業・食品産業技術総合研究機構、国立研究開発法人国際農林水産業研究センター及び国立研究開発法人森林研究・整備機構の検査に関する事務

局	課及び上席調査官	事 務 分 掌 事 項
第5局	デジタル検査課	デジタル庁、総務省国際戦略局、情報流通行政局、総合通信基盤局及びサイバーセキュリティ統括官、情報通信政策研究所、国立研究開発法人情報通信研究機構並びに株式会社海外通信・放送・郵便事業支援機構の検査に関する事務
	上席調査官(情報通信・郵政担当)	日本郵政株式会社、独立行政法人郵便貯金簡易生命保険管理・郵便局ネットワーク支援機構、日本放送協会及び日本電信電話株式会社の検査に関する事務
	経済産業検査第1課	経済産業省(他の課の所掌に属する分を除く。)、国立研究開発法人産業技術総合研究所、独立行政法人製品評価技術基盤機構、独立行政法人日本貿易振興機構、独立行政法人情報処理推進機構、独立行政法人中小企業基盤整備機構、株式会社産業革新投資機構、株式会社海外需要開拓支援機構及び株式会社日本貿易保険の検査に関する事務
	経済産業検査第2課	内閣府の原子力災害に関する事務に係る経理、経済産業省のエネルギー対策特別会計に係る経理、資源エネルギー庁、原子力規制委員会、国立研究開発法人新エネルギー・産業技術総合開発機構、独立行政法人エネルギー・金属鉱物資源機構、原子力損害賠償・廃炉等支援機構及び日本アルコール産業株式会社の検査に関する事務
	上席調査官(融資機関担当)	沖縄振興開発金融公庫、株式会社日本政策金融公庫、株式会社国際協力銀行、独立行政法人農林漁業信用基金、独立行政法人奄美群島振興開発基金、独立行政法人住宅金融支援機構、株式会社日本政策投資銀行、株式会社民間資金等活用事業推進機構及び株式会社商工組合中央金庫の検査に関する事務
	特別検査課	国会法(昭和22年法律第79号)第105条(同法第54条の4第1項において準用する場合を含む。以下同じ。)の規定による要請に係る国の会計経理に関する特定の事項その他の事務総長から特に命ぜられた事項の検査に関する事務
	上席調査官(特別検査担当)	国会法第105条の規定による要請に係る国以外のものの会計経理に関する特定の事項その他の事務総長から特に命ぜられた事項の検査に関する事務

備　考
1　予算決算及び会計令(昭和22年勅令第165号)第1条第3号に規定するセンター支出官の取り扱う経理の検査については、この表の定めにかかわらず、第1局財務検査第1課が分掌するものとする。
2　国土交通省又は内閣府が各省各庁から委任された官公庁施設の整備に係る経理(1に掲げるものを除く。)の検査については、この表の定めにかかわらず、第3局国土交通検査第1課が分掌するものとする。
3　検査を受けるもののデジタル社会の形成に関する施策その他の情報通信に係る経理に関する検査のうち事務総長から特に命ぜられた事項の検査については、この表の定めにかかわらず、第5局デジタル検査課が分掌するものとする。
4　会計検査院法第23条第1項第2号、第3号、第6号及び第7号に規定する各会計の検査は、この表に定めのある場合を除くほか、各その主管庁の検査を分掌している課が分掌し、同項第5号に規定する会計の検査は、この表に定めのある場合を除くほか、それぞれ同号の国が出資しているものの検査を分掌している課が分掌する。ただし、共管その他分掌の不明なものについては、事務総長の定めるところによる。
5　2以上の課の事務分掌事項に関係する検査のうち横断的な処理を要する事項として事務総長から特に命ぜられた事項の検査については、この表及び3の定めにかかわらず、一時的に、事務総長が定める課が分掌するものとする。
6　国の会計経理の検査に関する事務を分掌している課(財務検査第1課を除く。)については、当該国の会計経理の検査に関し必要な範囲で、内閣の検査を行うことができる。
7　国以外のものの会計経理の検査に関する事務を分掌している課については、当該国以外のものの会計経理の検査に関し必要な範囲で、当該国以外のものの主管庁の検査を行うことができる。

資
料

《会計検査院への交通の御案内》

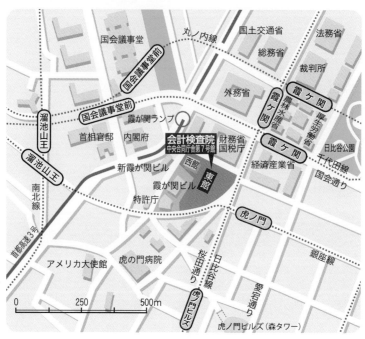

【最寄り駅】東京メトロ　銀座線「虎ノ門」駅
　　　　　　　千代田線、日比谷線、丸ノ内線「霞ケ関」駅
　　　　　　　日比谷線「虎ノ門ヒルズ」駅

会計検査のあらまし －令和5年会計検査院年報－

令和6年3月1日発行

発行者　会計検査院事務総長官房総務課渉外広報室
　　　　東京都千代田区霞が関3-2-2
　　　　中央合同庁舎第7号館
　　　　TEL　03-3581-3251(代)

印刷所　シンソー印刷株式会社
　　　　東京都新宿区中落合1-6-8
　　　　TEL　03-3950-7221(代)

◆本書の内容につきましては、下記HPからも御覧頂けます。
　▶ https://www.jbaudit.go.jp/pr/print/aramashi/

◆御意見・御要望を下記HPのご意見・ご感想メールフォームでも
　受け付けております。
　▶ https://www.jbaudit.go.jp/form/opinion/index.html

○リサイクル適性の表示：板紙にリサイクルできます。
　本冊子は、グリーン購入法（国等による環境物品等の調達の推進等に関する法律）に基づく基本方針における「印刷」に係る判断の基準にしたがい、板紙へのリサイクルに適した材料[A及びBランク]を用いて作製しています。
○本誌掲載の記事、写真、イラストを無断で複写及び転載することを禁じます。